D1753206

Helmut Vonhoegen

XML

Einstieg, Praxis, Referenz

Liebe Leserin, lieber Leser,

gute XML-Kenntnisse gehören in vielen Bereichen der Anwendungsentwicklung zum Basiswissen: E-Publishing, Webservices und plattformunabhängige Software, um nur einige zu nennen. In diesem Buch erwerben Sie das nötige Grundwissen über die Auszeichnungssprache und lernen die Anwendungsgebiete von XML kennen. Das Themenspektrum reicht dabei vom grundlegenden Aufbau von XML-Dokumenten bis hin zu Programmierschnittstellen für XML. Jedes Kapitel behandelt ein eigenes Thema unabhängig vom Rest des Buches, sodass Sie schnell nachschlagen können, was Sie wissen möchten.

Das Buch wird in regelmäßigen Abständen aktualisiert, um dem neuesten Stand der Technik gerecht zu werden. Auch diese 9. Auflage wurde wieder gründlich überarbeitet und aktualisiert. Neu hinzugekommen sind Abschnitte über XSLT 3.0 und XQuery 3.1.

Damit Sie den Code der gezeigten Beispiele nicht mühselig abtippen müssen, haben wir für Sie die Dateien unter *www.rheinwerk-verlag.de/4721* zum Download bereitgestellt.

Das Buch wurde mit großer Sorgfalt geschrieben, geprüft und produziert. Sollte dennoch einmal etwas nicht so funktionieren, wie Sie es erwarten, freue ich mich, wenn Sie sich mit mir in Verbindung setzen. Ihre Kritik und konstruktiven Anregungen sind uns jederzeit herzlich willkommen!

Ihre Anne Scheibe
Lektorat Rheinwerk Computing

anne.scheibe@rheinwerk-verlag.de
www.rheinwerk-verlag.de
Rheinwerk Verlag · Rheinwerkallee 4 · 53227 Bonn

Auf einen Blick

Wir hoffen, dass Sie Freude an diesem Buch haben und sich Ihre Erwartungen erfüllen. Ihre Anregungen und Kommentare sind uns jederzeit willkommen. Bitte bewerten Sie doch das Buch auf unserer Website unter **www.rheinwerk-verlag.de/feedback**.

An diesem Buch haben viele mitgewirkt, insbesondere:

Lektorat Anne Scheibe
Korrektorat Angelika Glock, Ennepetal
Herstellung August Werner
Typografie und Layout Vera Brauner
Einbandgestaltung Silke Braun
Titelbild iStock: 621272078 © gilaxia, 525975242 © Poike
Satz Typographie & Computer, Krefeld
Druck C. H. Beck, Nördlingen

Dieses Buch wurde gesetzt aus der TheAntiquaB (9,35/13,7 pt) in FrameMaker.
Gedruckt wurde es auf chlorfrei gebleichtem Offsetpapier (90 g/m²).
Hergestellt in Deutschland.

Bibliografische Information der Deutschen Nationalbibliothek:
Die Deutsche Nationalbibliothek verzeichnet diese Publikation in der Deutschen Nationalbibliografie; detaillierte bibliografische Daten sind im Internet über *http://dnb.d-nb.de* abrufbar.

ISBN 978-3-8362-6537-9

9., aktualisierte Auflage 2018

Informationen zu unserem Verlag und Kontaktmöglichkeiten finden Sie auf unserer Verlagswebsite **www.rheinwerk-verlag.de**. Dort können Sie sich auch umfassend über unser aktuelles Programm informieren und unsere Bücher und E-Books bestellen.

Inhalt

2 XML – Bausteine und Regeln 47

Anhang 611

Vorwort

Gute Ideen können viele überzeugen.
XML ist eine solche Idee.

Einige Zeit war es nicht ganz sicher, ob sich XML in der IT-Industrie durchsetzen würde. Einige Szenepäpste und -evangelisten schrieben dicke Wälzer, um die Branche von den Vorzügen des Projekts zu überzeugen. Heute ist die Frage entschieden. Als erstes frei verfügbares Format für strukturierte Daten, unabhängig von bestimmten Plattformen und Anwendungen, ist XML seit seiner »Erfindung« 1998 ohne jeden Zweifel sehr erfolgreich. Auch als Format für den Datenaustausch ist XML etabliert. Die aktuellen Office-Anwendungen – die zu den Programmen gehören, die in der Praxis wohl am meisten genutzt werden – verwenden XML als Standarddatenformat, sei dies nun Open XML oder Open Document. Eine wachsende Bedeutung hat XML auch im Bereich des elektronischen Publizierens erlangt, der sich in den letzten Jahren explosionsartig entwickelt hat und dabei ist, unsere Lebensgewohnheiten stark zu verändern.

Meistens geschieht in diesen Bereichen der Einsatz der XML-Technologie zwar im Hintergrund, aber für die Entwicklung von Anwendungen, die auf Dokumente und Daten zugreifen, ergeben sich daraus ganz neue Möglichkeiten, mit Informationen umzugehen, sie zu verarbeiten, zu verwalten oder auszutauschen. In all diesen Fällen hat sich der Vorteil von offenen Standards bewährt.

Nicht erfüllt haben sich dagegen die Vorstellungen, XML werde HTML im Web bald ersetzen. Die Brücke, die XHTML zwischen XML und HTML bauen sollte, wurde nicht mit dem erhofften Eifer seitens der Webentwickler genutzt. Dennoch können Webentwickler auch unter dem seit Oktober 2014 fixierten Standard HTML5 weiterhin von XML-Technologien profitieren, wenn sie es denn wollen.

Dieses Buch richtet sich in erster Linie an alle, die mit XML und den damit verbundenen Sprachen und Werkzeugen arbeiten oder sie erlernen wollen, um damit entsprechende Anwendungen zu realisieren. Es gibt ihnen eine fundierte Basis für ihre Aktivitäten rund um XML. Die Darstellung wird dabei jeweils durch nachvollziehbare praktische Beispiele vertieft und erprobt.

Anstelle einer Batterie von oft weitschweifigen Büchern im XXL-Format zu den verschiedenen Teilstandards der Sprachfamilie XML bietet dieses Buch in konzentrierter Form das, was Sie zur Entwicklung eigener XML-Lösungen benötigen. Wichtige

Mitglieder der Sprachfamilie sind seit Langem akzeptierte Standards, oft bereits in der dritten Version. Das Buch konzentriert sich auf die Versionen, die in der Praxis eine Rolle spielen.

Die 9. Auflage des Buches aktualisiert die Informationen über die Entwicklung der Standards rund um XML. Auch die Vorstellung der Tools und der XML-basierten Vokabulare wurde auf den aktuellen Stand gebracht. Erweitert wurde in Kapitel 5 der Abschnitt über XPath, in Kapitel 7 wurde ein Abschnitt zu XSLT 3.0 hinzugefügt und in Kapitel 9 ein Abschnitt über XQuery 3.1. Kapitel 13 enthält einen neuen Abschnitt über das Mapping zwischen XML und JSON. Das letzte Kapitel geht auf die Rolle von XML und XHTML im Zusammenhang mit dem aktuellen Standard für HTML5 ein.

Helmut Vonhoegen

www.helmut-vonhoegen.de

Kapitel 1
Einführung

Vor Babel: »Alle Welt hatte nur eine Sprache und dieselben Laute.«
(Genesis 11,1)

Damit Sie gleich wissen, wovon in diesem Buch die Rede ist, spielen wir zunächst ein kleines Beispiel durch. Die Daten einiger Buchprojekte werden in einer Liste zusammengestellt, um sie auf einer Seite im Web zu veröffentlichen.[1]

1.1 Kleines Einstiegsprojekt zum Kennenlernen

Der übliche Weg zu einer solchen Liste wäre vielleicht eine Datentabelle, die in einer Datenbankanwendung oder einem Kalkulationsprogramm realisiert wird. Sie würden sich einige Gedanken darüber machen, welche Feldnamen in der Kopfzeile dieser Tabelle auftauchen müssten, und später die einzelnen Datensätze unter dieser Kopfzeile eintragen.

1.1.1 Ein erstes XML-Dokument

Um das Problem mit den Mitteln von XML anzugehen, ist ein XML-Dokument erforderlich. Eine erste Lösung könnte in einer einfachen Variante so aussehen:

```
<?xml version="1.0" encoding="UTF-8"?>
<buchprojekte>
  <projekt name="Samsung Galaxy Tab">
    <teilnehmer>
      <autor>Helmut Vonhoegen</autor>
    </teilnehmer>
    <verlagsbereich>Vierfarben</verlagsbereich>
  </projekt>
  <projekt name="XML">
    <teilnehmer>
      <autor>Helmut Vonhoegen</autor>
```

1 Den Code der Beispiele können Sie von *www.rheinwerk-verlag.de/4721* herunterladen.

```
    </teilnehmer>
    <verlagsbereich>Rheinwerk</verlagsbereich>
  </projekt>
</buchprojekte>
```

Listing 1.1 projektdaten.xml

Es wird sofort sichtbar, was bei XML-Dokumenten anders ist: Während Sie bei jedem Tabellenfeld nur über die Feldbezeichnung in der Kopfzeile erfahren, welche Information in dem einzelnen Feld enthalten ist, bringt in dem XML-Dokument jede Informationseinheit das Etikett mit der Beschreibung der Information gleich mit.

1.1.2 Standardausgabe im Webbrowser

Wenn Sie einen aktuellen Webbrowser verwenden, bei dem ein spezieller Prozessor, ein Parser für XML-Dokumente, integriert ist, lassen sich die XML-Daten darin ansehen. Gut geeignet dafür sind beispielsweise Firefox oder der Internet Explorer. Letzterer gibt das kleine XML-Dokument aus, das direkt vom lokalen Laufwerk geöffnet werden kann, wie in Abbildung 1.1 zu sehen ist.

```
  <?xml version="1.0" encoding="UTF-8"?>
- <buchprojekte>
  - <projekt name="Samsung Galaxy Tab">
    - <teilnehmer>
        <autor>Helmut Vonhoegen</autor>
      </teilnehmer>
      <verlagsbereich>Vierfarben</verlagsbereich>
    </projekt>
  - <projekt name="XML">
    - <teilnehmer>
        <autor>Helmut Vonhoegen</autor>
      </teilnehmer>
      <verlagsbereich>Rheinwerk</verlagsbereich>
    </projekt>
  </buchprojekte>
```

Abbildung 1.1 Wiedergabe einer XML-Datei im Internet Explorer

Der Internet Explorer verwendet zur Darstellung der Daten ein eingebautes Stylesheet. Die Darstellung entspricht ziemlich genau dem Quelltext, bis auf die vom Browser gewählte Hervorhebung der darin enthaltenen Textdaten und der teilweise vorgesetzten Minuszeichen.

Diese Minuszeichen sind Gliederungssymbole, mit deren Hilfe Sie Gruppen von Daten aus- oder einblenden können. Abbildung 1.2 zeigt zum Beispiel nur noch die Projektnamen.

```
<?xml version="1.0" encoding="UTF-8"?>
- <buchprojekte>
    + <projekt name="Samsung Galaxy Tab">
    + <projekt name="XML">
  </buchprojekte>
```

Abbildung 1.2 Reduzierte Wiedergabe derselben XML-Datei

Das erste auffällige Merkmal an einem XML-Dokument ist, dass zu jeder einzelnen Information, die darin enthalten ist, an Ort und Stelle immer auch eine Benennung dieser Information beigefügt ist. Wenn XML als Datenformat gesehen wird, handelt es sich also um ein selbstbeschreibendes Format.

1.1.3 Wohlgeformtheit ist ein Muss

Aktuelle Webbrowser reagieren ziemlich streng, wenn auch nur eine dieser Beschreibungen in den spitzen Klammern, die *Tags* genannt werden, vergessen wird oder sich ein Schreibfehler dabei einschleicht.

Abbildung 1.3 Reaktion des Chrome-Browsers auf das fehlerhafte End-Tag zu <teilnehmer>

In diesem Fall erkennt der im Browser integrierte XML-Parser, dass das XML-Dokument einen Formfehler hat – also nicht *wohlgeformt* ist, wie es im XML-Jargon heißt –, und bricht die Verarbeitung mit einer entsprechenden Fehlermeldung ab. Während der Webbrowser bei einer HTML-Seite allerlei Ungenauigkeiten durchgehen lässt und die Seite in der Regel trotzdem anzeigt, herrscht also bei XML ein strengeres Regime, in der guten Absicht, Webanwendungen wenigstens in der Zukunft in einen solideren Zustand zu befördern.

1.1.4 Gültige Dokumente per DTD oder Schema

Die bloße formale Prüfung auf Wohlgeformtheit kann noch durch eine Prüfung auf Gültigkeit ergänzt werden. Dabei geht es um die Frage, ob das Dokument auch alle geforderten Informationen enthält, und zwar in der richtigen Reihenfolge. Ein Projekt in unserem Beispiel kann zwar mehr als einen Autor haben, aber kein Projekt kommt ohne Autor aus. Um die Elemente und Attribute und ihre Reihenfolge für ein Dokument genau festzulegen, kann dem XML-Dokument ein entsprechendes Datenmodell zugeordnet werden, an dem seine Gültigkeit dann zu messen ist.

Mit dem Werkzeug, das wir im Verlauf dieses Buches noch häufiger verwenden werden – XMLSpy von Altova –, können Sie ein solches Datenmodell auch nachträglich aus einem schon vorliegenden XML-Dokument erzeugen. Dabei gibt es hauptsächlich zwei Möglichkeiten: Sie können eine DTD – eine Dokumenttyp-Definition – oder ein XML-Schema erzeugen. Die Rolle dieser beiden Datenmodelle wird ausführlich in Kapitel 3, »Dokumenttypen und Validierung«, behandelt. Eine DTD für unser Beispiel wird in Abbildung 1.4 dargestellt.

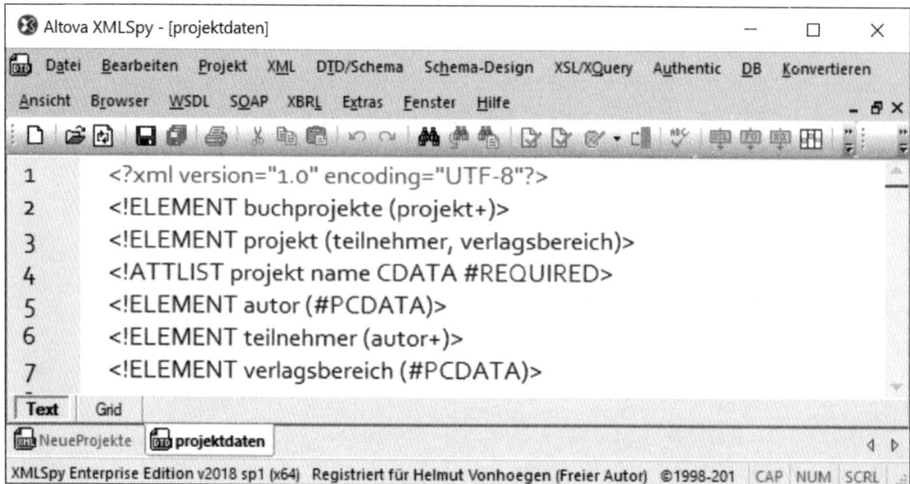

Abbildung 1.4 Eine DTD für die Projektdaten

Das gleiche Datenmodell in Form eines XML-Schemas zeigt Abbildung 1.5.

XMLSpy gibt dieses Datenmodell grafisch in einer entsprechenden Baumstruktur aus (siehe Abbildung 1.6). Der Modelldesigner kann sein Modell auch gleich in dieser grafischen Form entwerfen. Das erleichtert es, den Überblick über die Hierarchie der Informationseinheiten zu behalten, die er konstruiert.

Die Gültigkeit eines Dokuments kann in XMLSpy immer sofort geprüft werden, weil ein validierender Parser integriert ist. Webbrowser ignorieren dagegen normalerweise die Frage der Gültigkeit, zeigen also auch ungültige Dokumente so lange an, wie sie wohlgeformt sind.

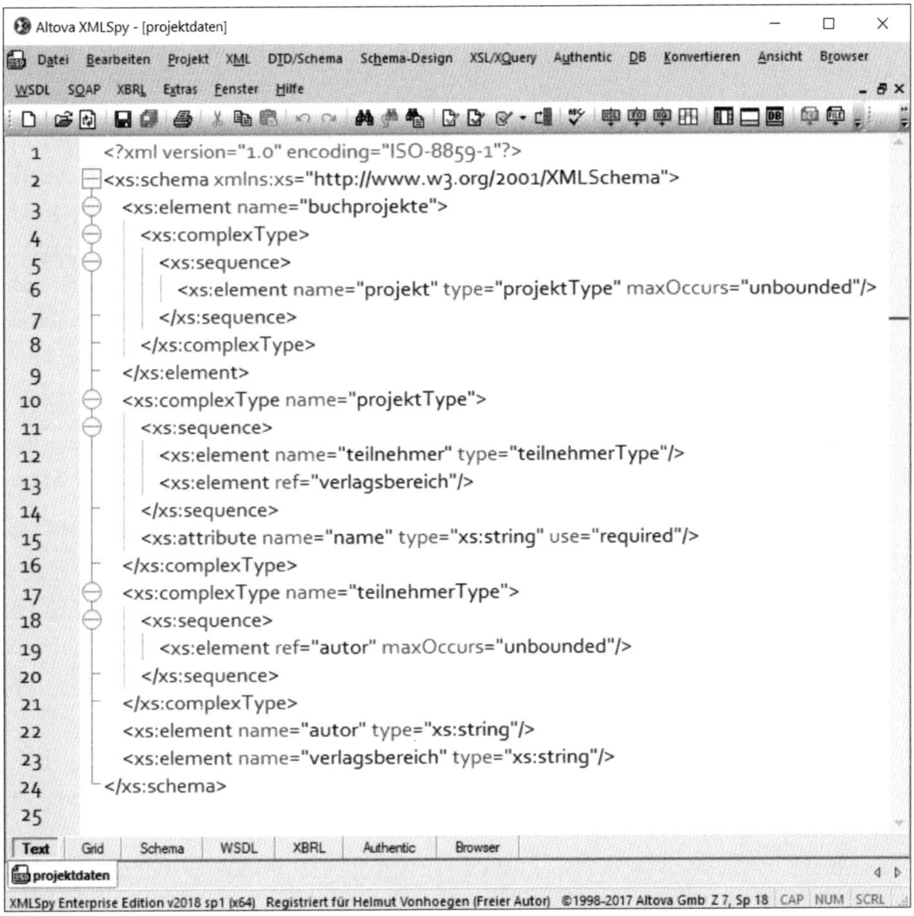

```
<?xml version="1.0" encoding="ISO-8859-1"?>
<xs:schema xmlns:xs="http://www.w3.org/2001/XMLSchema">
  <xs:element name="buchprojekte">
    <xs:complexType>
      <xs:sequence>
        <xs:element name="projekt" type="projektType" maxOccurs="unbounded"/>
      </xs:sequence>
    </xs:complexType>
  </xs:element>
  <xs:complexType name="projektType">
    <xs:sequence>
      <xs:element name="teilnehmer" type="teilnehmerType"/>
      <xs:element ref="verlagsbereich"/>
    </xs:sequence>
    <xs:attribute name="name" type="xs:string" use="required"/>
  </xs:complexType>
  <xs:complexType name="teilnehmerType">
    <xs:sequence>
      <xs:element ref="autor" maxOccurs="unbounded"/>
    </xs:sequence>
  </xs:complexType>
  <xs:element name="autor" type="xs:string"/>
  <xs:element name="verlagsbereich" type="xs:string"/>
</xs:schema>
```

Abbildung 1.5 Das XML-Schema, das der DTD entspricht

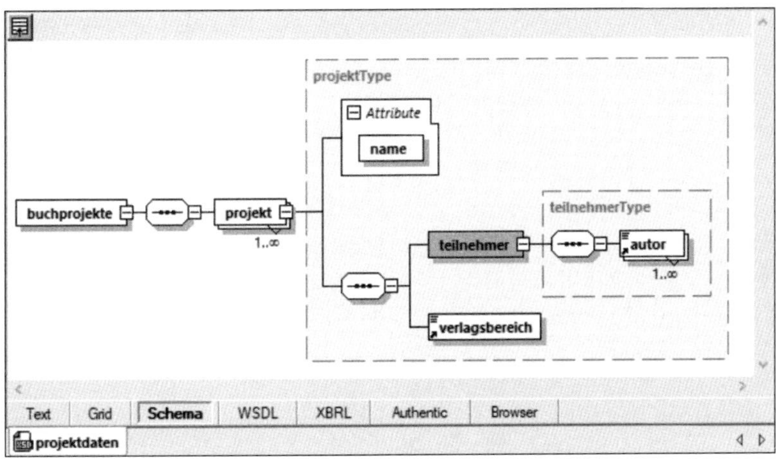

Abbildung 1.6 Das XML Schema als Diagramm in XMLSpy

1.1.5 Formatierte Datenausgabe

Die Ausgabe von XML-Daten im Webbrowser wie in Abbildung 1.1 ist natürlich nur ein Provisorium. Der wesentliche Unterschied zwischen einer XML- und einer HTML-Datei ist, dass das XML-Dokument eine reine Datensammlung ist, die zunächst noch keinerlei Hinweis darauf enthält, wie die Daten etwa in einem Browser zu präsentieren sind. Die Darstellung in Abbildung 1.1 kommt auch in dieser Form nur dadurch zustande, dass der Internet Explorer ein paar minimale Formatierungen vorgibt, etwa um die Tag-Namen farbig hervorzuheben. Andere Browser verhalten sich hier anders. Google Chrome zum Beispiel verwendet statt der Plus- oder Minuszeichen kleine Dreiecke.

Um die Daten in einer brauchbaren Form auszugeben, kann dem XML-Dokument ein Stylesheet beigegeben werden, entweder in Form von einfachen CSS-Stylesheets, wie sie auch für die Formatierung von HTML-Seiten verwendet werden, oder mit Stylesheets, die in der XML-Sprache XSLT oder XSL geschrieben sind.

Ein solches XSLT-Stylesheet könnte in diesem Fall beispielsweise so aussehen:

```
<?xml version="1.0" encoding="UTF-8"?>
<xsl:stylesheet version="1.0" xmlns:xsl="http://www.w3.org/1999/XSL/
  Transform" xmlns:fo="http://www.w3.org/1999/XSL/Format">
  <xsl:template match="/">
    <html>
      <head>
        <title>Buchprojekte</title>
      </head>
      <xsl:apply-templates select="buchprojekte"/>
    </html>
  </xsl:template>
  <xsl:template match="buchprojekte">
    <body>
       <h1>Aktuelle Buchprojekte:</h1>
       <xsl:apply-templates select="projekt"/>
    </body>
  </xsl:template>
  <xsl:template match="projekt">
    <h3><xsl:value-of select="@name"></xsl:value-of></h3>
    <p>Autor(en):  <xsl:apply-templates select="teilnehmer"/></p>
    <p>Verlagsbereich: <xsl:value-of select="verlagsbereich">
    </xsl:value-of></p>
  </xsl:template>
  <xsl:template match="teilnehmer">
    <xsl:for-each select="autor">
      <p><xsl:value-of select="text()"></xsl:value-of></p>
```

```
    </xsl:for-each>
  </xsl:template>

</xsl:stylesheet>
```

Listing 1.2 projektdaten.xsl

Wird das XML-Dokument mit einer entsprechenden Anweisung mit dem Stylesheet verknüpft, zeigt beispielsweise der Edge-Browser beim Öffnen des XML-Dokuments das in Abbildung 1.7 dargestellte Ergebnis.

Abbildung 1.7 Die formatierte Ausgabe der Projektdaten in Microsoft Edge

1.2 XML – universale Metasprache und Datenaustauschformat

Der globale Erfolg des Internets wäre ohne offene Standards wie TCP/IP, HTTP und HTML nicht möglich gewesen. Derselben Philosophie ist XML verpflichtet, häufig auch als *lingua franca* bezeichnet, in Anlehnung an die von den venezianischen Kaufleuten im Mittelmeerraum verwendete Verkehrssprache, einem mit arabischen Elementen vermischten Italienisch.

1.2.1 Unabhängigkeit von Anwendungen und Plattformen

Während die angesprochene Gruppe von offenen Standards dafür gesorgt hat, dass die Kommunikation zwischen Computern und die Präsentation von Daten weltweit möglich wurde, fehlte zunächst ein Standard, mit dessen Hilfe die Inhalte so strukturiert und beschrieben werden konnten, dass sie unabhängig von Anwendung und Plattform austauschbar sind und damit jederzeit wiederverwendet werden können.

Diesen Standard stellt die XML-Sprachfamilie bereit, deren weltweite Geltung vom Word-Wide-Web-Konsortium – W3C – gewährleistet wird, das auch für die meisten anderen Standards verantwortlich ist, die den globalen Erfolg des Webs möglich gemacht haben. Die Hoffnungen, die mit XML verknüpft sind, gehen im Kern dahin, den Austausch von Informationen in ähnlicher Weise von Grenzen und Hindernissen zu befreien, wie der weltweite Handel durch den Abbau von Grenzbefestigungen und Zollschranken freier geworden ist.

1.2.2 SGML → HTML → XML

Es sind hauptsächlich zwei Motive, die die Entwicklung von XML befördert haben. Zum einen ergab sich, dass die bereits seit 1969 für die Beschreibung von Dokumentstrukturen hauptsächlich verwendete *Standard Generalized Markup Language (SGML)* für den Alltagsgebrauch zu komplex war, zum anderen galt HTML, die bisher einflussreichste aus SGML abgeleitete Auszeichnungssprache, aufgrund des eingeschränkten Satzes von Elementtypen für die weitere Entwicklung des Webs als zu inflexibel.

Zwar wurden häufiger neue HTML-Tags erfunden, aber diese Entwicklungen untergruben teilweise den Standard und führten für Entwickler und Webbesucher zu unangenehmen Browser-Inkompatibilitäten. Im Unterschied zu HTML gibt es bei XML keine festgelegte Liste von Tags. Der Entwickler kann seine eigenen Tags für die Strukturierung seiner Daten erfinden, oder er stützt sich auf öffentlich verfügbare Vokabulare, die für immer mehr Gegenstandsbereiche entwickelt werden.

Außerdem hat HTML den Nachteil, dass in vielen Fällen bei der Übersetzung von Dokumenten und Datenbeständen in der Darstellung von Webseiten Informationsgehalt verloren geht. Nehmen Sie den Fall, dass Daten aus einer Datenbanktabelle einfach in eine HTML-Tabelle übernommen werden. Zwar sieht die abgebildete Tabelle in etwa so aus, wie die entsprechende Tabelle im Fenster eines Datenbankprogramms. Während aber der Name eines Feldes in der Datenbank Ihnen den Zugriff auf die Daten der entsprechenden Spalte ermöglicht, ist der entsprechende Name im Kopf der HTML-Tabelle nur ein einfacher Text.

Aus diesem Grund sind Suchmaschinen im Web im Wesentlichen auf die Volltextsuche angewiesen, weil die Webseiten zu wenige Informationen über die von ihnen dargebotenen Informationen anbieten, wenn man einmal von den üblichen `<meta>`-Tags absieht. Dass XML hier einen intelligenteren Zugriff eröffnet, war eine der Hoffnungen in Bezug auf die weitere Entwicklung des Webs.

Im Laufe der Zeit hat sich allerdings gezeigt, dass die Webentwickler eine viel stärkere Verhaftung an HTML entwickelt haben als zunächst angenommen. Mit HTML5 wurde deshalb eine Entwicklung in Gang gesetzt, die die Möglichkeiten von HTML noch einmal wesentlich erweitert hat. Darauf wird in Kapitel 15 noch eingegangen.

1.2.3 Lob des Einfachen

Der Kern von XML ist einfach, und das ist sicherlich einer der Hauptgründe für seine universale Ausbreitung. XML definiert eine Syntax, um strukturierte Datenbestände jeder Art mit einfachen, verständlichen Auszeichnungen zu versehen, die zugleich von Anwendungen der unterschiedlichsten Art ausgewertet werden können. Diese Syntax ist aber zugleich streng. Der Anwender kann sich so seine eigenen Vokabulare zur Beschreibung der Dinge, mit denen er zu tun hat, aufbauen oder auf Vokabulare zurückgreifen, wie sie beispielsweise von Zusammenschlüssen einer Branche oder E-Commerce-Konsortien angeboten werden.

Daten und Auszeichnungen werden einfach in Textform abgelegt. Damit steht zugleich ein Datenaustauschformat zur Verfügung, das universal eingesetzt werden kann. Im Prinzip reicht für die Erstellung eines XML-Dokuments ein einfacher Texteditor, stattdessen gibt es aber auch komfortable XML-Editoren und komplette Entwicklungsumgebungen, die dem Entwickler eine Menge Arbeit abnehmen.

1.2.4 Inhaltsbeschreibungssprache

Die Extensible Markup Language ist keine Programmiersprache, da ihr Elemente für die Steuerung von Programmabläufen fehlen. Sie ist auch keine Seitenbeschreibungssprache wie etwa PostScript. Meist wird sie als Auszeichnungssprache bezeichnet, aber von einer einfachen Auszeichnungssprache wie HTML mit einer festgelegten Liste von Tags unterscheidet sie sich durch ihren generischen Charakter, also durch das X, durch die freie Erweiterbarkeit.

XML ist insofern eher eine Sprache zur Erzeugung von konkreten Auszeichnungssprachen oder – etwas hoch gegriffen – eine Metasprache. »Inhaltsbeschreibungssprache« schlagen Rothfuss/Ried in ihrem Buch »Content Management mit XML« (2001 im Springer Verlag erschienen) als passenderen Namen vor. Mit Hilfe von XML lassen sich bereichsspezifische Vokabulare festlegen, um die Elemente, aus denen sich Dokumente oder andere strukturierte Datenobjekte zusammensetzen, so zu beschreiben, dass Computer mit diesen Elementen umgehen können, als ob sie verstünden, was die den Elementen gegebenen Namen bedeuten.

Die große Stärke von XML ist dabei insbesondere, dass inhaltliche Strukturen in einer beliebigen Tiefe verschachtelt werden dürfen, so dass auch hochkomplexe Hierarchien jeder Art repräsentiert werden können.

1.2.5 Trennung von Inhalt und Form

Mit Hilfe von XML ist es möglich, die Struktur, den Inhalt und die Darstellung eines Dokuments streng zu trennen und entsprechend dann auch unabhängig voneinander zu be- und verarbeiten. Während die Tags in HTML in erster Linie festlegen, in welcher Form Inhalte in einem entsprechenden Medium ausgegeben werden sollen, wird mit XML versucht, die Bedeutung von Daten so festzuhalten, dass nicht nur Menschen, sondern auch Maschinen damit etwas anfangen können. Das erlaubt zum einen eine Prüfung der Gültigkeit von Dokumenten, ist zugleich aber auch die Basis für erweiterte Formen der Gestaltung und der Verknüpfung von Dokumenten.

Trotz des Einsatzes von Stylesheets ist eine klare Trennung von Inhalt und Form in HTML nicht möglich. Tags wie `<h1>`, `<h2>` etc. mischen inhaltliche Elemente – immer handelt es sich um Überschriften – unweigerlich mit Formatierungsanweisungen, auch wenn die Art der Formatierung variiert werden kann. Die Schwäche von HTML wird besonders bei Suchoperationen deutlich.

1.2.6 Vom Dokumentformat zum allgemeinen Datenformat

Zwar wurde XML zunächst als eine »digitale Repräsentation von Dokumenten« entworfen, entsprechend ihrer Entstehung als Light-Version der schwer zugänglichen Metasprache SGML – der SGML-Standard wurde auf etwa 500 Seiten definiert, für XML waren nur 40 erforderlich –, inzwischen aber hat XML längst die Aufmerksamkeit von Datenbankexperten, B2B- sowie E-Commerce-Entwicklern auf sich gezogen.

Die Zahl der Programme, die ihre Daten automatisch in XML ausgeben oder importieren können, nimmt in allen Softwarebereichen ständig zu. Gleichzeitig stehen zahlreiche Möglichkeiten zur Verfügung, XML-Dokumente anzuzeigen, auszuwerten und weiterzuverarbeiten.

Die Übersetzung von Datenbeständen in XML ergibt natürlich nur Sinn, wenn die dabei entstehenden XML-Dokumente von entsprechenden XML-Prozessoren, von Webbrowsern, Datenbanken, LDAP-Verzeichnisdiensten oder von Anwendungen auf mobilen Geräten auch ausgewertet und genutzt werden können. Dazu können die unterschiedlichsten Werkzeuge verwendet werden, angefangen bei einfachen JavaScripts bis hin zu komplexen Lösungen aus der Java-, COM- oder .NET-Welt.

1.2.7 Globale Sprache für den Datenaustausch

Seit der Einführung von XML im Jahre 1998 gab es kritische Kommentatoren, die XML als weitschweifige Variante des altertümlichen CSV-Datenformats abkanzelten, während häufig auf der Seite der Protagonisten die Inflation des Wortes »Revolution« vorangetrieben wurde. Die Bedeutung, die XML seitdem für die Entwicklung der Informationsverarbeitung gewonnen hat, hing aber nicht allein von den internen Eigenschaften des Produkts ab. Entscheidend war insbesondere, dass XML und die zugehörige Sprachfamilie tatsächlich von allen maßgeblichen Seiten als globaler Standard für den Datenaustausch akzeptiert wurden. Auch Esperanto ist von der Idee her nicht schlecht, aber die Entwicklung ist an dieser Idee vorbeigelaufen.

Häufig verwenden Anwendungen zudem XML als Vorzugsformat für alle Informationen, die die Anwendung selbst betreffen und steuern. Abbildung 1.8 zeigt ein typisches Beispiel, wie Anwendungseinstellungen in XML gespeichert werden. Apache benutzt beispielsweise XML als Format für die Konfigurationsdateien, die den Tomcat-Webserver steuern.

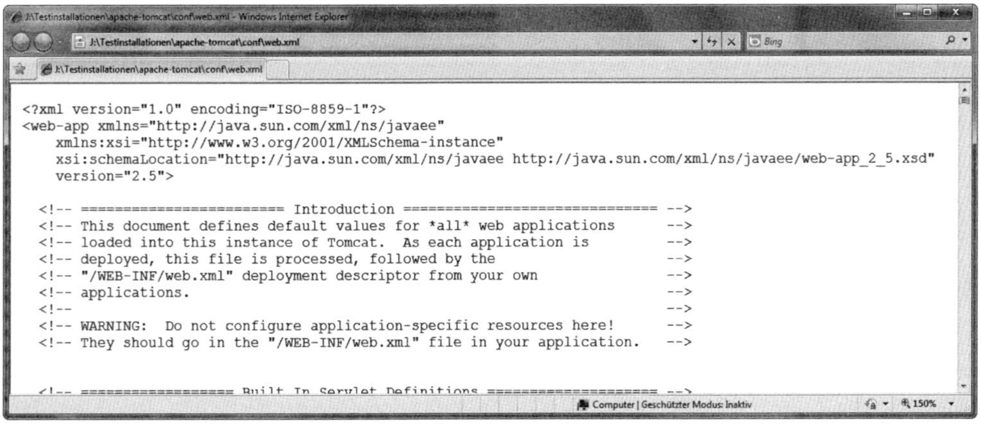

```
<?xml version="1.0" encoding="ISO-8859-1"?>
<web-app xmlns="http://java.sun.com/xml/ns/javaee"
    xmlns:xsi="http://www.w3.org/2001/XMLSchema-instance"
    xsi:schemaLocation="http://java.sun.com/xml/ns/javaee http://java.sun.com/xml/ns/javaee/web-app_2_5.xsd"
    version="2.5">

  <!-- ======================== Introduction ============================== -->
  <!-- This document defines default values for *all* web applications      -->
  <!-- loaded into this instance of Tomcat.  As each application is          -->
  <!-- deployed, this file is processed, followed by the                     -->
  <!-- "/WEB-INF/web.xml" deployment descriptor from your own                -->
  <!-- applications.                                                         -->
  <!--                                                                       -->
  <!-- WARNING:  Do not configure application-specific resources here!      -->
  <!-- They should go in the "/WEB-INF/web.xml" file in your application.   -->

  <!-- ================== Built In Servlet Definitions ==================== -->
```

Abbildung 1.8 XML als Format für die Konfiguration des Tomcat-Servers

XML hat längst eine umfassende Unterstützung durch die großen Softwareanbieter wie IBM, Microsoft, Oracle etc. erreicht. Inzwischen werden die Dokumente der klassischen Büroanwendungen wie Textverarbeitung oder Tabellenkalkulation in erster Linie in XML-Dateiformaten gespeichert. Die Verbreitung des XML Schema-Standards hat das Gewicht der XML-Technologie weiter befördert. Insofern kann von zukunftssicheren Investitionen gesprochen werden, wenn Energie in die Entwicklung von X-Lösungen gesteckt wird.

In jedem Fall hat XML die Art und Weise, wie Dokumente und Daten zwischen den unterschiedlichen Anwendungen, Systemen und Medien ausgetauscht werden, ganz entscheidend verbessert und mitgeholfen, die automatisierte Verarbeitung der immer schneller anwachsenden Informationsmassen zu befördern.

1.3 Übersicht über die Sprachfamilie XML

Wenn über die Errungenschaften oder Verheißungen von XML gesprochen wird, ist in der Regel nicht bloß der XML-Standard selbst gemeint, sondern ein ganzes Bündel von Standards, die die Sprachfamilie XML bilden. Den schnellsten Zugang zum aktuellen Stand aller Standardisierungsprojekte des W3C finden Sie über die Adresse *www.w3.org/TR/*.

Abbildung 1.9 gibt einen kurzen Überblick über die wichtigsten Mitglieder der Sprachfamilie.

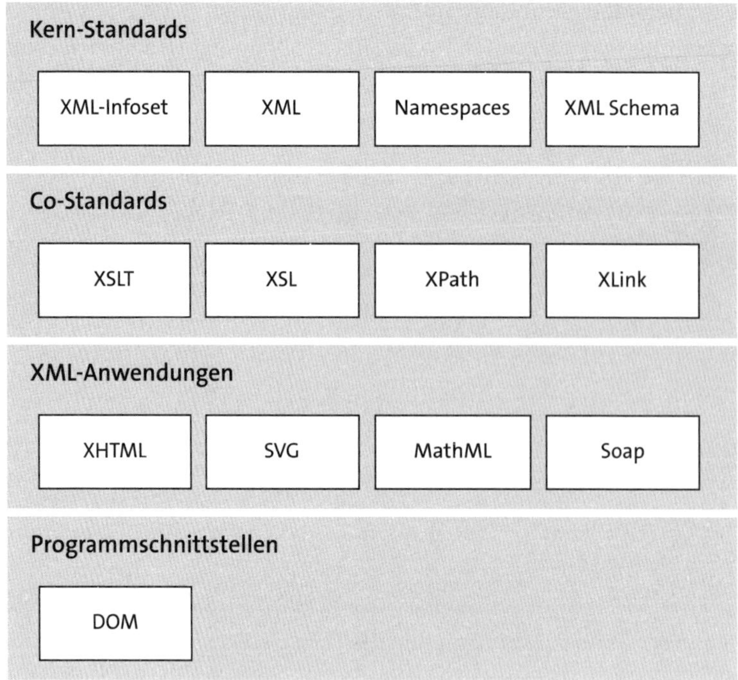

Abbildung 1.9 Überblick über die Sprachfamilie XML

1.3.1 Kernspezifikationen

Den Kern der Sprachfamilie bilden die *XML 1.0*-Spezifikation (seit Februar 1998), ihre Erweiterung mit *XML Namespaces* (seit Januar 1999) und seit Mai 2001 die Sprache zur Definition von Inhaltsmodellen, *XML Schema*. Die theoretische Basis dieser vom W3C verabschiedeten Empfehlungen, die direkt den Inhalt von XML-Dokumenten betreffen, wurde im Oktober 2001 noch einmal separat als *XML Information Set* – kurz *Infoset* – formuliert, um einen konsistenten Satz von Definitionen für alle Spezifikationen rund um XML zur Verfügung zu stellen.

Seit 1998 ist die XML-Spezifikation – abgesehen von einigen nachträglichen Fehlerkorrekturen (die fünfte Edition erschien im November 2008) – unverändert geblieben, was ihre Verbreitung durchaus befördert hat. 2004 verabschiedete das W3C eine Version 1.1, die der Weiterentwicklung von Unicode zu Version 4.0 und darüber hinaus entsprechen sollte. 2006 erschien eine Second Edition der Version 1.1. Näheres dazu finden Sie in Abschnitt 2.10. Obwohl die Änderungen von Version 1.0 zu 1.1 insgesamt gering blieben, sind die entsprechenden XML-Dokumente nicht kompatibel. Eine XML 1.1-Datei ist für einen Version 1.0-Parser unter Umständen also nicht wohlgeformt. Praktisch folgt daraus, dass die Version 1.1 wohl über die nächsten Jahre in der täglichen Arbeit mit XML-Daten kaum eine Rolle spielen wird. Aus diesem Grund wird in diesem Buch auch weiterhin von der Version 1.0 ausgegangen.

1.3.2 Ergänzende Spezifikationen

Die *Extensible Stylesheet Language – XSL* – ist für die Formatierung von XML-Dokumenten zuständig. Diese Aufgabe erwies sich als so umfangreich, dass XSL in drei Teile zerlegt wurde. Zunächst war es notwendig, eine Sprachregelung für die exakte Adressierung der einzelnen Einheiten in der Struktur eines XML-Dokuments zu schaffen. Dafür wurde bereits im November 1999 ein Standard mit der *XML Path Language – XPath* – geschaffen.

Auf der Basis der Adressierungsregelung durch *XPath* wurden ebenfalls im November 1999 die *XSL Transformations – XSLT* – standardisiert, eine Sprache für die Umwandlung eines XML-Dokuments in ein anderes XML-Dokument oder auch ein anderes Format.

Die nächste Version – *XPath 2.0* – lag seit Januar 2007 als Empfehlung vor. Ebenfalls im Januar 2007 wurde die Empfehlung für *XSLT 2.0* veröffentlicht. Als Erweiterung von XPath wurde gleichzeitig die Empfehlung für die Abfragesprache *XQuery 1.0* verabschiedet. *XPath 3.0* kam im April 2014, *XPath 3.1* gibt es seit März 2017. *XSLT 3.0* folgte im Juni 2017. Ergänzend dazu erschienen im März 2017 Empfehlungen, die das Zusammenspiel von XPath, XSLT und XQuery regeln, etwa *XSLT and XQuery Serialization 3.1* oder *XPath and XQuery Functions and Operators 3.1*.

Die Formatierung von XML-Dokumenten mit XSL findet praktisch in einem zweistufigen Verfahren statt, bei dem das Dokument mit Hilfe von XSLT inhaltlich für die vorgesehene Präsentation präpariert wird, um das so gewonnene Material schließlich mit den vorgesehenen Formatierungen auszugestalten. XSLT kann aber auch unabhängig von Formatierungsaufgaben zur Umwandlung von XML-Dokumenten aus einem XML-Vokabular in ein anderes und insbesondere zur Erzeugung von HTML-Seiten verwendet werden.

Das eigentliche Vokabular für die Spezifizierung von Formatierungsregeln durch XSL sind die *XSL Formatting Objects*, ein Vokabular, das alle möglichen Gestaltungsmerkmale einer Publikation abdecken soll. XSL wurde im Oktober 2001 als Empfehlung verabschiedet. Die Version 1.1 folgte im Dezember 2006.

Dass auch Cascading Stylesheets für die Formatierung von XML-Dokumenten verwendet werden können, wurde in einer kurzen Empfehlung vom Juni 1999 geregelt.

1.3.3 Programmierschnittstellen

Schnittstellen für den Zugriff auf XML-Dokumente von anderen Anwendungen aus oder innerhalb von Webseiten hat das W3C in einer mehrteiligen Spezifikation für das *Document Object Model – DOM* – definiert, die seit 2004 Level 3 erreicht hat. Dabei handelt es sich um abstrakte Schnittstellen, die in konkreten Entwicklungsumgebungen implementiert werden können.

Eine andere Programmierschnittstelle mit dem Namen *Simple API for XML – SAX –* hat sich dagegen neben dem W3C als De-facto-Standard etabliert, entwickelt von einer Gruppe, die über die XML-DEV-Mailingliste kooperierte. Die Spezifikation kann über *www.saxproject.org* eingesehen werden.

In der Java-Welt werden zahlreiche Programmierschnittstellen unter dem Titel *Java API for XML Processing – JAXP –* zur Verfügung gestellt. Microsoft entwickelte zunächst eine DOM-Implementierung und APIs für SAX2 in Form der *XML Core Services* (*MSXML*) für die COM-Welt. Innerhalb des Microsoft .NET-Frameworks stehen über die *System.Xml*-Bibliothek Basisklassen für das Lesen und Schreiben von XML-Dokumenten zur Verfügung. Mehr Details dazu finden Sie in Kapitel 10, »Programmierschnittstellen für XML«.

1.3.4 XML-Anwendungen

Die Bezeichnung *XML-Anwendung* wird für Auszeichnungssprachen verwendet, die mit Hilfe von XML definiert wurden. Es handelt sich also um XML-Vokabulare oder Dokumenttypen, die für bestimmte Bereiche fixiert wurden. In Abbildung 1.9 sind nur ein paar besonders wichtige aufgeführt: *XHTML*, die XML-kompatible Reformulierung von HTML, *Scalable Vector Graphics – SVG –*, eine Sprache für die Beschreibung von zweidimensionalen Grafikanwendungen und Bildern, *Mathematical Markup Language – MathML –*, eine Sprache für die Darstellung von mathematischen Formeln und komplexer Ausdrücke, sowie *Simple Object Access Protocol – SOAP –*, ein Vokabular für den Nachrichtenaustausch zwischen Anwendungen.

Während MathML in der ersten Version bereits 1999, XHTML seit Mai 2001 und SVG seit September 2001 als Empfehlungen vom W3C verabschiedet sind, wurde SOAP erst im Juni 2003 in mehreren Teilen vom W3C spezifiziert, basierend auf einem Vorschlag zu SOAP von einigen Firmen, der zunächst nur als Note des W3C veröffentlicht worden war.

1.4 XML-Editoren und Entwicklungsumgebungen

Aufgrund des Textformats lassen sich XML-Dokumente, DTDs und Schemas oder XSL- und XSLT-Dateien im Prinzip mit jedem Texteditor erstellen und bearbeiten. Das verspricht allerdings eine Menge < und > und wieder </ und >. Und der Name in jedem End-Tag muss haargenau mit dem im Start-Tag übereinstimmen. Außerdem muss die Groß- und Kleinschreibung immer beachtet werden. Das allein schon spricht für den Einsatz spezieller Editoren.

1.4.1 Editoren für XML

Es gibt eine ganze Reihe von komfortablen XML- und Stylesheet-Editoren, die den Anwendern vieles abnehmen können, schon dadurch, dass End-Tags immer automatisch erzeugt werden, wenn das Start-Tag abgeschlossen ist.

Eine einfache Lösung ist die von Microsoft seit Anfang 2007 angebotene freie Version von XML Notepad, die eine übersichtliche Oberfläche für das Editieren und Ansehen von XML-Dokumenten zur Verfügung stellt. Der Editor beherrscht auch die direkte Überprüfung der Eingabe gegenüber einem vorhandenen Schema und kann die Daten auch mit einem eingebauten HTML-Viewer anzeigen.

Die Hierarchie der Elemente kann in einer Baumansicht angezeigt werden. Die aktuelle Version wird über *https://archive.codeplex.com*, das von Microsoft unterstützte Archiv seiner Open-Source-Projekte, angeboten.

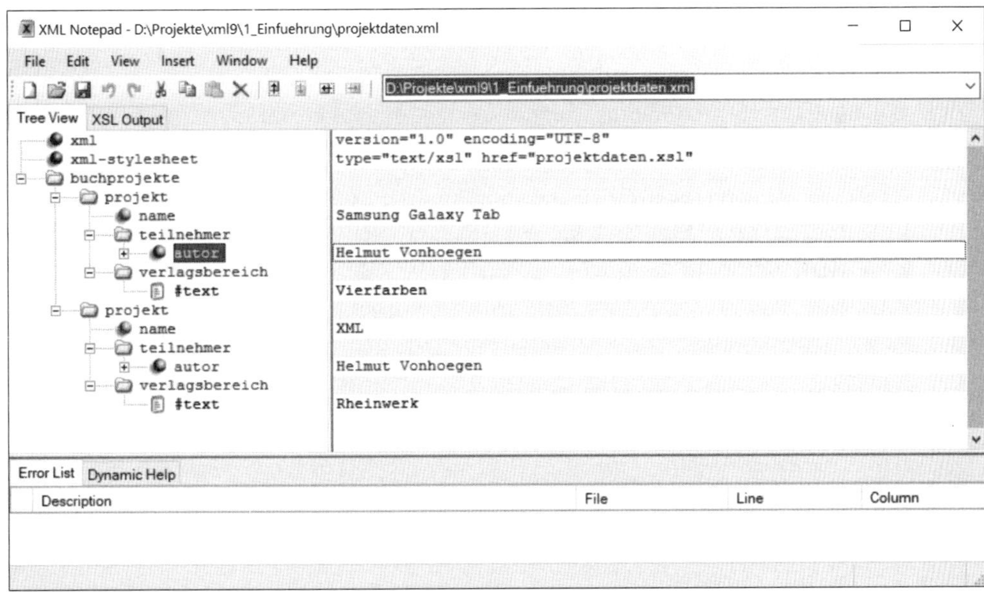

Abbildung 1.10 Baumansicht eines XML-Dokuments in XML Notepad

Komplette XML-Entwicklungswerkzeuge wie XMLSpy oder Stylus Studio, um nur zwei zu nennen, unterstützen Sie bei der Arbeit, zum Beispiel durch kontextsensitive Elementlisten oder Attribut-Inspektoren, und sorgen durch integrierte XML-Prozessoren dafür, dass die Wohlgeformtheit und auch die Gültigkeit der Dokumente schon während der Entwicklung jederzeit geprüft werden kann. (Testversionen finden Sie unter *www.altova.de* bzw. *www.stylusstudio.com*.)

Tools wie XMLSpy unterstützen auch die Generierung von Eingabemasken für XML-Dokumente, die Ihnen die manuelle Eingabe von Tags gleich ganz abnehmen.

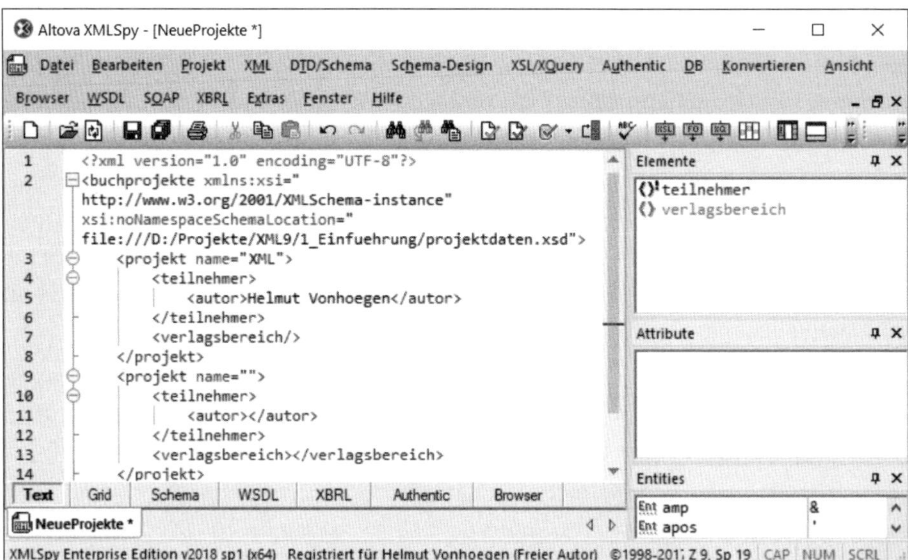

Abbildung 1.11 Vorgabe von Tags aufgrund eines Schemas in XMLSpy

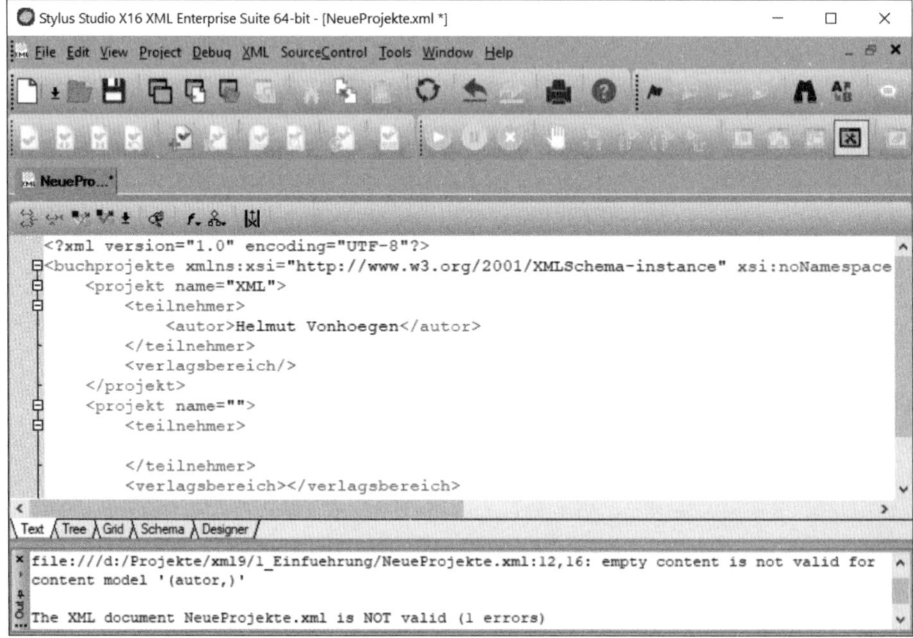

Abbildung 1.12 Fehlermeldung beim Prüfen eines Dokuments in Stylus Studio

1.4.2 Schema- und Stylesheet-Designer

Insbesondere der Entwurf von DTDs oder XML-Schemas wird sehr erleichtert durch grafische Designansichten, in denen die Baumstruktur eines XML-Dokuments aufgebaut und geprüft werden kann. Diese Programme sind außerdem in der Lage, DTDs oder Schemas aus bestehenden XML-Dokumenten zu generieren oder DTDs in XML-Schemas zu übersetzen. Meist lassen sich die Ergebnisse wenigstens als Ausgangspunkt für ein endgültiges Dokumentmodell verwenden.

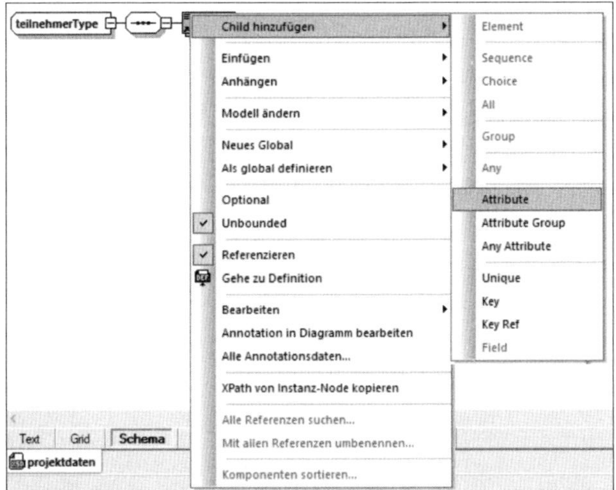

Abbildung 1.13 Grafischer Entwurf eines Schemas in XMLSpy

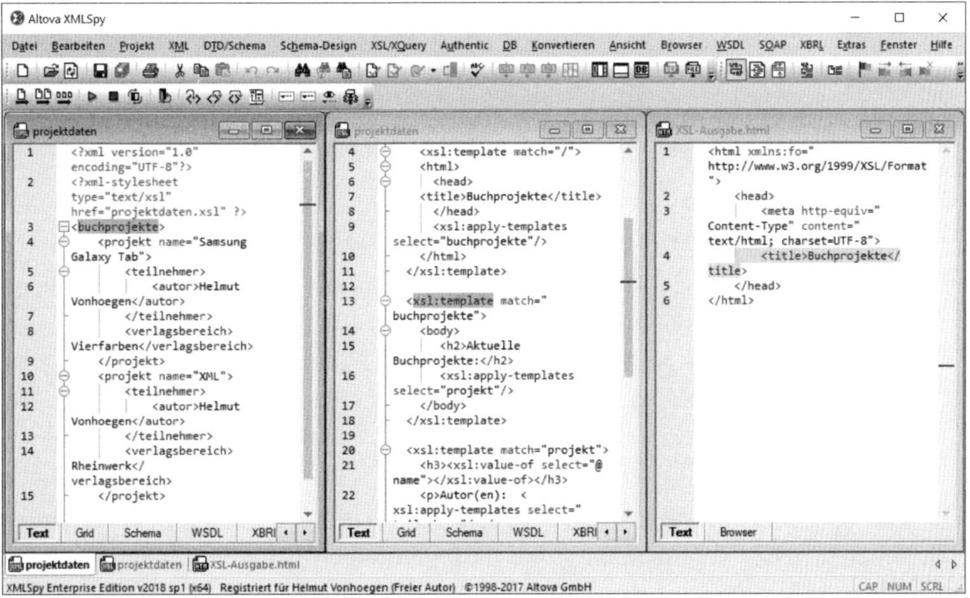

Abbildung 1.14 XSLT-Entwicklung mit XMLSpy

Auch für die Entwicklung von Stylesheets sind komfortable Werkzeuge auf dem Markt. XMLSpy bietet beispielsweise einen leistungsfähigen Debugger für den XSLT-Code, mit dem der Aufbau der Ausgabe schrittweise verfolgt werden kann.

1.4.3 Entwicklungsumgebungen mit XML-Unterstützung

Neben solchen Spezialprogrammen für XML-Anwendungen finden Sie auch in allgemeinen Entwicklungsumgebungen wie Eclipse oder Visual Studio .NET spezielle Editoren für XML.

Sie werden im Verlauf des Buches einige dieser Werkzeuge in Aktion sehen. Im Anhang finden Sie eine Liste von Links zu Werkzeugen und Tools rund um XML.

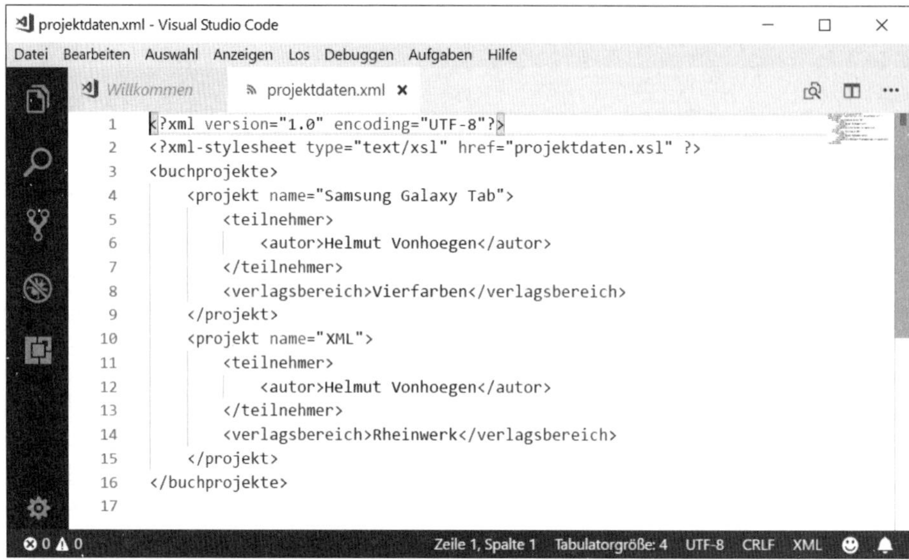
projektdaten.xml - Visual Studio Code
Datei Bearbeiten Auswahl Anzeigen Los Debuggen Aufgaben Hilfe
Willkommen
projektdaten.xml
<?xml version="1.0" encoding="UTF-8"?>
<?xml-stylesheet type="text/xsl" href="projektdaten.xsl" ?>
<buchprojekte>
<projekt name="Samsung Galaxy Tab">
<teilnehmer>
<autor>Helmut Vonhoegen</autor>
</teilnehmer>
<verlagsbereich>Vierfarben</verlagsbereich>
</projekt>
<projekt name="XML">
<teilnehmer>
<autor>Helmut Vonhoegen</autor>
</teilnehmer>
<verlagsbereich>Rheinwerk</verlagsbereich>
</projekt>
</buchprojekte>
Zeile 1, Spalte 1 Tabulatorgröße: 4 UTF-8 CRLF XML

Abbildung 1.15 Editieren eines XML-Dokuments in Visual Studio Code

1.4.4 XML-Dokumente über Standardanwendungen

In vielen Situationen ist es gar nicht erforderlich, spezielle Editoren für die Erstellung von XML-Dokumenten zu verwenden, weil die Daten aus Standardanwendungen entweder direkt in XML ausgegeben oder in das XML-Format exportiert werden können, das dann als zusätzliches Datenformat angeboten wird. Auf XML als Standardformat für Office-Anwendungen wird in Kapitel 12, »XML in Office-Anwendungen«, eingegangen.

Dies gilt etwa für Textdateien oder Datenbanken. Auch viele Grafikprogramme unterstützen sowohl den Export als auch den Import im XML-Format. Vor allem

Adobe hat seine Programme in dieser Hinsicht immer stärker erweitert, etwa Illustrator oder InDesign.

Besonders einfach ist die Erstellung von XML-Dokumenten aus Microsoft-Access-Tabellen. Über die Funktion EXPORTIEREN • XML-DATEI im Kontextmenü zu einer Tabelle können nicht bloß reine XML-Dokumente aus Tabellen generiert werden, sondern gleich auch passende XML-Schemas und XSL-Stylesheets. Hier ein Beispiel für ein automatisch erzeugtes XML-Dokument aus einer Access-Datentabelle:

```
<?xml version="1.0" encoding="UTF-8"?>
<dataroot … xmlns:od="urn:schemas-microsoft-com:officedata">
  <adressdaten>
    <ID>1</ID>
    <Vorname>Jan</Vorname>
    <Nachname>Korn</Nachname>
    <Strasse>Poststr. 10</Strasse>
    <PLZ>50678</PLZ>
    <Ort>Köln</Ort>
  </adressdaten>
  <adressdaten>
    <ID>2</ID>
    <Vorname>Helga</Vorname>
    <Nachname>Cron</Nachname>
    <Strasse>Salierring 12</Strasse>
    <PLZ>50678</PLZ>
    <Ort>Köln</Ort>
  </adressdaten>
</dataroot>
```

Die Daten der Tabelle werden in ein XML-Dokument mit dem Wurzelelement `<dataroot>` eingefügt, dessen Namensraumattribut `od` die Herkunft aus einem Office-Programm verrät.

1.4.5 Parser und andere Prozessoren

Wie schon angesprochen sind für die Verwertung von XML-Dokumenten spezielle XML-Prozessoren notwendig, die die Daten parsen und bei Bedarf auch auf Gültigkeit prüfen können. Zusätzlich werden für die Ausgabe mit Hilfe von Stylesheets spezielle XSLT-Prozessoren und XPath-Prozessoren benötigt. Für Abfragen mit XQuery werden ebenfalls spezielle XQuery-Prozessoren genutzt.

In diesem Buch werden Sie zunächst Anwendungen auf der Basis der *Microsoft XML Core Services (MSXML; msdn.microsoft.com/xml/default.aspx)* und der *Java API for XML Processing (JAXP)* kennenlernen. In Kapitel 10, »Programmierschnittstellen für

XML«, und Kapitel 11, »Kommunikation zwischen Anwendungen«, wird außerdem mit XML-Klassen aus dem .NET Framework von Microsoft gearbeitet. Für einen Einstieg können die frei verfügbaren Editionen von Visual Studio verwendet werden.

Da XML bekanntlich plattform- und sprachunabhängig ist, wird es in der Regel kein Problem sein, die in diesem Buch gezeigten Beispiele auch mit anderen Werkzeugen nachzuvollziehen, die die entsprechenden Standards unterstützen.

1.5 Anwendungsbereiche

Dieser Abschnitt ist dazu gedacht, Ihnen einige Hinweise zu wichtigen Implementierungen von XML zu geben. Dabei geht es insbesondere darum, einen Eindruck von der Vielfalt der Anwendungsmöglichkeiten zu vermitteln.

Während bei der Entstehung von XML vor allem die Verarbeitung von Textdokumenten, ihre Publikation im Web und ihre »intelligente« Nutzung im Fokus standen, rückte XML später insbesondere auch im Bereich der Datenbanktechnologien und der Verarbeitung strukturierter Daten als Basistechnologie in den Blick.

1.5.1 XML-Vokabulare

Dass sich XML inzwischen als Metasprache für benutzerdefinierte Markup-Sprachen etabliert hat, belegt die ständig wachsende Zahl von XML-Sprachen, die sich in bestimmten Bereichen oder für bestimmte Anwendungsformen etabliert haben. Wir wollen hier ein paar Hinweise zu einigen dieser Sprachen geben.

Dokumentauszeichnung und Content Management

Wichtige XML-Vokabulare wurden für Bereiche entwickelt, in denen ein besonderer Bedarf für spezielle Formen der Dokumentauszeichnung besteht. Dazu gehört die *Text Encoding Initiative – TEI* –, die DTDs und Schemas für jede Art von Texten anbietet, die in digitaler Form vorliegen. Sie helfen, Online-Recherchen und -Unterricht für Bibliotheken, Museen, Publizisten etc. zu vereinfachen. Inzwischen ist auch eine *TEI-lite*-Version verfügbar. Quelle: *www.tei-c.org*.

Die umfangreiche DTD *DocBook* wurde für Dokumentationen zu Hard- und Software entwickelt. Sie wird seit 2006 vom DocBook Technical Committee als OASIS-Standard gepflegt. Seit der Version V5.x werden neben der DTD die Schemaformate RELAX NG und XML Schema unterstützt. Quelle: *www.oasis-open.org/docbook*. Mehr dazu finden Sie in Abschnitt 3.11.1, »Die Auszeichnungssprache DocBook«.

Eine Alternative zu DocBook ist *DITA*, die von IBM entwickelte *Darwin Information Typing Architecture*. Während DocBook in erster Linie für Bücher und Artikel gedacht ist, geht DITA von Themen aus und liefert Strukturen für die Organisation und Integration umfangreicher Dokumentationen, insbesondere auch für das Web. DITA Version 1.3 liegt seit 2015 als OASIS-Standard vor.

Auch das inzwischen bei elektronischen Büchern weitverbreitete EPUB-Format basiert hauptsächlich auf XML. Die Spezifikation wurde vom *International Digital Publishing Forum – idpf* – veröffentlicht, die Quelle ist *idpf.org/epub*. Mehr dazu finden Sie in Kapitel 14.

NITF, das *News Industry Text Format*, liegt seit 2012 in der Version 3.6 als DTD oder XML Schema vor und soll den Nachrichtenaustausch im Medienbereich durch Hinzufügen von Metadaten so aufbereiten, dass Recherchen erleichtert werden. NITF wird vom International Press Telecommunications Council gepflegt. Quelle: *www.iptc.org*.

Die amerikanischen Behörden benutzen unter dem Namen *NIEM – National Information Exchange Model* – Pakete von XML-Schemas, um die Belange von öffentlichen und privaten Organisationen in zahlreichen Bereichen konsistent abzubilden. Quelle: *www.niem.gov*.

Eine große Rolle im Web spielen inzwischen auch XML-basierte Formate für die Verbreitung von Nachrichten, Blogs etc. Dazu gehören insbesondere die *RSS*-Formate, die Inhalte in Form abonnierbarer Feeds anbieten (siehe *web.resource.org/rss* und *www.rssboard.org*). Die Abkürzung hat versionsweise ihre Bedeutung gewechselt: für *RSS 1.0* gilt *RDF Site Summary*, für *RSS 2.0* wird *Really Simple Syndication* angegeben.

Das sehr übersichtliche Vokabular basiert seit der Version 1.0 auf *RDF*, dem *Resource Description Framework*, einer Sprache zur Beschreibung von Ressourcen im Web, für die ebenfalls eine XML-basierte Syntax zur Verfügung steht (siehe *www.w3.org/TR/rdf-syntax-grammar*).

RSS-Dokumente kombinieren jeweils eine Anzahl von Inhaltseinträgen in `<item>`-Elementen mit den Metadaten der Feeds.

Eine Alternative zu den RSS-Formaten ist das ebenfalls XML-basierte Format *Atom – Atom Syndication Format* –, das ebenfalls für Nachrichtenfeeds genutzt wird. Es verwendet den Atom-Namensraum unter der URL *http://www.w3.org/2005/atom*.

Bei der Darstellung von mathematischen oder chemischen Formeln helfen Vokabulare wie *MathML – Mathematical Markup Language* – und *CML – Chemical Markup Language*. Quellen sind *www.w3.org/math* und *www.sourceforge.net/projects/cml*.

XML bietet sich insbesondere auch als Basistechnologie für das Content Management an, also dort, wo es um einen effektiven Umgang mit umfangreichen Informationsbeständen geht. Es erlaubt nicht nur eine beliebig fein strukturierte Speicherung der Informationen selbst, sondern hilft auch bei der Pflege der notwendigen Metainformationen.

```
<?xml version="1.0" encoding="utf-8"?>
<?xml-stylesheet href="rssstyle.xsl" type="text/xsl"?>
<rss version="2.0">
    <channel>
        <title>Buchempfehlungen für Entwickler</title>
        <link>http://www.helmut-vonhoegen.de/hvrss.xml</link>
        <description>Bemerkungen zu aktuellen Titeln</description>
        <language>de</language>
        <copyright>Helmut Vonhoegen</copyright>
        <pubDate>18.11.2005</pubDate>
        <item>
            <title>Cloud Computing mit der Windows Azure Plattform</title>
            <link>http://www.amazon.de/exec/obidos/ASIN/386645533X/</link>
            <description>Holger Sirtl behandelt in Cloud Computing ....</description>
            <pubDate>2010</pubDate>
            <author>Holger Sirtl</author>
        </item>
        <item>
            <title>Visionäre der Programmierung Die Sprachen und ihre Schöpfer</title>
```

Abbildung 1.16 Auszug aus einem RSS-Feed

Finanztransaktionen und E-Business

Andere Sprachen wurden für spezielle Gebiete wie den Austausch von Finanzdaten entwickelt, zum Beispiel *IFX – Interactive Financial eXchange* (*www.ifxforum.org*) – oder *FIX – Financial Information eXchange Protocol* (*www.fixtradingcommunity.org*).

Besonderes Gewicht haben die Anstrengungen, verbindliche Vokabulare für die Abwicklung von Geschäftsprozessen – branchenübergreifend oder auch branchenspezifisch – zu entwickeln, um die Geschäftsbeziehungen zwischen verschiedenen Firmen (B2B) oder von Firmen zu Kunden (B2C) zu vereinfachen und auch in größerem Umfang durch automatisierte Prozesse kostengünstiger zu gestalten. Allerdings sind diese Versuche teilweise sehr aufwendig konzipiert und überschneiden sich häufig, so dass alternativ dazu die Idee aufkam, einen etwas flexibleren, übergreifenden Versuch mit einer *Universal Business Language – UBL –* zu unternehmen, der Standards für typische Geschäftsdokumente schaffen soll, die auch von kleineren Unternehmen ohne großen Aufwand verwendet werden können. UBL 2.0 wurde im Dezember 2006 als Standard ratifiziert, 2013 folgte die Version 2.1. Mehr Details dazu finden Sie auf *www.oasis-open.org/committees/ubl/*. Im Bereich der Finanzberichterstattung spielt die *eXtensible Business Reporting Language – XBRL –* eine wichtige Rolle, die von XBRL International entwickelt wurde (*www.xbrl.org*).

Repositorien für DTDs oder Schemas werden von verschiedenen Organisationen angeboten und gepflegt. Eine der wichtigsten ist RosettaNet, ein weltweit operierendes Konsortium, das Standards für die allgemeingültige E-Business-Sprache *EDI – Electronic Data Interchange* – fördert (siehe *https://resources.gs1us.org/rosettanet*).

Grafik und Multimedia

Eine der praktischen Anwendungen von XML, die immer mehr an Gewicht gewinnen, ist das Grafikformat *SVG* – die Abkürzung steht für *Scalable Vector Graphics*. SVG beschreibt Vektorgrafiken im XML-Code und wird von Grafik- oder Webdesign-Programmen wie Illustrator, CorelDRAW oder von OpenOffice als Datenformat unterstützt. HTML5 kann inzwischen SVG-Fragmente direkt integrieren, wovon in Kapitel 15, insbesondere in Abschnitt 15.8.1, noch die Rede sein wird.

Wenig Einfluss hatte dagegen die XML-Anwendung *SMIL* (sprich englisch »smile«); die *Synchronized Multimedia Integration Language* wurde entwickelt, um mit Hilfe einfacher Textdateien multimediale Komponenten ganz unterschiedlicher Formate in einer Timeline zu koordinieren. 2012 hat das W3C die Pflege von SMIL eingestellt.

1.5.2 Datenaustausch zwischen Anwendungen

Einer der Gründe für die Popularität von XML ist zweifellos, dass es ein Datenformat für den Austausch von Daten zwischen unterschiedlichen Anwendungen und Plattformen bietet, das einfach zu handhaben ist und gegenüber so simplen Formaten wie CSV zugleich den Vorteil mit sich bringt, dass nicht bloß einfache Tabellenstrukturen gehandhabt werden können, sondern auch komplexe hierarchische Inhaltsmodelle, die das jeweilige Sachgebiet wesentlich gehaltvoller abbilden können.

Der Austausch zwischen Anwendungen, die eigene binäre Formate verwenden, ist durch die zunehmende Komplexität dieser Formate immer mehr zu einem Problem geworden, das nur durch ganze Batterien von Filtern und Konvertern gelöst werden konnte. Sehen Sie sich nur die zahllosen Grafikfilter an, die in Office-Anwendungen benötigt werden, um Dokumente mit Bildmaterial anzureichern.

In relativ kurzer Zeit hat sich deshalb XML als bevorzugtes Dateiformat vieler Standardprogramme etabliert. Anwendungen wie Access oder Excel sind zudem in der Lage, tabellarische Daten direkt als XML-Dokumente auszugeben und auch wiederum einzulesen. Auch ein Grafikprogramm wie Visio von Microsoft kann seine Zeichnungen und Diagramme als XML-Dokument abspeichern, mit Hilfe eines entsprechenden Schemas, das ein XML-Vokabular für grafische Elemente definiert. Adobe Acrobat erlaubt es, die Inhalte von PDF-Dateien in XML abzulegen, so dass sie von anderen Anwendungen weiterverwendet werden können.

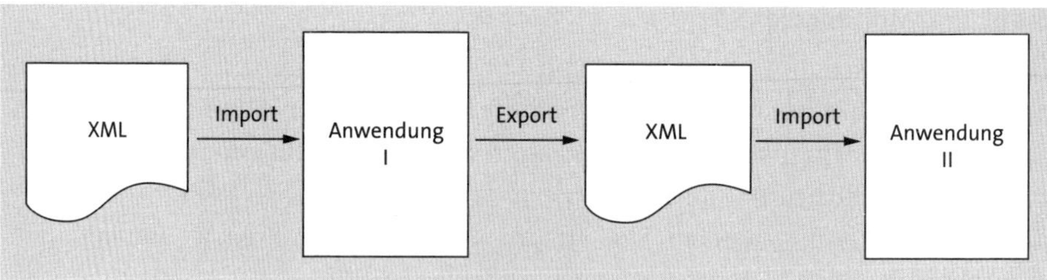

Abbildung 1.17 XML als Austauschformat zwischen unterschiedlichen Anwendungen

1.5.3 Verteilte Anwendungen und Webdienste

Die anspruchsvollsten Versuche, die Möglichkeiten von XML zu nutzen, betreffen zweifellos die Frage, ob sich mit XML ein besseres Zusammenspiel von verteilten Anwendungskomponenten erreichen lässt, als es mit bisherigen Komponentensystemen möglich ist. Da XML von allen relevanten Herstellern unterstützt wird, plattformunabhängig ist und auch nicht an bestimmte Sprachen gebunden, ergeben sich auf jeden Fall Vorteile, wenn es um den Austausch von Informationen zwischen verteilten Anwendungen geht.

Webdienste gehören zu den Anwendungsbereichen, bei denen XML als Basistechnologie in diesem Sinne zum Zuge kommt. Da es dabei immer um Kommunikation zwischen ganz unterschiedlichen Systemen geht, wurde mit SOAP ein spezielles Format für die XML-Meldungen entwickelt, die für den Austausch im Internet oder auch im firmeneigenen Intranet verwendet werden. Mehr dazu finden Sie in Kapitel 11, »Kommunikation zwischen Anwendungen«.

Kapitel 2
XML – Bausteine und Regeln

Die Regeln, nach denen XML-Dokumente gebildet werden, sind einfach, aber streng. Die eine Gruppe von Regeln sorgt für die Wohlgeformtheit, die andere für die Gültigkeit eines Dokuments.

Die Basis der Sprachfamilie XML ist der XML-Standard 1.0. Sie finden den Text unter *www.w3.org/TR/xml*. Der launige Kommentar von Tim Bray, selbst Mitglied der W3C XML Working Group, ist unter *www.xml.com/axml/axml.html* zu finden und immer noch einen Blick wert. Wir wollen hier zunächst einen kurzen Überblick über die Syntax geben, verknüpft mit einem einfachen Beispiel, und dann schrittweise die einzelnen Aspekte näher beleuchten.

2.1 Aufbau eines XML-Dokuments

Laut der Empfehlung des W3C beschreibt XML eine Klasse von Datenobjekten, die *XML-Dokumente* genannt werden. Das entscheidende Kriterium, ob ein Dokument als XML-Dokument genutzt werden kann, ist, dass es im Sinne des Standards *wohlgeformt* ist. Um wohlgeformt zu sein, muss es die syntaktischen Regeln der XML-Grammatik erfüllen, die in den folgenden Abschnitten beschrieben wird.

Entspricht ein solches Dokument außerdem weiteren Einschränkungen, die in Form eines Dokumentschemas in der einen oder anderen Weise festgelegt sind, wird es als *gültig* bezeichnet. Dabei ist entscheidend, dass sowohl die Wohlgeformtheit als auch die Gültigkeit maschinell geprüft werden können.

2.1.1 Entitäten und Informationseinheiten

Der vage Begriff *Datenobjekt* bezieht sich darauf, dass ein XML-Dokument nicht unbedingt eine Datei sein muss, sondern auch ein Teil einer Datenbank oder eines Datenstromes sein kann, der im Netz »fließt«. In einem bestimmten Umfang werden dabei zugleich die Regeln festgelegt, die für den Zugriff von Computerprogrammen auf solche Dokumente gelten.

Die XML-Spezifikation behandelt sowohl die physikalischen als auch die logischen Strukturen eines XML-Dokuments. Physikalisch bestehen XML-Dokumente aus Speichereinheiten. Zunächst ist ein XML-Dokument nichts anderes als eine Kette von Zeichen. Ein XML-Prozessor startet seine Arbeit mit dem ersten Zeichen und arbeitet sich bis zum letzten Zeichen durch. XML liefert dabei Mechanismen, um diese Zeichenkette in verwertbare Stücke zu zerlegen. Diese Textstücke werden *Entitäten* genannt. Auch das Dokument insgesamt wird als Entität bezeichnet, als *Dokumententität*. Im Minimalfall kann eine Entität auch aus nur einem einzigen Zeichen bestehen.

Jede dieser Entitäten enthält Inhalt und ist über einen Namen identifiziert, mit Ausnahme der Dokumententität, die alle anderen Entitäten in sich einschließt. Für einen XML-Parser ist die Dokumententität, der Container für alle anderen Entitäten, immer der Startpunkt. Liegt ein XML-Dokument als Datei vor, ist die Dokumententität eben diese Datei. Wenn Sie dagegen ein XML-Dokument über einen URL einfließen lassen, ist die Dokumententität der Bytestream, den Sie über einen Funktionsaufruf erhalten.

XML erlaubt, Bezüge auf bestimmte Entitäten in das Dokument einzufügen. Solche Entitätsreferenzen werden vom XML-Prozessor durch die Entität, auf die sie sich beziehen, ersetzt, wenn das Dokument eingelesen wird. Deshalb werden solche Entitäten auch *Ersetzungstext* genannt. Das ist ähnlich den Textbausteinen, die von Textprogrammen verwendet werden.

Der Ersetzungstext, den eine aufgelöste Entitätsreferenz liefert, wird als Bestandteil des Dokuments behandelt. Mit Hilfe solcher Referenzen können Entitäten in einem Dokument mehrfach verwendet werden. Durch solche Referenzen kann ein XML-Dokument auch aus Teilen zusammengesetzt werden, die in verschiedenen Dateien oder an unterschiedlichen Plätzen im Web abgelegt sind.

2.1.2 Parsed und unparsed

Eine weitere Unterscheidung ist hier von Bedeutung. Entitäten können laut Spezifikation »parsed or unparsed data« enthalten. *Parsed data* besteht in jedem Fall aus Zeichen. Diese Zeichenfolgen stellen entweder Markups oder Zeichendaten dar. Als Markups sind die Tags, Entitätsreferenzen, Kommentare, die Begrenzer von CDATA-Blöcken, Dokumenttyp-Deklarationen und Verarbeitungsanweisungen zu verstehen – also alles, was mit einer spitzen Klammer oder einem Ampersand-Zeichen beginnt. Die Bezeichnung *parsed* ist leicht irritierend, weil sie erst zutrifft, wenn ein XML-Prozessor das Dokument verarbeitet hat. Gemeint sind also die Teile des Dokuments, die ein XML-Parser auszuwerten hat.

Als *unparsed data* bezeichnet man dagegen Entitäten, die der Parser überhaupt nicht parsen soll und auch nicht kann, weil sie keine Markups enthalten, mit denen der Parser etwas anfangen könnte. Diese Teile müssen nicht unbedingt Text enthalten. Sie werden zum Beispiel verwendet, um Bilder oder sonstige Nicht-Text-Objekte wie Sounds oder Videos in das Dokument einzubeziehen.

2.1.3 Die logische Sicht auf die Daten

Während die physikalische Struktur eines XML-Dokuments durch die Entitäten bestimmt wird, besteht seine logische Struktur aus einem Baum von Informationseinheiten, der seit der erst 2001 nachgereichten Empfehlung *XML Information Set* als *Infoset* bezeichnet wird. (Darin ist auch die Verwendung von Namensräumen aufgenommen, die für XML erst nach der Spezifikation für XML 1.0 eingeführt wurden.) Die Empfehlung definiert insgesamt elf Typen von Informationseinheiten mit jeweils speziellen Eigenschaften:

- Dokument
- Element
- Attribut
- Verarbeitungsanweisung
- nicht expandierte Entitätsreferenz
- Zeichen
- Kommentar
- Dokumenttyp-Deklaration
- ungeparste Entität
- Notation
- Namensraum

Die wichtigsten Komponenten, in die sich der Inhalt des Dokuments teilen lässt, werden in XML als *Elemente* bezeichnet. Der Baum der Elemente hat seine Wurzel im Dokumentelement, das alle anderen Elemente umschließt. Das XML-Dokument besteht also logisch aus Elementen, die jeweils in einer bestimmten Baumstruktur geordnet sind. Welche Bedeutung die Elemente jeweils haben, beschreibt das Dokument selbst durch seine Tags. Neben den Elementen enthält das Dokument noch Deklarationen, Kommentare, Zeichenreferenzen und Verarbeitungsanweisungen.

Die Grammatik von XML legt fest, wie ein wohlgeformtes XML-Dokument erzeugt werden kann. Sie ist in nicht weniger als 81 Produktionsregeln fixiert. Der harte Kern dessen, was XML ausmacht, findet sich aber konzentriert in den folgenden sechs Regeln, die wir hier zunächst in der Schreibweise der Empfehlung wiedergeben.

```
[1]  document  ::= prolog element Misc*
[39] element   ::= EmptyElemTag
     | STag content ETag
     [
       WFC: Element Type Match ]
     [
       VC: Element Valid ]
```

```
[40] STag      ::= '<' Name (S Attribute)* S? '>'
       WFC: Unique Att Spec ]
[41] Attribute ::= Name Eq AttValue
       VC: Attribute Value Type ]
       WFC: No External Entity References ]
       WFC: No < in Attribute Values ]
[42] ETag      ::= '</' Name S? '>'
[43] content   ::= (element | CharData | Reference | CDSect |
                   PI | Comment)*
```

Diese Regeln, die auch *Produktionen* genannt werden, sind in einer einfachen Extended-Backus-Naur-Form notiert, einer Erweiterung der von Backus und Naur für die Beschreibung von Grammatiken zuerst bei der Niederschrift von Algol 60 verwendeten Notation. Jede Regel in einer solchen Grammatik definiert jeweils ein Symbol in der Form:

```
symbol ::= ausdruck
```

Zusätzlich werden in bestimmten Fällen Einschränkungen in eckigen Klammern angehängt, und zwar entweder mit der Abkürzung `WFC:` für *well-formedness constraint* – also Einschränkungen, die beachtet werden müssen, damit das Dokument von einem Parser als wohlgeformt akzeptiert wird, oder `VC:` für *validity constraint*, also Einschränkungen, die die Gültigkeit des Dokuments betreffen.

Was besagen diese Regeln für den Aufbau eines XML-Dokuments? Zunächst ist festgelegt, dass jedes wohlgeformte XML-Dokument einen Prolog haben kann und aus mindestens einem Element bestehen muss. Der Inhalt eines XML-Dokuments wird also aus logischer Sicht in Elemente zerlegt. Im Anschluss daran sind noch Kommentare oder Verarbeitungsanweisungen erlaubt, was aber in der Praxis nicht unbedingt zu empfehlen ist.

Abbildung 2.1 zeigt den gesamten Aufbau des XML-Dokuments und die möglichen Bezüge auf externe Komponenten.

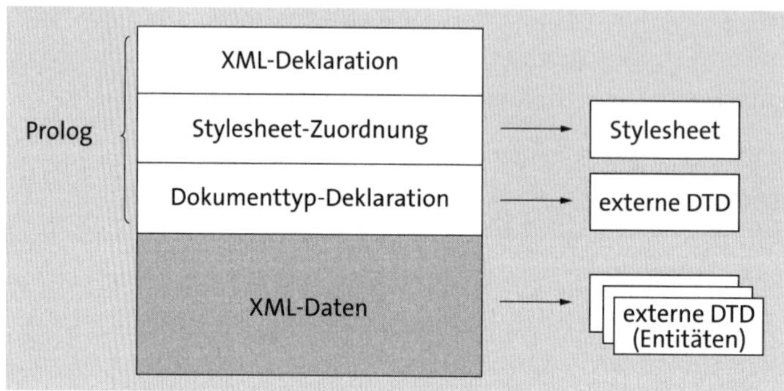

Abbildung 2.1 Aufbauschema eines XML-Dokuments

2.1.4 Der Prolog

Wenn Sie ein XML-Dokument erstellen wollen, beginnen Sie in der Regel mit dem Prolog. Der Prolog ist zwar nicht zwingend vorgeschrieben, aber unbedingt zu empfehlen, weil damit das Dokument sofort als XML-Dokument identifiziert werden kann. Die erste Zeile des Prologs ist meist die sogenannte XML-Deklaration, die zunächst die verwendete XML-Version angibt. In der Minimalform sieht sie so aus:

```
<?xml version="1.0"?>
```

Damit wird die Übereinstimmung des Dokuments mit einer der im Augenblick gültigen Spezifikationen von XML deklariert. Wenn die XML-Deklaration verwendet wird, muss sie in der ersten Zeile des Dokuments stehen, und es dürfen auch keine Leerzeichen davor auftauchen. Das Versionsattribut ist erforderlich.

Neben dem Versionsattribut können in der XML-Deklaration noch zwei weitere Attribute benutzt werden, und zwar `encoding` und `standalone`. Im folgenden Beispiel wird angegeben, dass das Dokument die Zeichencodierung UTF-16 verwendet und dass keine externen Markup-Deklarationen vorhanden sind, auf die für die Verarbeitung des Dokuments zugegriffen werden müsste, also etwa eine externe Dokumenttyp-Definition oder ein XML-Schema.

```
<?xml version="1.0" encoding="UTF-16" standalone="yes"?>
```

2.1.5 Zeichencodierung

Da es bei XML-Dokumenten um Textdaten geht, muss eine Entscheidung getroffen werden, wie Zeichen in Bits und Bytes dargestellt, also codiert werden sollen, und welche Zeichen, also welcher Zeichensatz, in einem bestimmten Dokument maßgeblich sind.

Um XML von vornherein für den internationalen Einsatz zu präparieren, wurde vom W3C, genauso wie auch für die HTML 4.01-Empfehlung, das *Universal Character Set – UCS* – als Basis für die Zeichencodierung in XML-Dokumenten bestimmt, das im Standard *ISO/IEC 10646* festgelegt ist. Dieser Zeichensatz ist, was die verwendeten Zeichencodes betrifft, mit dem Zeichensatz *Unicode* synchronisiert, dem Standard, der vom Unicode-Konsortium – *www.unicode.org* – gepflegt wird. Dieser Standard enthält über ISO 10646 hinaus eine Reihe von Einschränkungen für die Implementierung, die gewährleisten sollen, dass Zeichen unabhängig von Anwendung und Plattform einheitlich verwendet werden. Unicode ist also eine Implementierung der ISO-Norm.

Unicode gibt jedem Zeichen eine eigene Nummer, die unabhängig von Plattformen, Programmen oder Sprachen ist. Text kann mit Unicode weltweit ausgetauscht werden, ohne dass es zu Informationsverlusten kommt.

Zunächst konnte mit einer 16-Bit-Codierung eine Menge von mehr als 65.000 Zeichen abgedeckt werden. Es stellte sich aber schnell heraus, dass diese Menge nicht ausreichen würde, um alle weltweit in Vergangenheit und Gegenwart verwendeten Zeichen zu codieren. Deshalb wurde Unicode um einen sogenannten Ersatzblock erweitert, der über eine Million Zeichen zusätzlich erlaubt. Allerdings sind diese Zeichen keine gültigen XML-Zeichen.

Inzwischen werden drei unterschiedliche Unicode-Codierungen eingesetzt, mit 8, 16 oder 32 Bit pro Zeichen. Sie werden als *UTF-8*, *UTF-16* und *UTF-32* bezeichnet, wobei *UTF* eine Abkürzung für *Unicode* (oder *UCS*) *Transformation Format* ist.

Die `encoding`-Deklaration legt fest, welche Zeichencodierung das Dokument verwendet, damit der XML-Prozessor diese Codierung seinerseits ebenfalls benutzt. Wenn Ihr XML-Editor mit dem ASCII-Code arbeitet, ist diese Angabe nicht unbedingt nötig; der Prozessor wird den Code als Teil des Unicodes UTF-8 auswerten.

XML verwendet UTF-8 als Vorgabe. Diese Codierung wird hauptsächlich für HTML und ähnliche Protokolle verwendet. Dabei werden alle Zeichen in variabel lange Codierungen (1 bis 4 Bytes) umgesetzt. Das hat den Vorteil, dass sich bei den ersten 128 Zeichen der Unicode mit dem 7-Bit-ASCII-Code deckt. Außerdem können einfache Texteditoren so für XML-Dokumente eingesetzt werden.

Die andere Unicode-Codierung, die XML-Prozessoren unterstützen müssen, ist UTF-16. Diese Codierung ist unkomplizierter als UTF-8. Die am häufigsten verwendeten Zeichen werden jeweils mit 16-Bit-Einheiten codiert, alle anderen Zeichen durch Paare von 16-Bit-Codeeinheiten.

UTF-32 hat zwar den Vorteil, dass es fast unendlich viele Zeichen darstellen kann, dieser Vorzug wird aber damit erkauft, dass der Speicherbedarf pro Zeichen doppelt so hoch ist wie bei UTF-16.

Wenn ein anderer Zeichensatz als UTF-8 verwendet werden soll, muss er in der Deklaration angegeben werden. Der Wert für das Attribut `encoding` ist ausnahmsweise nicht fallsensitiv – `UTF-16` ist also ebenso erlaubt wie `utf-16`. (Jede externe Entität kann übrigens eine eigene Zeichencodierung verwenden, wenn eine entsprechende Deklaration angegeben wird.)

Da aber Unicode noch nicht überall verbreitet ist, werden auch andere Codierungen unterstützt. Für Westeuropa kann beispielsweise die verbreitete Codierung *ISO-8859-1 (ISO Latin-1)* verwendet werden.

2.1.6 Standalone or not

Das Attribut `standalone` kann nur einen logischen Wert annehmen. Wird `standalone="no"` verwendet, ist das eine Anweisung für den XML-Prozessor, nach externen Markup-Definitionen Ausschau zu halten, um Referenzen auf externe Entitäten aufzulösen und die Gültigkeit des Dokuments prüfen zu können. Diese Einstellung muss allerdings nicht extra angegeben werden, weil sie Vorgabe ist. Der Wert "yes" dagegen bedeutet, dass das Dokument alle Informationen in sich selbst enthält, die für die Verarbeitung benötigt werden.

Beachtet werden muss, dass die Attribute `encoding` und `standalone` zwar optional sind; wenn sie verwendet werden, muss aber die gerade vorgeführte Reihenfolge eingehalten werden, im Unterschied zu »normalen« Elementattributen, bei denen die Reihenfolge keine Bedeutung hat.

Der Prolog kann nach der XML-Deklaration weitere Verarbeitungsanweisungen enthalten, wie zum Beispiel die Verknüpfung mit einem Stylesheet oder eine Dokumenttyp-Deklaration, etwa:

```
<?xml-stylesheet type="text/css" href="formate.css"?>

<!DOCTYPE kontaktdaten SYSTEM "kontakte.dtd">
```

2.1.7 XML-Daten – der Baum der Elemente

Erst hinter dem Prolog beginnen die eigentlichen XML-Daten in Form eines Baums aus Elementen und Attributen. Das erste Element im Dokument ist immer das Wurzelelement, das alle anderen möglichen Elemente in sich einschließt. Mit anderen Worten: Das Dokument hat die Struktur eines Baums aus ineinander verschachtelten Elementen.

Außer für das Wurzelelement gibt es folglich für jedes andere Element genau ein Elternelement, während das Wurzelelement und jedes seiner Kindelemente wieder weitere Kindelemente zum Inhalt haben können. Es sind beliebig tiefe Verschachtelungen erlaubt.

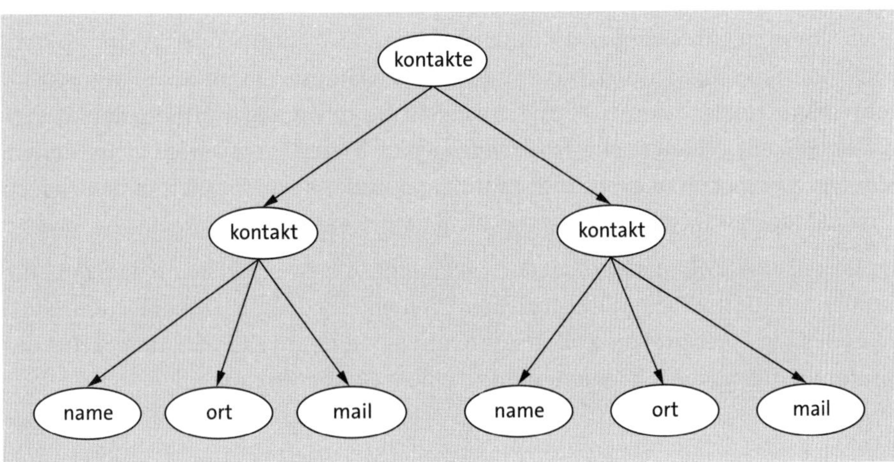

Abbildung 2.2 Baumstruktur eines Dokuments

Diese hierarchische Baumstruktur kann durch einen Graphen dargestellt werden, dessen Knoten durch gerichtete Kanten verbunden sind und dessen Wurzelknoten für keine dieser Kanten der Endknoten ist. Dieser Graph enthält folglich auch keine Zyklen.

Der Baum ist durch die sequenzielle Abfolge der Elemente im XML-Dokument implizit geordnet, die als *Dokumentreihenfolge* bezeichnet wird; darauf wird in Kapitel 5, »Navigation und Verknüpfung«, näher eingegangen. Natürlich kann auch eine ganz flache Struktur wie eine relationale Datenbanktabelle in XML ausgedrückt werden, aber die besonderen Stärken des Modells kommen besonders dann zur Geltung, wenn es um tief gestaffelte Datenstrukturen geht.

2.1.8 Start-Tags und End-Tags

Jedes Element wird jeweils durch ein Start-Tag und ein End-Tag begrenzt. Das XML-Dokument vermischt also die darin enthaltenen Inhalte mit Informationen über diese Inhalte, oder man kann auch sagen, es mischt Informationen und Informationen über diese Informationen. Die Metainformation befindet sich in den Tags, die die Inhalte einschließen. Damit zwischen Inhalt und Markup unterschieden werden kann, werden spezielle Zeichen verwendet, die Beginn und Ende des Markups kennzeichnen und so das Markup vom Inhalt trennen.

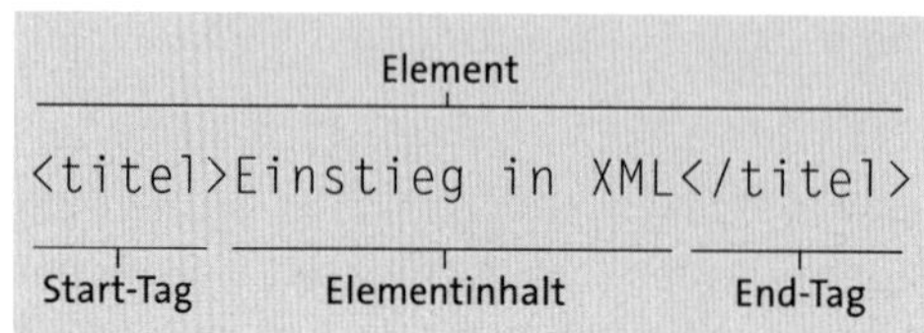

Abbildung 2.3 Ein Element in XML

Vergleicht man eine Gruppe von Datensätzen im CSV-Format oder in einer Datentabelle mit einer Feldnamenzeile mit denselben Datensätzen im XML-Format, wird sofort deutlich, dass das XML-Format zwangsläufig aufwendiger ist. Bei jedem Datensatz werden alle »Feldnamen« erneut angegeben. Dieses Format wäre in den Zeiten, in denen Speicherressourcen noch sehr knapp und die Bandbreiten in den Netzen sehr eng waren, wahrscheinlich wenig attraktiv gewesen.

Der Vorteil von XML ist aber, dass auch jeder einzelne Zweig im Baum der Elemente darüber Auskunft gibt, was die einzelnen Elemente bedeuten. Das erleichtert auch die Zerlegung eines großen XML-Dokuments in kleinere Teile oder umgekehrt das Zusammenfügen von Teildokumenten zu einem Gesamtdokument.

2.1.9 Elementtypen und ihre Namen

Das Start-Tag enthält den Namen des Elementtyps, eingeschlossen in spitze Klammern, beim End-Tag kommt vor den Namen des Elementtyps noch ein Schrägstrich. Als strenge Einschränkung für das Kriterium der Wohlgeformtheit ist festgelegt, dass der Elementtypname im Start-Tag und im End-Tag exakt übereinstimmen muss. Die Wiederholung des Elementtypnamens im End-Tag ist notwendig, damit der Parser die Schachtelung der Elemente sofort korrekt erkennen kann. Nur bei leeren Elementen ist eine vereinfachte Schreibweise erlaubt, bei der auf die Wiederholung des Elementnamens verzichtet wird.

Anders als bei HTML-Tags ist dabei unbedingt auf die Groß- und Kleinschreibung zu achten, weshalb es sinnvoll ist, sich von vornherein für eine einheitliche Schreibweise zu entscheiden, also alle Tags im Ganzen klein bzw. groß zu schreiben oder aber der Groß- und Kleinschreibung den Vorzug zu geben.

Ein Verstoß gegen die Regel der Wohlgeformtheit führt zu einem fatalen Fehler, das heißt, ein XML-Prozessor wird die Verarbeitung des nicht wohlgeformten Dokuments ab der Stelle, an der der Fehler auftritt, verweigern. Diese harsche Reaktion unterscheidet XML wiederum stark von HTML, das für seine eher tolerante Reaktion auf viele Fehler bekannt ist, die dafür sorgt, dass der Webbesucher auch bei Seiten mit kleinen Fehlern nicht leer ausgeht. Diese »Nachgiebigkeit« der Browser bei der Verarbeitung von »unsauberem« HTML-Code sollte für XML mit Vorsatz nicht wiederholt werden, weil diese Situation letztlich dazu geführt hat, dass viel Wildwuchs auf Webseiten zugelassen wurde. Der aber muss von den Browsern mit immer mehr Ausnahmeregelungen aufgefangen werden, was den Code enorm aufbläht.

Zwischen dem Start- und dem End-Tag befindet sich der Inhalt des Elements. Dass die Tags nicht einfach die Namen der Elemente enthalten, sondern die Namen der Elementtypen, weist schon darauf hin, dass Elemente desselben Typs in einem Dokument mehrfach verwendet werden können. Jedes einzelne Element ist also ein Exemplar oder eine Instanz eines bestimmten Elementtyps.

```
<team>
  <person>Hanna Karl</person>
  <person>Kurt Vondel</person>
</team>
```

Im Unterschied zu HTML und auch zu SGML darf das End-Tag nicht fehlen, sonst kann das Dokument eine Prüfung auf Wohlgeformtheit nicht bestehen. Nur bei einem leeren Element ist es erlaubt, eine verkürzte Schreibweise zu verwenden, also `<leer />` statt `<leer></leer>`. Leere Elemente werden zum Beispiel für das Einbinden von Bildern in ein XML-Dokument verwendet.

2.1.10 Regeln für die Namensgebung

Die in den Tags verwendeten Namen für die Typen der Elemente sind frei wählbar, solange nur die Wohlgeformtheit des gesamten XML-Dokuments interessiert. Ein Dokument kann also auch beliebig viele Elementtypen enthalten. Allerdings müssen bei der Wahl des Namens einige Einschränkungen beachtet werden:

- Ein Name muss mit einem Buchstaben, mit Unterstrich oder einem Doppelpunkt beginnen.
- Danach dürfen alle Zeichen verwendet werden, die als Namenszeichen zugelassen sind: Neben den Zeichen für die erste Stelle sind das die Zahlen, der Bindestrich und der Punkt. Auch Umlaute, Akzente etc. sind erlaubt. Allerdings sollte der Doppelpunkt möglichst vermieden werden, weil er als Trennzeichen verwendet wird, wenn mit Namensräumen gearbeitet wird, wovon in Abschnitt 2.9, »Namensräume«, noch die Rede sein wird.
- Die Zeichenfolge `xml` darf in keiner der möglichen Schreibweisen am Beginn eines Namens stehen; diese Zeichenfolge ist für XML reserviert.
- XML-Namen sind *case-sensitive*, es wird also zwischen Groß- und Kleinschreibung unterschieden, so dass `<Name>...</name>` beispielsweise nicht zulässig ist.

Die Länge der Namen ist nicht begrenzt, es sollte aber beachtet werden, dass möglicherweise Anwendungen, die auf die Daten zugreifen, die Länge einschränken. Wenn Sie Namen aus mehreren Wörtern zusammensetzen, haben Sie die Möglichkeit, die einzelnen Wörter mit Bindestrichen oder Unterstrichen zu verbinden. Eine häufig genutzte Variante ist auch die Verwendung von Großbuchstaben am Wortbeginn, entweder bei jedem Wort wie in `<VorName>` – das wird auch *Pascal-casing* genannt, oder erst beim zweiten Wort wie in `<vorName>` – also im *Camel-casing*-Verfahren.

Es ist immer wieder die Rede davon, dass XML Tags erlaubt, die den Inhalt der eingeschlossenen Daten beschreiben, also semantische Tags wie `<Postleitzahl>` oder `<Titel>`. Der Standard legt aber nur fest, dass ganz beliebige Elementtypen bestimmt werden können; `<tag1></tag1>`, `<tag2></tag2>` würde die Wohlgeformtheitsprüfung ebenfalls überstehen. Es kommt also hier darauf an, was die Entwickler mit der durch die Spezifikation angebotenen Freiheit anfangen.

Das Ziel, das der Entwicklung von XML die Richtung gibt, ist jedenfalls eine Identifizierung der Komponenten, aus denen eine Datensammlung oder ein Dokument besteht, mit Hilfe von bedeutungsvollen – also semantischen – Namen, die ein Computerprogramm zwar nicht wie ein Mensch versteht, die dem Programm aber erlauben, sich so zu verhalten, als ob es verstehen würde, was die verwendeten Namen bedeuten. Die XML-Tags haben insofern durchaus Ähnlichkeiten mit den Feldnamen, die bei der Strukturierung von Datenbanken verwendet werden.

Die Tags gehören zu den Auszeichnungen, den Markups, die die Struktur des Dokuments festlegen und im Idealfall zugleich den Inhalt des Dokuments beschreiben. Da XML-Dokumente ein schlichtes Textformat verwenden, bleiben sie für den menschlichen Betrachter im Prinzip lesbar.

2.1.11 Elementinhalt

Abgesehen von den schon angesprochenen leeren Elementen haben Elemente in der Regel einen Inhalt, der aus ganz unterschiedlichen Dingen bestehen kann. In diesem Sinne werden die Elemente auch als *Container* betrachtet. Zunächst kann ein Element wiederum untergeordnete Elemente enthalten. Man spricht dann von *element content*. Das folgende Element `<kontakt>` hat zum Beispiel drei Kindelemente zum Inhalt:

```
<kontakt>
  <name>Hans Maier</name>
  <ort>Hamburg</ort>
  <mail>hmaier@nonet.de</mail>
</kontakt>
```

In diesem Fall beginnt mit dem Element `<kontakt>` also ein Teilbaum innerhalb der gesamten Baumstruktur. Die Art der Anordnung der Kindelemente kann über ein Inhaltsmodell geregelt werden, entweder per DTD oder per XML Schema. Dieses Modell legt beispielsweise fest, dass die Elemente unbedingt in einer bestimmten Reihenfolge auftreten müssen.

Den Blättern des Baums entsprechen dagegen die Elemente, die dann nur noch Zeichendaten enthalten, also Zeicheninhalt oder *character content*. XML lässt auch zu, Elemente und Zeichendaten zu mischen, gemischte Inhalte oder *mixed content* also. Im Unterschied zu dem ersten Fall, bei dem Elemente selbst wiederum nur Kindelemente enthalten, bleibt bei einer solchen Mischung von Zeichendaten und Elementen die Reihenfolge weitgehend ungeregelt – ein Grund, solche Mischcontainer möglichst zu vermeiden.

2.1.12 Korrekte Schachtelung

So schlicht die Kernfestlegungen auf den ersten Blick erscheinen, können doch schon bei den ersten Schritten zur Strukturierung eines Gegenstandsbereichs Probleme auftreten. Eine erste Falle ist eine falsche Schachtelung von Elementen. HTML reagiert auf eine falsche Schachtelung von Tags relativ harmlos, wie Abbildung 2.4 zeigt.

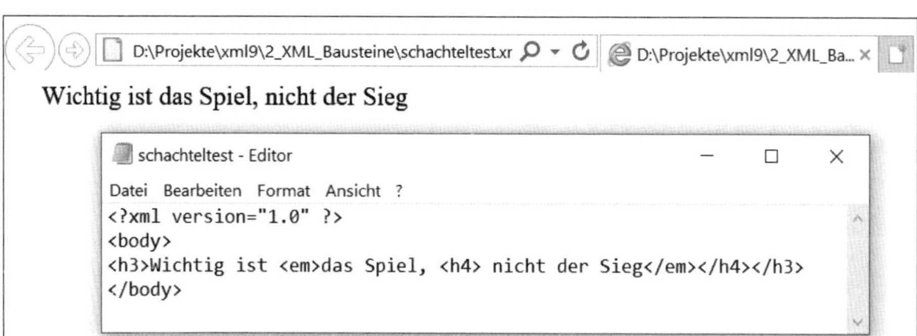

Abbildung 2.4 Der Internet Explorer verdaut die fehlerhaft geschachtelten HTML-Elemente.

Wenn Sie dieselben Tags als XML-Dokument speichern, ist die Reaktion eines XML-Prozessors wiederum sehr kategorisch. Er wird einen fatalen Fehler melden und das Prädikat der Wohlgeformtheit verweigern.

Schachtelungsfehler können sich auch dadurch einschleichen, dass einfach das End-Tag für ein übergeordnetes Element vergessen wird.

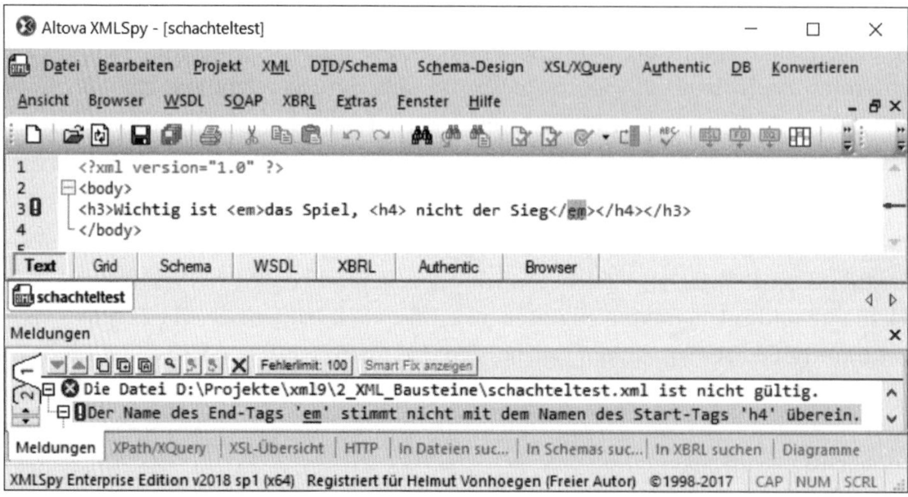

Abbildung 2.5 Reaktion des XMLSpy-Editors auf eine fehlerhafte Schachtelung

2.1.13 Attribute

Alle Elemente, die innerhalb der Struktur auftauchen, können mit beliebig vielen Attributen versehen werden, die jeweils als Paare von Attributnamen und Attributwerten auftreten. Attribute werden verwendet, um bestimmte Eigenschaften oder Besonderheiten eines Elements festzuhalten. Manchmal werden deshalb auch die Attribute mit den Adjektiven verglichen, die Elemente mit den Subjekten. Allerdings ist dieser Vergleich nicht streng anwendbar, denn Attribute können auch ähnlich wie Unterelemente verwendet werden.

Die Attribute werden jeweils im Start-Tag eines Elements platziert. Sie müssen eindeutig sein, es darf also nicht mehrfach derselbe Attributname in einem einzigen Start-Tag verwendet werden. Ein Ausdruck wie

```
<haus nr="22" nr="33">
```

ist also nicht zulässig – er ergibt ja auch wenig Sinn.

Dagegen darf durchaus derselbe Attributname bei unterschiedlichen Elementen verwendet werden. Obwohl die Attribute denselben Namen verwenden, bleiben sie für einen XML-Prozessor unterscheidbar, weil sie ja zu unterschiedlichen Elementen gehören.

```
<einrichtung>
  <tisch farbe="blau">Esstisch rund</tisch>
  <stuhl farbe="beige">Vierbeinstuhl</stuhl>
</einrichtung>
```

Werden mehrere Paare von Attributnamen und Attributwerten verwendet, werden sie durch ein Leerzeichen getrennt. Für die Attributnamen gelten dieselben Vorschriften wie für die Elementnamen. Während Elemente andere Elemente enthalten können, ist dies bei Attributen nicht erlaubt. Die Attributwerte wiederum müssen jeweils mit den oberen doppelten Anführungszeichen oder mit dem Apostroph eingeschlossen werden. Die Werte selbst dürfen nur Literale sein. Innerhalb des Literals dürfen die Markup-Zeichen <, > und & nicht verwendet werden. Sie sind durch `<`, `>` und `&`, also durch sogenannte Entitätsreferenzen, zu maskieren. Mehr Details dazu finden Sie in Abschnitt 2.5.

Wenn Sie eine Art von Begrenzungszeichen verwenden, um einen Attributwert einzuschließen, können Sie die anderen Begrenzungszeichen innerhalb des Literals verwenden:

```
<antwort text="Er sagte: ´So geht es nicht´">
```

Auch leere Elemente können mit Attributen versehen werden. Ein Ausdruck wie

```
<leer name="leeres Element"/>
```

ist also erlaubt. Solche leeren Elemente werden zum Beispiel verwendet, um im Dokument Stellen für Daten in einem Nicht-XML-Format zu reservieren, etwa für Bilder, Videos oder Sounds. Dabei werden die Informationen zu diesen Datenquellen über Attribute des leeren Elements festgehalten.

2.2 Die Regeln der Wohlgeformtheit

Bei der Prüfung von XML-Dokumenten wird grundsätzlich zwischen der Prüfung der Wohlgeformtheit und der Gültigkeit unterschieden. Auch wenn ein XML-Dokument mit einer DTD oder einem XML-Schema verknüpft ist, kann es ein XML-Prozessor dabei bewenden lassen, nur die Wohlgeformtheit zu überprüfen.

Wenn auf eine Gültigkeitsprüfung verzichtet wird, besteht allerdings keinerlei Gewähr, dass Daten zum Beispiel in einem bestimmten Datenformat vorliegen. Werden solche Daten von Anwendungsprogrammen weiterverarbeitet, müssen diese Programme folglich selbst dafür sorgen, dass die ungeprüft übernommenen Daten korrekt verarbeitet werden. Das muss aber, beispielsweise bei Lösungen innerhalb eines Intranets, kein Problem sein.

Dass mit Wohlgeformtheit allein nicht unbedingt viel erreicht ist, wird schlagartig durch die folgenden Zeilen deutlich:

```
<tierprodukte>
  <milchprodukt>Käse</milchprodukt>
  <getreidesorte>Weizen</getreidesorte>
</tierprodukte>
```

Hier ist zwar kein syntaktischer Fehler zu finden, aber auf der Ebene der Bedeutungen ist gleich offensichtlich, dass etwas nicht stimmen kann.

2.3 Elemente oder Attribute?

In der Regel sollten Attribute verwendet werden, um Zusatzinformationen zu der Information darzustellen, die das Element selbst enthält. Es liegt aber nicht immer auf der Hand, welche Aspekte eines Dokuments oder einer Datenstruktur besser als Element oder besser als Attribut behandelt werden sollten. Ein Ausdruck wie

```
<an name="Clara Donna" email="cd@clarad.de"/>
```

ist ebenso akzeptabel wie

```
<an>
  <name>Clara Donna</name>
  <email>cd@clarad.de </email>
</an>
```

Prinzipiell sind Attribute immer einem Element zugeordnet; anstelle eines Attributs kann aber häufig auch ein Unterelement verwendet werden. Im Unterschied zu Elementen können Attribute keine Unterelemente oder Unterattribute enthalten. Ein

Nachteil von Attributen ist auch, dass der Zugriff auf die Attributwerte über Anwendungen, etwa mit Hilfe der Schnittstellen des in Kapitel 10, »Programmierschnittstellen für XML«, vorgestellten *Document Object Models* (*DOM*), umständlicher ist als der auf den Inhalt von Elementen. Auch wenn Sie die Daten mit Cascading Stylesheets anzeigen wollen, sind Elemente vorzuziehen.

Ein gewisser Vorteil von Attributen dagegen ist, dass ihre Reihenfolge nicht wie bei Elementen fixiert werden muss.

Wenn es um tatsächlich getrennte oder begrifflich sinnvoll auftrennbare Einheiten in einem Gegenstandsbereich geht, sollte in der Regel mit Elementen gearbeitet werden, zumal dadurch auch der Aufbau von Links auf diese Einheiten ermöglicht wird, etwa durch ID- und IDREF-Attribute in einem XSLT-Stylesheet.

2.4 Reservierte Attribute

Die XML-Spezifikation gibt zwei Attribute vor, die in jedem Element verwendet werden können. Das eine – `xml:lang` – dient zur Identifikation der Sprache, die für die Inhalte eines Dokuments oder einzelner Elemente gilt, das andere Attribut – `xml:space` – erlaubt Festlegungen zur Behandlung von Leerraum im Inhalt eines Elements. Obwohl die Attribute vorgegeben sind, müssen sie innerhalb einer DTD explizit deklariert werden, wenn sie zum Einsatz kommen sollen.

2.4.1 Sprachidentifikation

In den folgenden Elementen

```
<zeile xml:lang="en">to be or not to be</zeile>
<zeile xml:lang="de">Sein oder Nichtsein</zeile>
```

wird durch das `xml:lang`-Attribut erkennbar, welche Sprache für den Inhalt des Elements verwendet wird. Auf diese Weise kann zum Beispiel ein Stylesheet entwickelt werden, das dem Wunsch eines Anwenders entsprechend die Zeile einmal in der einen, einmal in der anderen Sprache ausgibt. Die Einstellung gilt jeweils auch für die Unterelemente.

Als Werte des Attributs werden zwei- oder dreistellige Ländercodes verwendet, die durch *ISO 639* genormt sind. Auch Subcodes für regionale Sprachen sind möglich, etwa `"en-US"` oder `"en-GB"`.

2.4.2 Leerraumbehandlung

Mit dem Attribut `xml:space` können Sie versuchen, Einfluss darauf zu nehmen, wie ein XML-Prozessor mit Leerräumen im Inhalt von Elementen umgeht. Leerräume sind Leerzeichen, Tabulatoren und Leerzeilen. Auch diese Einstellung gilt jeweils für das Element und die Unterelemente. Es gibt zwei mögliche Werte:

- `preserve` meldet der Anwendung den Wunsch, dass alle Leerräume, so wie sie vorhanden sind, erhalten bleiben.
- `default` stellt der Anwendung, die die Daten verarbeitet, anheim, deren Vorgabe für den Umgang mit Leerräumen zu verwenden.

Der Inhalt des folgenden Elements sollte also in einer Anwendung genauso erscheinen wie eingegeben:

```
<zeile xml:space="preserve">
T o o o r !
</zeile>
```

Es hängt allerdings von der Anwendung ab, ob sie dem Hinweis folgt oder die Leerzeichen einfach entfernt.

2.5 Entitäten und Verweise darauf

Es ist schon angesprochen worden, dass die speziellen Zeichen, die XML für Markups verwendet, nicht ohne Weiteres im Inhalt eines Elements oder innerhalb eines Attributwerts auftauchen dürfen. Es gibt nun mehrere Möglichkeiten, Zeichen davor zu schützen, von einem XML-Prozessor als Markup-Zeichen ausgewertet zu werden, wenn sie als Inhalt eines Elements oder innerhalb eines Attributwerts benötigt werden.

2.5.1 Eingebaute und eigene Entitäten

Der eine Weg ist die Verwendung von Entitäten und Referenzen auf diese Entitäten. XML bringt fünf solcher Entitäten schon mit (siehe Tabelle 2.1).

Entität	Entitätsreferenz	Bedeutung
`lt`	`<`	< (kleiner als)
`gt`	`>`	> (größer als)
`amp`	`&`	& (Ampersand)

Tabelle 2.1 Entitäten von XML

Entität	Entitätsreferenz	Bedeutung
apos	`'`	' (Apostroph oder einfache Anführungszeichen)
quot	`"`	" (doppelte Anführungszeichen)

Tabelle 2.1 Entitäten von XML (Forts.)

Ein Firmenname wie »B&B« kann auf diese Weise als `B&B` eingegeben werden.

Zusätzlich zu den eingebauten Entitäten können Sie eigene Entitäten definieren, ähnlich wie es auch in HTML möglich ist. Dies geschieht innerhalb einer Dokumenttyp-Definition. Wie dies gemacht wird, ist in Abschnitt 3.9, »Verwendung von Entitäten«, beschrieben.

Um solche Entitäten zu verwenden, wird dieselbe Schreibweise verwendet wie bei den eingebauten Entitäten. Wird beispielsweise in der DTD ein Kürzel `GB` für Geschäftsbedingungen abgelegt, kann der Ersetzungstext mit `&GB;` referenziert werden.

2.5.2 Zeichenentitäten

Eine weitere Methode, Zeichen indirekt einzubringen – etwa wenn das Eingabegerät bestimmte Zeichen nicht zur Verfügung stellt –, sind Zeichenreferenzen, die mit Hilfe von dezimalen oder hexadezimalen Zahlen arbeiten, die auf den Unicode-Zeichensatz verweisen. Die Schreibweise ist ähnlich wie bei den Entitätsreferenzen, nur wird dem &-Zeichen noch ein #-Zeichen nachgestellt.

```
&#169;
&#xA9;
```

liefern beide das Copyright-Zeichen.

```
&#x20AC;
```

oder

```
&#8364;
```

liefern das Euro-Symbol.

Werden Entitätsreferenzen verwendet, muss das Dokument nach der Auflösung der Referenzen – also nachdem das Kürzel gegen den Ersetzungstext getauscht worden ist – weiterhin ein wohlgeformtes Dokument sein.

Solche Entitätsreferenzen sind daher nur erlaubt, wenn sie Bezüge auf *parsed data* enthalten; direkte Bezüge auf *unparsed data* sind nicht erlaubt. Solche Bezüge müssen auf einem Umweg über Attributwerte vom Typ ENTITY oder ENTITIES hergestellt werden. Mehr dazu finden Sie in Abschnitt 3.9.

2.6 CDATA-Sections

Wenn es sich ergibt, dass größere inhaltliche Teile eines XML-Dokuments sehr häufig reservierte Markup-Zeichen benötigen, etwa ein Dokument, das selbst wiederum ein anderes XML- oder HTML-Dokument beschreibt oder Skriptcode enthält, kann es mühsam werden, jedes Mal mit Zeichen- oder Entitätsreferenzen zu arbeiten. In diesem Fall ist es praktischer, CDATA-Blöcke zu verwenden. Hier ein kleines Beispiel:

```
<![CDATA[
  Tags in XML werden immer mit < und > begrenzt.
]]>
```

Ein solcher Block von *Character Data* beginnt mit dem String <![CDATA[und endet mit dem sogenannten CDEnd-String]]>. Alle Zeichen, die sich dazwischen befinden, werden von einem XML-Prozessor nicht als Markup interpretiert. Sie können also ungehindert die spitzen Klammern oder das Ampersand (&) verwenden. Nur die Zeichenfolge]]> selbst darf nicht innerhalb des Textes der CDATA-Section vorkommen.

2.7 Kommentare

Über die Nützlichkeit von Kommentaren muss man Entwicklern keine Vorträge halten, obwohl manchmal eher zu wenige als zu viele verwendet werden. Das gilt auch für XML, obwohl die »sprechenden« Tags das Dokument schon in einem bestimmten Umfang selbst dokumentieren.

Zur eigenen Erinnerung oder zur Information für andere lassen sich Kommentare überall in das XML-Dokument einbetten, sie sind nur nicht innerhalb von Tags oder Deklarationen erlaubt, im Unterschied übrigens zu SGML:

```
<!--
das Dokument muss noch mit einem Schema verknüpft werden
-->
```

Wie in HTML beginnt ein Kommentar mit <! und endet mit >. Die Zeichenfolge darf nicht innerhalb des Kommentars verwendet werden. Deshalb sind auch Kommentare innerhalb von Kommentaren verboten. Wenn Sie bei einem Test ein Element oder einen Teilbaum von Elementen vorübergehend herausnehmen wollen, können Sie die gesamte Gruppe auskommentieren:

```
<!--
<element>
  <unterelement>
  </unterelement>
</element>
-->
```

Streng beachtet werden muss, dass keine Kommentare vor der XML-Deklaration erscheinen dürfen, wenn diese verwendet wird. Dokumente ohne XML-Deklaration dürfen dagegen mit einem Kommentar beginnen!

2.8 Verarbeitungsanweisungen

Es ist möglich, in das XML-Dokument Verarbeitungsanweisungen – *processing instructions* – für den XML-Prozessor einzubetten. Ihr Inhalt gehört nicht zu den Zeichendaten, aus denen das Dokument besteht.

Die Anweisungen beginnen immer mit <? und enden mit ?>. Sie geben zunächst ein Ziel an, das die Anwendung identifizieren soll, an die sich die Anweisung richtet, dann folgen die Daten der Anweisung selbst.

Welche Anweisungen möglich sind, hängt davon ab, was der verwendete Prozessor versteht und was nicht. Sie sind also nicht durch die XML-Spezifikation vorgegeben. Zweck einer solchen Anweisung kann zum Beispiel die Verknüpfung des Dokuments mit einem Stylesheet sein:

```
<?xml-stylesheet type="text/css" href="praesentation.css"
media="screen"?>
```

Da diese Instruktion in der ursprünglichen Spezifikation von XML noch nicht vorgesehen ist – das Wort »Stylesheet« taucht darin nicht auf –, wurde dafür im Sommer 1999 extra eine kleine Empfehlung namens *Associating Style Sheets with XML documents* über die Zuordnung von Stylesheets zu XML-Dokumenten herausgegeben, in der die `xml-stylesheet`-Anweisung definiert ist.

XML-Prozessoren, wie sie zum Beispiel im Internet Explorer ab Version 5 integriert sind, verstehen eine solche Anweisung und geben ein XML-Dokument in dem zugewiesenen Format aus. Mehr dazu finden Sie in Kapitel 10, »Programmierschnittstellen für XML«.

2.9 Namensräume

Eine der ersten wichtigen Erweiterungen des XML-Standards war die Empfehlung *Namespaces in XML*, die bereits ein Jahr nach der Verabschiedung von XML 1.0 im Februar 1998 veröffentlicht wurde. Die Freiheit, die XML bei der Wahl von Element- und Attributnamen gewährt, wirft überall dort ein Problem auf, wo gleiche Namen mit unterschiedlichen Bedeutungen verwendet werden. Da XML-Dokumente häufig darauf ausgelegt sind, dass sie mit unterschiedlichen Programmen ausgewertet und zu bearbeitet werden, führen Mehrdeutigkeiten schnell zu unerwünschten Ergebnissen.

2.9.1 Das Problem der Mehrdeutigkeit

Ein einfaches Beispiel ist etwa ein Elementname wie `<beitrag>`, der in dem einen Kontext den Mitgliedsbeitrag in einem Verein benennt, in einem anderen Kontext einen Artikel in einer Zeitschrift und in einem dritten Kontext eine Arbeitsleistung, etwa innerhalb eines Projekts. Während bei dem ersten Element ein Programm beispielsweise prüfen soll, ob es Beitragsrückstände gibt, könnte im letzten Fall eine Berechnung der Arbeitszeit angestoßen werden.

Zwar wäre es jedes Mal möglich, den Namen entsprechend zu spezifizieren und die entsprechenden Elemente als `<mitgliedsbeitrag>`, `<textbeitrag>` und `<projektbeitrag>` zu differenzieren, aber erstens führt dies in vielen Fällen zu eher künstlichen Bezeichnungen, und zweitens kann man niemals sicher sein, dass beim Design eines XML-Vokabulars diese Regel immer beachtet wird.

2.9.2 Eindeutigkeit durch URIs

Da XML-Vokabulare aber auch unter dem Gesichtspunkt entwickelt werden, möglichst wiederverwendbar zu sein, lag es nahe, dafür eine andere Lösung zu suchen. Deshalb hat das W3C ein relativ einfaches Verfahren eingeführt, um die Eindeutigkeit von Namen für Elemente und Attribute zu gewährleisten. Dabei werden die einzelnen Namen als Teile eines bestimmten Namensraums behandelt. Namensräume werden als Ansammlungen von Namen vorgestellt, die zu einem bestimmten Gegenstandsbereich gehören. Eine solche Ansammlung benötigt keine bestimmte Struktur, wie es etwa bei einer DTD der Fall ist. Es reicht eine einfache Zugehörigkeit: Der Name `a` gehört zum Namensraum `x`.

Mit der Angabe eines Namensraums wird der Kontext angegeben, in dem ein bestimmter Name seine ganz spezielle Bedeutung erhält. XML-Namensräume werden über eine URI-Referenz, also in der Regel einen URL, identifiziert. (Dabei werden solche Referenzen nur als identisch betrachtet, wenn sie Zeichen für Zeichen gleich sind, also unter Beachtung der Groß- und Kleinschreibung.) Diese URI-Referenz wird aber nur verwendet, um dafür zu sorgen, dass der Namensraum auch eindeutig ist. Man nutzt also die Tatsache, dass URI-Referenzen immer eindeutig sein müssen, um dem Prozessor einen eindeutigen Namen für den Namensraum zu liefern.

Abbildung 2.6 Gleichlautender Name in verschiedenen Namensräumen

Der Prozessor sieht keineswegs bei dem entsprechenden URL nach, ob dort ein Namensraum abgelegt ist. (Das W3C hinterlegt unter den URLs der von ihm selbst gepflegten Namensräume lediglich Hinweise, aber keine Listen der Namen.) Es handelt sich also im Grunde um eine Formalität, deren Zweck es ist, den Namensraum dauerhaft und eindeutig zu identifizieren. Solange der Schema-Autor einen URL verwendet, dessen Einmaligkeit er kontrollieren kann, weil er ja die Eindeutigkeit seines URLs kennt, gibt es keine Probleme für den XML-Prozessor.

2.9.3 Namensraumname und Präfix

Dass ein Name zu einem bestimmten Namensraum gehört, kann zum Zweck der Vereinfachung durch ein Präfix angegeben werden, das dem Namen vorangesetzt wird, wobei zur Trennung ein Doppelpunkt verwendet wird. Dieses Präfix kann bei der Deklaration eines Namensraums zugewiesen werden.

Das Präfix dient einfach nur als Abkürzung für den Namen des Namensraums; der XML-Prozessor wird diese Abkürzung immer durch den eigentlichen Namensraumnamen, also den URI, ersetzen.

2.9.4 Namensraumdeklaration und QNamen

Um Namensräume in einem XML-Dokument verwenden zu können, müssen sie zunächst deklariert werden. Dies geschieht in Form eines Elementattributs. Der Namensraum ist durch die Deklaration für das betreffende Element und alle seine Kindelemente gültig. Soll der Namensraum also im gesamten Dokument gültig sein, muss das Attribut dem Wurzelelement zugewiesen werden. Es ist aber auch möglich, erst auf einer tieferen Ebene ein Element mit einem Namensraum zu versehen.

Für die Deklaration werden reservierte Attribute verwendet. In dem folgenden Beispiel ordnet die Namensraumdeklaration dem Namensraumnamen `http://mitglieder.com/organisation` das Präfix `mtg` zu:

```
<mitglieder xmlns:mtg="http://mitglieder.com/organisation">
...
</mitglieder>
```

Dieses Präfix kann anschließend verwendet werden, um für ein Element oder Attribut anstelle eines einfachen Namens einen qualifizierten Namen – *QName* – zu verwenden:

```
<mtg:beitrag>100</mtg:beitrag>
```

In diesem Fall nennt das Element nicht nur seinen Namen, sondern gibt zugleich an, zu welchem Namensraum es gehört. Der qualifizierte Name beugt der Gefahr der Mehrdeutigkeit eines Namens vor, indem er diesen durch die Zuordnung zu einem Namensraum erweitert. Er besteht in diesem Fall aus dem Präfix, das die Bindung an den Namensraum herstellt, dem Doppelpunkt als Trennzeichen und dem lokalen Namen des Elements.

Auch bei Attributnamen kann so verfahren werden. Wenn der Attributname aber zum gleichen Namensraum gehört wie der Name des Elements, zu dem das Attribut gehört, darf der Attributname nicht mit dem entsprechenden Präfix versehen werden.

Das Präfix kann frei gewählt werden, nur die Zeichenfolge `xml` ist für den Namensraum `http://www.w3.org/XML/1998/namespace` und `xmlns` für die Einbindung von Namensräumen reserviert. Es ist an den Namensraum `http://www.w3.org/2000/xmlns` gebunden. Beide Namensräume müssen nicht deklariert werden.

Innerhalb eines XML-Dokuments werden die mit Präfix versehenen Namen ansonsten wie normale Namen behandelt oder wie Namen, die einen Doppelpunkt als eines der Zeichen enthalten.

2.9.5 Einsatz mehrerer Namensräume

Wenn erforderlich, kann auch mit mehreren Namensräumen gearbeitet werden:

```
<mtg:mitglieder xmlns:mtg="http://XMLbeisp.com/organisation"
                xmlns:pro="http://XMLbeisp.com/abrechnung"
                xmlns:mass="http://XMLbeisp.com/masse">
  <mtg:mitglied>
    <mtg:name>Hansen</name>
    <mtg:beitrag mass:waehrung="EUR">100</beitrag>
    <mtg:projekt>
```

```
        <pro:beschreibung>Haussanierung</pro:beschreibung>
        <pro:beitrag mass:einheit="Std" pro:status="ehrenamtlich">20
        </pro:beitrag>
      </mtg:projekt>
    </mtg:mitglied>
</mtg:mitglieder>
```

Mit Hilfe der Präfixe lassen sich die unterschiedlichen Elemente und Attribute exakt dem jeweils gültigen Namensraum zuordnen. Allerdings ist es beim Einsatz mehrerer Namensräume oft praktisch, einen dieser Namensräume als Default-Namensraum, also als Vorgabe, zu verwenden. Dies geschieht dadurch, dass bei der Deklaration kein Präfix zugeordnet wird. In der folgenden Variante des letzten Beispiels wird der erste angegebene Namensraum als Vorgabe verwendet:

```
<mitglieder xmlns="http://XMLbeisp.com/organisation"
            xmlns:pro="http://XMLbeisp.com/abrechnung">
  <mitglied>
    <name>Hansen</name>
    <beitrag waehrung="EUR">100</beitrag>
    <projekt>
      <pro:beschreibung>Haussanierung</pro:beschreibung>
      <pro:beitrag einheit="Std">20</pro:beitrag>
    </projekt>
  </mitglied>
</mitglieder>
```

Bei den Elementen, die zum vorgegebenen Namensraum gehören, kann dann auf ein Präfix verzichtet werden, was die Dokumente lesbarer macht und die Schreibarbeit verringert. Trotzdem handelt es sich bei diesen Elementnamen um qualifizierte Namen, auch wenn das sonst verwendete Präfix gleichsam unsichtbar geworden ist. Darauf wird in Kapitel 4, »Inhaltsmodelle mit XML Schema«, noch einmal eingegangen werden, wenn es um die Validierung von Dokumenten geht, die Namensräume verwenden. Werden Attribute ohne Präfix benannt, gehören sie dagegen nicht zum vorgegebenen Namensraum. Sie erben also nicht den vorgegebenen Namensraum des Elements, zu dem sie gehören.

Die Voreinstellung auf einen bestimmten Namensraum, die beispielsweise innerhalb des Wurzelelements vorgenommen worden ist, kann auf einer tieferen Ebene auch wieder überschrieben werden, indem erneut das Attribut `xmlns` ohne Präfixzuordnung verwendet wird. Die neue Vorgabe gilt dann aber nur für diese Ebene und eventuelle Kindelemente dieser Ebene. Soll eine Vorgabe ganz aufgehoben werden, kann auch mit dem Wertepaar `xmlns=""` gearbeitet werden. Dieses Verfahren kann allerdings nicht für die Aufhebung von Namensraumzuordnungen verwendet werden, die mit einem Präfix arbeiten.

2.10 XML-Version 1.1

Das W3C hat 2004 die Version XML 1.1 verabschiedet, um der Weiterentwicklung von Unicode besser zu entsprechen. In der XML-Version 1.0 sind zwar für Elementinhalte und Attributwerte fast alle Unicode-Zeichen zugelassen, für Element- und Attributnamen, für Aufzählungen vorgegebener Attributwerte und für die Formulierung des Ziels von Verarbeitungsanweisungen sind aber nur die Zeichen zugelassen, die bereits in Unicode 2.0 enthalten sind. Um kommende Erweiterungen von Unicode zuzulassen, führt die Version XML 1.1 hier eine Lockerung ein und lässt auch in den Namen alle Zeichen zu, die nicht ausdrücklich verboten sind.

Die zweite Änderung betrifft die Behandlung von Leerraum. Um bisherige Umständlichkeiten beim Datenaustausch mit Großrechnern von IBM und damit kompatiblen Systemen zu vermeiden, wird den bisher für Leerraum verwendeten Zeichen – Space, Tab, CR, LF – noch ein NEL-Zeichen (Newline, U+0085 bzw. #x85) hinzugefügt. Zudem wird das Unicode-Zeilentrennzeichen U+2028 bzw. #x2028 unterstützt. Mit Ausnahme der erwähnten Leerraumzeichen dürfen Steuerzeichen im Codebereich #x1 bis #x1F und #x7F bis #x9F allerdings nur in Form von Zeichenreferenzen verwendet werden, damit XML-Dateien auch weiterhin von normalen Texteditoren angezeigt und bearbeitet werden können. Verboten in jeder Form bleibt dagegen das NUL-Zeichen (#x00).

Um den binären Vergleich von zwei Zeichenfolgen zu vereinfachen, soll außerdem eine Unicode-Normalisierung dafür sorgen, dass für jedes Zeichen eine einheitliche Schreibweise verwendet wird. Das ist bisher nicht unbedingt der Fall. Umlaute können beispielsweise durch ein einzelnes Zeichen oder als Kombination von zwei Zeichen dargestellt werden. Da diese Normalisierung aber in einem XML-Parser nicht einfach zu implementieren ist, kann die Umsetzung dieser Anforderung noch geraume Zeit dauern.

Obwohl die Änderungen von Version 1.0 zu 1.1 insgesamt gering bleiben, sind die entsprechenden XML-Dokumente nicht kompatibel. Eine XML 1.1-Datei ist für einen Version 1.0-Parser unter Umständen also nicht wohlgeformt.

Insgesamt folgt aus all dem, dass die Version 1.1 wohl über die nächsten Jahre in der praktischen Arbeit mit XML-Daten kaum eine Rolle spielen wird. Aus diesem Grund wird in diesem Buch auch weiterhin von der Version 1.0 ausgegangen. Dies gilt umso mehr, als in der 2008 erschienenen 5. Edition von XML 1.0 bereits einige der Lockerungen aus XML 1.1 in Bezug auf die erlaubten Element- und Attributnamen übernommen wurden.

Kapitel 3
Dokumenttypen und Validierung

Soll die Gültigkeit eines XML-Dokuments auf ein bestimmtes Vokabular eingeschränkt werden, ist der Entwurf von Inhaltsmodellen notwendig. Das zuerst dafür etablierte Verfahren ist die Definition von Dokumenttypen.

SGML – *the mother of XML* – ist zunächst hauptsächlich zur Bewältigung umfangreicher, strukturierter Textmengen entworfen worden. Die Erfahrungen beim Umgang mit solchen Texten haben zu dem Konzept des *Dokumenttyps* geführt. Texte, wie sie in einem Buch, einem Artikel oder einer Gebrauchsanweisung dargeboten werden, haben eine innere Struktur, die sich in abstrakte Informationseinheiten gliedern lässt.

Es erwies sich aber sofort, dass die Verfahren, die für die Strukturierung von Textdokumenten angewendet werden können, auch bei der Informationsmodellierung in ganz anderen Bereichen anwendbar sind.

3.1 Metasprache und Markup-Vokabulare

So wie sich ein Text in Einleitung, Hauptteil und Nachwort gliedern lässt, der Hauptteil wiederum in Kapitel und Unterkapitel, die Unterkapitel in Abschnitte etc., so kann beispielsweise ein Projekt in Vorbereitungsphase, Durchführungsphase und Nachbereitungsphase zerlegt werden.

Die Beschreibung eines Produkts kann gegliedert werden in die darin enthaltenen Teilprodukte bis hinunter zur Ebene der Grundbausteine, aus denen das Produkt zusammengesetzt ist. In allen Fällen liegt es nahe, solche hierarchischen Zusammenhänge durch eine grafische Darstellung zu verdeutlichen, deren Kern eine geordnete Baumstruktur ist, geordnet in dem Sinn, dass die Anordnung der Elemente nicht beliebig ist.

3.1.1 Datenmodelle

Die Arbeit, einen Gegenstandsbereich in einem abstrakten Datenmodell abzubilden, ist zunächst ganz unabhängig von technischen Vorschriften oder Einschränkungen.

Es geht dabei darum, einen wie immer gearteten Bereich in sinnvoller Weise zu gliedern, also so, wie es seiner inneren Logik entspricht.

Wenn es aber nicht nur darum geht, dass ein solches Informationsmodell von Menschen verstanden wird, sondern dass auch Maschinen bzw. Programme mit diesen Modellen etwas anfangen können, sind formale Beschreibungswerkzeuge notwendig, die in der Lage sind, das Modell entsprechend zu repräsentieren.

3.1.2 Selbstbeschreibende Daten und Lesbarkeit

Damit ein Programm die Gültigkeit eines Dokuments in der oben schon angesprochenen Weise durch einen Abgleich mit einem zugeordneten Schema prüfen kann, muss die Beschreibung dieses Schemas selbst in einer auch von Maschinen lesbaren Sprache abgefasst sein. Das heißt, sie muss sich einer formalen Sprache bedienen.

Bei den Dokumenttyp-Definitionen, den DTDs, die dafür zunächst hauptsächlich zum Einsatz kamen, wurden entsprechende Sprachelemente von SGML übernommen. Sie wurden direkt in die Spezifikation von XML eingearbeitet.

3.1.3 Dokumenttyp-Definition – DTD

Eine DTD definiert eine bestimmte Klasse von Dokumenten, die alle vom gleichen Typ sind, indem sie verbindlich das Vokabular und die Grammatik für die Auszeichnungssprache festlegt, die bei der Erstellung des Dokuments verwendet werden soll und darf.

Das Dokument, das mit einem bestimmten Datenmodell übereinstimmt, wird deshalb auch als Instanz des Modells betrachtet, ähnlich wie in der objektorientierten Programmierung ein Objekt als Instanz einer Klasse behandelt wird.

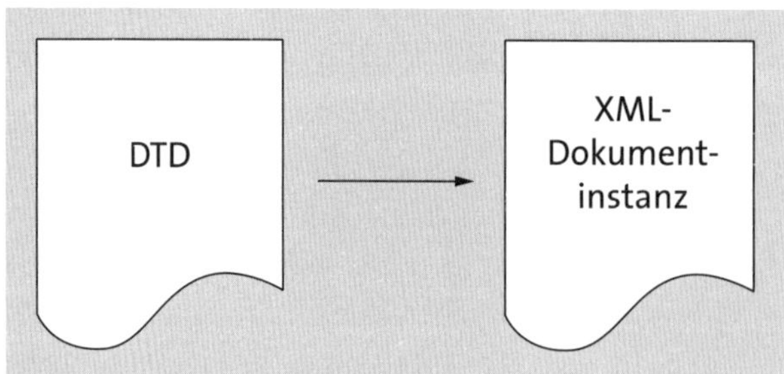

Abbildung 3.1 Ein XML-Dokument, das einer DTD entspricht, ist eine Dokumentinstanz dieser DTD.

Wie mächtig eine DTD sein kann, wird an der Tatsache deutlich, dass bis zu HTML 4 alle Webseiten Instanzen einer einzigen Klasse von Dokumenten waren, die mit der DTD für HTML definiert wurde.

Die XML 1.0-Spezifikation geht im Übrigen noch explizit davon aus, dass die Gültigkeit von XML-Dokumenten gegen eine entsprechende DTD geprüft wird, und enthält dazugehörige Regeln.

3.1.4 Alternativen zu DTD

Seit 2001 kann auch das Schema für ein Datenmodell in einer XML-Syntax beschrieben werden, und zwar mit Hilfe von *XML Schema*. Dieses spezielle Vokabular zur Beschreibung von Datenstrukturen wurde vom W3C als Standard verabschiedet. In der Folge haben XML-Schemas in vielen Bereichen den Platz der DTDs übernommen. Mit Hilfe von XML-Schemas können vor allem präzise Angaben zu den Datentypen gemacht werden, die für die einzelnen Elemente oder Attributwerte erlaubt werden sollen. Mehr Details dazu erfahren Sie in Kapitel 4, »Inhaltsmodelle mit XML Schema«.

Neben DTD und XML Schema spielen in der Praxis der Datenvalidierung noch die *REgular LAnguage for XML Next Generation*, kurz *RELAX NG*, von OASIS und der ISO-Standard *Schematron* eine Rolle. RELAX NG liegt in puncto Handhabung und Leistungsfähigkeit so in etwa zwischen DTD und XML Schema. Bei der Syntax kann zwischen einer der DTD ähnlichen Kompaktschreibweise und einer ausführlicheren XML-Schreibweise gewählt werden. Schematron ist seit 2006 Teil der *Document Schema Definition Languages*, kurz *DSDL*, und erlaubt zusätzlich die Definition von Regeln. Beispielsweise kann in einem `<assert>`-Element mit dem Attribut `test` geprüft werden, ob ein aktuelles Datum vor einem bestimmten Prüfwert liegt. Die Syntax verwendet neben XML eine Untermenge von XPath. Eine nähere Behandlung dieser beiden Alternativen würde den Rahmen dieses Buches sprengen, weshalb ich mich hier auf diesen Hinweis beschränken möchte.

3.1.5 Vokabulare

DTDs sind immer noch in zahlreichen gewichtigen Varianten für die verschiedensten Sachgebiete im Einsatz. Zwei Beispiele zum Schluss dieses Abschnitts sind die DTDs für DocBook und SVG. Deshalb werden in diesem Buch beide Formen der Strukturbeschreibung von Dokumenten nacheinander behandelt, allerdings mit einem deutlichen Schwerpunkt auf dem XML Schema-Standard.

Wer gewohnt ist, Schemas für Datenbanktabellen zu entwerfen, dem wird die Aufgabe der Datenmodellierung mit XML Schema sicherlich nicht fremd sein, auch wenn XML dafür ein spezielles Vokabular zur Verfügung stellt, das erst einmal gelernt werden will.

Durch die Verkoppelung eines XML-Dokuments mit einer DTD oder einem Schema entsteht jedes Mal eine bestimmte Variante der XML-Sprache, eine Art Dialekt der formalen Art. Es gibt also in gewissem Sinne so viele XML-Sprachen, wie es DTDs und Schemas gibt. Das Spektrum der Aufgaben, die mit Hilfe dieser Spezialsprachen gelöst werden können, ist längst nicht ausgeschöpft, aber so unterschiedliche Sprachvarianten wie XHTML, MathML oder SVG, um nur wenige zu nennen, deuten an, wie tragfähig XML als Metasprache für all diese Sprachen ist.

Ob DTDs oder Schemas ihren Zweck erfüllen, hängt natürlich hauptsächlich davon ab, wie sie den Gegenstandsbereich, auf den sie sich beziehen, repräsentieren. Dabei kommt es darauf an, dass eine entsprechende XML-Sprache Anwendungen in dem betreffenden Bereich in einer Weise unterstützt, die die Anwender nicht nur zufriedenstellt, sondern ihnen gegenüber bisherigen Lösungen einen zusätzlichen Nutzen verspricht.

3.2 Regeln der Gültigkeit

Die Arbeit der Datenmodellierung gewinnt ihren Wert insbesondere dadurch, dass auf der Basis einer einmal fixierten Struktur ein Programm automatisch prüfen kann, ob ein bestimmtes Dokument dieser Struktur tatsächlich entspricht und in diesem Sinne regelgerecht erstellt worden ist. Während sich die oben schon behandelte Prüfung auf Wohlgeformtheit gewissermaßen mit Äußerlichkeiten zufriedengibt, geht es hierbei um eine wesentlich strengere Prüfung, der ein XML-Dokument unterworfen werden kann, nämlich um die Prüfung auf Gültigkeit.

Allerdings setzt die Prüfung auf Gültigkeit, die auch *Validierung* genannt wird, immer voraus, dass die Prüfung auf Wohlgeformtheit schon bestanden ist. Diese Prüfung kann stattfinden, wenn Regeln definiert werden, die den Betrachter oder eine Maschine zwischen gültigen und ungültigen Inhalten unterscheiden lassen. Existieren solche Regeln, besteht die Gültigkeit des Dokuments darin, dass es diesen Regeln entspricht. Nicht weniger, aber auch nicht mehr, denn in diesem Zusammenhang sagt Gültigkeit nichts über die Richtigkeit des Inhalts im XML-Dokument aus. Ein Element `<adresse>` kann korrekt aus den Unterelementen `<name>`, `<strasse>`, `<plz>` und `<ort>` zusammengesetzt sein, das hindert aber niemanden daran, eine falsche Postleitzahl einzugeben.

Die Validierung verlangt also ein schematisches Modell, das beschreibt, welche Elemente ein XML-Dokument eines bestimmten Typs enthalten muss und kann, welche Eigenschaften diese Elemente haben müssen oder können und wie Elemente und Attribute innerhalb des Dokuments verwendet werden.

Die Modellierung arbeitet dabei mit bestimmten Einschränkungen, die bei der Erstellung des Dokuments zu beachten sind. Ein Dokument vom Typ Geschäftsbrief muss zum Beispiel eine Betreff-Angabe enthalten, ein Datum und ein Kürzel des Bearbeiters. Folgt ein Dokument diesem Modell, wird es als *Instanz* des Modells bezeichnet. Die Beziehung gleicht, wie schon angesprochen, derjenigen zwischen einem Objekt und einer Klasse, die eine Menge von möglichen Objekten gleichen Typs vorgibt, wie es Ihnen sicher aus der objektorientierten Programmierung vertraut ist.

3.3 DTD oder Schema?

In welcher Situation ist überhaupt ein Dokumentmodell erforderlich, und wann ist es ratsam, eine DTD oder ein Schema zu verwenden? Die Antwort auf die erste Frage hängt in erster Linie davon ab, ob sich bestimmte Datenstrukturen häufig wiederholen oder nicht. Wird eine Datenstruktur nur ein einziges Mal verwendet, ist es nicht nötig, ein Modell dafür zu entwerfen. Sobald bestimmte Datenmengen mehrfach verwendet werden müssen, lohnt sich ein Dokumentmodell zur Kontrolle der Gültigkeit, aber auch, weil aktuelle XML-Editoren aus solchen Modellen Eingabemasken generieren können, die die Datenpflege wesentlich erleichtern.

Wenn Sie auf ein Datenmodell zur Kontrolle der Gültigkeit von XML-Dokumenten verzichten, müssen Sie darauf eingestellt sein, dass ein normaler XML-Prozessor jeden Elementnamen akzeptieren wird, der die Namensregeln von XML nicht verletzt, also keine ungültigen Zeichen enthält. Es gibt in diesem Fall auch keine grammatikalischen Einschränkungen. Ein Element kann einen beliebigen Inhalt haben: Kindelemente, Text, Mischungen aus Elementen und Text oder gar nichts.

Jedes Element kann auch beliebige Attribute enthalten, solange sie eindeutig sind. Allerdings sind nur Attribute vom Typ `CDATA`, also Zeichendaten, erlaubt; Verknüpfungen, wie sie durch `ID`- und `IDREF`-Attribute möglich sind, lassen sich ohne Datenmodell nicht realisieren. Das gilt auch für Vorgabewerte bei Attributen.

Die Entscheidung, ob DTD oder Schema günstiger ist, hängt in erster Linie davon ab, um welche Daten es geht. Anwendungen, die mit Textdokumenten zu tun haben, können mit DTDs gut zurechtkommen, solange nicht sehr spezielle Datenformate eine Rolle spielen, deren Korrektheit zu beachten ist. Anwendungen mit stark differenzierten Datenstrukturen, wie sie von Datenbanksystemen bekannt sind, sollten die Möglichkeiten von XML Schema nutzen.

3.4 Definition eines Dokumentmodells

Wenn das XML-Dokument mit einer Dokumenttyp-Definition – also einer DTD – verknüpft werden soll, ist nach der XML-Deklaration eine Dokumenttyp-Deklaration notwendig. Die DTD kann dabei direkt in das Dokument eingebettet werden, und zwar vor das erste Element, oder es kann ein Bezug auf eine externe DTD hergestellt werden oder eine Kombination von beidem. Auf die Einzelheiten wird in Abschnitt 3.10, »Formen der DTD-Deklaration«, näher eingegangen.

3.4.1 Interne DTD

Hier zunächst ein kleines Beispiel für eine interne DTD und ein Beispiel für den Bezug auf eine externe DTD:

```
<?xml version="1.0" encoding="UTF-8"?>
<!DOCTYPE Lager [
  <!ELEMENT Absatz (#PCDATA)>
  <!ELEMENT Artnr (#PCDATA)>
  <!ELEMENT Bestand (#PCDATA)>
  <!ELEMENT Bezeichnung (#PCDATA)>
  <!ELEMENT Farbe (#PCDATA)>
  <!ELEMENT Material (#PCDATA)>
  <!ELEMENT Preis (#PCDATA)>
  <!ELEMENT Umsatz_Vorjahr (#PCDATA)>
  <!ELEMENT Umsatz_lfd_Jahr (#PCDATA)>
  <!ELEMENT Warengruppe (#PCDATA)>
  <!ELEMENT Artikel (Artnr, Bezeichnung, Warengruppe, Material,
     Farbe, Bestand, Preis, Absatz, Umsatz_lfd_Jahr, Umsatz_Vorjahr)>
  <!ELEMENT Lager (Artikel+)>
]>
<Lager>
  <Artikel>
    <Artnr>7777</Artnr>
    <Bezeichnung>Jalousie Ccxs</Bezeichnung>
    <Warengruppe>Jalousie</Warengruppe>
    <Material>Kunststoff</Material>
    <Farbe>grau</Farbe>
    <Bestand>100</Bestand>
    <Preis>198</Preis>
    <Absatz>120</Absatz>
    <Umsatz_lfd_Jahr>23801</Umsatz_lfd_Jahr>
    <Umsatz_Vorjahr>67988</Umsatz_Vorjahr>
  </Artikel>
  <Artikel>
    <Artnr>7778</Artnr>
    <Bezeichnung>Jalousie Ccxx</Bezeichnung>
    <Warengruppe>Jalousie</Warengruppe>
    <Material>Metall</Material>
    <Farbe>rot</Farbe>
```

```
    <Bestand>200</Bestand>
    <Preis>174</Preis>
    <Absatz>330</Absatz>
    <Umsatz_lfd_Jahr>57600,8</Umsatz_lfd_Jahr>
    <Umsatz_Vorjahr>76800,88</Umsatz_Vorjahr>
  </Artikel>
</Lager>
```

Listing 3.1 lagerbestand.xml

Das XML-Dokument beginnt in diesem Fall mit einer Dokumenttyp-Deklaration, der die Dokumenttyp-Definition, die DTD, direkt folgt. Die gesamte DTD wird dabei in eckige Klammern gesetzt. Erst danach kommen die Daten, die den Regeln dieser DTD gehorchen sollen.

3.4.2 Externe DTD

Die im Beispiel vorhandene DTD kann auch aus dem XML-Dokument ausgegliedert werden. Die Datei, für die üblicherweise die Dateierweiterung *.dtd* verwendet wird, sieht dann so aus:

```
<!ELEMENT Absatz (#PCDATA)>
  <!ELEMENT Artnr (#PCDATA)>
  <!ELEMENT Bestand (#PCDATA)>
  <!ELEMENT Bezeichnung (#PCDATA)>
  <!ELEMENT Farbe (#PCDATA)>
  <!ELEMENT Material (#PCDATA)>
  <!ELEMENT Preis (#PCDATA)>
  <!ELEMENT Umsatz_Vorjahr (#PCDATA)>
  <!ELEMENT Umsatz_lfd_Jahr (#PCDATA)>
  <!ELEMENT Warengruppe (#PCDATA)>
  <!ELEMENT Artikel (Artnr, Bezeichnung, Warengruppe, Material,
     Farbe, Bestand, Preis, Absatz, Umsatz_lfd_Jahr,
     Umsatz_Vorjahr)>
  <!ELEMENT Lager (Artikel+)>
```

Für den Bezug auf diese externe DTD wird im XML-Dokument folgende Syntax verwendet:

```
<?xml version="1.0" encoding="UTF-8"?>

<!DOCTYPE Lager SYSTEM "Lager.dtd">
```

Wie Sie sehen, wird als Name der DTD immer der Name des Wurzelelements des entsprechenden Dokumenttyps verwendet.

Das Beispiel zeigt, dass DTDs direkt in ein XML-Dokument eingebettet oder mit dem XML-Dokument verknüpft werden können. Auch eine Mischung von internen und externen DTDs ist möglich, etwa um eine in einem Anwendungsbereich verwendete DTD für eine spezielle Situation zu erweitern oder auch einzuschränken.

3.5 Deklarationen für gültige Komponenten

Wir wollen hier zunächst an einem übersichtlichen Beispiel – einem Kursprogramm – die einzelnen Komponenten einer DTD anhand einer internen Verwendung beschreiben. Technisch besteht die Definition eines Dokumenttyps aus einer Zusammenstellung von Markup-Deklarationen, das heißt, in der DTD wird bestimmt, welche Markups oder Tags in einem Dokument verwendet werden dürfen und müssen und in welcher Weise dies zu geschehen hat. Die DTD legt also Einschränkungen fest, die die große Tag-Freiheit in einem nur wohlgeformten XML-Dokument durch das harte Regime eines fixierten Vokabulars ersetzt.

Sie sollten dabei im Auge behalten, dass ein XML-Dokument aus der Umzäunung durch eine DTD ausbrechen kann, ohne den Status eines wohlgeformten Dokuments zu verlieren. Wenn der XML-Prozessor auf eine Bewertung der Gültigkeit verzichtet, kann ein solches Dokument also durchaus verarbeitet werden.

Eine Dokumenttyp-Definition ist entweder innerhalb einer Dokumenttyp-Deklaration eingebettet oder in einer separaten Datei abgelegt, auf die dann eine Dokumenttyp-Deklaration in einem XML-Dokument Bezug nimmt.

3.5.1 Vokabular und Grammatik der Informationseinheiten

Die Dokumenttyp-Definition ist ein Vokabular und eine Grammatik für eine bestimmte Klasse von Dokumenten, und zwar in Form von Markup-Deklarationen. Markup-Deklarationen wiederum werden benutzt, um die vier möglichen Komponenten, aus denen sich ein XML-Dokument zusammensetzen kann, festzulegen. Dazu dienen:

- Elementtyp-Deklarationen
- Attributlisten-Deklarationen
- Entitätsdeklarationen
- Notationsdeklarationen

3.5.2 Syntax der Dokumenttyp-Deklaration

Die Dokumenttyp-Deklaration, die mit `<!DOCTYPE` startet, benennt den Dokumenttyp und legt damit zugleich den Namen des obersten Elements fest, das für Dokumente dieser Klasse verwendet wird. Wenn der hinter dem Schlüsselwort `DOCTYPE` verwendete Name nicht mit dem Namen des obersten Elements des Dokuments übereinstimmt, wird ein XML-Prozessor das Dokument nicht als gültig anerkennen.

Die Deklaration muss hinter der XML-Deklaration und vor dem ersten Element des Dokuments eingefügt werden. Kommentare sind in jeder Zeile erlaubt. Hier das Skelett eines XML-Dokuments mit einer eingebetteten DTD, die zunächst nur ein einziges Element deklariert:

```
<?xml version="1.0">
<!DOCTYPE  kursprogramm  [
<!ELEMENT kursprogramm (kurs+)>
]>
<kursprogramm>
...
</kursprogramm>
```

3.5.3 Syntax der Elementtyp-Deklaration

Die Definition des unter dem angegebenen Namen `kursprogramm` deklarierten Dokumenttyps beginnt mit der ersten Elementtyp-Deklaration. Wenn ein Element im XML-Dokument als gültig angesehen werden soll, muss in der DTD eine Typdeklaration für dieses Element aufgeführt sein. Diese Deklaration beginnt wiederum mit `<!ELEMENT`, gefolgt vom Namen des Elementtyps. Hinter dem Namen des Elements folgt eine verbindliche Angabe darüber, was der Inhalt des Elements sein soll und darf. Die allgemeine Syntax einer Elementdeklaration ist also:

```
<!ELEMENT Name Inhaltsmodell>
```

Über die Einschränkungen, die die Namen von Elementen betreffen, ist in Abschnitt 2.1.9 bereits gesprochen worden: Namen müssen mit einem Buchstaben oder einem Unterstrich beginnen. Auch ein Doppelpunkt ist erlaubt, sollte aber vermieden werden, weil im XML-Dokument der Doppelpunkt für die Trennung des Namensraumpräfixes vom lokalen Namen selbst verwendet wird.

Die Länge der Namen ist nicht begrenzt. Beachtet werden muss auch hier wieder, dass bei Namen, wie bei XML üblich, zwischen Groß- und Kleinschreibung unterschieden wird: `name` ist also nicht dasselbe Element wie `Name`.

Ansonsten kann der Name frei gewählt werden; es sollte aber darauf geachtet werden, dass er seinen beschreibenden Charakter behält. Der Name sollte also möglichst präzise angeben, welche Information das Element bereitstellt. Namen wie »element1«, »element2« ... sind nicht verboten, aber damit wird der große Vorteil von XML verschenkt, der ja gerade darin besteht, dass sich bei diesem Datenformat die Daten selbst beschreiben.

Elementnamen sollten in einer DTD nicht mehrfach verwendet werden, sondern eindeutig sein, durchaus im Unterschied zu XML Schema, wie Sie in Kapitel 4 noch sehen werden. Wird bei zwei Elementtyp-Deklarationen derselbe Name verwendet, ignoriert der Prozessor die zweite Deklaration.

3.5.4 Beispiel einer DTD für ein Kursprogramm

Das Kursprogramm soll mehrere Kurse ankündigen. Pro Kurs wird eine Bezeichnung vergeben, ein Text über den Kursinhalt angelegt, eine Liste der Referenten erstellt und ein Termin festgelegt. Die DTD für das Kursprogramm könnte in einem ersten Entwurfsstadium folglich so aussehen:

```
<?xml version="1.0" encoding="UTF-8"?>
<!DOCTYPE kursprogramm [
<!ELEMENT kursprogramm (kurs+)>
<!ELEMENT kurs (bezeichnung, kursinhalt, referententeam, termin, anhang)>
<!ELEMENT bezeichnung (#PCDATA)>
<!ELEMENT kursinhalt (#PCDATA)>
<!ELEMENT referententeam (referent+)>
<!ELEMENT referent (name, adresse, kontakt?, bild?)>
<!ELEMENT name (#PCDATA)>
<!ELEMENT adresse (#PCDATA)>
<!ELEMENT kontakt (fon | email* | (fon, email*))>
<!ELEMENT fon (#PCDATA)>
<!ELEMENT email (#PCDATA)>
<!ELEMENT bild EMPTY>
<!ELEMENT termin (#PCDATA)>
<!ELEMENT anhang ANY>
]>
<kursprogramm>
...
</kursprogramm>
```

Listing 3.2 kursprogramm.xml mit DTD

Elemente, die weitere Elemente enthalten

Das Element `<kursprogramm>` darf als Inhalt nur Kindelemente vom Typ `<kurs>` enthalten. Da das Programm mehr als einen Kurs enthalten soll, wird ein Pluszeichen hinter den Elementnamen gesetzt. Das Pluszeichen wird als Operator für die *Kardinalität* verwendet, gibt also an, wie häufig ein Element an einer bestimmten Stelle vorkommen kann, darf oder muss. Dabei bedeutet +, dass das Element mindestens einmal oder mehrmals vorkommt. Wird dagegen kein Operator verwendet, muss das Element genau einmal vorkommen, was für das Kursprogramm wenig sinnvoll wäre.

Das Element `<kurs>` ist wiederum selbst aus mehreren Kindelementen zusammengesetzt, die in der Klammer hinter dem Elementnamen aufgereiht werden, getrennt durch Kommas. Damit wird festgelegt, dass die betreffenden Elemente im XML-Dokument auch in dieser Reihenfolge – als Sequenz – zu erscheinen haben. Werden die Daten in der falschen Reihenfolge eingegeben, ist das Dokument nicht gültig.

Entscheidend ist, dass für jedes Kindelement von `<kurs>` auch eine entsprechende Elementtyp-Deklaration in der DTD angelegt wird.

Elemente mit Zeichendaten

Für das erste und zweite Kindelement von `<kurs>` wird in der Elementtyp-Deklaration nur noch der Datentyp `#PCDATA` angegeben. Das Wort ist eine Abkürzung für *parsed character data*, womit gemeint ist, dass es sich um reinen Text ohne jedes Markup handelt. Das Doppelkreuz davor besagt, dass `PCDATA` ein vordefiniertes Schlüsselwort ist. Der Name weist zugleich darauf hin, dass der Parser eventuelle Entitätsreferenzen, die in den Zeichendaten enthalten sind, vor der weiteren Verarbeitung aufzulösen hat.

Der Datentyp `#PCDATA` ist zugleich auch schon der einzige Datentyp, der für den Inhalt dieses Elements angegeben werden kann. Sie haben also keine Möglichkeit, festzulegen, dass ein Element nur Zahlen enthalten darf oder ein Datum oder eine Zeitangabe in einem entsprechenden Format. Auch über die Menge der Zeichendaten, die Länge eines Strings, kann hier nichts Einschränkendes festgelegt werden. Dieser Mangel wird erst durch XML Schema beseitigt.

Damit ist zugleich klar, dass dieses Element selbst keine weiteren Kindelemente umschließt, sondern eben nur noch aus Zeichendaten besteht. Innerhalb der Baumstruktur, mit der das XML-Dokument dargestellt werden kann, sind das gewissermaßen die äußersten Enden, die Blätter des Baumes.

Anordnung der Elemente in einem Containerelement

Das Element `<referententeam>` dagegen enthält abermals Kindelemente, die wiederum selbst zum Teil weitere Kindelemente enthalten. Zunächst wird auch bei der Elementdeklaration `<referententeam>` der Elementname `<referent>` durch ein Pluszeichen ergänzt. Der Kurs braucht ja mindestens einen Referenten, es können aber auch zwei oder drei sein.

Auch das Element <referent> besteht aus Kindelementen, diesmal aber aus Elementen unterschiedlichen Typs. Diese Unterelemente sind in der Klammer wieder durch Kommas getrennt. Als verbindliche Elemente erscheinen zunächst <name> und <adresse>, einfache Elemente, die wieder nur Zeichendaten enthalten dürfen. Das dritte Unterelement <kontakt> ist dagegen wieder ein Container weiterer Elemente. Es soll allerdings nur optional sein, es kann also auch fehlen, wenn der Referent dazu keine Daten bereitstellen will. Dazu wird der Operator ? an den Elementnamen angehängt. Dieses Element darf höchstens einmal vorkommen, aber es kann in einer Instanz dieses Dokumenttyps auch weggelassen werden.

Leere Elemente

Ebenfalls optional ist in unserem Beispiel das Element <bild>. Für dieses Element ist als Inhalt das Schlüsselwort EMPTY angegeben. Damit wird festgelegt, dass dieses Element leer ist, also weder Zeichendaten noch andere Elemente enthalten darf. Leere Elemente werden gerne verwendet, um über Attribute Verweise auf Dateien einzubinden, etwa Bilder, Sounds oder Videos, oder auch um bestimmte Kennzeichen zu setzen. Dazu erfahren Sie später noch mehr.

3.5.5 Inhaltsalternativen

Welche Elemente soll das Element <kontakt> nun aber enthalten? Es gibt Personen, die ihre Telefonnummer angeben, andere wollen nur per E-Mail kontaktiert werden, wieder andere erlauben beide Formen der Kontaktaufnahme. Wer E-Mail zulässt, hat möglicherweise gleich mehrere E-Mail-Adressen. All diese Varianten soll die DTD berücksichtigen, so dass für die verschiedenen Referenten durchaus variable Sätze von Kontaktinformationen zusammengestellt werden können, ohne dass es zu Fehlern bei der Validierung des XML-Dokuments kommt.

Zunächst werden deshalb in der Klammer, die den Inhalt des Elements <kontakt> beschreibt, die drei Alternativen aufgelistet. Als Operator wird der senkrechte Strich verwendet, der einem ausschließenden Oder entspricht. Es kann also nur eine der drei Alternativen verwendet werden.

Hinter den Elementnamen email wird diesmal ein * gesetzt. Damit wird festgelegt, dass beliebig viele E-Mail-Adressen an dieser Stelle vorkommen können. Die E-Mail-Adresse kann aber auch ganz fehlen. Die dritte Alternative ist die Angabe einer Telefonnummer und einer beliebigen Zahl von E-Mail-Adressen. Diese Abfolge ist noch einmal in Klammern gesetzt, das heißt, wenn der Referent eine Telefonnummer und E-Mail-Adresse angibt, muss zuerst die Telefonnummer eingegeben werden. Es wäre auch möglich, mehrere Kombinationen von Telefonnummern und E-Mail-Adressen zuzulassen:

```
<!ELEMENT kontakt (fon | email* | (fon, email*)*)>
```

In diesem Fall bezieht sich der dritte *-Operator auf die Sequenz der in Klammern aufgeführten Elementgruppe. In Tabelle 3.1sind noch einmal alle Operatoren zusammengestellt, die bei der Beschreibung von Inhaltsmodellen in einer Elementtyp-Deklaration verwendet werden.

Operator	Bedeutung
+	Das vorausgehende Element oder die Elementgruppe muss mindestens einmal, kann aber auch mehrfach vorkommen.
?	Das vorausgehende Element oder die Elementgruppe kann einmal vorkommen, kann aber auch fehlen.
*	Das vorausgehende Element oder die Elementgruppe kann beliebig oft vorkommen oder fehlen.
,	Trennzeichen innerhalb einer Sequenz von Elementen
		Trennzeichen zwischen sich ausschließenden Alternativen
()	Bildung von Elementgruppen

Tabelle 3.1 Operatoren in einer DTD

Durch eine geschickte Kombination und Verschachtelung von Elementgruppen und Operatoren für die Kardinalität von Elementen oder Elementgruppen lassen sich bei Bedarf hochkomplexe Inhaltsmodelle in einer solchen Elementtyp-Deklaration realisieren.

3.5.6 Uneingeschränkte Inhaltsmodelle

Das letzte Kindelement von `<kurs>` ist ein Element `<anhang>`, dessen Inhalt mit dem Wort `ANY` spezifiziert wird. Während bei den bisher beschriebenen Elementdeklarationen alles relativ streng zuging, wird hier nun Tür und Tor für alles und jedes geöffnet. Die DTD legt zwar fest, dass zu jedem Kurs ein Anhang vorkommen soll, macht aber keine Vorschriften, was dessen Inhalt sein soll und darf.

Das Element kann also beispielsweise reine Textdaten enthalten oder weitere deklarierte Kindelemente, deren Anordnung aber frei gewählt werden darf, oder eine Mischung aus Text und Kindelementen oder auch ein leeres Element mit einem Bezug auf Daten, die keine XML-Daten sind. Oder auch gar nichts! Der Parser, der dieses Element in einer Dokumentinstanz überprüft, wird mit `ANY` angewiesen, dieses Element nicht weiter auf Gültigkeit zu kontrollieren. Nur die Wohlgeformtheit muss erhalten bleiben.

Das Inhaltsmodell ANY widerspricht in gewissem Sinne dem, was mit einer DTD erreicht werden soll, aber es ist in vielen Fällen nützlich, damit zu arbeiten. Das gilt zum Beispiel während der Entwicklung einer DTD, wenn bestimmte Bereiche eines Dokumentmodells noch in der Diskussion sind. Diese Bereiche können vorübergehend mit ANY gekennzeichnet werden, während die Inhaltsmodelle der anderen Bereiche schon fixiert werden. Die DTD kann dann in dieser Form bereits für die Validierung verwendet werden.

3.5.7 Gemischter Inhalt

Bei dem Inhaltsmodell ANY hatte ich schon erwähnt, dass innerhalb einer DTD auch ein Inhaltsmodell zugelassen wird, bei dem Textdaten und Elemente gemischt werden. Hier ein Beispiel:

```
<!ELEMENT anhang (#PCDATA | link | hinweis)*>
```

Der *-Operator hinter der Klammer sorgt dafür, dass das Element <anhang> in beliebiger Anzahl aus Zeichendatenteilen und den angegebenen Elementen gemischt werden kann. Ein gültiges Element in der Dokumentinstanz kann zum Beispiel so aussehen:

```
<anhang>Infos zu XML unter: <link>www.xml.org</link>
<hinweis>Eine Linkliste finden Sie unter:</hinweis>
<link>www.rheinwerk-verlag.de</link></anhang>
```

Allerdings gelten für dieses Inhaltsmodell bestimmte Einschränkungen, die es meist ratsam erscheinen lassen, ein solches Modell zu vermeiden. Es ist nicht möglich, die Reihenfolge der Kindelemente festzulegen, die innerhalb des gemischten Inhalts auftauchen dürfen. Außerdem lässt sich die Häufigkeit nicht mit den üblichen Operatoren *, + und ? bestimmen.

Dieses Inhaltsmodell kann allerdings helfen, wenn es darum geht, Textbestände, die bisher nicht im XML-Format vorliegen, schrittweise in XML zu konvertieren.

3.5.8 Inhaltsmodell und Reihenfolge

Was den Inhalt eines Elements betrifft, sind also insgesamt fünf verschiedene Inhaltsmodelle erlaubt (siehe Tabelle 3.2).

Inhaltsmodell	Beschreibung
EMPTY	Das Element hat keinen Inhalt, kann aber Attribute haben.
ANY	Das Element kann beliebige Inhalte haben, solange es sich um wohlgeformtes XML handelt.
#PCDATA	Das Element enthält nur Zeichendaten.
gemischter Inhalt	Das Element kann Zeichendaten und Unterelemente enthalten.
Elementinhalt	Das Element enthält ausschließlich Unterelemente.

Tabelle 3.2 Inhaltsmodelle in einer DTD

Die Reihenfolge der Elemente in der DTD ist normalerweise nicht von Bedeutung, mit der schon erwähnten Ausnahme, dass Elemente doppelt deklariert werden. Nur wenn Parameterentitäten verwendet werden, müssen die Deklarationen, auf die Bezug genommen werden soll, immer vorher erscheinen.

Wichtig ist nur, dass alle Elemente, die als Unterelemente eines anderen Elements erscheinen, auch tatsächlich deklariert werden. Ein einmal deklariertes Element kann andererseits durchaus in mehreren Elementgruppen verwendet werden, wenn dies erforderlich ist.

Zur besseren Lesbarkeit von DTDs ist es ratsam, den Elementebaum entweder von oben nach unten oder umgekehrt von unten nach oben abzuarbeiten. Im ersten Fall werden zunächst die Elternelemente und dann die Kindelemente deklariert, im zweiten Fall erst die Kindelemente und dann die zusammengesetzten Elternelemente. Es kann aber auch sinnvoll sein, die Elemente einfach alphabetisch nach den Namen zu sortieren, wie es einige Generatoren für DTDs tun.

3.5.9 Kommentare

Wie in den XML-Dokumenten selbst werden auch innerhalb einer DTD Kommentare mit den Trennzeichenfolgen `<!--` und `-->` verpackt. Diese können überall verwendet werden, nur nicht innerhalb einer Deklaration selbst. Bei komplexen DTDs ist es sehr sinnvoll, Gruppen von Elementen durch Kommentare einzuleiten, um die Struktur des Informationsmodells deutlich werden zu lassen.

3.5.10 Die Hierarchie der Elemente

Beim Entwurf einer DTD ist es oft hilfreich, sich die Hierarchie der Elemente in einer Baumstruktur zu vergegenwärtigen, um Fehler beim Design zu vermeiden.

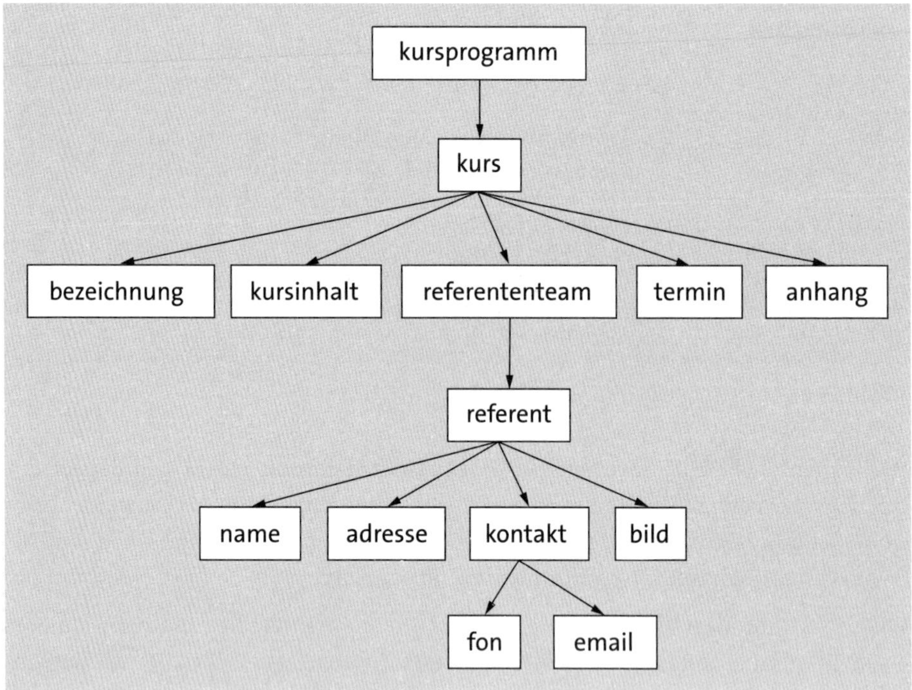

Abbildung 3.2 Die Baumstruktur des Beispiels

Abbildung 3.2 zeigt für unser Beispiel einen Baum mit sechs Ebenen. So kann leicht geprüft werden, ob alle Elemente, die benötigt werden, berücksichtigt worden sind und ob sie in der richtigen Reihenfolge zusammengestellt sind.

3.6 Dokumentinstanz

Um zu prüfen, ob eine DTD »funktioniert«, sollte sie zunächst mit einer ersten Dokumentinstanz getestet werden. Zur besseren Übersicht ist die DTD extern gespeichert. In unserem Beispiel könnte eine gültige Instanz so aussehen:

```
<?xml version="1.0" encoding="UTF-8"?>

<!DOCTYPE kursprogramm SYSTEM "kursprogramm.dtd">

<kursprogramm>
  <kurs>
    <bezeichnung>XML-Einführung</bezeichnung>
    <kursinhalt>Eine Woche Praxis für XML-Einsteiger</kursinhalt>
    <referententeam>
      <referent>
```

```
        <name>Hanna Domen</name>
        <adresse>Tegolitstr. 10, 50678 Köln</adresse>
        <kontakt>
          <fon>0221998877</fon>
          <email>hannad@net.net</email>
        </kontakt>
        <bild/>
      </referent>
    </referententeam>
    <termin>12.12.2019</termin>
    <anhang>Das Seminar wird jeden 2. Monat wiederholt.</anhang>
  </kurs>
  <kurs>
    <bezeichnung>XML Schema oder DTD?</bezeichnung>
    <kursinhalt>Vergleich der Werkzeuge für die Datenmodellierung
    </kursinhalt>
    <referententeam>
      <referent>
        <name>Karl Frimm</name>
        <adresse>Herthastr. 12, 50679 Köln</adresse>
        <kontakt>
          <fon>0221998557</fon>
        </kontakt>
        <bild/>
      </referent>
    </referententeam>
    <termin>6.12.2019</termin>
    <anhang>Das Seminar wird jeden Monat wiederholt.</anhang>
  </kurs>
</kursprogramm>
```

Listing 3.3 Dokumentinstanz für Beispiel-DTD

Wie zu sehen ist, sind die Kontaktinformationen für die beiden `<referent>`-Elemente unterschiedlich zusammengesetzt, was die Elementtyp-Deklaration von `<kontakt>` ja ausdrücklich zulässt.

3.7 Attributlisten-Deklaration

Ergänzend zur Deklaration aller Elemente, die in einem gültigen Dokument erlaubt sein sollen, müssen auch alle Attribute, die die Information, die das Element selbst mitbringt, ergänzen, in der DTD deklariert werden. Über die Frage, welche Information über das Element und welche über seine Attribute bereitgestellt werden sollte, ist bereits in Abschnitt 2.3, »Elemente oder Attribute?«, einiges gesagt worden.

Attribute werden nicht einzeln deklariert, sondern innerhalb von Attributlisten, die einem bestimmten Element zugeordnet werden.

3.7.1 Aufbau einer Attributliste

Die allgemeine Syntax einer Attributlisten-Deklaration ist:

```
<!ATTLIST Elementname
  Attributname Attributtyp Vorgabewertdeklaration
  Attributname Attributtyp Vorgabewertdeklaration
  ...
>
```

Soll in unserem Beispiel das Element <kurs> um zwei Attribute erweitert werden, die den Kurstyp und die Kurseinstufung enthalten, lässt sich die folgende Deklaration verwenden:

```
<!ELEMENT kurs (bezeichnung, kursinhalt)>
<!ATTLIST kurs
  kurstyp CDATA #REQUIRED
  kurseinstufung CDATA #REQUIRED>
```

Für Attributnamen gelten dieselben Regeln wie für Elementnamen, auch hier muss die Groß- und Kleinschreibung beachtet werden – `id` ist also nicht dasselbe Attribut wie `ID`.

Es steht Ihnen frei, alle Attribute für ein Element in einer Attributliste zu deklarieren oder mehrere Teillisten für dasselbe Element zu verwenden. Die Platzierung der Attributlisten-Deklaration innerhalb der DTD ist Ihnen genauso freigestellt wie die der Elemente. Da der Bezug auf das Element immer in die Deklaration mit hineingenommen wird, spielt es keine Rolle, ob die Attributliste vor oder hinter dem betreffenden Element deklariert wird. Sie können die Attributliste der besseren Lesbarkeit wegen direkt hinter dem Element einfügen, auf das sich die Liste bezieht. Es ist oft auch sinnvoll, alle Elemente und alle Attributlisten getrennt in geschlossenen Blöcken anzuordnen.

Die Anzahl der Attribute in der Attributliste ist nicht begrenzt, und die Reihenfolge ist ohne Bedeutung, sie schreibt also nicht vor, in welcher Anordnung die Attribute in der Dokumentinstanz erscheinen müssen. Nur wenn ein Attributname in der Liste mehrfach verwendet wird, spielt die Reihenfolge eine Rolle. Es gilt dann immer die erste Definition, die folgenden werden ignoriert.

3.7.2 Attributtypen

Anders als bei den Elementen, die außer Inhaltsmodellen nur noch nicht weiter typisierte Zeichendaten enthalten können, lassen sich für die Werte, die einem Attribut zugewiesen werden können, etwas differenziertere Festlegungen treffen. Außerdem sind Vorgaben möglich.

Für die Werte von Attributen sind zehn grundlegende Typen wählbar: ein Typ ohne Struktur – `CDATA` –, sechs atomare Token-Typen – `NMTOKEN`, `ID`, `IDREF`, `NOTATION`, `ENTITY`, eine Aufzählung – und drei Listentypen – `NMTOKENS`, `IDREFS` und `ENTITIES`. Tabelle 3.3 gibt einen Überblick.

Attributtyp	Beschreibung
Aufzählung	In Klammern eingeschlossene Liste von Token-Werten, von denen jeweils einer als Attributwert verwendet werden kann und muss.
`CDATA`	Einfache Zeichendaten, die kein Markup enthalten. Entitätsreferenzen sind aber erlaubt.
`ENTITY`	Name einer in der DTD deklarierten nicht geparsten Entität
`ENTITIES`	Durch Leerzeichen getrennte Liste von Entitäten
`ID`	Eindeutiger XML-Name, der als Identifizierer eines Elements verwendet werden kann; entspricht einem Schlüsselwert in einem Datensatz.
`IDREF`	Verweis auf den `ID`-Identifizierer eines Elements. Der Wert von `IDREF` muss mit dem `ID`-Wert eines anderen Elements im Dokument übereinstimmen.
`IDREFS`	Liste von Verweisen auf `ID`-Identifizierer, getrennt durch Leerzeichen
`NMTOKEN`	Namenssymbol aus beliebigen Zeichen, die in XML-Namen erlaubt sind, aber ohne Leerzeichen. Hier sind auch reine Zahlen-Token möglich, etwa für Jahreszahlen.
`NMTOKENS`	Liste von Namens-Token, getrennt durch Leerzeichen
`NOTATION`	Verweis auf eine Notation, zum Beispiel der Name für ein Nicht-XML-Format, etwa eine Grafikdatei

Tabelle 3.3 Attributtypen in DTD

Für die Behandlung von Attributwerten stehen folgende Einstellungen zur Verfügung:

Deklaration	Beschreibung
#IMPLIED	Das Attribut ist optional.
#REQUIRED	Der Wert ist erforderlich.
#FIXED Wert	Legt fest, dass in jedem Fall die mit Wert angegebene Konstante zu verwenden ist.

Tabelle 3.4 Werte für die Attributdeklaration

3.7.3 Verwendung der Attributlisten

Im Folgenden einige Beispiele, bezogen auf unsere Kursprogramm-DTD:

```
<!ATTLIST kurs
  id ID #REQUIRED
  kurstyp CDATA #FIXED "Wochenkurs"
  kurseinstufung (Einsteiger | Profis) "Einsteiger"
  sprache NMTOKEN "DE">
```

Diese Deklaration verlangt für das Element <kurs> einen eindeutigen Schlüssel, gibt den Kurstyp vor und bietet für die Kurseinstufung die Wahl zwischen zwei Werten. Für die Kurssprache sind Token erforderlich. Eine Instanz, die diese Bedingungen erfüllt, sähe beispielsweise so aus:

```
<?xml version="1.0" encoding="UTF-8"?>
<!DOCTYPE kursprogramm SYSTEM "kursprogramm_attr.dtd">
<kursprogramm>
  <kurs id="xmleinf" kurseinstufung="Einsteiger"
        kurstyp="Wochenkurs" sprache="EN">
    <bezeichnung>XML-Einführung</bezeichnung>
    ...
  </kurs>
  <kurs id="schemadtd" kurseinstufung="Profis"
        kurstyp="Wochenkurs" sprache="DE">
    <bezeichnung>XML-Schema oder DTD?</bezeichnung>
    ...
  </kurs>
</kursprogramm>
```

Listing 3.4 kursprogramm_attr.xml

Beachten Sie, dass es sich bei den Werten des Typs ID um gültige XML-Namen handeln muss. Die vielleicht naheliegende Idee, Zahlen als Schlüsselwerte zu verwenden, führt zu einem Fehler, weil ein XML-Name nicht mit einer Zahl beginnen darf. ID-Attribute sind ein wichtiges Mittel, um auch Elemente eindeutig ansprechen zu können, deren Inhalt sonst gleich ist.

3.8 Verweis auf andere Elemente

Mit dem Attributtyp `IDREF` können Sie interne Verweise innerhalb eines Dokuments erstellen. Voraussetzung ist, dass Attribute vom Typ `ID` vorhanden sind. Soll in dem Kursprogramm zum Beispiel eingefügt werden, dass ein bestimmter Kurs einen anderen Kurs voraussetzt, hilft folgende Deklaration:

```
<!ATTLIST kurs
  id ID #REQUIRED
  voraussetzung IDREF #IMPLIED
  ...>
```

Diese Deklaration erlaubt die Verknüpfung mit einem anderen Kurs, verlangt sie aber nicht. Im Dokument kann das so aussehen:

```
<kursprogramm>
  <kurs  id="xmleinf" kurstyp="Wochenkurs"
    kurseinstufung="Einsteiger"
    sprache="EN">
    ...
  </kurs>
  <kurs  id="xmldtd"
    kurseinstufung="Profis" voraussetzung="xmleinf">
    ...
  </kurs>
```

Auf den Einsatz der Attributtypen `ENTITY`, `ENTITIES` und `NOTATION` komme ich noch einmal zu sprechen, nachdem ich die Verwendung von Entitäten in der DTD behandelt habe.

3.9 Verwendung von Entitäten

Die dritte Form von Deklarationen, die in einer DTD vorkommen können, sind die Entitätsdeklarationen. Die Rolle von Entitäten in XML-Dokumenten ist in Abschnitt 2.5, »Entitäten und Verweise darauf«, bereits behandelt worden.

In einer DTD können Sie zusätzlich noch spezielle Parameterentitäten verwenden. Sie erlauben es, innerhalb einer DTD Verweise auf Teile einer internen oder externen

DTD zu nutzen. Abbildung 3.3 gibt einen Überblick über die verschiedenen Entitätstypen in einer DTD.

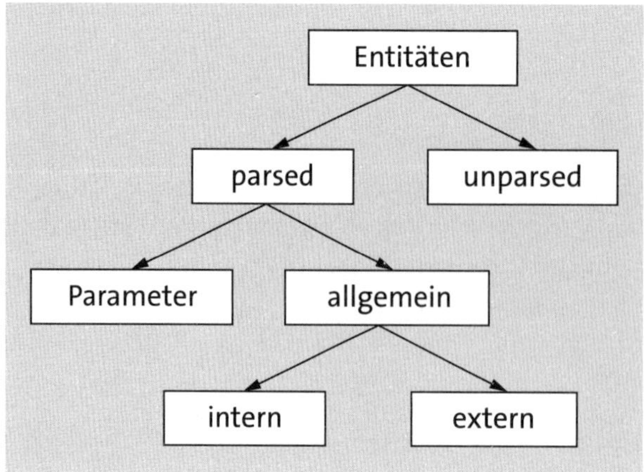

Abbildung 3.3 Typenbaum der Entitäten

3.9.1 Interne Entitäten

Am einfachsten ist die Deklaration von internen allgemeinen Entitäten. Sie lassen sich zum Beispiel verwenden, um Kürzel für längere Zeichenketten zu definieren, auf die dann im XML-Dokument verwiesen wird. Die Syntax ist sehr einfach:

```
<!ENTITY name "Ersetzungstext">
```

Zum Beispiel könnte in unserem Kursprogramm jeweils ein Kürzel für die Namen der Referenten festgelegt werden:

```
<!ENTITY hd "Hanna Domen">
<!ENTITY kf "Karl Frimm">
```

In der Dokumentinstanz lässt sich der Name des Referenten dann mit einer entsprechenden Entitätsreferenz eingeben:

```
<name>&hd;</name>
<name>&kf;</name>
```

Der XML-Parser wird bei der Verarbeitung der Dokumentinstanz diese Entitätsreferenzen auflösen – er erkennt sie an dem vorgestellten &-Zeichen und am abschließenden Semikolon – und die vollen Namen der Referenten in das Dokument einfügen. Deshalb wird in diesem Fall auch von *geparsten Entitäten* gesprochen.

Allgemeine Entitäten dürfen auch verschachtelt werden. Es ist also Folgendes erlaubt:

```
<!ENTITY hd "Hanna Domen">
<!ENTITY kf "Karl Frimm">
<!ENTITY duo "&hd; und &kf;">
```

```
- <kurs>
    <bezeichnung>XML-Einführung</bezeichnung>
    <kursinhalt>Eine Woche Praxis für XML-Einsteiger</kursinhalt>
  - <referententeam>
    - <referent>
        <name>Hanna Domen</name>
```

Abbildung 3.4 Der Browser zeigt den vollen Namen an, der über eine Entitätsreferenz eingegeben wurde.

3.9.2 Externe Entitäten

Bei umfangreicheren Ersetzungstexten ist es meist sinnvoll, diese in separaten Dateien zu führen und mit Verweisen auf externe Entitäten zu arbeiten. Auf diese Weise kann zum Beispiel ein XML-Dokument aus mehreren Dokumenten zusammengebaut werden. Die Syntax der Deklaration

```
<!ENTITY name SYSTEM uri>
<!ENTITY name PUBLIC fpi uri>
```

verwendet einen URI für den Bezug auf die externe Entität und bei Verweisen auf öffentliche Ressourcen zusätzlich einen *Formal Public Identifier* (*FIP*), wie er auch für den Verweis auf öffentliche DTDs verwendet wird. Wie dieser zusammengesetzt ist, wird in Abschnitt 3.9.6, »Externe Parameterentitäten«, behandelt.

```
<!ENTITY kursdoc SYSTEM "kursbeschreibung1.xml">
```

ist ein Beispiel für eine Entitätsdeklaration, die einen Bezug auf ein externes XML-Dokument herstellt. Dieses Dokument muss so gestaltet sein, dass die Dokumentinstanz, in die eine Referenz auf dieses Dokument eingefügt wird, nach der Ersetzung der Referenz durch die angegebene Datei ein wohlgeformtes und im Sinne der DTD gültiges Dokument bleibt. Soll beispielsweise in das vorhin verwendete Element <anhang> der Inhalt eines externen Dokuments eingefügt werden, das in einem Element <kursbeschreibung> einen Text zum Kurs enthält, könnte die oben angeführte DTD zum Kursprogramm folgendermaßen geändert werden:

```
<!ELEMENT anhang (kursbeschreibung?)>
<!ELEMENT kursbeschreibung (#PCDATA)>
```

In der Dokumentinstanz kann dann das Element <anhang> so aussehen:

```
<anhang>&kursdoc;</anhang>
```

Der Browser zeigt das Element nach Auflösung der Entitätsreferenz mit der Kursbeschreibung an.

```
- <anhang>
    <kursbeschreibung>Der Kurs ist insbesondere für Entwickler geeignet, die bereits etwas Erfahrung
      mit dem Design von DTDs haben. Die einzelnen Abschnitte werden anhand von praktischen
      Beispielen durchgearbeitet.</kursbeschreibung>
  </anhang>
```

Abbildung 3.5 Der Browser zeigt den über eine Entitätsreferenz einbezogenen Text.

Es wäre auch möglich, die Daten über die einzelnen Kurse insgesamt jeweils in separaten Dateien bereitzustellen. Die DTDs könnten dann entsprechende Entitätsdeklarationen enthalten:

```
<!ENTITY kurs1 SYSTEM "kurs1.xml">
<!ENTITY kurs2 SYSTEM "kurs2.xml">
...
```

Die Dokumentinstanz dazu wäre:

```
<kursprogramm>
  &kurs1;
  &kurs2;
  ...
</kursprogramm>
```

3.9.3 Notationen und ungeparste Entitäten

Das Datenformat XML ist in erster Linie für Textdaten konzipiert. XML bietet überdies Möglichkeiten, innerhalb von XML-Dokumenten auch andere Datenformate einzubinden, etwa grafische Formate, Videos oder Sounds. Bei der Auflistung der verschiedenen Attributtypen wurde die Notation bereits als ein möglicher Typ aufgeführt. Dieser Typ kann aber erst verwendet werden, wenn eine dazugehörige Notationsdeklaration stattgefunden hat. Die allgemeine Syntax ist:

```
<!NOTATION name SYSTEM uri>
```

oder

```
<!NOTATION name PUBLIC fpi uri>
```

Diese Deklaration gibt dem Parser gewissermaßen Bescheid, dass es sich bei einem bestimmten Format um etwas anderes als XML-Daten handelt, benennt also das XML-fremde Format oder gibt Hinweise auf die Anwendung, die mit den Daten etwas anfangen kann. Zu diesem Zweck wird diesen Daten ein bestimmter Name zugeordnet, der anschließend in Entitäten oder Attributlisten verwendet werden kann.

Wie können nun Entitäten mit Verweisen auf externe Datenformate aussehen, die nicht XML-konform sind? Ungeparste Entitäten, also Entitäten, die der Prozessor nicht parsen soll, werden im Prinzip ähnlich deklariert wie allgemeine externe Entitäten. Allerdings kommt eine Ergänzung hinzu, die über das Schlüsselwort NDATA einen vorher deklarierten Notationstyp benennt.

Um beispielsweise in das Kursprogramm-Dokument Porträts der Referenten mit aufzunehmen, kann das Element <bild> so deklariert werden:

```
<!NOTATION jpeg SYSTEM "image/jpeg">
<!ENTITY hanna SYSTEM "hanna.jpg" NDATA jpeg>
<!ELEMENT bild EMPTY>
<!ATTLIST bild quelle ENTITY #IMPLIED>
```

Im Dokument wird

```
<bild quelle="hanna"/>
```

eingetragen, um einen Verweis auf die ungeparste Entität zu setzen, und zwar als Wert des Attributs quelle. Das Element <bild> ist zwar ohne Inhalt, also leer, hat aber ein Attribut, was durchaus erlaubt ist.

3.9.4 Verwendung von Parameterentitäten

Im Unterschied zu den bisher behandelten allgemeinen Entitäten werden die sogenannten Parameterentitäten nur innerhalb einer DTD benutzt, sie spielen innerhalb der Dokumentinstanz also keine Rolle. Es gibt keine Verweise auf diese Entitäten im Dokument. Parameterentitäten können sowohl innerhalb der internen als auch der externen Teilmenge verwendet werden.

3.9.5 Interne Parameterentitäten

Innerhalb einer internen DTD werden Parameterentitäten verwendet, um mehrfach vorkommende Elementgruppen oder Attributlisten jeweils nur einmal definieren zu müssen. Das erspart nicht nur Schreibarbeit, sondern erleichtert auch die Pflege eines Dokumentmodells, weil notwendige Änderungen immer nur dort vorgenommen werden müssen, wo die Parameterentität deklariert wird. Um Parameterentitäten von allgemeinen Entitäten zu unterscheiden, wird ein %-Zeichen vor den Entitätsnamen gesetzt:

```
<!ENTITY  % name "Ersetzungstext">
```

Auch beim Verweis auf eine Parameterentität wird das %-Zeichen verwendet. Ein einfaches Beispiel ist eine Parameterentität für eine mehrfach benötigte Attributdefinition:

```
<!ENTITY % id "id ID #REQUIRED">
<!ATTLIST kurs
  %id;
...>
<!ATTLIST referent
  %id;
...>
```

Praktisch sind solche Referenzen auch, wenn mehrfach bestimmte Aufzählungslisten benötigt werden, etwa Monats- oder Tagesnamen.

3.9.6 Externe Parameterentitäten

In vielen Fällen ist es praktisch, DTDs in kleinere Module zu zerlegen, um sie dann nach Bedarf zu kombinieren. Wenn zum Beispiel in verschiedenen Dokumenten immer eine bestimmte Form der Aufbereitung von Adressdaten benötigt wird, sollten Sie ein solches DTD-Modul in einer separaten Datei ablegen. Es ist sinnvoll, dafür den Dateityp *.mod* zu verwenden.

Um in einer Elementtyp-Deklaration Referenzen auf Parameterentitäten zu nutzen, verwenden Sie folgende Syntax:

```
<!ENTITY % name SYSTEM uri>
<!ENTITY % name PUBLIC fip uri>
```

Unsere DTD zum Kursprogramm könnte beispielsweise einen Verweis auf eine Datei enthalten, die die Elemente und Attribute für den einzelnen Kurs beschreibt. Die DTD für das Kursprogramm übernimmt diese Deklaration auf folgende Weise:

```
<!ENTITY % kurs SYSTEM "kurs.mod">
<!ELEMENT kursprogramm(kurs+)>
%kurs;
```

3.10 Formen der DTD-Deklaration

Die Dokumenttyp-Deklaration, die im Prolog eines XML-Dokuments erscheinen muss, kann unterschiedliche Formen annehmen. Die Syntaxvarianten sehen so aus:

- `<!DOCTYPE wurzelelementname [DTD]>`
  gilt für eine interne DTD.

- `<!DOCTYPE wurzelelementname SYSTEM uri>`
  gilt für eine externe DTD, die als private DTD verwendet werden soll.
- `<!DOCTYPE wurzelelementname SYSTEM uri [DTD]>`
  ergänzt eine externe, private DTD durch eine interne DTD.
- `<!DOCTYPE wurzelelementname PUBLIC fpi uri>`
  gilt für eine externe DTD, die als öffentlich zugängliche DTD verwendet werden soll.
- `<!DOCTYPE wurzelelementname PUBLIC fpi uri [DTD]>`
  ergänzt eine externe, öffentliche DTD durch eine interne DTD.

3.10.1 Öffentliche und private DTDs

Der Vorteil von externen DTDs liegt generell darin, dass sie für beliebig viele Dokumentinstanzen verwendet werden können. Private DTDs werden mit dem Schlüsselwort `SYSTEM` spezifiziert. Der URI gibt an, wo sich die DTD im Web oder lokal befindet.

Ist eine DTD für die allgemeine Verwendung freigegeben, wird innerhalb der Dokumenttyp-Deklaration das Schlüsselwort `PUBLIC` verwendet, bevor der URI angegeben wird, unter dem die DTD verfügbar ist. Zusätzlich muss ein *Formal Public Identifier* verwendet werden, der aus vier Feldern besteht, die durch // getrennt werden.

```
<!DOCTYPE html PUBLIC
"-//W3C//DTD XHTML Basic 1.0//EN"
"http://www.w3.org/TR/xhtml-basic/xhtml-basic10.dtd">
```

ist zum Beispiel die Dokumenttyp-Deklaration für ein XHTML-Dokument.

Das erste Feld gibt mit - an, dass es sich um eine nicht registrierte Organisation handelt; + gilt für registrierte Organisationen. Das zweite Feld bestimmt die für die DTD verantwortliche Gruppe (hier das W3C). Im dritten Feld stehen die `public text class`, in diesem Fall also immer `DTD`, und der eindeutige Name für den öffentlichen Text, die `public text description`. Das letzte Feld definiert die Sprache, die die DTD verwendet. Dabei wird der Code ISO 639 verwendet, der die Sprachen mit zwei Großbuchstaben kennzeichnet, in diesem Fall `EN` für Englisch. Solche DTDs werden auch *XML-Anwendungen* genannt.

3.10.2 Kombination von externen und internen DTDs

Wie die aufgeführten Dokumenttyp-Deklarationen zeigen, lassen sich externe und interne DTDs durchaus kombinieren. Das kann zum Beispiel sinnvoll sein, um eine externe DTD durch interne Deklarationen zu erweitern oder um Deklarationen in einer externen DTD für bestimmte Dokumente zu überschreiben.

Generell unterscheidet die XML-Spezifikation bei einer DTD zwischen einer internen und einer externen Teilmenge. Wird sowohl die interne als auch die externe Teilmenge benutzt, hat die interne Teilmenge Vorrang. In dem folgenden Beispiel wird zu dem in der externen DTD definierten Element `<kurs>` intern noch ein Attribut `typ` hinzugefügt.

```
<!DOCTYPE kursprogramm SYSTEM "kursprogramm.dtd"
[
<!ATTLIST kurs typ CDATA #REQUIRED>
]>
```

Während in der Datei *kursprogramm.dtd* das Element `<kurs>` ohne Attribut genutzt wird, fordert die interne Teilmenge für die aktuelle Dokumentinstanz ein zusätzliches Attribut.

Das einfache Überschreiben einer Elementdeklaration durch eine neue Elementdeklaration lassen die XML-Prozessoren allerdings in der Regel nicht zu.

3.10.3 Bedingte Abschnitte in externen DTDs

An dieser Stelle sei noch kurz auf einen einfachen Mechanismus hingewiesen, der es erlaubt, bestimmte Abschnitte einer DTD wahlweise ein- und auszuschalten. Das kann sowohl in der Entwicklungsphase sinnvoll sein als auch generell bei großen, bausteinartig aufgebauten DTDs. Dieses Verfahren kann allerdings nur bei externen DTDs angewandt werden.

Sie können einen bestimmten Abschnitt einer externen DTD mit einem speziellen Markup kennzeichnen, so dass dieser Abschnitt durch manuelles Einfügen des Schlüsselworts `INCLUDE` in Kraft gesetzt oder mit `IGNORE` außer Kraft gesetzt werden kann.

```
<![INCLUDE[
<!-- diese Elemente einfügen -->
<!ELEMENT kommentar ANY>
]]>
<![IGNORE[
<!-- diese Elemente ignorieren -->
<!ELEMENT bildkommentar (#PCDATA)>
]]>
```

Wenn Sie in der DTD vorweg Parameterentitäten für die Schlüsselwörter deklarieren, haben Sie eine einfache Möglichkeit, bedingte Abschnitte an- oder abzuschalten, indem Sie eine entsprechende Entitätsreferenz im Dokument verwenden.

```
<!ENTITY % optional "INCLUDE">
<![%optional;[
<!ELEMENT anhang ANY>
]]>
```


In diesem Fall wird der Prozessor erst die Referenz auf die Parameterentität auflösen. Wenn Sie im XML-Dokument dann den Wert der Parameterentität innerhalb der internen Teilmenge der DTD überschreiben, kann der bedingte Abschnitt bei der Verarbeitung ausgeblendet werden.

```
<?xml version="1.0" encoding="UTF-8"?>
<!DOCTYPE kursprogramm SYSTEM "kursprogramm_attr.dtd"
[!ENTITY % optional "IGNORE">]>
```

Allerdings müssen Sie darauf achten, dass das Dokument in beiden Fällen ein wohlgeformtes Dokument bleibt. Sie können daher nicht die Deklarationen für Elemente ausblenden, die als Kindelemente von anderen Elementen aufgelistet wurden.

3.11 Zwei DTDs in der Praxis

Zur Illustration der Rolle, die die DTDs in der XML-Welt spielen, werden in diesem Abschnitt noch zwei XML-Anwendungen etwas ausführlicher vorgestellt, die auf der Basis von DTDs arbeiten.

3.11.1 Die Auszeichnungssprache DocBook

Die eine der beiden häufig eingesetzten praktischen Anwendungen von XML ist das Dokumentformat *DocBook*. Die sehr mächtige Auszeichnungssprache wurde zunächst als DTD entwickelt, die erste Version bereits 1991 für SGML-Dokumente. Bis zur Version 4.5 blieb die DTD maßgeblich, Schemas wie XML Schema, RELAX NG und Schematron wurden davon abgeleitet. Bei der Version 5 ist es umgekehrt, die aktuelle DTD ist die abgeleitete Variante eines RELAX NG-Schemas.

Der Standard wird seit Jahren von OASIS gepflegt und zielt hauptsächlich auf die Erstellung von technischen Dokumentationen. Er ist aber im Prinzip für alle Formen von Veröffentlichungen geeignet, bei denen der Text vorrangig ist. Sie finden die aktuellen Spezifikationen unter *docbook.org/specs/*.

Die Spezifikation definiert inzwischen mehrere Hundert Elemente, so dass damit so ziemlich alles, was in einer Publikation vorkommen kann, abgedeckt ist.

Wenn Sie die DocBook-DTD in ein XML-Dokument einbinden wollen, benutzen Sie am Anfang eine entsprechende `DOCTYPE`-Deklaration, beispielsweise:

```
<!DOCTYPE book PUBLIC "-//OASIS//DTD DocBook XML V4.5//EN"
  "http://www.oasis-open.org/docbook/xml/4.5/docbookx.dtd">
```

Die Dokumenttyp-Definition *docbookx.dtd* liest fünf Module ein, in denen Elemente, Attribute und Entitäten für verschiedene Bereiche definiert sind. Die Kernelemente finden Sie in der Datei *dbhierx.mod*. Listing Listing 3.5 zeigt die Definition des Elements <book>.

```
<!-- Book and BookInfo ................................................... -->

<!ENTITY % book.content.module "INCLUDE">
<![%book.content.module;[
<!ENTITY % book.module "INCLUDE">
<![%book.module;[

<!ENTITY % local.book.attrib "">
<!ENTITY % book.role.attrib "%role.attrib;">

<!ENTITY % book.element "INCLUDE">
<![%book.element;[
<!--doc:A book.-->
<!ELEMENT book %ho; ((%div.title.content;)?, bookinfo?,
     (dedication | toc | lot
     | glossary | bibliography | preface
     | %chapter.class; | reference | part
     | %article.class;
     | %appendix.class;
     | %index.class;
     | colophon)*)
     %ubiq.inclusion;>
<!--end of book.element-->]]>
```

Listing 3.5 Auszug aus der docbookx.dtd

Die Moduldatei *dbnotnx.mod* deklariert Notationen, *dbcentx.mod* deklariert Zeichenentitäten, *dbpoolx.mod* definiert Inline-Elemente; *dbgenent.mod* ist der Ort für zusätzliche allgemeine Entitäten, allgemeingültige Texte oder Verweise auf Bilder. Dieses Modul ist als Vorgabe leer.

Tools wie XMLSpy von Altova unterstützen Sie beim Editieren von DocBook-Dokumenten. Wenn Sie den Dialog DATEI • NEU öffnen, werden die Dokumenttypen XML DOCBOOK 4.5 BOOK und DOCBOOK 4.5 ARTICLE angeboten.

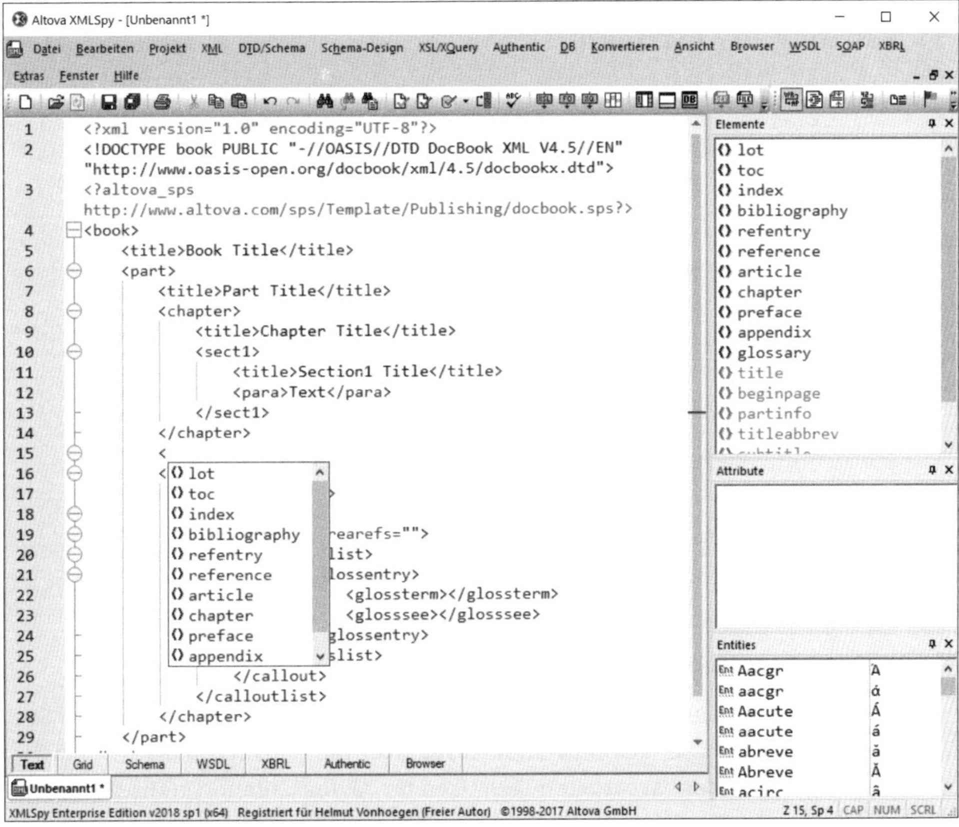

Abbildung 3.6 Skelett für ein neues DocBook-Dokument in XMLSpy

Die Abbildung zeigt die ersten Elemente für ein Buch mit dem DOCTYPE von OASIS in der Version 4.5. Das Wurzelelement ist in diesem Fall <book>, im anderen Fall <article>. Nach einem <title>-Element für das gesamte Buch werden <part>-Elemente angeboten und darin jeweils <chapter> für die einzelnen Kapitel.

Die verschiedenen Abschnitte des Buches werden in <sect1>, <sect2>, <sect3>...-Elemente eingefasst. Dabei wird jedes Mal ein <title>-Element für die Überschrift und <para>-Elemente für die Inhalte eines Abschnitts verwendet.

XMLSpy bietet auf der Basis der verwendeten DTD in dem Fenster ELEMENTE alle erlaubten Elemente zum Einfügen an. Wenn Sie beispielsweise ein neues Element für ein Kapitel einfügen, generiert XMLSpy bereits die vermuteten Kindelemente dazu.

Auch die Attribute zu den einzelnen Elementen werden Ihnen zur Auswahl angeboten, wenn Sie am Ende eines Startelements ein Leerzeichen eingeben.

Um die Texte bequemer einzugeben, generiert XMLSpy automatisch eine entsprechende Eingabemaske auf dem Register AUTHENTIC, in der Sie dann die vorgegebenen Platzhalter überschreiben können.

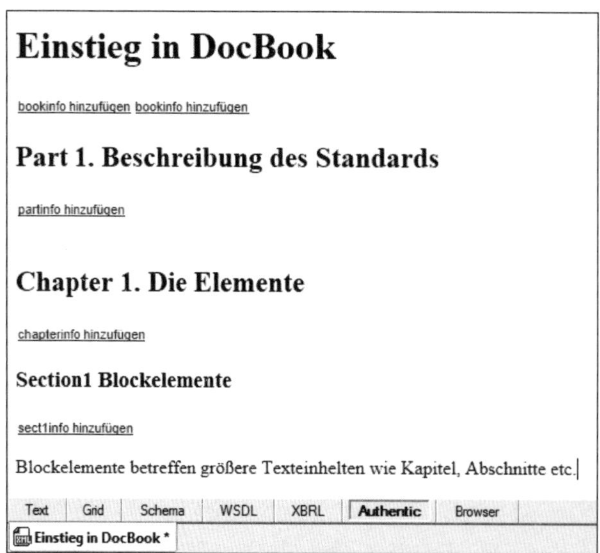

Abbildung 3.7 DocBook-Dokument in der Authentic-Ansicht

3.11.2 Das grafische Format SVG

Die zweite der beiden praktischen Anwendungen von XML ist das Grafikformat *SVG*. Dieses »grafische XML« demonstriert eindrucksvoll die Leistungsfähigkeit von DTDs und wird als eine der bevorzugten Techniken für die Präsentation grafischer Inhalte auf dem Handy oder Smartphone oder für Grafikanwendungen im Web verwendet.

SVG beschreibt Vektorgrafiken in purem XML-Code, also als bandbreitenschonende Textdatei, und zwar nicht nur die grafischen Grundelemente, sondern auch alle komplizierteren Elemente wie Farbverläufe, Animationen und Filtereffekte. Da SVG außerdem mit dem Dokumentobjektmodell konform geht, kann über Skripts auf die einzelnen Elemente einer Grafik zugegriffen werden, so dass auch dynamische Grafiken möglich werden, etwa animierte Diagramme, um nur ein Beispiel zu nennen.

Seit September 2001 ist die *Scalable Vector Graphics (SVG) 1.0 Specification* vom W3C verabschiedet. *SVG 1.1* folgte im Januar 2003, die Second Edition erschien im August 2011. In *SVG 1.1* ist eine Modularisierung des Standards ausgeführt, die es erlaubt, bestimmte Untermengen von SVG für die Darstellung von Grafiken auf einem Handy oder einem PDA zu verwenden. 2008 wurde noch die Empfehlung *SVG Tiny, Version 1.2* verabschiedet, die eine Untermenge von SVG 1.1 mit einigen Neuerungen kombiniert, gedacht für Anwendungen, die sich auf ganz unterschiedlichen Geräten implementieren lassen, vom Handy bis zum PC.

SVG 1.1 ist eine per DTD definierte Sprache zur Darstellung zweidimensionaler Grafiken, wobei innerhalb einer SVG-Grafik neben den Vektorgrafiken, die die Sprache hauptsächlich beschreibt, auch Bitmaps und Texte eingebunden werden können. Die

Vektorgrafiken lassen sich frei skalieren. Die Grafiken lassen sich animieren und mit Hilfe von Skripts interaktiv gestalten.

Mit der Einführung von HTML5 hat SVG eine Art Wiederbelebung erfahren, unter anderem auch, weil SVG-Code jetzt direkt in den Code einer HTML-Seite integriert werden kann. Darauf komme ich in Kapitel 15, »HTML5 und XHTML«, noch einmal zu sprechen.

Kleines Animationsbeispiel

Abbildung 3.8 zeigt als Beispiel eine kleine Animation, die mit Hilfe von *Inkscape* erzeugt worden ist, einem freien Editor für SVG, der über *www.inkscape.org* angeboten wird. Unter Windows 10 ist er auch als App im Windows Store zu finden.

In *Inkscape* werden die interaktiven Designfunktionen, die normalerweise ein Grafikprogramm zur Verfügung stellt, durch die Möglichkeit ergänzt, in einem eigenen Fenster direkt in den SVG-Code einzugreifen. In diesem Fenster steht immer das aktuelle Objektmodell zur Verfügung, das während des Editierens aufgebaut wird.

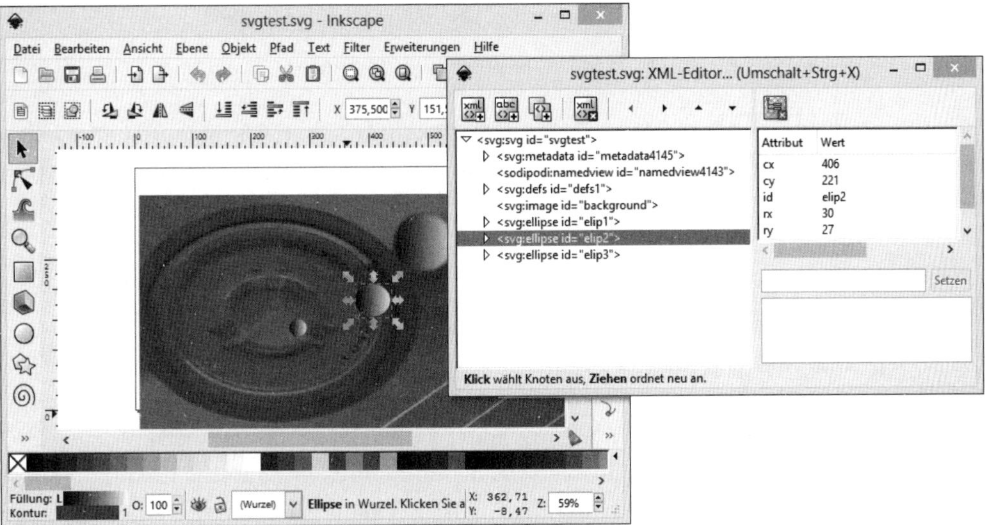

Abbildung 3.8 SVG-Entwicklung mit Inkscape

Das SVG-Format lässt sich sowohl in Webseiten einbinden – etwa mit einem `<object>`-Tag – als auch direkt im Browser darstellen. Chrome verfügt beispielsweise über einen integrierten Viewer, der in Abbildung 3.9 verwendet wird.

Adobe hat allerdings 2009 die Unterstützung des eigenen Viewers mit der Begründung eingestellt, dass die aktuellen Browser inzwischen eigene Implementierungen anbieten. Mehr darüber erfahren Sie unter *www.adobe.com/devnet/svg.html*.

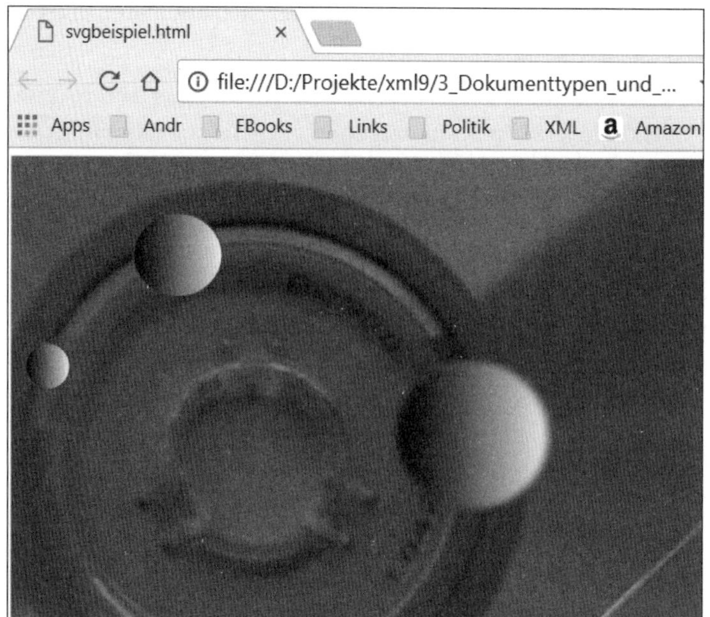

Abbildung 3.9 Anzeige der SVG-Animation im Chrome-Browser

Adobes Illustrator-Programm unterstützt SVG als Export-Format, Adobe InDesign wiederum kann SVG-Grafiken importieren. Auch Microsoft Visio erlaubt den Export von Illustrationen in SVG.

Aufbau eines SVG-Dokuments

Das Wurzelelement ist immer das Element `<svg>`. Die Attribute `width` und `height` legen die Gesamtgröße der Grafik fest. Um Verweise auf grafische Elemente einbauen zu können, wird *XLink* benutzt, eine Erweiterung der Hyperlink-Technik von HTML (mehr dazu erfahren Sie in Kapitel 5, »Navigation und Verknüpfung«). SVG erlaubt es so, eine Grafik aus verschiedenen grafischen Bausteinen zu montieren. Grafiken werden auf diese Weise automatisch aktualisiert, wenn sich eine über einen Link eingebundene Komponente ändert, was sehr flexible Lösungen erlaubt.

Über `<filter>`-Elemente lassen sich grafische Filter einbinden. Für die grafischen Grundformen stehen entsprechende Elemente wie `<ellipse>`, `<circle>`, `<rect>`, `<line>`, `<polyline>` und `<polygon>` zur Verfügung, wobei die Details über Attribute geregelt werden.

Um Objekte zu animieren, werden zu dem Element der Grundform Kindelemente vom Typ `<animate>` oder `<animateTransform>` eingebaut, die die Bewegung des Objekts und die Dauer der Bewegung wiederum über Attribute festlegen.

Über die `DOCTYPE`-Deklaration muss die DTD des W3C eingebunden werden.

```
<?xml version="1.0" standalone="no"?>
<!DOCTYPE svg PUBLIC "-//W3C//DTD SVG 1.0//EN"
  "http://www.w3.org/TR/2001/REC-SVG-20010904/DTD/svg10.dtd">
<svg id="svgtest" width="600" height="400">
  <defs id="defs1">
    <filter id="Gaussian_Blur" filterUnits="objectBoundingBox"
     x="-10%" y="-10%" width="150%" height="150%">
      <feGaussianBlur in="SourceGraphic" stdDeviation="3 2"/>
    </filter>
    <linearGradient id="black-white" x1="0%" y1="0%" x2="100%"
     y2="0%" spreadMethod="pad" gradientUnits="objectBoundingBox">
      <stop offset="0%" style="stop-color:rgb(0,0,0);
       stop-opacity:1"/>
      <stop offset="100%" style="stop-color:rgb(255,255,255);
       stop-opacity:1"/>
    </linearGradient>
  </defs>
  <image id="background" x="7" y="45" width="582" height="300"
   xlink:href="CD_Background.jpg"/>
  <ellipse id="elip1" cx="493" cy="126" rx="51" ry="48"
   style="fill:url(#black-white);stroke:rgb(170,42,42);
   stroke-width:1;filter:url(#Gaussian_Blur);">
    <animateTransform attributeName="transform" begin="0s"
     dur="3.4s" fill="freeze" calcMode="linear" from="0 0"
     to="-65.3846 119.231" type="translate" additive="sum"/>
  </ellipse>
  <ellipse id="elip2" cx="406" cy="221" rx="30" ry="27"
   style="fill:url(#black-white);stroke:rgb(170,42,42);
   stroke-width:1">
    <animateTransform attributeName="transform" begin="0s"
     dur="2.9s" fill="freeze" calcMode="linear" from="0 0"
     to="-169.231 -115.385" type="translate" additive="sum"/>
  </ellipse>
  <ellipse id="elip3" cx="280" cy="266" rx="15" ry="15"
   style="fill:url(#black-white);stroke:rgb(170,42,42);
   stroke-width:1">
    <animateTransform attributeName="transform" begin="0s"
     dur="4.1s" fill="freeze" calcMode="linear" from="0 0"
     to="-184.615 -123.077" type="translate" additive="sum"/>
  </ellipse>
</svg>
```

Listing 3.6 svgbeispiel.svg

Kapitel 4
Inhaltsmodelle mit XML Schema

Die Datenmodellierung mit XML Schema verbindet die Strukturierung von Inhalten mit genauen Festlegungen zu den einfachen und komplexen Datentypen, aus denen sich die Inhalte zusammensetzen.

Es ist ziemlich einfach, ein Dokument auf Wohlgeformtheit zu prüfen; sehr viel schwieriger ist die Prüfung, ob die verwendeten Tags vom Inhalt her gültig sind. Mit der Dokumenttyp-Definition wurde es möglich, ein Vokabular für eine bestimmte Klasse von Dokumenten zu beschreiben und – ähnlich wie bei einer Grammatik – Regeln zu bestimmen, um zwischen gültigen und ungültigen »Sätzen« zu unterscheiden. Ist einem XML-Dokument eine DTD zugeordnet, kann ein XML-Parser feststellen, ob das Dokument die festgelegten Regeln einhält oder nicht. Dieses Verfahren hat sich inzwischen in vielen Anwendungsbereichen bewährt.

4.1 XML Schema – der XML-basierte Standard

Je mehr XML nicht nur im Zusammenhang mit Textdokumenten ins Spiel gekommen ist, sondern als Datenformat für strukturierte Daten jeder Art, umso mehr sind auch die Schwächen der Validierung mit DTDs deutlicher geworden.

4.1.1 Defizite von DTDs

Die Syntax von DTDs ist nicht ausdrucksstark genug. DTD erlaubt zwar die Kontrolle darüber, welche Elemente ein Dokument enthalten darf, ermöglicht aber keine differenzierten Einschränkungen in Bezug auf den Inhalt eines Elements.

Entwickler, die häufig mit Datenbanken zu tun haben, vermissen die präzise Unterscheidung von Datentypen, die Festlegung von erlaubten Wertebereichen, eine Kontrolle über bestimmte Zeichenmuster oder die Vorgabe von Standardwerten etc. All dies sind Anforderungen, die insbesondere dann unabdingbar sind, wenn es etwa um B2B- oder B2C-Kommunikation oder generell um die Interoperation zwischen Anwendungen geht. Die Einschränkungen der DTDs führen im Übrigen auch dazu, dass ein hoher Programmieraufwand betrieben werden muss, um die Eingabe korrekter Daten zu erzwingen.

DTDs sind zudem nicht elastisch genug, wenn es darum geht, Regeln festzulegen, die nicht starr sind und Spielraum für Varianten lassen. Unschön ist auch, dass die DTDs nicht selbst in XML formuliert sind, wodurch zum Beispiel zusätzliche Editoren erforderlich werden. Außerdem kann auf die DTDs nicht über Programmierschnittstellen wie DOM zugegriffen werden. In XML formulierte Datenmodelle können dagegen maschinell genauso ausgewertet werden wie die XML-Dokumente, denen sie zugeordnet werden, da sie ja selbst auch gültige XML-Dokumente sind.

4.1.2 Anforderungen an XML Schema

Es hat sich deshalb bald nach der Verabschiedung des Standards für XML der Bedarf für eine andere Art der Modellierung von Daten-Schemas entwickelt. Als Anforderungen an XML Schema wurden bereits in den *XML Schema Requirements* vom 15. Februar 1999 – siehe dazu: *http://www.w3.org/TR/NOTE-xml-schema-req* – insbesondere folgende Punkte aufgeführt:

- Berücksichtigung von Namensräumen
- Definition unvollständiger Einschränkungen bezogen auf den Inhalt eines Elementtyps
- Integration von strukturellen Schemas mit primitiven Datentypen
- explizite Vererbungsmechanismen, die leicht zu verstehen und zu handhaben sind
- Berücksichtigung der verschiedenen Datentypen, die in SQL, Java und anderen weitverbreiteten Programmiersprachen üblich sind

Erfüllt werden sollten diese Anforderungen in Form eines Inventars von XML-Markup-Konstrukten, mit dem Schemas verbindlich und eindeutig formuliert werden können. Ein Schema beschreibt und definiert also eine Klasse von XML-Dokumenten, indem es die Bedeutung, die mögliche Verwendung und die Beziehungen der Teile festlegt, aus denen das Dokument besteht.

Das Schema legt wie eine DTD das Vokabular und die Grammatik eines XML-Dokuments fest. Im Unterschied zur DTD ist ein XML Schema-Dokument jedoch, wie schon angesprochen, auch selbst ein XML-Dokument, das entsprechend auf Wohlgeformtheit und Gültigkeit geprüft werden kann.

4.1.3 Die Spezifikation des W3C für XML Schema

Die Verabschiedung des Standards für XML Schema hatte zunächst einige Zeit auf sich warten lassen. Die Folge war, dass die IT-Industrie, die XML nicht nur im Bereich der Dokumentverarbeitung einsetzen wollte, in dem mit DTDs ganz gut auszukommen war, eine ganze Reihe von Zwischenlösungen in die Welt gesetzt hat. Deren Features wurden zum Teil in den endgültigen Standard eingebaut, zum Teil jedoch nicht. Zwei dieser Varianten waren beispielsweise XML Data von Microsoft und SOX von Veo Systems.

Im Mai 2001 liegt die Empfehlung des W3C für XML Schema schließlich vor, immerhin vier Jahre später als die Empfehlung für XML selbst. Die Empfehlung wurde von der *XML Schema Working Group* ausgearbeitet. Unter *www.w3c.org/TR/xmlschema-0/* ist eine zusammenfassende Einführung zu finden. Die Empfehlung selbst ist zweiteilig. Der erste Teil behandelt die Strukturen der Definitionssprache XML Schema (unter *www.w3c.org/TR/xmlschema-1/*), der zweite Teil die Datentypen (unter *www.w3c.org/TR/xmlschema-2/*).

Die Resonanz auf die Veröffentlichung war zunächst etwas zwiespältig. Die Empfehlung wurde teilweise als zu komplex kritisiert. Andere Stimmen sahen erst mit XML Schema den Durchbruch der XML-Technologie, insbesondere im Geschäftsbereich, gesichert. Entscheidend war schließlich, dass der neue Standard von der IT-Industrie weitgehend akzeptiert wurde. Da Schwergewichte wie IBM, Microsoft und Oracle den Standard unterstützen, hatte die Empfehlung gegenüber konkurrierenden Projekten wie RELAX NG oder Schematron genügend Gewicht. Wo die Empfehlung zu sehr in ausgetüftelte Optionen vordringt, hat der Anwender zudem immer die Möglichkeit, sich in der Praxis auf die praktikableren Komponenten des Standards zu beschränken.

Im Oktober 2004 erscheint die Second Edition der drei Teile, die aber nur der Fehlerkorrektur dient. Einige Änderungen dagegen brachte im Mai 2012 die Version 1.1 für die Teile *Structures* und *Datatypes*. Dazu gehören die Unterstützung von XML 1.1, Änderungen hinsichtlich der Inhaltsmodelle, Änderungen bei der Definition und Ableitung komplexer Datentypen und Änderungen an der Deklaration von Elementen und Attributen. Die Kompatibilität mit XML Schema 1.0 ist gewährleistet, ein Prozessor, der 1.1 unterstützt, kann auch Dokumente gegenüber einem 1.0-Schema validieren. Mehr zu den Änderungen in XML Schema 1.1 finden Sie gegen Ende dieses Kapitels in Abschnitt 4.17, »Exkurs zu XML Schema 1.1«.

4.2 Erster Entwurf eines Schemas

Bevor wir in die Details der Schema-Definition einsteigen, stellen wir zunächst ein erstes Beispiel vor, das gleich den Unterschied zu einer entsprechenden DTD deutlich machen soll. Es ist angelehnt an das Beispiel, das auch in dem W3C-Primer-Dokument verwendet wird, allerdings mit einigen Vereinfachungen, die die Übersicht erleichtern sollen. Das zugehörige XML-Dokument enthält ein einfaches Formular für eine Bestellung.

```
<?xml version="1.0" encoding="UTF-8"?>
<bestellformular bestellnummer="01000" bestelldatum="2019-03-01">
  <kunde>
    <name>Hanna Maier</name>
    <strasse>Oststrasse 12</strasse>
    <plz>10678</plz>
    <ort>Berlin</ort>
  </kunde>
  <positionen>
    <position artikelnr="0045">
      <beschreibung>Rollo XBP 312</beschreibung>
      <gebinde>Stck</gebinde>
      <menge>5</menge>
      <europreis>50.00</europreis>
    </position>
    <position artikelnr="0023">
      <beschreibung>Rollo MMX</beschreibung>
      <gebinde>Stck</gebinde>
      <menge>4</menge>
      <europreis>40.00</europreis>
    </position>
  </positionen>
</bestellformular>
```

Listing 4.1 bestellbeleg1.xml

Dieses Dokument besteht aus einem Hauptelement <bestellformular> und zwei Unterelementen, <kunde> und <positionen>, die jeweils wiederum mehrere Unterelemente enthalten. Für dieses XML-Dokument könnte folgende DTD generiert werden:

```
<?xml version="1.0" encoding="UTF-8"?>
<!ELEMENT bestellformular (kunde, positionen)>
<!ATTLIST bestellformular bestellnummer CDATA #REQUIRED
          bestelldatum CDATA #REQUIRED>
<!ELEMENT kunde (name, strasse, plz, ort)>
<!ELEMENT name (#PCDATA)>
<!ELEMENT ort (#PCDATA)>
<!ELEMENT plz (#PCDATA)>
<!ELEMENT strasse (#PCDATA)>
<!ELEMENT positionen (position+)>
<!ELEMENT position (beschreibung, gebinde, menge, europreis)>
<!ATTLIST position artikelnr CDATA #REQUIRED>
<!ELEMENT beschreibung (#PCDATA)>
```

```
<!ELEMENT menge (#PCDATA)>
<!ELEMENT gebinde (#PCDATA)>
<!ELEMENT europreis (#PCDATA)>
```

Listing 4.2 bestellbeleg1.dtd

An diesem Beispiel lassen sich die Schwachpunkte einer DTD-Lösung leicht erkennen. Das XML-Dokument enthält Daten ganz unterschiedlichen Typs, wie etwa ein Datum, eine Preisangabe etc. Hier kann die DTD aber keine Kontrollmechanismen anbieten, die gewährleisten, dass nicht anstelle eines Datums oder eines numerischen Werts eine beliebige Zeichenfolge eingegeben wird. Statt dieser DTD kann folgendes XML-Schema entworfen werden:

```
<?xml version="1.0" encoding="UTF-8"?>
<xsd:schema xmlns:xsd="http://www.w3.org/2001/XMLSchema">

<xsd:element name="bestellformular" type="formular"/>

  <xsd:complexType name="formular">
    <xsd:sequence>
      <xsd:element name="kunde" type="kunde"/>
      <xsd:element name="positionen" type="positionen"/>
    </xsd:sequence>
    <xsd:attribute name="bestellnummer" type="xsd:short"
                   use="required"/>
    <xsd:attribute name="bestelldatum" type="xsd:date"
                   use="required"/>
  </xsd:complexType>

  <xsd:complexType name="kunde">
    <xsd:sequence>
      <xsd:element name="name" type="xsd:string"/>
      <xsd:element name="strasse" type="xsd:string"/>
      <xsd:element name="plz" type="xsd:int"/>
      <xsd:element name="ort" type="xsd:string"/>
    </xsd:sequence>
  </xsd:complexType>

  <xsd:complexType name="positionen">
    <xsd:sequence>
      <xsd:element name="position" minOccurs="0"
                   maxOccurs="unbounded">
        <xsd:complexType>
          <xsd:sequence>
```

```
          <xsd:element name="beschreibung" type="xsd:string"/>
          <xsd:element name="menge" type="xsd:decimal"/>
          <xsd:element name="gebinde" type="gb"/>
          <xsd:element name="europreis" type="xsd:decimal"/>
        </xsd:sequence>
        <xsd:attribute name="artikelnr" type="xsd:string"
                       use="required"/>
      </xsd:complexType>
    </xsd:element>
  </xsd:sequence>
</xsd:complexType>

<xsd:simpleType name="gb">
  <xsd:restriction base="xsd:string">
    <xsd:enumeration value="Stck"/>
    <xsd:enumeration value="kg"/>
    <xsd:enumeration value="cm"/>
  </xsd:restriction>
</xsd:simpleType>

</xsd:schema>
```

Listing 4.3 bestellbeleg1.xsd

4.2.1 Verknüpfung von Schema und Dokument

Ein solches Schema wird in der Regel in Form einer Datei vom Typ *.xsd* abgelegt – die Typenbezeichnung ist allerdings nur eine Konvention – und dem XML-Dokument dann durch eine entsprechende Deklaration in dem XML-Dokument, das dem Schema entsprechen soll, zugeordnet.

```
<bestellformular
  xmlns:xsi="http://www.w3.org/2001/XMLSchema-instance"
  xsi:noNamespaceSchemaLocation="bestellbeleg1.xsd"
  bestellnummer="01000" bestelldatum="2019-03-01">
```

In diesem Fall wird in der Dokumentinstanz das Wurzelelement mit einem Attribut `xsi:noNamespaceSchemaLocation` aus dem Namensraum `http://www.w3.org/2001/XMLSchema-instance` ausgestattet, das dem XML-Prozessor einen Hinweis gibt, wo das Schema, das für die Validierung verwendet werden soll, zu finden ist. Dieses Attribut kann verwendet werden, wenn das Schema, wie in diesem Fall, keinen Zielnamensraum mit dem Attribut targetNamespace festlegt. Mehr Details dazu finden Sie in Abschnitt 4.5.5, »Zielnamensraum«.

Das Schema kann aber auch, wie das XML-Dokument selbst, Teil eines Streams sein, der über das Netz bereitgestellt wird.

Wie Sie leicht erkennen können, ist das XML Schema-Dokument im Unterschied zu der vorher abgebildeten DTD selbst ein XML-Dokument, dessen Wohlgeformtheit auch einer entsprechenden Prüfung in einem Parser – beispielsweise in einem Browser – standhält. Wenn Sie einen Schema-Editor wie etwa XMLSpy verwenden, wird die Korrektheit der Syntax fortlaufend geprüft.

4.2.2 Der Baum der Schema-Elemente

Das Wurzelelement eines Schema-Dokuments ist immer <xsd:schema>. Der Parser kann daran sofort erkennen, dass es sich um ein Schema für ein Inhaltsmodell handelt. Innerhalb des Wurzelelements sind verschiedene Unterelemente eingeschlossen, darunter einige mit dem Namen <xsd:element> und andere mit dem Namen <xsd:complexType> oder <xsd:simpleType>.

Das Präfix xsd verweist darauf, dass die verwendeten Namen zum Namensraum von XML Schema gehören. In diesem Namensraum sind alle Konstrukte enthalten, die beim Entwurf eines Schemas verwendet werden können. Die Zuordnung zu diesem Namensraum erfolgt durch die Deklaration

```
xmlns:xsd="http://www.w3.org/2001/XMLSchema"
```

innerhalb des Elements <xsd:schema>, dessen Name also selbst schon zu diesem Namensraum gehört. Es ist möglich, auch andere Präfixe wie xs zu verwenden.

Auch den Namen für die vorgegebenen Datentypen wie string oder decimal wird das Präfix vorangestellt: xsd:string und xsd:decimal.

Zur Verwendung innerhalb einer Dokumentinstanz, die einem solchen Schema entspricht, ist ein weiterer Namensraum vorgegeben, der über den URI http://www.w3.org/2001/XMLSchema-Instance identifiziert wird, in der Regel verknüpft mit dem Präfix xsi.

Zusätzlich kann ein spezieller Namensraum für das aktuelle Schema selbst definiert werden, und es können verschiedene Voreinstellungen vorgenommen werden, die die Art der Validierung einer Dokumentinstanz betreffen. Mehr über die Rolle der Namensräume finden Sie in Abschnitt 2.9.

4.2.3 Elemente und Datentypen

In das Wurzelelement des Schemas wird zunächst das oberste Element des gesamten Bestellformulars eingefügt, also das Element, das in der Dokumentinstanz selbst das Wurzelelement darstellen wird. Neben der Zuordnung des Elementnamens wird zugleich über das Attribut `type` angegeben, dass dafür ein Element vom Datentyp `bestellformular` verwendet werden soll.

Da es sich dabei nicht um einen vorgegebenen einfachen Datentyp handelt, muss dieser Datentyp in diesem Schema definiert werden. Dies geschieht auch gleich im nächsten Abschnitt.

4.2.4 Komplexe Typen mit und ohne Namen

Das Bestellformular ist natürlich ein Element, das weitere Kindelemente in sich einschließt, deshalb wird zunächst angegeben, dass es sich bei dem zu definierenden Datentyp `bestellformular` um ein Element des komplexen Typs handelt, was mit dem Element `<xsd:complexType>` erfolgt. Da der Datentyp vorher schon benannt worden ist, wird der vorhandene Name an dieser Stelle aufgegriffen.

Die `xsd:complexType`-Strukturen können, wie schon dieses kleine Beispiel zeigt, nicht nur einfache Unterelemente enthalten, sondern wiederum selbst weitere komplexe Strukturen.

Komplexe Datentypen können allerdings auch ohne Namenszuordnung definiert werden, man spricht dann von *anonymen Datentypen*. Dieses Vorgehen finden Sie im Beispiel später bei der Definition des Datentyps für die einzelnen Bestellpositionen.

Typen sind nichts anderes als Inhaltsmodelle von Datenstrukturen, die einfach oder aus mehreren Teilen zusammengesetzt, also komplex sein können. In diesem Beispiel handelt es sich um eine mehrstufige Struktur, wie die grafische Darstellung in Abbildung 4.1 zeigt.

Auf der obersten Ebene wird die Struktur des Formulars aus einer Sequenz von zwei Unterelementen zusammengefügt, das sind zunächst die Kundendaten, dann folgen die Bestellpositionen. Außerdem werden auf dieser Ebene zwei Attribute des Formularelements definiert, die Bestellnummer und das Bestelldatum. Für die möglichen Werte werden die Datentypen `short` und `date` bestimmt, und es wird zugleich festgelegt, dass die Werte erforderlich sind.

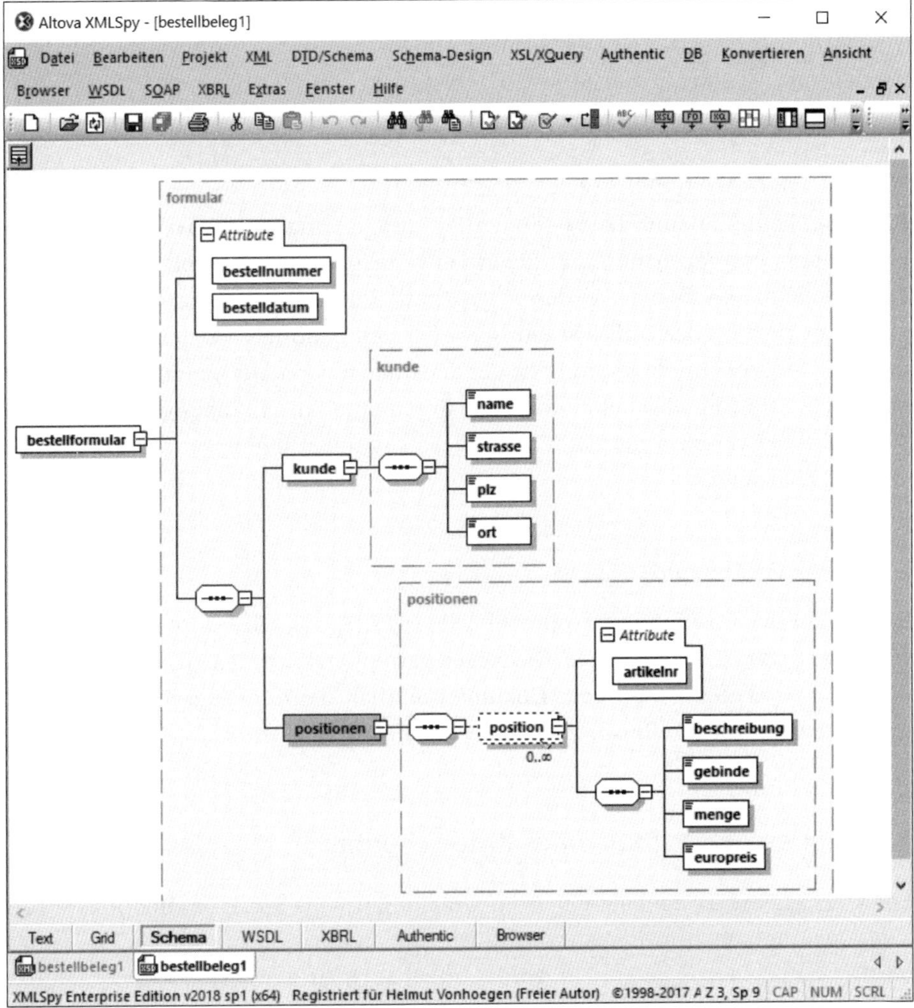

Abbildung 4.1 Grafische Darstellung der Datenstruktur in XMLSpy

4.2.5 Sequenzen

Die Kundendaten werden ebenfalls als komplexer Datentyp in Form einer Sequenz beschrieben, die auflistet, welche Datenelemente zu der Kundenadresse gehören. Das entscheidende Charakteristikum einer Sequenz ist, dass sie die Reihenfolge der Elemente verbindlich festlegt. Es müssen also nicht nur die aufgeführten Elemente darin vorkommen, auch die Abfolge muss genau eingehalten werden. Das entspricht den Elementsequenzen, die in einer DTD getrennt durch Kommas in Klammern zusammengefasst werden.

Die Positionsdaten enthalten die einzelnen Positionen als Unterelemente, und diese wiederum sind ebenfalls als eine Sequenz von Elementen bestimmt, weil auch diese Daten immer in einer festen Reihenfolge benötigt werden.

4.2.6 Vorgegebene und abgeleitete Datentypen

Für diese Elemente sind die passenden Datentypen angegeben. Hier können von XML Schema vorgegebene Datentypen verwendet werden. Nur bei dem Element `<gebinde>` wird im Schema über den vorgegebenen einfachen Datentyp hinausgegangen. Dazu wird wieder zunächst ein Name für den benötigten Datentyp vergeben. Dieser Datentyp wird dann am Ende des Schemas separat aus einem vorhandenen einfachen Datentyp abgeleitet, und zwar durch eine Einschränkung der erlaubten Zeichenketten auf die aufgezählten Werte. Solche Ableitungen werden später noch ausführlich behandelt.

4.2.7 Wie viel wovon?

Die Anzahl der Positionen ist variabel. Diese Festlegung wird durch die Attribute `minOccurs` und `maxOccurs` erreicht. Die beiden gewählten Werte geben an, dass das Element notfalls fehlen kann – das Dokument enthält dann nur die Kundendaten –, während die Anzahl der Positionen nach oben unbegrenzt ist.

4.3 Genereller Aufbau eines XML-Schemas

Ein XML-Schema ist ein Satz von Komponenten, der die Struktur einer Klasse von XML-Dokumenten beschreibt und festlegt. Ein Dokument, das den Regeln eines bestimmten Schemas entspricht, wird deshalb auch als eine Instanz der durch das Schema fixierten Dokumentklasse betrachtet.

4.3.1 Das Vokabular

Das Vokabular von XML Schema ist selbst eine XML-Anwendung, in diesem Fall eine Sprache zur abstrakten Beschreibung von inhaltlichen Strukturen. Wie jedes XML-Dokument enthält es eine bestimmte Menge von Elementen, die die Zusammensetzung des jeweiligen inhaltlichen Bereichs darstellen; insgesamt 36 Elemente sind vorgegeben.

Bestimmten Elementen können wiederum bestimmte vorgegebene Attribute zugeordnet werden, um einzelne Komponenten des Schemas näher zu bestimmen. Die Empfehlung des W3C legt fest, wie diese Elemente zur Beschreibung von Inhaltsmodellen verwendet werden können, und bestimmt zugleich, wie Parser, die imstande sind, ein entsprechendes XML-Dokument auf Übereinstimmung mit dem zugeordneten XML-Schema zu prüfen, bei diesem Prüfverfahren vorzugehen haben.

4.3.2 Die Komponenten eines XML-Schemas

Die W3C-Empfehlung unterscheidet drei Gruppen von Komponenten, aus denen ein Schema zusammengefügt werden kann. Die erste Gruppe umfasst die primären Komponenten:

- einfache Typdefinitionen
- komplexe Typdefinitionen
- Elementdeklarationen
- Attributdeklarationen

Während für die Deklaration von Elementen und Attributen die Vergabe von entsprechenden Namen notwendig ist, können Typdefinitionen auch ohne Namen eingesetzt werden.

Als sekundär werden die folgenden Komponenten eingestuft:

- Definitionen von Attributgruppen
- Eindeutigkeitsbeschränkungen und Schlüsselreferenzen
- Modellgruppendefinitionen
- Deklarationen von Anmerkungen

Bei diesen Komponenten ist die Zuordnung von Namen zwingend.

Die dritte Gruppe besteht aus Hilfskomponenten, die immer nur als Teile von anderen Komponenten auftreten können:

- Anmerkungen
- Modellgruppen
- Partikel
- Joker
- Festlegungen über die Verwendung von Attributen

4.4 Datentypen

Das Material, das bei der Datenmodellierung mit XML Schema als Baustein verwendet wird, stellen die verschiedenen Datentypen dar. Das abstrakte Datenmodell, das XML Schema zugrunde liegt, geht von einer Hierarchie von Datentypen aus, die sich aus einer einzigen Wurzel entfalten lässt. Dafür werden zwei gegensätzliche Verfahren eingesetzt.

Das eine ist eine Einschränkung – vorgenommen mit dem Element <xsd:restriction>. Sie kann sich zum Beispiel auf den erlaubten Wertebereich eines Elements oder Attributs beziehen. Das andere Verfahren ist eine Erweiterung mit Hilfe des Elements <xsd:extension>. Dabei werden einem Inhaltsmodell zusätzliche Komponenten hinzugefügt. Beide Verfahren beziehen sich dabei jeweils auf einen explizit angegebenen Basistyp als Ausgangspunkt.

Beispielsweise wird der Datentyp integer als ein Datentyp verstanden, der aus dem übergeordneten Datentyp decimal abgeleitet ist, indem die Anzahl der erlaubten Dezimalstellen auf null gesetzt wurde. Durch Einschränkung des Wertebereichs werden wiederum aus dem Datentyp integer Typen wie long oder short abgeleitet.

An der Wurzel dieses Typenbaums wird ein *Urtyp* unterstellt, der als anyType angesprochen werden kann und gleichsam das Rohmaterial für alles Weitere darstellt. Die erste grobe Unterscheidung ist dabei die zwischen einfachen und komplexen Typen.

Wir geben in Abbildung 4.2 das vom W3C im zweiten Teil der XML Schema-Spezifikation veröffentlichte Diagramm wieder, das die Ableitungsbeziehungen der eingebauten Datentypen in einer Übersicht anzeigt.

4.4.1 Komplexe Datentypen

Elemente, die selbst Unterelemente oder Attribute enthalten, werden in der Terminologie von XML Schema *komplexe Typen* genannt. Diese Typen sind im Detail nicht vorgegeben; hier bestimmt der Schema-Designer, wie sie aussehen.

4.4.2 Inhaltsmodelle und Partikel

Ein komplexer Datentyp besteht grundsätzlich aus einem Inhaltsmodell, das die darin vorkommenden Unterelemente auflistet und in einer bestimmten Weise anordnet, gefolgt von einer Liste der Attribute, die zusätzliche Informationen zu dem betreffenden Datentyp bereitstellen. Der in Listing 4.3 verwendete Typ formular zeigt beides:

```
<xsd:complexType name="formular">
  <xsd:sequence>
    <xsd:element name="kunde" type="kunde"/>
    <xsd:element name="positionen" type="positionen"/>
  </xsd:sequence>
  <xsd:attribute name="bestellnummer" type="xsd:short"
                 use="required"/>
  <xsd:attribute name="bestelldatum" type="xsd:date"
                 use="required"/>
</xsd:complexType>
```

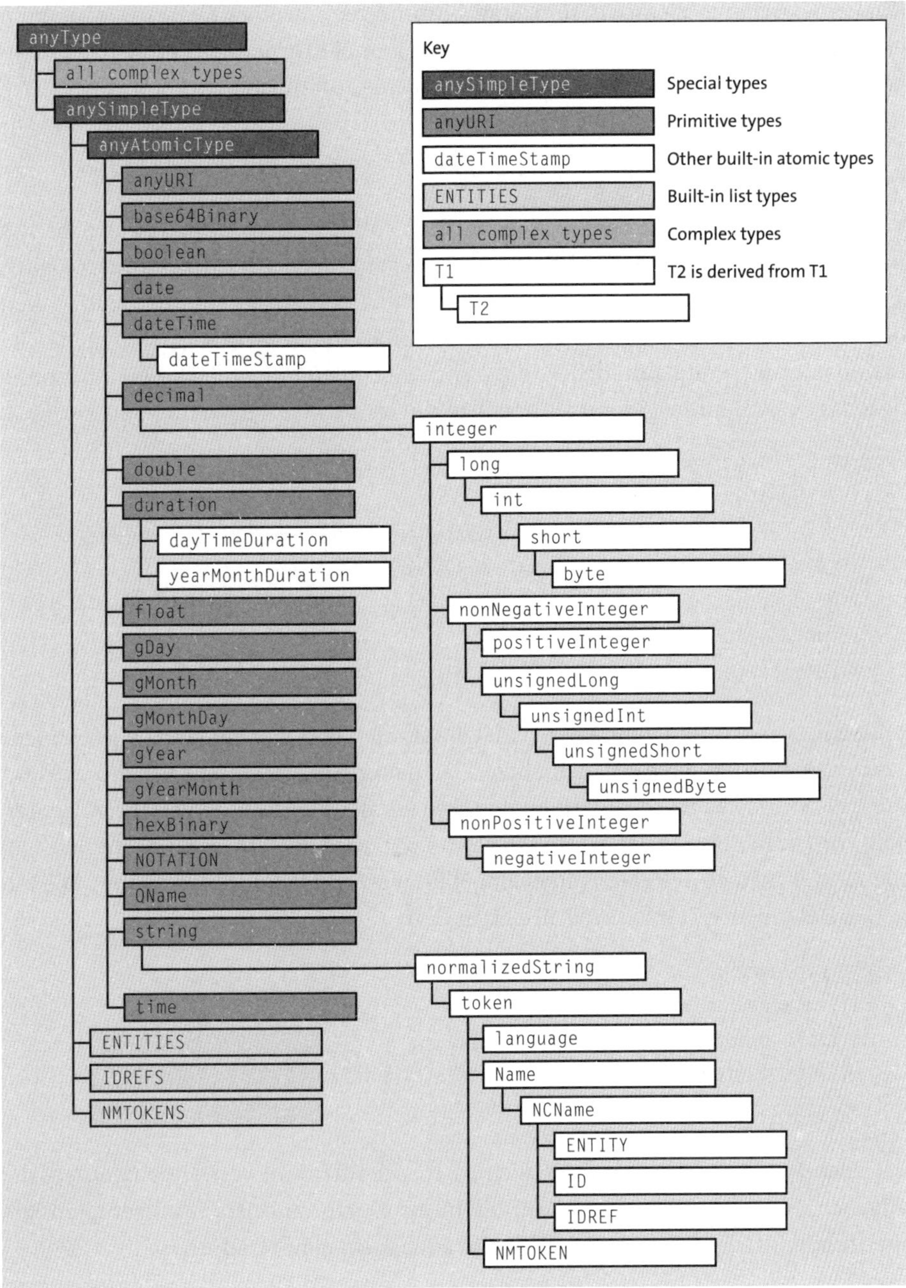

Abbildung 4.2 Datentypen der XML Schema-Spezifikation

Das Inhaltsmodell eines komplexen Datentyps setzt sich aus Teilen zusammen, die auch *Partikel* genannt werden. Meist sind dies lokale Elementdeklarationen oder Bezüge auf globale Elementdeklarationen, womit Elemente gemeint sind, die direkte

Kinder des Schema-Elements sind. Statt bestimmter einzelner Elemente können in einem komplexen Datentyp als Partikel auch komplette Elementgruppen, Referenzen auf benannte Elementgruppen oder Wildcards auftauchen.

4.4.3 Erweiterbarkeit durch Wildcards

Wildcards können Sie zum Beispiel verwenden, wenn sich das Design eines Schemas noch in der Entwicklung befindet, so dass noch keine genauen Festlegungen möglich sind, oder wenn Teile eines Datenmodells – etwa für spätere Erweiterungen – offen bleiben sollen. Diese Platzhalter erlauben es, dass in einer Dokumentinstanz Elemente oder Attribute auftauchen, die bisher im Schema nicht deklariert sind, ohne dass das Dokument insgesamt als ungültig eingestuft wird. Ein kleines Beispiel dazu:

```
<xsd:complexType name="freie_Eingabe">
  <xsd:sequence>
    <xsd:element name="titel" type="xsd:string"/>
    <xsd:any processContents="skip" maxOccurs="unbounded"/>
  </xsd:sequence>
  <xsd:anyAttribute/>
</xsd:complexType>
```

Mit dem `<xsd:any>`-Element werden Platzhalter für Elemente eingefügt, das Element `<xsd:anyAttribute>` erlaubt auch einen Platzhalter für Attribute. Über das Attribut `processContents` kann gesteuert werden, wie bei der Validierung verfahren werden soll. Wird zum Beispiel der Wert `skip` verwendet, wird der Prozessor eventuelle Elemente, die anstelle des Platzhalters eingefügt worden sind, nicht monieren. Die folgende Dokumentinstanz würde also akzeptiert:

```
<freie_Eingabe Datum="2019-11-21">
  <titel>liebes Tagebuch</titel>
  <notiz>noch ist das Blatt leer</notiz>
  <notiz>es fällt mir immer noch nichts ein</notiz>
</freie_Eingabe>
```

Bei allen Wildcards können zusätzlich `namespace`-Attribute verwendet werden, die angeben, zu welchem Namensraum die in der Dokumentinstanz eingefügten Elemente oder Attribute gehören sollen oder auch nicht gehören dürfen.

4.4.4 Einfache Typen

Dagegen werden Elemente, die selbst nur einen Wert – eine Zahl, ein Datum oder Text – enthalten, als *einfache Typen* bezeichnet. Ein Element, das nur Text enthält, ist ein einfacher Datentyp. Der Wert von Attributen gehört ebenfalls immer zum Datentyp `simpleType`, Attribute können also keine inneren Strukturen wie Kindelemente oder Unterattribute enthalten.

Wird ein Dokument als Baumstruktur wiedergegeben, gehören die Knoten, die selbst Kindknoten enthalten, zu den komplexen Datentypen, während die Blätter des Baums jeweils einfache Datentypen sind.

Die von XML Schema vorgegebenen Datentypen enthalten bereits eine Reihe der angesprochenen Ableitungen. Die von dem Urtyp `anySimpleType` direkt abgeleiteten Typen werden als *eingebaute primitive Datentypen* bezeichnet, wie der Typ `string` oder `decimal`.

XML Schema gibt darüber hinaus noch eine ganze Reihe von einfachen Datentypen vor, die von diesen primitiven Datentypen abgeleitet sind. Während ein großer Teil der benötigten einfachen Datentypen also bereits in Form fertiger Bausteine angeboten wird, werden alle komplexen Datentypen vom Designer eines Schemas selbst definiert, es sei denn, solche Typen können aus anderen, bereits bestehenden Schemas übernommen werden, wie es in Abschnitt 4.15 beschrieben wird.

Beim Aufbau eines Schemas stellt sich also in der Regel die Frage, welche Datentypen für die Abbildung eines Bereichs am besten verwendet werden sollten. Wenn sich zum Beispiel bestimmte Datenstrukturen mehrfach verwenden lassen, ist es ratsam, sie zunächst als Baustein zu definieren und sie dann überall dort, wo sie benötigt werden, einfach aufzurufen. Das kann zum Beispiel ein komplexer Datentyp sein, der jeweils alle Adressdaten zusammenfasst, oder auch nur ein Datentyp, der Beträge mit einem bestimmten Währungszeichen verknüpft.

4.4.5 Benannte oder anonyme Typen

Datentypen müssen nicht mit einem Namen verknüpft werden – fehlt ein Name, wird von *anonymen Typen* gesprochen. Anonyme Datentypen sind immer dann problemlos, wenn der jeweilige Datentyp nur einmal verwendet wird und auch eine Übernahme in ein anderes Schema nicht vorgesehen ist. Außerdem lassen sich aus einem anonymen Datentyp keine anderen Datentypen ableiten, etwa durch Einschränken der erlaubten Werte.

Ansonsten ist es meist vorteilhaft, den selbst definierten Datentypen Namen zuzuordnen. Dabei muss darauf geachtet werden, dass innerhalb eines Schemas bzw. innerhalb eines Namensraums, der innerhalb des Schemas gilt, eindeutige Namen für Datentypen verwendet werden. Das schließt aber nicht aus, einen Namen, der für einen Datentyp verwendet worden ist, auch bei der Deklaration eines Elements oder eines Attributs zu verwenden.

Benannte Datentypen, seien sie einfach oder komplex, können separat definiert werden und lassen sich dann bei der Deklaration von Elementen oder Attributen bequem referenzieren. Attribute können allerdings, wie schon angesprochen, nur Werte mit einfachen Datentypen enthalten.

Die Arbeit mit benannten Datentypen ähnelt der Bildung von Klassen, die anschließend zur Erstellung von Objekten in einer Anwendung genutzt werden. Das Verfahren ist insbesondere dann sinnvoll, wenn die benannten Datentypen mehrfach benötigt werden oder wenn ein Schema beispielsweise von einem anderen Schema aufgerufen werden soll, mit `<include>` oder `<import>`, wie in Abschnitt 4.15, »Übernahme von Schema-Definitionen«, beschrieben.

4.4.6 Vorgegebene und benutzerdefinierte Datentypen

XML Schema stellt als wesentlichen Vorzug gegenüber der DTD-Syntax eine umfangreiche Hierarchie von eingebauten Datentypen zur Verfügung, die Sie entweder direkt oder als Startpunkt für die Definition benutzerdefinierter Datentypen verwenden können. Der umfangreiche zweite Teil der Schema-Empfehlung befasst sich deshalb ausschließlich mit diesem Thema. Das Angebot der vorgegebenen Datentypen deckt den Bereich der in den meisten Programmiersprachen zur Verfügung stehenden Datentypen ab und erweitert das Angebot um Datentypen, die für XML-Dokumente spezifisch sind.

4.4.7 XML Schema 1.0 – Datentypen – Kurzreferenz

Die folgende Tabelle listet die in XML Schema 1.0 definierten Datentypen – gruppiert nach Kategorien – auf.

Datentyp	Beschreibung
Logisch	
`Boolean`	boolescher Wert {`true`, `false`, `1`, `0`}
Binär	
`base64Binary`	Base64-codierte beliebige binäre Daten (gemäß dem Standard RFC 2045)
`hexBinary`	beliebige hexadezimal-codierte binäre Daten; Beispiel: "`0FB7`" für die Ganzzahl `4023`
Zeichenfolge	
`anyURI`	Steht für eine Zeichenfolge, die eine Referenz auf eine Ressource in Form eines Uniform Resource Identifiers (URI) liefert, die absolut oder relativ sein kann und optionale Fragment-Identifier enthalten darf.

Tabelle 4.1 Datentypen für XML Schema

Datentyp	Beschreibung
Language	Code für die natürlichen Sprachen, meist bestehend aus je zwei Zeichen nach der Definition RFC 1766; Beispiel: en, fr, de-DE
normalized-String	Zeichenfolge, bei der mit #xD (Wagenrücklauf), #xA (Zeilenvorschub) oder #x9 (Tabulator) erzeugte Leerräume durch #x20 (Leerzeichen) ersetzt werden
String	Folge von beliebigen in XML erlaubten Unicode-Zeichen
Token	Zeichenfolge, die eine lexikalische Einheit bildet und aus einer normalisierten Zeichenfolge abgeleitet ist, also keine Leerräume enthält
Zahlentypen	
Byte	Ganzzahl von -128 bis 127. Wenn das Vorzeichen fehlt, wird + angenommen.
Decimal	Beliebig genaue dezimale Zahlen. Vorzeichen sind erlaubt. Wenn das Vorzeichen fehlt, wird + angenommen. Führende und nachfolgende Nullen sind optional. Wenn der Teil nach dem Dezimalzeichen gleich null ist, kann er samt Dezimalzeichen weggelassen werden. Als Dezimaltrennzeichen wird der Punkt verwendet. (Wie per Stylesheet Dezimalzahlen mit dem Komma als Trennzeichen ausgegeben werden können, ist in Abschnitt 7.13.2, »Zahlenformatierung«, beschrieben.)
Double	64-Bit-Gleitkommazahl mit doppelter Genauigkeit nach IEEE 754-1985. Beispiele für erlaubte Darstellungsformen: -1E4, 1267.43233E12, 12.78e-2, 12 und INF
Float	32-Bit-Gleitkommazahl mit einfacher Genauigkeit nach IEEE 754-1985. Beispiele für erlaubte Darstellungsformen: -1E4, 1267.43233E12, 12.78e-2, 12 und INF
Int	Ganzzahl von -2147483648 bis 2147483647. Wenn das Vorzeichen fehlt, wird + angenommen.
Integer	Ganzzahl beliebiger Größe, abgeleitet aus dem Typ decimal durch Restriktion der Dezimalstellen auf 0. Wenn das Vorzeichen fehlt, wird + angenommen.
Long	Ganzzahl von -9223372036854775808 bis 9223372036854775807. Wenn das Vorzeichen fehlt, wird + angenommen.

Tabelle 4.1 Datentypen für XML Schema (Forts.)

Datentyp	Beschreibung
`negativeInteger`	negative Ganzzahl beliebiger Größe
`nonNegative-Integer`	Nichtnegative Ganzzahl beliebiger Größe. Wenn das Vorzeichen fehlt, wird + angenommen. Beispiele: `1`, `0`, `65555`, `+87665`
`nonPositive-Integer`	nichtpositive Ganzzahl beliebiger Größe; Beispiel: `-1`, `0`, `-126733`
`positiveInteger`	Positive Ganzzahl beliebiger Größe, die größer null ist. Das Vorzeichen + ist optional. Beispiele: `1`, `+28888`
`Short`	Ganzzahl von `-32768` bis `32767`. Wenn das Vorzeichen fehlt, wird + angenommen.
`unsignedByte`	Ganzzahl von `0` bis `255` ohne Vorzeichen
`unsignedInt`	Ganzzahl von `0` bis `4294967295` ohne Vorzeichen
`unsignedLong`	Ganzzahl von `0` bis `18446744073709551615` ohne Vorzeichen
`unsignedShort`	Ganzzahl von `0` bis `65535` ohne Vorzeichen
Datum und Zeit	
`Date`	Kalenderdatum; Beispiel: `2019-05-30`
`dateTime`	Gibt einen bestimmten Zeitpunkt unter Berücksichtigung der Zeitzone an. Verwendet wird das ISO-8601-Format `CCYY-MMDDThh:mm:ss`. Um etwa den Zeitpunkt von 1:20 p.m. am 12. Juni 2019 für eine Zeitzone auszudrücken, die drei Stunden hinter der koordinierten Weltzeit (UTC) – die von Atomuhren gemessen wird – liegt, gilt folgende Angabe: `2019-06-12T13:20:00-03:00`.
`Duration`	Wert für eine Zeitdauer. Dieser Datentyp wird mit Hilfe des erweiterten ISO-8601-Formats `PnYn MnDTnH nMn S` dargestellt, wobei `nY` die Anzahl der Jahre, `nM` die der Monate, `nD` die der Tage, `nH` die Anzahl der Stunden, `nM` die der Minuten und `nS` die der Sekunden angibt. Das Zeichen `T` trennt das Datum von der Zeit. Um eine Dauer von 2 Jahren, 5 Monaten, 4 Tagen, 10 Stunden und 30 Minuten anzugeben, schreiben Sie also: `P2Y5M4DT10H30M`. `P10D` steht für den Zeitraum der letzten 10 Tage.
`gDay`	Tag nach dem gregorianischen Kalender; Beispiel: `---5` für den 5. Tag des Monats

Tabelle 4.1 Datentypen für XML Schema (Forts.)

Datentyp	Beschreibung
gMonth	Monat nach dem gregorianischen Kalender; Beispiel: --05 für Mai
gMonthDay	Tag in einem Monat nach dem gregorianischen Kalender; Beispiel: 03-11 für den 11. März
gYear	Jahr nach dem gregorianischen Kalender; Beispiel: 2019
gYearMonth	Ein bestimmter Monat in einem Jahr nach dem gregorianischen Kalender; Beispiel: 2019-04 für April 2019
Time	Zeitangabe an einem beliebigen Tag, bezogen auf die koordinierte Weltzeit. Um etwa den Zeitpunkt von 1:20 p.m. für eine Zeitzone auszudrücken, die drei Stunden hinter der koordinierten Weltzeit (UTC) liegt, gilt folgende Angabe: 13:20:00-03:00.
XML	
Name	ein den Regeln von XML entsprechender Name
NCName	»non-colonized«-XML-Name. Ein Name, der keinen Doppelpunkt enthält, also ein lokaler Name oder das Namensraumpräfix in einem qualifizierten Namen
NOTATION	Name einer Notation (dieser Typ kann nur innerhalb einer Ableitung als Basistyp verwendet werden)
QName	ein qualifizierter XML-Name wie xsd:schema

Tabelle 4.1 Datentypen für XML Schema (Forts.)

Die in Tabelle 4.2 dargestellten Datentypen werden bereitgestellt, um die Kompatibilität zwischen XML Schema und DTDs zu wahren. Sie sollten deshalb nur als Datentypen für die Werte von Attributen verwendet werden.

Datentyp	Beschreibung
ENTITIES	Liste von Entitäten, die durch Leerzeichen getrennt sind
ENTITY	Bezug auf eine Entität, die in einer DTD als ungeparste Entität deklariert ist, um Nicht-XML-Daten in ein XML-Dokument einzuschließen, etwa Bilder oder Multimedia-Objekte
ID	eindeutiger Identifizierer eines Elements

Tabelle 4.2 Datentypen für Attribute, die DTD-Datentypen entsprechen

Datentyp	Beschreibung
`IDREF`	Verweis auf einen `ID`-Identifizierer eines Elements
`IDREFS`	Liste von Verweisen auf `ID`-Identifizierer, getrennt durch Leerzeichen
`NMTOKEN`	Namens-Token
`NMTOKENS`	Liste von Namens-Token, getrennt durch Leerzeichen

Tabelle 4.2 Datentypen für Attribute, die DTD-Datentypen entsprechen (Forts.)

4.4.8 Werteraum, lexikalischer Raum und Facetten

Die Schema-Spezifikation betrachtet Datentypen als Tripel aus einem Werteraum, einem lexikalischen Raum, der die verwendbaren Zeichen begrenzt, und einem Satz von Eigenschaften, die *Facetten* genannt werden.

Ein Element mit dem Datentyp `float` kann beispielsweise einen Wert von 100000 haben, der lexikalisch als »100000« oder als »1.0E5« dargestellt werden kann. Gleichzeitig hat dieser Datentyp die Eigenschaft, numerisch zu sein; in der Schema-Terminologie entspricht das der fundamentalen Facette `numeric`.

Insgesamt werden fünf fundamentale Facetten unterschieden, um grundlegende Eigenschaften eines Datentyps zu benennen (siehe Tabelle 4.3).

Facette	Beschreibung
`Equal`	Werte in einem Werteraum können auf Gleichheit oder Ungleichheit im Vergleich mit anderen Werten geprüft werden.
`Ordered`	Werte werden als geordnet eingestuft, wenn sie zu einem Werteraum in einer mathematischen Relation stehen.
`Bounded`	Ein Datentyp kann auf einen Wertebereich eingeschränkt sein.
`cardinality`	Die Anzahl der Werte in einem Werteraum. Sie kann begrenzt oder unbegrenzt sein.
`Numeric`	Gibt an, ob der Datentyp numerisch ist oder nicht.

Tabelle 4.3 Liste der fundamentalen Facetten

Aus dem Material der eingebauten Standarddatentypen lassen sich bei Bedarf weitere Datentypen entwickeln. Dabei wird eine Reihe von einschränkenden Facetten verwendet, die den Wertebereich eines vorgegebenen Datentyps in bestimmter Weise eingrenzen. Auf diese Weise wird aus einem gegebenen Datentyp eine abgeleitete Variante erzeugt. Welche Einschränkungen jeweils möglich sind, hängt von der Art der Daten ab. Tabelle 4.4 listet die Facetten auf, die solche Ableitungen erlauben.

Facette	Beschreibung
`Length`	Zahl der Zeichen einer Zeichenkette oder der Oktetts bei binären Daten, Zahl der Einheiten bei List-Datentypen
`minLength`	minimale Zahl der Zeichen einer Zeichenkette oder der Oktetts bei binären Daten, minimale Zahl der Einheiten bei List-Datentypen
`maxLength`	maximale Zahl der Zeichen einer Zeichenkette oder der Oktetts bei binären Daten, maximale Zahl der Einheiten bei List-Datentypen
`pattern`	regulärer Ausdruck, der angibt, welche Zeichen zur Darstellung des Werts verwendet werden dürfen
`enumeration`	ungeordnete Liste von erlaubten Werten
`whitespace`	Angabe zur Behandlung von Leerraum. Erlaubte Werte: `preserve` (keine Normalisierung), `replace` (Ersetzen von Tab, Zeilenvorschub und Wagenrücklauf durch Leerzeichen) oder `collapse` (nach dem inklusiven Ersetzen werden mehrfache Leerzeichen auf ein Zeichen reduziert)
`maxInclusive`	maximaler Wert
`maxExclusive`	Oberer Grenzwert. Alle gültigen Werte müssen kleiner sein.
`minExclusive`	Unterer Grenzwert. Alle gültigen Werte müssen größer sein.
`minInclusive`	minimaler Wert
`totalDigits`	Gesamtzahl der Stellen einer Dezimalzahl
`fractionDigits`	maximale Anzahl von Nachkommastellen

Tabelle 4.4 Liste der einschränkenden Facetten

4.4.9 Ableitung durch Einschränkung

Wie Sie eine solche Ableitung durchführen können, ist durch die Spezifikation genau vorgeschrieben. Sie geschieht in Form von `simpleType`-Definitionen. Jeder Datentyp bietet dabei eine Reihe möglicher Facetten an. Der Datentyp `string` zum Beispiel erlaubt folgende Einschränkungen:

- length
- minLength
- maxLength
- pattern
- enumeration
- whiteSpace

Soll etwa erreicht werden, dass ein Element für ein Kennwort mindestens 8 Zeichen und höchstens 15 enthält, hilft folgende Definition:

```
<xsd:simpleType name="kennwort">
  <xsd:restriction base="xsd:string">
    <xsd:minLength value="8"/>
    <xsd:maxLength value="15"/>
  </xsd:restriction>
</xsd:simpleType>
```

Zunächst wird dem Datentyp ein Name zugewiesen. In der nächsten Zeile wird der Basistyp genannt, der Ausgangspunkt der Ableitung ist. Dies geschieht immer mit dem Element <restriction> und dem dazugehörigen Attribut base. In das Element <restriction> wird die Liste der Einschränkungen eingebettet.

Sind für ein Element oder für die Werte eines Attributs nur bestimmte Einträge erlaubt, können Sie diese mit einer entsprechenden Anzahl von <enumeration>-Elementen auflisten.

```
<xsd:simpleType name="wochentag">
  <xsd:restriction base="xsd:string">
    <xsd:enumeration value="Montag"/>
    <xsd:enumeration value="Dienstag"/>
    <xsd:enumeration value="Mittwoch"/>
    ...
  </xsd:restriction>
</xsd:simpleType>
```

4.4.10 Muster und reguläre Ausdrücke

Eine weitere Möglichkeit bei Zeichenketten ist die Verwendung von Mustern, die über sogenannte reguläre Ausdrücke festgelegt werden können.

Das folgende Beispiel legt für das Element <isbnnr> ein Muster fest, das unerlaubte Zeichen abfangen kann, und gibt zugleich die geforderte Länge der Zeichenkette an:

```
<xsd:simpleType name="isbnnr">
  <xsd:restriction base="xsd:string">
    <xsd:pattern value="[0-9]"/>
    <xsd:length value="13"/>
  </xsd:restriction>
</xsd:simpleType>
```

Um das Muster abzulegen, wird die Schema-Komponente `<pattern>` verwendet, deren Wert ein regulärer Ausdruck sein muss. Die dafür verwendete Sprache ist ausgerichtet an den *Unicode Regular Expression Guidelines* (siehe *www.unicode.org/unicode/reports/tr18*). Tabelle 4.5 listet einige Beispiele solcher Ausdrücke auf.

Ausdruck	Entspricht
`Kapitel \d`	`Kapitel 0`, `Kapitel 1`, `Kapitel 2` ...
`Kapitel \s \d`	`Kapitel`, gefolgt von einem einzelnen Leerraum (Leerzeichen, Tab, neue Zeile etc.), gefolgt von einer einzelnen Ziffer
`Kapitel \s \w`	`Kapitel`, gefolgt von einem einzelnen Leerraum (Leerzeichen, Tab, neue Zeile etc.), gefolgt von einem einzelnen Zeichen
a*x	x, ax, aax, aaax ...
a?x	ax, x
a+x	ax, aax, aaax ...
(a|b)+x	ax, bx, aax, abx, bax, bbx, aaax, aabx, abax, abbx ...
[abcde]x	ax, bx, cx, dx, ex
[a-e]x	ax, bx, cx, dx, ex
[-ae]x	-x, ax, ex
[ae-]x	ax, ex, -x
[^0 - 9]x	beliebiges Zeichen, das keine Ziffer ist, gefolgt von dem Zeichen x
\Dx	beliebiges Zeichen, das keine Ziffer ist, gefolgt von dem Zeichen x
.x	beliebiges Zeichen, gefolgt von dem Zeichen x
.*abc.*	1x2abc, abc1x2, z3456abchooray ...
ab{2}x	abbx
ab{2,4}x	abbx, abbbx, abbbbx

Tabelle 4.5 Beispiele für reguläre Ausdrücke

Ausdruck	Entspricht
ab{2,}x	abbx, abbbx, abbbbx ...
(ab){2}x	ababx

Tabelle 4.5 Beispiele für reguläre Ausdrücke (Forts.)

4.4.11 Grenzwerte

Für die Einschränkung von numerischen Werten stehen Facetten zur Verfügung, die Grenzwerte festlegen. Um zum Beispiel Altersangaben auf einen bestimmten Bereich zu begrenzen, kann folgender Datentyp definiert werden:

```
<xsd:simpleType name="alter">
  <xsd:restriction base="xsd:integer">
    <xsd:minInclusive value="18"/>
    <xsd:maxInclusive value="30"/>
  </xsd:restriction>
</xsd:simpleType>
```

Bei der Festlegung von Wertebereichen greift der XML Schema-Standard auch auf bereits bestehende Standardisierungen zurück, etwa den ISO-Standard 8601 für die Darstellung von Datum und Zeit oder die IETF-Vorgaben für die Abkürzungen, die zur Sprachidentifizierung verwendet werden (*RFC 1766*).

4.4.12 Listen und Vereinigungen

Die bisher behandelten Ableitungen einfacher Datentypen bezogen sich auf solche, die unteilbare Werte liefern, weshalb sie in der Spezifikation auch als *atomic* bezeichnet werden. Gemeint ist damit, dass Daten dieses Typs ihre Bedeutung verlieren, wenn versucht wird, sie aufzutrennen. Wenn beispielsweise dem Attribut `xml:lang` der Wert `en` zugeordnet wird, gibt der erste Buchstabe `e` für sich allein keinen sinnvollen Wert des Attributs.

XML Schema erlaubt noch zwei andere Formen der Ableitung neuer Datentypen von den vorhandenen einfachen Typen. Daten vom Typ `list` enthalten jeweils eine durch Leerraum getrennte Sequenz von atomaren Datentypen. In diesem Fall kann jedes Element der Sequenz einen brauchbaren Wert darstellen.

```
<xsd:simpleType name="regionen">
  <xsd:list itemType="xsd:string"/>
</xsd:simpleType>
```

In einer Instanz eines entsprechenden Dokuments kann dieser Datentyp dann so verwendet werden:

```
<regionen> Nord Ost West Süd </regionen>
```

XML Schema bietet drei vorgegebene Listentypen dieser Art an: `NMTOKENS`, wobei die einzelnen Atome aus `NMTOKEN`-Typen bestehen, `IDREFS`-Liste von `IDREF`-Typen und `ENTITIES`-Liste von `ENTITY`-Typen.

Beim Datentyp `union` werden der Werteraum und der lexikalische Raum von zwei oder mehreren Datentypen zusammengefügt.

```
<xsd:element name="kennung">
    <xsd:simpleType>
      <xsd:union>
        <xsd:simpleType>
          <xsd:restriction base="xsd:integer"/>
        </xsd:simpleType>
        <xsd:simpleType>
          <xsd:restriction base="xsd:string"/>
        </xsd:simpleType>
      </xsd:union>
    </xsd:simpleType>
  </xsd:element>
```

Im Dokument erlaubt das die Elemente:

```
<kennung>1</kennung>
<kennung>top</kennung>
```

4.4.13 Facetten der verschiedenen Datentypen

Tabelle 4.6 stellt die Facetten zusammen, die bei den einzelnen Datentypen verwendet werden können.

Datentyp	Facetten
atomic	
`string`	`length`, `minLength`, `maxLength`, `pattern`, `enumeration`, `whiteSpace`
`boolean`	`pattern`, `whiteSpace`
`float`	`pattern`, `enumeration`, `whiteSpace`, `maxInclusive`, `maxExclusive`, `minInclusive`, `minExclusive`

Tabelle 4.6 Facetten der verschiedenen Datentypen

Datentyp	Facetten
double	pattern, enumeration, whiteSpace, maxInclusive, maxExclusive, minInclusive, minExclusive
decimal	totalDigits, fractionDigits, pattern, whiteSpace, enumeration, maxInclusive, maxExclusive, minInclusive, minExclusive
duration	pattern, enumeration, whiteSpace, maxInclusive, maxExclusive, minInclusive, minExclusive
dateTime	pattern, enumeration, whiteSpace, maxInclusive, maxExclusive, minInclusive, minExclusive
time	pattern, enumeration, whiteSpace, maxInclusive, maxExclusive, minInclusive, minExclusive
date	pattern, enumeration, whiteSpace, maxInclusive, maxExclusive, minInclusive, minExclusive
gYearMonth	pattern, enumeration, whiteSpace, maxInclusive, maxExclusive, minInclusive, minExclusive
gYear	pattern, enumeration, whiteSpace, maxInclusive, maxExclusive, minInclusive, minExclusive
gMonthDay	pattern, enumeration, whiteSpace, maxInclusive, maxExclusive, minInclusive, minExclusive
gDay	pattern, enumeration, whiteSpace, maxInclusive, maxExclusive, minInclusive, minExclusive
gMonth	pattern, enumeration, whiteSpace, maxInclusive, maxExclusive, minInclusive, minExclusive
hexBinary	length, minLength, maxLength, pattern, enumeration, whiteSpace
base64Binary	length, minLength, maxLength, pattern, enumeration, whiteSpace
anyURI	length, minLength, maxLength, pattern, enumeration, whiteSpace
QName	length, minLength, maxLength, pattern, enumeration, whiteSpace

Tabelle 4.6 Facetten der verschiedenen Datentypen (Forts.)

Datentyp	Facetten
NOTATION	length, minLength, maxLength, pattern, enumeration, whiteSpace
list	
[alle Datentypen]	length, minLength, maxLength, pattern, enumeration, whiteSpace
union	
[alle Datentypen]	pattern, enumeration

Tabelle 4.6 Facetten der verschiedenen Datentypen (Forts.)

Werden die Möglichkeiten der verfeinerten Datentypisierung mit Hilfe von XML Schema geschickt genutzt, entfällt bei der Gestaltung konkreter Anwendungen mit XML-Dokumenten, die schemagesteuert sind, ein großer Teil des Programmieraufwands, der sonst notwendig wäre, um beispielsweise eine korrekte Dateneingabe zu erzwingen.

4.5 Definition der Struktur des Dokuments

Während die eben angesprochenen Typdefinitionen dazu verwendet werden, um Datentypen zu kreieren, sind die Deklarationen dazu da, Elemente oder Attribute mit einem Namen auszustatten und mit passenden Datentypen – komplexer oder einfacher Art – zu verknüpfen. Zusätzlich können Sie dabei noch einen Default-Wert setzen und eine Reihe von Einschränkungen hinzufügen. Anders als bei einer DTD spielt die Zuweisung von Datentypen zu Elementen und Attributen also eine ganz entscheidende Rolle.

4.5.1 Deklaration von Elementen

Die Deklaration von Elementen geschieht mit Hilfe des Elements `<xsd:element>`. Für jedes Element wird zunächst ein Name vergeben. Hier gelten die Regeln, die für Elementnamen in XML-Dokumenten maßgeblich sind. Der Name muss also mit einem Buchstaben oder einem Unterstrich beginnen. Der Doppelpunkt, der theoretisch am Anfang eines Namens erlaubt ist, wird hier nicht zugelassen.

Komplexe Elemente

Da das Element `<bestellformular>` in unserem Formularbeispiel aus Listing 4.1 das umfassende Containerelement des gesamten Formulars ist, also eine Reihe von Kindelementen einschließt, wird es in der Form eines komplexen Datentyps eingeführt.

```
<xsd:element name="formular" type="formular"/>
```

Dies geschieht dadurch, dass eigens für dieses Schema ein komplexer Datentyp entworfen wird, der dem Element über den Typnamen `formular` zugewiesen wird.

Die Definition dieses komplexen Datentyps gibt an, wie die verschiedenen Unterelemente des Formulars gruppiert werden sollen. Für die Bildung einer solchen Modellgruppe wird der Kompositor `<xsd:sequence>` verwendet, der als Kind des Elements `<xsd:complexType>` eingefügt wird.

```
<xsd:complexType name="formular">
  <xsd:sequence>
    <xsd:element name="kunde" type="kunde"/>
    <xsd:element name="positionen" type="positionen"/>
  </xsd:sequence>
</xsd:complexType>
```

Innerhalb der Sequenz werden nacheinander zwei Elemente deklariert. In beiden Fällen wird neben dem Elementnamen wieder der Datentyp mit angegeben. Dabei wird über den Typnamen Bezug auf zwei weitere komplexe Datentypen genommen, die in der Folge definiert sind.

Einfache Elemente

Ein Blick auf die Definition des komplexen Typs `kunde` zeigt, dass auch hier wieder mit einer Sequenz von Elementen gearbeitet wird. Diesmal handelt es sich aber bei den in der Sequenz eingefügten Elementen um einfache Datentypen. Das Charakteristikum einfacher Datentypen ist, dass sie selbst keine Kindelemente enthalten und auch keine Attribute mitführen. (Umgekehrt gilt also auch ein leeres Element mit einem Attribut als komplexes Element.)

```
<xsd:complexType name="kunde">
  <xsd:sequence>
    <xsd:element name="name" type="xsd:string"/>
    <xsd:element name="strasse" type="xsd:string"/>
    <xsd:element name="plz" type="xsd:int"/>
    <xsd:element name="ort" type="xsd:string"/>
  </xsd:sequence>
</xsd:complexType>
```

Den in der Sequenz aufgeführten Elementen werden diesmal die im Namensraum von XML Schema vordefinierten einfachen Datentypen wie string oder int zugeordnet. Deshalb wird hier jedes Mal das Präfix xsd verwendet.

Zusätzlich zur Angabe des Datentyps kann eine Elementdeklaration auch Angaben über einen Default-Wert oder auch einen fixen Wert enthalten. Wenn in die Kundenadresse beispielsweise noch ein Länderkennzeichen eingefügt wird, ist es sinnvoll, einen Wert vorzugeben. Der Default-Wert wird verwendet, wenn kein Wert angegeben wird:

```
<xsd:element name="land" type="xsd:string" minOccurs="0"
            default="DE"/>
```

oder

```
<xsd:element name="land" type="xsd:string" fixed="DE"/>
```

4.5.2 Attribute

Jede Schema-Definition kann durch die Deklaration von Attributen erweitert werden. Dies geschieht mit Hilfe des Elements <xsd:attribute>. Dieses Element kann innerhalb komplexer Datentypen verwendet werden, wobei es immer hinter den Elementdeklarationen erscheinen muss. Wenn beispielsweise in dem zuletzt gezeigten Beispiel noch zwei Attribute hinzugefügt werden sollen, kann das so aussehen:

```
<xsd:complexType name="kunde">
  <xsd:sequence>
    <xsd:element name="name" type="xsd:string"/>
    <xsd:element name="strasse" type="xsd:string"/>
    <xsd:element name="plz" type="xsd:int"/>
    <xsd:element name="ort" type="xsd:string"/>
  </xsd:sequence>
  <xsd:attribute name="neukunde" type="xsd:string"/>
  <xsd:attribute name="onlinekunde" type="xsd:string"/>
</xsd:complexType>
```

Die Attributdeklaration benötigt einen Namen für das Attribut und die Angabe des Datentyps, dem der Wert des Attributs entsprechen soll. Dazu werden entweder die vorgegebenen einfachen Datentypen von XML Schema verwendet oder benutzerdefinierte einfache Datentypen. Attribute dürfen also nicht geschachtelt werden oder andere Elemente enthalten. Eine Attributdeklaration kann auch durch die Referenz auf ein bereits definiertes Attribut erfolgen.

```
<xsd:attribute ref="xml:lang"/>
```

ist ein Beispiel für eine solche Referenz. Die Reihenfolge der Attributdeklarationen zu einem Datentyp ist beliebig. Die Namen der Attribute innerhalb eines komplexen Datentyps müssen aber eindeutig sein.

4.5.3 Elementvarianten

In den bisher aufgeführten Beispielen sind die komplexen Elementtypen aus einfachen Elementtypen zusammengesetzt worden. Das folgende Preiselement benutzt zum Beispiel den vorgegebenen einfachen Datentyp `xsd:decimal`:

```
<xsd:element name="europreis" type="xsd:decimal"/>
```

Um diesen Wert mit dem Eurozeichen zu verknüpfen, kann eine Erweiterung des einfachen Datentyps vorgenommen werden. Das sieht dann so aus:

```
<xsd:element name="europreis">
  <xsd:complexType>
   <xsd:simpleContent>
    <xsd:extension base="xsd:decimal">
     <xsd:attribute name="waehrung" type="xsd:string"/>
    </xsd:extension>
   </xsd:simpleContent>
  </xsd:complexType>
 </xsd:element>
```

Der einfache Elementtyp, der keine Attribute zulässt, wird als Ausgangspunkt für einen komplexen Datentyp verwendet. Das Element `<xsd:simpleContent>`, Kind des `<xsd:complexType>`-Elements, enthält selbst wieder ein Kindelement `<xsd:extension>`, mit dessen Hilfe der einfache Datentyp, der über das `base`-Attribut angegeben wird, um ein Attribut erweitert und so zwangsläufig in einen komplexen Datentyp umgewandelt wird.

4.5.4 Namensräume in XML Schema

Im Unterschied zu den DTDs unterstützt XML Schema die Verwendung von Namensräumen. Dadurch wird es zum Beispiel möglich, die Gültigkeit von XML-Dokumenten durch Schemas zu prüfen, die verschiedene Vokabulare mischen, ohne dass es zu Namenskonflikten kommt.

Diese Fähigkeit erlaubt eine sehr flexible Vorgehensweise bei der Modellierung von Inhaltsmodellen und sollte deshalb unbedingt genutzt werden. Der Namensraum von XML Schema selbst ist bereits in der Deklaration des ersten Schemas verwendet worden. Das zugeordnete Präfix, das – wie schon erwähnt – frei gewählt werden kann, wird im Schema durchgehend verwendet, um die in diesem Namensraum vorgegebenen Namen für die Schema-Elemente und die eingebauten Datentypen zu kennzeichnen.

Default-Namensraum

Eine Alternative dazu ist, diesen Namensraum zum Default-Namensraum zu erklären, dann können die Präfixe in den angesprochenen Fällen auch weggelassen werden. Dies wird einfach dadurch erreicht, dass das Präfix bei der Deklaration weggelassen wird. Allerdings hat dieses Vorgehen den Nachteil, dass Bezüge auf von XML Schema vorgegebene Datentypen und auf benutzerdefinierte Datentypen nicht mehr sofort unterschieden werden können.

Der Verzicht auf die explizite Verwendung von qualifizierten Namen, die durch ein entsprechendes Präfix mit einem bestimmten Namensraum verbunden sind, ist allerdings bei der Modellierung von Schemas schon deshalb gelegentlich sinnvoll, weil ältere XML-Dokumente, deren Validierung bisher über DTDs geschehen ist, überhaupt keine Namensräume verwenden.

4.5.5 Zielnamensraum

Werden Schemas für aktuelle XML-Dokumente modelliert, sollten die Möglichkeiten der Namensräume genutzt werden. Das gilt vor allem, wenn das Schema ein Vokabular für einen bestimmten Gegenstandsbereich definiert, auf den sich zahlreiche Anwendungen beziehen.

Die Zuordnung von Namen zu den Komponenten eines bestimmten Schemas kann in jedem Fall einen eigenen Namensraum konstituieren, die Empfehlung nennt ihn *Target Namespace*. Dieser Zielnamensraum wird dadurch gebildet, dass er über eine entsprechende Deklaration identifiziert wird. Dafür können entsprechende Attribute in das Element `<xsd:schema>` eingefügt werden. Allerdings ist dies nicht unbedingt erforderlich, der Zielnamensraum ist optional. Das folgende Schema zeigt ein Beispiel:

```
<xsd:schema xmlns:xsd="http://www.w3.org/2001/XMLSchema"
            xmlns:org="http://xmlbeispiele.com/org"
            targetNamespace="http://xmlbeispiele.com/org">
  <xsd:element name="organisation" type="org:org"/>
  <xsd:complexType name="org">
    <xsd:sequence>
      <xsd:element name="abteilung" type="org:abt"
                   minOccurs="1" maxOccurs="unbounded"/>
    </xsd:sequence>
    <xsd:attribute ref="org:bezeichnung"/>
  </xsd:complexType>
```

```
  <xsd:complexType name="abt">
    <xsd:sequence>
      <xsd:element name="mitglied" type="org:person"
                   minOccurs="1" maxOccurs="unbounded"/>
    </xsd:sequence>
    <xsd:attribute name="funktion" type="xsd:string"/>
  </xsd:complexType>

  <xsd:complexType name="person">
    <xsd:sequence>
      <xsd:element name="name" type="xsd:string"/>
      <xsd:element name="position" type="xsd:string"/>
    </xsd:sequence>
    <xsd:attribute name="code" type="xsd:string"/>
  </xsd:complexType>
  <xsd:attribute name="bezeichnung" type="xsd:string"/>
</xsd:schema>
```

Listing 4.4 org.xsd – Schema mit Zielnamensraum

Als Vorgabe gehören zu diesem neuen Namensraum nur die Namen der globalen Element-, Attribut- und Typdeklarationen, also die Namen der direkten Kindelemente des Wurzelelements <schema>.

Besonderheiten globaler Elemente und Attribute

Für globale Elemente gelten zwei Einschränkungen: Sie dürfen nicht selbst mit dem ref-Attribut arbeiten, und außerdem sind Angaben über die Häufigkeit des Vorkommens mit minOccurs oder maxOccurs nicht erlaubt.

Auch Attribute können global definiert werden, wenn sie als direkte Kinder des Elements <xsd:schema> eingefügt werden. Sie können dann innerhalb untergeordneter Elemente mit dem Attribut ref verwendet werden. Allerdings darf das Attribut use nicht in einer globalen Attributdeklaration verwendet werden.

Namensraumpräfix für den Zielnamensraum

Wird dem mit targetNamespace deklarierten Namensraum zusätzlich ein Präfix zugeordnet, benötigen die globalen Elemente und Attribute ebenfalls dieses Präfix zur Qualifizierung der Namen. Das angezeigte Schema verwendet globale Deklarationen für das Element organisation, das Attribut bezeichnung und die Typen org, abt und person. Die anderen Elemente und Attribute sind lokal.

Im Schema selbst verwenden die Werte für die Attribute type und ref ebenfalls mit dem Präfix qualifizierte Namen, weil sie sich auf globale Element- oder Attributdeklarationen beziehen.

Lokalisierung des Schemas

Im XML-Dokument stellt – anders als bei Schemas ohne Zielnamensraum, die dafür xsi:noNamespaceLocation verwenden – das Attribut xsi:schemaLocation den Bezug zum Schema und gleichzeitig zu dem dort deklarierten Zielnamensraum her. Das Attribut erwartet in diesem Fall ein Wertepaar, das aus dem Namen für den Zielnamensraum und der Adresse der Schema-Datei zusammengesetzt ist. Der folgende Auszug zeigt eine Beispielinstanz:

```
<org:organisation org:bezeichnung="NewMedia"
  xsi:schemaLocation="xmlbeispiele.com/org org.xsd"
  xmlns:org="http://xmlbeispiele.com/org"
  xmlns:xsi="http://www.w3.org/2001/XMLSchema-instance">
  <abteilung funktion="Controlling">
    <mitglied code="x311">
      <name>...
</org:organisation>
```

Das Listing bestätigt, dass im XML-Dokument nur das Element <org:organisation> und das Attribut <org:bezeichnung> mit dem Präfix des Zielnamensraums qualifiziert sind, die untergeordneten, lokalen Elemente oder das Attribut code dagegen nicht.

4.5.6 Umgang mit lokalen Elementen und Attributen

Die beiden Schema-Attribute elementFormDefault und attributeFormDefault erlauben es dem Schema-Designer, global festzulegen, dass bei der Validierung eines dem Schema zugeordneten XML-Dokuments die Namen der verwendeten lokalen Elemente und Attribute generell auf Übereinstimmung mit dem jeweiligen Namensraum geprüft werden sollen oder nicht. Die Vorgabe bei beiden Attributen ist unqualified. In diesem Fall gehören die lokalen Elemente und Attribute nicht zu dem mit targetNamespace deklarierten Namensraum, wie das letzte Beispiel auch belegt.

Um diese Vorgabe explizit zu machen, könnte das Start-Tag so aussehen:

```
<xsd:schema xmlns:xsd="http://www.w3.org/2001/XMLSchema"
            xmlns:org="http://xmlbeispiele.com/org"
            targetNamespace="http://xmlbeispiele.com/org"
            elementFormDefault="unqualified"
            attributeFormDefault="unqualified">
```

Das Ergebnis bliebe gleich. Ein Problem würde sich nur ergeben, wenn Sie versuchen, in einem XML-Dokument den Zielnamensraum als Vorgabe zu verwenden.

```
<organisation bezeichnung="NewMedia"
  xsi:schemaLocation="xmlbeispiele.com/org org.xsd"
```

```
  xmlns="http://xmlbeispiele.com/org"
  xmlns:xsi="http://www.w3.org/2001/XMLSchema-instance">
  <abteilung funktion="Controlling">
    <mitglied>
      <name>...
</organisation>
```

Warum führt dies zu einem Fehler bei der Gültigkeitsprüfung? Nun, es wird hier ein Namensraum angegeben, der dem im verwendeten Schema deklarierten Zielnamensraum entspricht. Wenn das Dokument auf Gültigkeit geprüft wird, sucht der Prozessor die Namen der Elemente und Attribute in diesem Namensraum. Der Namensraum ist hier aber als Default-Namensraum angegeben worden.

Mit dem Element `<organisation>` hat der Prozessor kein Problem, weil es ein globales Element ist, das immer qualifiziert wird. Das heißt in diesem Fall, dass der Elementname im angegebenen Namensraum gefunden wird, da der Namensraum Vorgabe und das Präfix nur weggelassen ist. Bei dem Attribut `<bezeichnung>` erwartet der Prozessor dagegen ebenfalls ein qualifiziertes Attribut, da es ja im Schema global deklariert ist. Da das Attribut aber bei einem Default-Namensraum nicht die Zugehörigkeit zum Namensraum des Elements erben kann, findet der Prozessor das Attribut nicht. Die Nutzung eines Vorgabenamensraums ist in diesem Fall also nicht brauchbar.

Qualifizierte Elemente

Sollen auch die lokalen Elemente zum Zielnamensraum des Schemas gehören, müsste das Start-Tag so aussehen:

```
<xsd:schema xmlns:xsd="http://www.w3.org/2001/XMLSchema"
            xmlns:org="http://xmlbeispiele.com/org"
            targetNamespace="http://xmlbeispiele.com/org"
            elementFormDefault="qualified">
```

In der Beispielinstanz werden entsprechend auch die lokalen Elemente mit dem Präfix ausgestattet:

```
<org:organisation org:bezeichnung="NewMedia"
  xsi:schemaLocation="xmlbeispiele.com/org org.xsd"
  xmlns:org="http://xmlbeispiele.com/org"
  xmlns:xsi="http://www.w3.org/2001/XMLSchema-instance">
  <org:abteilung funktion="Controlling">
    <org:mitglied code="x311">
      <org:name>...
</org:organisation>
```

Qualifizierte Attribute

Wie für die lokalen Elemente kann auch für die lokalen Attribute zwischen Qualifizierung und Nichtqualifizierung gewählt werden. Sollen alle Elemente und Attribute, die im Schema deklariert werden, mit qualifizierten Namen versehen werden, sieht das Start-Tag im Beispiel so aus:

```
<xsd:schema xmlns:xsd="http://www.w3.org/2001/XMLSchema"
            xmlns:org="http://xmlbeispiele.com/org"
            targetNamespace="http://xmlbeispiele.com/org"
            elementFormDefault="qualified"
            attributeFormDefault="qualified">
```

In diesem Fall sind alle Elemente und Attribute im XML-Dokument durch das Präfix für den Namensraum qualifiziert.

```
<org:organisation org:bezeichnung="NewMedia"
  xsi:schemaLocation="xmlbeispiele.com/org org.xsd"
  xmlns:org="http://xmlbeispiele.com/org"
  xmlns:xsi="http://www.w3.org/2001/XMLSchema-instance">
  <org:abteilung funktion="Controlling">
    <org:mitglied org:code="x311">
      <org:name>...
</org:organisation>
```

Anstelle der beschriebenen generellen Festlegung zur Qualifizierung der Namen lässt sich auch gezielt für einzelne Elemente oder Attribute festlegen, ob sie qualifiziert werden müssen. Dafür wird das Attribut `form` verwendet.

```
<attribute name="Code" type="string" form="qualified"/>
```

verlangt die explizierte Qualifizierung für ein bestimmtes Attribut. In der Dokumentinstanz muss dann das betreffende Attribut mit dem passenden Präfix ausgezeichnet werden.

Symbolräume

Die Unterscheidung zwischen globalen und lokalen Elementen und Attributen ist noch in einer anderen Hinsicht zu beachten. Es ist zwar notwendig, dass jedes globale Element einen eindeutigen Namen hat, XML Schema lässt es aber durchaus zu, im Kontext unterschiedlicher komplexer Elementtypen Kindelemente oder auch Attribute zu verwenden, die mit demselben Namen angesprochen werden.

Obwohl diese Elemente oder Attribute dann denselben Namen haben, sind sie keineswegs identisch, weil ihre Identität durch den Kontext unterschieden wird, so wie zwei Personen denselben Vornamen haben können, aber dennoch aus verschiedenen Familien stammen. Jeder komplexe Datentyp eröffnet in diesem Sinne einen eigenen Symbolraum. Außerdem sind selbst unter dem Dach eines gemeinsamen Namensraums die Symbolräume für Typdefinitionen, Elementnamen und Attributnamen voneinander getrennt. Es ist also kein Problem, Folgendes zu codieren:

```
<xsd:element name="name" type="name"/>
<xsd:complexType name="name">
  <xsd:attribute name="name" type="xsd:string"/>
</xsd:complexType>
```

Natürlich stellt sich immer die Frage, ob sich solche Namensgleichheiten nicht durch nähere Spezifizierungen vermeiden lassen.

Das folgende Schema dagegen ist nicht gültig, weil derselbe Name sowohl für einen komplexen als auch für einen einfachen Datentyp verwendet wird:

```
<xsd:element name="name" type="name"/>
<xsd:complexType name="name">
  <xsd:attribute name="name" type="name"/>
</xsd:complexType>

<xsd:simpleType name="name">
  <xsd:restriction base="xsd:string">
    <xsd:maxLength value="3"/>
  </xsd:restriction>
</xsd:simpleType>
```

4.6 Häufigkeitsbestimmungen

Oft reicht es zur Beschreibung eines Inhaltsmodells nicht aus, nur aufzuzählen, welche Elemente in welcher Reihenfolge vorkommen sollen. Bestimmte Elemente sind in einer Datenstruktur notwendig, andere dagegen optional. Elemente können aber auch mehrfach vorkommen. Ihre Anzahl mag variabel oder fixiert sein. Um diese Bestimmung der Kardinalität zu regeln, bietet das Schema-Vokabular insbesondere zwei Attribute an, die in unterschiedlicher Weise kombiniert werden können: `minOccurs` und `maxOccurs`, also die Angabe des Mindestvorkommens und des maximalen Vorkommens.

In dem Bestellformular sind die beiden Attribute verwendet worden, um etwas über die Anzahl der Bestellpositionen in einer gültigen Bestellung auszusagen. Die Angabe

```
<xsd:element name="position" minOccurs="0" maxOccurs="unbounded">
```

lässt es ausdrücklich zu, dass das Formular außer der Kundenadresse noch gar keine Bestellpositionen enthält, und setzt nach oben keine Grenze. Das Zusammenspiel der beiden Attribute ist durch die Spezifikation folgendermaßen geregelt:

Wenn keines der Attribute verwendet wird, gilt 1 als Default-Wert für beide, das heißt, das Element kommt genau einmal vor. Wird nur minOccurs angegeben, wird dieser Wert auch als Default für maxOccurs übernommen. Negative Werte sind nicht erlaubt.

```
<element name="faxnummer" minOccurs="0"/>
```

bedeutet also, dass das Element fehlen kann oder höchstens einmal zugelassen ist. Ansonsten überschreibt der angegebene Wert die Vorgabe.

```
<element name="faxnummer" minOccurs="0" maxOccurs="2"/>
```

erlaubt also das Weglassen der Faxnummer oder die Angabe von bis zu zwei Nummern.

Zusätzlich kann das Attribut maxOccurs noch den Wert unbounded annehmen, das heißt, es gibt für diesen Wert keine Einschränkung.

4.7 Default-Werte für Elemente und Attribute

Sie können Elementen auch Default-Werte zuordnen. Diese kommen zum Zuge, wenn das Element in der Dokumentinstanz leer bleibt. Auch fixe Werte dürfen zugewiesen werden. In diesem Fall muss das Element entweder im Dokument leer sein, so dass der fixe Wert wie ein Default-Wert übernommen wird, oder der Inhalt muss genau dem fixierten Wert entsprechen:

```
<xsd:element name="land" type="xsd:string" default="Deutschland"/>
```

oder

```
<xsd:element name="land" type="xsd:string" fixed="Deutschland"/>
```

Bei Attributen gibt es die Möglichkeit festzulegen, ob sie vorkommen müssen oder optional sind. Attribute dürfen auf jeden Fall nicht mehrfach vorkommen. Die entsprechenden Festlegungen werden mit dem Attribut use vorgenommen. Die folgende Angabe bestimmt, dass das Attribut bestellnummer unbedingt angegeben werden muss:

```
<xsd:attribute name="bestellnummer" type="xsd:short" use="required"/>
```

Mit use="optional" wird dagegen eingeräumt, dass das Attribut auch fehlen kann, während use="prohibited" überhaupt keine Wertvergabe zulässt.

Auch für Attribute können Sie Default-Werte oder fixe Werte setzen, die unbedingt gelten, falls das Attribut verwendet wird:

```
<xsd:attribute name="inland" type="xsd:boolean" default="1"/>
<xsd:attribute name="sprache" type="xsd:string" fixed="en"/>
```

Default-Werte werden bei Attributen verwendet, wenn das Attribut nicht angegeben ist, das heißt, die Angabe von Default-Werten ergibt nur dann einen Sinn, wenn gleichzeitig mit `use="optional"` gearbeitet wird.

4.8 Kompositoren

Bei den bisher verwendeten Beispielen für komplexe Elementtypen werden die Informationselemente immer als Sequenz eingeführt, das heißt, sie müssen eine vorgegebene Reihenfolge einhalten, so wie es auch bei Datensätzen in einer Datenbankanwendung üblich ist. XML Schema erlaubt auch noch andere Formen der Elementgruppierung in einem Inhaltsmodell. So ist auch eine Konjunktion möglich, bei der die Reihenfolge beliebig ist, aber alle Teile vorhanden sein müssen, oder eine Disjunktion, bei der das Informationselement mit genau einem der Teile einer angegebenen Liste übereinstimmen muss. Diese Modellgruppen können auch beliebig verschachtelt werden.

Kompositor	Bedeutung
xsd:sequence	Legt die Reihenfolge der Partikel einer Modellgruppe genau fest.
xsd:choice	Erlaubt genau ein Element aus der aufgeführten Liste.
xsd:all	Erlaubt, dass die aufgeführten Teile in beliebiger Reihenfolge vorkommen, aber jeweils höchstens einmal. Teile können aber auch fehlen. (Für `minOccurs` sind also in diesem Fall nur die Werte 0 oder 1 erlaubt, für `maxOccurs` nur 1.)

Tabelle 4.7 Mögliche Kompositoren

4.8.1 <xsd:sequence>

Bei diesem Beispiel ist es offensichtlich sinnvoll, die Einhaltung der Reihenfolge zu erzwingen:

```
<xsd:complexType name="kontakt">
  <xsd:sequence>
    <xsd:element name="anrede" type="xsd:string"/>
```

```
    <xsd:element name="vorname" type="xsd:string"/>
    <xsd:element name="nachname" type="xsd:string"/>
  </xsd:sequence>
</xsd:complexType>
```

4.8.2 <xsd:all>

In dem folgenden Fall wird nicht vorgeschrieben, welche Elemente vorhanden sein müssen, und auch die Reihenfolge wird offengelassen.

```
<xsd:complexType name="verbindungen">
  <xsd:all>
    <xsd:element name="telefon" type="xsd:string"/>
    <xsd:element name="fax" type="xsd:string"/>
    <xsd:element name="mobiltelefon" type="xsd:string"/>
    <xsd:element name="email" type="xsd:string"/>
  </xsd:all>
</xsd:complexType>
```

Beachtet werden muss aber, dass Modellgruppen mit `<xsd:all>` gewissen Einschränkungen unterliegen. Sie müssen jeweils als einziges Kind einer Modellgruppe verwendet werden, können also nicht mit anderen Kindelementen gemischt werden. Eine Struktur wie die folgende ist nicht zulässig:

```
<xsd:sequence>
  <xsd:all>
      <xsd:element ... />
      <xsd:element ... />
  </xsd:all>
  <xsd:choice>
      <xsd:element ... />
      <xsd:element ... />
  </xsd:choice>
</xsd:sequence>
```

Als Kindelemente innerhalb von `<xsd:all>` dürfen nur Einzelelemente und keine Gruppen verwendet werden. Außerdem dürfen die Elemente innerhalb der Modellgruppe höchstens einmal erscheinen.

4.8.3 <xsd:choice>

Sollen dagegen Alternativen zur Auswahl gestellt werden, zwischen denen eine Entscheidung getroffen werden muss, kann dies mit dem Element `<xsd: choice>` erzwungen werden:

```
<xsd:complexType name="vertriebsgebiet">
  <xsd:choice>
    <xsd:element name="west"/>
    <xsd:element name="ost"/>
  </xsd:choice>
</xsd:complexType>
```

4.8.4 Verschachtelte Gruppen

Das nächste Beispiel verschachtelt zwei Gruppierungen:

```
<xsd:element name="kontakt">
  <xsd:complexType>
    <xsd:sequence>
      <xsd:element name="anrede" type="xsd:string"/>
      <xsd:element name="vorname" type="xsd:string"/>
      <xsd:element name="nachname" type="xsd:string"/>
      <xsd:element name="verbindungen">
        <xsd:complexType>
          <xsd:all>
            <xsd:element name="telefon" type="xsd:string"/>
            <xsd:element name="fax" type="xsd:string"/>
            <xsd:element name="mobiltelefon" type="xsd:string"/>
            <xsd:element name="email" type="xsd:string"/>
          </xsd:all>
        </xsd:complexType>
      </xsd:element>
    </xsd:sequence>
  </xsd:complexType>
</xsd:element>
```

4.9 Arbeit mit benannten Modellgruppen

Komplexe Elementtypen enthalten in der Regel Gruppierungen mehrerer Elemente, etwa eine Sequenz oder eine Auswahlmöglichkeit. Werden bestimmte Modellgruppen mehrfach benötigt, ist es praktisch, sie mit Hilfe des Elements `<xsd:group>` zusammenzufassen und ihnen einen Namen zuzuordnen, der Teil des entsprechenden Zielnamensraums ist. Mit Hilfe von Namen und Namensraum muss die Modellgruppe innerhalb des Schemas eindeutig identifizierbar sein.

Dadurch wird es möglich, die entsprechende Modellgruppe in mehreren komplexen Datentypen zu verwenden, ebenso wie es auch möglich ist, benannte komplexe Datentypen insgesamt in unterschiedliche Bereiche eines Schemas einzubauen. Die

Modellgruppe ist also eine Gruppierung unterhalb der Ebene des komplexen Elementtyps. Im Unterschied zu diesen können solche Modellgruppen ihre Eigenschaften nicht an abgeleitete Modellgruppen vererben, das heißt, aus einer Modellgruppe kann nicht durch Einschränkung oder Erweiterung eine neue Modellgruppe gebildet werden.

Modellgruppen legen für eine Liste von Partikeln, Jokern oder wiederum anderen Modellgruppen eine bestimmte Zusammenstellung fest. Dabei werden die oben beschriebenen Kompositoren `<xsd:sequence>`, `<xsd:all>` oder `<xsd: choice>` verwendet. Außerdem können Annotationen eingefügt werden, um die Gruppe zu kommentieren. Vermieden werden müssen allerdings zirkuläre Gruppierungen, das heißt, innerhalb einer Gruppe »A« kann nicht noch einmal eine Gruppe »A« als eine Teilgruppe eingefügt werden.

Hier ein Beispiel, bei dem ein Teil der Informationen über Kontakte zu einer Gruppe zusammengefasst wird, die dann sowohl für die private als auch für die geschäftliche Seite des Kontakts verwendet werden kann.

Die `<xsd:all>`-Gruppe lässt es zu, dass nur eine oder auch gar keine Angabe zu Onlineverbindungen gemacht wird. In den beiden anschließend definierten komplexen Typen wird die Gruppe mit dem `ref`-Attribut über den Namen eingefügt.

```
<xsd:group name="onlineverbindungen">
  <xsd:all>
    <xsd:element name="email" type="xsd:string" minOccurs="0"/>
    <xsd:element name="website" type="xsd:string" minOccurs="0"/>
  </xsd:all>
</xsd:group>

<xsd:complexType name="privatkontakt">
  <xsd:sequence>
    <xsd:element name="postadresse" type="xsd:string"/>
    <xsd:group ref="onlineverbindungen"/>
  </xsd:sequence>
  <xsd:attribute name="einstufung" type="xsd:string"/>
</xsd:complexType>
<xsd:complexType name="buerokontakt">
  <xsd:sequence>
    <xsd:element name="postadresse" type="xsd:string"/>
    <xsd:group ref="onlineverbindungen"/>
  </xsd:sequence>
  <xsd:attribute name="einstufung" type="xsd:string"/>
</xsd:complexType>
```

Listing 4.5 Beispiel für die Arbeit mit benannten Modellgruppen

Solche Gruppen sind keine vollständigen Datentypen, sondern Container für einen Satz von Elementen oder Attributen, die zur Beschreibung komplexer Typen verwendet werden können.

4.10 Definition von Attributgruppen

Ähnlich wie sich Elemente zu Gruppen zusammenfassen und über einen Namen ansprechen lassen, können auch mehrere Attribute zu einer Gruppe zusammengefasst werden. Wenn beispielsweise dem Element `<privatkontakt>` eine Reihe von zusätzlichen Informationen per Attribut zugeordnet werden soll, kann das zunächst durch eine entsprechende Reihe von Attributdeklarationen geschehen:

```
<xsd:complexType name="privatkontakt">
<xsd:sequence>
  ...
</xsd:sequence>
  <xsd:attribute name="einstufung" type="xsd:string"/>
  <xsd:attribute name="geburtstag" type="xsd:date"/>
  <xsd:attribute name="vorlieben" type="xsd:string"/>
</xsd:complexType>
```

Wird eine solche Gruppe von Attributen mehrfach benötigt, ist es praktischer, sie zunächst separat als benannte Attributgruppe niederzulegen und dann bei Bedarf zu referenzieren:

```
<xsd:attributeGroup ref="persoenliches"/>
...
<xsd:attributeGroup name="persoenliches">
  <xsd:attribute name="einstufung" type="xsd:string"/>
  <xsd:attribute name="geburtstag" type="xsd:date"/>
  <xsd:attribute name="vorlieben" type="xsd:string"/>
</xsd:attributeGroup>
```

4.11 Schlüsselelemente und Bezüge darauf

Traditionelle Datensammlungen, wie eine Kunden- oder Artikelliste, arbeiten in der Regel mit »Schlüsselfeldern«, über die einerseits ein gezielter Zugriff auf einen bestimmten Datensatz möglich ist und die andererseits dafür sorgen können, dass Duplikate verhindert werden. Solche Funktionen lassen sich natürlich auch in einem XML-Dokument realisieren und über entsprechende Schemas steuern.

4.11.1 Eindeutigkeit

Mit den Elementen <xsd:key>, <xsd:unique> und <xsd:keyref> sind Definitionen möglich, die die Identität eines Elements in bestimmter Weise einschränken und so für die Eindeutigkeit eines Elements sorgen, ähnlich wie es mit Hilfe von Indizes in Datenbanken geschieht. Dabei wird eine eingeschränkte Menge von XPath-Ausdrücken eingebaut, die die Auswahl der »Schlüsselfelder« steuern; mehr zu XPath in Kapitel 5, »Navigation und Verknüpfung«. Hier zunächst ein kleines Schema für eine Kundenliste.

```
<?xml version="1.0" encoding="UTF-8"?>
<xsd:schema xmlns:xsd="http://www.w3.org/2001/XMLSchema">
  <xsd:element name="kundenliste">
    <xsd:complexType>
      <xsd:sequence>
        <xsd:element name="kunde" maxOccurs="unbounded">
          <xsd:complexType>
            <xsd:sequence>
              <xsd:element name="kundennr" type="xsd:integer"/>
              <xsd:element name="anrede" type="xsd:string"/>
              <xsd:element name="vorname" type="xsd:string"/>
              ...
            </xsd:sequence>
          </xsd:complexType>
        </xsd:element>
      </xsd:sequence>
    </xsd:complexType>
    <xsd:key name="kundenid">
      <xsd:selector xpath="kunde"/>
      <xsd:field xpath="kundennr"/>
    </xsd:key>
  </xsd:element>
</xsd:schema>
```

Listing 4.6 kundenliste.xsd

Die Deklaration mit dem Element <key>, das hier für eine eindeutige Kundennummer sorgen soll, wird an die eigentliche Definition des komplexen Datentyps für die Kundenliste angefügt. Die Platzierung legt gleichzeitig die Reichweite der Einschränkung fest, die innerhalb des <key>-Elements bestimmt wird. In diesem Fall ist das die Kundenliste insgesamt.

Zunächst wird mit dem Element <selector> angegeben, für welches Element die Einschränkung gelten soll. Das ist in diesem Fall das Element <kunde>. Als Attribut wird, wie schon angesprochen, ein vereinfachter XPath-Ausdruck verwendet. Innerhalb des Elements <kunde> wird dann mit dem Element <field> der Teil des ausgesuchten Elements genannt, der eindeutig sein muss. Das kann entweder ein Kind- oder Kindeskind-Element oder ein Attribut des Elements sein. Wäre die Kundennummer ein Kindeskind, würde der Selektor beispielsweise

```
xpath=".//kundennr"
```

lauten. Würde oben kundennr als Attribut von <kunde> eingeführt, könnte das so aussehen:

```
<xsd:field xpath:="@kundennr"/>
```

Statt mit dem Element <key> kann auch mit dem Element <unique> gearbeitet werden. Der Unterschied ist nur, dass in diesem Fall auch Elemente mit Nullwerten zugelassen werden. Auch kombinierte »Schlüsselfelder« sind möglich, dazu werden einfach mehrere <field>-Elemente aneinandergereiht.

```
<xsd:key name="kundenid">
  <xsd:selector xpath="kunde"/>
  <xsd:field xpath="vorname"/>
  <xsd:field xpath="nachname"/>
</xsd:key>
```

4.11.2 Bezüge auf Schlüsselelemente

Sind im XML-Dokument mit <xsd:key> oder <xsd:unique> »Schlüsselfelder« definiert, dann erlaubt es das Element <xsd:keyref>, Bezüge auf diese Komponenten herzustellen. In dem folgenden Beispiel werden die Belegdaten aus Rechnungen in einer Kundenumsatzliste zusammengestellt.

Zunächst wird mit dem Element key dafür gesorgt, dass für jeden Kunden ein eindeutiges Element <kunde> angelegt wird, wobei die Kundennummer zur Identifizierung verwendet wird. Mit dem Element keyref wird dann innerhalb derselben Elementdeklaration ein Bezug auf diese Kundennummer hergestellt und festgelegt, dass die Kundennummern, die innerhalb der Belegdaten auftauchen dürfen, mit der Kundennummer der Kundendaten übereinstimmen müssen.

```
<?xml version="1.0" encoding="UTF-8"?>
<xsd:schema xmlns:xsd="http://www.w3.org/2001/XMLSchema"
 elementFormDefault="qualified"
 attributeFormDefault="unqualified">
  <xsd:element name="kundenumsatzliste">
    <xsd:complexType>
      <xsd:sequence>
```

```
        <xsd:element name="kunde" maxOccurs="unbounded">
          <xsd:complexType>
            <xsd:sequence>
              <xsd:element name="kundennr" type="xsd:integer"/>
              <xsd:element name="anrede" type="xsd:string"/>
              <xsd:element name="vorname" type="xsd:string"/>
              <xsd:element name="nachname" type="xsd:string"/>
              <xsd:element name="telefon" type="xsd:string"/>
              <xsd:element name="email" type="xsd:string"/>
              <xsd:element name="belegdaten" type="belegdaten"
                           maxOccurs="unbounded"/>
            </xsd:sequence>
          </xsd:complexType>
        </xsd:element>
      </xsd:sequence>
    </xsd:complexType>
    <xsd:key name="kundenid">
      <xsd:selector xpath="kunde"/>
      <xsd:field xpath="kundennr"/>
    </xsd:key>
    <xsd:keyref name="kundencode" refer="kundenid">
      <xsd:selector xpath="kunde/belegdaten"/>
      <xsd:field xpath="kdnr"/>
    </xsd:keyref>
  </xsd:element>
  <xsd:complexType name="belegdaten">
    <xsd:sequence>
      <xsd:element name="kdnr" type="xsd:integer"/>
      <xsd:element name="belegnr" type="xsd:integer"/>
      <xsd:element name="belegdatum" type="xsd:date"/>
      <xsd:element name="betrag" type="xsd:decimal"/>
    </xsd:sequence>
  </xsd:complexType>
</xsd:schema>
```

Listing 4.7 kundenumsatz.xsd

Ein entsprechendes XML-Dokument kann etwa so aussehen:

```
<?xml version="1.0" encoding="UTF-8"?>
<kundenumsatzliste xmlns:xsi="http://www.w3.org/2001/XMLSchema-instance"
  xsi:noNamespaceSchemaLocation="kundenumsatz.xsd">
  <kunde>
    <kundennr>1001</kundennr>
```

```
    <anrede>Frau</anrede>
    <vorname>Maria</vorname>
    <nachname>Slonka</nachname>
    <telefon>0221998877</telefon>
    <email/>
    <belegdaten>
      <kdnr>1001</kdnr>
      <belegnr>4666</belegnr>
      <belegdatum>2019-12-12</belegdatum>
      <betrag>200.70</betrag>
    </belegdaten>
  </kunde>
  <kunde>
    <kundennr>1002</kundennr>
    <anrede>Herr</anrede>
    <vorname>Gerd</vorname>
    <nachname>Wieden</nachname>
    <telefon>030887766</telefon>
    <email/>
    <belegdaten>
      <kdnr>1002</kdnr>
      <belegnr>3455</belegnr>
      <belegdatum>2019-12-12</belegdatum>
      <betrag>450.70</betrag>
    </belegdaten>
  </kunde>
</kundenumsatzliste>
```

Listing 4.8 kundenumsatz.xml

4.12 Kommentare

Neben der in allen XML-Dokumenten gegebenen Möglichkeit, innerhalb von `<!-` und `-->` Notizen einzufügen, bietet das Schema-Vokabular drei spezielle Elemente an, die für die Kommentierung eines Schemas vorgesehen sind. Dabei ist das Element `<xsd:documentation>` dafür gedacht, Personen Hinweise zu geben, die das Schema lesen. Dagegen soll das Element `<xsd:appinfo>` Hinweise für Stylesheets oder andere Anwendungen liefern. Beide Elemente werden jeweils als Kindelement zu dem Element `<xsd:annotation>` verwendet. Hier ein Beispiel:

```
<xsd:annotation>
  <xsd:documentation xml:lang="de">
    Erster Entwurf eines Schemas für die Abwicklung von
```

```
    Bestellungen, Stand: Jan 2019
  </xsd:documentation>
</xsd:annotation>
```

Das Attribut xml:lang kann genutzt werden, um die für die Kommentierung verwendete Sprache zu kennzeichnen. Annotationen dieser Art werden von der Validierung durch den Parser ausgenommen.

4.13 Ableitung komplexer Datentypen

Wie bei den einfachen Datentypen gibt es auch bei komplexen Datentypen die Möglichkeit, aus einer vorhandenen Struktur speziellere Strukturen abzuleiten. Wieder wird mit Erweiterungen oder Einschränkungen gearbeitet.

4.13.1 Erweiterungen komplexer Elemente

Eine Erweiterung kann auch mit einem komplexen Elementtyp vorgenommen werden. In diesem Fall wird das Element <xsd:complexContent> verwendet. Ist zum Beispiel bereits ein komplexer Elementtyp kunde definiert, kann davon durch Anhängen von Elementen oder Hinzufügen von weiteren Attributen ein Elementtyp vipkunde abgeleitet werden.

```
<xsd:complexType name="vipkunde">
  <xsd:complexContent>
    <xsd:extension base="kunde">
      <xsd:sequence>
        <xsd:element name="gratifikation" type="boolean"/>
      </xsd:sequence>
    </xsd:extension>
  </xsd:complexContent>
</xsd:complexType>
```

Wenn ein Inhaltsmodell in dieser Weise aus einem anderen Inhaltsmodell abgeleitet wird, werden beide Inhaltsmodelle nacheinander ausgewertet. Das heißt, dass das im Element <xsd:extension> angegebene Element an die Sequenz der Elemente des Basistyps angehängt wird.

Um in einer Dokumentinstanz den abgeleiteten Typ verwenden zu können, muss er ausdrücklich angegeben werden. Dazu wird das Attribut type benutzt, das Teil des Namensraums XMLSchema-instance ist. Dieser Namensraum muss deshalb vorher angegeben werden:

```
<?xml version="1.0" encoding="UTF-8"?>
<bestellformular xmlns:xsi="http://www.w3.org/2001/XML-Schema-instance"
  bestellnummer="01000" bestelldatum="01.11.2019">
  <kunde xsi:type="vipkunde">
    <name>Hanna Maier</name>
    <strasse>Oststrasse 12</strasse>
    <plz>10678</plz>
    <ort>Berlin</ort>
    <gratifikation>1</gratifikation>
  </kunde>
...
```

4.13.2 Einschränkung komplexer Elemente

Wenn ein komplexes Datenelement einmal definiert ist, lassen sich an anderer Stelle auch eingeschränkte Varianten davon nutzen. Eine naheliegende Verwendung ist zum Beispiel ein Inhaltsmodell, in dem die Elemente auf bestimmte Wertebereiche eingeschränkt werden. Der eingeschränkte Datentyp stellt also eine Untermenge des Basistyps dar, von dem er abgeleitet worden ist. In dem folgenden Beispiel wird von dem Datentyp `position` ein Typ `stueckposition` abgeleitet. Dazu wird das Element `gebinde` auf den Wert `"Stck"` fixiert, und zwar mit Hilfe des Attributs `fixed`.

```
<xsd:complexType name="position">
  <xsd:sequence>
    <xsd:element name="beschreibung" type="xsd:string"/>
    <xsd:element name="menge" type="xsd:decimal"/>
    <xsd:element name="gebinde" type="gb"/>
    <xsd:element name="europreis" type="xsd:decimal"/>
  </xsd:sequence>
  <xsd:attribute name="artikelnr" type="xsd:string" use="required"/>
</xsd:complexType>
<xsd:complexType name="stueckposition">
  <xsd:complexContent>
    <xsd:restriction base="position">
      <xsd:sequence>
        <xsd:element name="beschreibung" type="xsd:string"/>
        <xsd:element name="menge" type="xsd:decimal"/>
        <xsd:element name="gebinde" type="gb" fixed="Stck"/>
        <xsd:element name="europreis" type="xsd:decimal"/>
      </xsd:sequence>
      <xsd:attribute name="artikelnr" type="xsd:string" use="required"/>
```

```
    </xsd:restriction>
  </xsd:complexContent>
</xsd:complexType>
```

Listing 4.9 Beispiel für die Einschränkung des Elements <position>

Weitere Einschränkungen sind möglich, indem etwa Elementen Default-Werte zugewiesen werden oder spezielle Datentypen, die vorher nicht gefordert waren. Auch Änderungen der Häufigkeit mit den Attributen `minOccurs` und `maxOccurs` sind hier möglich.

Allerdings müssen bei dem abgeleiteten Typ alle Elemente des Basistyps noch einmal aufgeführt werden, was diesen Mechanismus etwas umständlich erscheinen lässt.

4.13.3 Steuerung der Ableitung von Datentypen

Wenn Schemas für die Verwendung innerhalb größerer Schemas freigegeben werden, kann es sinnvoll sein, die Optionen für die Ableitung von bestimmten Datentypen selbst einzuschränken, um zu verhindern, dass unbrauchbare Inhaltsmodelle entstehen. Für einen speziellen komplexen Datentyp kann entweder eine Ableitung durch Einschränkung oder eine durch Erweiterung oder überhaupt jede Form der Ableitung unterbunden werden. Dies geschieht mit Hilfe des Attributs `final`, das die Werte `restriction`, `extension` oder `#all` annehmen kann. Der Ausdruck

```
<xsd:complexType name="position" final="restriction">
```

lässt zum Beispiel keine Ableitung durch Einschränkung von Wertebereichen einzelner Elemente zu. Sollen generell bestimmte oder alle Ableitungen in einem Schema unterbunden werden, kann dem Wurzelelement `<xsd:schema>` eine entsprechende `finalDefault`-Erklärung zugeordnet werden:

```
<xsd:schema ... finalDefault="restriction">
```

Mit dem Attribut `block` bzw. `blockDefault` kann eine ähnliche Wirkung erzielt werden. Das Wertepaar `block="extension"` blockiert eine erweiternde Ableitung in einer Dokumentinstanz, wenn es darum geht, einen Datentyp durch einen abgeleiteten Datentyp zu ersetzen. Auch hier können die Werte `restriction` oder `#all` verwendet werden.

Ableitungen von `simpleType`-Strukturen lassen sich dadurch verhindern, dass dem Datentyp fixe Werte in Bezug auf bestimmte Facetten zugewiesen werden. Die folgende Typdefinition fixiert die maximale Länge eines Kennworts auf 12 Zeichen. Das schließt aber Änderungen in Bezug auf andere Facetten nicht aus.

```
<xsd:simpleType name="kennwort">
  <xsd:restriction base="xsd:string">
    <xsd:maxLength value="12" fixed="true"/>
  </xsd:restriction>
</xsd:simpleType>
```

4.13.4 Abstraktionen

Datentypen lassen sich zunächst abstrakt definieren, um daraus unterschiedliche konkrete Typen abzuleiten. Der abstrakte Datentyp selbst kann nicht direkt in einer Dokumentinstanz verwendet werden, sondern nur ein von ihm abgeleiteter Datentyp. In dem folgenden Beispiel wird der Datentyp `medien` zunächst als abstrakter Typ eingeführt. Dies geschieht mit Hilfe des Attributs `abstract`. Im nächsten Schritt werden zwei konkrete Dateitypen definiert, die den abstrakten Datentyp als Basis haben.

```
<?xml version="1.0" encoding="UTF-8"?>
<schema xmlns="http://www.w3.org/2001/XMLSchema"
        targetNamespace="http://XMLbeisp.com/medien"
        xmlns:med="http://XMLbeisp.com/medien">
  <complexType name="medien" abstract="true"/>
  <complexType name="zeitung">
    <complexContent>
      <extension base="med:medien"/>
    </complexContent>
  </complexType>
  <complexType name="tv">
    <complexContent>
      <extension base="med:medien"/>
    </complexContent>
  </complexType>
  <element name="medium" type="med:medien"/>
</schema>
```

Listing 4.10 Abstrakte Deklaration des Typs »medien«

Eine gültige Dokumentinstanz kann dann so aussehen:

```
<medium xmlns="http://XMLbeisp.com/medien"
xmlns:xsi="http://www.w3.org/2001/XMLSchema-instance"
xsi:type="tv"/>
```

Mit Hilfe von `xsi:type` wird in diesem Fall der abstrakte Datentyp durch einen der möglichen konkreten Datentypen ersetzt, der von ihm abgeleitet worden ist. Die

Ersetzung wird also in diesem Fall erzwungen, denn die folgende Zeile wäre ungültig, da der abstrakte Datentyp medien nicht direkt verwendet werden darf:

```
<medium xmlns="http://XMLbeisp.com/medien"/>
```


4.13.5 Gemischtwaren

Eine spezielle Möglichkeit des komplexen Datentyps ist die Mischung von Kindelementen mit Textbestandteilen. Schon die XML-Spezifikation lässt solche Mischungen zu, bietet aber kein Verfahren, die Anzahl und Reihenfolge der eingemischten Elemente zu kontrollieren. Mit einem entsprechenden Schema wird dies nun möglich. Hier ein Beispiel für ein XML-Dokument:

```
<?xml version="1.0" encoding="UTF-8"?>
<abstracts>
  <abstract>
    <titel>XML Schema oder DTD?</titel>
    <beschreibung><autor>Andreas Wenden</autor> vergleicht die
      beiden Verfahren und stellt die Vorteile der Modellierung
      per Schema in den Vordergrund.
    </beschreibung>
    <datum>12.12.2012</datum>
  </abstract>
  <abstract>
    <titel>CSS oder XSL?</titel>
    <beschreibung>Das Buch des bekannten Autors <autor>Andreas Wenden</autor>
      vergleicht die beiden Verfahren und stellt
      die Vorteile der Formatierung per XSL in den Vordergrund.
    </beschreibung>
    <datum>12.11.2012</datum>
  </abstract>
</abstracts>
```

Listing 4.11 abstracts.xml

Um die Mischung aus Text und Elementen zu ermöglichen, muss für das Element <xsd:complexType> das Attribut mixed mit dem Wert true verwendet werden.

```
<?xml version="1.0" encoding="ISI-8859-1"?>
<xsd:schema xmlns:xsd="http://www.w3.org/2001/XMLSchema"
            elementFormDefault="qualified">
  <xsd:element name="abstracts">
    <xsd:complexType>
      <xsd:sequence>
```

```
          <xsd:element name="abstract" type="abstract"
                       maxOccurs="unbounded"/>
        </xsd:sequence>
      </xsd:complexType>
    </xsd:element>
    <xsd:complexType name="abstract">
      <xsd:sequence>
        <xsd:element name="titel" type="xsd:string"/>
        <xsd:element name="beschreibung">
          <xsd:complexType mixed="true">
            <xsd:sequence>
              <xsd:element name="autor" type="xsd:string"/>
            </xsd:sequence>
          </xsd:complexType>
        </xsd:element>
        <xsd:element name="datum" type="xsd:string"/>
      </xsd:sequence>
    </xsd:complexType>
  </xsd:schema>
```

Listing 4.12 abstracts.xsd

Dieses Schema kontrolliert zwar, dass die Elemente in einer bestimmten Reihenfolge je einmal auftauchen, es wird aber offengelassen, wo – vor, nach oder zwischen den Elementen – Texte eingemischt werden, wie die oben angezeigte Dokumentinstanz zeigt.

4.13.6 Leere oder Nichts

Auch komplexe Elementtypen können in dem Sinne leer sein, dass sie keine Kindelemente enthalten, sondern nur Attribute. Hier ein Beispiel:

```
<xsd:element name="preis">
  <xsd:complexType>
    <xsd:attribute name="waehrungszeichen" type="xsd:string"/>
    <xsd:attribute name="betrag" type="xsd:decimal"/>
  </xsd:complexType>
</xsd:element>
```

Im XML-Dokument erscheint das Element dann so:

```
<preis waehrungszeichen="EUR" betrag="1000"></preis>
```

In einem XML-Dokument können Elemente fehlen, weil die entsprechenden Informationen bisher noch nicht vorliegen. Der Autor eines Schemas kann das Fehlen der Elemente zulassen, etwa mit der Angabe `minOccurs="0"`. Es gibt aber auch die Möglichkeit, bei einem Element ausdrücklich zuzulassen, dass es als gültig akzeptiert wird, obwohl es keinen Inhalt hat. Dazu wird das Element mit dem Attribut `nillable` versehen.

```
<xsd:element name="pruefdatum" type="xsd:date" nillable="true"/>
```

wäre ein solches Element. Es wird also nicht etwa ein spezieller `nil`-Wert als Inhalt des Elements vorgegeben, sondern ein Attribut verwendet. Das erlaubt es dann, im entsprechenden XML-Dokument das `nil`-Attribut zu verwenden und zu schreiben:

```
<pruefdatum xsi:nil="true"></pruefdatum>
```

Das Attribut `nil` gehört zum Namensraum von `XML-Schema-instance`. Das zugehörige Präfix – es kann auch ein anderes gewählt werden – muss also in diesem Fall mit angegeben werden.

4.13.7 Wiederverwendbarkeit

Einer der wesentlichen Vorteile benannter Datentypen ist, wie schon angesprochen, dass sie sich innerhalb eines Schemas mehrfach verwenden lassen. Das ähnelt dem Einsatz von Parameterentitäten in einer DTD, ist aber wesentlich flexibler.

Benannte Typen

Um den Zusammenhang zwischen Typdefinition und Elementdeklaration zu verdeutlichen, soll hier das oben beschriebene Formularbeispiel um eine Komponente erweitert werden. Weil die Rechnungs- und die Lieferanschrift bei einer Bestellung nicht übereinstimmen müssen, werden in der Regel beide Adressen abgefragt. Da der Aufbau der beiden Datenblöcke gleich ist, kann dafür ein komplexer Datentyp entworfen werden, der dann aber in der Elementdeklaration über unterschiedliche Namen angesprochen werden soll:

```
<xsd:complexType name="formular">
  <xsd:sequence>
    <xsd:element name="kunde" type="adresse"/>
    <xsd:element name="empfaenger" type="adresse"/>
    <xsd:element name="positionen" type="positionen"/>
  </xsd:sequence>
  <xsd:attribute name="bestellnummer" type="xsd:short" use="required"/>
  <xsd:attribute name="bestelldatum" type="xsd:date" use="required"/>
</xsd:complexType>
<xsd:complexType name="adresse">
```

```
    <xsd:sequence>
      <xsd:element name="name" type="xsd:string"/>
      <xsd:element name="strasse" type="xsd:string"/>
      <xsd:element name="plz" type="xsd:int"/>
      <xsd:element name="ort" type="xsd:string"/>
    </xsd:sequence>
  </xsd:complexType>
```

Listing 4.13 Mehrfache Verwendung eines Datentyps

Referenzen

Eine andere Form der Wiederverwendung ist die Deklaration von Elementen durch Referenz auf bereits vorhandene Elemente. Diese Elemente müssen allerdings als globale Elemente deklariert sein, das heißt auf der obersten Ebene unter dem Element <xsd:schema>.

Wenn zum Beispiel sowohl bei der Rechnungsadresse als auch bei den einzelnen Bestellpositionen ein zusätzlicher Hinweis möglich sein soll, kann das Element <hinweis> zunächst global deklariert werden.

```
<xsd:schema...
  <xsd:element name="hinweis" type="xsd:string"/>
```

Innerhalb der Definition eines komplexen Elements kann dann dieses Element mit dem Attribut ref aufgerufen werden:

```
<xsd:complexType name="position...
  <xsd:sequence...
    ...
    <xsd:element ref="hinweis" minOccurs="0"/>
```

4.14 Designvarianten

Das XML Schema-Vokabular erlaubt durchaus unterschiedliche Designs bei der Modellierung inhaltlicher Strukturen. Die Arbeit mit komplexen Elementtypen legt es vielleicht zunächst nahe, nach dem Vorbild der bekannten russischen Puppen vorzugehen, die alle ineinandergesteckt sind.

4.14.1 Babuschka-Modelle

Dieses Design bildet möglicherweise die Verschachtelung der Elemente besonders realistisch ab. Ein einfaches Beispiel ist das folgende Schema, das den Aufbau einer Organisation beschreibt:

```
<?xml version="1.0" encoding="UTF-8"?>
<xsd:schema xmlns:xsd="http://www.w3.org/2001/XMLSchema"
            elementFormDefault="qualified">
  <xsd:element name="organisation">
    <xsd:complexType>
      <xsd:sequence>
        <xsd:element name="abteilung" maxOccurs="unbounded">
          <xsd:complexType>
            <xsd:sequence>
              <xsd:element name="person" maxOccurs="unbounded">
                <xsd:complexType>
                  <xsd:sequence>
                    <xsd:element name="name" type="xsd:string"/>
                    <xsd:element name="position" type="xsd:string"/>
                  </xsd:sequence>
                </xsd:complexType>
              </xsd:element>
            </xsd:sequence>
            <xsd:attribute name="bezeichnung" type="xsd:string"/>
          </xsd:complexType>
        </xsd:element>
      </xsd:sequence>
    </xsd:complexType>
  </xsd:element>
</xsd:schema>
```

Listing 4.14 organisation.xsd

Dieses Schema folgt der Verschachtelung, die die grafische Darstellung in XMLSpy zeigt (siehe Abbildung 4.3).

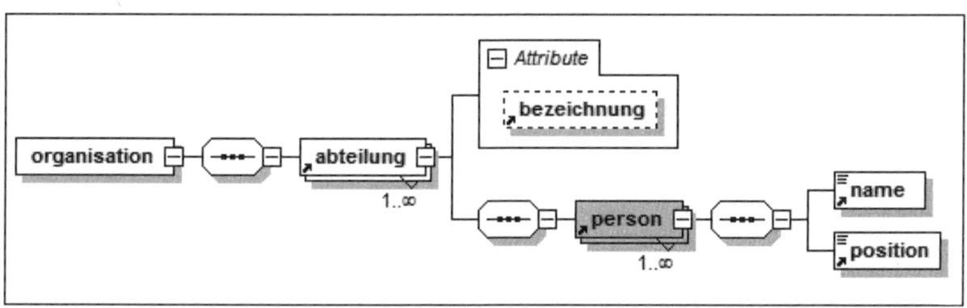

Abbildung 4.3 Firmenschema

Für die Lesbarkeit des Schemas kann dies aber nachteilig sein, weil möglicherweise schnell der Überblick verloren geht, wenn die Schachtelung über mehrere Stufen reicht.

4.14.2 Stufenmodelle

Eine Alternative besteht immer darin, die mehrstufige Struktur in flachere Teile zu zerlegen. In Listing 4.15 werden zunächst die einfachen Elementtypen und die vorkommenden Attribute aufgelistet, dann wird durch einfache Referenzen auf diese Elemente die untere Ebene der komplexen Elementtypen zusammengesetzt, und schließlich wird die obere Ebene als Sequenz von komplexen Elementtypen der unteren Ebene gebündelt.

Angaben über die Häufigkeit der Elemente können an die Referenzierung angehängt werden, wenn es erforderlich ist.

```
<?xml version="1.0" encoding="UTF-8"?>
<xsd:schema
  xmlns:xsd="http://www.w3.org/2001/XMLSchema"
  elementFormDefault="qualified"
  attributeFormDefault="unqualified">

  <!-- einfache Elementtypen -->
    <xsd:element name="name" type="xsd:string"/>
    <xsd:element name="position" type="xsd:string"/>

  <!-- Attribute -->
    <xsd:attribute name="bezeichnung" type="xsd:string"/>

  <!-- komplexe Elementtypen -->
    <xsd:element name="person">
      <xsd:complexType>
        <xsd:sequence>
          <xsd:element ref="name" />
          <xsd:element ref="position" />
        </xsd:sequence>
      </xsd:complexType>
    </xsd:element>

    <xsd:element name="abteilung" >
      <xsd:complexType>
        <xsd:sequence>
          <xsd:element ref="person" maxOccurs="unbounded"/>
        </xsd:sequence>
        <xsd:attribute ref="bezeichnung" />
      </xsd:complexType>
    </xsd:element>
    <xsd:element name="organisation">
```

```
    <xsd:complexType>
      <xsd:sequence>
        <xsd:element ref="abteilung" maxOccurs="unbounded"/>
      </xsd:sequence>
    </xsd:complexType>
  </xsd:element>

</xsd:schema>
```

Listing 4.15 organisation2.xsd

Auch die untergeordneten Elemente werden in diesem Fall zunächst einfach nacheinander als globale Elemente eingeführt, das heißt direkt als Kinder des Elements `<schema>`. Die Reihenfolge ist dabei beliebig. Das Verfahren ähnelt der Vorgehensweise bei der Modellierung mit DTD sehr.

Es ist zu beachten, dass alle globalen Elemente einen eindeutigen Namen haben müssen. Die einfachen Elemente werden – wie schon angesprochen – in der zweiten Hälfte des Schemas mit Hilfe des `ref`-Attributs als Teile des komplexen Elements `<person>` »geklont«. Das nächsthöhere komplexe Element `<abteilung>` wird aus Referenzen auf das komplexe Element `<person>` zusammengebaut. Auf der obersten Ebene wird das komplexe Element `<organisation>` durch Referenz auf das komplexe Element `<abteilung>` zusammengefügt.

4.15 Übernahme von Schema-Definitionen

Die letzten Abschnitte haben gezeigt, wie Namensräume verwendet werden, um Komponenten eines Schemas eindeutig zu identifizieren. Diese Mechanismen lassen sich auch dann einsetzen, wenn es darum geht, Datentypdefinitionen von außerhalb in ein Schema zu übernehmen und entweder unverändert oder in abgewandelter Form wiederzuverwenden. Ein mögliches Verfahren bietet das Element `<xsd:include>`, ein anderes das Element `<xsd:import>`. Beide Elemente können jeweils mehrfach in beliebiger Reihenfolge verwendet werden, müssen aber immer vor allen anderen Komponenten eingefügt werden, die Kinder des Wurzelelements `<xsd:schema>` sind.

Soll ein komplexer Sachbereich in einem Inhaltsmodell abgebildet werden, ist es oft sinnvoll, den Gesamtbereich in Unterbereiche zu zerlegen und dafür passende Schemas zu modellieren. Für eine konkrete Anwendung lassen sich diese Teilschemas mit Hilfe dieser Verfahren zusammenführen.

4.15.1 Schemas inkludieren

Mit <xsd:include> kann der Zielnamensraum eines Schemas aus mehreren Schema-Dokumenten zusammengefügt werden. Ein ähnlicher Effekt ergibt sich, wenn eine DTD mit Hilfe von externen Parameterentitäten Element- und Attributdeklarationen von außen übernimmt. Hier zunächst ein einfaches Beispiel, um das Verfahren zu verdeutlichen. Das Schema *personen.xsd* definiert die Datenelemente, die zur Identifizierung einer Person verwendet werden sollen:

```
<?xml version="1.0" encoding="UTF-8"?>
<xsd:schema targetNamespace="http://xmlbeisp.com/personen"
            xmlns:xsd="http://www.w3.org/2001/XMLSchema"
            xmlns:prs="http://xmlbeisp.com/personen">
  <xsd:element name="person">
    <xsd:complexType>
      <xsd:sequence>
        <xsd:element ref="prs:nachname"/>
        <xsd:element ref="prs:vorname"/>
      </xsd:sequence>
    </xsd:complexType>
  </xsd:element>
  <xsd:element name="nachname" type="xsd:string"/>
  <xsd:element name="vorname" type="xsd:string"/>
</xsd:schema>
```

Listing 4.16 personen.xsd

Ein zweites Schema, *testgruppe.xsd*, übernimmt die Typdefinition des ersten Schemas in folgender Weise:

```
<?xml version="1.0" encoding="UTF-8"?>
<xsd:schema
  targetNamespace="http://xmlbeisp.com/personen"
  xmlns:xsd="http://www.w3.org/2001/XMLSchema"
  xmlns:prs="http://xmlbeisp.com/personen">
  <xsd:include
    schemaLocation="personen.xsd"/>
  <xsd:element name="testgruppe">
    <xsd:complexType>
      <xsd:sequence>
        <xsd:element ref="prs:person" maxOccurs="unbounded"/>
        <xsd:element name="testname" type="xsd:string"/>
        <xsd:element name="testergebnis" type="xsd:string"/>
      </xsd:sequence>
```

```
    </xsd:complexType>
  </xsd:element>
</xsd:schema>
```

Listing 4.17 testgruppe.xsd

Die Übernahme des externen Schemas wird durch das Element <xsd:include> bewirkt. Durch das Attribut `schemaLocation` wird angegeben, wo sich das Schema, das eingefügt werden soll, befindet. Dabei muss beachtet werden, dass für beide Schemas derselbe Zielnamensraum anzugeben ist, da die Komponenten aus dem eingeschlossenen Schema in den Namensraum des aufnehmenden Schemas eingefügt werden. Wird in dem eingeschlossenen Schema kein Namensraum angegeben, werden die Komponenten in den Namensraum des Empfängers übernommen.

Ein XML-Dokument, das dieses zweite Schema verwendet, sieht beispielsweise so aus:

```
<?xml version="1.0" encoding="UTF-8"?>
<prs:testgruppe xmlns:prs="http://xmlbeisp.com/personen"
  xmlns:xsi="http://www.w3.org/2001/XMLSchema-instance"
  xsi:schemaLocation="http://xmlbeisp.com/personen
    http://xmlbeisp.com/personen testgruppe.xsd">
  <prs:person>
    <prs:nachname>Hansen</ps:nachname>
    <prs:vorname>Gesine</ps:vorname>
  </prs:person>
  <testname>IQ-Test</testname>
  <testergebnis>150</testergebnis>
</prs:testgruppe>
```

Listing 4.18 testgruppe.xml

Ein Schema darf durchaus auch mehrere <xsd:include>-Elemente enthalten, solange die Regeln in Bezug auf die Einheitlichkeit des Namensraums beachtet werden.

4.15.2 Schemas importieren

In dem letzten Beispiel ist das Element <xsd:include> verwendet worden, um die Datentypen aus einem anderen Schema zu übernehmen. Ähnlich ist das Verfahren, wenn mit dem Element <xsd:import> gearbeitet wird. Der Vorteil ist aber, dass dabei auch Schemas genutzt werden können, die zu einem anderen Namensraum gehören. Deshalb wird neben der Herkunft des importierten Schemas in der Regel auch der betreffende Namensraum angegeben, etwa:

```
<xsd:import namespace="http://XMLBeisp.com/schema/bestellform"
  schemaLocation="http://XMLBeisp.com/schema/bestellform.xsd"/>
```

Auf diese Weise können Datentypdefinitionen aus ganz unterschiedlichen Bereichen in einem Schema zusammengeführt und wiederverwendet werden. Allerdings lassen sich nur Komponenten importieren – seien es Elemente, komplexe oder einfache Datentypen –, die in dem Schema, aus dem sie übernommen werden, global deklariert sind, also als direkte Kinder des Elements <xsd:schema>. In dem importierenden Schema können die Importe dagegen sowohl innerhalb von Definitionen als auch von Deklarationen auf jeder beliebigen Ebene verwendet werden.

Variable Datenstrukturen

Angenommen, das bisher verwendete Bestellformular soll so erweitert werden, dass je nach Art des Artikels unterschiedlich detaillierte Angaben erfasst werden können, etwa bestimmte Maßeinheiten, Farben, Materialien etc. Es bietet sich in diesem Fall an, die Datenstruktur, die der Eingabemaske für eine bestimmte Artikelgruppe entspricht, in einem eigenen Schema mit eigenen Namensräumen abzulegen. In der Praxis könnte das zum Beispiel etwa so aussehen, dass unterschiedliche Lieferanten entsprechende Schemas zur Verfügung stellen.

Die folgenden beiden Schemas definieren jeweils für das Element <position> einen speziellen komplexen Datentyp, der die für die jeweilige Artikelgruppe notwendigen Bestellinformationen enthält. Das erste Schema enthält die Daten für Rollos, wobei für die Eingabe der Farbe ein einfacher Datentyp definiert wird, der bestimmte mögliche Werte mit Hilfe des Elements <xsd:enumeration> vorgibt. Am Anfang wird der Zielnamensraum angegeben und ein Präfix für diesen Namensraum festgelegt.

```
<?xml version="1.0" encoding="UTF-8"?>
<xsd:schema
  targetNamespace="http://xmlbeisp.com/schema/rollo"
  xmlns:rl="http://xmlbeisp.com/schema/rollo"
  xmlns:xsd="http://www.w3.org/2001/XMLSchema">
  <xsd:element name="position" type="rl:rollo_position"/>
  <xsd:complexType name="rollo_position">
    <xsd:sequence>
      <xsd:element name="beschreibung" type="xsd:string"/>
      <xsd:element name="menge" type="xsd:decimal"/>
      <xsd:element name="breite" type="xsd:decimal"/>
      <xsd:element name="höhe" type="xsd:decimal"/>
      <xsd:element name="farbe">
        <xsd:simpleType>
          <xsd:restriction base="xsd:string">
            <xsd:enumeration value="schwarz"/>
```

```
          <xsd:enumeration value="rot"/>
          <xsd:enumeration value="silber"/>
        </xsd:restriction>
      </xsd:simpleType>
    </xsd:element>
    <xsd:element name="europreis" type="xsd:decimal"/>
  </xsd:sequence>
  <xsd:attribute name="artikelnr" type="xsd:string"
                 use="required"/>
</xsd:complexType>
</xsd:schema>
```

Listing 4.19 bestellposition1.xsd

Das zweite Schema für Jalousien sieht ähnlich aus. Wieder wird ein eigener Zielnamensraum angegeben und ein Präfix zugeordnet:

```
<?xml version="1.0" encoding="UTF-8"?>
<xsd:schema
  targetNamespace="http://xmlbeisp.com/schema/jalou"
  xmlns:jl="http://xmlbeisp.com/schema/jalou"
  xmlns:xsd="http://www.w3.org/2001/XMLSchema">
  <xsd:element name="position" type="jl:jalou_position"/>
  <xsd:complexType name="jalou_position">
    <xsd:sequence>
      <xsd:element name="beschreibung" type="xsd:string"/>
      <xsd:element name="menge" type="xsd:decimal"/>
      <xsd:element name="breite" type="xsd:decimal"/>
      <xsd:element name="höhe" type="xsd:decimal"/>
      <xsd:element name="material">
        <xsd:simpleType>
          <xsd:restriction base="xsd:string">
            <xsd:enumeration value="Alu"/>
            <xsd:enumeration value="Holz"/>
          </xsd:restriction>
        </xsd:simpleType>
      </xsd:element>
      <xsd:element name="europreis" type="xsd:decimal"/>
    </xsd:sequence>
    <xsd:attribute name="artikelnr" type="xsd:string"
     use="required"/>
  </xsd:complexType>
</xsd:schema>
```

Listing 4.20 bestellposition2.xsd

Um Datentypdefinitionen aus den beiden Schemas mit den anderen Namensräumen in dem Bestellformular verwenden zu können, müssen diese Namensräume zunächst auch hier aufgeführt werden.

```
<?xml version="1.0" encoding="UTF-8"?>
<xsd:schema
  targetNamespace="http://xmlbeisp.com/schema/bestellform"
  xmlns:xsd="http://www.w3.org/2001/XMLSchema"
  xmlns:bf="http://xmlbeisp.com/schema/bestellform"
  xmlns:rl="http://xmlbeisp.com/schema/rollo"
  xmlns:jl="http://xmlbeisp.com/schema/jalou">
```

Anschließend werden zwei <xsd:import>-Elemente benutzt, die mit dem Attribut namespace den Bezug zu den vorher angegebenen Namensräumen herstellen und zugleich mit dem Attribut schemaLocation dem XML-Prozessor einen Hinweis geben, wo die Schemas zu finden sind. Nun stehen die global deklarierten Komponenten der beiden Schemas für die weiteren Zeilen zur Verfügung.

```
  <xsd:import namespace="http://xmlbeisp.com/schema/rollo"
   schemaLocation="http://XMLbeisp.com/schema/bestellps1.xsd"/>
  <xsd:import namespace="http://xmlbeisp.com/schema/jalou"
   schemaLocation=" http://XMLbeisp.com/schema/bestellps 2.xsd"/>
```

Der Rest des Schemas ist ähnlich wie das ursprüngliche Formularschema aufgebaut. Um für die Erfassung der Daten wahlweise die »Maske« für Rollos und die für Jalousien verwenden zu können, wird der komplexe Elementtyp <positionen> mit einem <xsd:choice>-Element ausgestattet. Die beiden möglichen Elemente werden durch eine Referenz auf die beiden importierten komplexen Datentypen <rl:position> und <jl:position> übernommen.

```
  <xsd:element name="bestellformular" type="bf:bestellformular"/>
  <xsd:complexType name="bestellformular">
    <xsd:sequence>
      <xsd:element name="kunde" type="bf:kunde"/>
      <xsd:element name="positionen" type="bf:positionen"
                   minOccurs="0" maxOccurs="unbounded"/>
    </xsd:sequence>
    <xsd:attribute name="bestellnummer" type="xsd:short"
                   use="required"/>
    <xsd:attribute name="bestelldatum" type="xsd:date"
                   use="required"/>
  </xsd:complexType>

  <xsd:complexType name="kunde">
```

```
    <xsd:sequence>
      <xsd:element name="name" type="xsd:string"/>
      <xsd:element name="strasse" type="xsd:string"/>
      <xsd:element name="plz" type="xsd:int"/>
      <xsd:element name="ort" type="xsd:string"/>
    </xsd:sequence>
  </xsd:complexType>
  <xsd:complexType name="positionen">
    <xsd:sequence>
      <xsd:choice>
        <xsd:element ref="rl:position"/>
        <xsd:element ref="jl:position"/>
      </xsd:choice>
    </xsd:sequence>
  </xsd:complexType>
</xsd:schema>
```

Listing 4.21 bestellform_variabel.xsd

Das folgende XML-Dokument zeigt, wie eine Instanz des »zusammengesetzten« Schemas aussehen kann:

```
<?xml version="1.0" encoding="UTF-8"?>
<bf:bestellformular
  xmlns:bf="http://xmlbeisp.com/schema/bestellform"
  xmlns:jl="http://xmlbeisp.com/schema/jalou"
  xmlns:rl="http://xmlbeisp.com/schema/rollo"
  xmlns:xsi="http://www.w3.org/2001/XMLSchema-instance"
  xsi:schemaLocation="http://xmlbeisp.com/schema/bestellform
   http://xmlbeisp.com/schema/bestellform_variablel.xsd"
  bestellnummer="1111" bestelldatum="2019-12-20">
  <kunde>
    <name>Hanna Hansen</name>
    <strasse>Ostr. 10</strasse>
    <plz>40001</plz>
    <ort>Düsseldorf</ort>
  </kunde>
  <positionen>
    <jl:position artikelnr="10001">
      <beschreibung>Jalousie XXS</beschreibung>
      <menge>2</menge>
      <breite>100</breite>
      <höhe>200</höhe>
      <material>Alu</material>
```

```
      <europreis>55.00</europreis>
    </jl:position>
  </positionen>
  <positionen>
    <rl:position artikelnr="10001">
      <beschreibung>Jalousie XXS</beschreibung>
      <menge>2</menge>
      <breite>100</breite>
      <höhe>200</höhe>
      <farbe>rot</farbe>
      <europreis>110.00</europreis>
    </rl:position>
  </positionen>
</bf:bestellformular>
```

Listing 4.22 bestellform_variabel.xml

Die Bestellung verwendet beide »Masken«, um zwei Artikel aufzunehmen. Die Möglichkeiten des Einschlusses und des Imports von Datentypdefinitionen erlauben es, auf einfache Weise Schema-Bibliotheken mit bestimmten, häufig benötigten Bausteinen anzulegen und mit Hilfe von Namensräumen zu ordnen, so dass die Eindeutigkeit der Namen für Elemente und Attribute gesichert ist.

4.15.3 Zuordnung von Schemas in XML-Dokumenten

In diesem Abschnitt geht es noch einmal darum, wie Schemas in XML-Dokumente eingebunden werden und welche Verfahren dabei möglich sind. Wie schon erwähnt, hat das W3C für diese Dinge einen speziellen Namensraum definiert: `http://www.w3.org/2001/XMLSchema-instance`, dem gewöhnlich das Präfix `xsi` zugewiesen wird.

Für die Verknüpfung von XML-Dokumenten und Schemas können die Attribute `xsi:schemaLocation` und `xsi:noNamespaceSchemaLocation` verwendet werden. Diese Art der Verknüpfung ist allerdings nicht zwingend, weil der XML-Prozessor auch auf andere Weise herausfinden kann, an welchem Schema ein bestimmtes Dokument zu prüfen ist.

Welches Attribut benutzt werden sollte, hängt davon ab, ob Namensräume verwendet werden oder nicht. Ist im Schema selbst ein Zielnamensraum angegeben, wird der XML-Prozessor prüfen, ob der angegebene Name mit dem Namensraumnamen in der Dokumentinstanz übereinstimmt. Ist das der Fall, kann das Dokument anhand des Schemas auf Gültigkeit geprüft werden.

In dem folgenden Beispiel wird dem Attribut schemaLocation zunächst ein URI für den Namensraum und dann, getrennt durch einen Leerraum, ein URI für das Schema als Wert zugeordnet.

```
<bestellformular
  xmlns="http://XMLbeisp.com/bestellung/"
  xmlns:xsi="http://www.w3.org/2001/XMLSchema-instance"
  xsi:schemaLocation="http://XMLbeisp.com/bestellung/
   http://XMLbeisp.com/bestellung/bestellung.xsd"
  bestellnummer="01000" bestelldatum="01.11.2019">
```

Die zweite Verknüpfung verwendet dagegen keinen Namensraum für das Schema selbst, sondern das Attribut noNamespaceSchemaLocation.

```
<bestellformular
  xmlns:xsi="http://www.w3.org/2001/XMLSchema-instance"
  xsi:noNamespaceSchemaLocation="bestellung.xsd"
  bestellnummer="01000" bestelldatum="01.11.2019">
```

Ein XML-Dokument kann gleichzeitig Bindungen an mehrere Schemas enthalten, die über ein einziges Attribut zugeordnet werden können. Dabei spielt es keine Rolle, ob alle Schemas tatsächlich in einem Dokument verwendet werden. Die beiden Attribute können auch einem Kindelement zugeordnet werden.

Im Namensraum von http://www.w3.org/2001/XMLSchema-instance sind noch zwei andere Attribute verfügbar, die mit der Validierung von XML-Dokumenten zu tun haben: Mit dem Attribut xsi:type wird jeweils der einfache oder komplexe Datentyp eines Elements angegeben. Mit xsi:nil kann einem Element ein Nullwert zugewiesen werden, falls dies im Schema mit Hilfe des Attributs nillable="true" erlaubt worden ist.

4.16 XML Schema 1.0 – Kurzreferenz

Im Folgenden finden Sie die Elemente, mit denen XML Schema 1.0 arbeitet zusammen mit den jeweils möglichen Attributen nach Kategorien geordnet.

Schema-Deklaration

```
<schema id = ID
attributeFormDefault = (qualified | unqualified) : unqualified
blockDefault = (#all | List of (extension | restriction |
 substitution)) : ''
elementFormDefault = (qualified | unqualified) : unqualified
```

```
finalDefault = (#all | List of (extension | restriction)) : ''
targetNamespace = anyURI
version = token
xml:lang = language >
Content: ((include | import | redefine | annotation)*,
 (((simpleType | complexType |
  group | attributeGroup) | element | attribute | notation),
 annotation*)*)
</schema>

<include id = ID
schemaLocation = anyURI >
Content: (annotation?)
</include>

<redefine id = ID
schemaLocation = anyURI>
Content: (annotation | (simpleType | complexType | group |
  attributeGroup))*
</redefine>

<import id = ID
namespace = anyURI
schemaLocation = anyURI>
Content: (annotation?)
</import>
```

Schema-Namensräume

```
http://www.w3.org/2001/XMLSchema
http://www.w3.org/2001/XMLSchema-instance
```

Deklaration einfacher Datentypen

```
<simpleType id = ID
final = (#all | (list | union | restriction))
name = NCName>
Content: ( annotation ?, ( restriction | list | union ))
</simpleType>

<restriction id = ID
base = QName>
Content: ( annotation ?, ( simpleType ?, ( minExclusive |
```

```
  minInclusive | maxExclusive | maxInclusive | totalDigits |
  fractionDigits | length | minLength | maxLength | enumeration |
  whiteSpace | pattern )*))
</restriction>

<list id = ID
itemType = QName>
Content: ( annotation ?, ( simpleType ?))
</list>

<union id = ID
memberTypes = List of QName>
Content: ( annotation ?, ( simpleType *))
</union>
```

Einschränkende Facetten

```
<length id = ID
fixed = boolean : false
value = nonNegativeInteger >
Content: (annotation?)
</length>

<minLength id = ID
fixed = boolean : false
value = nonNegativeInteger >
Content: (annotation?)
</minLength>

<maxLength id = ID
fixed = boolean : false
value = nonNegativeInteger >
Content: (annotation?)
</maxLength>

<pattern id = ID
value = anySimpleType
Content: (annotation?)
</pattern>

<enumeration id = ID
value = anySimpleType >
Content: (annotation?)
```

```
</enumeration>

<whiteSpace id = ID
fixed = boolean : false
value = (collapse | preserve | replace)>
Content: (annotation?)
</whiteSpace>

<maxInclusive id = ID
fixed = boolean : false
value = anySimpleType>
Content: (annotation?)
</maxInclusive>

<maxExclusive id = ID
fixed = boolean : false
value = anySimpleType>
Content: (annotation?)
</maxExclusive>

<minExclusive id = ID
fixed = boolean : false
value = anySimpleType>
Content: (annotation?)
</minExclusive>

<minInclusive id = ID
fixed = boolean : false
value = anySimpleType>
Content: (annotation?)
</minInclusive>

<totalDigits id = ID
fixed = boolean : false
value = positiveInteger >
Content: (annotation?)
</totalDigits>

<fractionDigits id = ID
fixed = boolean : false
value = nonNegativeInteger >
Content: (annotation?)
</fractionDigits>
```

Deklaration komplexer Datentypen

```
<complexType id = ID
abstract = boolean : false
block = (#all | List of (extension | restriction))
final = (#all | List of (extension | restriction))
mixed = boolean : false
name = NCName>
Content: (annotation?, (simpleContent | complexContent |
((group | all | choice | sequence)?,
((attribute | attributeGroup)*, anyAttribute?))))
</complexType>
```

Complex Content

```
<complexContent id = ID
mixed = boolean>
Content: (annotation?, (restriction | extension))
</complexContent>

<restriction id = ID
base = QName>
Content: (annotation?, (group | all | choice | sequence)?,
((attribute | attributeGroup)*, anyAttribute?))
</restriction>

<extension id = ID
base = QName>
Content: (annotation?, ((group | all | choice | sequence)?,
((attribute | attributeGroup)*, anyAttribute?)))
</extension>
```

Simple Content

```
<simpleContent id = ID>
Content: (annotation?, (restriction | extension))
</simpleContent>

<restriction id = ID
base = QName>
Content: (annotation?, (simpleType?, (minExclusive |
  minInclusive | maxExclusive | maxInclusive | totalDigits |
  fractionDigits | length | minLength | maxLength | enumeration |
  whiteSpace | pattern)*)?, ((attribute | attributeGroup)*,
```

```
  anyAttribute?))
</restriction>

<extension id = ID
base = QName>
Content: (annotation?, ((attribute | attributeGroup)*,
  anyAttribute?))
</extension>

<attributeGroup id = ID
ref = QName>
Content: (annotation?)
</attributeGroup>

<anyAttribute id = ID
namespace = ((##any | ##other) | List of (anyURI |
  (##targetNamespace | ##local)) ) : ##any
  processContents = (lax | skip | strict) : strict >
Content: (annotation?)
</anyAttribute>
```

Definition von Modellgruppen

```
<group
name = NCName>
Content: (annotation?, (all | choice | sequence))
</group>

<any id = ID
maxOccurs = (nonNegativeInteger | unbounded) : 1
minOccurs = nonNegativeInteger : 1
namespace = ((##any | ##other) | List of (anyURI |
  (##targetNamespace | ##local)) ) : ##any
  processContents = (lax | skip | strict) : strict>
Content: (annotation?)
</any>
```

Deklaration von Elementen

```
<element id = ID
abstract = boolean : false
block = (#all | List of (extension | restriction | substitution))
default = string
```

```
final = (#all | List of (extension | restriction))
fixed = string
form = (qualified | unqualified)
maxOccurs = (nonNegativeInteger | unbounded) : 1
minOccurs = nonNegativeInteger : 1
name = NCName
nillable = boolean : false
ref = QName
substitutionGroup = QName
type = QName>
Content: (annotation?, ((simpleType | complexType)?,
  (unique | key | keyref)*))
</element>
```

Inhaltsmodelle

```
<choice id = ID
maxOccurs = (nonNegativeInteger | unbounded) : 1
minOccurs = nonNegativeInteger : 1}>
Content: (annotation?, (element | group | choice | sequence | any)*)
</choice>
```

```
<sequence id = ID
maxOccurs = (nonNegativeInteger | unbounded) : 1
minOccurs = nonNegativeInteger : 1}>
Content: (annotation?, (element | group | choice | sequence | any)*)
</sequence>
```

```
<all id = ID
maxOccurs = 1 : 1 minOccurs = (0 | 1) : 1>
Content: (annotation?, element*)
</all>
```

Deklaration von Attributen

```
<attribute id = ID
default = string
fixed = string
form = (qualified | unqualified)
name = NCName
ref = QName
type = QName
```

```
use = (optional | prohibited | required) : optional >
Content: (annotation?, (simpleType?))
</attribute>
```

Definition von Attributgruppen

```
<attributeGroup id = ID
name = NCName
ref = QName >
Content: (annotation?,
  ((attribute | attributeGroup)*, anyAttribute?))
</attributeGroup>
```

Deklaration von Notationen

```
<notation id = ID
name = NCName
public = anyURI
system = anyURI }>
Content: (annotation?)
</notation>
```

Kommentarkomponenten

```
<annotation id = ID>
Content: (appinfo | documentation)*
</annotation>

<appinfo
source = anyURI>
Content: ({any})*
</appinfo>

<documentation
source = anyURI
xml:lang = language>
Content: ({any})*
</documentation>
```

Einschränkung der Identität und Referenzen

```
<unique id = ID
name = NCName >
Content: (annotation?, (selector, field+))
```

```
</unique>

<key id = ID
name = NCName >
Content: (annotation?, (selector, field+))
</key>

<keyref id = ID
name = NCName
refer = QName >
Content: (annotation?, (selector, field+))
</keyref>

<selector id = ID
xpath = a subset of XPath expression >
Content: (annotation?)
</selector>

<field id = ID
xpath = a subset of XPath expression >
Content: (annotation?)
</field>
```


Vorgegebene Werte für bestimmte Attribute

Bei einigen Attributen werden die möglichen Werte vorgegeben. Die Tabelle zeigt die Werte und ihre Bedeutung.

Werte	Bedeutung
namespace	
##any	beliebige Namensräume (Vorgabe)
##other	beliebige Namensräume mit Ausnahme des Zielnamensraums
##targetNamespace	Wert muss zum Zielnamensraum des Schemas gehören.
##local	jede wohlgeformte XML-Komponente, die zu keinem Namensraum gehört

Tabelle 4.8 Vorgegebene Attributwerte und ihre Bedeutung

Werte	Bedeutung
processContents	
`strict`	Es ist eine Top-Level-Deklaration erforderlich oder eine ausdrückliche Zuordnung eines gültigen Datentyps mit `xsi:type` in der Dokumentinstanz.
`skip`	Nur die Wohlgeformtheit ist erforderlich.
`lax`	Wo möglich, werden Komponenten validiert, ansonsten nicht.
form	
`qualified`	Die Komponente ist einem Namensraum zuzuordnen.
`unqualified`	Die Komponente wird keinem Namensraum zugeordnet.
Use	
`optional`	Das Attribut ist nicht erforderlich.
`prohibited`	Das Attribut ist nicht erlaubt.
`required`	Für das Attribut muss ein Wert angegeben werden.
Leerraumbehandlung	
`preserve`	Es findet keine Normalisierung statt. Alle Leerräume bleiben erhalten.
`replace`	Alle Tabulatoren, Wagenrückläufe und Zeilenenden werden durch Leerzeichen ersetzt.
`collapse`	Zusammenhängende Folgen von Leerräumen werden zu einem Leerraum zusammengefasst, führende oder nachfolgende Leerräume werden entfernt.

Tabelle 4.8 Vorgegebene Attributwerte und ihre Bedeutung (Forts.)

Markup in Bezug auf eine Schema-Definition

Attribute	Bedeutung
`xsi:type`	Einem Element in einer Dokumentinstanz wird explizit ein Datentyp zugeordnet.
`xsi:nil`	Ein Element kann ohne Inhalt gültig sein.

Tabelle 4.9 Spezielle Schema-Attribute

Attribute	Bedeutung
xsi:schemaLocation	Gibt dem validierenden Prozessor Hinweise darauf, wo das Schema gespeichert ist.
xsi:noNamespace-SchemaLocation	Gibt dem validierenden Prozessor Hinweise darauf, wo das Schema gespeichert ist, wenn kein Namensraum verwendet wird.

Tabelle 4.9 Spezielle Schema-Attribute (Forts.)

4.17 Exkurs zu XML Schema 1.1

Die 2012 herausgegebene Empfehlung XML Schema 1.1 versucht, einige Schwächen auszugleichen, die im Laufe der Zeit bei der Arbeit mit der Version 1.0 aufgefallen sind. Da diese Version aber noch nicht von allen Tools unterstützt wird, beschränken wir uns an dieser Stelle darauf, einige Änderungen vorzustellen, die die Arbeit mit XML Schema erleichtern und insbesondere bei dem Entwurf von flexiblen Schemas helfen können.

4.17.1 Versicherungen

Eine der wichtigen Neuerungen in XML Schema 1.1 sind die Prüfmöglichkeiten, die das Element `<xs:assert>` zur Verfügung stellt. Dieses Element erlaubt eine Validierung, bei der nicht nur das Vorhandensein von Elementen und Attributwerten mit bestimmten Datentypen überprüft wird. Zusätzlich kann das Dokument auch daraufhin getestet werden, ob es bestimmten Bedingungen und Regeln entspricht. Ein einfaches Beispiel ist ein Element mit zwei Attributen, von denen das erste den Minimalwert, das zweite den Maximalwert angibt. Wenn beiden Werten im Dokument ein Wert zugewiesen ist, wäre der Validierer zufrieden, auch wenn der Minimalwert größer ausfallen sollte als der Maximalwert. Hier kann das `<xs:assert>`-Element helfen:

```
<xs:asser test="@minimal le @maximal" />
```

Das Dokument gilt nur als gültig, wenn der Minmalwert tatsächlich kleiner oder höchstens gleich groß wie der Maximalwert ist. Eine solche regelbasierte Validierung arbeitet mit XPath-Ausdrücken, wobei fast die ganze Palette von XPath 2.0 zur Verfügung steht. Der Wert von `test` wird auf `true` oder `false` hin ausgewertet. Ist eine Bedingung nicht erfüllt, gilt das Dokument als ungütig. Werden mehrere Bedingungen formuliert, müssen alle gleichzeitig erfüllt sein.

Neben dem Element <xs:assert> kann bei der Ableitung simpler Datentypen noch die Facette <xs:assertion> eingesetzt werden, etwa um Wertebereiche zusätzlich einzuschränken. Wieder werden entsprechende XPath-Ausdrücke verwendet. Auch hier sind mehrere Assertions möglich. Zur Vereinfachung von Vergleichen steht noch eine vorgegebene Variable $value zur Verfügung, über die der aktuelle Wert des betreffenden Datentyps abgefragt werden kann. Das folgende Beispiel lässt nur ganze Zahlen zu, die glatt durch 3 geteilt werden können.

```
<xs:simpleType name="teilbar">
  <xs:restriction base="integer">
    <xs:assertion test="$value mod 3 eq 0" />
  </xs:restriction>
</xs:simpleType>
```

4.17.2 Lockerungen der Regeln für Inhaltsmodelle

XML Schema 1.1 bringt außerdem einige Regeländerungen, die die Definition eines Schemas vereinfachen. Das gilt insbesondere für den Einsatz von Wildcards. XML Schema 1.0 definierte hier eine Einschränkung, die dazu gedacht war, mehrdeutige Situationen zu verhindern. Das folgende Listing ist ein Versuch, einen Fall zu modellieren, in dem in einer Sequenz vor und hinter einem bestimmten Element Wildcards zugelassen werden sollen.

```
<?xml version="1.0" encoding="UTF-8"?>
<xs:schema xmlns:xs="http://www.w3.org/2001/XMLSchema" elementFormDefault=
  "qualified" attributeFormDefault="unqualified">
  <xs:element name="teilbestimmt">
    <xs:complexType>
      <xs:sequence>
        <xs:any minOccurs="0" maxOccurs="unbounded"
                processContents="skip"/>
        <xs:element name="teil" type="xsd:string"/>
        <xs:any minOccurs="0" maxOccurs="unbounded"
                processContents="skip"/>
      </xs:sequence>
    </xs:complexType>
  </xs:element>

</xs:schema>
```

Listing 4.23 In XML Schema 1.0 nicht erlaubtes Inhaltsmodell

Wenn Sie dieses Schema etwa in XMLSpy anlegen, finden Sie sofort eine Fehlermeldung, dass das Inhaltsmodell dieses komplexen Typs nicht eindeutig ist. Wenn in einer Dokumentinstanz zu diesem Schema ein Element <xs:teil> auftritt, ist ja nicht sicher, ob dies jetzt ein Element ist, das dem Wildcard-Element <xs:any> entspricht oder dem Element mit dem Namen "teil".

In XML Schema 1.1 ist der abgebildete Code dagegen gültig. Bei der Validierung wird das bestimmte Element dem unbestimmten Element vorgezogen, wenn es vorhanden ist. Der Parser stolpert also in diesem Fall nicht über die in Zweifel gezogene Eindeutigkeit. Ist das erste Element der Sequenz etwas anderes als das Element <xs:teil>, wird es dagegen berücksichtigt.

Die Regeln für die Zusammensetzungen eines Inhaltsmodells sind auch an einigen anderen Stellen gelockert worden. Wildcards sind nun in allen Gruppen erlaubt und können auch innerhalb verschiedener Namensräume vorkommen.

Eine nützliche Änderung ist die Aufhebung von Einschränkungen, die bisher für das <xs:all>-Element galten. Es ist nun erlaubt, dass die Elemente innerhalb von <xs:all> auch mehr als einmal vorkommen können. Alle Gruppen sind nun erweiterbar.

4.17.3 Offene Modelle

Die Möglichkeiten, Modelle so zu gestalten, dass sie für spätere Änderungen offen bleiben, sind durch eine lockere Behandlung von Wildcards erweitert worden. Neu ist das Element <xs:openContent>, das komplexe Typen erlaubt, deren Inhalt in bestimmten Bereichen nicht fixiert ist. Das folgende Listing zeigt ein Beispiel für einen komplexen Typ, bei dem vor einer Sequenz von bestimmten Elementen Platz für die freie Ausgestaltung der vorausgehenden Informationen gegeben werden soll.

```
<xs:element name="Project" maxOccurs="unbounded">
  <xs:complexType>
    <xs:openContent mode="interleave">
      <xs:any processContents="lax" />
    </xs:openContent>
    <xs:sequence>
       <xs:element name="Beschreibung" type="xsd:string"/>
       <xs:element name="Projektleiter" type="xsd:string" />
       <!-- ... -->
    </xs:sequence>
  </xs:complexType>
```

Listing 4.24 Code mit einem <openContent>-Element

Das Element <xs:openContent> tritt dabei als mögliches Kind des Elements <xs:complexType> auf. Mit dem Attribut mode können die Werte none, interleave und suffix vergeben werden, wobei interleave die Vorgabe ist. Bei dem Modus none darf kein

<xs:any>-Element als Inhalt vorhanden sein, bei den anderen Modi muss wenigstens eines vorhanden sein. Als Inhalt des Elements sind Annotationen und Wildcards erlaubt.

Eine noch rabiatere Öffnung eines Schemas erreichen Sie dadurch, dass Sie am Anfang ein Element <xs:defaultOpenContent> als globale Komponente angeben.

```
<xs:defaultOpenContent mode="interleave" appliesToEmpty="false">
  <xs:any />
</xs:defaultOpenContent>
```

Damit wird das Schema insgesamt als offen für beliebige andere Elemente bestimmt, wobei Sie über das Attribut appliesToEmpty festlegen, ob zusätzliche Elemente auch in leeren Elementen erlaubt sind oder nicht.

4.17.4 Schemaweite Attribute

Um die Verwendung von Attributen wie xml:id oder xml:lang zu vereinfachen, führt XML Schema 1.1 schemaweite Attribute ein. Sie können dazu eine Attributgruppe erstellen und diese über das <schema>-Attribut defaultAttributes dem gesamten Schema zuordnen. Die in der Gruppe zusammengestellten Attribute gehören dann automatisch zu jedem Element des Schemas.

```
<xs:schema ... defaultAttributes="defaultAttributes">
  <xs:attributeGroup name="defaultAttributes">
    <!-- Attributdeklarationen -->
  </xs:attributeGroup>
  <!-- alle andere Deklarationen -->
</xs:schema>
```

4.17.5 Anpassen von Schemas

Um Teile eines importierten Schemas zu ändern, kann in XML Schema 1.0 das Element <xs:redefine> verwendet werden. Dieses Element wird in der Version 1.1 durch das Element <xs:override> ergänzt.

```
<xs:override schemaLocation="office-calendar.xsd">
  <xs:element name="projekt">
   <!-- -->
  <xs:element>
<xs:override>
```

Während <xs:redefine> einen globalen Typ aus einem anderen Schema durch Erweiterung oder Einschränkung neu deklariert, erlaubt Ihnen <xs:override>, jedes globale

Item aus dem importierten Schema zu ändern, sei es ein Element, ein Attribut, ein einfacher oder komplexer Datentyp oder auch eine Element- oder Attributgruppe. Auch das Ersetzen ganzer Elemente oder das Zusammenstellen neuer Gruppen ist jetzt möglich.

4.17.6 Neue Datentypen

Im Bereich der Datentypen führt XML Schema 1.1 einen neuen Datentyp mit dem Namen `anyAtomicType` ein, der in der Folge als Basistyp für die Definition aller einfachen und unteilbaren Datentypen verwendet wird. Neu sind auch zwei Ableitungen des primitiven Datentyps `duration`. Die erste ist `dayTimeDuration`. Sie schränkt die möglichen Werte auf solche ein, bei denen die Eigenschaft `months` den Wert 0 hat. Die zweite Ableitung ist `yearMonthDuration`. In diesem Fall wird der Werteraum auf Werte eingeschränkt, bei denen der Wert für `seconds` gleich 0 ist. Neu ist auch `dateTimeStamp`, eine Ableitung des primitiven Datentyps `dateTime`. Dabei wird für die Facette `explicitTimezone` der Wert `required` verlangt.

4.17.7 Einsatz bedingter Datentypen

Um bei der Deklaration von Elementen auch bedingte Datentypen zu ermöglichen, wurde ein `<xs:alternative>`-Element hinzugefügt und das Inhaltsmodell von `<xs:element>` entsprechend geändert. Damit wird ein Mechanismus eingeführt, der es erlaubt, Elementen unterschiedliche Datentypen zuzuweisen, je nach dem Ergebnis einer Prüfung der Werte, die beispielsweise über ein bestimmtes Attribut geliefert werden. Wie bei dem Element `<xs:assert>` oder der Facette `<xs:assertion>` wird auch hier mit XPath-Ausdrücken gearbeitet, die im Zuge der Validierung ausgewertet werden.

Die Werte des Typattributs in dem Element `<xs:alternative>` korrespondieren mit dem Typattribut der Komponente. Wenn der XPath-Ausdruck des Attributs `test` den Wert `true` ergibt, dann wird der dem Element zunächst zugeordnete Datentyp durch den in dem entsprechenden `<xs:alternative>`-Element festgelegten Typ ersetzt. Der alternative Typ muss allerdings von dem für das Element deklarierten Typ abgeleitet sein. Stattdessen kann aber auch ein ebenfalls neu eingeführter Datentyp `xs:error` angegeben werden, der in jedem Fall dafür sorgt, dass das betreffende Element als ungültig eingestuft wird.

Eine Elementdeklaration kann eine Typtabelle mit einer Folge von Typalternativen enthalten und einer Angabe des vorgegebenen Datentyps. In diesem Fall werden die XPath-Ausdrücke des Attributs `test` in der Reihenfolge ausgewertet, in der sie im Dokument vorkommen. Trifft keine der Alternativen zu, wird der vorgegebene Datentyp für das Element verwendet. Die folgende Elementdeklaration setzt voraus, dass im Schema ein komplexer Basistyp ausgabeTyp definiert ist und zwei davon abgeleitete komplexe Typen mit dem Namen text und xhtml belegt sind. Die Auswahl in einem Dokument soll aufgrund des Wertes erfolgen, der für das Attribut ausgabe verwendet wird:

```
<xs:element name="ersteZeile" type="ausgabeTyp">
  <xs:alternative test="@ausgabe='text'" type="xsd:string"/>
  <xs:alternative test="@ausgabe='xhtml'" type="xhtmlContentType"/>
  <xs:alternative test="@ausgabe" type="xs:error"/>
  <xs:alternative type="xsd:string"/>
</xs:element>
```

Die Deklaration legt zunächst ausgabeTyp als Basistyp fest. Anschließend folgen vier <xs:alternative>-Elemente. Die ersten beiden Elemente prüfen, ob für das Attribut ausgabe die Werte text oder html angegeben sind. Das dritte Element prüft, ob das Attribut ausgabe überhaupt einen gültigen Wert enthält. Ist das nicht der Fall, wird der Typ xs:error zugewiesen. Wenn keiner der Tests den Wert true ergibt, wird der mit dem letzten <xs:alternative>-Element angegebene Vorgabetyp ausgewählt.

Die folgenden Instanzen des Elements zeigen, wie die bedingte Typauswahl funktioniert:

```
<ersteZeile ausgabe="text">Allerhand Neues</ersteZeile>
<ersteZeile ausgabe="xhtml"
  xmlns:xhtml="http://www.w3.org/1999/xhtml">Allerhand
 <xhtml:em>Neues</xhtml:em></ersteZeile>
<ersteZeile ausgabe="unbekannt">nicht zulässig! Fehler!.</ersteZeile>
<ersteZeile>Allerhand Neues</ersteZeile>
```

Neben den bisher angesprochenen Neuerungen enthält die Spezifikation für XML Schema 1.1 noch eine Reihe von Anpassungen, die durch die neueren Empfehlungen für XML 1.1 und XPath 2.0 bedingt sind. Es wird sich zeigen, in welchem Umfang die neuen Möglichkeiten von den für XML verfügbaren Werkzeugen genutzt werden.

Kapitel 5
Navigation und Verknüpfung

Wie sind Teile eines XML-Dokuments für Anwendungen ansprechbar? Wie lassen sich Verknüpfungen herstellen? Spezielle Adressierungssprachen wie XPath und XLink liefern Antworten auf diese Fragen.

Die logische Struktur eines XML-Dokuments lässt sich, wie schon mehrfach angesprochen, in einer hierarchischen Baumstruktur darstellen, in der die unterschiedlichen Informationseinheiten als Knoten erscheinen.

Um Teile eines XML-Dokuments ansprechen und auswerten zu können, standardisierte das W3C schon sehr früh als Ergänzung zu XML eine spezielle Adressierungssprache unter dem Namen *XML Path Language – XPath*. Auf der Basis von XPath wurde mit der *XML Pointer Language – XPointer* – versucht, eine Möglichkeit zu schaffen, auch auf Fragmente in externen Dokumenten zuzugreifen.

Die *XML Linking Language – XLink* – definiert Möglichkeiten, Elemente in XML-Dokumenten zur Verknüpfung mit anderen Ressourcen zu verwenden.

5.1 Datenauswahl mit XPath

XPath ist selbst keine XML-Anwendung. Die Sprache enthält eine eigene Syntax zur Bildung von Zeichenketten, die sich zur Adressierung von Untermengen eines Dokuments verwenden lassen. Die Empfehlung finden Sie unter *http://www.w3.org/TR/xpath*.

Eine Teilmenge von XPath wird, wie schon beschrieben, in XML Schema für die Bildung von Werten für spezielle Auswahlattribute in den Elementen `<xsd:key>`, `<xsd:unique>` und `<xsd:keyref>` benutzt. XPath spielt vor allem aber in XSLT- oder XSL-Dokumenten eine wichtige Rolle – Thema von Kapitel 7 bzw. Kapitel 8 –, die ja wohlgeformte XML-Dokumente sind. Die XPath-Syntax wird dort zur Formulierung der Werte für die Attribute `match` und `select` benutzt, die in den Stylesheets zur Auswahl von Knotenmengen verwendet werden.

5.1.1 Baummodell und XPath-Ausdrücke

XPath arbeitet auf der Basis eines Baummodells, das die im XML-Dokument enthaltenen Informationseinheiten repräsentiert, die in der *Infoset*-Empfehlung definiert sind. Dieses Modell ist dem DOM-Modell – das in Kapitel 10, »Programmierschnittstellen für XML«, beschrieben wird – sehr ähnlich, aber doch nicht damit identisch. Das DOM-Modell ist ein Objektmodell mit Knoten, deren Eigenschaften und Methoden einem Anwendungsprogramm zur Verfügung stehen, während die Knoten im XPath-Modell verhaltenslos sind. Das Knotenmodell ist also eigentlich nur eine bestimmte Sicht auf ein Dokument.

Eine Instanz der XPath-Sprache wird *Ausdruck* genannt. Ein XPath-Ausdruck wird ausgewertet, um ein Objekt zu gewinnen, für das vier grundlegende Datentypen möglich sind.

- Der Datentyp `node-set` liefert eine ungeordnete Knotenmenge, die auch leer sein kann. Die Knotenmenge enthält keine Duplikate.
- `string` ist eine Zeichenfolge, die auch leer sein kann, wobei die Zeichen der XML-Empfehlung entsprechen.
- `number` ist immer eine Fließkommazahl, genauer eine Zahl im 64-Bit-Format – *Double-Precision* – nach IEEE 754.
- Der Datentyp `boolean` kann die Werte `true` und `false` annehmen.

Dabei sind zwischen den verschiedenen Datentypen Umwandlungen möglich, für die in der XPath-Empfehlung feste Regeln definiert sind.

XPath übernimmt nicht alle der in der Infoset-Empfehlung definierten Informationseinheiten, die Teile eines XML-Dokuments sein können. Entitäten sind in XPath beispielsweise nicht ansprechbar.

Das hängt damit zusammen, dass sich XPath-Ausdrücke immer auf das bereits von dem entsprechenden Prozessor geparste Dokument beziehen, in dem bereits alle Entitäten aufgelöst und durch die vollständigen Zeichenfolgen ersetzt sind. Auch CDATA-Abschnitte sind bereits in Text konvertiert, bevor ein XPath-Ausdruck angewendet wird.

5.1.2 Vom Dokument zum Knotenbaum

Zunächst ein Beispiel, wie ein XPath-Prozessor ein XML-Dokument in eine Baumstruktur übersetzt. Das Dokument gibt einen Auszug aus einem Weindepot:

```
<?xml version="1.0" encoding="UTF-8"?>
<weindepot>
  <anbaugebiet name="Mosel">
    <jahrgang jahr="2015">
```

```
    <art farbe="weiss">
      <wein>
        <bezeichnung>Enkircher Pastor</bezeichnung>
        <rebsorte>Riesling</rebsorte>
        <richtung qualitaet="Auslese">halbtrocken</richtung>
        <preis>8,00</preis>
      </wein>
      <wein>
        <bezeichnung>Cochemer Hospiz</bezeichnung>
        <rebsorte>Riesling</rebsorte>
        <richtung qualitaet="Auslese">trocken</richtung>
        <preis>18,00</preis>
      </wein>
    </art>
  </jahrgang>
 </anbaugebiet>
</weindepot>
```

Listing 5.1 weindepot.xml

Der XPath-Knotenbaum für dieses Dokument sieht vereinfacht so aus, wie in Abbildung 5.1 dargestellt.

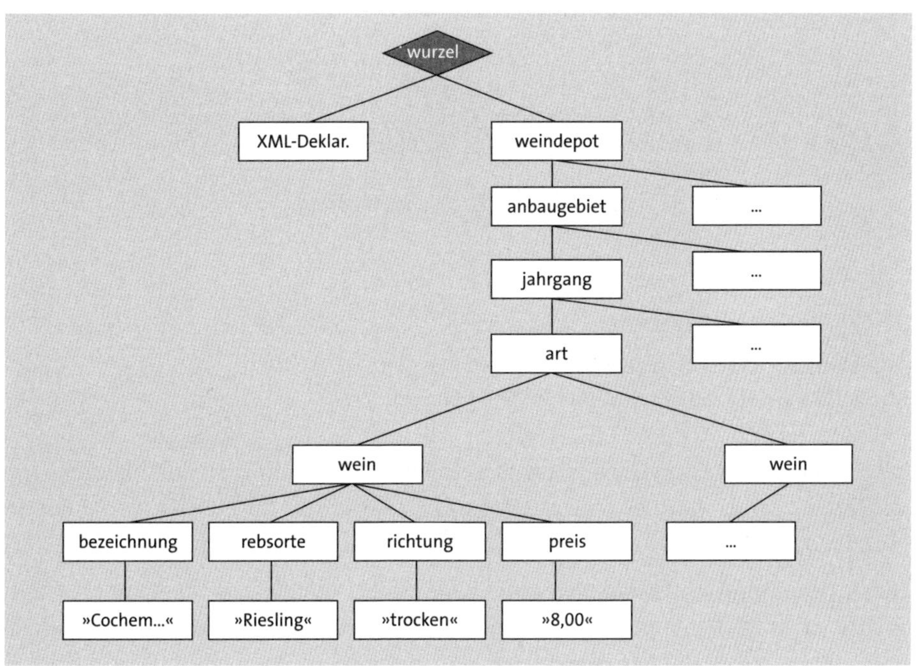

Abbildung 5.1 Baumstruktur des Beispieldokuments

Der Baum geht von einem Wurzelknoten aus, der nicht dem Dokumentelement entspricht, sondern ein logisches Konstrukt ist, von dem dann erst das Dokumentelement und eventuelle Knoten für Kommentare und Verarbeitungsanweisungen abzweigen.

5.1.3 Dokumentreihenfolge

Die Darstellung des XML-Dokuments als Baum wäre nicht viel mehr als eine Spielerei, wenn es für die Zuordnung der Knoten des Baumes zu den Komponenten des XML-Dokuments nicht eine strenge Regelung gäbe. Abbildung 5.2 zeigt eine abstrakte Struktur für einen in dieser Weise geordneten Baum.

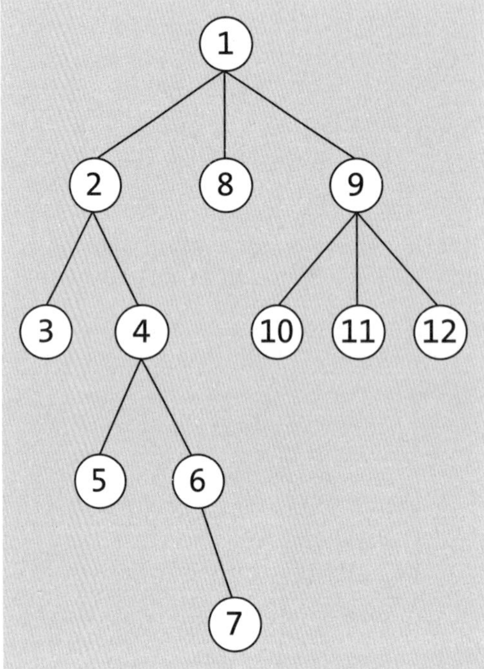

Abbildung 5.2 Die Zahlen geben die Reihenfolge der Knoten an, die der Dokumentreihenfolge entspricht.

Die Zahlen in den Knoten zeigen an, wie ein Prozessor die Knoten durchlaufen – traversieren – wird, wenn er den Auftrag erhält, sämtliche Knoten nacheinander zu besuchen.

Diese Anordnung wird *Dokumentreihenfolge* oder *Document Order* genannt. Sie entspricht exakt der Reihenfolge, in der die den Knoten entsprechenden Teile innerhalb des Dokuments erscheinen, wie das Beispiel in Abbildung 5.3 verdeutlicht.

Wie die Abbildung ebenfalls zeigt, findet dabei immer eine Tiefensuche statt. Es werden also nicht zunächst alle Knoten derselben Ebene nacheinander abgelaufen, sondern immer erst die Kinder und Kindeskinder des aktuellen Knotens abgearbeitet.

Wenn aus einem so geordneten Baum wieder ein sequenzielles Dokument erzeugt werden soll, muss er zunächst geplättet werden, und die Knoten müssen in der entsprechenden Reihenfolge in dem Dokument abgelegt werden. Dies wird *Serialisierung* genannt, während die Erzeugung eines Baumes aus einem Dokument umgekehrt als *Deserialisierung* bezeichnet wird.

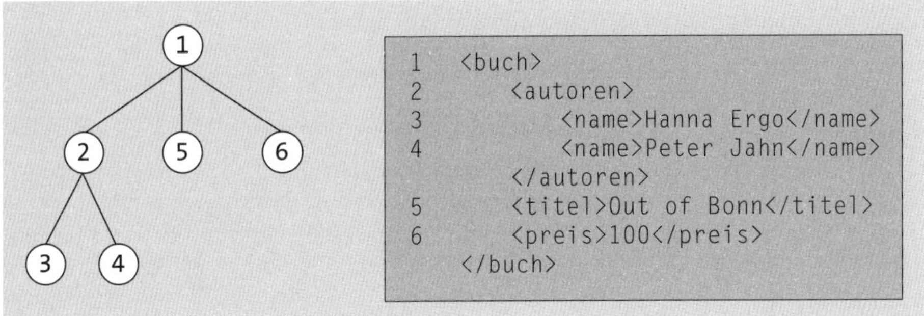

Abbildung 5.3 Die Dokumentreihenfolge entspricht der Reihenfolge der Start-Tags im Dokument.

5.1.4 Knotentypen

XPath unterscheidet unterschiedliche Knotentypen, deren Bedeutung in Tabelle 5.1 kurz erläutert wird. Zusätzlich wird jeweils der String-Wert angegeben. Damit ist die Zeichenkette gemeint, die die Auswertung eines XPath-Ausdrucks liefert, der den entsprechenden Knoten adressiert.

XPath-Knotentyp	Bedeutung
Wurzelknoten	Oberster Knoten des Baumes, dessen Kind der Elementknoten des Dokumentelements ist. Weitere Kinder können Processing-Instruction-Knoten und Kommentarknoten sein. String-Wert: Verkettung der Zeichendaten aller Textknoten-Kinder in der Dokumentreihenfolge
Elementknoten	Knoten für ein Element String-Wert: Verkettung der Zeichendaten aller Textknoten-Kinder des Elements

Tabelle 5.1 Knotentypen in XPath

XPath-Knotentyp	Bedeutung
Attributknoten	Knoten für jedes einem Element zugeordnete Attribut (Im Unterschied zu DOM wird in XPath dabei das betreffende Element als Elternelement betrachtet, obwohl die Attribute nicht als Kinder des Elements behandelt werden.) String-Wert: der normalisierte Attributwert
Textknoten	Knoten, der Zeichendaten enthält (Zeichen in Kommentaren, Verarbeitungsanweisungen und Attributwerte bilden keine Textknoten.) String-Wert: die Zeichendaten des Textknotens
Verarbeitungsanweisungsknoten	Knoten für je eine Verarbeitungsanweisung String-Wert: der Inhalt der Instruktion, die dem Ziel der Verarbeitungsanweisung folgt (ohne den Begrenzer ?>)
Namensraumknoten	Der Namensraum ist jeweils einem Elementknoten als Elternknoten zugeordnet; er ist aber nicht Kind dieses Elementknotens. String-Wert: URI des Namensraums
Kommentarknoten	Knoten für jeden einzelnen Kommentar String-Wert: der Kommentarinhalt, der sich innerhalb der Kommentarbegrenzer befindet

Tabelle 5.1 Knotentypen in XPath (Forts.)

5.1.5 Lokalisierungspfade

Der wohl wichtigste Ausdruckstyp in XPath ist der Lokalisierungspfad. Nicht unähnlich den Techniken, die für die Pfadangaben von Dateiordnern verwendet werden, geben diese Ausdrücke an, welcher Teil der Knotenmenge eines Dokuments ausgewählt und bearbeitet werden soll. Dabei werden zwei Schreibweisen verwendet, eine ausführliche und eine Kurzform, die für viele Standardaufgaben meist am bequemsten ist.

Zugriff auf Elemente

Um in dem Weindepot-Beispiel den Knoten `<anbaugebiet>` zu erreichen, kann der folgende Ausdruck in der Kurzform verwendet werden:

```
/weindepot/anbaugebiet
```

Dieser Ausdruck liefert die entsprechende Knotenmenge, das *Node-Set*, eine ungeordnete Sammlung von Knoten. Wie bei Unix-Systemen werden die einzelnen Schritte mit einem Schrägstrich getrennt. Der erste Schrägstrich steht dabei für den Wurzelknoten.

Kontextknoten und relative oder absolute Pfade

Ähnlich wie bei Dateisystemen können absolute und relative Pfade verwendet werden. Ein absoluter Pfad geht immer vom Wurzelknoten aus, ein relativer dagegen von dem Knoten, der gerade der Kontextknoten ist. Das ist jeweils der Knoten, der durch die vorausgehenden Schritte erreicht worden ist.

```
anbaugebiet/jahrgang
```

wäre ein möglicher relativer Pfadausdruck, wenn `<weindepot>` der Kontextknoten ist.

```
/weindepot/anbaugebiet/jahrgang
```

ist der entsprechende Ausdruck mit einem absoluten Pfad. Um nicht immer die vollständige Hierarchie angeben zu müssen, kann mit dem Doppelschrägstrich gearbeitet werden.

```
//jahrgang
```

liefert die Knotenmenge der Elemente mit dem Namen `jahrgang`, falls diese Elemente auf irgendeiner Stufe zu den Nachkommen des Wurzelknotens gehören. Diese Abkürzung kann auch innerhalb eines Ausdrucks verwendet werden:

```
/weindepot//wein
```

Es muss dann nicht bekannt sein, wie viele Stufen zwischen den beiden Elementen liegen. Allerdings hat ein Prozessor mit einem so unbestimmten Ausdruck mehr Arbeit als mit den ersten beiden Ausdrücken, da er mehr Knoten des Dokuments prüfen muss.

Absolute Pfade haben den Vorteil, dass sie unabhängig vom gerade erreichten Kontextknoten verwendet werden können. Andererseits erschweren sie die Mehrfachverwendung von XPath-Ausdrücken.

Der Kontextknoten selbst kann in der Kurzform mit dem Punkt angesprochen werden. Die Eltern des Kontextknotens lassen sich mit `..` finden.

Anstelle konkreter Namen können auch Wildcards verwendet werden.

```
//anbaugebiet/*
```

liefert zum Beispiel alle Kinder des Elements `anbaugebiet`.

Zugriff auf Attribute

Obwohl XPath die Elementknoten als Eltern ihrer Attributknoten behandelt, werden die Attributknoten nicht als Kindknoten des Elementknotens angesprochen, wie dies für die Textknoten der Fall ist. Die Attributknoten müssen also in anderer Weise adressiert werden.

Um den Wert eines Attributknotens zu erhalten, kann in der Kurzform eine Kombination aus dem At-Zeichen @ und dem Attributnamen verwendet werden.

```
anbaugebiet/@name
```

liefert zum Beispiel die Namensattribute der Elementknoten `<anbaugebiet>`.

Mit einem Ausdruck wie

```
anbaugebiet[@name="Mosel"]
```

dagegen lassen sich die Elementknoten auswählen, bei denen das Attribut `name` den angegebenen Wert hat.

Auch Attribute lassen sich über Wildcards suchen.

```
anbaugebiet/@*
```

liefert alle Attribute des Elements `<anbaugebiet>`.

5.1.6 Ausführliche Schreibweise

In der ausführlichen Schreibweise wird noch deutlicher, wie ein Lokalisierungspfad aus einzelnen Lokalisierungsstufen zusammengesetzt wird, die jeweils von links nach rechts ausgewertet werden.

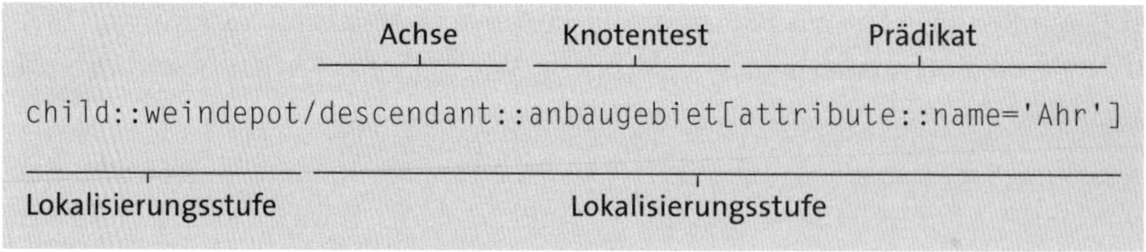

Abbildung 5.4 Die Bestandteile eines Lokalisierungspfads

5.1.7 Lokalisierungsstufen und Achsen

Jede Lokalisierungsstufe besteht aus drei Teilen: dem Achsenbezeichner, dem Knotentest und optional einem oder mehreren Prädikaten. Die allgemeine Syntax ist:

```
Achsenbezeichner::Knotentest[Prädikat1][Prädikat2]
```

Die doppelten Doppelpunkte werden als Trennzeichen zwischen Achsenbezeichner und Knotentest verwendet. Konkret sieht dies etwa so aus:

```
/child::weindepot
/child::anbaugebiet[attribute::name="Mosel"]
/child::jahrgang
```

Der Achsenbezeichner `child` gibt die Richtung an, in die der Knotendurchlauf erfolgen soll. In diesem Fall wird einfach vom Wurzelknoten zum Kind des Wurzelknotens, dem Wurzelelement `<weindepot>`, gesprungen.

Dieser erste Schritt liefert die Knotenmenge des Wurzelelements. Von dort geht es weiter zu dem Kind `<anbaugebiet>`, wobei durch das Prädikat ein bestimmtes Anbaugebiet ausgewählt wird. Das Prädikat bringt also die Attribute eines Elements ins Spiel. Wie zu sehen ist, kann der Lokalisierungspfad durch Leerräume gegliedert werden. Anstelle des beschriebenen Ausdrucks könnte auch die folgende Kurzform verwendet werden:

```
/weindepot/anbaugebiet[@name="Mosel"]/jahrgang
```

Mit dem `|`-Operator lassen sich auch gleich mehrere Pfade kombinieren:

```
child::anbaugebiet[attribute::name="Mosel"]|
child::anbaugebiet[attribute::name="Ahr"]
```

Der Knotentest kann entweder den Knotentyp oder direkt den erweiterten Namen des Knotens angeben. Wird ein qualifizierter Name, also ein Name mit einem Namensraumpräfix, verwendet, wird das Präfix durch den vollständigen Namensraumnamen ersetzt, weshalb von einem *erweiterten Namen* gesprochen wird. Ein positiver Effekt dieser Ersetzung ist, dass die Verwendung unterschiedlicher Präfixe für denselben Namensraum nicht zu Problemen führt.

Mit Hilfe der Achsenbezeichner kann gesteuert werden, ob von den Eltern aus die Kinder besucht werden, von den Kindern aus die Eltern oder die Geschwister. Mit jedem Schritt innerhalb des Knotengewirrs ändert sich dabei der Kontextknoten für den nächsten Schritt. Jede Achse definiert eine Knotenmenge relativ zum Kontextknoten. Tabelle 5.2 gibt einen Überblick über die möglichen Achsen.

Achse	Abgekürzt	Beschreibung
`self`	.	Liefert den Kontextknoten.
`child`	(Vorgabe)	Liefert die Kinder des Kontextknotens.

Tabelle 5.2 Achsen in XPath

Achse	Abgekürzt	Beschreibung
parent	..	Liefert die Eltern des Kontextknotens, falls vorhanden.
descendant	//	Liefert die Nachkommen des Kontextknotens (Kinder, Kindeskinder etc., also ausschließlich Elementknoten).
descendant-or-self		Liefert den Kontextknoten und die descendant-Achse.
ancestor		Liefert die Vorfahren des Kontextknotens bis hin zum Wurzelknoten.
ancestor-or-self		Liefert den Kontextknoten und die ancestor-Achse.
following		Liefert alle Elementknoten des Dokuments, die in der Dokumentreihenfolge dem Kontextknoten folgen, mit Ausnahme der Nachkommen des Kontextknotens.
following-sibling		Liefert alle folgenden Geschwister des Kontextknotens.
preceding		Liefert alle Elementknoten vor dem Kontextknoten, mit Ausnahme der Vorfahren.
preceding-sibling		Liefert alle vorhergehenden Geschwister des Kontextknotens.
attribute	@	Liefert die Attributknoten des Kontextknotens.
namespace		Liefert, falls vorhanden, den Namensraumknoten des Kontextknotens.

Tabelle 5.2 Achsen in XPath (Forts.)

Die meisten Achsen weisen vom Kontextknoten aus gesehen entweder vorwärts oder rückwärts, wobei die Knotenmengen der Achsen `self`, `ancestor`, `descendent`, `following` und `preceding` zusammen alle Elemente des Dokuments umfassen, ohne dass es zu Überschneidungen kommt.

In den folgenden Abbildungen (siehe Abbildung 5.5 bis Abbildung 5.8) sind an einem Beispiel die Knotenmengen zusammengestellt, die die verschiedenen Achsen in Bezug auf einen bestimmten Kontextknoten liefern.

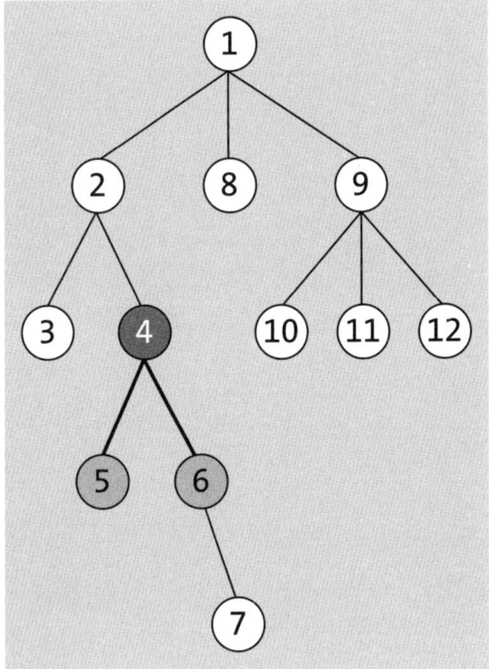

Abbildung 5.5 5 und 6 sind Kinder von 4.

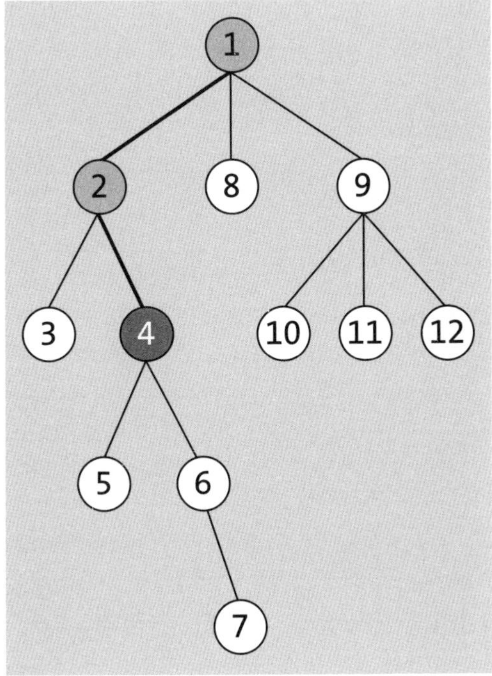

Abbildung 5.6 1 und 2 sind Vorfahren von 4.

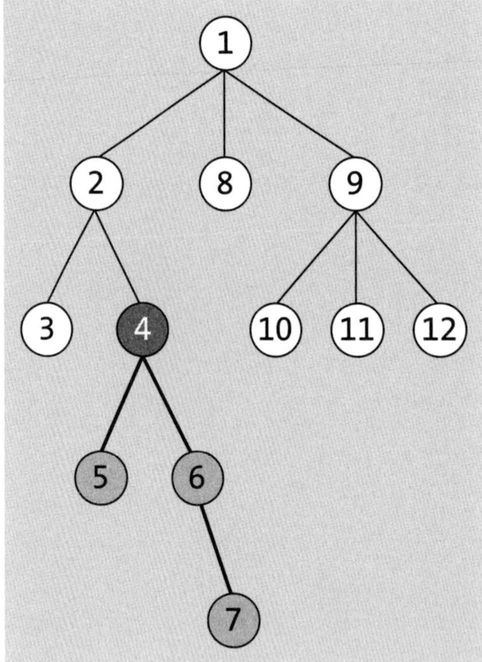

Abbildung 5.7 5, 6 und 7 sind Nachfahren von 4.

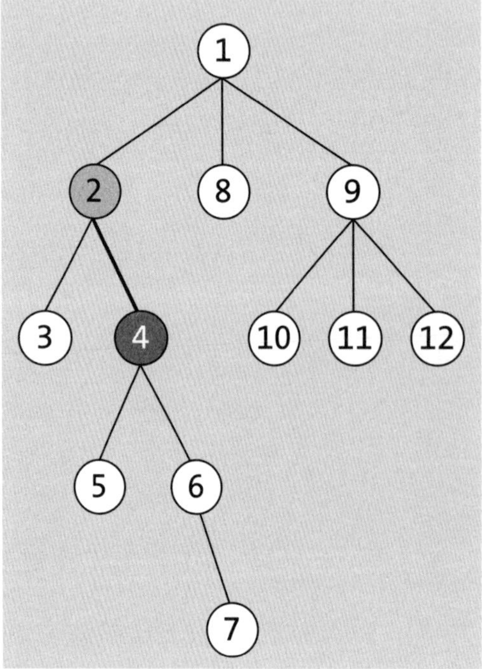

Abbildung 5.8 2 ist Elternteil von 4.

5.1.8 Knotentest

Die Knotenmenge, die durch die gewählte Achse ausgewählt wird, kann anschließend durch den sogenannten Knotentest weiter gefiltert werden. Dabei wird als Kriterium entweder ein bestimmter Knotenname oder ein bestimmter Knotentyp verwendet.

```
following::bezeichnung
```

wählt beispielsweise ausgehend vom jeweiligen Kontextknoten zunächst alle in der Dokumentreihenfolge folgenden Knoten aus und filtert daraus die Knoten mit dem Elementnamen `bezeichnung`. Dabei muss der Knotentyp des benannten Knotens mit dem grundsätzlichen Knotentyp der Achse übereinstimmen. Bei allen Achsen außer den Achsen `attribute` und `namespace` ist dies der Knotentyp `Element`. Knoten eines anderen Typs werden also ignoriert, auch wenn sie denselben Namen haben. Sollen Attributknoten zusammengestellt werden, wird der Attributname verwendet wie in

```
attribute::qualitaet
```

Sollen Knoten aufgrund ihres Knotentyps identifiziert werden, wird statt des Knotennamens eine entsprechende Funktion genutzt (siehe Tabelle 5.3).

Test per Knotentyp	Beschreibung
`text()`	Liefert alle Textknoten.
`comment()`	Liefert alle Kommentarknoten.
`processing-instruction()`	Liefert alle Knoten mit Verarbeitungsanweisungen.
`node()`	Liefert alle Knoten unabhängig vom jeweiligen Typ.

Tabelle 5.3 Knotentests

Um beispielsweise alle Textknoten, die Kinder des Kontextknotens sind, auszuwählen, kann

```
child::text()
```

verwendet werden. Der Ausdruck

```
descendant-or-self::comment()
```

stellt alle Kommentare des gesamten Dokuments zusammen. Der Funktion für `processing-instruction` kann auch ein Parameter übergeben werden, der das Ziel angibt.

5.1.9 Filtern mit Prädikaten

Mit Hilfe von Prädikaten lässt sich die Filterung der gewünschten Knotenmenge noch weiter verfeinern. Dabei wird durch einen logischen Ausdruck in eckigen Klammern eine Bedingung formuliert, die erfüllt sein muss, damit bestimmte Knoten ausgewählt werden. Im anderen Fall werden die entsprechenden Knoten aus der Knotenmenge entfernt. Werden mehrere Prädikate verwendet, bildet die Knotenmenge, die das Ergebnis des ersten Prädikats ist, den Ausgangspunkt für die Prüfung durch das zweite Prädikat etc.

Häufige Form eines Prädikatsausdrucks ist der Vergleich mit einer string-Konstanten. Der folgende Pfad

```
/child::weindepot/child::anbaugebiet[attribute::name="Ahr"]
```

findet zum Beispiel alle Weine aus dem Anbaugebiet »Ahr«. Findet ein solcher Vergleich mit einem String statt, zeigt der XPath-Ausdruck als Ergebnis den String-Wert der betroffenen Knoten an, der Tabelle 5.1 zu entnehmen ist.

Prädikatausdrücke unterstützen die üblichen logischen Operatoren <, >, <=, >=, = und !=. Allerdings muss dabei beachtet werden, dass Operatoren wie < oder > nicht unmittelbar in einem XML-Dokument erscheinen dürfen, sondern durch die entsprechenden Entitätsreferenzen < und > ersetzt werden müssen.

Auch mathematische Operatoren können in einem Prädikat eingesetzt werden. Die Folge ist, dass das Resultat des Ausdrucks von einem String-Wert in einen Zahlwert umgewandelt wird. Zur Verfügung stehen die numerischen Operatoren +, –, *, div und mod. Auch Klammern können verwendet werden.

5.1.10 Test von XPath-Ausdrücken

Wenn Sie die Formulierung von XPath-Ausdrücken etwas trainieren wollen, können Sie sich beispielsweise mit dem folgenden VBA-Makro behelfen, das sich in Excel anlegen lässt, vorausgesetzt, Sie binden durch einen Verweis im Visual-Basic-Editor die Microsoft XML-Bibliothek v6.0 – *msxml6.dll* – ein. Diese Bibliothek steht zur Verfügung, wenn der Microsoft XML-Parser installiert ist. Mehr dazu finden Sie in Kapitel 10, »Programmierschnittstellen für XML«. Während ältere Versionen des Parsers nur die abgekürzte Form der XPath-Ausdrücke unterstützen und deshalb auch nicht in der Lage sind, alle Achsen zu nutzen, gilt diese Einschränkung ab der Version 3 nicht mehr.

Mit Hilfe der selectNodes-Methode, einer von Microsoft bereitgestellten Erweiterung von DOM, können dann XPath-Ausdrücke für ein bestimmtes XML-Dokument ausgewertet werden. Sie liefern das aktuelle node-set, das dem jeweiligen Ausdruck entspricht.

```
Public Sub knotenabfrage()
  Dim XMLDokument As String
  Dim XPathexpression As String
  Dim i As Integer
  Dim menge As Integer
  Dim knotenliste As IXMLDOMNodeList
  Dim xml As New MSXML2.DOMDocument60

  XPathexpression = InputBox("XPath-Ausdruck: ")
  XMLDokument = FileSystem.CurDir + "\weindepot.xml"
  xml.Load XMLDokument
  xml.setProperty "SelectionLanguage", "XPath"
  Set knotenliste = xml.selectNodes(XPathexpression)
  menge = knotenliste.Length
  For i = 0 To menge - 1
    MsgBox (knotenliste.Item(i).xml)
  Next
End Sub
```

Listing 5.2 knotentest.xls

Die Angabe über die zu verwendende Abfragesprache

```
xml.setProperty "SelectionLanguage", "XPath"
```

ist wichtig, damit das Makro auch Ausdrücke in der ausführlichen Form akzeptiert. Wird diese Anweisung weggelassen, verhält sich die `selectNodes`-Methode so wie in den älteren Parser-Versionen, die nur die abgekürzten Ausdrücke verwerten konnten. Das Makro geht in diesem Fall davon aus, dass sich die XML-Datei in dem aktuellen Standardspeicherort von Excel befindet, der mit `Filesystem.CurDir` ausgelesen wird.

Die Ausgabe des Makros erscheint in diesem Fall einfach knotenweise in einem Meldungsdialog von Excel. Der XPath-Ausdruck `//wein` erzeugt zum Beispiel nacheinander die folgende Ausgabe:

```
<wein>
    <bezeichnung>Enkircher Pastor</bezeichnung>
    <rebsorte>Riesling</rebsorte>
    <richtung qualitaet="Auslese">halbtrocken</richtung>
    <preis>8,00</preis>
</wein>
<wein>
    <bezeichnung>Cochemer Hospiz</bezeichnung>
    <rebsorte>Riesling</rebsorte>
```

```
    <richtung qualitaet="Auslese">trocken</richtung>
    <preis>18,00</preis>
</wein>
```

XML-Entwicklungsumgebungen wie XMLSpy stellen Ihnen komfortable Werkzeuge für den Test von XPath-Ausdrücken zur Verfügung. Abbildung 5.9 zeigt ein Beispiel. Sie blenden dazu zunächst über XML • XPATH AUSWERTEN ein zusätzliches XPath-Fenster ein. In der ersten Eingabezeile geben Sie den XPath-Ausdruck ein. Mit den Schaltflächen darüber können Sie dazu im XML-Dokument markierte Elemente in das Eingabefeld übernehmen. Mehrere XPath-Abfragen lassen sich auf den durchnummerierten Registern ausführen.

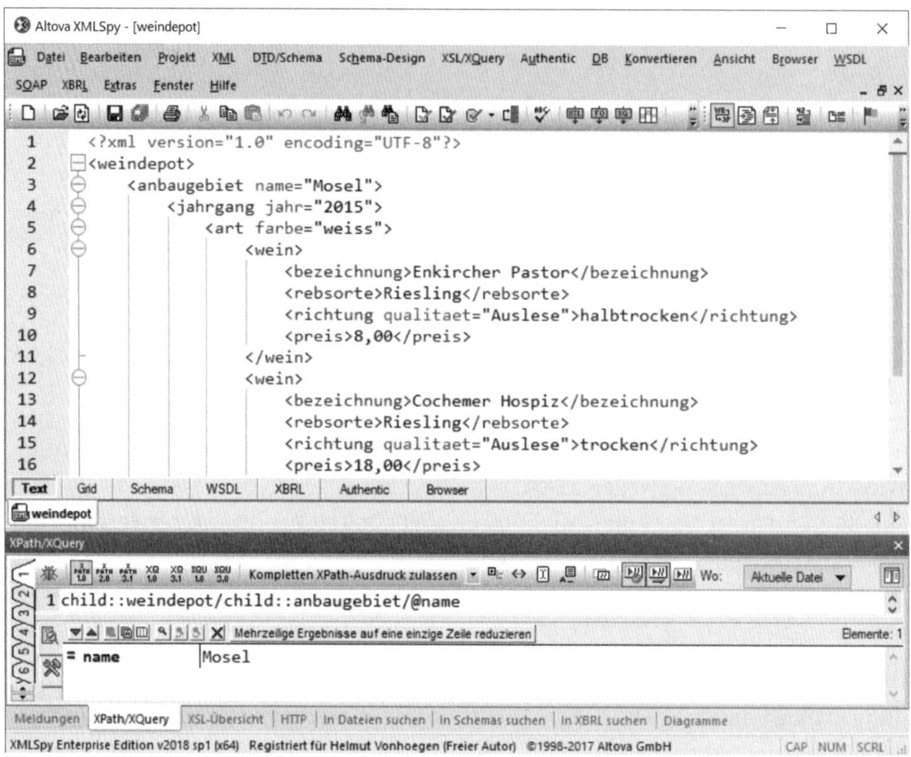

Abbildung 5.9 Testauswertung von XPath-Ausdrücken mit XMLSpy

5.1.11 XPath 1.0-Funktionen

XPath-Prozessoren müssen aufgrund der W3C-Empfehlung auch eine Bibliothek von Funktionen unterstützen. Diese Funktionen lassen sich insbesondere für die Formulierung ausdrucksstarker Prädikate einsetzen. Sie können entsprechend den von XPath 1.0-Ausdrücken gelieferten Datentypen in vier Gruppen eingeteilt werden:

- node-set
- string
- boolean
- number

Knotenmengenfunktionen

Häufig zum Einsatz kommen die in Tabelle 5.4 zusammengestellten Funktionen, die sich auf Knotenmengen beziehen, und zwar entweder auf die aktuelle Kontextknotenmenge oder auf eine explizit angegebene Knotenmenge.

In Bezug auf das Weindepot-Beispiel liefert die Funktion `count()` etwa mit

```
count(//wein)
```

die Anzahl der verschiedenen Weine. Durch Kombination der Funktionen `position()` und `last()` lässt sich der letzte Knoten in einer Knotenmenge auswählen:

```
//wein[position() = last()]
```

Um alle Elementknoten zu finden, die zu einem bestimmten Namensraum gehören, kann mit folgendem Ausdruck gearbeitet werden:

```
/descendent-or-self::*[namespace-uri() = "*"]
```

Knotenmengen-funktionen	Beschreibung
`last()`	Liefert eine Zahl, die die Größe der aktuellen Knotenmenge angibt – entspricht dem Wert, den auch `count()` liefert.
`position()`	Liefert die Position eines Mitglieds einer Knotenmenge.
`count()`	Liefert die Anzahl der Knoten in der Knotenmenge.
`id()`	Liefert die Knotenmenge, deren `ID`-Wert mit dem angegebenen von `object` übereinstimmt.
`local-name()`	Liefert den lokalen Teil des Knotennamens, der in der Knotenmenge an erster Position in der Dokumentreihenfolge steht, also der Element- oder Attributname ohne Präfix.
`namespace-uri()`	Liefert den URI des Namensraums des Knotens, der in der Knotenmenge an erster Position in der Dokumentreihenfolge steht.
`name()`	Liefert den qualifizierten Namen des Knotens, der in der Knotenmenge an erster Position in der Dokumentreihenfolge steht.

Tabelle 5.4 Knotenmengenfunktionen und ihre Bedeutung

String-Funktionen

Die string-Funktion wird verwendet, um ein Objekt in eine Zeichenkette umzuwandeln, also in ihren String-Wert. Was die String-Werte der verschiedenen Knotentypen sind, ist bereits in Tabelle 5.1 dargestellt worden.

Eine Reihe von Funktionen wird für die Verkettung und Zerlegung von Zeichenketten innerhalb von Lokalisierungspfaden angeboten. Damit können Knotenmengen aufgrund von String-Werten gefiltert werden. Um beispielsweise alle Weine zu markieren, deren Bezeichnung mit »En« beginnt, kann die folgende Funktion verwendet werden:

```
//child::wein[starts-with(bezeichnung, "En")]
```

Etwas ungewöhnlich ist die Funktion translate, die eine zeichenweise Ersetzung in einer Zeichenkette erlaubt. Das folgende Beispiel ergibt die Zeichenkette *BlauGelb*:

```
translate("blaugelb","bg","BG")
```

String-Funktionen	Beschreibung
string()	Wandelt ein Objekt in einen String um.
concat()	Verkettet die aufgeführten Zeichenketten.
starts-with()	Ergibt den Wert *wahr*, wenn die erste Zeichenkette mit der zweiten Zeichenkette beginnt.
contains()	Ergibt den Wert *wahr*, wenn die zweite Zeichenkette in der ersten enthalten ist.
substring-before()	Liefert aus der ersten Zeichenkette das, was vor dem Teil steht, der mit der zweiten Zeichenkette übereinstimmt.
substring-after()	Liefert aus der ersten Zeichenkette das, was hinter dem Teil steht, der mit dem ersten Auftreten der zweiten Zeichenkette übereinstimmt.
substring()	Liefert einen Teil der Zeichenkette, der an der mit dem zweiten Argument angegebenen Position beginnt und die mit dem dritten Argument angegebene Länge hat.
string-length()	Liefert die Anzahl der Zeichen in der Zeichenkette.
normalize-space()	Liefert die Zeichenkette mit normalisierten Leerzeichen. Führende und folgende Leerzeichen werden entfernt, interne Leerzeichen jeweils zu einem Leerzeichen zusammengefasst.

Tabelle 5.5 Liste der String-Funktionen

String-Funktionen	Beschreibung
translate()	Tauscht in der ersten Zeichenkette alle die Zeichen aus, die in der zweiten Zeichenkette vorkommen, und zwar jeweils durch die an der gleichen Position stehenden Zeichen der dritten Zeichenkette.

Tabelle 5.5 Liste der String-Funktionen (Forts.)

Logische Funktionen

Von den logischen Funktionen wird vor allem die boolean-Funktion häufig benutzt. Mit ihrer Hilfe kann sehr einfach getestet werden, ob eine Knotenmenge überhaupt Knoten enthält oder leer ist bzw. ob ein String-Wert tatsächlich eine Zeichenkette liefert oder leer ist.

Logische Funktionen	Beschreibung
boolean()	Wandelt das angegebene Objekt in einen logischen Wert um. Nichtleere Knotenmengen, nichtleere String-Werte und Zahlen größer als 0 ergeben *wahr*.
not()	Ergibt *wahr*, wenn das Objekt *falsch* ist.
true()	Gibt immer den Wert *wahr* zurück.
false()	Gibt immer den Wert *falsch* zurück.
lang()	Ergibt *wahr*, wenn der Wert von xml:lang mit dem Argument übereinstimmt, also derselben Sprache entspricht.

Tabelle 5.6 Liste der logischen Funktionen

Numerische Funktionen

XPath kennt auch einige wenige numerische Funktionen. Insbesondere wird die number()-Funktion genutzt, um ein Objekt in eine Zahl umzuwandeln. Das Ergebnis hängt vom Datentyp des betreffenden Objekts ab. Ein logisches Objekt liefert bei der Umwandlung den Wert 0 für *falsch* oder 1 für *wahr*; ein String-Wert liefert eine Zahl, wenn er als Zahl ausgewertet werden kann.

Praktisch ist auch die sum()-Funktion, mit der sehr einfach die Summe der Werte einer Knotenliste berechnet werden kann.

```
sum(//bestand)
```

liefert zum Beispiel die Summe aller Werte des Elements <bestand> in einer Lagerliste.

Numerische Funktionen	Beschreibung
`number()`	Wandelt das Objekt in eine Zahl um.
`sum()`	Liefert die Summe der Zahlenwerte der Knoten in der Knotenmenge, die sich aus der Umwandlung ihrer String-Werte ergeben.
`floor()`	Liefert die größte Ganzzahl, die nicht größer als die angegebene Zahl ist.
`ceiling()`	Liefert die kleinste Ganzzahl, die nicht kleiner als die angegebene Zahl ist.
`round()`	Rundet den Wert zur nächsten Ganzzahl.

Tabelle 5.7 Liste der numerischen Funktionen

5.2 XPath 2.0

Im Januar 2007 hat das W3C die Empfehlung für die nächste Version von XPath veröffentlicht. XPath 2.0 wird sowohl von XSLT 2.0 als auch von XQuery 1.0 verwendet. Alle Empfehlungen wurden zeitgleich verabschiedet. Während XSLT weiterhin vornehmlich zum Transformieren von XML-Daten eingesetzt wird, soll XQuery der Standard bei der Abfrage von XML-Dokumenten werden. XQuery 1.0 ist im Grunde eine Erweiterung von XPath 2.0. Die neue Abfragesprache für XML-Daten, die in Kapitel 9, »Abfragen mit XQuery«, vorgestellt wird, beansprucht, ähnlich leistungsfähig wie die weitverbreitete Datenbankabfragesprache SQL zu sein.

XPath 2.0 ist als Erweiterung von XPath 1.0 angelegt. Es ist dafür gesorgt, dass bis auf ganz wenige Ausnahmen jeder XPath 1.0-Ausdruck dasselbe Ergebnis liefert wie der entsprechende XPath 2.0-Ausdruck. Ein XPath 2.0-Prozessor kann dazu bei Bedarf einen entsprechenden Kompatibilitätsmodus nutzen, falls XPath 1.0-Ausdrücke zu verarbeiten sind.

Dieser Abschnitt konzentriert sich auf die Neuerungen, die mit XPath 2.0 angeboten werden. Für Tests kann beispielsweise die Entwicklungsumgebung XMLSpy oder der Saxon-Prozessor von Michael Kay, der selbst an der Erstellung des neuen Standards maßgeblich beteiligt war, genutzt werden. Beispiele sind in dem Abschnitt zu XSLT 2.0 zu finden. Auch das Microsoft .NET Framework unterstützt seit der Version 3.5 mit den Klassen in dem Namensraum `System.Xml.XPath` das Datenmodell von XPath 2.0 und XQuery 1.0.

5.2.1 Erweitertes Datenmodell

Die wichtigste Erweiterung in XPath 2.0 gegenüber XPath 1.0 betrifft zunächst das Datenmodell. Neben dem in Abschnitt 5.1.1, »Baummodell und XPath-Ausdrücke«, beschriebenen Baummodell, das die im XML-Dokument vorhandenen Informationseinheiten repräsentiert, berücksichtigt XPath 2.0 auch einzelne Werte, die als *atomic values* bezeichnet werden. Dabei kann es sich um Daten unterschiedlichen Typs handeln: Zeichenfolgen, Zahlen, logische Werte, Datums- oder Zeitwerte, aber auch qualifizierte Namen oder URIs. Der dritte Bereich sind Sequenzen oder Listen, die sowohl aus Einzelwerten als auch aus Bezügen auf Knoten in einem XML-Dokument bestehen können. Dabei handelt es sich um einfache Sequenzen, die nicht geschachtelt werden dürfen.

Die mit XPath 2.0 formulierbaren Ausdrücke sind in der Folge durch zusätzliche Operatoren und zahlreiche neue Funktionen dahingehend erweitert worden, dass sie geeignet sind, alle drei Bereiche des Datenmodells abzudecken. Während XPath 2.0 in Bezug auf den Knotenbaum nur Daten auslesen kann, besteht bei den Einzelwerten und bei den Sequenzen nun auch die Möglichkeit, neue Werte oder Sequenzen zu erzeugen. Im Ergebnis kann dann ein XPath 2.0-Ausdruck eine Auswahl von Knoten, einen Einzelwert oder eine Sequenz liefern.

Während XPath 1.0-Ausdrücke eine ungeordnete Knotenmenge zurückgeben, liefert ein XPath 2.0-Ausdruck immer eine Sequenz. Die Sequenz besteht aus einer geordneten Gruppe von Knoten oder atomaren Werten.

5.2.2 Neue Konstrukte für Ausdrücke

Für Operationen mit Sequenzen kann insbesondere der for-Ausdruck verwendet werden. Er erlaubt es, eine Operation für alle Datenelemente in einer Sequenz vorzunehmen, etwa um daraus eine neue Sequenz zu erzeugen.

Schleifen

Ein einfaches Beispiel ist etwa der Ausdruck:

```
for $i in 1 to 3 return $i*$i
```

Das Resultat dieses Ausdrucks ist die Sequenz 1, 4, 9. Der Ausdruck arbeitet zunächst mit einer Variablen i, die durch das $-Zeichen als solche gekennzeichnet wird. Diese Variable wird als *Bereichsvariable* bezeichnet. Hinter dem Schlüsselwort in wird die Bindungssequenz angegeben und hinter dem Schlüsselwort return der return-Ausdruck. Das Ergebnis des for-Ausdrucks wird dadurch erzielt, dass für jedes Element in der Bindungssequenz jeweils einmal der return-Ausdruck geliefert wird.

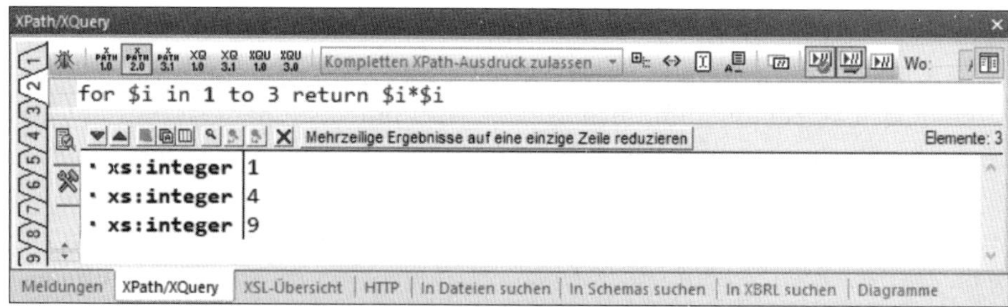

Abbildung 5.10 Wenn die Schaltfläche »XPath 2.0« aktiviert ist, liefert der XPath-Ausdruck das gewünschte Ergebnis.

Besteht die Sequenz aus Knotenreferenzen, liefert beispielsweise ein Ausdruck wie

```
for $n in child::* return name($n)
```

eine Liste aller Kindelemente des aktuellen Knotens in einem Dokument.

Bedingte Ausdrücke

Mit `if` lassen sich nun auch bedingte Ausdrücke formulieren, etwa:

```
if @menge > 1000 then "gut" else "weniger gut"
```

Nützlich sind auch die quantifizierenden Ausdrücke mit `some` oder `every`.

```
some $a in $lager/artikel satisfies  $lager/artikel/menge = 0
```

ist wahr, wenn die Menge wenigstens bei einem Artikel gleich null ist.

```
every $a in $lager/artikel satisfies  $lager/artikel/menge > 0
```

ist wahr, wenn von allen Artikeln wenigstens einer vorhanden ist.

5.2.3 Neue Datentypen

Für XPath 2.0 und XQuery 1.0 gilt ein neues Datentypsystem, das insbesondere darauf ausgelegt ist, die durch XML Schema gegebenen Datentypen zu unterstützen.

Während XPath 1.0 nur einen einzigen numerischen Datentyp – `number` – unterstützt, stellt XPath 2.0 auch die Typen `integer`, `decimal`, `float` und `double` zur Verfügung. Zahlreiche neue Datentypen sind für Datums-, Zeit- und Dauerwerte vorhanden. Zudem werden nun auch benutzerdefinierte Datentypen unterstützt, die über ein entsprechendes XML-Schema definiert werden können.

Was den Teil des Datenmodells betrifft, der das XML-Dokument repräsentiert, sind die Änderungen in XPath 2.0 eher gering. Hinzugekommen ist im Wesentlichen die

Möglichkeit, Element- und Attributknoten in Bezug auf den verwendeten Datentyp entsprechende Typkennzeichnungen zuzuordnen, die durch das benutzte Schema definiert sind. Ist ein XML-Dokument nicht über ein Schema validiert, wird die Typkennzeichnung auf die Werte `untyped` für Elemente und `untypedAtomic` für Attribute gesetzt. Mehr zur Typhierarchie für XPath 2.0 und XQuery 1.0 finden Sie in Kapitel 9, »Abfragen mit XQuery«.

5.2.4 Neue Operatoren

Um die Möglichkeiten des erweiterten Datenmodells nutzen zu können, bietet XPath 2.0 zahlreiche neue Operatoren an. Für den Knotenvergleich können beispielsweise die Operatoren `is`, `<<` und `>>` eingesetzt werden. Der erste Operator prüft, ob zwei Ausdrücke denselben Knoten liefern, die beiden anderen Operatoren stellen fest, welcher von zwei Knoten in der Dokumentreihenfolge früher oder später erscheint.

Für die Kombination von Knotensequenzen können die Operatoren `union`, `intersect` und `except` verwendet werden. Mit `union` vereinigen Sie zwei Knotensequenzen zu einer Sequenz, wobei Duplikate verhindert werden. Der Operator `intersect` dagegen erzeugt aus zwei Sequenzen eine Sequenz, die genau die Knoten enthält, die in beiden Sequenzen vorkommen. Mit `except` wird eine Sequenz aus zwei Knotensequenzen erzeugt, die nur Knoten enthält, die in der ersten Sequenz vorkommen, aber nicht in der zweiten.

Für den Vergleich von Einzelwerten werden die Operatoren `eq`, `ne`, `lt`, `le`, `gt` und `ge` angeboten, die den XPath 1.0-Operatoren `=`, `!=`, `<`, `<=`, `>` und `>=` entsprechen.

Für die Division von Ganzzahlen wird der Operator `idiv` angeboten. Um einen Bereich von Ganzzahlen zu erzeugen, kann mit `to` gearbeitet werden, etwa `0 to 100`.

Außerdem sind zahlreiche Operatoren hinzugekommen, die mit speziellen Datentypen verknüpft sind, beispielsweise den zahlreichen Daten-, Zeit- oder Dauerdatentypen. Die komplette Liste der neuen Operatoren finden Sie in Tabelle 5.9.

5.2.5 Die erweiterte Funktionenbibliothek

Die Zahl der in XPath 2.0 verwendbaren Funktionen ist vervielfacht worden. Zahlreiche Funktionen stehen jetzt für die Behandlung von Zeichenketten zur Verfügung, insbesondere können jetzt auch reguläre Ausdrücke verwendet werden.

Neu sind vor allem die Funktionen für die Arbeit mit Sequenzen. Sehr umfangreich ist auch die Gruppe der Funktionen, die bei Operationen mit Datums- und Zeitwerten eingesetzt werden können.

In Tabelle 5.8 sind die in XPath 2.0 verfügbaren Funktionen nach Gruppen geordnet zusammengestellt.

Funktion	Beschreibung
Zugriffsfunktionen	
`fn:node-name`	Liefert den kompletten `xs:QName`.
`fn:nilled`	Liefert einen `xs:boolean`-Wert, der anzeigt, ob für den Knoten das Attribut `xs:nil="true"` gilt.
`fn:string`	Liefert den Argumentwert als `xs:string`.
`fn:data`	Liefert eine Sequenz atomarer Werte.
`fn:base-uri`	Liefert den Basis-URI des Arguments.
`fn:document-uri`	Liefert den Dokument-URI des Arguments.
Fehlerfunktion	
`fn:error`	Ruft einen Fehler auf.
Trace-Funktion	
`fn:trace`	Liefert für das Debuggen die Ausführungsabfolge.
Spezielle Konstruktorfunktion	
`fn:dateTime`	Setzt einen Wert aus einer Datums- und einer Zeitangabe zusammen.
Funktionen für numerische Werte	
`fn:abs`	Liefert den absoluten Wert des Arguments.
`fn:ceiling`	Liefert die kleinste Ganzzahl, die größer oder gleich dem Argument ist.
`fn:floor`	Liefert die größte Ganzzahl, die kleiner oder gleich dem Argument ist.
`fn:round`	Rundet auf die nächstliegende Ganzzahl.
`fn:round-half-to-even`	Liefert eine Zahl mit der angegebenen Präzision.
String-Funktionen	
`fn:codepoints-to-string`	Bildet einen `xs:string` aus einer Sequenz von Unicode-Codes.

Tabelle 5.8 Liste der neuen Funktionen in XPath 2.0

Funktion	Beschreibung
fn:string-to-codepoints	Liefert die Sequenz der Unicode-Codes, die dem Xs:string entsprechen.
fn:compare	Liefert -1, 0, oder 1, je nachdem, ob der erste Wert kleiner, gleich oder größer als der zweite ist.
fn:codepoint-equal	Liefert true, wenn die beiden Argumente nach Anwendung einer Unicode-Kollation gleich sind.
fn:concat	Verkettet zwei oder mehr xs:anyAtomicType-Argumente zu einem xs:string.
fn:string-join	Liefert einen xs:string durch Verknüpfung einer Sequenz von Zeichenfolgen, wobei ein Separator verwendet werden kann.
fn:substring	Liefert den xs:string, der an der angegebenen Stelle im Argument zu finden ist.
fn:string-length	Liefert die Länge des Arguments.
fn:normalize-space	Liefert den whitespace-normalized-Wert des Arguments.
fn:normalize-unicode	Liefert den normalisierten Wert in der mit dem zweiten Argument angegebenen Form.
fn:upper-case	Gibt den Wert des Arguments in Großbuchstaben an.
fn:lower-case	Gibt den Wert des Arguments in Kleinbuchstaben an.
fn:translate	Ersetzt die im ersten Argument vorkommenden Zeichen durch die an der entsprechenden Stelle im zweiten Argument vorkommenden Zeichen.
fn:encode-for-uri	Liefert das xs:string-Argument mit maskierten Zeichen, damit es im URI verwendet werden kann.
fn:iri-to-uri	Liefert das xs:string-Argument mit maskierten Zeichen, damit der resultierende String als (Teil eines) URI verwendet werden kann.
fn:escape-html-uri	Liefert das xs:string-Argument mit maskierten Zeichen, so dass es unter HTML für Attributwerte in einem URI verwendet werden kann.

Tabelle 5.8 Liste der neuen Funktionen in XPath 2.0 (Forts.)

Funktion	Beschreibung
Substring-Funktionen	
fn:contains	Zeigt an, ob ein xs:string-Wert einen anderen xs:string-Wert enthält.
fn:starts-with	Zeigt an, ob ein xs:string-Wert mit dem anderen angegebenen xs:string-Wert beginnt.
fn:ends-with	Zeigt an, ob ein xs:string-Wert mit dem anderen angegebenen xs:string-Wert endet.
fn:substring-before	Liefert den vorausgehenden Teilstring.
fn:substring-after	Liefert den nachfolgenden Teilstring.
Pattern-Matching-Funktionen	
fn:matches	Zeigt an, ob ein Wert zu dem mit dem zweiten Argument angegebenen regulären Ausdruck passt.
fn:replace	Liefert den Wert des ersten Arguments, wobei jeder Teilstring, der zu dem regulären Ausdruck des zweiten Arguments passt, durch die im dritten Ausdruck angegebenen Strings ersetzt wird.
fn:tokenize	Liefert eine Sequenz von Strings, deren Werte Teilstrings des ersten Arguments sind, getrennt durch Separatoren, die zu dem regulären Ausdruck im zweiten Argument passen.
URI-Funktion	
fn:resolve-uri	Liefert einen absoluten URI aus einem Basis-URI und einem relativen URI.
Logische Funktionen	
fn:true	Liefert den xs:boolean-Wert true.
fn:false	Liefert den xs:boolean-Wert false.
fn:not	Kehrt den xs:boolean-Wert um.
Funktionen zur Zeitzonen-Anpassung	
fn:adjust-dateTime-to-timezone	Passt den xs:dateTime-Wert an die Zeitzone an.

Tabelle 5.8 Liste der neuen Funktionen in XPath 2.0 (Forts.)

Funktion	Beschreibung
fn:adjust-date-to-timezone	Passt den xs:date-Wert an die Zeitzone an.
fn:adjust-time-to-timezone	Passt den xs:time-Wert an die Zeitzone an.
Funktionen zu Dauer, Datum, Zeit und Zeitzonen	
fn:years-from-duration	Liefert die Jahre von xs:duration.
fn:months-from-duration	Liefert die Monate von xs:duration.
fn:days-from-duration	Liefert die Tageszahl von xs:duration.
fn:hours-from-duration	Liefert die Stunden von xs:duration.
fn:minutes-from-duration	Liefert die Minuten von xs:duration.
fn:seconds-from-duration	Liefert die Sekunden von xs:duration.
fn:year-from-dateTime	Liefert das Jahr von xs:dateTime.
fn:month-from-dateTime	Liefert den Monat von xs:dateTime.
fn:day-from-dateTime	Liefert den Tag von xs:dateTime.
fn:hours-from-dateTime	Liefert die Stunden von xs:dateTime.
fn:minutes-from-dateTime	Liefert die Minuten von xs:dateTime.
fn:seconds-from-dateTime	Liefert die Sekunden von xs:dateTime.
fn:timezone-from-dateTime	Liefert die Zeitzone xs:dateTime.
fn:year-from-date	Liefert das Jahr von xs:date.
fn:month-from-date	Liefert den Monat von xs:date.
fn:day-from-date	Liefert den Tag von xs:date.
fn:timezone-from-date	Liefert die Zeitzone von xs:date.
fn:hours-from-time	Liefert die Stunden von xs:time.
fn:minutes-from-time	Liefert die Minuten von xs:time.
fn:seconds-from-time	Liefert die Sekunden von xs:time.
fn:timezone-from-time	Liefert die Zeitzone von xs:time.

Tabelle 5.8 Liste der neuen Funktionen in XPath 2.0 (Forts.)

Funktion	Beschreibung
QName-Funktionen	
fn:resolve-QName	Liefert den entsprechenden xs:QName.
fn:QName	Liefert den xs:QName mit dem Namensraum des ersten Arguments und dem lokalen Namen und dem Präfix des zweiten Arguments.
fn:prefix-from-QName	Liefert den xs:NCName für das angegebene Präfix.
fn:local-name-from-QName	Liefert den xs:NCName mit dem lokalen Namen.
fn:namespace-uri-from-QName	Liefert den Namensraum-URI für das xs:QName-Argument.
fn:namespace-uri-for-prefix	Liefert den Namensraum-URI für das gegebene Element.
fn:in-scope-prefixes	Liefert das Präfix für das gegebene Element.
Knotenfunktionen	
fn:name	Liefert den Knotennamen als xs:string.
fn:local-name	Liefert den lokalen Namen des betreffenden Knotens als xs:NCName.
fn:namespace-uri	Liefert den Namensraum-URI des Knotens als xs:anyURI.
fn:number	Liefert den Wert des Arguments.
fn:lang	Gibt an, ob die Sprache des Knotens der mit xml:lang angegebenen Sprache entspricht.
fn:root	Liefert den Wurzelknoten.
Allgemeine Sequenzfunktionen	
fn:boolean	Liefert den logischen Wert der Sequenz.
fn:index-of	Liefert eine Sequenz von Integer-Werten, wobei jeder der Index eines Mitglieds der Sequenz des ersten Arguments ist, das gleich dem Wert des zweiten Arguments ist.
fn:empty	Gibt an, ob die betreffende Sequenz leer ist.

Tabelle 5.8 Liste der neuen Funktionen in XPath 2.0 (Forts.)

Funktion	Beschreibung
fn:exists	Gibt an, ob die betreffende Sequenz nicht leer ist.
fn:distinct-values	Entfernt Duplikate aus einer Sequenz.
fn:insert-before	Fügt ein einzelnes Datenelement oder eine Sequenz an eine Stelle einer Sequenz ein.
fn:remove	Entfernt ein Datenelement von der angegebenen Position einer Sequenz.
fn:reverse	Kehrt die Reihenfolge der Datenelemente in einer Sequenz um.
fn:subsequence	Liefert die Teilsequenz einer gegebenen Sequenz, identifiziert über die Position.
fn:unordered	Liefert die Datenelemente in einer Reihenfolge, die von der Implementierung abhängig ist.
Testfunktionen für Sequenzen	
fn:zero-or-one	Liefert die Sequenz, wenn sie kein oder zumindest ein Datenelement enthält.
fn:one-or-more	Liefert die Sequenz, wenn sie ein oder mehrere Datenelemente enthält.
fn:exactly-one	Liefert die Sequenz, wenn sie genau ein Datenelement enthält.
fn:deep-equal	Ergibt true, wenn die beiden Argumente Datenelemente enthalten, die an den entsprechenden Positionen übereinstimmen.
Aggregatfunktionen	
fn:count	Liefert die Zahl der Datenelemente einer Sequenz.
fn:avg	Liefert den Durchschnitt einer Wertesequenz.
fn:max	Liefert den Höchstwert einer Wertesequenz.
fn:min	Liefert den Tiefstwert einer Wertesequenz.
fn:sum	Liefert die Summe einer Wertesequenz.

Tabelle 5.8 Liste der neuen Funktionen in XPath 2.0 (Forts.)

Funktion	Beschreibung
Sequenzgenerierende Funktionen	
fn:id	Liefert die Sequenz der Elementknoten, die einen ID-Wert haben, der zu einem IDREF-Wert passt.
fn:idref	Liefert die Sequenz der Element- oder Attributknoten, die einen ID-Wert haben, der zu einem IDREF-Wert passt.
fn:doc	Liefert einen document-Knoten über den angegebenen URI.
fn:doc-available	Ergibt true, wenn der document-Knoten über den URI gefunden werden kann.
fn:collection	Liefert eine Knotensequenz über den angegebenen URI oder die Knoten der vorgegebenen Kollektion.
Kontextfunktionen	
fn:position	Liefert die Position des Kontext-Datenelements in der Sequenz.
fn:last	Liefert die Zahl der Datenelemente in der Sequenz, die gerade verarbeitet wird.
fn:current-dateTime	Liefert das aktuelle xs:dateTime.
fn:current-date	Liefert das aktuelle xs:date.
fn:current-time	Liefert die aktuelle xs:time.
fn:implicit-timezone	Liefert den Wert der impliziten Zeitzonen-Eigenschaft des dynamischen Kontextes.
fn:default-collation	Liefert den Wert der vorgegebenen collation-Eigenschaft des statischen Kontextes.
fn:static-base-uri	Liefert den Wert der Base URI-Eigenschaft des statischen Kontextes.

Tabelle 5.8 Liste der neuen Funktionen in XPath 2.0 (Forts.)

Fast ebenso umfangreich ist die Liste der neuen Operatoren, die mit XPath 2.0 im Zusammenhang mit den neuen Funktionen und Datentypen zur Verfügung stehen. Tabelle 5.9 gibt einen Überblick.

Operator	Beschreibung
Operatoren für numerische Werte	
`op:numeric-add`	Addition
`op:numeric-subtract`	Subtraktion
`op:numeric-multiply`	Multiplikation
`op:numeric-divide`	Division
`op:numeric-integer-divide`	Ganzzahldivision
`op:numeric-mod`	Modulus
`op:numeric-unary-plus`	positives Vorzeichen
`op:numeric-unary-minus`	negatives Vorzeichen
Vergleichsoperatoren für numerische Werte	
`op:numeric-equal`	Prüft die Gleichheit numerischer Werte.
`op:numeric-less-than`	Prüft, ob der erste Wert kleiner ist.
`op:numeric-greater-than`	Prüft, ob der erste Wert größer ist.
Operatoren für logische Werte	
`op:boolean-equal`	Prüft die Gleichheit logischer Werte.
`op:boolean-less-than`	Prüft, ob der erste Wert kleiner ist.
`op:boolean-greater-than`	Prüft, ob der erste Wert größer ist.
Vergleichsoperatoren für Datum-, Zeit- und Dauerwerte	
`op:yearMonthDuration-less-than`	Prüft, ob das Jahr-Monats-Intervall kleiner ist.
`op:yearMonthDuration-greater-than`	Prüft, ob das Jahr-Monats-Intervall größer ist.
`op:dayTimeDuration-less-than`	Prüft, ob das Tag-Uhrzeit-Intervall kleiner ist.
`op:dayTimeDuration-greater-than`	Prüft, ob das Tag-Uhrzeit-Intervall größer ist.
`op:duration-equal`	Prüft auf Übereinstimmung der Dauer.

Tabelle 5.9 Neue Operatoren in XPath 2.0

Operator	Beschreibung
op:dateTime-equal	Prüft auf Gleichheit von Datum und Uhrzeit.
op:dateTime-less-than	Prüft, ob der Wert für Datum und Uhrzeit kleiner ist.
op:dateTime-greater-than	Prüft, ob der Wert für Datum und Uhrzeit größer ist.
op:date-equal	Prüft auf Gleichheit des Datums.
op:date-less-than	Prüft, ob der Wert für Datum kleiner ist.
op:date-greater-than	Prüft, ob der Wert für Datum größer ist.
op:time-equal	Prüft auf Gleichheit der Uhrzeit.
op:time-less-than	Prüft, ob der Uhrzeitwert kleiner ist.
op:time-greater-than	Prüft, ob der Uhrzeitwert größer ist.
op:gYearMonth-equal	Prüft auf Gleichheit eines gregorianischen Jahr-Monats-Werts.
op:gYear-equal	Prüft auf Gleichheit eines gregorianischen Jahreswerts.
op:gMonthDay-equal	Prüft auf Gleichheit eines gregorianischen Monat-Tag-Werts.
op:gMonth-equal	Prüft auf Gleichheit eines gregorianischen Monatswerts.
op:gDay-equal	Prüft auf Gleichheit eines gregorianischen Tageswerts.
Arithmetische Operatoren für Dauerwerte	
op:add-yearMonthDurations	Addiert ein Jahr-Monats-Intervall.
op:subtract-yearMonthDurations	Subtrahiert ein Jahr-Monats-Intervall.
op:multiply-yearMonthDuration	Multipliziert ein Jahr-Monats-Intervall.
op:divide-yearMonthDuration	Dividiert ein Jahr-Monats-Intervall.

Tabelle 5.9 Neue Operatoren in XPath 2.0 (Forts.)

Operator	Beschreibung
`op:divide-yearMonthDuration-by-yearMonthDuration`	Dividiert ein Jahr-Monats-Intervall durch ein Jahr-Monats-Intervall.
`op:add-dayTimeDurations`	Addiert ein Tag-Uhrzeit-Intervall.
`op:subtract-dayTimeDurations`	Subtrahiert ein Tag-Uhrzeit-Intervall.
`op:multiply-dayTimeDuration`	Multipliziert ein Tag-Uhrzeit-Intervall.
`op:divide-dayTimeDuration`	Dividiert ein Tag-Uhrzeit-Intervall.
`op:divide-dayTimeDuration-by-dayTimeDuration`	Dividiert ein Tag-Uhrzeit-Intervall durch ein Tag-Uhrzeit-Intervall.
Arithmetische Operatoren für Datum-, Zeit- und Dauerwerte	
`op:subtract-dateTimes`	Subtrahiert einen Datum- und Uhrzeitwert.
`op:subtract-dates`	Subtrahiert einen Datumswert.
`op:subtract-times`	Subtrahiert einen Zeitwert.
`op:add-yearMonthDuration-to-dateTime`	Addiert ein Jahr-Monats-Intervall zu einem Wert mit Datum und Uhrzeit.
`op:add-dayTimeDuration-to-dateTime`	Addiert ein Tag-Uhrzeit-Intervall zu einem Wert mit Datum und Uhrzeit.
`op:subtract-yearMonthDuration-from-dateTime`	Subtrahiert ein Jahr-Monats-Intervall von einem Wert mit Datum und Uhrzeit.
`op:subtract-dayTimeDuration-from-dateTime`	Subtrahiert ein Tag-Uhrzeit-Intervall von einem Wert mit Datum und Uhrzeit.
`op:add-yearMonthDuration-to-date`	Addiert ein Jahr-Monats-Intervall zu einem Datum.
`op:add-dayTimeDuration-to-date`	Addiert ein Tag-Uhrzeit-Intervall zu einem Datum.

Tabelle 5.9 Neue Operatoren in XPath 2.0 (Forts.)

Operator	Beschreibung
`op:subtract-yearMonthDuration-from-date`	Subtrahiert ein Jahr-Monats-Intervall von einem Datum.
`op:subtract-dayTimeDuration-from-date`	Subtrahiert ein Tag-Uhrzeit-Intervall von einem Datum.
`op:add-dayTimeDuration-to-time`	Addiert ein Tag-Uhrzeit-Intervall zur Uhrzeit.
`op:subtract-dayTimeDuration-from-time`	Subtrahiert ein Tag-Uhrzeit-Intervall von der Uhrzeit.
Operatoren in Bezug auf QNamen	
`op:QName-equal`	Prüft auf Gleichheit bei QNamen.
Operatoren für base64Binary und hexBinary	
`op:hexBinary-equal`	Prüft hexadezimal-binäre Werte auf Gleichheit.
`op:base64Binary-equal`	Prüft base64-binäre Werte auf Gleichheit.
Operator für NOTATION	
`op:NOTATION-equal`	Prüft die Übereinstimmung von Namen in Namensräumen.
Operatoren für Knoten	
`op:is-same-node`	Prüft, ob es derselbe Knoten ist.
`op:node-before`	Prüft, ob es der vorige Knoten ist.
`op:node-after`	Prüft, ob es der folgende Knoten ist.
Allgemeiner Operator für Sequenzen	
`op:concatenate`	Verknüpft zwei Sequenzen.
Operatoren für die Bildung von Sequenzen aus Knotenmengen	
`op:union`	Vereinigung ohne Duplikate
`op:intersect`	Schnittmenge ohne Duplikate
`op:except`	Differenzmenge ohne Duplikate

Tabelle 5.9 Neue Operatoren in XPath 2.0 (Forts.)

Operator	Beschreibung
Operator zum Generieren von Sequenzen	
`op:to`	Liefert eine Sequenz von Ganzzahlen zwischen zwei Werten.

Tabelle 5.9 Neue Operatoren in XPath 2.0 (Forts.)

Mehr zur praktischen Arbeit mit XPath 2.0 finden Sie in Kapitel 7, »Umwandlungen mit XSLT«, und in Kapitel 9, »Abfragen mit XQuery«.

5.3 XPath 3.0 und XPath 3.1

Im April 2014 hat das W3C die Empfehlung für XPath 3.0 verabschiedet. Die neue Version der Adressierungssprache erlaubt die Verarbeitung von Werten, die dem in der gleichzeitig veröffentlichten Empfehlung XQuery und XPath Model 3.0 definierten Datenmodell entsprechen, das auch als zweite Version des bisherigen Datenmodells bezeichnet wird.

Außerdem wurde mit der ebenfalls gleichzeitig erschienenen Empfehlung XPath and XQuery Functions and Operators 3.0 die Zahl der Funktionen, Datentypen und Operatoren noch einmal wesentlich erweitert.

Im März 2017 wurde die Empfehlung für XPath 3.1 verabschiedet, die das Datenmodell noch um die Unterstützung von Maps und Arrays erweitert und dafür entsprechende Ausdrücke und Funktionen zur Verfügung stellt.

Maps enthalten Zuordnungen; Abbildung 5.11 zeigt ein einfaches Beispiel:

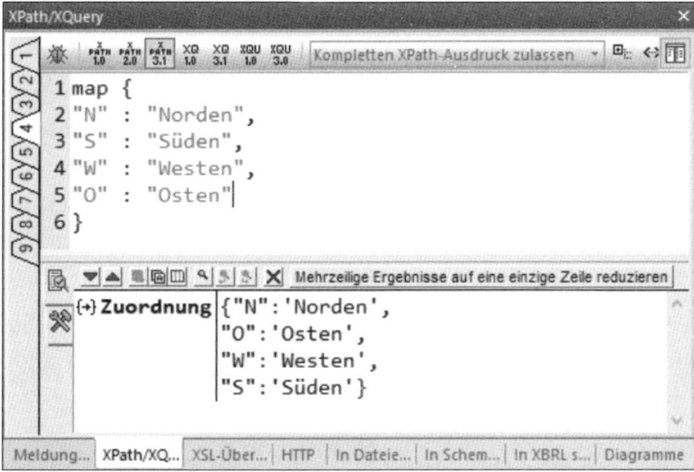

Abbildung 5.11 Mit Maps werden Schlüssel-Werte-Paare gebildet.

Ein einfaches Beispiel für einen Ausdruck mit einem Array ist

```
[1, 4, 7, 10](3)
```

und liefert 7.

Außerdem lässt sich XPath nun auch für die Auswertung von *JSON* (*JavaScript Object Notation*) verwenden, dem textbasierten Datenformat, das für eine einfachere Kommunikation zwischen Server und Client entwickelt wurde.

Funktionserweiterungen

Neu sind seit der Version 3.0 dynamische Funktionsaufrufe. Dabei werden Funktionswerte aufgerufen, ohne den Funktionsnamen direkt zu verwenden.

```
$f[3] ("Hallo Welt")
```

holt beispielsweise das dritte Element aus der Sequenz `$f`, ruft es als Funktion auf und übergibt das in der Klammer angegebene Argument. Der erste Teil des Ausdrucks muss also immer eine Funktion liefern, der zweite Teil enthält die Argumente, die an diese Funktion übergeben werden.

XPath 3.0 erlaubt nun auch die Erweiterung der Funktionsbibliothek durch selbst programmierte Inline-Funktionsausdrücke. Diese Funktionen bleiben namenlos, es handelt sich also um anonyme Funktionen. Sie werden direkt innerhalb eines gültigen XPath-Ausdrucks gebildet, Variablen gelten deshalb auch nur innerhalb dieses Ausdrucks. Hier ein einfaches Beispiel:

```
function ($netto) {$netto * 1,19}
```

Die Funktion, die immer mit dem allgemeinen Namen `function` beginnt, deklariert in der einfachen Klammer, wenn nötig, ein oder mehrere Argumente für die Funktion. Die geschweiften Klammern enthalten jeweils den Body der Funktion, hier wird also angegeben, was die Funktion liefern soll.

Eine bedeutende Neuerung seit XPath 3.0 ist die Möglichkeit, mit höherrangigen Funktionen zu arbeiten. Sie sind dadurch definiert, dass sie entweder als Argumente selbst wieder Funktionen verwenden können oder als Ergebnis Funktionen liefern. Solche Funktionen können als anonyme Funktionen definiert werden. Als höherrangig sind aber auch einige vorgegebene Funktionen eingestuft, die Sie am Ende von Tabelle 5.10 finden.

Abbildung 5.12 zeigt den Test einer solchen Funktion in XMLSpy. Über die Schaltfläche XPATH 3.1 müssen Sie dazu zunächst die entsprechenden Funktionen aktivieren.

Der Ausdruck

```
fn:for-each(1 to 6, function($a) {$a * $a}
```

verwendet als Argument eine Inline-Funktion. Das Ergebnis wird auf den Ergebnisregistern des Fensters ausgegeben.

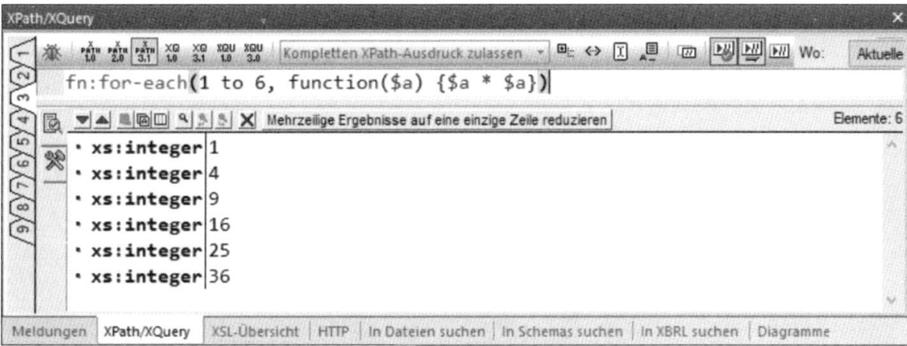

Abbildung 5.12 Test einer übergeordneten Funktion in XMLSpy

In Tabelle 5.10 sind die neuen Funktionen und Datentypen von XPath 3.1 nach Sachgebieten zusammengestellt.

Funktion	Beschreibung
Neue Funktionen, um Zahlen zu formatieren	
`fn:format-integer`	Formatiert eine Ganzzahl in einer als Zeichenfolge angegebenen Form.
`fn:format-number`	Liefert eine Zeichenfolge, die eine Zahl wiedergibt, deren Format durch eine Zeichenfolge beschrieben ist.
Neue trigonometrische und andere mathematische Funktionen	
`math:pi`	Liefert einen Näherungswert für die Konstante π.
`math:exp`	Liefert den Wert von e^x.
`math:exp10`	Liefert den Wert von 10^x.
`math:log`	Liefert den natürlichen Logarithmus des Arguments.
`math:log10`	Liefert den Logarithmus zur Basis 10.
`math:pow`	Erhebt das erste Argument in die mit dem zweiten Argument angegebene Potenz.
`math:sqrt`	Liefert die Wurzel des angegebenen Arguments.
`math:sin`	Liefert den Sinuswert des Arguments, angegeben im Bogenmaß.

Tabelle 5.10 Neue Funktionen und Operatoren in XPath 3.1

Funktion	Beschreibung
`math:cos`	Liefert den Kosinuswert des Arguments, angegeben im Bogenmaß.
`math:tan`	Liefert den Tangenswert des Arguments, angegeben im Bogenmaß.
`math:asin`	Liefert für den angegebenen Sinuswert den Winkel im Bogenmaß.
`math:acos`	Liefert für den angegebenen Kosinuswert den Winkel im Bogenmaß.
`math:atan`	Liefert für den angegebenen Tangenswert den Winkel im Bogenmaß.
`math:atan2`	Liefert direkt den Steigungswinkel für die beiden Koordinaten.
Eine neue String-Funktion, die reguläre Ausdrücke verwendet	
`fn:analyze-string`	Analysiert eine Zeichenfolge mit Hilfe eines regulären Ausdrucks, um zu prüfen, ob es Übereinstimmungen gibt.
Zusätzliche Datentypen zur Dauer	
`xs:yearMonthDuration`	Dieser von `xs:duration` abgeleitete Datentyp berücksichtigt nur die Monats- und Jahresanteile.
`xs:dayTimeDuration`	Dieser von `xs:duration` abgeleitete Datentyp berücksichtigt nur die Tages-, Stunden-, Minuten-, und Sekundenanteile.
Neue Funktionen zur Formatierung von Daten und Zeitangaben	
`fn:format-dateTime`	Liefert eine Zeichenfolge für einen `xs:dateTime`-Wert in dem als Zeichenfolge angegebenen Format.
`fn:format-date`	Liefert eine Zeichenfolge für einen `xs:date`-Wert in dem als Zeichenfolge angegebenen Format.
`fn:format-time`	Liefert eine Zeichenfolge für einen `xs:time`-Wert in dem als Zeichenfolge angegebenen Format.

Tabelle 5.10 Neue Funktionen und Operatoren in XPath 3.1 (Forts.)

Funktion	Beschreibung
Neue Funktionen für die Behandlung von Knoten	
`fn:path`	Liefert einen Pfadausdruck, mit dem ein angegebener Knoten relativ zum Wurzelknoten des Dokuments ausgewählt werden kann.
`fn:has-children`	Prüft, ob der angegebene Knoten Kindknoten hat.
`fn:innermost`	Liefert jeden Knoten innerhalb der Eingabesequenz, der nicht ein Vorfahre eines anderen Mitglieds der Eingabesequenz ist.
`fn:outermost`	Liefert jeden Knoten innerhalb der Eingabesequenz, der kein Vorfahre eines anderen Mitglieds der Eingabesequenz ist.
Neue Funktionen für Sequenzen	
`fn:head`	Liefert das erste Element einer Sequenz.
`fn:tail`	Liefert alle Elemente einer Sequenz außer dem ersten.
Neue Funktionen zur Identifizierung von Knoten	
`fn:element-with-id`	Liefert die Sequenz der Elementknoten, die einen `ID`-Wert haben, der mit einem oder mehreren der `IDREF`-Werte übereinstimmt, die als Argument angegeben sind.
`fn:generate-id`	Die Funktion liefert eine Zeichenfolge, die einen gegebenen Knoten eindeutig identifiziert.
Neue Funktionen für den Zugriff auf externe Informationen	
`fn:uri-collection`	Liefert eine Sequenz von `xs:anyURI`-Werten, die die URIs in einer Kollektion von Ressourcen repräsentieren.
`fn:unparsed-text`	Die Funktion liest eine externe Ressource, wie etwa eine Datei, und liefert eine Zeichenfolge, die diese Daten repräsentiert.
`fn:unparsed-text-lines`	Die Funktion liest eine externe Ressource, wie etwa eine Datei, und liefert diese Daten zeilenweise als Zeichenfolgen.
`fn:unparsed-text-available`	Prüft beim Einsatz der Funktion `fn:unparsed-text`, ob tatsächlich ungeparste Texte vorhanden sind.

Tabelle 5.10 Neue Funktionen und Operatoren in XPath 3.1 (Forts.)

Funktion	Beschreibung
`fn:environment-variable`	Liefert den Wert einer Umgebungsvariablen des Systems, falls es solche Werte gibt.
`fn:available-environment-variables`	Liefert eine Liste der verfügbaren Umgebungsvariablen des Systems.
Neue Funktionen zum Parsen und Serialisieren	
`fn:parse-xml`	Die Funktion verwendet ein XML-Dokument in Form einer Zeichenfolge als Input und liefert den Dokumentknoten an der Wurzel des XDM-Baumes, der das geparste Dokument repräsentiert.
`fn:parse-xml-fragment`	Die Funktion verwendet eine externe Entität in Form einer Zeichenfolge als Input und liefert den Dokumentknoten an der Wurzel des XDM-Baumes, der das geparste Dokumentfragment repräsentiert.
`fn:serialize`	Die Funktion serialisiert die mit dem Argument angegebene Input-Sequenz und liefert eine serialisierte Repräsentation der Sequenz als Zeichenfolge.
Höherrangige Funktionen	
`fn:function-lookup`	Liefert die Funktion mit dem angegebenen Namen und der angegebenen Argumentanzahl.
`fn:function-name`	Liefert den Namen der Funktion, die über ein Funktion-Item identifiziert ist.
`fn:function-arity`	Liefert die Argumentanzahl der Funktion, die über ein Funktion-Item identifiziert ist.
`fn:for-each`	Wendet die angegebene Funktion auf jedes Element der angegebenen Sequenz an und verknüpft die Ergebnisse in der Reihenfolge der Sequenz.
`fn:filter`	Liefert die Elemente der Sequenz, für die die angegebene Funktion den Wert *wahr* liefert.
`fn:fold-left`	Verarbeitet die angegebene Sequenz von links nach rechts und wendet dabei wiederholt die angegebene Funktion an, um ein kumuliertes Ergebnis zu liefern.

Tabelle 5.10 Neue Funktionen und Operatoren in XPath 3.1 (Forts.)

Funktion	Beschreibung
`fn:fold-right`	Verarbeitet die angegebene Sequenz von rechts nach links und wendet dabei wiederholt die angegebene Funktion an, um ein kumuliertes Ergebnis zu liefern.
`fn:for-each-pair`	Wendet die angegebene Funktion paarweise jeweils auf ein Element der ersten und der zweiten Sequenz an und verknüpft die Ergebnisse in der Reihenfolge der Sequenzen.
Neue Funktionen in XPath 3.1 für Maps, Arrays, JSON etc.	
`fn:apply`	Wendet die angegebene Funktion dynamisch auf Argumente an, die als Array vorliegen.
`fn:collation-key`	Generiert einen Key für ein kollationsbasiertes Matching.
`fn:contains-token`	Prüft, ob ein Token in einer Liste vorhanden ist.
`fn:default-language`	Liefert die vorgegebene Sprache des Kontextes.
`fn:json-doc`	Lädt und parst ein JSON-Dokument und liefert Maps und Arrays.
`fn:json-to-xml`	Konvertiert JSON in XML.
`fn:load-xquery-module`	Lädt dynamisch ein XQuery-Modul und liefert den Zugriff auf globale Variablen und Funktionen.
`fn:parse-ietf-date`	Parst Datums- und Zeitdaten im IETF-Format.
`fn:parse-json`	Parst eine Zeichenkette im JSON-Format und liefert Maps und Arrays.
`fn:random-number-generator`	Generiert Zufallszahlen.
`fn:sort`	Sortiert eine Sequenz.
`fn:transform`	Führt eine XSLT-Transformation aus.
`fn:xml-to-json`	Konvertiert XML-Daten in das JSON-Format

Tabelle 5.10 Neue Funktionen und Operatoren in XPath 3.1 (Forts.)

Ganz praktisch ist auch ein neuer Operator für die Verknüpfung, den Sie anstelle der String-Funktion `fn:concat` einsetzen können. Statt

```
fn:concat("Olympia ", 2024)
```

schreiben Sie einfach

```
"Olympia " || 2024.
```

Neu ist auch der `map`-Operator in Form eines Ausrufezeichens. Er erlaubt ein einfaches Mapping und kann Ausdrücke vereinfachen, die bisher mit `for` gearbeitet haben. Der Ausdruck

```
//name ! ("Hallo " || .)
```

liefert beispielsweise für alle Elemente von `<name>` die Verknüpfung mit der Begrüßung.

5.4 Verknüpfungen mit XLink

Der weltweite Erfolg von HTML hat sehr viel damit zu tun, dass es nicht einfach nur Seiten in einem Browser anzeigen kann, sondern dass diese Seiten Verknüpfungen – Hyperlinks – enthalten, mit denen sich der Webbesucher ganz nach Belieben im Meer der Informationen bewegen kann.

5.4.1 Mehr als Anker in HTML

Die Architekten von XML hatten von Anfang an den Ehrgeiz, auch in puncto Links etwas bereitzustellen, was deutlich über die Möglichkeiten von HTML hinausgehen sollte. Die Unzufriedenheit mit dem erreichten Status bezog sich im Wesentlichen auf folgende Punkte:

- Es gibt in HTML nur zwei Elementtypen, die für die Herstellung von Links genutzt werden können: `<a>` und in einem eingeschränkten Sinne auch `<img>`.
- HTML-Links haben nur eine Richtung; sie führen immer von der Stelle, an der der Link im Quelldokument steht, zu dem Ziel, das der Link über eine URI-Referenz angibt. Sie sind also unidirektional.
- HTML-Links können nur ein Ziel ansteuern, also nicht mehrere gleichzeitig.
- Die Links müssen tatsächlich in dem Quelldokument eingefügt werden. Es ist also nicht möglich, Verknüpfungen einzurichten, die von einem Dokument ausgehen, das nicht bearbeitet werden darf, weil nur Lesezugriff eingeräumt ist.

Beeinflusst von Hypermediasystemen wie *HyTime* – *www.hytime.org* – und den Erfahrungen der *Text Encoding Initiative* – *www.tei-c.org* –, wurde das ehrgeizige Projekt auf den Weg gebracht, eine Sprache zu entwickeln, die sich von diesen Begrenzungen löst. Ziel war es, ein Vokabular für die Beschreibung von Links zu entwickeln, das im Wesentlichen folgende Erweiterungen ermöglichen sollte:

- Links, die in beide Richtungen begangen werden können
- Links, die mehrere Ziele ansteuern können
- Links, die mit Metadaten versehen sind
- Links, die unabhängig von den Dokumenten gespeichert sind, zwischen denen sie Links oder Linknetze aufbauen, so dass auch Links zu Dokumenten möglich sind, die nicht bearbeitet werden dürfen oder können

Es hat etwa vier Jahre gedauert, bis im Juni 2001 die *XML Linking Working Group* die erste Empfehlung für eine *XML Linking Language (XLink)* herausgegeben hat, also für den Teil der XML-Familie, der sich mit der Gestaltung von Hypermedien befasst. 2010 folgte eine leicht korrigierte Version 1.1, die unter *http://www.w3.org/TR/xlink11/* zu finden ist. Die zunächst für XLink verantwortliche W3C XML Linking Working Group hatte aber bereits 2005 ihre Arbeit als abgeschlossen erklärt und die weitere Betreuung der Empfehlung an die XML Core Working Group abgegeben.

5.4.2 Beziehungen zwischen Ressourcen

Um zu einem flexibleren Umgang mit Links zu kommen, wurde ein Link zunächst ganz allgemein als eine explizite Beziehung zwischen Ressourcen oder Teilen von Ressourcen definiert. Eine Ressource bezeichnet dabei eine beliebige adressierbare Information, die über einen URI erreicht werden kann.

Explizit wird ein Link durch ein Link-Element, was nichts anderes ist als ein XLink-konformes XML-Element. XLink verwendet keine eigenen Elemente, wie es etwa bei XML Schema, XSLT oder XSL der Fall ist, sondern benutzt vorhandene XML-Elemente und gibt ihnen mit Hilfe von speziellen XLink-Attributen die Eigenschaft eines XLink-Elements.

XLink unterscheidet dabei zwischen verschiedenen Typen von Links und nutzt noch drei weitere Begriffe, um die verschiedenen Formen von Links zu unterscheiden. Die Verwendung eines Links wird *Traversal* genannt. Gemeint ist damit der Vorgang des Übergangs von einer Startressource zu einer Zielressource. Auch wenn mehr als zwei Ressourcen zueinander in Beziehung gesetzt werden, gibt es immer wieder solche Übergänge zwischen Paaren von Ressourcen, deren Eigenschaften über Attribute von XLink beeinflusst werden können.

Mit dem Begriff *Arc* wird der Pfad benannt, der beim Folgen eines Links zu gehen ist. Arcs haben immer eine Richtung. Soll also ein bidirektionaler Link beschrieben werden, sind deshalb zwei »Bögen« notwendig, die sich dadurch unterscheiden, dass die Start- und die Zielressource vertauscht werden.

Die Spezifikation spricht von einem *Outbound Link*, wenn der Arc von einer lokalen zu einer entfernten Ressource zeigt, und von einem *Inbound Link*, wenn umgekehrt der Arc von einer entfernten auf eine lokale Ressource verweist. *Third-Party-Links* werden die Arcs genannt, die von einer entfernten zu einer anderen entfernten Ressource zeigen, wenn also die Links getrennt von den Ressourcen gepflegt werden, zwischen denen sie Verbindungen herstellen. Solche Dateien oder Datenbanken, die XML-Dokumente sein müssen, werden *Linkbases* genannt.

5.4.3 Link-Typen und andere Attribute

XLink verwendet eine Reihe von globalen Attributen, um die unterschiedlichen XLink-Elementtypen zu definieren. Dafür ist ein spezieller Namensraum definiert:

```
xmlns:xlink="http://www.w3.org/1999/xlink"
```

Die entsprechende Namensraumdeklaration muss also in das XML-Dokument eingefügt werden, bevor mit XLink-Attributen gearbeitet werden kann.

Ein XML-Element kann als XLink-Element verwendet werden, wenn es mindestens ein Attribut `xlink:type` mit einem gültigen Wert enthält. Tabelle 5.11 listet die möglichen Werte auf, wobei aber nur die ersten beiden ein Link-Element liefern; die anderen Werte sind dafür da, zusätzliche Informationen zu einem erweiterten Link bereitzustellen. Die entsprechenden Attribute werden für Kindelemente des Elements verwendet, das zum `extended`-Link-Element erklärt worden ist.

Treten solche Elemente außerhalb eines Links vom Typ `extended` auf, werden sie einfach ignoriert. Die Spezifikation betrachtet im Übrigen den Typ `simple` als einen Typ, der vom Typ `extended` durch Einschränkungen abgeleitet ist.

Attributwerte	Bedeutung
`simple`	Einfacher Link, der einem <a>-Element in HTML entspricht.
`extended`	erweiterter Link
`locator`	Adressiert die entfernten Ressourcen, die Teil des Links sind.
`arc`	Liefert Traversal-Regeln für die an dem Link beteiligten Ressourcen.
`resource`	Liefert lokale Ressourcen, die Bestandteil der Verknüpfung sind.
`title`	Erzeugt Labels für einen Link.
`none`	Das Element ist kein Link im Sinne von XLink.

Tabelle 5.11 Mögliche Werte für »xlink:type«

Während das Attribut `xlink:type` über die Art des Links entscheidet, liefern die anderen Attribute, die im Vokabular von XLink definiert sind, die Werte, die die Details regeln. Dies betrifft die Lokalisierung der Ressourcen – `href` –, die Beschreibung der Ressourcen – `role`, `arcrole` und `title` – und das Verhalten während der Verfolgung eines Links – `show`, `actuate`. Tabelle 5.12 gibt eine Übersicht über die Attribute.

Attribut	Beschreibung
`href`	Liefert die Daten, um die entfernte Ressource zu finden, in Form eines URI.
`role`	Erlaubt, mit Hilfe eines URI die Art oder den Zweck der Zielressource anzugeben, beispielsweise ob es sich um einen Kommentar, einen Entwurf oder Ähnliches handelt.
`arcrole`	Erlaubt, mit Hilfe eines URI die spezielle Bedeutung der Zielressource anzugeben, wenn sie über den betreffenden Pfad angesteuert wird.
`title`	Beschriftet den Link in einer für den Benutzer sichtbaren Form.
`show`	Gibt an, wie die Zielressource angezeigt wird. Erlaubte Werte sind `new`, womit ein neues Fenster geöffnet wird, `replace`, wenn die Zielressource die aufrufende Seite ersetzen soll, `embed`, wenn die Zielressource innerhalb der aufrufenden Seite angezeigt werden soll. Der Wert `other` erlaubt einer Anwendung, nach Markup zu suchen, das andere Hinweise gibt. Bei `none` entscheidet die Anwendung uneingeschränkt.
`actuate`	Bestimmt, durch welches Ereignis der Traversal-Vorgang ausgelöst wird. Bei `onLoad` soll die Zielressource zusammen mit der Startressource geladen werden; bei `onRequest` wird das Ziel erst auf die Anforderung des Benutzers hin geladen, beispielsweise per Mausklick. Der Wert `other` erlaubt einer Anwendung, nach Markup zu suchen, das andere Hinweise gibt. Bei `none` entscheidet die Anwendung uneingeschränkt.

Tabelle 5.12 Liste der »xlink:«-Attribute

Der Link-Typ bestimmt zugleich die Einschränkungen, die jeweils zu beachten sind. Bestimmte Attribute sind erforderlich oder optional, je nach dem verwendeten Typ. Tabelle 5.13 gibt eine Übersicht.

Dass bei einem Link des Typs `simple` das Attribut `href` optional ist, bedeutet allerdings nur, dass ein XLink-Prozessor dies nicht als Fehler moniert. Damit ein einfacher Link zu etwas führt, muss natürlich das Attribut `href` verwendet werden.

Attribut	simple	extended	locator	arc	Resource	title
type	erforderlich	erforderlich	erforderlich	erforderlich	erforderlich	erforderlich
href	optional	–	erforderlich	–	–	–
role	optional	optional	optional	–	optional	–
arcrole	optional	–	–	optional	–	–
title	optional	optional	optional	optional	optional	–
show	optional	–	–	optional	–	–
actuate	optional	–	–	optional	–	–
label	–	–	optional	–	optional	–
from	–	–	–	optional	–	–
to	–	–	–	optional	–	–

Tabelle 5.13 Welche Attribute sind erforderlich, welche optional?

5.4.4 Beispiel für einen einfachen Link

Der Text, der in diesem Fall von der Maus angeklickt werden soll, wird hier einfach als Inhalt des Elements angegeben. Sie könnten ein Stylesheet zuweisen, das diesen Text als Hyperlink erkennbar macht.

```
<?xml version="1.0" encoding="UTF-8"?>
<image xmlns:xlink="http://www.w3.org/1999/xlink"
       xlink:type="simple"
       xlink:href="blume.gif"
       xlink:actuate="onRequest"
       xlink:show="new">Blumenbild
</image>
```

Der Amaya-Browser, den das W3C über *www.w3c.org/Amaya* als experimentelle Referenzanwendung für seine Standards anbietet, zeigt das XML-Dokument mit dem Link an und öffnet bei einem Klick auf das Wort »Blumenbild« das Fenster mit dem angegebenen Bild.

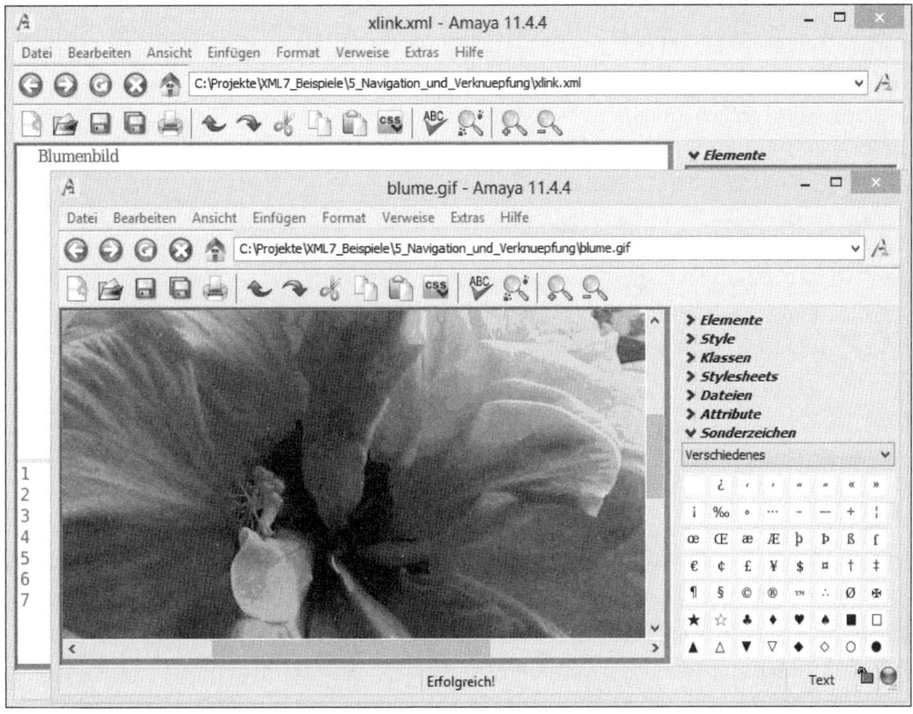

Abbildung 5.13 Test eines einfachen Links, der ein neues Fenster mit der Zielressource öffnet

5.4.5 Beispiel für einen Link vom Typ »extended«

Um eine Andeutung davon zu geben, wie ein Link, der in mehrere Richtungen zeigt, mit den XLink-Elementen und -Attributen beschrieben werden könnte, fügen wir hier ein kleines Beispiel ein, das über einen Link den Zugriff auf zwei Zieldokumente gibt. Dem Benutzer wird dabei über einen Link vom Typ `extended` von dem lokalen Startdokument aus wahlweise der Zugriff auf ein deutsches oder ein englisches Glossar angeboten.

```
<?xml version="1.0" encoding="UTF-8"?>
<mehrfachlink xmlns:xlink="http://www.w3.org/1999/xlink"
              xlink:type="extended">

  <start xlink:type="resource"
         xlink:label="starttext">
         Zweisprachiges Glossar
  </start>
```

```
    <ziel xlink:type="locator"
          xlink:href="http://www.glossare.de/glossar_deutsch"
          xlink:label="glossar_deutsch"/>
    <ziel xlink:type="locator"
          xlink:href="http://www.glossare.de/glossar_english"
          xlink:label="glossar_english"/>

    <pfad xlink:type="arc"
          xlink:from="starttext"
          xlink:to="glossar_deutsch"/>
    <pfad xlink:type="arc"
          xlink:from="starttext"
          xlink:to="glossar_english"/>

</mehrfachlink>
```

Der erweiterte Link wird in diesem Fall mit dem Element `<mehrfachlink>` verknüpft, indem das Attribut `xlink:type="extended"` verwendet wird. Die Beschreibung, wie dieser Mehrfachlink aussehen soll, wird über Kindelemente des XLink-Elements realisiert, denen entsprechende XLink-Attribute zugewiesen werden.

Zunächst wird die lokale Ressource angegeben, von der die zwei Pfade zu den Glossaren ausgehen sollen. Dafür wird das Attribut `xlink:resource` verwendet. Damit auf die Startposition Bezug genommen werden kann, wird mit `xlink:label` eine passende Bezeichnung vergeben.

Die beiden nächsten Kindelemente geben mit Hilfe des Attributs `xlink:locator` und den jeweiligen `xlink:href`-Werten die entfernten Ressourcen des Links an. Auch hier wird ein Label vergeben, um die Ziele später ansprechen zu können.

Die beiden Pfad-Elemente nutzen `xlink:type="arc"`, um die Pfade zu bestimmen, denen die beiden vorgesehenen Traversals folgen sollen. Dafür werden Paare von `xlink:from`/`xlink:to`-Attributen verwendet, wobei als Werte die zuvor vergebenen Labels benutzt werden.

5.4.6 XLink-Anwendungen

Bisher gibt es erst sehr wenige und meist eingeschränkte Implementierungen von XLink. Der Browser Firefox unterstützt immerhin einfache Links mit den Attributen `xlink:show`, allerdings nur mit den Werten `new` und `replace`, und `xlink:actuate` mit den Werten `onLoad` und `onRequest`. Erweiterte Links werden nicht unterstützt. XLink-Attribute werden auch in SVG-Anwendungen für Bezüge auf grafische Objekte verwendet. Auch *XBRL*, die *eXtensible Business Reporting Language*, nutzt für Verknüpfungen XLink-Attribute.

XLink-Attribute kommen auch in dem OpenDocument-Standard für Office-Anwendungen zum Einsatz, der in Kapitel 10, »Programmierschnittstellen für XML«, noch näher vorgestellt wird. XLink wird dort verwendet, um Verknüpfungen zu Ressourcen in einem Dokument anzugeben. Der Bezug auf ein Bild in einer Präsentationsfolie wird beispielsweise mit xlink-Attributen hergestellt:


```
<draw:image xlink:href="bild_01.tif" xlink:type="simple"
         xlink:show="embed" xlink:actuade="onLoad">...
```

5.5 XBase

Im Juni 2001 hat das W3C eine Empfehlung zu *XML Base* verabschiedet, um eine Lücke zu schließen, die im Zusammenhang mit XLink deutlich wurde. Eine der Anforderungen an XLink war, die Verknüpfungsmöglichkeiten, die HTML bietet, nicht nur zu erweitern, sondern – soweit vorhanden – auch vollständig abzudecken. Seit HTML 4.01 ist es möglich, über das HTML-Element <base> explizit eine Basisadresse für URIs zu definieren, die bei der Auflösung der im Dokument verwendeten relativen URIs benutzt werden kann.

XBase ist eine Spezifikation, die nichts anderes tut, als ein entsprechendes XML-Attribut xml:base zur Verfügung zu stellen, das nicht nur für XLink-Anwendungen genutzt werden kann. Damit kann eine andere Basisadresse bestimmt werden als die, die ein XML-Dokument selbst verwendet. Der Wert des Attributs wird bei der Verarbeitung als URI interpretiert. Das verwendete Präfix xml ist an den Namensraum http://W3.org/XML/1998/namespace gebunden.

Angewendet auf unser Beispiel für einen einfachen Link, kann das Attribut xml:base folgendermaßen eingefügt werden:

```
<?xml version="1.0" encoding="UTF-8"?>
<image xml:base="http://xmlbeispiele.com/linking"
       xmlns:xlink="http://www.w3.org/1999/xlink"
       xlink:type="simple"
       xlink:href="blume.gif"
       xlink:actuate="onRequest"
       xlink:show="new">Blumenbild
</image>
```

Aufgrund des Attributs xml:base wird ein Prozessor den relativen URI zu einem vollständigen URI auflösen, der so aussieht:

```
http://xmlbeispiele.com/linking/blume.gif
```

Im Januar 2009 folgte *XML Base (Second Edition)*, worin neben einigen Fehlerkorrekturen hauptsächlich die Definition der URI-Referenzen klarer ausgearbeitet wurde. Für die URI-Syntax gelten nun die Formulierungen in dem Papier RFC3986 (bisher RFC2396) von *The Internet Engineering Task Force (IETF)*.

5.6 Über XPath hinaus: XPointer

XPointer ist eine Erweiterung von XPath, die eingesetzt werden kann, um eine URI-Referenz auf XML-Dokumente mit Zeigern auf Fragmente des betreffenden Dokuments zu versehen. Diese Zeiger werden *XPointer* genannt. Statt sich auf ein vollständiges Dokument zu beziehen, kann die Referenz so auf bestimmte Teile desselben eingeschränkt werden.

Es hat etwas Zeit gebraucht, bis das W3C die Spezifikation von XPointer verabschiedet hat, aber seit März 2003 liegen drei kurze Empfehlungen vor: ein grundlegendes Framework, das die Terminologie für die Identifizierung von Fragmenten bestimmt, und zwei Schemas, die diesem Framework entsprechen.

5.6.1 URIs und Fragmentbezeichner

Während XPath dazu dient, auf bestimmte Knoten und Knotenmengen innerhalb eines Dokuments zuzugreifen, führt XPointer über den Rand des einzelnen Dokuments hinaus und erlaubt insbesondere, Teile eines XML-Dokuments als Ziele eines Links oder für andere Zwecke auszuwählen. Mit Hilfe von XPointer lassen sich beispielsweise Verknüpfungen mit XLink genau auf die Informationen zuschneiden, die tatsächlich benötigt werden.

Schon in HTML können bei einem URI hinter der Referenz, die auf das vollständige Dokument verweist, Fragmentbezeichner eingefügt werden, wobei als Trennzeichen das Doppelkreuz # verwendet wird, etwa:

```
http://www.meineseite.de/index.html#titelliste
```

In diesem Fall ist der Fragmentbezeichner einfach ein Name, der auf einen Teil des Dokuments verweist. In HTML-Seiten sind solche Fragmentbezeichner aber nur sinnvoll, wenn innerhalb der Seite entsprechende Anker eingefügt sind.

Mit XPointer ist eine spezielle Auszeichnung des Fragments im Zieldokument überflüssig. Es können solche Fragmentbezeichner aus XPath-Ausdrücken aufgebaut werden, die die gewünschten Informationen aufspüren. XPointer sind für alle Ressourcen anwendbar, deren Medientyp `text/xml`, `application/xml`, `xml-external-parsed-entity` oder `application/xml-external-parsed-entity` ist.

5.6.2 XPointer-Syntax

Als XPointer-Ausdruck kann entweder ein *Shorthand Pointer* oder ein *schemabasierter Pointer* verwendet werden, der auch aus mehreren sogenannten Pointer Parts bestehen kann.

Die einteilige Shorthand-Version eines Pointers benutzt direkt den Namen der Informationseinheit, auf die zugegriffen werden soll. Gemeint ist dabei der Name, der in einem XML-Dokument einem Element oder Attribut über ein ID-Attribut zugewiesen wird, um sie eindeutig zu identifizieren. Dies setzt in der Regel voraus, dass eine entsprechende DTD oder ein XML-Schema für das Dokument existiert, in dem diese ID-Attribute vergeben sind. Statt

```
xpointer(id("glossar"))
```

kann dann beispielsweise einfach

```
glossar
```

angegeben werden.

Die Pointer Parts eines schemabasierten Pointers beginnen dagegen jeweils mit einer Schemabezeichnung, gefolgt von einem in Klammern gesetzten Ausdruck mit Daten, die dem Schema entsprechen. Aktuell sind die beiden Schemas `element()` und `xmlns()` durch Empfehlungen spezifiziert, das *XPointer Framework* soll aber nur einen Rahmen abstecken, an dem Entwickler eigene Schemas ausrichten können.

Bei der Formulierung der XPointer muss beachtet werden, dass innerhalb von URIs bestimmte Zeichen maskiert werden müssen, damit keine Probleme auftreten; so muss `%` zum Beispiel durch `%25` ersetzt werden. In *IETF RFC 2396 – www.ietf.org/rfc/rfc2396.txt* – finden Sie die Details dazu.

Zeichenmaskierungen können auch notwendig werden, wenn – was durchaus möglich ist – XPointer innerhalb eines Dokuments verwendet werden.

XPointer-Ausdrücke werden immer im Kontext des Wurzelknotens ausgewertet, den das XML-Dokument, auf das sich der URI bezieht, enthält. Wie bei Lokalisierungspfaden in XPath können sie aus mehreren Lokalisierungsstufen zusammengesetzt werden. Es werden dieselben Achsen und Prädikate benutzt wie in XPath.

5.6.3 Das Schema »element()«

Mit Hilfe des Schemas `element()` kann sehr einfach auf die einzelnen Elemente in einem XML-Dokument zugegriffen werden. Dabei wird entweder der schon angesprochene Name der Informationseinheit verwendet, der dem Wert eines ID-Attributs entspricht, etwa

```
element(glossar)
```

oder eine sogenannte Child Sequence oder eine Kombination aus beidem. Eine Child Sequence lokalisiert ein Element durch eine schrittweise Navigation innerhalb des von XPath benutzten Dokumentenbaums.

```
element(/1/2/5)
```

liefert beispielsweise den fünften Urenkel des zweiten Enkels des ersten Kindes des Wurzelelements. Die Kombination

```
element(glossar/2)
```

navigiert von dem mit dem Namen angegebenen Element zu dessen zweitem Kindelement.

5.6.4 Das Schema »xmlns()«

Mit dem Schema xmlns() lassen sich Mehrdeutigkeiten von Adressierungen dadurch vermeiden, dass die Zuordnung von Informationseinheiten zu Namensräumen vorgeschaltet wird. Ein solcher Pointer verweist nicht selbst auf eine Information, sondern bietet einem folgenden Pointer die Möglichkeit, seine Adressierung durch die vorher definierte Namensraumbindung zu präzisieren. Mit

```
xmlns(a=http://beispiel.org/adressen)
```

wird einem Präfix a der angegebene Namensraum zugeordnet. Der folgende Pointer kann dies dann nutzen, um ein Element aus diesem Namensraum anzusprechen:

```
xmlns(a=http://beispiel.org/adressen) xpointer(/a:ort)
```

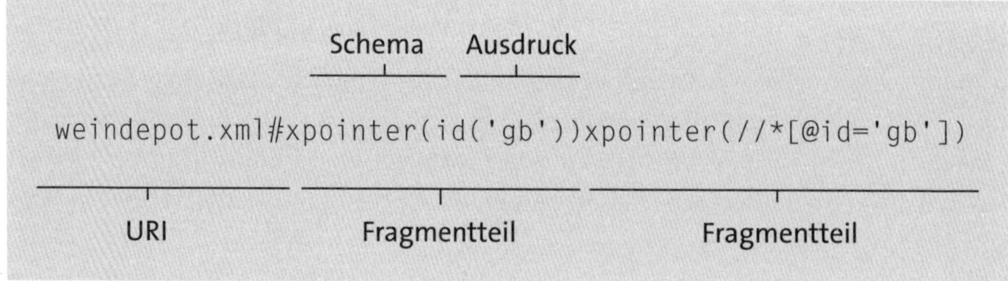

Abbildung 5.14 Die Bestandteile eines schemabasierten XPointer-Ausdrucks

In dem abgebildeten Beispiel wird an erster Stelle ein XPointer verwendet, der die XPath-Funktion id() benutzt. Diese Funktion ist aber nur anwendbar, wenn der Datentyp ID verwendet wurde, was das Vorhandensein einer DTD oder eines Schemas voraussetzt. Ist dies nicht der Fall, würde der zweite Teil ausgewertet, der einfach nur nach einem Attribut `id` mit einem bestimmten String-Wert sucht. Der erste Teil, der richtig identifiziert ist, wird für die weitere Verarbeitung benutzt, eventuell nachfolgende Teile werden ignoriert.

Implementierungen

Es gibt bisher nur wenige Implementierungen, die XPointer unterstützen. Der W3C-Browser Amaya verwendet XPointer, um Webseiten mit Annotationen – also Kommentaren, Notizen oder Erklärungen – zu versehen, die entweder auf speziellen Annotations-Servern oder lokal gespeichert werden. Abbildung 5.15 zeigt ein Beispiel. Für den Kommentar wird der Seite ein Stift-Symbol beigefügt, ohne dass die Seite selbst verändert wird. Ein Doppelklick öffnet ein Fenster mit dem Kommentar.

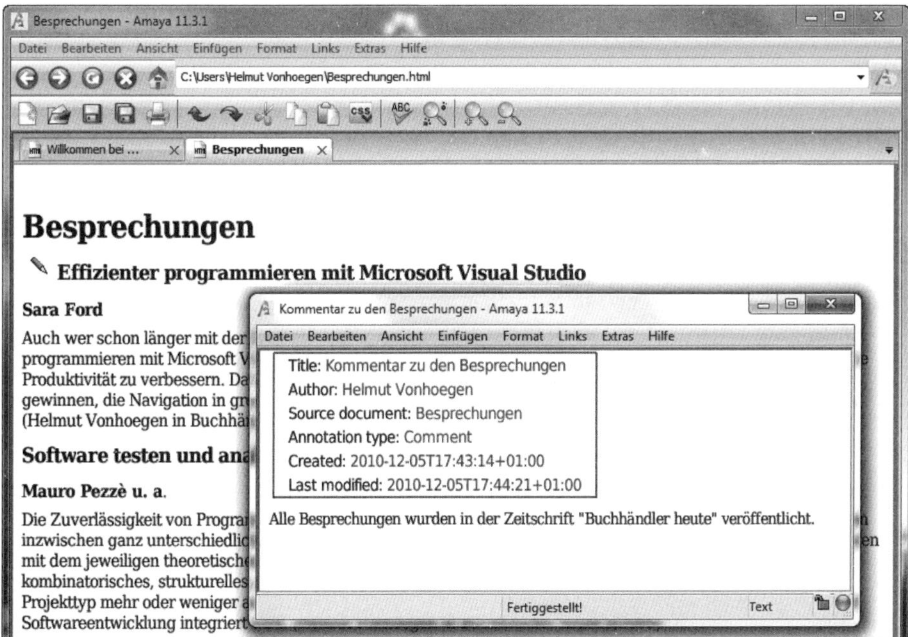

Abbildung 5.15 Kommentar zu einer Webseite im Amaya-Browser

Die Verknüpfung der Seite mit dem Kommentar wird in einer eigenen XML-Datei notiert, die mit XPointer-Verweisen arbeitet, um die Stelle auf der Seite festzuhalten, zu der der Kommentar gehört. Diese Datei verwendet *RDF (Resource Description Framework)*, und zwar mit einer XML-basierten Syntax. RDF ist eine spezielle Sprache zur Repräsentation von Informationen über Ressourcen im Web.

```
<?xml version="1.0" ?>
<r:RDF xmlns:r="http://www.w3.org/1999/02/22-rdf-syntax-ns#"
  xmlns:a="http://www.w3.org/2000/10/annotation-ns#"
  xmlns:t="http://www.w3.org/2001/03/thread#"
```

```
    xmlns:http="http://www.w3.org/1999/xx/http#"
    xmlns:d="http://purl.org/dc/elements/1.1/">
    <r:Description>
      <r:type r:resource=
        "http://www.w3.org/2000/10/annotation-ns#Annotation" />
      <r:type r:resource=
         "http://www.w3.org/2000/10/annotationType#Comment" />
      <a:annotates r:resource=
        "file:///C:/Users/vh/Besprechungen.html" />
      <a:context>file:///C:/Users/vh/
         Besprechungen.html#xpointer(id("Kurzbesprechungen")/h3[1])
      </a:context>
      <d:title>Kommentar zu den Besprechungen</d:title>
      <d:creator>Helmut Vonhoegen</d:creator>
      <a:created>2010-12-05T17:43:14+01:00</a:created>
      <d:date>2010-12-05T17:44:21+01:00</d:date>
      <a:body r:resource=
        "file:///C:/Users/vh/amaya/annotations/annotez1noe.html"/>
    </r:Description>
  </r:RDF>
```

Listing 5.3 Beispiel für den Einsatz von XPointer

Der Zeiger zeigt in diesem Fall genau auf die erste h3-Überschrift in dem <div>-Tag mit id="Kurzbesprechungen".

Der Kommentar selbst wird ebenfalls separat als HTML-Datei gespeichert. Für die Verknüpfung der Webseite mit der XML-Datei wird eine INDEX-Datei angelegt.

Kapitel 6

Datenausgabe mit CSS

Informationen in strukturierter Form zu speichern ist immer nur die eine Seite der Medaille. Die Präsentation der vorhandenen Informationen ist die andere. Die Formatierung von XML-Elementen mit Hilfe von Cascading Stylesheets ist wohl die einfachste Möglichkeit, XML-Dokumente auszugeben.

Die strenge Trennung von Inhalt und Form, eine der Grundideen bei der Entstehung von XML, erlaubt Anwendungen, bei denen dieselben Quelldaten in ganz unterschiedlichen Formaten und auch auf ganz unterschiedlichen Ausgabegeräten präsentiert werden können.

Dieselben Daten über das aktuelle Biowetter lassen sich beispielsweise sowohl auf einer Webseite als auch auf einem Smartphone ausgeben. Wenn die XML-Quelldaten keine Festlegung enthalten, wie und wo die darin enthaltenen Inhalte präsentiert werden sollen, ist es logisch, dass die Anweisungen zur Darstellung und Gestaltung von außen hinzugefügt werden müssen. Schließlich kann ein Browser nicht wissen, wie er ein Element mit dem Namen `<windrichtung>` oder `<tagestemperatur>` darstellen soll, außer in irgendeinem vorgegebenen Format, das vom Inhalt des Elements einfach absieht.

Im Unterschied zu den fixierten Tags von HTML, die dem Browser immer schon bekannt sind und für die er Formatierungsvorgaben mitführt, sind für die freien Tags von XML zusätzliche Anweisungen notwendig, die angeben, was mit den verschiedenen Elementen der Datenquelle auf einer Webseite geschehen soll. Solche Anweisungen werden in Stylesheets zusammengestellt.

Eine derartige Trennung von Inhalt und Form, die auf den ersten Blick vielleicht umständlich erscheinen mag, hat mehrere gewichtige Vorteile:

- Das Datenmodell der Quelldaten kann ohne Rücksicht auf die spätere Darstellung optimiert werden.
- Stylesheets lassen sich für mehrere ähnliche Dokumente verwenden, was den Gestaltungsaufwand reduziert und einheitliche Auftritte innerhalb bestimmter Medien erleichtert.
- Stylesheets können ohne Berührung der Quelldaten überarbeitet werden.

- Stylesheets lassen sich flexibel gestalten, so dass bestimmte Ausgabeformate von bestimmten Bedingungen, etwa dem Ausgabemedium, abhängig gemacht werden können.
- Es ist möglich, Stylesheets zu kombinieren, die jeweils unterschiedliche Aspekte der Darstellung regeln.

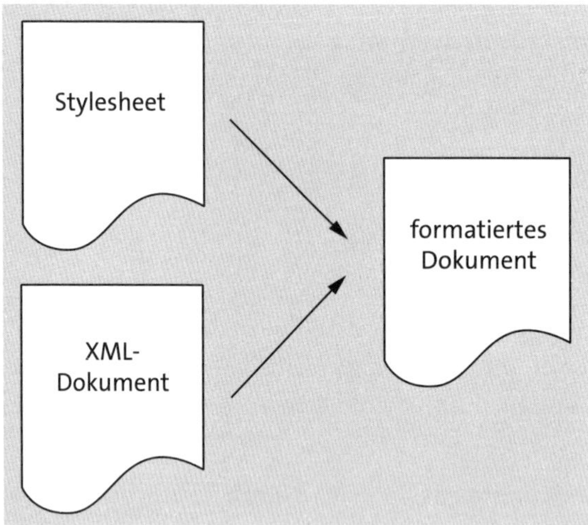

Abbildung 6.1 Erst durch ein Stylesheet wird festgelegt, wie die XML-Daten dargestellt werden sollen.

In diesem und den folgenden Abschnitten werden mehrere Verfahren vorgestellt, wie die Präsentation von XML-Daten gehandhabt werden kann. Relativ einfach und in vielen Fällen eine gangbare Lösung ist die Verknüpfung mit *Cascading Stylesheets*, die schon seit Jahren für HTML im Einsatz sind und von allen marktgängigen Browsern mehr oder weniger vollständig unterstützt werden.

Sehr viel mächtiger sind allerdings Stylesheets, die sich der zur XML-Familie gehörenden Sprachen *XSL* und *XSLT* bedienen, weil sie ein vorhandenes Quelldokument nicht nur in irgendeiner Form mit Formaten versehen, sondern zugleich in der Lage sind, die Daten für das Ergebnisdokument zu transformieren, ihre Reihenfolge etwa durch eine Sortierung zu ändern, zusätzliche Elemente und Attribute einzufügen und nicht benötigte Daten herauszufiltern.

XSL ist im Herbst 2001 als Standard vom W3C verabschiedet worden; der Text umfasst immerhin einige Hundert Seiten, was über die Schwierigkeit des Unterfangens einiges aussagt. Im Prinzip kann XSL die Rolle von CSS übernehmen, wahrscheinlicher ist aber, dass beide Technologien nebeneinander benutzt werden. CSS ist für Webdesigner relativ einfach zu handhaben; XSL ist zwar mächtiger, aber auch wesentlich komplexer und erfordert einen höheren Lernaufwand.

XSL und CSS lassen sich aber durchaus auch gleichzeitig einsetzen. Ein XSLT-Stylesheet kann beispielsweise CSS-Stylesheets in ein Ergebnisdokument in HTML oder XHTML einfügen.

6.1 Cascading Stylesheets für XML

Das W3C hat schon sehr früh, im Dezember 1996, eine Empfehlung zum Einsatz von Cascading Stylesheets in der Version CSS 1 herausgegeben, die im Januar 1999 noch einmal revidiert wurde. CSS 1 war zunächst nur für die Formatierung von HTML-Seiten gedacht. Die Spezifikation für CSS 2 vom Mai 1998 sieht aber schon ausdrücklich auch die Anwendung auf XML-Dokumente vor, bietet ansonsten jedoch hauptsächlich eine Erweiterung der Gestaltungsmöglichkeiten durch die Aufstockung der beeinflussbaren Eigenschaften von etwa 50 auf mehr als 120. Die Empfehlung für Selectors Level 3 für CSS 3 wurde im September 2011 verabschiedet, während an anderen Teilen von CSS 3 noch gearbeitet wird; neu ist hier insbesondere die Modularisierung, die endgültige Empfehlung wird also ein Bündel von Empfehlungen zu verschiedenen Themen der Formatierung darstellen, etwa zur Hintergrundgestaltung, zum Einsatz von Schriften und zur Positionierung von Inhalten.

Die verschiedenen Browsergenerationen haben sich lange Zeit schwergetan, alle Optionen von CSS 1 und CSS 2 korrekt zu implementieren. Die neuesten Browser unterstützen Teile von CSS 3 ebenfalls in unterschiedlichem Umfang, was für die Webentwickler keine ganz einfache Situation ist.

Harmlos ist noch, wenn Browser CSS-Anweisungen einfach ignorieren. Einige Attribute lassen allerdings bestimmte Browser abstürzen. Sie sollten deshalb möglichst vermieden werden. Browser, die CSS 2 verstehen, können in jedem Fall auch CSS 1 auswerten. Browser, die nur CSS 1 verstehen, werten die in CSS 2 übernommenen Anweisungen korrekt aus und ignorieren die darüber hinausgehenden. Eine aktuelle Liste der Browser-Unterstützung finden Sie unter *www.w3schools.com/cssref/css3_browsersupport.asp*.

6.2 Arbeitsweise eines Stylesheets

Ein CSS-Stylesheet ist im Prinzip eine Liste von Formatierungsregeln, die einem Dokument zugeordnet werden kann. Eine solche Regel enthält zunächst einen *Selektor*, der dafür sorgt, dass die Objekte – sprich: die Elemente des Quelldokuments – gefunden werden, auf die bestimmte Formatierungen angewandt werden sollen. Anschließend folgt eine exakte Beschreibung dieser Formatierungen in Form von entsprechenden Deklarationen. CSS-Stylesheets verwenden dabei eine eigene Syntax, bestehen also selbst nicht aus XML-Tags. Diese Syntax ist sehr einfach. Eine solche Regel hat immer die Form:

```
Selektor {Eigenschaft: Wert}
```

Der Selektor gibt an, welchem Element die gewünschte Formatierung zugewiesen werden soll. Der Selektor liefert insofern die Verknüpfung zwischen dem XML-Dokument und dem Stylesheet. Ein Browser benutzt den Selektor, um das damit adressierte Element im Dokument aufzuspüren. Jeder XML-Elementtyp kann als Selektor verwendet werden. In der Klammer wird die gewünschte Formatierung festgelegt, indem bestimmten Formateigenschaften Werte zugewiesen werden. Dieser Teil heißt *Deklaration*.

Als Beispiel für die Anwendung von CSS auf eine XML-Datei soll hier das in Kapitel 3, »Dokumenttypen und Validierung«, schon verwendete kleine Kursprogramm in einer vereinfachten Form dienen.

```
<?xml version="1.0" encoding="UTF-8"?>
<kursprogramm>
  <kurs>
    <name>XML-Grundlagen</name>
    <referent>Hans Fromm</referent>
    <termin>12.11.2019</termin>
    <beschreibung>
      Einführungsseminar für Programmierer,
      IT-Manager und Contentmanager
    </beschreibung>
  </kurs>
  <kurs>
    <name>XSL-Praxis</name>
    <referent>Bodo Klare</referent>
    <termin>10.10.2019</termin>
    <beschreibung>
      Praktische Übungen für Programmierer und Contentmanager
    </beschreibung>
  </kurs>
  <kurs>
    <name>XSLT-Einstieg</name>
    <referent>Hanna Horn</referent>
    <termin>12.03.2019</termin>
    <beschreibung>
      Einführung in die Transformation von XML-
      Dokumenten für Programmierer und Contentmanager
```

```
    </beschreibung>
  </kurs>
</kursprogramm>
```

Listing 6.1 kursliste1.xml

6.3 Anlegen von Stylesheets

Um für dieses XML-Dokument ein Cascading Stylesheet zu definieren, kann mit jedem beliebigen Texteditor eine Datei vom Typ CSS angelegt werden. Komfortabler ist es, einen speziellen CSS-Editor zu verwenden, wie ihn zum Beispiel Programme wie Adobe Dreamweaver oder Microsoft Expression Web anbieten. XML-Tools wie XMLSpy bieten ebenfalls integrierte CSS-Editoren an.

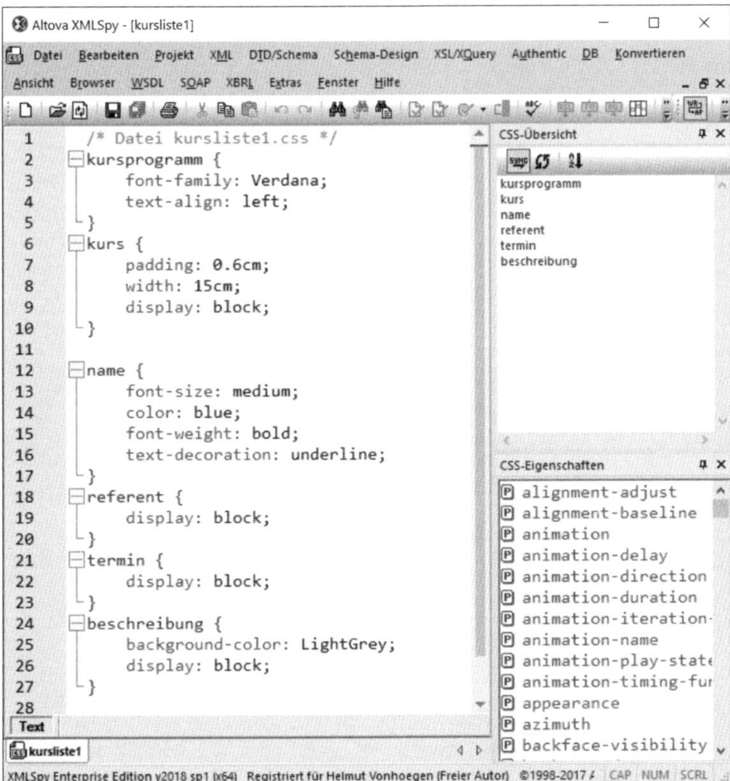

Abbildung 6.2 Das kleine Stylesheet im CSS-Editor von XMLSpy

Beachtet werden muss, dass in CSS, anders als in XML-Dokumenten, nicht zwischen Groß- und Kleinschreibung bei Elementnamen unterschieden wird. Es ist aber sinnvoll, im Stylesheet dieselbe Schreibweise zu verwenden wie im XML-Dokument, um Mehrdeutigkeiten von vornherein auszuschließen.

Ein erstes Format für das Dokument könnte so aussehen:

```
/* Stylesheet Kursprogramm - kursliste1.css */

Kursprogramm {
  font-family: Verdana;
  text-align: left;
}

kurs {
   padding: 0.6cm;
   width: 15cm;
   display: block
}

name {
  font-size: medium;
  color: blue;
  font-weight: bold;
  text-decoration: underline;
}

referent {
  display: block;
}

termin {
  display: block;
}

beschreibung {
  background-color: LightGrey;
  display: block;
}
```

Listing 6.2 kursliste1.css

Die erste Zeile ist ein Kommentar, der den Namen der CSS-Datei festhält. Solche Kommentare können an beliebigen Stellen eingefügt werden. Alles, was zwischen den Trennzeichen /* und */ steht, wird bei der Verarbeitung ignoriert. Für Testzwecke ist es deshalb manchmal ganz praktisch, bestimmte Regeln eines Stylesheets vorübergehend in einen Kommentar umzuwandeln.

Die CSS-Datei enthält in diesem Fall Regeln für jedes der Elemente. Der erste Selektor entspricht dem obersten XML-Element `<kursprogramm>`. Das Element bzw. die Kinder dieses Elements sollen in der Verdana-Schrift angezeigt werden, die Textausrichtung ist linksbündig. Wie zu sehen ist, können einem Selektor gleich mehrere Eigenschaften zugewiesen werden, wobei der Strichpunkt als Trennzeichen fungiert.

6.4 Vererben und Überschreiben

Die auf diese Weise für das oberste Element in der Kursliste vergebenen Formateigenschaften werden so lange auf untergeordnete Elemente vererbt, wie sie nicht durch andere, speziellere Anweisungen überschrieben werden. Für die untergeordneten Elemente können aber auch zusätzliche Anweisungen gegeben werden. Genau dies geschieht durch die folgenden Deklarationen.

Zunächst wird das Element `<kurs>` als Selektor verwendet, um festzulegen, dass die Daten pro Kurs als Textblock angezeigt werden. Dies geschieht mit dem Wertepaar `display:block`. Mit `width` wird die Breite des Blocks bestimmt. Zusätzlich soll zwischen dem Rand des Textblocks und dem eigentlichen Textbereich ein Leerraum gelassen werden, der mit der Eigenschaft `padding` gesetzt wird.

Mit der nächsten Regel wird für den Namen jedes Kurses eine mittlere Schriftgröße und mit `color` eine spezielle Textfarbe angegeben. Außerdem soll diese Zeile in fetter Schrift und unterstrichen ausgegeben werden. Diese Regel erweitert also die in der Regel für `kursprogramm` gegebene Vorgabe zur Schriftauswahl.

Für die Elemente `<referent>` und `<termin>` wird ebenfalls eine Blockdarstellung gewählt. Das Element `<beschreibung>` wird zusätzlich durch eine andere Hintergrundfarbe – `background-color` – hervorgehoben.

Abbildung 6.3 zeigt, wie die kleine Liste im Chrome-Browser angezeigt wird, wenn das XML-Dokument mit der CSS-Datei verknüpft wird.

Damit dies geschieht, muss in der XML-Datei hinter der XML-Deklaration folgende Zeile als Verarbeitungsanweisung eingefügt werden:

```
<?xml-stylesheet href="kursliste1.css" type="text/css"?>
```

Die Abfolge der Regeln in der CSS-Datei ist zwar nicht vorgeschrieben, aber es ist ausgesprochen sinnvoll, immer zuerst die Formate für die übergeordneten Elemente zu fixieren und dann zu den spezielleren Formaten hinunterzugehen.

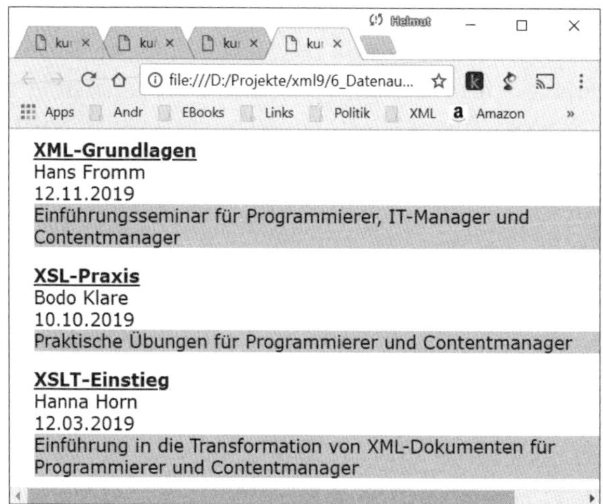

Abbildung 6.3 Die formatierte Ausgabe der Kursliste im Chrome-Browser

6.5 Selektortypen

CSS unterscheidet verschiedene Typen von Selektoren: Elemente, Klassen, IDs und sogenannte Pseudoselektoren. CSS 2 erlaubt auch Attributselektoren, mit deren Hilfe Elemente anhand bestimmter Werte ihrer Attribute ausgewählt werden können. Den Elementselektor haben Sie bereits im letzten Beispiel kennengelernt. Einfache Elementselektoren haben die Eigenschaft, dass ein einmal zugewiesenes Format immer für alle Elemente vom selben Typ in dem aktuellen XML-Dokument wirksam wird. Das mag in vielen Fällen erwünscht sein.

Wenn aber eine flexiblere Zuweisung von Formaten das Ziel ist, arbeiten Sie besser mit Klassenselektoren. Bei diesen Selektoren wird eine definierte Formatierung einem Element nicht generell zugeordnet, sondern nur für genau bestimmte Fälle. Üblicherweise dienen diese Formate also der besonderen Hervorhebung, etwa um Elemente mit einem bestimmten Inhalt in einer anderen Farbe auszugeben.

Als Name ist jede Kombination von Buchstaben und Zahlen erlaubt. Leerzeichen oder andere Sonderzeichen dürfen nicht enthalten sein. Es ist sinnvoll, Namen zu verwenden, die den Zweck der Formatierung erkennen lassen. Vor den Namen muss zur Unterscheidung von Elementselektoren jeweils ein Punkt gesetzt werden. Um beispielsweise neu ins Programm aufgenommene Kurse durch eine besondere Schriftfarbe zu kennzeichnen, könnte eine Klasse neu definiert werden.

```
.neu {color: red}
```

Während bei den Elementselektoren eine automatische Zuordnung erfolgt, müssen die Formatierungen per Klassenselektor über entsprechende Attribute im XML-

Dokument aktiviert werden. Dafür wird das Attribut `class` in das Start-Tag des Elements eingefügt.

```
<kurs class="neu">...</kurs>
```

In ähnlicher Weise können auch ID-Selektoren für gezielte und nur einmal zu verwendende Formatierungen eingesetzt werden. Die Syntax ist in diesem Fall `#ID-Wert`. Um den am meisten nachgefragten Kurs zu kennzeichnen, kann zum Beispiel eine Regel


```
#best {...}
```

definiert werden. Im Dokument muss dann

```
<kurs ID="best">...</kurs>
```

eingefügt werden.

6.6 Attributselektoren

Wenn Elemente mit Attributen ausgestattet sind, können die Attribute ebenfalls als Selektor verwendet werden. Die einfachste Möglichkeit ist, die Auswahl auf Elemente einzuschränken, die überhaupt ein bestimmtes Attribut haben. Ist zum Beispiel das Element `<kurs>` um ein Attribut `dauer` erweitert, um mehrtägige Kurse zu kennzeichnen, kann die Auswahl mit

```
kurs[dauer]
```

vorgenommen werden. Sollen gezielt die Kurse hervorgehoben werden, die fünf Tage dauern, kann der Selektor beispielsweise

```
kurs[dauer="5 Tage"]
```

heißen. Diese Möglichkeiten werden aber, wie schon erwähnt, erst mit CSS 2 bereitgestellt. Die meisten aktuellen Browser unterstützen aber inzwischen solche Attributselektoren.

6.7 Kontext- und Pseudoselektoren

Mit Hilfe der Selektoren wird entschieden, welchen Elementen eines XML-Dokuments bestimmte Formateigenschaften zugewiesen werden. Nun ist es in einem XML-Dokument ja durchaus möglich, gleichlautende Elementnamen auf mehreren Ebenen zu verwenden. Hier helfen Selektoren, die den Kontext mit angeben, in dem das gemeinte Element auftritt. Es wäre zum Beispiel denkbar, dass in der oben verwendeten Kursliste das Element <referent> in mehrere Unterelemente zerlegt wird, wovon das erste <name> ist. Um nun bei der Formatierung zwischen dem Namen des Kurses und dem des Referenten unterscheiden zu können, wird der jeweilige Selektor um den entsprechenden Kontext erweitert:

```
kurs name {font-weight: bold; text-decoration: underline}
referent name {font-weight: normal}
```

Für spezielle Formatierungen können auch Pseudoselektoren verwendet werden, die auf Teile von Elementen zugreifen, also gewissermaßen das vorgegebene Objektmodell überlisten.

Wenn Sie beispielsweise den ersten Buchstaben oder die erste Zeile des Elements <beschreibung> besonders hervorheben wollen, bieten sich Pseudoselektoren an.

```
beschreibung:first-letter {font-size: 14pt}
beschreibung:first-line {font-weight: bold}
```

betonen jeweils den Anfang eines Textes.

Die Zahl der möglichen Selektoren und Pseudoselektoren ist mit CSS 2 noch einmal wesentlich erweitert worden. Neue Pseudoklassen in CSS 2 sind:

- `:first-child` – das erste Kind eines Elements
- `:hover` – das Element, auf das der Mauszeiger oder ein anderes Auswahlinstrument gerade zeigt
- `:focus` – ein Formularelement, das gerade den Fokus für die Dateneingabe hat
- `:lang` – die Sprache eines Elements, die zum Beispiel über `xml:lang` genannt ist

6.8 Schriftauswahl und Textformatierung

Für jedes Textelement können Sie die Schriftart, die Schriftgröße, den Schriftschnitt und die Zeilenhöhe separat bestimmen, wenn Sie die vorgegebenen oder vererbten Attribute nicht übernehmen wollen.

Bei Attributen wie Schriftgröße, Zeilenabstand oder Einzug sind unterschiedliche Maßeinheiten zu beachten, die vom HTML-Standard abweichen. Sie lassen sich in vier Gruppen zusammenfassen, die im Folgenden beschrieben werden.

6.8.1 Absolute Maßeinheiten

Absolute Maßeinheiten sind Punkt, Pica, Millimeter, Zentimeter und Zoll. (Dabei sind 12 Punkt ein Pica, 6 Pica ein Zoll bzw. 2,54 cm ein Zoll. Für den Punkt wird die angelsächsische Maßeinheit verwendet: 1/72 Zoll oder 0,352778 mm.) Eine weitere absolute Maßeinheit ist Pixel. Allerdings ist die Größe eines Pixels abhängig von der für den Bildschirm gewählten Auflösung. Für Windows-Systeme sind auch die Angaben in Punkt und Pica nur halb absolut, weil das System bei der üblichen Bildschirmdarstellung mit einem Vergrößerungsfaktor arbeitet, der über die Anzeigeoptionen zudem noch verstellt werden kann. Ein »dargestellter Zoll« entspricht also nicht unbedingt einem Zoll auf dem Lineal.

6.8.2 Relative Maßeinheiten

Angaben in `em` und `ex` sind relative Angaben. `em` entspricht in CSS genau der Schriftgröße, also der Entfernung vom höchsten Punkt der Oberlänge bis zum tiefsten Punkt der Unterlänge der Buchstaben einer Schrift. Bei einer 16-pt-Schrift ist `em` also genau 16 pt. Dagegen ist `ex` ein Maß für die Mittellänge der Zeichen einer Schrift und entspricht der Höhe des kleinen Buchstabens x. Diese Werte werden jeweils von der im Stylesheet definierten oder auf das jeweilige Element vererbten Schrift abgelesen. Wenn beispielsweise für einen Text eine 12-Punkt-Arial verwendet wird, würde `1.5 em` eine um 50 % größere Schrift liefern, `0.8 em` eine um 20 % kleinere Schrift. Die Maßeinheit `ex` wird in der Regel für die Bestimmung von Zeilenabständen verwendet.

6.8.3 Prozentangaben

Bei solchen ebenfalls relativen Angaben wird immer ein Bezug zwischen den Größen hergestellt. Wenn etwa die Zeilenhöhe in Prozent angegeben ist, wird an der betreffenden Schriftgröße gemessen. Ist eine Schriftgröße in Prozent angegeben, bezieht sich der Prozentsatz auf die vorgegebene oder vom Elternelement geerbte Schriftgröße. Wenn beispielsweise für `<kurs>` eine Schriftgröße festgelegt ist, kann die Schriftgröße für das Kindelement `<referent>` auf 75 % dieser Größe gesetzt werden.

```
kurs {font-size: 12pt}
referent {font-size: 75%}
```

6.8.4 Maßangaben über Schlüsselwörter

Bei der Schriftgröße können auch vorgegebene Bezeichnungen verwendet werden, die von minimal bis maximal reichen. Diese Angaben entsprechen den Größenangaben in HTML und beziehen sich jeweils auf die Standardschriftgröße. Diese Relationen werden von den verschiedenen Browsern allerdings unterschiedlich ausgelegt, sind also für präzise Formatierungen nicht zu empfehlen.

6.9 Farbauswahl

Bei der Auswahl der Textfarbe – `color` – und der Hintergrundfarbe – `background-color` – begnügen Sie sich entweder mit den 16 vorgegebenen Farben aus der W3C-RGB-Farbpalette, die über Namen aufgerufen werden, oder Sie geben die exakten Farbanteile der RGB-Palette mit Prozentwerten, ganzen Zahlen von 0 bis 255 oder als Hexadezimalwerte an:

```
color: teal
color: #395689
color: rgb(255,0,0)
background-color: fuchsia
```

6.10 Blöcke, Ränder, Rahmen, Füllung und Inhalt

Den Stylesheets liegt ein Formatierungsmodell zugrunde, das von rechteckigen Blöcken ausgeht. Auf einer Webseite können mehrere solcher Blöcke vorkommen, die zueinander in ein bestimmtes Verhältnis gesetzt werden.

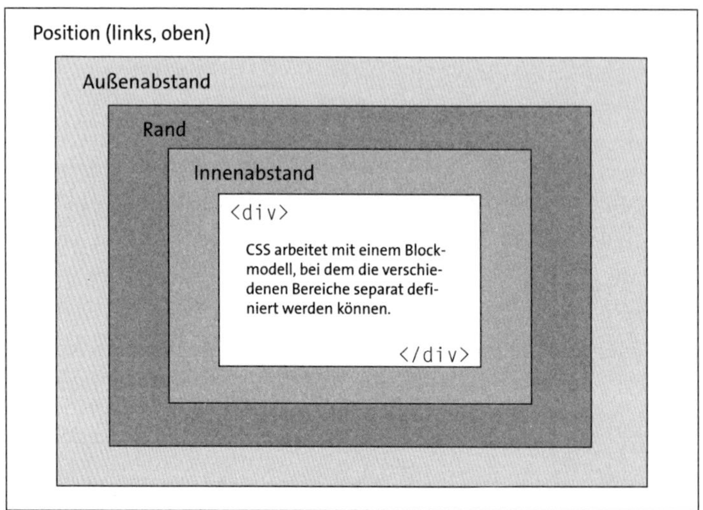

Abbildung 6.4 Das Blockmodell von CSS

Bestimmte HTML-Elemente wie `<p>`, `<ul>`, `<li>` oder `<div>` bilden eigene Blöcke im Sinne dieses Modells; sie werden als *Blockelemente* bezeichnet, während andere Elemente wie `<a>`, `<span>`, `<em>` oder `<strong>` sich den Platz in einem Block mit dem entsprechenden Elternelement, in das sie eingebettet sind, teilen, wie in dem folgenden Beispiel:

```
<p>Dieser Begriff ist <em>entscheidend</em>.</p>
```

Solche Elemente werden als *Inline-Elemente* bezeichnet.

Blöcke können aufeinanderfolgen wie Absätze in einem Text, sie können aber auch übereinandergestapelt sein. Innerhalb des Blocks sind bestimmte Bereiche ansprechbar, denen Eigenschaften zugewiesen werden können.

Sie können zunächst die horizontale und vertikale Ausbreitung des Blocks festlegen. Über die Eigenschaft `float` lässt sich einstellen, wie ein Element zu nachfolgendem Text ausgerichtet werden soll. Abbildung 6.5 zeigt ein kleines Beispiel.

Im Quellcode ist für das `<img>`-Tag, mit dem das Bild eingefügt wird, ein Stil definiert, der die Einstellung `float: right` verwendet. Das Bild wird an der rechten Seite des Textes platziert. Ohne die Einstellung `float: right` würde der Text einfach auf das Bild folgen. Mit der `float`-Einstellung benutzt der Text den freien Raum, den das Bild ihm links von dessen linker Kante lässt – wie viel das ist, hängt davon ab, wie der Benutzer das Fenster einstellt –, bis wieder der ungehinderte Textfluss möglich ist.

Abbildung 6.5 Wie ein Bild von Text umflossen werden kann

Die Außen- und Innenabstände des Blocks sind für jede der vier Seiten einzeln definierbar; außerdem lassen sich die Stärke, die Farbe und die Art der Umrandung bestimmen.

Zu jedem Block kann eine Farbe oder auch ein Bild ausgewählt werden, das dem Block hinterlegt wird, wobei der Hintergrund den Rand mit einschließt. Blöcke können über x/y-Koordinaten exakt platziert werden; die z-Koordinate wird benutzt, um die Stapelung der Blöcke zu regeln.

6.11 Stylesheet-Kaskaden

Von vornherein wurde in der CSS-Spezifikation dafür gesorgt, dass Stylesheets miteinander kombinierbar sind, sich also wie bei einer Kaskade – einem Wasserfall – überlagern lassen. Das erlaubt dem Gestalter, die unterschiedlichen Formatierungsaufgaben in kleinere, übersichtlichere Stylesheets zu verpacken. Auf diese Weise können etwa die Anweisungen für die Schriftgestaltung von anderen Anweisungen getrennt werden. Entscheiden Sie sich später einmal für andere Schriften, bleiben die übrigen Formatanweisungen davon unberührt.

Formatanweisungen lassen sich beliebig verschachteln. Mit Hilfe einer Importfunktion können zudem bereits vorhandene Formatierungsregeln in eine CSS-Datei übernommen werden. Dies geschieht in Form von `@import`-Anweisungen, die in beliebiger Anzahl am Anfang einer CSS-Datei verwendet werden dürfen. Zwei Schreibweisen sind erlaubt:

```
@import url ("standard.css");
```

oder vereinfacht

```
@import "intern.css";
```

Allerdings kann es bei der parallelen Verwendung mehrerer Stylesheets für ein Dokument durchaus auch zu Regelkonflikten kommen, wenn sich die Anweisungen beispielsweise auf dieselben Formateigenschaften eines bestimmten Elements beziehen.

6.12 Auflösung von Regelkonflikten

Sind in einem Stylesheet verschiedene Stile zusammengestellt, treten im Fall von Regelkonflikten automatisch bestimmte Mechanismen in Aktion, die entscheiden, welche Anweisung im aktuellen Fall auszuführen ist. Dabei werden die Regeln nach ihrer Bedeutung gewichtet. Haben zwei widersprüchliche Regeln dasselbe Gewicht, gilt die zuletzt angegebene.

Angenommen, ein Stylesheet enthält folgende Regeln:

```
body {color: green}
h1 {color: blue}
```

Dem Objektmodell des Dokuments entsprechend ist das Element `<h1>` ein Kindelement von `<body>`. Gäbe es im aktuellen Stylesheet nur die erste Regel, würde das Element `<h1>` die Eigenschaft von `<body>` einfach übernehmen, die Überschrift wäre also grün. Durch die zweite Regel im Stylesheet jedoch wird die vererbte Eigenschaft überschrieben. Eine Regel, die spezifischer ist, überschreibt immer eine Regel, die allgemeiner ist.

Klassenselektoren sind ebenfalls immer spezifischer als Tag-Selektoren, haben also im Konfliktfall Vorrang. ID-Selektoren sind die spezifischsten Regeln überhaupt.

Einem Webdokument können gleichzeitig mehrere Stylesheets zugeordnet werden. Externe und interne Stylesheets lassen sich ohne Weiteres mischen. Betreffen verschiedene Formatanweisungen dieselben Elemente, gelten bestimmte Prioritätsregeln.

Generell gilt, dass die Stylesheets des Autors, der die Webseite gestaltet hat, Vorrang vor Stylesheets haben, die der Webbenutzer verwendet, falls der Browser diese Möglichkeit unterstützt. Anweisungen, die im Dokument direkt eingetragen sind, haben immer Vorrang vor importierten Stylesheets.

6.13 Zuordnung zu XML-Dokumenten

1999 hat das W3C eine ausdrückliche Empfehlung für die Zuordnung von Stylesheets zu XML-Dokumenten mit Hilfe von Verarbeitungsanweisungen herausgegeben, die unter *www.w3.org/TR/xml-stylesheet/* zu finden ist. Eine Second Edition erschien im Oktober 2010, enthält aber neben Fehlerkorrekturen keine wesentlichen Änderungen.

Um ein XML-Dokument mit einem Stylesheet zu verknüpfen, wird im Prolog eine Verarbeitungsanweisung – *Processing Instruction* – mit dem Ziel `xml-stylesheet` eingefügt. Die generelle Syntax ist angelehnt an die in HTML verwendete Zuordnung mit Hilfe des Link-Tags und sieht zum Beispiel so aus:

```
<?xml-stylesheet href="meineFormate.css" type="text/css"?>
```

Statt einer Anweisung können auch gleich mehrere verwendet werden, um zusätzliche Stylesheets einzubinden. Alle Anweisungen müssen aber innerhalb des Prologs an einer beliebigen Stelle stehen, also vor dem Wurzelelement des Dokuments.

In der Verarbeitungsanweisung werden verschiedene Pseudoattribute verwendet, deren Reihenfolge nicht vorgeschrieben ist. In der Empfehlung sind sie folgendermaßen definiert:

```
href CDATA #REQUIRED
type CDATA #REQUIRED
title CDATA #IMPLIED
media CDATA #IMPLIED
charset CDATA #IMPLIED
alternate (yes|no) "no"
```

Bei den ersten beiden Attributen sind Werte erforderlich, weil es keine Vorgaben gibt. Mit `href` wird angegeben, wo sich das Stylesheet befindet. Dazu wird eine URI-Referenz verwendet, in der auch Fragment-Identifier erlaubt sind. Häufig werden relative URI-Referenzen verwendet, die die Speicherposition in Relation zu der Position des XML-Dokuments angeben.

Das Pseudoattribut `type` gibt den MIME-Typ des Stylesheets als `text/css` an. Als Wert von `media` können verschiedene Ausgabemedien angegeben werden, auf die das Stylesheet abgestimmt ist, wie `screen`, `handheld` oder `print`. Werden alternative Stylesheets verwendet, kann jeweils `alternate="yes"` angegeben werden, etwa bei Stylesheets für unterschiedliche Sprachen, die dem Betrachter zur Auswahl gestellt werden können. Mit der Angabe von `title` kann ein Stylesheet aus einer Gruppe von alternativen Stylesheets vom Autor zum bevorzugten Stylesheet erhoben werden.

Wie bei allen Verarbeitungsanweisungen wird ein XML-Prozessor, der keine Stylesheets auswerten kann oder soll, die Verarbeitungsanweisung einfach ignorieren. Wenn eine `xml-stylesheet`-Verarbeitungsanweisung in einer externen DTD abgelegt wird – was durchaus möglich ist –, muss darauf geachtet werden, dass eine solche Anweisung nur zum Zuge kommt, wenn das Dokument von einem validierenden Parser ausgewertet wird.

6.14 Schwächen von CSS

Die wesentliche Einschränkung beim Einsatz von CSS besteht darin, dass damit die Elemente eines XML-Dokuments immer nur in der Reihenfolge abgearbeitet werden können, in der sie im Dokument auftreten. Die Formate werden dabei als Dekor hinzugefügt. Es ist demzufolge nicht möglich, bestimmte Elemente vor der Präsentation noch zu sortieren oder nach bestimmten Kriterien zu filtern oder die Formate von bestimmten Werten in einem Element abhängig zu machen, um beispielsweise überschrittene Grenzwerte automatisch hervorzuheben. All diese Einschränkungen sprechen eher für den Ansatz, der bei den in den nächsten Kapiteln angesprochenen Techniken verwendet wird.

Kapitel 7
Umwandlungen mit XSLT

Bevor XML-Daten in einer bestimmten Form präsentiert werden, sind häufig Transformationen erwünscht, etwa um die Originaldaten neu zu ordnen oder zu filtern, um zwischen XML-Vokabularen zu übersetzen oder um XML-Daten in HTML- oder XHTML-Seiten zu übertragen.

Das W3C hat schon früh mit der Ausarbeitung eines Stylesheet-Standards begonnen, der für die Präsentation von XML-Dokumenten geeigneter sein sollte als die im letzten Kapitel beschriebenen Cascading Stylesheets. Im August 1997 entstand ein erster formaler Vorschlag für eine Extensible Stylesheet Language – XSL –, die die Erfahrungen mit der auf SGML basierenden Stylesheet-Sprache DSSSL nutzen sollte.

7.1 Sprache für Transformationen

Die Anforderungen an den neuen Standard wurden im Mai 1998 unter *www.w3.org/TR/WD-XSLReq* fixiert. Wie schon in DSSSL realisiert, sollten in dieser Sprache zwei Prozesse miteinander gekoppelt werden: die Transformation des Quelldokuments in das Ergebnisdokument und die Formatierung für die Ausgabe in dem gewünschten Medium.

7.1.1 Bedarf an Transformationen

Bedarf an Umwandlungen gegenüber dem XML-Quelldokument kann aus unterschiedlichen Gründen entstehen. Dazu zählt die Übersetzung von XML-Inhalten in HTML, XHTML oder auch in ein einfaches Textformat, die Übersetzung zwischen unterschiedlichen XML-Vokabularen oder Vorgänge wie die Sortierung, Abfrage und Filterung von Daten nach bestimmten Kriterien etc.

Die Art und Weise, wie die Daten in einem Quelldokument organisiert sind, muss nicht schon der Organisation entsprechen, die für eine Veröffentlichung in einem bestimmten Medium oder gegenüber einem bestimmten Publikum erforderlich ist. Wer mit Datenbanken arbeitet, kennt diese Aufgabenstellung im Zusammenhang mit Abfragesprachen und Reportgeneratoren.

Eine bestimmte Transformation von Inhalten ist immer noch völlig unabhängig von Formatierungsaspekten, wenn sie verwendet wird, um zwischen XML-Vokabularen zu übersetzen, oder wenn es nur darum geht, eine bestimmte Auswahl, Neuordnung oder auch Erweiterung in Bezug auf die Quelldaten vorzunehmen. Bei der Umwandlung von XML in HTML vermischen sich allerdings inhaltliche und formale Elemente in einem gewissen Umfang.

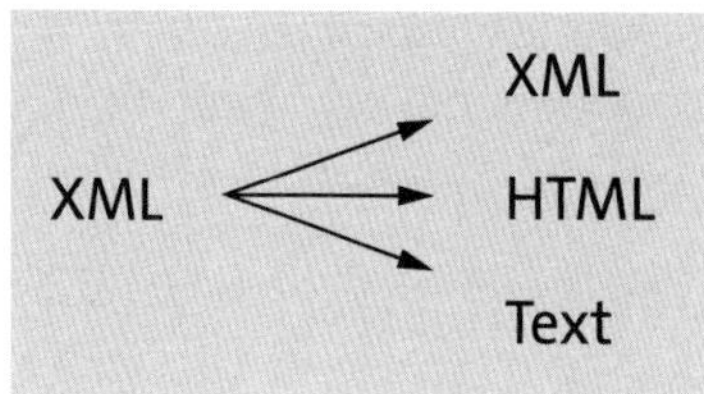

Abbildung 7.1 Transformationsrichtungen, die XSLT ermöglicht

Die für solche Aufbereitungen und Umwandlungen benötigten Sprachelemente wurden relativ schnell zur Reife entwickelt und in der Empfehlung für *XSL Transformations (XSLT) Version 1.0* bereits im November 1999 verabschiedet. Dagegen dauerte das ehrgeizige Projekt, alle möglichen Formatierungsoptionen in einem einheitlichen Vokabular zu beschreiben, wesentlich länger. Es firmierte längere Zeit unter dem Arbeitstitel *XSL Formatting Objects – XSL-FO*. Seit Oktober 2001 liegt die Empfehlung für XSL, gewissermaßen das Elternelement von XSLT und XSL Formatting Objects, auf dem Tisch. Im Dezember 2006 folgte die Version *XSL 1.1*, die noch einige Erweiterungen wie Änderungsmarkierungen, Lesezeichen etc. bereitstellt.

Im Januar 2007 hat das W3C schließlich eine neue Empfehlung für *XSL Transformations (XSLT)* herausgebracht. *XSLT 2.0* wurde entwickelt, um die Gestaltungsmöglichkeiten durch Stylesheets zu erweitern und um einige Schwächen von XSLT 1.0 zu beseitigen. Da die Unterstützung für XSLT 1.0 immer noch wesentlich umfangreicher ist als die der neuen Version, wird in diesem Kapitel zunächst XSLT 1.0 vorgestellt, daran anschließend die Erweiterungen, die die Version 2.0 bereitstellt. XSLT 2.0 ist zudem in hohem Grade rückwärtskompatibel.

Die Arbeit an XSLT 3.0 wurde im Juni 2017 von dem sehr fleißigen Michael Kay abgeschlossen, der über seine 2004 gegründete Firma Saxonica auch maßgeblich an der Entwicklung entsprechender Prozessoren beteiligt ist.

Der wesentliche Schritt, den diese neue Version bringt, ist die Möglichkeit, Transformationen im Streaming-Modus auszuführen. Dabei muss weder das Quelldokument noch das Zieldokument komplett im Hauptspeicher gehalten werden, was bei sehr großen Dokumenten natürlich vorteilhaft ist. Außerdem lassen sich umfangreiche Stylesheets nun aus Modulen zusammensetzen, die an unterschiedlichen Stellen entwickelt werden können. XSLT 3.0 unterstützt die für XPath 3.0 und XPath 3.1

beschriebenen Funktionen, Operatoren und Datentypen, ebenso das entsprechende Datenmodell.

Obwohl XSLT in XSL als notwendiger Bestandteil eingeschlossen ist, kann die Sprache auch auf eigenen Füßen stehen und hat seit ihrer Implementierung als Standard auch eine entsprechende Rolle gespielt. Werkzeuge, die XSLT unterstützen, sind längst etabliert, während die Unterstützung der XSL insgesamt immer noch eher bescheiden ausfällt. Das verwundert auch nicht, wenn man einen Blick auf den Umfang des Unternehmens wirft. In diesem Kapitel soll XSLT in mehreren Anwendungsmöglichkeiten vorgestellt werden; die speziellen Formatierungsoptionen von XSL werden darauf aufbauend im folgenden Kapitel behandelt.

Den Schwerpunkt in den folgenden Abschnitten bildet zunächst die Arbeit mit XSLT 1.0 in Kombination mit XPath 1.0. Die beiden Standards werden seit Jahren von zahlreichen Prozessoren und Tools zuverlässig unterstützt.

7.1.2 Grundlegende Merkmale von XSLT

XSLT ist eine in XML definierte Sprache, die ihrerseits den Prozess der Umwandlung eines XML-Dokuments in ein anderes XML-Dokument oder ein anderes Ausgabeformat beschreibt. Das Quelldokument und das Ergebnisdokument, das mit Hilfe des Stylesheets erzeugt wird, können dabei beliebig weit voneinander abweichen. Im Extremfall könnte ein Stylesheet sogar ganz auf eine Quelldatei verzichten und einfach selbstherrlich festlegen, was in das Ergebnisdokument geschrieben werden soll.

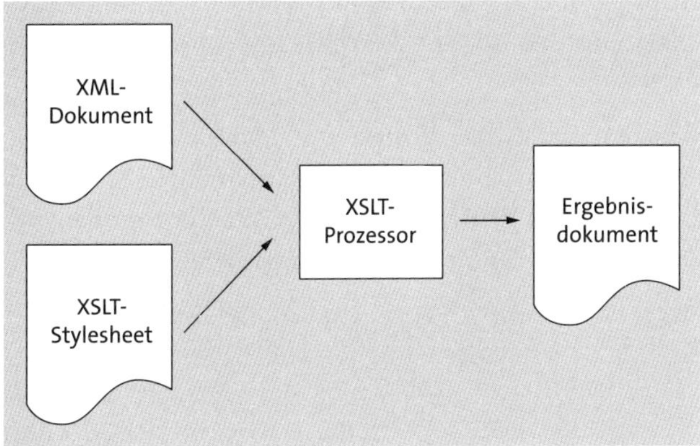

Abbildung 7.2 Generelles Schema der Transformation durch XSLT

Das Stylesheet mag beispielsweise nur einen Teil der Informationen aus dem Quelldokument beachten und das Ergebnisdokument um beliebig viele Informationen erweitern, die nicht im Quelldokument vorhanden sind. Dabei arbeitet XSLT immer nur mit dem in einem XML-Dokument vorhandenen Markup; DTDs und Schemas spielen für XSLT keine Rolle. Die Quelldatei muss wohlgeformt sein, mehr nicht.

XSLT-Stylesheets können deshalb nicht auf HTML-Dateien angewendet werden, wohl aber auf XHTML-Dateien, weil diese ja dem XML-Format entsprechen. Es kann also sinnvoll sein, entsprechende Konvertierungen von Websites nach XHTML vorzunehmen, um die Möglichkeiten von XSLT zu nutzen. Die Transformation wird codiert in Form von XSLT-Stylesheets, die selbst wohlgeformte XML-Dokumente sind.

7.1.3 XSLT-Prozessoren

Damit die Transformation stattfindet, muss ein spezieller XSLT-Prozessor vorhanden sein, der das Stylesheet und die Quelldaten einliest, die im Stylesheet enthaltenen Anweisungen ausführt und das dementsprechende Ergebnisdokument erzeugt. Dieser Prozessor setzt die Anweisungen des Stylesheets selbstständig in die dafür notwendigen Bearbeitungsschritte um. XSLT ist in diesem Sinne also eine High-Level-Language, bei der sich der Entwickler nicht um die kruden Details zu kümmern braucht, anders als bei den Lösungen, die in Kapitel 10, »Programmierschnittstellen für XML«, zu DOM und SAX behandelt werden.

Dabei sind mehrere Wege möglich. Die Anwendung des Stylesheets auf das XML-Quelldokument kann bereits auf einem Webserver ausgeführt werden, der dann das fertige Ergebnisdokument für die Clientseite bereitstellt. Das Stylesheet kann aber auch direkt auf der Clientseite mit Hilfe eines geeigneten Browsers oder eines separaten Programms angewendet werden.

Ein bekannter Open-Source-XSLT-Prozessor ist *Xalan*, der von der *Apache Software Foundation* in einer Version für Java und einer Version für C++ über *xalan.apache.org/* bereitgestellt wird. Xalan unterstützt nur die W3C-Empfehlung zu XSLT 1.0 und XPath 1.0 vollständig.

Teilweise frei verfügbar sind auch die XSLT-Prozessoren mit dem Namen *Saxon*, die von Michael Kay entwickelt wurden. Die Open-Source-Variante wird in der aktuellen Version Saxon XSLT 3.0, XQuery 3.1 und XPath 3.1 über *http://sourceforge.net/projects/saxon/* sowohl für die Java- als auch für die .NET-Plattform angeboten.

XML-Entwicklungsumgebungen wie XMLSpy, Stylus Studio oder Oxygen können auch mit eigenen, integrierten XSLT-Prozessoren arbeiten oder vorhandene Prozessoren einbinden.

Am einfachsten ist die Situation, wenn der verwendete Internetbrowser einen solchen Prozessor bereitstellen kann. Dann lassen sich XSLT-Stylesheets genauso einer XML-Datei zuordnen, wie es bei HTML und CSS möglich ist, und direkt im Browser testen.

Microsoft Core XML Services MSXML unterstützt XSLT 1.0 seit der Version 3. Seit der Version 6 des Internet Explorers, die als Vorgabe noch MSXML 3.0 verwendet, lassen sich XML-Dateien direkt darstellen, die mit XSLT-Stylesheets verknüpft sind. Seit Windows 7 ist MSXML bereits integriert, muss also nicht zusätzlich installiert werden.

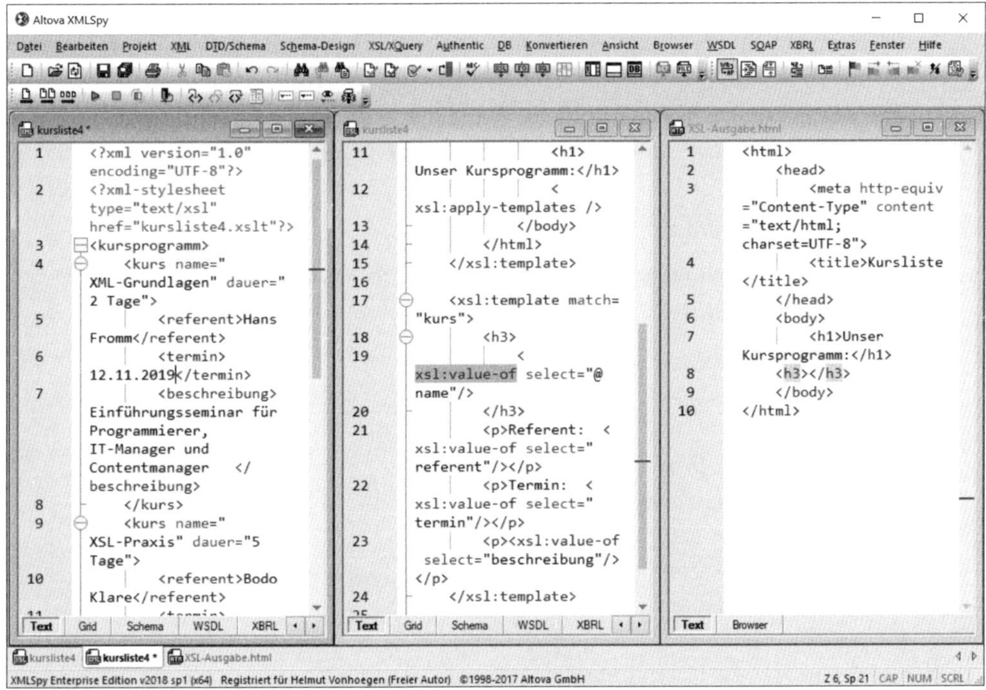

Abbildung 7.3 Beim Debuggen eines Stylesheets mit XMLSpy kann der Aufbau des Ergebnisdokuments Schritt für Schritt beobachtet werden.

7.1.4 Die Elemente und Attribute von XSLT

Die Elemente und Attribute, die XSLT verwendet, um dem XSLT-Prozessor seine Anweisungen zu geben, müssen mit dem speziellen Namensraum übereinstimmen, der für XSLT gesetzt ist – `http://www.w3.org/1999/XSL/Transform`. Das Stylesheet kann zusätzliche Elemente und Attribute enthalten, die nicht zu diesem Namensraum gehören. Diese Komponenten werden dann in der Regel vom XSLT-Prozessor direkt zum Ergebnisbaum hinzugefügt.

Zusätzlich sind spezielle Erweiterungselemente und Erweiterungsfunktionen möglich, die in einem eigenen Namensraum definiert sein müssen, damit sie vom XSLT-Prozessor ebenfalls als Anweisungen interpretiert werden. Allerdings kommt es in diesem Fall darauf an, ob diese Erweiterungen auch in dem verwendeten XSLT-Prozessor implementiert sind.

Eine beschreibende Sprache

Obwohl XSLT eine Reihe von Elementen enthält, die sich auch in allgemeinen Programmiersprachen finden – etwa Elemente für die Bildung von Verzweigungen oder Schleifen –, handelt es sich doch im Wesentlichen um eine beschreibende Sprache, die dem XSLT-Prozessor gewissermaßen in Form von Beispielen sagt, was er tun soll: »Wenn du auf ein Element mit dem Namen ›Thema‹ triffst, dann schreibe es in das Ergebnisdokument.« Das Wie bleibt dabei den eingebauten Funktionen des XSLT-Prozessors überlassen, derer sich das Stylesheet einfach bedient.

Vom XML-Dokument zur Webseite

Wir nehmen hier als erstes Beispiel eine etwas abgewandelte Version der bereits verwendeten Kursliste:

```
<?xml version="1.0" encoding="UTF-8"?>
<?xml-stylesheet type="text/xsl" href="kursliste4.xslt"?>
<kursprogramm>
  <kurs name="XML-Grundlagen" dauer="2 Tage">
    <referent>Hans Fromm</referent>
    <termin>12.11.2019</termin>
    <beschreibung>Einführungsseminar für Programmierer,
     IT-Manager und Contentmanager</beschreibung>
  </kurs>
  <kurs name="XSL-Praxis" dauer="5 Tage">
    <referent>Bodo Klare</referent>
    <termin>10.10.2019</termin>
    <beschreibung>Praktische Übungen für Programmierer und
     Contentmanager</beschreibung>
  </kurs>
  <kurs name="XSLT-Einstieg" dauer="2 Tage">
    <referent>Hanna Horn</referent>
    <termin>12.03.2019</termin>
    <beschreibung>Einführung in die Transformation von
      XML-Dokumenten für Programmierer und Contentmanager
    </beschreibung>
  </kurs>
</kursprogramm>
```

Listing 7.1 kursliste4.xml

Um daraus eine einfache Liste auf einer Webseite zu erzeugen, lässt sich das folgende XSLT-Stylesheet verwenden:

```
<?xml version="1.0" encoding="UTF-8"?>
<xsl:stylesheet version="1.0"
                xmlns:xsl="http://www.w3.org/1999/XSL/Transform">
  <xsl:output method="html"/>

  <xsl:template match="/">
    <html>
      <head>
        <title>Kursliste</title>
      </head>
      <body>
        <h1>Unser Kursprogramm:</h1>
        <xsl:apply-templates select="/kursprogramm/kurs"/>
      </body>
    </html>
  </xsl:template>

  <xsl:template match="kurs">
    <h3>
      <xsl:value-of select="@name"/>
    </h3>
    <p>Referent: <xsl:value-of select="referent"/></p>
    <p>Termin: <xsl:value-of select="termin"/></p>
    <p><xsl:value-of select="beschreibung"/></p>
  </xsl:template>

</xsl:stylesheet>
```

Listing 7.2 kursliste4.xslt

7.1.5 Verknüpfung zwischen Stylesheet und Dokument

Damit ein Browser die XML-Quelldaten so ausgibt, wie im Stylesheet vorgesehen, muss in die Quelldatei eine entsprechende Verknüpfung eingebaut werden. Dies geschieht mit Hilfe einer entsprechenden Verarbeitungsanweisung, die in diesem Fall so aussieht:

```
<?xml-stylesheet type="text/xsl" href="kursliste4.xslt"?>
```

Der Browser gibt das formatierte XML-Dokument, wie in Abbildung 7.4 zu sehen, als Liste aus.

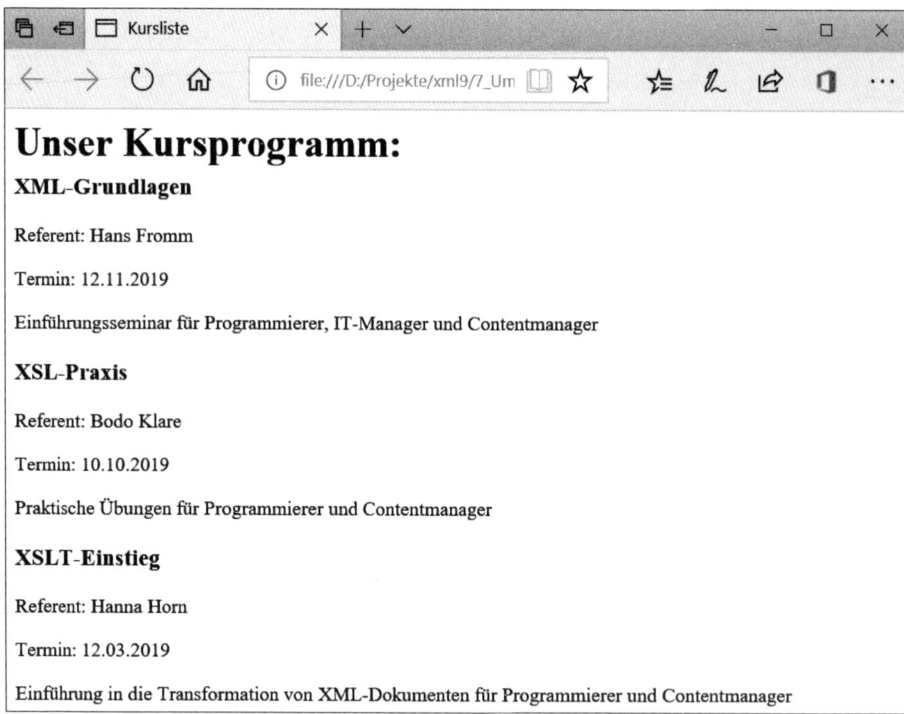

Abbildung 7.4 Ausgabe des formatierten Dokuments in Microsoft Edge

7.1.6 Das Element <stylesheet>

Das Stylesheet beginnt, da es sich um ein XML-Dokument handelt, mit der XML-Deklaration. Anschließend werden sämtliche Komponenten in das vorgegebene Wurzelelement `<xsl:stylesheet>` eingefügt. Als Synonym kann auch `<xsl:transform>` verwendet werden, was sinnvoll sein kann, um Anwendungen, die nur Daten transformieren, von solchen zu unterscheiden, die auch auf die Formatierung ausgerichtet sind. Es gilt für XSLT die Konvention, dass alle zu XSLT gehörenden Element-, Attribut- und Funktionsnamen kleingeschrieben werden.

Das Element `<xsl:stylesheet>` muss ein `version`-Attribut enthalten, für XSLT 1.0 gilt also der Wert `1.0`. Ebenso notwendig ist, wie schon angesprochen, die Zuordnung des Namensraums, der die vorgegebenen Elemente und Attribute umfasst. Der URI des XSLT-Namensraums ist `http://www.w3.org/1999/XSL/Transform`; als Vorgabe wird das Präfix `xsl` verwendet, aber es steht Ihnen frei, auch andere Abkürzungen zu nutzen.

7.1.7 Top-Level-Elemente

Abbildung 7.5 zeigt die möglichen Kinder des Elements `<xsl:stylesheet>`. Sie werden *Top-Level-Elemente* genannt.

```
<xsl:stylesheet>
  <xsl:import/>
  <xsl:include/>
  <xsl:namespace-alias/>
  <xsl:strip-space/>
  <xsl:preserve-space/>
  <xsl:output/>
  <xsl:key/>
  <xsl:decimal-format/>
  <xsl:attribute-set/>
  <xsl:variable/>
  <xsl:param/>
  <xsl:template/>
</xsl:stylesheet>
```

Abbildung 7.5 Die möglichen Kinder des Elements <stylesheet>

Diese Elemente dürfen in beliebiger Reihenfolge im Stylesheet auftauchen, ausgenommen sind allerdings `<xsl:import>`-Elemente, die immer am Anfang stehen müssen. Der Anwender kann auch eigene Top-Level-Erweiterungselemente verwenden, etwa für Metadaten zu einem Stylesheet, wenn dafür ein eigener Namensraum definiert wird. Der XSLT-Prozessor kann solche Elemente aber ignorieren.

Häufig wird am Anfang des Stylesheets das Element `<xsl:output>` eingefügt, um die Methode festzulegen, die bei der Erzeugung des Ergebnisdokuments beachtet werden soll. Im Beispiel wird `method = "html"` benutzt. Allerdings ist das nur eine Aufforderung an den XSLT-Prozessor, die nicht bindend sein muss. XSLT 1.0 unterstützt die in Tabelle 7.1 genannten Werte für das Attribut `method`.

Wert	Beschreibung
`xml`	Erzeugt wohlgeformtes XML.
`html`	Sorgt dafür, dass korrekt verwendete HTML-Elemente und -Attribute gemäß der HTML-Version 4.0 erkannt werden.
`text`	Gibt die String-Werte aller Textknoten aus, die im Ausgabebaum enthalten sind, und zwar in der Reihenfolge, die der Dokumentreihenfolge entspricht.

Tabelle 7.1 Mögliche Werte für das Attribut »method«

Wird das Element `<xsl:output>` nicht verwendet, benutzt der XSLT-Prozessor entweder `xml` oder `html` als Vorgabe, je nachdem, ob er `<html>` als erstes Element findet oder nicht.

7.1.8 Template-Regeln

Die wichtigsten Anweisungen an den XSLT-Prozessor sind in dem XSLT-Stylesheet in einer freien Abfolge von Template-Regeln zusammengestellt, die jeweils in das Element `<xsl:template>` eingepackt sind. Die im Beispiel verwendeten Regeln bestehen aus zwei Komponenten: einem Suchmuster oder Pattern, das dafür verwendet wird, im Quelldokument die Komponenten zu finden, mit denen etwas gemacht werden soll, und dem Template selbst, das aus einer oder mehreren Anweisungen besteht, die in allen Fällen, wo das Suchmuster passt, ausgeführt werden sollen.

Alternativ dazu können Template-Regeln auch mit einem Namen versehen werden, über den sie dann von anderen Templates aus aufgerufen werden können.

In dem Beispiel wird in der ersten Template-Regel als Suchmuster `match="/"` verwendet, das heißt, der Prozessor soll diese Regel anwenden, wenn er den Wurzelknoten der Quelldatei vor sich hat. Die Zeilen zwischen dem `<xsl:template>`-Start- und -End-Tag sind das eigentliche Template, das dem Prozessor beschreibt, was zu tun ist, wenn beim Durchwandern des Knotenbaums ein Knoten gefunden worden ist, der exakt dem Suchmuster entspricht.

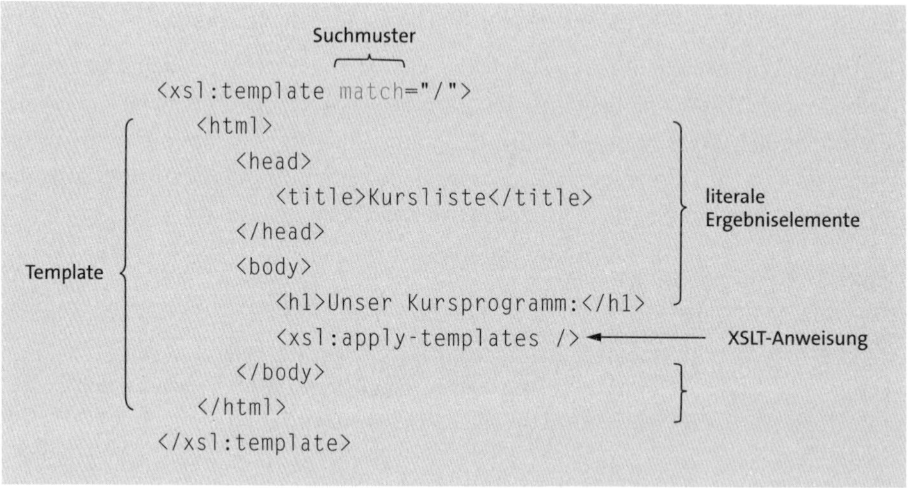

```
<xsl:template match="/">
  <html>
    <head>
      <title>Kursliste</title>
    </head>
    <body>
      <h1>Unser Kursprogramm:</h1>
      <xsl:apply-templates />
    </body>
  </html>
</xsl:template>
```

Abbildung 7.6 Beispiel einer Template-Regel

XSLT-Anweisungen

Innerhalb des Templates kommen zwei unterschiedliche Dinge vor. Das eine sind XSLT-Elemente mit Anweisungen an den XSLT-Prozessor, erkennbar daran, dass sie dasselbe Namensraumpräfix haben wie das Elternelement `<xsl: template>`. In dem ersten Template ist es die Anweisung `<xsl:apply-templates/>`, gewissermaßen eine Generalanweisung, die in dem Stylesheet vorhandenen Template-Regeln auszuführen.

Wie bedeutend diese Anweisung ist, lässt sich leicht testen, wenn Sie sie in dem Beispiel einfach einmal vergessen oder aber testweise auskommentieren. In der Ausgabedatei finden Sie dann nur noch die Überschrift, die Liste mit den Daten ist jedoch verschwunden.

Literale Ergebniselemente

Zum anderen enthält das erste Template eine Reihe von HTML-Tags. Im Stylesheet sind in diesem Fall die für die HTML-Seite notwendigen Elemente `<html>`, `<head>`, `<body>` und `<h1>` für die Listenüberschrift bereits in die erste Template-Regel eingefügt, die der Prozessor ausführen wird. Dies geschieht auf sehr schlichte Weise. Die entsprechenden HTML-Elemente und -Attribute werden einfach genau so, wie sie in der späteren HTML-Seite benötigt werden, eingetragen.

Da diese Elemente nicht zum Namensraum von XSLT gehören – das entsprechende Präfix fehlt ja offensichtlich –, schreibt der Prozessor diese Teile des Templates mehr oder weniger unverändert, also wortwörtlich, in das Ergebnisdokument. Diese Elemente werden deshalb auch *literale Ergebniselemente* genannt. Die Einschränkung »mehr oder weniger« bezieht sich darauf, dass literale Ergebniselemente Attribute enthalten können, die anstelle fixer Werte XPath-Ausdrücke enthalten, die erst während der Verarbeitung ausgewertet werden.

7.1.9 Attributwert-Templates

Solche Attribute werden als *Attributwert-Templates* behandelt. Der Prozessor wertet ein solches Template aus und überträgt erst das Ergebnis in die Ausgabe. Der Prozessor erkennt solche Attributwert-Templates daran, dass sie in geschweiften Klammern eingeschlossen sind. Dieses Verfahren erlaubt es beispielsweise, Werte aus der Quelldatei in die Attribute von HTML-Elementen zu übernehmen.

Unser Kursprogramm könnte zum Beispiel mit den Porträts der Referenten verschönert werden, indem die zweite Template-Regel in folgender Weise erweitert wird:

```
<xsl:template match="kurs">
  <h3><xsl:value-of select="@name"/></h3>
    <p><img src="portrait {referent}.gif"/></p>
    <p>Referent:  <xsl:value-of select="referent"/></p>
    <p>Termin:  <xsl:value-of select="termin"/></p>
    <p><xsl:value-of select="beschreibung"/></p>
</xsl:template>
```

Listing 7.3 kursliste4f.xslt

Der Prozessor ersetzt jedes Mal, wenn er die Template-Regel anwendet, in dem `src`-Attribut des `<img>`-Elements den Teil, der in geschweiften Klammern steht. Er sucht also jeweils den String-Wert des jeweiligen Elements `<referent>`.

Voraussetzung dafür ist, dass die Bilddateien jeweils mit Dateinamen belegt sind, die aus dem Wort *portrait* und dem Namen der Person zusammengesetzt sind, zum Beispiel *portrait Hans Fromm.gif*.

Unser Kursprogramm:

XML-Grundlagen

Referent: Hans Fromm

Termin: 12.11.2019

Einführungsseminar für Programmierer, IT-Manager und Contentmanager

XSL-Praxis

Referent: Bodo Klare

Abbildung 7.7 Das Ergebnis des Templates mit einigen Musterbildern

Attributwert-Templates können als Attributwerte bei einer begrenzten Zahl von XSLT-Elementen erscheinen, so bei den Attributen `lang`, `data-type`, `order` und `case-order` in `<xsl:sort>`, bei Attributen von `<xsl:number>` und bei den `name`- oder `namespace`-Attributen von `<xsl:attribute>`, `<xsl:element>` und `<xsl:processing-instruction>`. In der XSLT 1.0-Kurzreferenz weiter unten sind die entsprechenden Attribute durch geschweifte Klammern gekennzeichnet.

7.1.10 Zugriff auf die Quelldaten

Die zweite Template-Regel soll für den Fall angewendet werden, dass der Prozessor Knoten mit dem Namen `kurs` findet. Jedes Mal, wenn dies der Fall ist, wird zunächst mit dem HTML-Element `<h3>` eine Zwischenüberschrift erzeugt. An dieser Stelle nutzt der XSLT-Prozessor zum ersten Mal Daten aus dem Quelldokument. Er holt sich über das XSLT-Element `<xsl:value-of>` den Namen des jeweiligen Kurses. Ähnlich wie bei dem `match`-Attribut des Elements `<xsl:template>` wird für das hier benutzte Attribut `select` ein XPath-Ausdruck ausgewertet. `select="@name"` greift auf den String-Wert des Attributs `name` zu und kopiert ihn an die Stelle des Ergebnisdokuments, die als Zwischenüberschrift formatiert ist.

Ähnlich wird verfahren, um den Textinhalt der anderen Elemente in die Ausgabe zu übernehmen. Zusätzlich werden einfach die Beschriftungen »Referent« und »Termin« in die `<p>`-Tags eingefügt.

7.2 Ablauf der Transformation

Es ist für die Entwicklung von XSLT-Anwendungen von großer Bedeutung, im Blick zu behalten, wie ein XSLT-Prozessor ein Stylesheet abarbeitet. Wenn ein XSLT-Prozessor beauftragt wird, ein spezielles Stylesheet auf ein XML-Quelldokument anzuwenden, um daraus schließlich ein neues Ergebnisdokument zu erzeugen, liest und parst der Prozessor zunächst beide Dokumente und baut im Speicher für beide Dokumente jeweils eine interne Baumstruktur auf, wie es schon für XPath beschrieben worden ist. Das Stylesheet benutzt ja XPath-Ausdrücke, um Knoten in dieser Baumrepräsentation des Quelldokuments aufzusuchen.

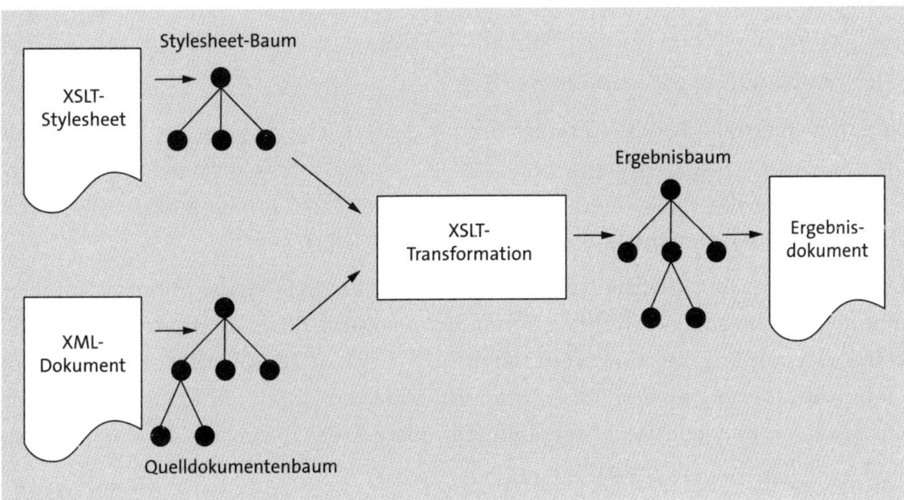

Abbildung 7.8 Schema der Transformation im Detail

Erst dann wird der Transformationsprozess gestartet. Während der Abarbeitung des Stylesheets wird in dem Umfang, den die Anweisungen der Template-Regeln erfordern, auf die Quelldaten zugegriffen. Die verwendeten Quelldaten und die literalen

Ergebniselemente liefern den Stoff, aus dem der Ergebnisbaum aufgebaut wird. Aus diesem Ergebnisbaum werden schließlich durch eine entsprechende Serialisierung die Ergebnisdokumente erzeugt, die das Stylesheet anfordert: eine neue XML-Datei, eine HTML-Datei oder eine einfache Textdatei.

7.2.1 Startpunkt Wurzelknoten

Wenn die Transformation beginnt, nimmt sich der XSLT-Prozessor zunächst immer die Wurzel des XML-Baums vor und verarbeitet die Template-Regel, die für diesen Wurzelknoten vorhanden ist. Es spielt deshalb keine Rolle, in welcher Reihenfolge Template-Regeln in einem Stylesheet eingetragen sind, der Prozessor sucht immer zunächst nach einer Template-Regel, die explizit für den Wurzelknoten definiert worden ist oder sich dafür verwenden lässt.

Findet er keine solche Regel, nutzt er normalerweise eine entsprechende eingebaute Template-Regel, wie es in Abschnitt 7.4 noch beschrieben wird. Sind gleich mehrere konkurrierende Regeln vorhanden, tritt ein Konfliktlösungsmechanismus in Aktion, der in Abschnitt 7.2.4 behandelt wird.

In unserem Beispiel existiert eine explizite Template-Regel für den Wurzelknoten. Der Prozessor beginnt den Aufbau des Ergebnisbaums also damit, die Anweisungen auszuführen, die in dieser Template-Regel enthalten sind. Zuerst werden die HTML-Tags samt Inhalt in den Baum übertragen.

7.2.2 Anwendung von Templates

Nach der Übertragung des Start-Tags für das `<body>`-Element stößt der Prozessor auf die XSLT-Anweisung `<xsl:apply-templates/>`. Erst muss diese Anweisung ausgeführt werden, bevor das `<body>`-Element geschlossen werden kann, denn die Anweisung soll in diesem Fall den Inhalt des `<body>`-Elements liefern.

Da diese Anweisung innerhalb der Template-Regel für den Wurzelknoten auftritt, der damit den maßgeblichen Kontext für diese Anweisung bildet, und sie in diesem Fall keine näheren Angaben durch ein mögliches `select`-Attribut enthält, entspricht sie einer Aufforderung an den XSLT-Prozessor, alle Kindknoten des aktuellen Knotens auszuwählen und jedes Mal nach einer Template-Regel zu suchen, die darauf passt, und diese Regel anzuwenden.

Der Wurzelknoten hat nur ein Kind, den Dokumentknoten, dem das Wurzelelement des XML-Dokuments `<kursprogramm>` entspricht.

Für diesen Knoten ist aber in unserem Beispiel – mit einer gewissen Absicht – keine Template-Regel angegeben, sondern erst für dessen Kindelement `<kurs>`. Sie erwarten vielleicht, dass der Prozessor in diesem Fall nicht mehr weiterweiß. Die Situation erinnert an ein Programm, in dem sich eine Unterroutine befindet, die aber, weil die Entwickler es vergessen haben, niemals aufgerufen wird.

7.2.3 Rückgriff auf versteckte Templates

In XSLT ist das anders. Da eine Template-Regel für das Kind des Wurzelknotens fehlt, verwendet der XSLT-Prozessor – zumindest ist das der Normalfall – eine eingebaute Regel, die nicht nur auf den Wurzelknoten, sondern auf alle Elementknoten zutrifft, und die einfach noch einmal die Anweisung `<xsl:apply-templates/>` aufruft. (Diese eingebauten Regeln werden in Abschnitt 7.4 im Detail besprochen.)

Nun aber hat sich der Kontext für die zweite `<xsl:apply-templates/>`-Anweisung gegenüber der ersten Anweisung geändert. Der Kontextknoten ist jetzt nicht mehr der Wurzelknoten, sondern dessen Kind. Also findet der Prozessor jetzt mehrere Kinder des `<kursprogramm>`-Elements, nämlich die einzelnen `<kurs>`-Elemente. Er baut eine entsprechende Knotenliste auf, um sie abzuarbeiten, und nun findet er auch ein spezielles Template, das auf jeden einzelnen dieser `<kurs>`-Knoten nacheinander angewendet wird.

Da jeder Kursknoten selbst wiederum Kinder hat, wird geprüft, ob es für diese Knoten ebenfalls Templates gibt. Das ist hier nicht der Fall, weil die Daten aus diesen Knoten bereits in der `kurs`-Template-Regel übernommen worden sind.

Wenn der Prozessor diese Prüfung abgeschlossen hat, ist hier zugleich der Knotenbaum des Quelldokuments durchlaufen. Der Prozessor kehrt zu der Zeile in der Template-Regel für den Wurzelknoten zurück, die der Anweisung `<xsl:apply-templates/>` folgt, und kann nun das End-Tag des `<body>`-Elements und des `<html>`-Elements in die Ausgabe einfügen.

7.2.4 Auflösung von Template-Konflikten

Es kommt vor, dass gleich mehrere Templates für denselben Knoten zutreffen. In dieser Situation treten bestimmte Prioritätsregeln in Kraft:

- Eine Regel für eine spezifischere Information hat Vorrang vor einer Regel für eine allgemeinere Information. `match="/firma/abteilung/person/name"` ist zum Beispiel spezifischer als `match="//name"`.
- Suchmuster mit Wildcards wie * oder @* sind allgemeiner als entsprechende Muster ohne Wildcards.
- Wenn keines der aufgeführten Kriterien hilft (und nur dann), spielt die Reihenfolge der Template-Regeln im Stylesheet die Rolle des Schiedsrichters. Die zuletzt stehende Regel hat dann Vorrang.

- Die Priorität von Templates kann auch gezielt über das Attribut `priority` gesetzt werden. Dabei werden Ganzzahlen oder reelle Zahlen unter oder über dem Standard `0` verwendet, etwa `-1.2` oder `2.2`. Eine höhere Zahl liefert eine höhere Priorität.

7.3 Stylesheet mit nur einer Template-Regel

Die Template-Regel, die für die Wurzel gilt, enthält meist den Aufruf weiterer Regeln, die für einzelne Teile des Dokuments maßgeblich sind. Ein Stylesheet kann aber auch aus nur einer einzigen Template-Regel bestehen. In diesem Fall ist eine verkürzte Fassung des Stylesheets möglich. Hier ein kleines Beispiel:

```
<?xml version="1.0" encoding="UTF-8"?>
<html xsl:version="1.0"
      xmlns:xsl="http://www.w3.org/1999/XSL/Transform">
  <head>
    <title>Kursliste</title>
  </head>
  <body>
    <h1>Unser Kursprogramm:</h1>
    <xsl:for-each select="/kursprogramm/kurs">
      <h3>
        <xsl:value-of select="."/>
      </h3>
    </xsl:for-each>
  </body>
</html>
```

Listing 7.4 kursliste6.xslt

In diesem Fall werden die Angabe zu `xsl:version` und die Einbindung des Namensraums direkt in das `<html>`-Start-Tag eingefügt.

7.4 Eingebaute Template-Regeln

Die wichtigste eingebaute Template-Regel ist oben schon angesprochen worden. Wenn eine Regel fehlt, die sich explizit auf den Wurzelknoten bezieht, verwendet der Prozessor automatisch eine für diesen Zweck eingebaute Template-Regel.

```
<xsl:template match="*|/">
  <xsl:apply-templates/>
</xsl:template>
```

Sie können dies testen, indem Sie ein Stylesheet auf eine Quelldatei anwenden, das noch gar keine Template-Regeln enthält. Der Prozessor gibt dann einfach die String-Werte aller Elemente des Quelldokuments aus, wobei die Attribute ignoriert werden. Jede explizite Template-Regel zu / überschreibt die eingebaute Regel, soweit sie sich auf den Wurzelknoten bezieht.

Diese Regel trifft nämlich nicht nur auf den Wurzelknoten zu, sondern auf alle beliebigen Elementknoten. Sie sorgt für eine rekursive Verarbeitung, also dafür, dass, wenn eine Template-Regel für bestimmte Knoten existiert, diese auch ausgeführt wird, auch wenn ihre Anwendung nicht explizit aufgerufen wird.

Eine weitere eingebaute Template-Regel ist für die Verwendung von unterschiedlichen Anwendungsmodi vorgesehen, die in Abschnitt 7.6.4 behandelt werden. Sie sorgt dafür, dass die Knoten unabhängig vom gerade gültigen Modus verarbeitet werden:

```
<xsl:template match="*|/" mode="m">
  <xsl:apply-templates mode="m"/>
</xsl:template>
```

Die eingebaute Regel für Text- und Attributknoten

```
<xsl:template match="text()|@*">
  <xsl:value-of select="."/>
</xsl:template>
```

kopiert den Text aller Text- und Attributknoten in den Ausgabebaum. Diese Regel wird aber nur dann ausgeführt, wenn die Knoten ausgewählt werden.

Die folgende Regel sorgt lediglich dafür, dass Kommentare und Verarbeitungsanweisungen nicht in das Ergebnisdokument übernommen werden. Sie ist leer, das heißt, der Prozessor soll in diesem Fall einfach nichts tun.

```
<xsl:template match="comment()|processing-instruction()"/>
```

Wenn Sie die Kommentare im Ergebnisdokument sehen wollen, definieren Sie eine Template-Regel, die die eingebaute einfach überschreibt:

```
<xsl:template match="comment()">
  <xsl:comment>
    <xsl:value-of select="."/>
  </xsl:comment>
</xsl:template>
```

Diese Regel sorgt beispielsweise dafür, dass der Inhalt eines Kommentars im Ergebnisdokument erneut als Kommentar eingefügt wird, also eingeschlossen in `<!--` und `-->`.

All diese Template-Regeln haben eine geringere Priorität als alle explizit im Stylesheet eingefügten Regeln, kommen also nur zum Zuge, wenn entsprechende explizite Regeln fehlen.

7.5 Designalternativen

Die oben beschriebene Version eines Stylesheets für das Kursprogramm ist nur eine der Lösungen, die mit XSLT realisierbar sind. In dem Beispiel sind zwei Methoden für den Zugriff auf den Inhalt von Knoten gemischt. In der ersten Template-Regel wird die Behandlung der Knoten unterhalb des Wurzelknotens gewissermaßen an ein anderes Template abgestoßen, in der zweiten Regel dagegen werden die Daten der Kinder des aktuellen Knotens direkt mit Hilfe von `value-of` in das Template einbezogen. Die erste wird deshalb manchmal auch *Push-Processing*, die andere *Pull-Processing* genannt.

Eine Variante des Stylesheets, die stärker die Push-Methode verwendet, könnte so aussehen:

```
<?xml version="1.0" encoding="UTF-8"?>
<xsl:stylesheet version="1.0"
                xmlns:xsl="http://www.w3.org/1999/XSL/Transform">
  <xsl:output method="html"/>

  <xsl:template match="/">
    <html>
      <head>
        <title>Kursliste</title>
      </head>
      <body>
        <h1>Unser Kursprogramm:</h1>
        <xsl:apply-templates />
      </body>
    </html>
  </xsl:template>

  <xsl:template match="kurs">
    <h3><xsl:value-of select="@name"/></h3>
    <xsl:apply-templates />
  </xsl:template>
```

```
  <xsl:template match="referent">
    <p>Referent:  <xsl:value-of select="."/></p>
  </xsl:template>

  <xsl:template match="termin">
    <p>Termin:  <xsl:value-of select="."/></p>
  </xsl:template>

  <xsl:template match="beschreibung">
    <p><xsl:value-of select="."/></p>
  </xsl:template>

</xsl:stylesheet>
```


Listing 7.5 kursliste8.xslt

In dieser Version ist für jeden Elementknoten im Quelldokument eine eigene Template-Regel definiert. Die Regeln für die jeweiligen Kindknoten werden über die Anweisung `<xsl:apply-templates />` stufenweise aktiviert. Dieses Vorgehen bietet sich an, wenn der Ergebnisbaum weitgehend über dieselbe Struktur wie das Quelldokument verfügt. Die Inhalte der Elemente `<referent>`, `<termin>` und `<beschreibung>` werden jedes Mal mit der Anweisung `<xsl:value-of select=".">` übernommen, wobei der Punkt als Abkürzung für den Kontextknoten verwendet wird. Da es sich hier um die Knoten am Ende des Baums handelt, liefert diese Anweisung die Blätter des Baums, den Inhalt der Textknoten.

Würde `<xsl:value-of select=".">` dagegen bei einem Kontextknoten verwendet, der selbst noch Elemente als Kinder hat, ergäbe die Anweisung eine Zeichenkette, die die String-Werte der Textknoten dieser Kinder aneinanderreiht. Eine Instanz einer Template-Regel wie

```
<xsl:template match="kurs">
  <xsl:value-of select="." />
</xsl:template>
```

würde beispielsweise folgende Zeichenkette liefern:

```
Hans Fromm 12.11.2019 Einführungsseminar für Programmierer, IT-Manager und
Contentmanager
```

Obwohl die Reihenfolge der Template-Regeln im Prinzip keine Bedeutung hat, liegt es nahe, beim Entwurf des Stylesheets der Struktur des Quelldokuments zu folgen, wie es hier geschehen ist. Dies macht das Ganze übersichtlicher und lesbarer. Dies gilt zumindest in all den Fällen, in denen sich das Ergebnisdokument weitgehend an der Struktur des Quelldokuments orientiert.

7.6 Kontrolle der Knotenverarbeitung

Die in den bisherigen Beispielen verwendete Anweisung `<xsl:apply-templates/>` ist eine sehr generelle Aufforderung an den Prozessor, den Knotenbaum zu durchwandern, um nach Knoten zu sehen, für die Templates definiert sind. Bei einem Quelldokument mit einer tiefen Hierarchie, aus der nur bestimmte Informationen in das Ergebnisdokument übernommen werden sollen, und dazu vielleicht noch in einer anderen Anordnung, ist es effektiver, mit Hilfe des `select`-Attributs die Zielknoten der Anweisung genau oder wenigstens genauer zu bestimmen.

Wenn beispielsweise in der Kursliste die Beschreibung vor die Terminangabe gesetzt werden soll, können Sie die Template-Regel für das Element `<kurs>` folgendermaßen angeben:

```
<xsl:template match="kurs">
  <h3><xsl:value-of select="@name"/></h3>
    <xsl:apply-templates select="referent"/>
    <xsl:apply-templates select="beschreibung"/>
    <xsl:apply-templates select="termin"/>
</xsl:template>
```

Listing 7.6 kursliste9.xslt

Das Attribut `select` benötigt als Wert einen XPath-Ausdruck, der die Knotenmenge beschreibt, die verarbeitet werden soll. Der Ausdruck muss also immer eine Knotenmenge liefern. Ohne `select` werden jeweils alle Kinder des aktuellen Knotens ausgewählt, dies entspricht `select="child::node()"`, wobei zu dieser Knotenmenge alle Knoten vom Typ Element, Text, Verarbeitungsanweisung und Kommentar gehören, aber nicht die Attribute des aktuellen Knotens, die ja von XPath – wie schon erwähnt – nicht als Kindknoten behandelt werden. Dabei können auch Wildcards eingesetzt werden, wie das folgende Listing zeigt.

```
<xsl:apply-templates select="*"/>
```

wählt alle Kindknoten vom Typ Element bezogen auf den aktuellen Kontextknoten aus. Der XPath-Ausdruck kann anstelle von relativen Lokalisierungspfaden auch mit absoluten Pfaden arbeiten.

```
<xsl:apply-templates select="/kursprogramm/kurs/referent"/>
```

ist ein solcher Pfad, der eine Auswahl von Knoten erlaubt, die unabhängig vom gerade aktuellen Kontextknoten ist. Auch der Operator // lässt sich in einem absoluten Pfad verwenden:

```
<xsl:apply-templates select="/kursprogramm//referent"/>
```

Gesucht wird dann nach einer Knotenmenge `referent`, die den Knoten `kursprogramm` als Vorfahren hat. Mit Hilfe von Funktionen kann die Suche weiter verfeinert werden.

7.6.1 Benannte Templates

Ein Stylesheet kann auch Templates verwenden, die sich nicht mit dem `match`-Attribut gewissermaßen die Opfer suchen, auf die sie sich stürzen, um daraus einen Teil des Ausgabebaums zu fabrizieren, sondern solche, die mit eindeutigen QNames gekennzeichnet sind. Über diese Namen können sie von anderen Templates aus aufgerufen werden. Diese Vorgehensweise ist dem Aufruf von Funktionen in prozeduralen Sprachen ähnlich. Dabei können auch Parameter an das aufgerufene Template übergeben werden. Mehr dazu lesen Sie weiter unten in Abschnitt 7.11, »Parameter und Variablen«.

Ein wichtiger Unterschied zu den Templates, die mit Suchmustern arbeiten, ist, dass der Kontextknoten nicht durch das aufgerufene Template verändert wird. Es bleibt der Kontext erhalten, der zu der aufrufenden Template-Regel gehört. Unser Beispiel kann bei diesem Verfahren so aussehen:

```
<xsl:template match="/">
  <html>
    <head>
      <title>Kursliste</title>
    </head>
    <body>
      <h1>Unser Kursprogramm:</h1>
      <xsl:call-template name="kursliste"/>
    </body>
  </html>
</xsl:template>

<xsl:template name="kursliste">
  <xsl:for-each select="//kurs">
    <h3><xsl:value-of select="@name"/></h3>
    <p>Referent: <xsl:value-of select="referent"/></p>
    <p>Termin: <xsl:value-of select="termin"/></p>
```

```
    <p><xsl:value-of select="beschreibung"/></p>
  </xsl:for-each>
</xsl:template>
```

Listing 7.7 kursliste10.xslt

Die Template-Regel für den Wurzelknoten ruft hier ein Template mit Namen kursliste auf, das zunächst vollständig ausgeführt werden muss, bevor die übrigen Anweisungen der ersten Regel zum Zuge kommen. Anstelle einer apply-templates-Aufforderung an den Prozessor wird hier eine andere Methode verwendet, um an die Daten der Knoten zu gelangen. Mit <xsl:for-each> wird der Prozessor angewiesen, die Knotenliste vollständig durchzugehen, die durch den Lokalisierungspfad bestimmt ist, der den Wert von select liefert. Da in diesem Fall der Wurzelknoten immer noch den aktuellen Kontext bildet, wird ein absoluter Lokalisierungspfad //kurs angegeben, um die Knoten unabhängig vom aktuellen Kontextknoten zu finden.

7.6.2 Template-Auswahl mit XPath-Mustern

In dem ersten Beispiel haben wir für die beiden Template-Regeln zwei sehr einfache match-Attribute benutzt: match="/" für den Wurzelknoten und match="kurs" für eines der Elemente. Das Suchmuster enthält die Bedingung, die erfüllt sein muss, damit ein Knoten als Kandidat für die Anwendung des Templates ausgewählt wird. Dabei muss jedes Mal der Kontext beachtet werden, in dem die Prüfung auf Übereinstimmung stattfindet.

Für die Formulierung des Musters steht nur eine Untermenge der XPath-Sprache, die in Kapitel 5, »Navigation und Verknüpfung«, beschrieben wurde, zur Verfügung, im Unterschied zu den select-Kriterien, die Elemente wie <apply-templates> oder <value-of> verwenden.

Ein XSLT-Muster kann einen oder auch mehrere Lokalisierungspfade enthalten, allerdings dürfen nur die child- und die attribute-Achse benutzt werden. Außerdem ist der //-Operator erlaubt, nicht aber die descendent-Achse insgesamt. Solche Muster werden außer im match-Attribut des <template>-Elements auch für das match-Attribut des <key>-Elements und in den count- und from-Attributen des Elements <number> verwendet. Tabelle 7.2 zeigt einige Muster.

Muster	Bedeutung
Kurs	Passt auf alle <kurs>-Elemente.
kurs/referent	Passt auf jedes Element <referent>, das ein Kind von <kurs> ist.

Tabelle 7.2 Beispiele für Muster

Muster	Bedeutung
kursprogramm/kurs[1]	Passt auf das erste Element <kurs>, das Kind von <kursprogramm> ist.
kurs[referent= "Hanna Horn"]	Passt auf jedes Element <kurs>, bei dem der String-Wert des Kindes <referent> dem angegebenen Wert entspricht.
kursprogramm/kurs [position()!=1]	Passt auf jedes Element <kurs>, das Kind von <kursprogramm> ist und nicht das erste Kind ist.
kurs [@name="XSL-Praxis"]	Passt auf das Element <kurs>, bei dem das Attribut name den angegebenen Wert hat.

Tabelle 7.2 Beispiele für Muster (Forts.)

Mit Hilfe solcher Muster lässt sich die Zuordnung von Templates sehr fein auf die Besonderheiten bestimmter Elemente abstimmen. Beispielsweise erlaubt das folgende Stylesheet-Fragment, bei einigen Kursen zusätzliche Hinweise einzubauen:

```
<xsl:template match="kurs">
  <h3><xsl:value-of select="@name"/></h3>
    <xsl:apply-templates />
</xsl:template>

<xsl:template match="kurs[referent='Hanna Horn']">
  <h3>Neu im Programm: <xsl:value-of select="@name"/></h3>
    <xsl:apply-templates />
</xsl:template>

<xsl:template match="kurs [@name='XSL-Praxis']">
  <h3>Wochenendseminar: <xsl:value-of select="@name"/></h3>
    <xsl:apply-templates />
</xsl:template>
```

Die Templates mit dem spezifischeren Muster werden in diesem Fall vorrangig vor dem Muster für kurs verwendet. Wenn sich ein Template gleich für unterschiedliche Knoten verwenden lässt, können Sie auch mit einem match-Wert arbeiten, der mehrere Werte zulässt, wie das folgende Listing zeigt.

```
<xsl:template match="referent|termin">
```

wäre ein Beispiel dafür.

7.6.3 Kontext-Templates

Ähnlich wie bei den Kontextselektoren, die in Abschnitt 6.1, »Cascading Stylesheets für XML«, beschrieben worden sind, lassen sich Elementen unterschiedliche Templates zuordnen, je nach dem Kontext, in dem sie auftauchen. Das ist immer dann von Bedeutung, wenn auf unterschiedlichen Ebenen der Hierarchie für Elemente gleiche Namen verwendet werden. Das folgende Listing zeigt einen Ausschnitt aus einer etwas modifizierten Version der Kursliste:

```
<kursprogramm>
  <kurs>
    <name>XML-Grundlagen</name>
    <referent>
      <name>Hans Fromm</name>
      <email/>
    </referent>
    <termin>12.11.2019</termin>
    <beschreibung>Einführungsseminar für Programmierer,
      IT-Manager und Contentmanager</beschreibung>
  </kurs>
</kursprogramm>
```

Die Anweisung

```
<xsl:template match="name">
```

würde nacheinander auf beide Elemente angewendet. Sollen die beiden Elemente dagegen unterschiedlich ausgegeben werden, muss das match-Kriterium entsprechend differenziert werden:

```
<xsl:template match="kurs/name">
<xsl:template match="referent/name">
```

7.6.4 Template-Modi

Es kommt vor, dass dieselben Quelldaten einmal so und einmal anders benötigt werden. An das ausführliche Kursprogramm kann zum Beispiel noch eine kurze Übersicht angehängt werden. Um Templates, die dasselbe match-Kriterium nutzen, dennoch unterscheiden zu können, wird das Attribut mode eingesetzt. Den Template-Regeln muss über dieses Attribut ein eindeutiger Modus zugeordnet werden, der dann auch beim Aufruf der Template-Regel verwendet wird.

```
<?xml version="1.0" encoding="UTF-8"?>
<xsl:stylesheet version="1.0"
                xmlns:xsl="http://www.w3.org/1999/XSL/Transform">
```

```
  <xsl:output method="html"/>
  <xsl:template match="/">
    <html>
      <head>
        <title>Kursliste</title>
      </head>
      <body>
        <h1>Unser Kursprogramm:</h1>
          <xsl:apply-templates select="//kurs" mode="langfassung"/>
        <h4>Übersicht</h4>
          <xsl:apply-templates select="//kurs" mode="kurzfassung"/>
      </body>
    </html>
  </xsl:template>

  <xsl:template match="kurs" mode="langfassung">
    <h3><xsl:value-of select="@name"/></h3>
      <p>Referent: <xsl:value-of select="referent"/></p>
      <p>Termin: <xsl:value-of select="termin"/></p>
      <p><xsl:value-of select="beschreibung"/></p>
  </xsl:template>

  <xsl:template match="kurs" mode="kurzfassung">
    <table width="180" border="1" cellspacing="2" cellpadding="2">
      <tr>
        <td width="120" height="60">
          <xsl:value-of select="@name"/>
        </td>
        <td width="60" height="60">
          <xsl:value-of select="termin"/>
        </td>
      </tr>
    </table>
  </xsl:template>

</xsl:stylesheet>
```

Listing 7.8 kursliste14.xslt

Abbildung 7.9 zeigt das Ergebnis.

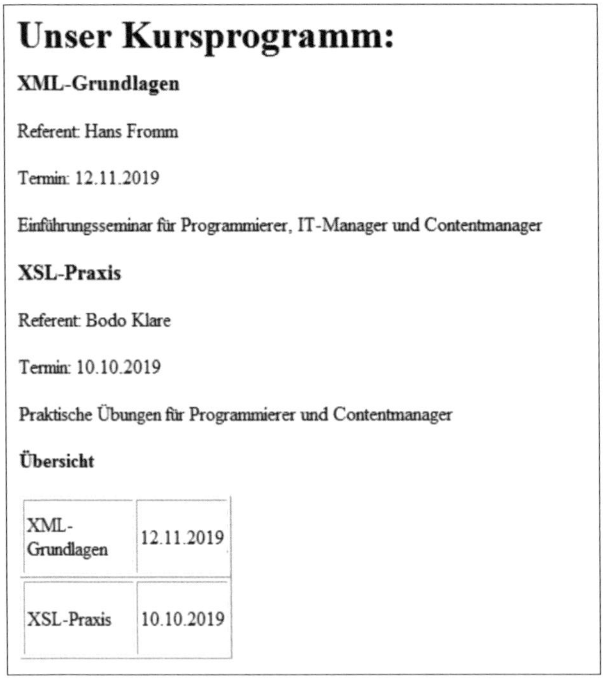

Unser Kursprogramm:

XML-Grundlagen

Referent: Hans Fromm

Termin: 12.11.2019

Einführungsseminar für Programmierer, IT-Manager und Contentmanager

XSL-Praxis

Referent: Bodo Klare

Termin: 10.10.2019

Praktische Übungen für Programmierer und Contentmanager

Übersicht

XML-Grundlagen	12.11.2019
XSL-Praxis	10.10.2019

Abbildung 7.9 Kursliste mit angehängter Übersicht

7.7 Datenübernahme aus der Quelldatei

In den bisherigen Beispielen sind Daten aus der Quelldatei hauptsächlich mit Hilfe der Anweisung `<xsl:value-of>` in das Ergebnisdokument übernommen worden. Dabei kann über das `select`-Attribut sehr präzise bestimmt werden, welche Daten übernommen werden sollen. Durch entsprechende XPath-Ausdrücke kann auf jedes beliebige Element oder Attribut innerhalb des Quelldokuments zugegriffen werden. Der Ausdruck wird bezogen auf den gerade aktuellen Kontextknoten ausgewertet, sofern nicht mit absoluten Lokalisierungspfaden gearbeitet wird, und liefert eine entsprechende Zeichenkette, also den String-Wert.

Neben dem notwendigen Attribut `select` kann das Attribut `disable-output-escaping` verwendet werden. Vorgabe ist `"no"`, so dass sichergestellt ist, dass Sonderzeichen wie <, & und > auch in der Ausgabe maskiert bleiben, also als `<`, `&` und `>` ausgegeben werden. Der Wert `"yes"` bewirkt, dass die Zeichen selbst – unmaskiert – erscheinen, was aber nur sinnvoll ist, wenn das Ergebnisdokument kein gültiges XML-Dokument mehr sein soll.

Sollen gleich ganze Teilbäume aus dem Quelldokument in ein neues Dokument übertragen werden, bietet sich die Anweisung `<xsl:copy-of>` an. Damit kann die Knotenliste, die über das `select`-Attribut der Anweisung bestimmt wird, vollständig aus dem Quelldokument in die Ausgabe kopiert werden. Das Ergebnis hängt dabei von dem aktuellen Knotentyp ab. Im Unterschied zu <xsl:value-of> kopiert <xsl:copy-of> die ausgewählte Knotenliste und nicht den String-Wert der Auswahl. Das Markup bleibt also erhalten.

Diese Anweisung wird hauptsächlich bei der Transformation von XML nach XML verwendet, wenn es darum geht, Teile des Quelldokuments unverändert zu übernehmen. In dem folgenden Beispiel werden alle <kurs>-Elemente der Quelldatei in eine Datei kopiert, bei der diese Elemente in ein neues Wurzelelement <schulungsprogramm> eingefügt werden.


```
<?xml version="1.0" encoding="UTF-8"?>
<xsl:stylesheet version="1.0"
                xmlns:xsl="http://www.w3.org/1999/XSL/Transform">
  <xsl:template match="/">
    <schulungsprogramm>
      <xsl:copy-of select="//kurs"/>
    </schulungsprogramm>
  </xsl:template>
</xsl:stylesheet>
```

Listing 7.9 kursliste4d.xslt

Der folgende Auszug zeigt die kopierten Daten als Abkömmlinge des neuen Wurzelelements:

```
<schulungsprogramm>
  <kurs name="XML-Grundlagen" dauer="2 Tage">
    ...
  </kurs>
  ...
</schulungsprogramm>
```

Die verwandte Anweisung <xsl:copy> kopiert nur den aktuellen Knoten im Quelldokument, ohne die Attribute oder die Kinder des Knotens zu berücksichtigen.

7.8 Nummerierungen

XSLT gibt Ihnen die Möglichkeit, die aus dem Quelldokument übernommenen Daten in fast jeder denkbaren Weise auch nachträglich zu nummerieren, wobei wiederum zahlreiche Formate zur Verfügung stehen. Das Element <xsl:number> enthält dafür eine Reihe von optionalen Attributen, die hier nicht alle im Detail behandelt werden können; sie sind in Abschnitt 7.18, »Kurzreferenz zu XSLT 1.0«, aufgelistet. Die Anweisung kann innerhalb eines Templates verwendet werden.

7.8.1 Einfach

In der einfachsten Form, ohne jedes Attribut, liefert das Element eine fortlaufende Nummer für alle Elemente der Knotenliste, zu der der Kontextknoten gehört.

```
<xsl:template match="kurs">
  <p>
    <xsl:number/>
    <xsl:text> </xsl:text>
    <xsl:value-of select="@name"/>
  </p>
</xsl:template>
```

Das liefert die folgende schlichte Liste der Kurse:

```
1 XML-Grundlagen
2 XSL-Praxis
3 XSLT-Einstieg
```

Derselbe Effekt kann in diesem Fall übrigens auch erreicht werden, wenn zu jedem Knoten das Ergebnis der Funktion `position()` ausgegeben wird.

7.8.2 Mehrstufig

Die Attribute für `<xsl:number>` erlauben aber auch komplexe Nummerierungen, die mit mehreren Ebenen arbeiten, wie es zum Beispiel bei Textdokumenten oder hierarchischen Verzeichnissen üblich ist. Maßgeblich für die Art, wie der Prozessor beim Durchzählen vorgeht, ist insbesondere das Attribut `level`, das drei Werte kennt (siehe Tabelle 7.3).

Wert	Beschreibung
`single`	(Vorgabe) Zählt Geschwisterknoten, die auf einer Ebene liegen.
`any`	Dieser Wert wird verwendet, um Knoten zu nummerieren, die auf verschiedenen Ebenen vorkommen können, etwa Fußnoten, Tabellen oder Bilder in einem Text.
`multiple`	Erlaubt die Bildung von zusammengesetzten Nummerierungen, wie sie in Dokumenten verwendet werden, wie etwa 1.2.1 oder I.1.a.

Tabelle 7.3 Werte für das Attribut »level«

Anstatt jeweils alle Elemente einer Ebene der Dokumenthierarchie zu zählen, kann mit dem Attribut `count` auch die Übereinstimmung mit einem XPath-Muster geprüft werden. Die Syntax von XPath-Mustern wurde oben schon beschrieben. Zusätzlich kann mit from ein Muster verwendet werden, das einen anderen Startpunkt für das Abzählen setzt.

Das Verfahren des Abzählens, das der Prozessor bei dieser Anweisung zu bewältigen hat, sieht im Prinzip so aus, dass er bei jeder Nummer, die zu vergeben ist, vom gerade aktuellen Kontextknoten aus die ancestor-or-self-Achse zurückgeht, um den ersten Knoten zu finden, der dem expliziten oder vorgegebenen count-Muster entspricht.

Falls from einen Wert hat, stoppt der Prozessor bereits an der dem from-Muster entsprechenden Stelle. Wenn er beispielsweise sechs Knoten auf dieser Achse findet, zählt er 1 hinzu und vergibt die Nummer 7 an den aktuellen Kontextknoten.

Für die Definition des Zahlenformats werden Format-Token verwendet, die den Wert des Attributs format liefern. Eine Liste der Format-Token sehen Sie in Tabelle 7.4.

Format-Token	Ausgabesequenz
1	1, 2, 3, 4 ...
01	01, 02 ... 10, 12 ...
a	a, b, c, d ...
A	A, B, C, D ...
i	i, ii, iii, iv ...
I	I, II, III, IV ...

Tabelle 7.4 Werte für das Attribut »format«

7.8.3 Zusammengesetzt

Zur Demonstration wollen wir das Kursbeispiel so erweitern, dass im XML-Dokument Kursprogramme für verschiedene Veranstaltungsorte aufgenommen werden können. Dazu erweitern wir das Element <kursprogramm> um ein Attribut ort und verklammern die verschiedenen Kursprogramme unter einem neuen Wurzelelement <schulungsprogramm>:

```
<schulungsprogramm>
  <kursprogramm ort="Hamburg">
    <kurs name="XML-Grundlagen" dauer="2 Tage">
      <referent>Hans Fromm</referent>
      <termin>12.11.2019</termin>
      ...
  </kursprogramm>
  <kursprogramm ort="Berlin">
```

```
  ...
  </kursprogramm>
</schulungsprogramm>
```

Das Stylesheet benötigt dann zwei Template-Regeln, um die doppelte Nummerierung zu leisten:

```
<xsl:template match="kursprogramm">
  <h3>Seminare in <xsl:value-of select="@ort"/>: </h3>
   <xsl:apply-templates/>
</xsl:template>

<xsl:template match="kurs">
  <p>
    <xsl:number level="multiple" count="kursprogramm|kurs"
                format="I.1 "/>
    <xsl:value-of select="@name"/>
  </p>
</xsl:template>
```

Listing 7.10 kursliste16.xslt

Das Attribut count enthält in diesem Fall eine Musterverknüpfung, die dafür sorgt, dass sowohl die Kursprogramme als auch die einzelnen Kurse gezählt und die Nummerierungen jeweils aus beiden Werten zusammengesetzt werden. Im Ergebnisdokument erscheint die in Abbildung 7.10 dargestellte Liste.

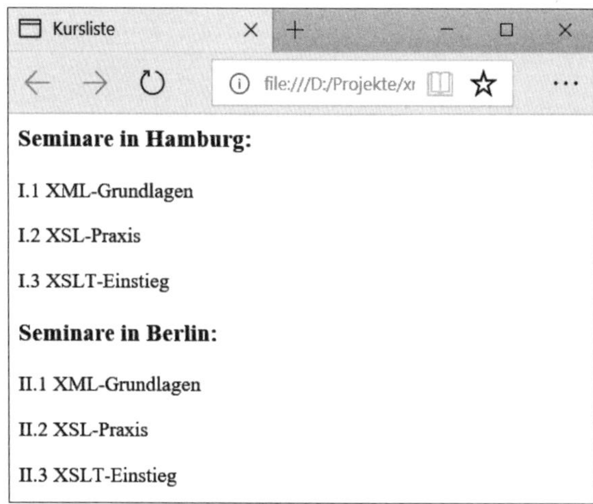

Abbildung 7.10 Liste mit Mehrfachnummerierung im Edge-Browser

7.9 Verzweigungen und Wiederholungen

Mit den Anweisungen <xsl:if>, <xsl:choose> und <xsl:when> lässt sich der Ablauf der Operationen, die der Prozessor vornimmt, zusätzlich beeinflussen.

7.9.1 Bedingte Ausführung von Templates

Die <xsl:if>-Anweisung ist sehr einfach gehalten. Sie wird verwendet, um die Ausführung eines Templates an eine Bedingung zu knüpfen. Dieses Template wird direkt in Form von Kindelementen des Elements <xsl:if> eingefügt. Das so gleichsam eingeklammerte Template wird nur ausgeführt, wenn die angegebene Bedingung erfüllt ist. Diese Bedingung wird mit Hilfe des Attributs `test` formuliert. Der dabei genutzte XPath-Ausdruck muss einen logischen Wert liefern.

Soll zum Beispiel eine Liste ausgegeben werden, die nur die Kurse eines bestimmten Referenten enthält, kann eine entsprechende Bedingung in die Template-Regel eingefügt werden:

```
<xsl:template match="kurs">
  <xsl:if test="referent='Bodo Klare'">
    <h3><xsl:value-of select="@name"/></h3>
      <p>Referent: <xsl:value-of select="referent"/></p>
      <p>Termin: <xsl:value-of select="termin"/></p>
      <p><xsl:value-of select="beschreibung"/></p>
  </xsl:if>
</xsl:template>
```

Für die Formulierung der Testkriterien können insbesondere auch die zahlreichen Funktionen genutzt werden, die in XPath-Ausdrücken verwendet werden können. Um beispielsweise die Kurse eines bestimmten Jahrgangs gesondert auszugeben, könnte mit einer Anweisung wie

```
<xsl:if test="substring(termin,10,1)='3'">
```

die letzte Stelle des Datums abgefragt werden, wenn es als String vorliegt.

7.9.2 Wahlmöglichkeiten

Die in den meisten Sprachen mögliche Variante `if – else` ist in XSLT nicht vorhanden. Wenn weitere Wahlmöglichkeiten benötigt werden, kann mit der Anweisung <xsl:choose> gearbeitet werden, die als Kindelemente für die verschiedenen Fälle mindestens ein oder mehrere <xsl:when> Elemente verwendet. Zusätzlich kann ein Default-Fall mit dem Element <xsl:otherwise> definiert werden, das ohne `test`-Attribut arbeitet.

<xsl:choose> ähnelt der switch-Anweisung in Java oder C#. Jedes <xsl:when>-Element enthält ein test-Attribut, das einen logischen XPath-Ausdruck auswertet, und als Kindelemente die Template-Anweisungen, die ausgeführt werden sollen, wenn der Test den Wert true liefert.

Im Unterschied zur angesprochenen switch-Anweisung wird es zugelassen, dass mehrere Testausdrücke in <xsl:when>-Elementen gleichzeitig wahr sein können. Es wird aber nur das Template des ersten Elements ausgeführt, das den Test besteht. Deshalb ist es in diesem Fall von Bedeutung, in welcher Reihenfolge die <xsl:when>-Elemente angeordnet sind. Eine Anordnung wie

```
<xsl:when test="count(//referent) &lt;4">...
<xsl:when test="count(//referent) =1">...
```

würde dazu führen, dass der zweite Test niemals erreicht wird. Die umgekehrte Reihenfolge ließe dagegen beide Tests zu. Wird keiner der when-Tests bestanden, wird ausgeführt, was innerhalb des Elements <xsl:otherwise> genannt ist, falls dieses Element angegeben ist. Andernfalls geschieht nichts, und die Anweisung hinter </xsl:choose> wird bearbeitet.

In unserem Kursbeispiel könnten die Kurse zum Beispiel entsprechend nach der dafür vorgesehenen Dauer unterschiedlich behandelt werden, um je nach Anzahl der Seminartage verschiedene zusätzliche Informationen in das Ergebnisdokument einzufügen:

```
<xsl:template match="kurs">
  <h3><xsl:value-of select="@name"/></h3>
    <p>Referent:  <xsl:value-of select="referent"/></p>
    <p>Termin:  <xsl:value-of select="termin"/></p>
    <p><xsl:value-of select="beschreibung"/></p>
  <xsl:choose>
    <xsl:when test="@dauer='2 Tage'">
      Das Seminar dauert 2 Tage.
    </xsl:when>
    <xsl:when test="@dauer='5 Tage'">
      Das Seminar dauert 5 Tage.
    </xsl:when>
    <xsl:otherwise>
      Eintägiges Seminar
    </xsl:otherwise>
  </xsl:choose>
</xsl:template>
```

Listing 7.11 kursliste4c.xslt

Unser Kursprogramm:

XML-Grundlagen

Referent: Hans Fromm

Termin: 12.11.2019

Einführungsseminar für Programmierer, IT-Manager und Contentmanager

Das Seminar dauert 2 Tage.

XSL-Praxis

Referent: Bodo Klare

Termin: 10.10.2019

Praktische Übungen für Programmierer und Contentmanager

Das Seminar dauert 5 Tage.

Abbildung 7.11 Liste mit bedingten Hinweisen

7.9.3 Schleifen

Neben Verzweigungen sind Schleifen übliche Konstrukte in Programmiersprachen. Das Angebot von XSLT ist hier etwas eingeschränkt, was damit zusammenhängt, dass zwar Variablen verwendet werden können – wie in Abschnitt 7.11, »Parameter und Variablen«, beschrieben –, diesen Variablen aber immer nur jeweils einmal ein Wert zugewiesen werden kann. Die den Entwicklern vertraute Möglichkeit, den Ablauf einer Schleife über einen Schleifenzähler zu kontrollieren, kommt deshalb in dieser Form nicht vor.

Die Alternative zu dieser Art von Schleifen sind in XSLT die Iterationen, die mit Hilfe der schon genutzten Anweisung `<xsl:for-each>` gestartet werden können. Dabei wird der Umfang der Iteration durch das `select`-Attribut gesteuert, das mittels eines XPath-Ausdrucks eine bestimmte Knotenmenge aus dem Quelldokument auswählt. Auf jeden einzelnen Knoten aus dieser Knotenmenge werden dann nacheinander die als Kinder des Elements aufgeführten Anweisungen angewendet.

Der Prozessor baut dabei eine entsprechende Knotenliste auf und fügt dem aktuellen Kontext die Information über die Größe dieser Liste, also die Anzahl ihrer Mitglieder, bei.

Bei jeder Wiederholung ändert sich der aktuelle Kontextknoten und damit die Position des aktuellen Knotens in der Knotenliste, so dass XPath-Ausdrücke, die von Kindelementen der Anweisung verwendet werden, jedes Mal einen entsprechend geänderten Kontext vorfinden und die Daten über diesen Kontext auswerten können. Das ist sehr praktisch, wenn es etwa darum geht, die Zellen einer Tabelle schrittweise mit Daten aus dem Quelldokument zu füllen.

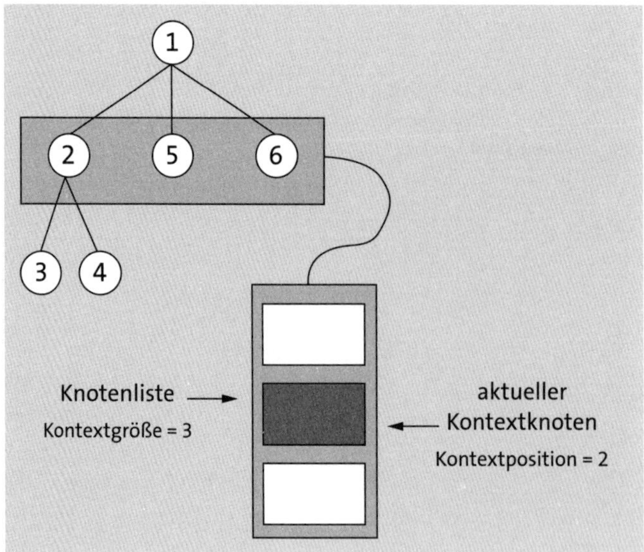

Abbildung 7.12 Knotenliste und Kontextinformationen

Mit dem folgenden Stylesheet wird eine kurze Übersicht in Form einer Tabelle ausgegeben:

```
<xsl:stylesheet version="1.0"
                xmlns:xsl="http://www.w3.org/1999/XSL/Transform">
  <xsl:output method="html"/>
  <xsl:template match="/">
    <html>
      <head>
        <title>Kursliste</title>
      </head>
      <body>
        <h3>Kursübersicht</h3>
        <table width="420" border="1" cellspacing="1" cellpadding="20">
          <tr>
            <th>Nr</th>
            <th>Bezeichnung</th>
            <th>Termin</th>
          </tr>
          <xsl:call-template name="kurstabelle"/>
        </table>
      </body>
```

```
    </html>
  </xsl:template>
  <xsl:template name="kurstabelle">
    <xsl:for-each select="//kurs">
      <tr>
        <td width="30" height="60">
          <xsl:value-of select="position()"/>
        </td>
        <td width="300" height="60">
          <xsl:value-of select="@name"/>
        </td>
        <td width="90" height="60">
          <xsl:value-of select="termin"/>
        </td>
      </tr>
    </xsl:for-each>
  </xsl:template>
</xsl:stylesheet>
```

Listing 7.12 kursliste14a.xslt

Die Überschriften der Tabelle werden bereits in der aufrufenden Template-Regel zum Wurzelknoten gesetzt. Innerhalb des kurstabelle genannten Templates sind die Anweisungen zum Füllen der einzelnen Tabellenzeilen Abkömmlinge des Elements <xsl:for-each>. Da sich bei jedem neuen <kurs>-Knoten der Kontext entsprechend der erreichten Position in der Knotenliste ändert, die durch select="//kurs" ausgewählt ist, kann mit der Funktion position() eine einfache Nummerierung der Kurse erreicht werden, die die aktuelle Position in der Knotenliste wiedergibt.

Kursübersicht

Nr	Bezeichnung	Termin
1	XML-Grundlagen	12.11.2019
2	XSL-Praxis	10.10.2019
3	XSLT-Einstieg	12.03.2019

Abbildung 7.13 Die Kursübersicht in Form einer Tabelle

7.10 Sortieren und Gruppieren von Quelldaten

Gewöhnlich verarbeitet der XSLT-Prozessor eine durch ein select-Attribut ausgewählte Knotenliste in der Reihenfolge, die durch das Quelldokument vorgegeben ist, also in der Dokumentreihenfolge, wie es in Abschnitt 5.1.3 beschrieben ist. Wenn eine andere Anordnung im Ergebnisdokument benötigt wird, kann mit <xsl:sort>-Elementen gearbeitet werden. Diese Elemente können als Kindelement von <xsl:apply-templates> oder von <xsl:for-each> auftreten.

7.10.1 Sortierschlüssel

Wenn Sie mit mehreren Schlüsseln arbeiten wollen, um Duplikate innerhalb des vorausgehenden Schlüssels nach einem weiteren Kriterium zu sortieren, nehmen Sie einfach für jeden Schlüssel ein eigenes <xsl:sort>-Element. Die Zahl der Schlüssel ist nicht begrenzt. Allerdings muss die Reihenfolge von der größeren zur kleineren Knotenmenge beachtet werden.

```
<xsl:sort select="name"/>
<xsl:sort select="vorname"/>
```

sortiert beispielsweise die üblichen Kandidaten Müller, Meier, Schmitz im zweiten Durchlauf nach den Vornamen.

Innerhalb von <xsl:for-each> müssen <xsl:sort>-Elemente immer vor den Anweisungen stehen, die auf die sortierten Knoten angewendet werden sollen. Im Zusammenhang mit einer <xsl:apply-templates>-Anweisung erscheinen die <xsl:sort>-Elemente vor oder auch nach möglichen <xsl:with-param>-Elementen.

In dem im letzten Abschnitt verwendeten Stylesheet könnte die Reihenfolge der Tabellenzeilen zum Beispiel nach dem Termin der Kurse aufsteigend geordnet werden. Das Template kurstabelle müsste dann folgendermaßen erweitert werden:

```
<xsl:template name="kurstabelle">
  <xsl:for-each select="//kurs">
    <xsl:sort select="concat(substring(termin,7,4),
                substring(termin,4,2),substring(termin,1,2))"
              order="ascending"
              data-type="text"/>
    <tr>
      <td width="30" height="60">
        <xsl:value-of select="position()"/>
      </td>

      <td width="300" height="60">
```

```
        <xsl:value-of select="@name"/>
      </td>
      <td width="90" height="60">
        <xsl:value-of select="termin"/>
      </td>
    </tr>
  </xsl:for-each>
</xsl:template>
```

Listing 7.13 kursliste14b.xslt

Soll die Sortierung nicht einfach mit dem String-Wert des aktuellen Knotens erfolgen, was die Vorgabe ist, benutzen Sie wie üblich das Attribut `select`, um den Schlüssel festzulegen, nach dem die aktuelle Knotenliste zu sortieren ist. Der angegebene XPath-Ausdruck muss dabei immer einen String-Wert liefern.

Wir haben hier ein Beispiel eines ziemlich komplexen XPath-Ausdrucks, der in diesem Fall notwendig ist, weil die Termine in einem Format angegeben sind, das sich nicht so ohne Weiteres für eine Sortierung eignet. Dabei werden mit Hilfe der Funktion `concat()` die einzelnen Bestandteile des im Element `<termin>` abgelegten Datums, die über die Funktion `substring()` gefunden werden, umgestellt, wobei die Punkte einfach weggelassen werden.

7.10.2 Sortierreihenfolge

Das Attribut `order` bestimmt, ob auf- oder absteigend sortiert wird. `ascending` ist die Vorgabe, hätte hier also auch weggelassen werden können. Auch der Datentyp des Sortierschlüssels kann angegeben werden, wobei `data-type="text"` wiederum Vorgabe ist. Wird `datatype="number"` verwendet, wird der Sortierschlüssel, wo es möglich ist, in einen numerischen Wert konvertiert. Dann reihen sich Werte wie 10, 20, 120 korrekt nach dem Zahlenwert, während sie sonst in der Reihenfolge 10, 120, 20 erscheinen würden.

Wäre das Datum im Format »Jahr-Monat-Tag« – `2019-11-12` – angegeben worden, hätte sich die Sortierung einfach über einen String-Vergleich erledigen lassen. Abbildung 7.14 zeigt die Kurse nach der erfolgten Sortierung.

Wenn Sie Abbildung 7.14 mit Abbildung 7.13 vergleichen, stellen Sie fest, dass die Nummern der Kurse, die jeweils über die Positionsnummer erzeugt wurden, einfach an die neue Reihenfolge nach der Sortierung angepasst wurden. Darin wird noch einmal deutlich, dass der Prozessor die zunächst in der Dokumentreihenfolge vorliegende Knotenliste tatsächlich zunächst dem Sortierschlüssel entsprechend umbaut und erst auf diese Liste die Template-Anweisungen anwendet, die als Kinder des Elements `<xsl:for-each>` vorhanden sind.

Kursübersicht

Nr	Bezeichnung	Termin
1	XSLT-Einstieg	12.03.2019
2	XSL-Praxis	10.10.2019
3	XML-Grundlagen	12.11.2019

Abbildung 7.14 Die Kursübersicht nach dem Termin aufsteigend sortiert

Die neue Ordnung der Knoten gilt aber immer nur für den Moment; eine andere Template-Regel kann wieder in der üblichen Reihenfolge auf dieselben Knoten zugreifen, wenn es gewünscht wird. Wird mit einem String als Schlüssel gearbeitet, können über die Attribute `lang` und `case-order` länderspezifische Sortierfolgen bestimmt werden. Mit `case-order="upper-first"` werden Großbuchstaben vor Kleinbuchstaben eingeordnet, also »Regen« vor »regen«.

7.11 Parameter und Variablen

Parameter können an eine Template-Regel übergeben werden, wenn sie mit `<xsl:apply-templates>` oder `<xsl:call-template>` aufgerufen wird. Die Parameter werden in beiden Fällen jeweils als Kindelemente mit `<xsl:with-param>`-Anweisungen festgelegt. Der Parameterwert kann dabei entweder über ein `select`-Attribut festgelegt werden, dann bleibt das Element selbst leer, oder der Parameterwert ist der Inhalt des Elements. Als Inhalt enthält das Element selbst ein Template. Das Ergebnis des `select`-Ausdrucks kann ein String, eine Zahl, ein logischer Wert oder eine Knotenliste sein.

7.11.1 Parameterübergabe

Damit das aufgerufene Template die angebotenen Parameter nutzen kann, müssen entsprechende `<xsl:param>`-Anweisungen als erste Kinder des Elements `<xsl:template>` eingefügt werden. Dabei lassen sich Listen von Parametern mit vorgegebenen Werten definieren, die verwendet werden, wenn der Aufruf der Template-Regel ohne entsprechende Parameterwerte erfolgt. Um den Vorgabewert festzulegen, kann wie bei `<xsl:with-param>` wieder entweder ein `select`-Attribut verwendet werden oder ein Template als Inhalt des Elements. Fehlt zu einem Aufrufparameter ein entsprechendes <xsl:param>-Element, führt dies allerdings nicht zu einem Fehler, der Parameter wird bei der Durchführung der Template-Regel einfach ignoriert.

Die Parameter, die an ein Template übergeben worden sind, gehören zum aktuellen Kontext des Templates und lassen sich innerhalb von XPath-Ausdrücken in select-Attributen verwenden, wenn ein $-Zeichen vor den Namen gesetzt wird.

Ein einfaches Beispiel ist die Übergabe eines bestimmten Format-Tokens an eine Template-Regel für Nummerierung, wie Sie es oben bereits kennengelernt haben:


```
<xsl:template match="kursprogramm">
  <h3>Seminare in <xsl:value-of select="@ort"/>: </h3>
    <xsl:apply-templates select="kurs">
    <xsl:with-param name="form">A.1 </xsl:with-param>
    </xsl:apply-templates>
</xsl:template>

<xsl:template match="kurs">
<xsl:param name="form" select="I.1 "/>
  <p><xsl:number level="multiple" count="kursprogramm|kurs"
               format="{$form}"/>
    <xsl:value-of select="@name"/></p>
</xsl:template>
```

Die innerhalb des Templates definierte Vorgabe wird in diesem Fall überschrieben, und die Liste wird an der ersten Stelle mit Buchstaben gelistet.

7.11.2 Globale Parameter

Auch an ein Stylesheet insgesamt können Parameter übergeben werden, wenn der verwendete Prozessor dies unterstützt. In diesem Fall werden die Parameter als Top-Level-Elemente, das heißt als Kinder des Elements <xsl:stylesheet> definiert. Eine denkbare Anwendung wäre etwa die Auswahl des Modus, wenn für die Ausgabe am Bildschirm oder für den Ausdruck Template-Regeln unterschiedliche Modi definiert sind.

Im Stylesheet kann dies zum Beispiel so aussehen:

```
<xsl:stylesheet ...>
  <xsl:param name="modus" select="'screen'"/>
  ...
<xsl:template match="/" mode="{$modus}">
```

Wenn Sie als XSLT-Prozessor Xalan nutzen, kann ein Parameter für den Modus so übergeben werden:

```
java org.apache.xalan.xslt.Process -in kurs.xml
  -xsl kursparam.xsl -param modus print
```

7.11.3 Lokale und globale Variablen

Anders als in üblichen Programmiersprachen kennt XSLT Variablen nur in einem sehr eingeschränkten Sinn. Sie können zwar eine Variable deklarieren und ihr einen Wert zuweisen, dieser Wert kann aber dann nicht mehr geändert werden. Verwendet wird dafür das Element `<xsl:variable>`, das als Top-Level-Element erscheinen kann, um eine globale Konstante zu definieren, oder lokal innerhalb eines Templates.

Die Konsequenz aus dieser Einschränkung ist, dass ein Template keinen variablen Wert an ein anderes Template übergeben kann. Die einzelnen Template-Regeln haben in diesem Sinne keine Nebeneffekte – eine Eigenschaft, die bei der Konzeption von XSLT ausdrücklich angestrebt wurde, um die Arbeit mit Templates zu vereinfachen. Denn auf diese Weise ist es möglich, die verschiedenen Templates innerhalb eines Stylesheets wahlweise in dieser oder jener Reihenfolge aufzurufen.

Die Syntax von `<xsl:variable>` entspricht ansonsten der von `<xsl:param>`, allerdings können hier keine Default-Werte angegeben werden. Außerdem darf ein `<xsl:variable>`-Element nicht nur als erstes Kindelement innerhalb des Templates erscheinen, sondern überall da, wo es benötigt wird.

Wenn eine Variable innerhalb eines Templates eingefügt wird, muss auf den Geltungsbereich geachtet werden. Der Wert der Variable kann nur von den nachfolgenden Geschwisterelementen und deren Nachkommen verwendet werden, wie Abbildung 7.15 verdeutlichen soll. Das Element 2 stellt hier eine Variable dar, die beispielsweise Kind eines `<xsl:for-each>`-Elements ist. Enthält das Variablenelement selbst Kindelemente, können sie sich nicht auf den Variablenwert beziehen.

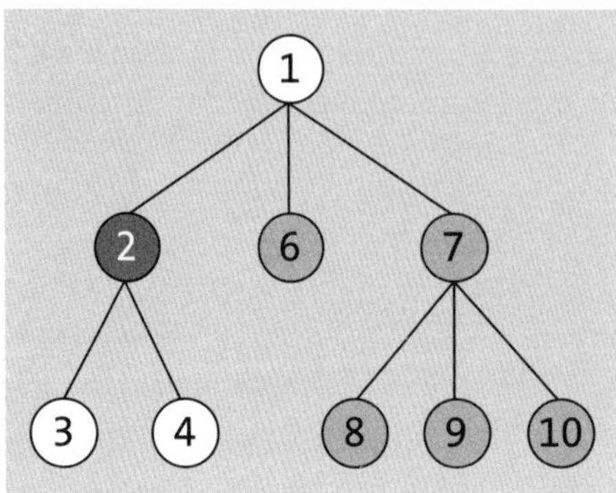

Abbildung 7.15 Nur die Knoten 6–10 können den Wert der Variablen in 2 verwenden.

Die lokale Variable verliert ihre Gültigkeit, sobald das End-Tag des Elternelements der Variablen erreicht ist, also etwa bei </xsl:for-each>.

7.11.4 Eindeutige Namen

Variablen- und Parameternamen dürfen in einem Template nur jeweils einmal benutzt werden. Das folgende Template ist nicht erlaubt:

```
<xsl:template name="liste">
  <xsl:param name="startwert"/>
  <xsl:variable name="startwert"/>
  ...
</xsl:template>
```

Allerdings ist es möglich, in einem Template eine globale Definition einer Variablen oder eines Parameters zu überdecken, indem für die lokale Variable oder den lokalen Parameter derselbe Name verwendet wird. Dann kommt die globale Definition innerhalb dieses Templates nicht zum Zuge.

7.11.5 Typische Anwendungen von Variablen in XSLT

Variablen werden gerne eingesetzt, um Wiederholungen gleicher Ausdrücke zu vermeiden und so ein Stylesheet lesbarer und pflegbarer zu machen.

Werte mehrfach verwenden

Ein einfaches Beispiel ist eine globale Variable, die eine bestimmte Ausrichtung definiert:

```
<xsl:template match="kurs">
  <h3><xsl:value-of select="@name"/></h3>
    <p align="{$a}">Referent: <xsl:value-of select="referent"/></p>
    <p align="{$a}">Termin: <xsl:value-of select="termin"/></p>
    <p align="{$a}"><xsl:value-of select="beschreibung"/></p>
</xsl:template>

<xsl:variable name="a" select="'center'"/>
```

Die Variable a wird als Top-Level-Element definiert. Es spielt deshalb keine Rolle, ob das <xsl:variable>-Element vor oder – wie hier – hinter den Template-Regeln auftaucht, die den Wert der Variablen verwenden. Der String, der der Variablen als Wert zugewiesen wird, ist in einfache Anführungszeichen gesetzt, damit er nicht vom Prozessor als das Element <center> missinterpretiert wird. Bei Zahlenwerten kann auf die einfachen Anführungszeichen verzichtet werden, weil der Prozessor die Regel beachtet, dass Elementnamen nicht mit einer Zahl beginnen dürfen.

Innerhalb der Template-Regel wird der Wert der Variablen mehrfach dafür verwendet, den Wert des Attributs `align` zu setzen. Dabei wird vor den Variablennamen das $-Zeichen gesetzt und gleichzeitig der ganze Ausdruck in geschweifte Klammern eingefasst, damit er als Attributwert-Template ausgewertet wird, wie bereits in Abschnitt 7.1.9, »Attributwert-Templates«, beschrieben. Der Nutzen dieses Verfahrens ist natürlich umso größer, je komplexer der Ausdruck ist, der den an die Variable gebundenen Wert liefert.

Ein `<xsl:variable>`-Element kann auch selbst Kindelemente enthalten, etwa um eine Wahl zwischen verschiedenen Alternativen zu treffen. Dann entfällt das `select`-Attribut. In dem folgenden Beispiel wird die Textfarbe der `<h3>`-Überschriften davon abhängig gemacht, welche Dauer der Kurs hat, der gerade bearbeitet wird.

```
<xsl:template match="kurs">
  <xsl:variable name="fc">
    <xsl:choose>
      <xsl:when test="@dauer='2 Tage'">blue</xsl:when>
      <xsl:when test="@dauer='5 Tage'">gray</xsl:when>
      <xsl:otherwise>red</xsl:otherwise>
    </xsl:choose>
  </xsl:variable>
  <h3><font color="{$fc}">
    <xsl:value-of select="@name"/></font>
  </h3>
  ...
</xsl:template>
```

Listing 7.14 kursliste17.xslt

Die Farbnamen können diesmal ohne Anführungszeichen eingetragen werden, weil sie Inhalt des jeweiligen Elements sind und nicht Teil des `select`-Attributs.

Zwischenspeichern von Kontextinformationen

Eine weitere typische Verwendung ist das Zwischenspeichern von kontextabhängigen Daten, die sonst verloren gingen, weil sich inzwischen der Kontext geändert hat. Das gilt insbesondere für die Verwendung von `<xsl:for-each>`-Iterationen. Um dies zu demonstrieren, erweitern wir unsere Quelldatei um einen Abschnitt, in dem die Namen und Telefonnummern der Referenten aufgelistet sind:

```
<?xml version="1.0" encoding="UTF-8"?>
<?xml-stylesheet type="text/xsl" href="kursliste18.xslt"?>
<kursprogramm>
  <kurs name="XML-Grundlagen" dauer="2 Tage">
    <referent>Hans Fromm</referent>
    <termin>12.11.2019</termin>
  </kurs>
  <kurs name="XSL-Praxis" dauer="5 Tage">
    <referent>Bodo Klare</referent>
    <termin>10.10.2019</termin>
  </kurs>
  <kurs name="XSLT-Einstieg" dauer="2 Tage">
    <referent>Hanna Horn</referent>
    <termin>12.03.2019</termin>
  </kurs>
  <kurs name="XML-Schnupperkurs">
    <referent>Hanna Horn</referent>
    <termin>12.03.2019</termin>
  </kurs>
  <referent name="Bodo Klare">
    <fon>766684</fon>
  </referent>
  <referent name="Hanna Horn">
    <fon>676689</fon>
  </referent>
  <referent name="Hans Fromm">
    <fon>476688</fon>
  </referent>
</kursprogramm>
```

Listing 7.15 kursliste18.xml

Mit dem folgenden Stylesheet kann eine Liste erzeugt werden, die für jeden Referenten die Kurse anzeigt, die er halten wird.

```
<?xml version="1.0" encoding="UTF-8"?>
<xsl:stylesheet version="1.0"
                xmlns:xsl="http://www.w3.org/1999/XSL/Transform">
  <xsl:output method="html"/>
  <xsl:template match="/">
    <html>
      <body>
        <h2>Die Kurse der Referenten:</h2>
          <xsl:call-template name="kursliste"/>
```

```
      </body>
    </html>
  </xsl:template>
  <xsl:template name="kursliste">
    <xsl:for-each select="/kursprogramm/referent">
      <h3><xsl:value-of select="@name"/>
        <xsl:text> - </xsl:text>Tel:   <xsl:value-of select="fon"/>
      </h3>
      <xsl:variable name="ref" select="."/>

      <xsl:for-each select="/kursprogramm/kurs[referent=$ref/@name]">
        <h4>
          <xsl:value-of select="@name"/>
        </h4>
      </xsl:for-each>

    </xsl:for-each>
  </xsl:template>
</xsl:stylesheet>
```

Listing 7.16 kursliste18.xslt

Das Stylesheet arbeitet mit zwei verschachtelten `<xsl:for-each>`-Schleifen. Die äußere Schleife arbeitet die Elemente `<referent>` ab. In der Variablen `ref` wird der Name des Referenten, der gerade bearbeitet wird, mit `select="."` gespeichert. Diesen Wert benutzt dann die innere Schleife, die die Knotenliste mit den Kursen bearbeitet, um jeweils die Kurse aufzusuchen, bei denen der Name des Referenten mit dem in der Variablen enthaltenen Namen übereinstimmt.

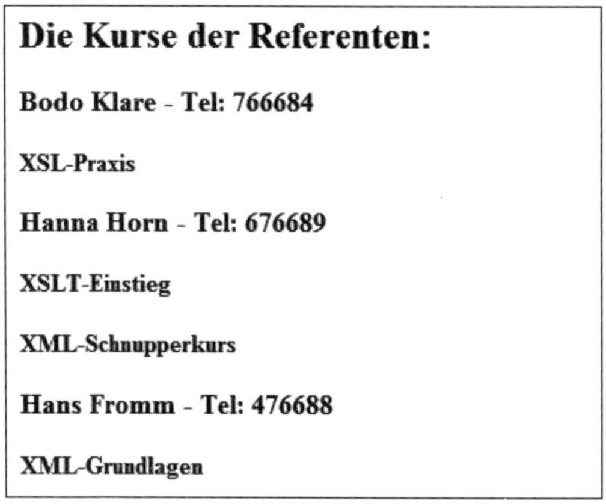

Die Kurse der Referenten:

Bodo Klare - Tel: 766684

XSL-Praxis

Hanna Horn - Tel: 676689

XSLT-Einstieg

XML-Schnupperkurs

Hans Fromm - Tel: 476688

XML-Grundlagen

Abbildung 7.16 Die Ausgabe, die die Doppelschleife liefert

Temporäre Knotenbäume

Schließlich können Variablen auch benutzt werden, um temporäre Knotenbäume verfügbar zu halten. Dieser spezielle Datentyp, den das Element <xsl:variable> zusätzlich zu den bei XPath-Ausdrücken sonst möglichen Datentypen einführt, wird auch *Result Tree Fragment* genannt. Dieser Datentyp repräsentiert einen Teil des Ergebnisbaums und wird wie eine Knotenliste behandelt, die nur aus einem Knoten besteht. Die Operationen, die auf einen solchen temporären Knotenbaum angewendet werden dürfen, sind eingeschränkt auf solche, die auch auf String-Werte angewendet werden können.

In der folgenden Template-Regel für den Wurzelknoten wird eine Variable liste definiert, der das Ergebnis eines mit <xsl:call-template> aufgerufenen Templates zugewiesen wird. An dieses Template wird als Parameter ein XPath-Ausdruck übergeben, der die Namen der Referenten liefern soll.

Das aufgerufene Template benutzt diesen Parameter-Ausdruck im select-Attribut einer <xsl:for-each>-Schleife, die die Namen zusammensucht und daraus den temporären Knotenbaum aufbaut. Über zwei <xsl:if>-Elemente wird anhand der Position des aktuellen Elements in der Knotenliste hinter den Namen noch ein trennendes Komma oder ein »und« gesetzt. Beachten Sie hier, dass der logische Operator < in dem ersten Testausdruck maskiert werden muss.

Das gesamte Ergebnisbaumfragment wird an das aufrufende Template zurückgegeben und mit Hilfe eines <xsl:value-of>-Elements in den Ausgabebaum geschrieben. Um zu demonstrieren, dass auf diesen besonderen Datentyp tatsächlich String-Funktionen angewendet werden können, wird die normalize-space()-Funktion verwendet, die überflüssige Leerzeichen zwischen den Namen entfernt.

```
<xsl:template match="/">
  <xsl:variable name="liste">
    <xsl:call-template name="referentenliste">
      <xsl:with-param name="namen"
                      select="/kursprogramm/referent/@name"/>
    </xsl:call-template>
  </xsl:variable>
  <h3>Unsere Referenten:</h3>
    <p>
      <xsl:value-of select="$liste"/>
    </p>
</xsl:template>

<xsl:template name="referentenliste">
  <xsl:param name="namen"/>
  <xsl:for-each select="$namen">
```

```
    <xsl:value-of select="."/>
    <xsl:if test="position()&lt;last()-1">, </xsl:if>
    <xsl:if test="position()=last()-1"> und </xsl:if>
  </xsl:for-each>
</xsl:template>
```

Listing 7.17 kursliste19.xslt

Das Stylesheet liefert als Ergebnis die Zeilen aus Abbildung 7.17.

Unsere Referenten:

Bodo Klare, Hanna Horn und Hans Fromm

Abbildung 7.17 Ausgabe, generiert aus einem temporären Knotenbaum

7.11.6 Rekursive Templates

Obwohl weder die Werte von Variablen noch die von Parametern geändert werden können, wenn sie einmal zugewiesen sind, gibt es doch Möglichkeiten, Effekte zu erreichen, wie sie in der prozeduralen Programmierung mit »richtigen« Variablen üblich sind. Dabei kann ausgenutzt werden, dass in Form der Iteration Parameter an Templates übergeben werden können, deren Definition zwar fixiert ist, deren Wert sich aber bei jedem Schleifendurchlauf ändert. Das erlaubt rekursive Templates, die sich selbst aufrufen. Um dies zu demonstrieren, wollen wir ein Verfahren, das Michael Kay in seinem Buch »XSLT Programmer's Reference« (erschienen bei Wrox, 2001) vorgestellt hat, auf unser Kursbeispiel anwenden. Die Quelldaten sind diesmal ein Protokoll der Kursbesuche:

```
<?xml version="1.0" encoding="UTF-8"?>
<?xml-stylesheet type="text/xsl" href="kursbesuch.xslt"?>
<kursbesuch>
  <kurs name="XML-Grundlagen" dauer="2 Tage">
    <teilnehmer>20</teilnehmer>
    <gebuehr>400</gebuehr>
  </kurs>

  <kurs name="XSL-Praxis" dauer="5 Tage">
    <teilnehmer>10</teilnehmer>
    <gebuehr>800</gebuehr>
  </kurs>

  <kurs name="XSLT-Einstieg" dauer="2 Tage">
    <teilnehmer>30</teilnehmer>
```

```
    <gebuehr>400</gebuehr>
  </kurs>
</kursbesuch>
```

Listing 7.18 kursbesuch.xml

Das Stylesheet soll für jeden Kurs die Gebühr mit der Zahl der Teilnehmer multiplizieren und die Gesamtsumme der Kursgebühren errechnen und ausgeben. Das Stylesheet kann so aussehen:


```
<?xml version="1.0" encoding="UTF-8"?>
<xsl:stylesheet version="1.0"
                xmlns:xsl="http://www.w3.org/1999/XSL/Transform">

   <xsl:template match="/">
      <xsl:variable name="gesamtsumme">
          <xsl:call-template name="gebuehrensumme">
             <xsl:with-param name="liste" select="//kurs"/>
          </xsl:call-template>
      </xsl:variable>
   Summe der Kursgebühren: <xsl:value-of select="formatnumber
     ($gesamtsumme, 'i #.00')"/>
   </xsl:template>
   <xsl:template name="gebuehrensumme">
      <xsl:param name="liste"/>
      <xsl:choose>
         <xsl:when test="$liste">
            <xsl:variable name="erster_kurs" select="$liste[1]"/>
            <xsl:variable name="summe_rest">
               <xsl:call-template name="gebuehrensumme">
                  <xsl:with-param name="liste"
                   select="$liste[position()!=1]"/>
               </xsl:call-template>
            </xsl:variable>
            <xsl:value-of select="$erster_kurs/teilnehmer *
             $erster_kurs/gebuehr + $summe_rest"/>
         </xsl:when>

         <xsl:otherwise>0</xsl:otherwise>
      </xsl:choose>
   </xsl:template>

</xsl:stylesheet>
```

Listing 7.19 kursbesuch.xslt

Dieses Stylesheet liefert die Ausgabe:

```
Summe der Kursgebühren: € 28000.00
```

Die Template-Regel für den Wurzelknoten definiert eine Variable `gesamtsumme`, deren Wert durch das Template `gebuehrensumme` geliefert werden soll. Als Parameter wird die Liste der Kurselemente übergeben. Dieses Template soll die Liste der Kurselemente abarbeiten, bis sie leer ist. Das Template multipliziert für das erste Kurselement die Zahl der Teilnehmer mit der Kursgebühr und ruft sich dann mit der jedes Mal um ein Element verkürzten Liste so lange selbst auf, bis der letzte Knoten verarbeitet ist.

Das aufrufende Template gibt den errechneten Gesamtbetrag schließlich mit `<xsl:value-of>` aus, nachdem der gelieferte String mit der Funktion `format-number()` in eine formatierte Zahl umgewandelt worden ist.

7.12 Hinzufügen von Elementen und Attributen

Über Stylesheets lassen sich nicht nur Elemente und Attribute aus dem Quelldokument auswerten, sondern bei Bedarf auch neue Elemente und Attribute hinzufügen, falls in der Quelldatei bestimmte Informationen fehlen. XSLT bietet dafür folgende Elemente:

- `<xsl:element>`
- `<xsl:attribut>`
- `<xsl:comment>`
- `<xsl:processing-instruction>`
- `<xsl:text>`

In der Regel ist es nicht notwendig, `<xsl:element>` zu verwenden, um Elemente in das Ergebnisdokument zu schreiben. Sie können einfach mit literalen Ergebniselementen arbeiten, wie es in den bisherigen Beispielen bereits geschehen ist. Die Anweisung ist aber nützlich, wenn es darum geht, Informationen, die im Quelldokument in Form eines Attributs vorliegen, in der Ausgabe in ein eigenes Element zu übernehmen. Auch neue Attribute können nachträglich in Elemente für die Ausgabe eingefügt werden.

7.12.1 Elemente aus vorhandenen Informationen erzeugen

Mit dem folgenden Stylesheet wird aus unserem Kursprogramm eine neue XML-Datei erzeugt, die die beiden Attribute des Elements `<kurs>` in Kindelemente umwandelt, wobei der Elementname vom Attributnamen übernommen und der Elementinhalt vom Wert des jeweiligen Attributs genommen wird.

```
<?xml version="1.0" encoding="UTF-8"?>
<xsl:stylesheet version="1.0"
                xmlns:xsl="http://www.w3.org/1999/XSL/Transform">
  <xsl:output method="xml" indent="yes"/>

  <xsl:template match="/">
    <kursprogramm>
      <xsl:apply-templates/>
    </kursprogramm>
  </xsl:template>

  <xsl:template match="kurs">
    <kurs>

      <xsl:for-each select="@*">
        <xsl:element name="{name()}">
          <xsl:value-of select="."/>
        </xsl:element>
      </xsl:for-each>
    </kurs>
  </xsl:template>

</xsl:stylesheet>
```


Listing 7.20 kursliste20.xslt

Die `<xsl:for-each>`-Schleife findet in unserem Beispiel die beiden Attribute des Elements `<kurs>` – `name` und `dauer` – und übernimmt jeweils den Attributnamen als neuen Elementnamen und den Attributwert als Inhalt der neuen Elemente. Das Stylesheet liefert ein neues XML-Dokument:

```
<?xml version="1.0" encoding="UTF-16"?>
<kursprogramm>
  <kurs>
    <name>XML-Grundlagen</name>
    <dauer>2 Tage</dauer>
  </kurs>
  <kurs>
    <name>XSL-Praxis</name>
    <dauer>5 Tage</dauer>
  </kurs>
  <kurs>
    <name>XSLT-Einstieg</name>
```

```
    <dauer>2 Tage</dauer>
  </kurs>
</kursprogramm>
```

7.12.2 Attributlisten

Das Element <xsl:attribut> kann auch in dem Top-Level-Element <xsl:attribute-set> auftauchen, das meistens verwendet wird, um mehrfach benötigte Attribute zu definieren. Eine typische Verwendung sind Attributblöcke mit Angaben zur Formatierung von Tabellen, <div>-Elementen etc.

```
<xsl:attribute-set name="Tabellenformat">
  <xsl:attribut name="rand">2</xsl:attribut>
  <xsl:attribut name="fuellung">3</xsl:attribut>
  <xsl:attribut name="breite">400</xsl:attribut>
</xsl:attribute-set>
```

Ein solcher Satz kann in einem Template in folgender Form übernommen werden:

```
<table xsl:use-attribute-sets="Tabellenformat">
```

7.12.3 Texte und Leerräume

Anstatt Texte direkt in ein Template zu schreiben, wie es in einigen Beispielen bereits vorgekommen ist, kann auch das Element <xsl:text> verwendet werden. Es ist insbesondere nützlich, um Leerräume in das Ergebnisdokument einzufügen, die sonst »gestrippt« würden. Vergleichen Sie folgende Zeilen. Das Leerzeichen in der ersten Zeile würde in der Ausgabe nicht mehr auftauchen, das in der zweiten Zeile bliebe dagegen erhalten.

```
<p><value-of select="name"> <value-of select="vorname"></p>
<p><value-of select="name"><xsl:text> </xsl:text>
   <value-of select="vorname"></p>
```

7.12.4 Kontrolle der Ausgabe

Wenn Sie dem Prozessor die Art der Ausgabe nicht einfach überlassen, können Sie – wie schon angesprochen – das Element <xsl:output> für entsprechende Anweisungen verwenden, wie der bei der Abarbeitung des Stylesheets aufgebaute Ergebnisbaum schließlich in das Ergebnisdokument übertragen werden soll. (Der Ergebnisbaum kann auch direkt an eine andere Anwendung weitergereicht werden, etwa vermittelt über die DOM-Schnittstelle, dann darf die <xsl:output>-Anweisung auch ignoriert werden.)

Wird xml als Methode angegeben oder vom Prozessor als Vorgabe benutzt, beginnt das Ergebnisdokument auf jeden Fall mit der XML-Deklaration. Entitätsreferenzen werden im Ergebnisdokument nicht durch Zeichen wie < oder & ersetzt.

Die Methode html erzeugt Standard-HTML, die XML-Deklaration des Quelldokuments wird deshalb auch nicht in die Ausgabe übernommen. Das Fehlen von End-Tags für Elemente, bei denen dies in HTML möglich ist, wird zugelassen.

Bei der Methode text wird der vom Prozessor aufgebaute Ausgabebaum ohne weitere Änderung als einfaches Textdokument ausgegeben.

Abhängig von der Ausgabemethode, die Sie in dem Element <xsl:output> angeben, stehen weitere Attribute zur Verfügung.

So lässt sich über encoding der Zeichensatz festlegen, der für die Ausgabe verwendet werden soll. Der gewählte Wert wird bei einem XML-Dokument in die XML-Deklaration übernommen, bei HTML in ein entsprechendes <META>-Element, etwa <META http-equiv="Content-Type" content="text/html; charset= UTF-8">.

Über das Attribut media-type kann der MIME-Typ des Ergebnisdokuments vorgegeben werden, etwa:

```
<xsl:output media-type="text/xml"/>
```

Mit Hilfe der Attribute doctype-system und doctype-public lassen sich auch DTDs zuordnen, so dass in der Ausgabe eine entsprechende Dokumenttyp-Deklaration mit einem lokalen oder öffentlichen Identifier eingefügt wird.

Mit indent erreichen Sie, dass die Elemente zur besseren Lesbarkeit eingerückt werden.

7.13 Zusätzliche XSLT-Funktionen

In den XPath-Ausdrücken, die XSLT an verschiedenen Stellen verwendet, können die in Kapitel 5, »Navigation und Verknüpfung«, zu XPath beschriebenen Funktionen benutzt werden. XSLT stellt aber noch einige zusätzliche Funktionen zur Verfügung, auf die an dieser Stelle kurz eingegangen werden soll.

7.13.1 Zugriff auf mehrere Quelldokumente

Einige der häufig eingesetzten Funktionen wollen wir an einem Beispiel vorstellen, das Ihnen zeigt, wie mit XSLT auf mehrere Dokumente gleichzeitig zugegriffen werden kann. Wir bleiben bei unseren Kursen und nehmen uns jetzt aber vor, die Anmeldungen zu den Kursen in Form kleiner XML-Dokumente zu erfassen und dann über ein zusammenfassendes Dokument mit Hilfe eines Stylesheets, das diesem zugeordnet wird, auszuwerten.

Die Lösung ist hier einfach gehalten, um den Vorgang übersichtlich darstellen zu können. Es ist aber ohne Weiteres möglich, noch wesentlich komplexere Elemente einzubauen, etwa Berechnungen, wie sie bereits in dem oben genannten Beispiel gezeigt wurden. Für jede Kursanmeldung soll eine eigene Datei verwendet werden, die in einer Instanz so aussieht:

```
<?xml version="1.0" encoding="UTF-8"?>
<kursanmeldung>
  <kurs name="XML-Grundlagen"/>
  <teilnehmer>
    <name>Gerd Wehn</name>
    <adresse>50678 Köln, Rolandstr. 10</adresse>
  </teilnehmer>
  <gebuehr>400</gebuehr>
</kursanmeldung>
```

Listing 7.21 kursanmeldung001.xml

Stellen Sie sich eine ganze Serie solcher Dateien vor, die mit unterschiedlichen Endziffern im Dateinamen arbeiten. Ein XML-Dokument, das diese kleinen Dokumente zusammenfasst, kann dann so aussehen:

```
<?xml version="1.0" encoding="UTF-8"?>
<kursanmeldungen>
  <beleg dateiname="kursanmeldung_001.xml"/>
  <beleg dateiname="kursanmeldung_002.xml"/>
  <beleg dateiname="kursanmeldung_003.xml"/>
</kursanmeldungen>
```

Listing 7.22 kursanmeldunggesamt.xml

Dieses Hauptdokument lässt sich nun mit einem Stylesheet verarbeiten, das sich so darstellt:

```
<?xml version="1.0" encoding="UTF-8"?>
<xsl:stylesheet version="1.0"
                xmlns:xsl="http://www.w3.org/1999/XSL/Transform">
  <xsl:output method="html" encoding="UTF-8" />
  <xsl:decimal-format name="euro" decimal-separator=","
                      grouping-separator="."/>

  <xsl:template match="/">
    <html>
      <head>
        <title>Kursanmeldungen</title>
      </head>
```

```
      <body>
        <h2>Kursanmeldungen:</h2>
          <xsl:for-each select="/kursanmeldungen/beleg">
          <xsl:apply-templates select="document(@dateiname)/kursanmeldung"/>
          </xsl:for-each>
      </body>
    </html>
  </xsl:template>
  <xsl:template match="kursanmeldung">
    <h4><xsl:value-of select="//kurs/@name"/></h4>
      <p>Name: <xsl:value-of select="//teilnehmer/name"/> </p>
      <p>Adresse: <xsl:value-of select="//teilnehmer/adresse"/></p>
      <p>Betrag: <xsl:value-of select="format-number(//gebuehr,
                              '##.###,00 &#8364;', 'euro')"/></p>
  </xsl:template>

</xsl:stylesheet>
```

Listing 7.23 kursanmeldung.xslt

Das Stylesheet wertet das Hauptdokument aus, indem es in einer `<xsl:for-each>`-Schleife jeden Beleg abarbeitet, der im Hauptdokument aufgeführt wird. Dabei wird jedes Mal mit Hilfe der `document()`-Funktion in die Dokumente mit den einzelnen Anmeldungen hineingesehen. Das erste Argument der Funktion liefert den Namen der Datei, das zweite liefert gleich eine Knotenliste innerhalb dieser Datei.

Die Ausgabe der so gewonnenen Daten wird über die zweite Template-Regel bestimmt. Die XPath-Ausdrücke für die `select`-Attribute werden nun schon im Kontext der Dateien mit den Einzelbelegen ausgewertet.

7.13.2 Zahlenformatierung

Um die Euro-Beträge korrekt darzustellen, ist am Anfang des Stylesheets mit `<xsl:decimal-format>` ein Zahlenformat definiert worden, das das passende Dezimaltrennzeichen und das Zeichen für die Ziffierngruppierung gewährleistet. Dieses Format wird innerhalb des Templates mit Hilfe der Funktion `format-number()` aufgerufen, wobei das erste Argument den Betrag angibt, das zweite Argument ein Formatierungsmuster und das dritte Argument den Namen des oben definierten Formats. Im Formatierungsmuster wird das Doppelkreuz verwendet, um führende Nullen zu kennzeichnen, die nicht angezeigt werden sollen. Das Euro-Zeichen wird mit Hilfe einer dezimalen Zeichenreferenz angegeben, da das Stylesheet mit `encoding="UTF-8"` arbeitet. Abbildung 7.18 zeigt das Ergebnis in Mozilla Firefox.

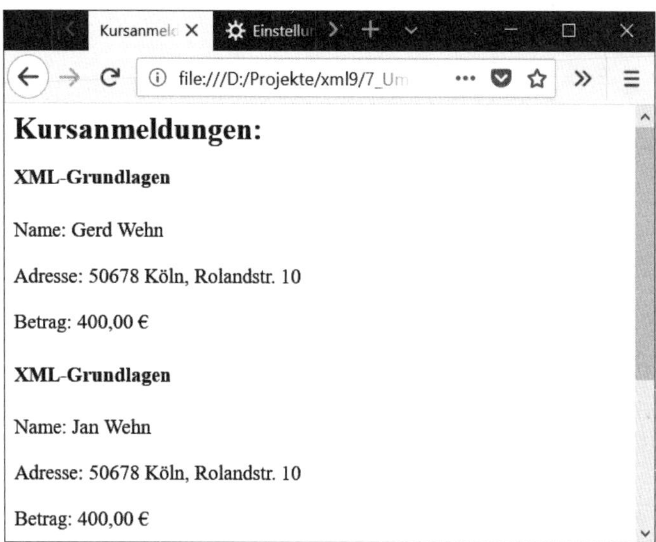

Abbildung 7.18 Ausgabe der zusammengefassten Dokumente

7.13.3 Liste der zusätzlichen Funktionen in XSLT

Funktion	Bedeutung
`current()`	Liefert den aktuellen Knoten. Entspricht dem XPath-Ausdruck `"."`, außer innerhalb von Prädikaten, wenn der aktuelle Knoten nicht mit dem Kontextknoten identisch ist. Kann nicht in Mustern verwendet werden.
`document()`	Erlaubt es, von einem Stylesheet aus auf externe XML-Quelldateien zuzugreifen. Wird typischerweise bei `href`-Attributen verwendet, um über einen URI Dateien auszuwerten.
`element-available()`	Prüft, ob ein Element für den verwendeten XSLT-Prozessor verfügbar ist. Damit können insbesondere Fehler vermieden werden, wenn Erweiterungselemente benutzt werden, die dem Prozessor nicht bekannt sind.
`format-number()`	Wandelt einen String in eine Zahl mit dem angegebenen Format um.
`function-available()`	Prüft, ob eine Funktion für den verwendeten XSLT-Prozessor verfügbar ist. Das gilt insbesondere für Erweiterungsfunktionen.

Tabelle 7.5 Zusatzfunktionen in XSLT 1.0

Funktion	Bedeutung
generate-id()	Erzeugt einen String in Form eines XML-Namens, der Knoten eindeutig identifiziert. Wie der String aussieht, hängt allerdings vom verwendeten Prozessor ab.
id()	Liefert eine Knotenliste mit einem bestimmten ID-Attribut.
key()	Wird verwendet, um einen Knoten zu finden, dem mit <xsl:key> ein bestimmter Schlüssel zugewiesen worden ist.
lang()	Prüft, ob die Sprache des Kontextknotens, die durch das Attribut xml:lang gesetzt werden kann, der als Argument angegebenen Sprache entspricht.
system-property()	Liefert Informationen über die Systemumgebung, in der das Stylesheet ausgeführt wird, insbesondere den XSLT-Prozessor.
unparsed-entity-uri()	Erlaubt den Zugriff auf die Deklarationen von ungeparsten Entitäten in der DTD des Quelldokuments.

Tabelle 7.5 Zusatzfunktionen in XSLT 1.0 (Forts.)

7.14 Mehrfache Verwendung von Stylesheets

Ein Stylesheet kann andere Stylesheets in sich einschließen und sie einen entsprechenden Teil der Transformationsarbeit erledigen lassen. Es kann also aus mehrfach verwendbaren Bausteinen zusammengefügt werden.

Stylesheets werden häufig für bestimmte Fragmente von Dokumenten entwickelt, die immer wieder benötigt werden. Werden XML-Daten in HTML-Seiten exportiert, soll vielleicht ein bestimmter Seitenkopf verwendet werden mit allgemeinen Angaben über eine Firma oder Organisation. Dieselbe Ausgabeform wird auch für solche Daten benötigt, die tabellarisch ausgegeben werden sollen. Ein Stylesheet kann zum Beispiel eingesetzt werden, um die Fonts zusammenzustellen, die innerhalb einer Website vorkommen, oder auch für die Farben, die für bestimmte Seitenbereiche vorgesehen sind.

Ähnlich wie es für XML-Schemas beschrieben wurde, gibt es hier zwei Verfahren, Stylesheet-Fragmente von außen zu integrieren: <xsl:import> und <xsl:include>. Beides sind Top-Level-Elemente, dürfen also nur als Kindelemente von <xsl:stylesheet> verwendet werden, wobei <xsl:import>-Elemente sogar vor allen anderen Top-Level-Elementen angeführt werden müssen. In beiden Fällen wird der Prozessor angewiesen, die Anweisung selbst durch den Inhalt des Stylesheets zu ersetzen, das im href-Attribut angegeben wird. Dabei werden alle Top-Level-Elemente des externen Stylesheets übernommen, nur das <xsl:stylesheet>-Element wird vernachlässigt, weil das aufnehmende Stylesheet ja bereits über dieses Element verfügt.

7.14.1 Stylesheets einfügen

Das einfachere Verfahren ist das Inkludieren. Dabei wird nur der Text des externen Stylesheets eingefügt, und die eingefügten Elemente und Templates werden so behandelt, als ob sie schon immer zum Stylesheet gehört hätten. Wenn ein Stylesheet beispielsweise drei Fonts zur allgemeinen Verwendung definiert, kann dies so aussehen:

```
<?xml version="1.0" encoding="UTF-8"?>
<xsl:stylesheet version="1.0"
                xmlns:xsl="http://www.w3.org/1999/XSL/Transform">
  <xsl:variable name="Textfont" select="'Times'"/>
  <xsl:variable name="Titelfont" select="'Arial'"/>
  <xsl:variable name="Tabfont" select="'Geneva'"/>
</xsl:stylesheet>
```

Ein Stylesheet kann die Variablendefinitionen mit folgender Anweisung inkludieren:

```
<?xml version="1.0" encoding="UTF-8"?>
<xsl:stylesheet version="1.0"
                xmlns:xsl="http://www.w3.org/1999/XSL/Transform">
   <xsl:include href="Standardfonts.xslt"/>
...
```

7.14.2 Stylesheets importieren

Beim Importieren dagegen unterscheidet der Prozessor sowohl bei den Templates als auch bei eventuellen globalen Variablen zwischen solchen, die ursprünglich zu dem importierenden Stylesheet gehören, und solchen, die importiert worden sind. Den importierten Objekten wird ein geringerer Rang – *Importpräzedenz* ist der Ausdruck dafür – zugewiesen. Daraus ergibt sich, dass der Import hauptsächlich dann sinnvoll ist, wenn allgemeine Vorgaben importiert werden, die im speziellen Fall aber überschrieben oder außer Kraft gesetzt werden sollen. In dem folgenden Auszug eines importierenden Stylesheets werden die Font-Variablen zwar ebenfalls übernommen, aber eine dieser Variablen wird durch eine globale Variablendefinition überschrieben, die denselben Namen verwendet.

```
<?xml version="1.0" encoding=" UTF-8"?>
<xsl:stylesheet version="1.0"
                xmlns:xsl="http://www.w3.org/1999/XSL/Transform">
  <xsl:import href="Standardfonts.xslt"/>
```

```
  <xsl:variable name="Tabfont" select="'Helvetica'"/>
  ...
</xsl:stylesheet>
```

Innerhalb von inkludierten oder importierten Stylesheets können selbst wieder Inklusionen oder Importe vorkommen, die dann unter Beachtung der Importpräzedenz behandelt werden. Wenn A das Stylesheet B importiert, das wiederum das Stylesheet C importiert, haben die aus C übernommenen Templates und Variablen den geringsten Rang.

7.15 Übersetzungen zwischen XML-Vokabularen

Die Freiheiten, die XML bei der Modellierung von Daten- und Dokumentstrukturen gewährt, haben dazu geführt, dass ständig neue Vokabulare für ganz unterschiedliche Anwendungsbereiche entstehen. Gleichzeitig werden große Anstrengungen unternommen, diesen Vokabularen Gewicht und Verbindlichkeit zu verschaffen, um beispielsweise wenigstens den Datenaustausch zwischen Firmen einer Branche zu vereinfachen, etwa nach dem Muster: Alle Apotheker sprechen ApoXML.

Es wäre aber ganz unrealistisch, zu glauben, dass sich etwa alle Teilnehmer an E-Commerce-Aktivitäten über kurz oder lang auf eine einzige Sprache einigen werden, um ihre Geschäftsprozesse abzuwickeln. Es ist auch sehr die Frage, ob das so wünschenswert wäre. Daraus folgt zwangsläufig, dass es, selbst wenn XML als Metasprache weltweit akzeptiert ist, immer nebeneinanderlaufende Vokabulare für sich überschneidende Anwendungsbereiche geben wird. Daraus folgt die Notwendigkeit der Übersetzung, wie sie sich ja auch aus der Vielfalt der natürlichen Sprachen ergibt und zur Bereicherung des »Projekts Mensch« beiträgt.

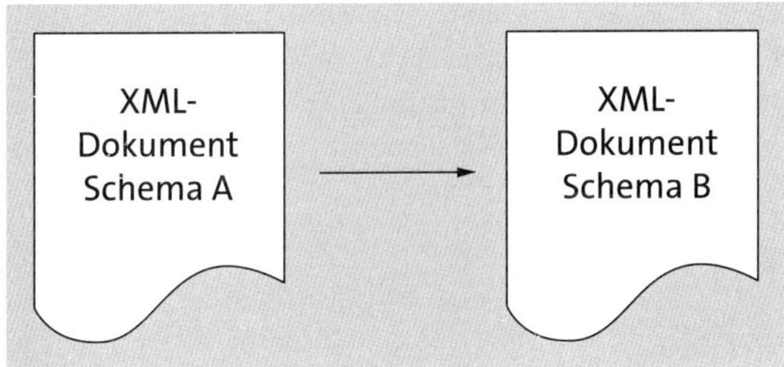

Abbildung 7.19 Übersetzung zwischen XML-Dokumenten

Erfreulicherweise ist mit XSLT bereits ein Spezialist für solche Übersetzungsleistungen bei der Arbeit. Als Übersetzer fungiert in diesem Fall ein XSLT-Stylesheet. (Die Bezeichnung »Stylesheet« ist allerdings hier etwas ungenau, da XSLT ja tatsächlich nur dazu benutzt wird, ein XML-Vokabular in ein anderes zu übersetzen, womit noch nichts über die Formatierung der Daten gesagt sein muss.)

7.15.1 Diverse Schemas für gleiche Informationen

Zunächst ein kleines Beispiel. Ein Kursangebot könnte so aussehen:

```
<?xml version="1.0" encoding="UTF-8"?>
<kursprogramm>
  <kurs>
    <bezeichnung>XML-Grundlagen</bezeichnung>
    <dozent>Hans Fromm</dozent>
    <termin>12.11.2019</termin>
  </kurs>
  <kurs>
    <bezeichnung>XSL-Praxis</bezeichnung>
    <dozent>Bodo Klare</dozent>
    <termin>10.10.2019</termin>
  </kurs>
  <kurs>
    <bezeichnung>XSLT-Einstieg</bezeichnung>
    <dozent>Hanna Horn</dozent>
    <termin>12.03.2019</termin>
  </kurs>
</kursprogramm>
```

Listing 7.24 kurs_element_version.xml

Das XML-Dokument verwendet eine implizite Struktur, die ausschließlich mit verschachtelten Elementen arbeitet. Was ist nun aber, wenn versucht wird, ein Kursprogramm zusammenzustellen, das Kurse unterschiedlicher Anbieter auflisten soll? Es ist leicht vorstellbar, dass ein anderes Schulungsinstitut die gleichen Informationen in einer anderen Struktur aufbereitet, zum Beispiel unter Verwendung von Attributen anstelle von Elementen. Hier eine mögliche Variante:

```
<?xml version="1.0" encoding="UTF-8"?>
<kursprogramm>
  <kurs name="HTML-Grundlagen" referent="Klaus Hartung" termin="12.04.2019"/>
  <kurs name="HTML-Praxis" referent="Bernd Ette" termin="12.06.2019"/>
  <kurs name="DHTML-Einstieg" referent="Hans Horn" termin="20.10.2019"/>
</kursprogramm>
```

Listing 7.25 kurs_attribut_version.xml

Für einen menschlichen Betrachter ist ziemlich leicht zu erkennen, dass die beiden Varianten für jeden Kurs dieselbe Informationsmenge bereitstellen, obwohl teilweise andere Namen für die einzelnen Informationspartikel verwendet werden. Das Element `<dozent>` in Variante A entspricht dem Attribut `referent` in Variante B, das Element `<bezeichnung>` entspricht dem Attribut `name`. Ein Programm dagegen kann diese Zuordnungen nicht erkennen, es sei denn, es erhält entsprechende Instruktionen.

7.15.2 Angleichung durch Transformation

Soll die zweite Variante als Vorbereitung für eine einheitliche Darstellung in einem bestimmten Medium in die Struktur der ersten Variante umgewandelt werden, kann ein XSLT-Stylesheet entworfen werden, das die dafür erforderlichen Transformationen beschreibt und mit dessen Hilfe ein XSLT-Prozessor ein Ergebnisdokument erzeugt, das der Variante entspricht, die nur mit Elementen arbeitet.

```
<?xml version="1.0"?>
<xsl:stylesheet xmlns:xsl="http://www.w3.org/1999/XSL/Transform"
                version="1.0">
  <xsl:output method="xml" encoding="UTF-8" indent="yes"/>
  <xsl:template match="/">
    <kursprogramm>
      <xsl:for-each select="kursprogramm/kurs">
        <kurs>
          <bezeichnung>
            <xsl:value-of select="@name"/>
          </bezeichnung>

          <dozent>
            <xsl:value-of select="@referent"/>
          </dozent>

          <termin>
            <xsl:value-of select="@termin"/>
          </termin>
        </kurs>
      </xsl:for-each>
    </kursprogramm>
  </xsl:template>
</xsl:stylesheet>
```

Listing 7.26 kurs_transformation.xslt

Das Stylesheet verwendet eine einzige Template-Regel, die auf den Wurzelknoten des Dokuments angewendet wird. Dieses Element wird mit `match="/"` aufgespürt. Der Ergebnisbaum wird dann aus den einzelnen Elementen des Kursprogramms aufgebaut. Für jedes Kurselement wird mit der `xsl:for-each`-Anweisung die gewünschte Umwandlung von Attributen in Elemente und die teilweise damit verbundene Umbenennung vorgenommen. Dies geschieht einfach dadurch, dass dem jeweiligen Element der Wert des entsprechenden Attributs zugewiesen wird. Das Element `<dozent>` erhält beispielsweise den Wert, der mit der Anweisung `xsl:value-of` von dem Attribut `referent` abgefragt wird:

```
<dozent><xsl:value-of select="@referent"/></dozent>
```

Um zu erreichen, dass die Attributvariante in die Elementvariante umgewandelt wird, muss in der Instanz mit der Attributvariante eine Verknüpfung mit dem XSLT-Stylesheet eingefügt werden, und zwar in etwa so:

```
<?xml-stylesheet type="text/xsl" href="kurs_transformation.xslt"?>
```

7.16 Umwandlung von XML in HTML und XHTML

Solange HTML das Web dominiert, wird die Umwandlung von XML-Daten in HTML sicher zu den vorrangigen Aufgaben gehören, die sich in diesem Bereich stellen. In den meisten Beispielen dieser Einführung ist das Ergebnisdokument eine HTML-Seite gewesen.

Grundsätzlich sind dabei zwei Verfahren möglich: Die Transformation kann entweder schon auf dem Server stattfinden oder auf dem Client. Für die Bearbeitung auf dem Server werden beispielsweise Java-Servlets wie *Apache Cocoon* eingesetzt. Mehr Details dazu finden Sie unter *cocoon.apache.org*.

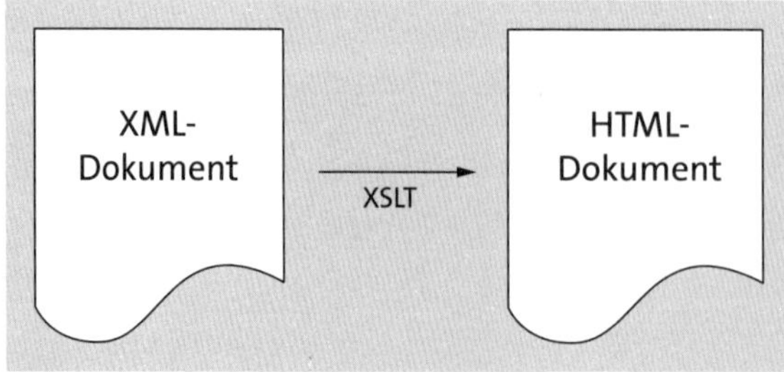

Abbildung 7.20 XSLT kann aus XML wieder HTML erzeugen.

Für die Transformation auf dem Client wird ein Browser benötigt, der XSLT beherrscht. Das ist bei den aktuellen Browserversionen in der Regel der Fall.

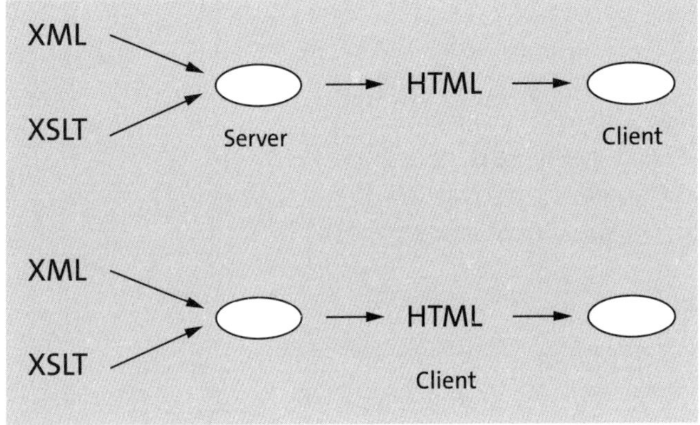

Abbildung 7.21 Die Alternativen bei der Transformation in HTML

7.16.1 Datenübernahme mit Ergänzungen

Wir kommen hier noch einmal auf das kleine Lagerbeispiel aus dem Kapitel 3, »Dokumenttypen und Validierung« zurück. Um eine Liste des Lagerbestands beispielsweise für eine Intranet-Anwendung zu erstellen, kann folgendes Stylesheet verwendet werden. Das Stylesheet wertet nicht nur die Quelldaten aus, sondern fügt auch passende Beschriftungen für die Liste hinzu:

```
<?xml version="1.0"?>
<xsl:stylesheet version="1.0"
                xmlns:xsl="http://www.w3.org/1999/XSL/Transform">
  <xsl:output method="html" encoding="UTF-8"/>
  <xsl:template match="/">
    <html>
      <head>
        <title>Lagerliste</title>
        <style type="text/css" media="screen">

          table {
            background-color: silver;
            margin: 1em;
            padding: 1em;
            border: 1px black }
          caption  {
            font-size: large;
            background-color: silver;
            border-bottom: 3px black }

        </style>
```

```
        </head>
        <body>
          <table width="180" border="1" cellspacing="15"
                 cellpadding="10">
            <caption>Aktueller Lagerbestand:</caption>
            <xsl:call-template name="tabellenkopf"/>
            <xsl:call-template name="tabellenkoerper"/>
          </table>
        </body>
      </html>
    </xsl:template>

    <xsl:template name="tabellenkopf">
      <tr>
        <xsl:for-each select="//Artikel[1]/*">
          <td>
            <xsl:value-of select="name(current())"/>
          </td>
        </xsl:for-each>
      </tr>
    </xsl:template>

    <xsl:template name="tabellenkoerper">
      <xsl:for-each select="/Lager/Artikel">
        <tr>
          <xsl:for-each select="./*">
            <td>
              <xsl:value-of select="current()"/>
            </td>
          </xsl:for-each>
        </tr>
      </xsl:for-each>
    </xsl:template>

  </xsl:stylesheet>
```

Listing 7.27 lagertab.xslt

Als output-Methode wird "html" verwendet. Das Stylesheet baut die für die HTML-Seite notwendigen Elemente <html>, <head> und <body> in der ersten Template-Regel ein, indem es die entsprechenden Anweisungen in das Ergebnisdokument schreibt.

7.16.2 Tabellenkopf mit CSS

Um Ihnen zu zeigen, dass in XSLT-Stylesheets für HTML-Ergebnisdokumente ohne Weiteres auch CSS eingebaut werden kann, haben wir über ein `<style>`-Element zwei CSS-Definitionen für die Elemente `<table>` und `<caption>` eingefügt.

Von der Template-Regel, die dem Wurzelknoten zugeordnet ist, werden nacheinander zwei benannte Templates aufgerufen. Das erste sorgt dafür, dass die Tabelle eine Spaltenbeschriftung erhält, die hier automatisch aus den Elementnamen der Kinder des Elements `<Artikel>` erzeugt wird. Dazu wird der XPath-Ausdruck "`//Artikel[1]/*`" verwendet. Das heißt, es wird der erste Artikel verwendet und dann eine Knotenliste mit allen Kindelementen dieses Artikels abgearbeitet. Von dem jeweils aktuellen Knoten wird der Name in den Kopf der Tabellenspalte übernommen.

7.16.3 Aufbau einer Tabelle

Das zweite Template sorgt dann für die Verteilung der Daten auf die einzelnen Tabellenzellen. Dazu wird mit einer doppelten `<xsl:for-each>`-Schleife gearbeitet. Die erste sorgt dafür, dass alle Artikel bearbeitet werden, die zweite übernimmt bei dem gerade bearbeiteten Artikel die String-Werte der Kindelemente. Abbildung 7.22 zeigt das Ergebnis im Firefox-Browser.

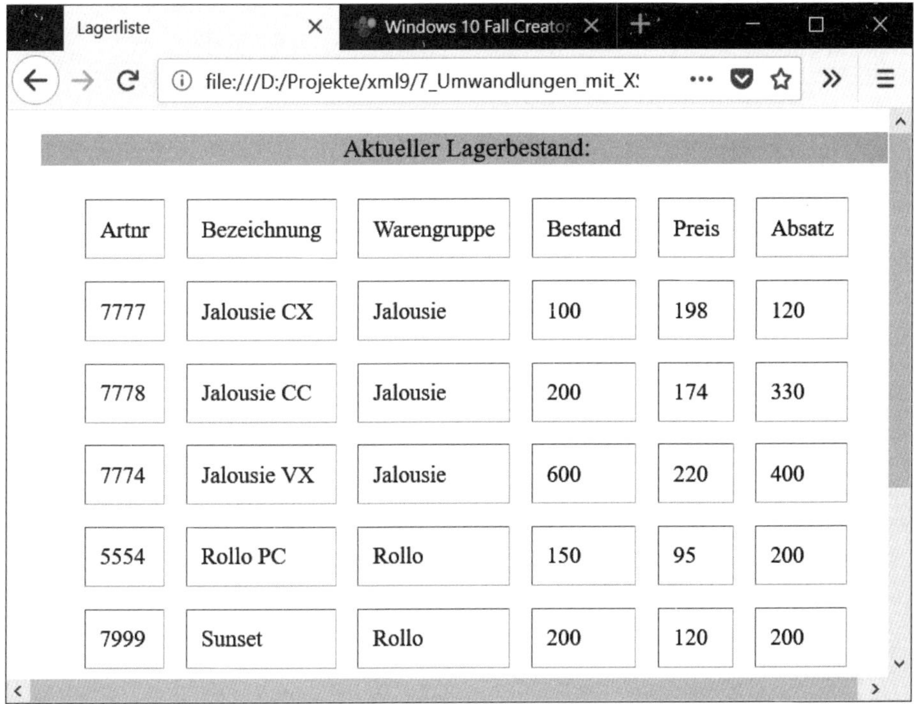

Artnr	Bezeichnung	Warengruppe	Bestand	Preis	Absatz
7777	Jalousie CX	Jalousie	100	198	120
7778	Jalousie CC	Jalousie	200	174	330
7774	Jalousie VX	Jalousie	600	220	400
5554	Rollo PC	Rollo	150	95	200
7999	Sunset	Rollo	200	120	200

Abbildung 7.22 Die Lagerliste im Firefox-Browser mit den hinzugefügten Beschriftungen

7.16.4 Transformation in XHTML

Eine der wichtigen aktuellen XML-Anwendungen ist *XHTML*, eine Sprache, die zunächst als Umformulierung von HTML 4.01 entstanden ist. Sie war gedacht als Brücke, die schließlich von HTML zu XML führen sollte. Auf die aktuelle Rolle von XHTML als alternative Syntax für HTML5 werden wir in Kapitel 15 noch einmal eingehen.

Das W3C hatte die Empfehlung für XHTML 1.0 als Ausgangspunkt für eine ganze Familie von XHTML-Dokumenttypen und -Modulen im Januar 2000 verabschiedet (siehe *www.w3.org/TR/xhtml1*).

XHTML 1.0 ist in drei Varianten verfügbar, die über entsprechende DTDs definiert sind. Diese DTDs bilden die entsprechenden HTML 4.01-DTDs nach. Die DTDs sollten immer angegeben werden, weil sonst der Browser in der Regel in den sogenannten Quirks-Modus wechselt, bei dem insbesondere die Umsetzung von CSS häufig fehlerhaft ist.

XHTML Strict

Diese Version ist ganz auf die Auszeichnung von Inhalten konzentriert. Um die Daten im Browser darzustellen, sind deshalb in der Regel Stylesheets erforderlich. Die notwendige Dokumenttyp-Deklaration ist:

```
<!DOCTYPE html PUBLIC "-//W3C//DTD XHTML 1.0 Strict//EN"
  "http://www.w3.org/TR/xhtml1/DTD/xhtml1-strict.dtd">
```

Als MIME-Typ wird `"application/xhtml+xml"` erwartet, `"text/html"` wird aber auch hier toleriert.

XHTML Transitional

Diese weniger strenge Variante ist für ältere Browser gedacht, die noch keine Stylesheets unterstützen, und erlaubt noch Elemente wie `<font>` und `<center>`.

```
<!DOCTYPE html PUBLIC "-//W3C//DTD XHTML 1.0 Transitional//EN"
  "http://www.w3.org/TR/xhtml1/DTD/xhtml1-transitional.dtd">
```

Die meisten Seiten, die XHTML verwenden, arbeiten mit dieser DTD. In der Regel wird diese Dokumenttyp-Deklaration mit der Angabe kombiniert, das der MIME-Typ `"text/html"` verwendet werden soll, was diese DTD erlaubt. Das führt am Ende dazu, dass der Browser die Seite wie eine HTML-Seite behandeln kann.

XHTML Frameset

Dies ist eine spezielle Variante, bei der XHTML Strict um die Unterstützung von Frames erweitert ist. Dabei wird das Element `<body>` durch `<frameset>` ersetzt.

```
<!DOCTYPE html PUBLIC "-//W3C//DTD XHTML 1.0 Frameset//EN"
  "http://www.w3.org/TR/xhtml1/DTD/xhtml1-frameset.dtd">
```

7.16.5 XHTML-Module

Die Idee, XHTML zu modularisieren, also in kombinierbare Bausteine zu zerlegen, ergab sich aus der Tatsache, dass inzwischen von ganz unterschiedlichen Gerätetypen und Plattformen aus auf Webinhalte zugegriffen wird. Browser, die auf ein Handy zugeschnitten werden, können so beispielsweise einen anderen Satz von XHTML-Modulen unterstützen als ein TV-Gerät, das für den Zugriff aufs Internet verwendet wird, oder ein normaler PC.

Das W3C hatte 2001 eine Empfehlung für die Modularisierung von XHTML veröffentlicht – *XHTMLMOD* – und auf dieser Basis eine Empfehlung für *XHTML 1.1* als modulbasiertes XHTML. Diese unterscheidet sich von *XHTML 1.0 Strict* zunächst aber nur minimal, hauptsächlich durch die Möglichkeit, <ruby>-Elemente zuzulassen. Bei diesem Element wird eine Verknüpfung zwischen einem Basistext und einem Kürzel für diesen Basistext hergestellt, wie etwa:

```
<ruby>
  <rb>WWW</rb>
  <rt>World Wide Web</rt>
</ruby>
```

Außerdem wurde das bei allen Elementen verfügbare Element `lang` durch `xml:lang` ersetzt, bei den Elementen <a> und <map> wurde name-Attribut durch das id-Attribut ersetzt. Die Dokumenttyp-Deklaration sieht so aus:

```
<!DOCTYPE html PUBLIC "-//W3C//DTD XHTML 1.1 //EN"
  "http://www.w3.org/TR/xhtml11/DTD/xhtml11.dtd">
```

XHTML1.1 verhindert, dass fehlerhafter Code vom Browser einfach als HTML-Code behandelt wird.

Ein neueres Beispiel für einen solchen modularisierten Dokumenttyp ist *XHTML Basic 1.1*, festgelegt in einer Empfehlung vom Juli 2008, die einen eingeschränkten Satz von XHTML-Features enthält und für PDAs, Settop-Boxen, Pager und Handys gedacht ist.

Die Arbeit an der lange erwarteten Neufassung XHTML 2.0 wurde vom W3C 2007 zugunsten von HTML5 gestoppt und XHTML5 in der Folge nur noch als zweite Syntax von dem, was mit HTML als erster Syntax spezifiziert ist, behandelt. Darauf gehen wir in Kapitel 15, »HTML5 und XHTML«, noch näher ein.

7.16.6 Allgemeine Merkmale von XHTML

Der entscheidende Unterschied zwischen XHTML und HTML liegt darin, dass es sich bei jedem XHTML-Dokument bereits um ein gültiges XML-Dokument handelt. Die Werkzeuge, mit denen auf XML-Daten zugegriffen werden kann, etwa um die Gültigkeit zu prüfen, stehen damit auch für XHTML zur Verfügung. Gleichzeitig kann ein Browser jedoch in der Regel ein XHTML- wie ein HTML-Dokument wiedergeben.

Das Skelett eines XHTML-Dokuments mit der Transitional-DTD sieht so aus:

```
<?xml version="1.0" encoding="UTF-8"?>
<!DOCTYPE html PUBLIC "-//W3C//DTD XHTML 1.0 Transitional//EN"
  "http://www.w3.org/TR/xhtml1/DTD/xhtml1-transitional.dtd">
<html xmlns="http://www.w3.org/1999/xhtml">
  <head>
    <title> ... </title>
  </head>
  <body>
    <p> ... </p>
  </body>
</html>
```

7.16.7 Aufbau eines XHTML-Dokuments

Dass es sich um ein XML-Dokument handelt, wird schon aus der XML-Deklaration am Anfang sichtbar. Diese Zeile kann allerdings weggelassen werden, wenn mit der Zeichencodierung `UTF-8` oder `UTF-16` gearbeitet wird. Bei anderen Codierungen wie `ISO-8859-1` muss die Deklaration verwendet werden.

Dahinter muss eine DOCTYPE-Deklaration folgen, die das Dokument einer der möglichen DTDs zuordnet. Anstatt die öffentliche DTD des W3Cs über den URI aufzurufen, kann auch eine lokale Kopie der DTD auf dem Webserver abgelegt werden. Dies kann das Laden der Seite etwas beschleunigen.

Das oberste Element ist immer `<html>`. Darin muss der für XHTML reservierte Namensraum unter `http://www.w3.org/1999/xhtml` über das `xmlns`-Attribut angegeben werden. Alle Elemente im Dokument müssen zu diesem Namensraum gehören.

Die wichtigsten Merkmale im Vergleich zu HTML sind folgende:

- XHTML-Dokumente müssen als XML-Anwendungen wohlgeformt sein. Elemente müssen also korrekt geschachtelt sein und dürfen sich nicht überlappen.
- Alle Tag- und Attributnamen werden kleingeschrieben (einzige Ausnahme ist `DOCTYPE`).
- Es sind nur vollständige Tags erlaubt, das heißt, für jedes Start-Tag muss ein entsprechendes End-Tag vorhanden sein. Nur bei leeren Elementen ist die für XML erlaubte Kurzform möglich, zum Beispiel `<p/>` für einen leeren Absatz. (Bei einigen

Browsern sollte noch ein Leerzeichen vor den Schrägstrich gesetzt werden, damit sie besser zwischen leeren Tags und Container-Tags unterscheiden können.)

- Attributwerte müssen immer in Anführungszeichen eingeschlossen werden. Es ist nicht erlaubt, ein Attribut ohne Wertangabe zu verwenden. Notfalls sollten also Dummy-Werte angegeben werden. Für `<hr noshade>` wird in XHTML `<hr noshade="noshade" />` verwendet, der Attributname also als Attributwert angegeben.
- Script- und Style-Elemente sollten als CDATA-Blöcke eingefügt werden.
- Für einige Elemente gelten Einschränkungen in Bezug auf Elemente, die sie enthalten dürfen:
  - `<a>` darf kein `<a>` enthalten.
  - `<pre>` darf kein `<img>`, `<object>`, `<big>`, `<small>`, `<sub>` oder `<sup>` enthalten.
  - `<button>` darf kein `<input>`, `<select>`, `<textarea>`, `<label>`, `<button>`, `<form>`, `<fieldset>`, `<iframe>` oder `<isindex>` enthalten.
  - `<label>` darf kein `<label>` enthalten.
  - `<form>` darf kein `<form>` enthalten.
- Statt des `name`-Attributs muss das `id`-Attribut verwendet werden.

7.16.8 Automatische Übersetzung

Aktuelle Webeditoren wie Microsoft Expression Web erlauben eine automatische Übersetzung von HTML in XHTML. Abbildung 7.23 zeigt ein Beispiel einer HTML-Seite, bei der eine ganze Reihe von End-Tags weggelassen worden ist.

```
<!DOCTYPE html PUBLIC "-//W3C//DTD HTML 4.01 Transitional//EN" "http://www.w3.org/TR/html4/loose.dtd">
<html>
    <head>
        <meta content="text/html; charset=utf-8" http-equiv="Content-Type">
        <title>Eine Liste</title>
    </head>

    <body>

    <!-- kommentar -->
        <ul>
            <li>Eine Liste
            <li>ist eine Liste
            <li>ist eine Liste.
        </ul>
        <ol start="42">
            <li>Eine Aufzählung
            <li>muss nicht bei 1 beginnen.
        </ol>

    </body>

</html>
```

Abbildung 7.23 HTML-Code mit zahlreichen unvollständigen Markups

Nach der Übersetzung in XHTML sieht das Markup für die Listenelemente aus wie in Abbildung 7.24.

```
<ul>
    <li>Eine Liste</li>
    <li>ist eine Liste</li>
    <li>ist eine Liste.</li>
</ul>
<ol start="42">
    <li>Eine Aufzählung</li>
    <li>muss nicht bei 1 beginnen.</li>
</ol>
```

Abbildung 7.24 Der XHTML-Code mit den vervollständigten Markups

Sie können sich auch das ursprünglich von Dave Raggett entwickelte *Tidy*-Tool für alle möglichen Plattformen und auch als Source aus dem Web herunterladen, dessen aktuelle Version unter *http://www.html-tidy.org* angeboten wird.

Wenn XML-Daten in einem Webbrowser ausgegeben werden sollen, liegt es nahe, mit XSLT statt einer Umwandlung in HTML eine Umwandlung in XHTML vorzunehmen. Das Verfahren entspricht weitgehend demjenigen, welches für HTML beschrieben worden ist, nur müssen die aufgeführten Unterschiede beachtet werden.

7.17 XSLT-Editoren

Die Entwicklung von XSLT per Hand in einem einfachen Texteditor ist zweifellos ein etwas mühsames Unterfangen. Deshalb gibt es Werkzeuge wie den XSLT-Designer *StyleVision* aus dem XMLSpy-Paket, die einen visuellen Entwurf eines Stylesheets erlauben. Der entsprechende Code wird dabei automatisch generiert und kann bei Bedarf nachbearbeitet werden.

Abbildung 7.25 Fenster des XSLT-Designers mit einem ersten Designentwurf

Die Vorgehensweise sieht im Prinzip so aus, dass zunächst eine Datei geöffnet wird, die das zugrunde liegende Schema oder eine DTD enthält. Für das Design des Stylesheets wird eine der Struktur entsprechende XML-Dokumentinstanz zugeordnet.

Um das Stylesheet zu gestalten, werden in dem Elementebaum des Schemas die gewünschten Komponenten ausgewählt und in die Designansicht, und zwar an die gewünschte Stelle, herübergezogen, die durch den Einfüge-Cursor bestimmt wird.

Ist ein Element in der Designansicht ausgewählt, können über die übrigen Register in dem Fenster alle Eigenschaften zugeordnet werden, die sich für die Textgestaltung, die Positionierung und das Layout zuweisen lassen.

Zur Kontrolle dient das Vorschauregister für HTML, das die Ansicht im Browser simuliert.

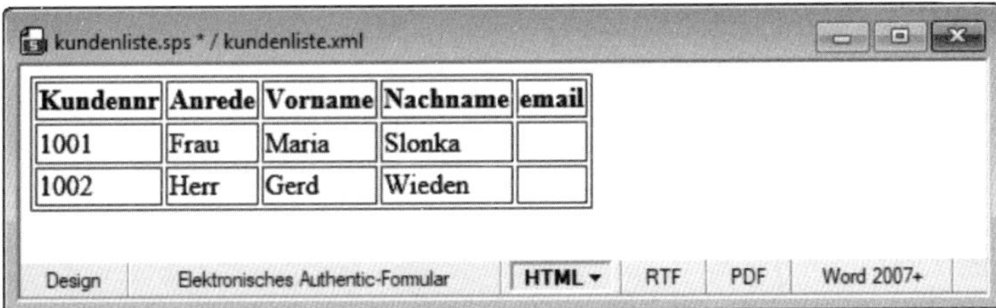

Kundennr	Anrede	Vorname	Nachname	email
1001	Frau	Maria	Slonka	
1002	Herr	Gerd	Wieden	

Abbildung 7.26 Vorschau auf dem HTML-Register

Der generierte Code kann über den Befehl DATEI • GENERIERTE DATEIEN SPEICHERN als XSLT-Datei gespeichert und in der XMLSpy-Umgebung nachbearbeitet werden, wenn es nötig ist.

```
<body>
  <xsl:for-each select="$XML">
    <xsl:variable name="altova:table">
      <table border="1">
        <xsl:variable name="altova:CurrContextGrid_0" select="."/>
        <xsl:variable name="altova:ColumnData"/>
        <thead>
          <tr>
            <th>
              <span>
                <xsl:text>Kundennr</xsl:text>
              </span>
            </th>
            <th>
              <span>
                <xsl:text>Anrede</xsl:text>
              </span>
            </th>
            <th>
              <span>
                <xsl:text>Vorname</xsl:text>
              </span>
            </th>
            <th>
              <span>
                <xsl:text>Nachname</xsl:text>
              </span>
            </th>
```

Text | Grid | Schema | WSDL | XBRL | Authentic | Browser

kundenliste_generiert

Abbildung 7.27 Das Register »Text« in XMLSpy zeigt den generierten XSLT-Code.

7.18 Kurzreferenz zu XSLT 1.0

<xsl:apply-imports/>

Diese Anweisung sorgt dafür, dass auf den aktuellen Knoten nur die in das Stylesheet importierten Template-Regeln angewendet werden. Es gibt keine Inhalte oder Attribute.

<xsl:apply-templates>

Diese Anweisung wendet auf die von `select` bestimmte Knotenmenge die jeweils passenden Template-Regeln an.

```
<xsl:apply-templates
  select = Knotenmengenausdruck
  mode = QName>
  <!-- Inhalt: (xsl:sort | xsl:with-param)* -->
</xsl:apply-templates>
```

<xsl:attribute>

Die Anweisung liefert ein XML-Attribut zu dem aktuellen Element.

```
<xsl:attribute
  name = { QName }
  namespace = { URI-Referenz }>
  <!-- Inhalt: Template -->
</xsl:attribute>
```

<xsl:attribute-set>

Die Anweisung definiert einen Satz von Attributen, der innerhalb eines Elements mit der Anweisung `<xsl:use-attribute-set>` anstelle einzelner Attribute verwendet werden kann.

```
<!-- Top-Level-Element -->
<xsl:attribute-set
  name = QName
  use-attribute-sets = QNamen>
  <!-- Inhalt: xsl:attribute* -->
</xsl:attribute-set>
```

<xsl:call-template>

Ruft die Template-Regel mit dem angegebenen Namen auf.

```
<xsl:call-template
  name = QName>
  <!-- Inhalt: xsl:with-param* -->
</xsl:call-template>
```

<xsl:choose>

Wertet das Template der ersten when-Klausel aus, wenn die angegebene Bedingung erfüllt ist. Im anderen Fall wird das Template der otherwise-Klausel verwendet.


```
<xsl:choose>
  <!-- Inhalt: (xsl:when+, xsl:otherwise?) -->
</xsl:choose>
```

<xsl:comment>

Liefert einen XML-Kommentar, der das angegebene Template als Text enthält.

```
<xsl:comment>
  <!-- Inhalt: Template -->
</xsl:comment>
```

<xsl:copy>

Kopiert den aktuellen Kontextknoten in das resultierende Baumfragment, zusammen mit einem eventuellen Namensraumknoten.

```
<xsl:copy
  use-attribute-sets = QNamen>
  <!-- Inhalt: Template -->
</xsl:copy>
```

<xsl:copy-of>

Gibt die dem Ausdruck entsprechende Knotenmenge aus.

```
<xsl:copy-of
  select = Ausdruck />
```

<xsl:decimal-format>

Legt ein Zahlenformat fest, das benutzt werden soll, wenn Zahlen in das Ergebnisdokument geschrieben werden sollen. Wird ein Name zugewiesen, kann das Format über die Funktion format-number() gezielt verwendet werden, ansonsten wird das angegebene Format als Standardformat behandelt. Mehrere benannte Formate können definiert werden.

```
<!-- Top-Level-Element -->
<xsl:decimal-format
  name = QName
  decimal-separator = char
  grouping-separator = char
  infinity = string
  minus-sign = char
  NaN = string
  percent = char
  per-mille = char
  zero-digit = char
  digit = char
  pattern-separator = char />
```

<xsl:element>

Gibt ein XML-Element aus mit dem lokalen Teil des angegebenen Namens, das zum angegebenen Namensraum gehört und dessen Kinder auf dem angegebenen Template beruhen.

```
<xsl:element
  name = { QName }
  namespace = { URI-Referenz }
  use-attribute-sets = QNamen>
  <!-- Inhalt: Template -->
</xsl:element>
```

<xsl:fallback>

Wertet das angegebene Template aus, wenn die Eltern-Instruktion vom Prozessor nicht verarbeitet wird. Wird hauptsächlich verwendet, wenn Erweiterungselemente eingesetzt werden, bei denen nicht sicher ist, ob sie vom XSLT-Prozessor verarbeitet werden können.

```
<xsl:fallback>
  <!-- Inhalt: Template -->
</xsl:fallback>
```

<xsl:for-each>

Erzeugt eine Schleife, um alle Knoten der ausgewählten Knotenmenge mit dem Template auszuwerten, wobei die Reihenfolge durch eine Sortierung mit `xsl:sort` beeinflusst werden kann.

```
<xsl:for-each
  select = Knotenmengenausdruck>
  <!-- Inhalt: (xsl:sort*, template) -->
</xsl:for-each>
```

<xsl:if>

Wertet das Template nur dann aus, wenn der Testausdruck den Wert *wahr* ergibt.

```
<xsl:if
  test = logischer Ausdruck>
  <!-- Inhalt: Template -->
</xsl:if>
```


<xsl:import>

Importiert das angegebene Stylesheet. Variablen und Templates, die importiert werden, haben einen geringeren Rang als die Variablen und Templates des importierenden Stylesheets selbst.

```
<xsl:import
  href = URI-Referenz />
<!-- Top-Level-Element -->
```

<xsl:include>

Übernimmt das angegebene Stylesheet. Die darin enthaltenen Templates und Variablen sind mit denen des inkludierenden Stylesheets gleichrangig.

```
<xsl:include
  href = URI-Referenz />
<!-- Top-Level-Element -->
```

<xsl:key>

Wird verwendet, um Knoten im aktuellen Dokument zu indizieren. Die benannten Schlüssel können mit der Funktion `key()` in XPath-Ausdrücken und -Mustern benutzt werden.

```
<xsl:key
  name = QName
  match = pattern
  use = Ausdruck />
<!-- Top-Level-Element -->
```

<xsl:message>

Gibt eine Nachricht aus; außerdem kann damit die Ausführung des Stylesheets gestoppt werden.

```
<xsl:message
  terminate = "yes" | "no">
  <!-- Inhalt: Template -->
</xsl:message>
```

<xsl:namespace-alias>

Definiert ein Alias für einen Namensraum. Wird hauptsächlich benötigt, wenn ein Stylesheet ein anderes Stylesheet als Ergebnisdokument erzeugen soll und die direkte Verwendung des Namensraums zu Schwierigkeiten führen würde.

```
<!-- Top-Level-Element -->
<xsl:namespace-alias
  stylesheet-prefix = prefix | "#default"
  result-prefix = prefix | "#default" />
```

<xsl:number>

Erzeugt eine Zahl aus dem in `value` angegebenen Ausdruck.

```
<xsl:number
  level = "single" | "multiple" | "any"
  count = pattern
  from = pattern
  value = numerischer Ausdruck
  format = { string }
  lang = { nmtoken }
  letter-value = { "alphabetic" | "traditional" }
  grouping-separator = { char }
  grouping-size = { number } />
```

<xsl:otherwise>

Definiert innerhalb eines `<xsl:choose>`-Elements den Fall, dass keiner der `when`-Tests bestanden wird.

```
<xsl:otherwise>
  <!-- Inhalt: Template -->
</xsl:otherwise>
```

<xsl:output>

Definiert die wesentlichen Merkmale des Ergebnisdokuments, die der XSLT-Prozessor gewährleisten soll.

```
<!-- Top-Level-Element -->
<xsl:output
  method = "xml" | "html" | "text" | QName-aber-nicht-NCName
  version = nmtoken
  encoding = string
  omit-xml-declaration = "yes" | "no"
  standalone = "yes" | "no"
  doctype-public = string
  doctype-system = string
  cdata-section-elements = QNamen
  indent = "yes" | "no"
  media-type = string />
```

<xsl:param>

Definiert einen Parameter, der vom Stylesheet insgesamt oder von einer Vorlage benutzt werden soll.

```
<!-- Top-Level-Element --> oder Teil eines Templates
<xsl:param
  name = QName
  select = Ausdruck>
  <!-- Inhalt: Template -->
</xsl:param>
```

<xsl:preserve-space>

Mit Hilfe dieses Elements können die Elemente im Quelldokument bestimmt werden, bei denen Leerzeichen, Leerzeilen und Tabulatorsprünge erhalten bleiben sollen.

```
<!-- Top-Level-Element -->
<xsl:preserve-space
  elements = tokens />
```

<xsl:processing-instruction>

Liefert eine Processing Instruction mit dem angegebenen Ziel.

```
<xsl:processing-instruction
  name = { ncname }>
  <!-- Inhalt: Template -->
</xsl:processing-instruction>
```

<xsl:sort>

Sortiert die aktuelle Knotenliste, die durch das jeweilige Elternelement – `<xsl:apply-templates>` oder `<xsl:for-each>` – gegeben ist; kann mehrfach verwendet werden, um Mehrfach-Schlüssel zu definieren.

```
<xsl:sort
  select = string-Ausdruck
  lang = { nmtoken }
  data-type = { "text" | "number" | QName-aber-nicht-NCName }
  order = { "ascending" | "descending" }
  case-order = { "upper-first" | "lower-first" } />
```

<xsl:strip-space>

Mit Hilfe dieses Elements können Elemente im Quelldokument bestimmt werden, bei denen Leerzeichen, Leerzeilen und Tabulatorsprünge entfernt werden sollen.

```
<!-- Top-Level-Element -->
<xsl:strip-space
  elements = tokens />
```

<xsl:stylesheet>

Dieses Element ist das Wurzelelement eines XSLT-Stylesheets. Als Synonym kann auch `<xsl:transform>` verwendet werden.

```
<xsl:stylesheet
  id = id
  extension-element-prefixes = tokens
  exclude-result-prefixes = tokens
  version = number>
  <!-- Inhalt: (xsl:import*, Top-Level-Elemente) -->
</xsl:stylesheet>
```

<xsl:template>

Definiert ein Template für das Ergebnisdokument. Template-Regeln, die mit dem `match`-Attribut arbeiten, werden ausgeführt, wenn eine Knotenmenge gefunden wird, die dem XPath-Muster entspricht. Templates, die benannt sind, werden dagegen über den Namen mit `<xsl:call-template>` aufgerufen.

```
<!-- Top-Level-Element -->
<xsl:template
  match = pattern
  name = QName
```

```
  priority = number
  mode = QName>
  <!-- Inhalt: (xsl:param*, template) -->
</xsl:template>
```

<xsl:text>

Liefert den in #PCDATA gefundenen Text, wobei sich der Schutz der eingebauten Entitäten kontrollieren lässt.


```
<xsl:text
  disable-output-escaping = "yes" | "no">
  <!-- Inhalt: #PCDATA -->
</xsl:text>
```

<xsl:transform>

Kann anstelle des Elements <xsl:stylesheet> verwendet werden, etwa um deutlich zu machen, dass nur Transformationen und keine Formatierungen vorgenommen werden sollen.

```
<xsl:transform
  id = id
  extension-element-prefixes = tokens
  exclude-result-prefixes = tokens
  version = number>
  <!-- Inhalt: (xsl:import*, Top-Level-Elements) -->
</xsl:transform>
```

<xsl:value-of>

Liefert die Zeichenkette, die dem angegebenen XPath-Ausdruck entspricht, und überträgt sie in das Ergebnisdokument.

```
<xsl:value-of
  select = Ausdruck
  disable-output-escaping = "yes" | "no" />
```

<xsl:variable>

Deklariert eine Variable mit dem angegebenen Namen und initialisiert sie entweder mit dem select-Wert oder durch das Template.

```
<!-- Top-Level-Element --> oder innerhalb eines Templates
<xsl:variable
  name = QName
```

```
  select = Ausdruck>
  <!-- Inhalt: Template -->
</xsl:variable>
```

<xsl:when>

Ist eine der Wahlmöglichkeiten in einem `<xsl:choose>`-Element.

```
<xsl:when
  test = boolean-Ausdruck>
  <!-- Inhalt: Template -->
</xsl:when>
```

<xsl:with-param>

Wird verwendet, um die Werte von Parametern zu bestimmen, die beim Aufruf eines Templates eingesetzt werden sollen.

```
<xsl:with-param
  name = QName
  select = Ausdruck>
  <!-- Inhalt: Template -->
</xsl:with-param>
```

7.19 XSLT 2.0

Wie schon angesprochen, hat das W3C im Januar 2007 eine erweiterte Empfehlung für XSL Transformations (XSLT) herausgebracht. *XSLT 2.0* ist entwickelt worden, um die Gestaltungsmöglichkeiten durch Stylesheets zu erweitern und um einige Schwächen von XSLT 1.0 zu beseitigen.

7.19.1 Die wichtigsten Neuerungen

Durch die gleichzeitige Verabschiedung von XPath 2.0 wird insbesondere der Zugriff auf die von einem Stylesheet zu verarbeitenden Daten wesentlich verfeinert und erweitert. XSLT 2.0 profitiert hier in erster Linie von dem in Kapitel 5, »Navigation und Verknüpfung«, bereits beschriebenen Ausbau des Datenmodells und der Einführung zahlreicher neuer Funktionen und Operatoren in XPath 2.0. Insbesondere die Unterstützung von XML Schema schafft hier viele neue Möglichkeiten. Gleichzeitig bleibt die Unterstützung von XPath 1.0 weitgehend erhalten.

Ablösung der temporären Knotenbäume

In Abschnitt 7.11.5, »Typische Anwendungen von Variablen in XSLT«, sind die temporären Knotenbäume – *Result Tree Fragment* – in XSLT 1.0 als eine Möglichkeit beschrieben worden, Teile des Ergebnisbaumes innerhalb eines <xsl:variable>-Elements festzuhalten. Die Handhabung solcher Fragmente unterliegt gewissen Einschränkungen, die sich in der Praxis als eher hinderlich erwiesen haben. Aus diesem Grund wurden diese Fragmente in XSLT 2.0 abgeschafft.

Stattdessen kann nun bei einem <xsl:variable>-Element eine Sequenz von Knoten verwendet werden. Diese Sequenz stellt alle Bearbeitungsmöglichkeiten zur Verfügung, die für Sequenzen in XSLT 2.0 gegeben sind. Der Wert der Variablen wird dabei jeweils als Wurzelelement behandelt. Die Navigation innerhalb des temporären Baumes kann dann mit den üblichen XPath-Ausdrücken erfolgen, wie das folgende Beispiel zeigt:

```
<xsl:template match="/">
  <xsl:variable name="temp">
    <xsl:element name="anrede">
      <xsl:element name="a">Frau</xsl:element>
      <xsl:element name="a">Herr</xsl:element>
      <xsl:element name="a">Firma</xsl:element>
    </xsl:element>
  </xsl:variable>
  <result>
    <xsl:value-of select="$temp/anrede/a[3]"/>
  </result>
</xsl:template>
```

Das Ergebnis dieser Template-Regel ist ein Knoten mit dem Wert Firma.

Die Auswahl aus einer Sequenz lässt sich mit dem neuen <xsl:sequence>-Element allerdings noch einfacher erreichen.

```
<xsl:template match="/">
  <xsl:variable name="anrede" as="xs:string*">
    <xsl:sequence select="'Frau', 'Herr', 'Firma'" />
  </xsl:variable>
  <result>
    <xsl:value-of select="$temp/[3]"/>
  </result>
</xsl:template>
```

Dabei wird für die Variable über das neue as-Attribut mit xs:string* ein Datentyp angegeben, der eine Sequenz von 0 bis beliebig viele Zeichenketten erlaubt.

Gruppierungen

Eine besonders praktische Anweisung in XSLT 2.0 ist das Element `<xsl:for-each-group>`, das die Gruppierung von Sequenzen wesentlich vereinfacht, ganz gleich, ob es sich um Sequenzen von Knoten oder von atomaren Werten handelt. Das Element unterstützt vier Attribute für die Steuerung der gewünschten Gruppierung:

- `group-by`
  Arbeitet mit einem Gruppierungsschlüssel und fasst alle Datenelemente zusammen, die in Bezug auf diesen Schlüssel denselben Wert liefern. Diese Methode beachtet übrigens nicht die Abfolge der Knoten. Duplikate in einer Gruppe werden zugelassen. Derselbe Knoten kann unter Umständen auch Mitglied verschiedener Gruppen sein.
- `group-adjacent`
  Arbeitet mit einem Gruppierungsschlüssel und fasst alle Datenelemente zusammen, die in Bezug auf diesen Schlüssel denselben Wert liefern, allerdings mit der Einschränkung, dass die Datenelemente gleichzeitig innerhalb der Eingabesequenz benachbart sind.
- `group-starting-with`
  In diesem Fall wird immer dann eine neue Gruppe begonnen, wenn eines der Datenelemente mit einem bestimmten Muster übereinstimmt. Diese Methode lässt sich anwenden, wenn die Elemente in einer bestimmten Anordnung vorliegen (dies gilt auch für die direkt im Folgenden beschriebene vierte Methode).
- `group-ending-with`
  Es wird immer dann eine Gruppe beendet, wenn eines der Datenelemente mit einem bestimmten Muster übereinstimmt.

Um auf die aktuelle Gruppe zuzugreifen, kann die Funktion `current-group()` verwendet werden. Die neue Funktion `current-grouping-key()` liefert jeweils den aktuell verwendeten Schlüssel. Als Kindelement lässt sich `xsl:sort` benutzen, um die Reihenfolge zu bestimmen, in der die Gruppen verarbeitet werden sollen. Ein einfaches Beispiel für das erste Verfahren verwendet die folgende Lagertabelle:

```
<?xml version="1.0" encoding="UTF-8"?>
<Lager>
  <Artikel>
    <Artnr>7777</Artnr>
    <Bezeichnung>Jalousie CX</Bezeichnung>
    <Warengruppe>Jalousie</Warengruppe>
    <Preis>198</Preis>
  </Artikel>
  <Artikel>
    <Artnr>7778</Artnr>
```

```
    <Bezeichnung>Jalousie CC</Bezeichnung>
    <Warengruppe>Jalousie</Warengruppe>
    <Preis>174</Preis>
  </Artikel>
  <Artikel>
    <Artnr>7774</Artnr>
    <Bezeichnung>Jalousie VX</Bezeichnung>
    <Warengruppe>Jalousie</Warengruppe>
    <Preis>220</Preis>
  </Artikel>
  <Artikel>
    <Artnr>5554</Artnr>
    <Bezeichnung>Rollo PC</Bezeichnung>
    <Warengruppe>Rollo</Warengruppe>
    <Preis>95</Preis>
  </Artikel>
  <Artikel>
    <Artnr>7999</Artnr>
    <Bezeichnung>Sunset</Bezeichnung>
    <Warengruppe>Rollo</Warengruppe>
    <Preis>120</Preis>
  </Artikel>
  <Artikel>
    <Artnr>8444</Artnr>
    <Bezeichnung>Markise SK</Bezeichnung>
    <Warengruppe>Markise</Warengruppe>
    <Preis>280</Preis>
  </Artikel>
</Lager>
```

Listing 7.28 lagertab2.xml

Um daraus ein XML-Dokument zu erstellen, bei dem die Elemente nach dem Element <Warengruppe> gruppiert werden, kann folgende Template-Regel verwendet werden:

```
<xsl:template match="Lager">
  <Lager>
    <xsl:for-each-group select="/Lager/Artikel" group-by="Warengruppe">
      <Warengruppe>
        <Name><xsl:value-of select="Warengruppe"/></Name>
        <xsl:for-each select="current-group()">
          <Artikel>
            <Bezeichnung><xsl:value-of select="Bezeichnung"/>
```

```
          </Bezeichnung>
          <Preis><xsl:value-of select="Preis"/></Preis>
        </Artikel>
      </xsl:for-each>
    </Warengruppe>
  </xsl:for-each-group>
 </Lager>
</xsl:template>
```

Listing 7.29 lagertab2.xslt

Um die zu einer Gruppe gehörenden Daten zusammenzustellen, wird innerhalb der Schleife mit `<xsl:for-each-group>` eine zweite Schleife mit `<xsl:for-each select="current-group()">...` eingebaut. Das Ergebnis sieht dann so aus:

```
<Lager>
  <Warengruppe>
    <Name>Jalousie</Name>
      <Artikel>
        <Bezeichnung>Jalousie CX</Bezeichnung>
        <Preis>198</Preis>
      </Artikel>
      <Artikel>
        <Bezeichnung>Jalousie CC</Bezeichnung>
        <Preis>174</Preis>
      </Artikel>
      ...
  </Warengruppe>
</Lager>
```

Ein Beispiel für das Attribut `group-starting-with` verwendet die folgende Titelliste:

```
<?xml version="1.0" encoding="UTF-8"?>
<titelliste>
  <titel samegroup="yes">Stromboli</titel>
  <titel samegroup="yes">Capri now</titel>
  <titel samegroup="no">No Rome</titel>
  <titel samegroup="yes">Go to Paris</titel>
  <titel samegroup="yes">Out of Bielefeld</titel>
  <titel samegroup="no">Londonderry</titel>
  <titel samegroup="yes">Blue Sky</titel>
  <titel samegroup="yes">Boomtown</titel>
</titelliste>
```

Listing 7.30 titelliste.xml

Die Template-Regel dafür:

```
<xsl:template match="titelliste">
  <titelliste>
    <xsl:for-each-group select="*"
          group-starting-with="titel[not(@samegroup='yes')]">
      <gruppe>
        <xsl:for-each select="current-group()">
          <titel><xsl:value-of select="."/></titel>
        </xsl:for-each>
      </gruppe>
    </xsl:for-each-group>
  </titelliste>
</xsl:template>
```

Listing 7.31 titelgruppe.xslt

Dieses Stylesheet erzeugt die folgende Ausgabe:

```
<?xml version="1.0" encoding="UTF-8"?>
<titelliste ...>
  <gruppe>
    <titel>Stromboli</titel>
    <titel>Capri now</titel>
  </gruppe>
  <gruppe>
    <titel>No Rome</titel>
    <titel>Go to Paris</titel>
    <titel>Out of Bielefeld</titel>
  </gruppe>
  <gruppe>
    <titel>Londonderry</titel>
    <titel>Blue Sky</titel>
    <titel>Boomtown</titel>
  </gruppe>
</titelliste>
```

Benutzerdefinierte Funktionen für XPath-Ausdrücke

Mit Hilfe der Anweisung `<xsl:function>` können in XSLT 2.0 benutzerdefinierte XSLT-Funktionen erzeugt werden, die sich dann in XPath 2.0-Ausdrücken verwenden lassen. Die Anweisung `xsl:function` legt dabei den Namen der neuen Funktion fest, bestimmt die benötigten Parameter und implementiert die gewünschte Funktionalität. Ist die Funktion definiert, kann sie im Stylesheet über den jeweiligen Namen aufgerufen werden.

Mehrere Ausgabedokumente

Mit XSLT 2.0 wird es auch möglich, über eine Transformation direkt mehrere Ergebnisbäume zu produzieren und auf diese Weise gleich mehrere Ausgabedokumente zu erzeugen. So können beispielsweise in einem Zug ein Gesamtdokument und eine Dokumentübersicht ausgegeben werden. Dazu werden einfach `<xsl:result-document>`-Elemente hintereinandergeschaltet, die jeweils die unterschiedlichen Ausgabebäume beschreiben:

```
<xsl:template match="/">
 <xsl:result-document href="output1.xml">
   ... Beschreibung des ersten Ausgabebaums
 </xsl:result-document>
 <xsl:result-document href="output2.xml">
  ... Beschreibung des zweiten Ausgabebaums
 </xsl:result-document>
</xsl:template>
```

XHTML-Ausgabe

Während XSLT 1.0 nur die Ausgabe in XML, HTML oder Text anbot, unterstützt die Version 2.0 nun auch direkt die Ausgabe in XHTML über eine entsprechende Methode der `xsl:output`- oder der `xsl:result-document`-Anweisung.

7.19.2 Neue Funktionen in XSLT 2.0

Neben den zahlreichen neuen Funktionen in XPath 2.0, die in XSLT 2.0 über entsprechende Pfadausdrücke genutzt werden können, stehen einige eigene neue Funktionen zur Verfügung. Ein größerer Teil betrifft die Formatierung von Datums- und Zeitwerten. Die umständlichen Verfahren, solche Werte als Zeichenfolgen auszuwerten und in die verschiedenen Bestandteile zu zerlegen, werden auf diese Weise überflüssig. Die verwendeten Datentypen entsprechen dabei denen der XML Schema-Spezifikation.

Funktion	Beschreibung
`current-group`	Liefert die Inhalte der aktuellen Gruppe in `xsl:for-each-group`.
`current-grouping-key`	Liefert den aktuellen Gruppenschlüssel in `xsl:for-each-group`.
`format-date`	Formatiert ein Datum.

Tabelle 7.6 Liste zusätzlicher Funktionen in XSLT 2.0

Funktion	Beschreibung
format-dateTime	Formatiert einen datetime-Wert.
format-time	Formatiert einen Zeitwert.
regex-group	Liefert einen Satz von Teilstrings, die durch die xsl:matching-substring-Anweisung verfügbar sind.
type-available	Prüft die Verfügbarkeit eines bestimmten Datentyps.
unparsed-entity-public-id	Liefert den *Public Identifier* einer Ressource.
unparsed-text	Liest eine externe Ressource ein und liefert einen String.
unparsed-text-available	Prüft, ob sich eine externe Ressource mit unparsed-text einlesen lässt.

Tabelle 7.6 Liste zusätzlicher Funktionen in XSLT 2.0 (Forts.)

7.19.3 Neue Elemente in XSLT 2.0

Neben der schon angesprochenen Gruppenbearbeitung stellt XSLT 2.0 vor allem neue Anweisungen für die Behandlung von atomaren Werten und von Sequenzen zur Verfügung. Im Folgenden sind die neuen Elemente in XSLT 2.0 in einer Kurzreferenz zusammengestellt:

<xsl:analyze-string>

Wendet auf den String, den der select-Ausdruck liefert, den regulären Ausdruck an, der mit regex angegeben wird. Der String wird in Teilstrings zerlegt, die entweder mit dem regulären Ausdruck übereinstimmen oder nicht übereinstimmen. Auf diese Weise können in dem Eingabestring beispielsweise bestimmte Zeichen durch andere ersetzt werden.

```
<xsl:analyze-string
  select = Ausdruck
  regex = { string }
  flags? = { string }>
  <!-- Inhalt: (xsl:matching-substring?,
              xsl:non-matching-substring?, xsl:fallback*) -->
</xsl:analyse-string>
```

<xsl:character-map>

Wird verwendet, um während der Serialisierung gezielt bestimmte Zeichen durch andere zu ersetzen.

```
<xsl:character-map
  name = QName
  use-character-maps? = QNamen>
  <!-- Inhalt: (xsl:output-character*) -->
</xsl:character-map>
```

<xsl:document>

Wird verwendet, um einen neuen Dokumentknoten zu erzeugen.

```
<xsl:document
  validation? = "strict" | "lax" | "preserve" | "strip"
  type? = QName>
  <!-- Inhalt: Sequenzkonstruktor -->
</xsl:document>
```

<xsl:for-each-group>

Wird verwendet, um aus einer Sequenz von Knoten oder Einzelwerten Gruppen zu bilden.

```
<xsl:for-each-group
  select = Ausdruck
  group-by? = Ausdruck
  group-adjacent? = Ausdruck
  group-starting-with? = pattern
  group-ending-with? = pattern
  collation? = { uri }>
  <!-- Inhalt: (xsl:sort*, Sequenzkonstruktor) -->
</xsl:for-each-group>
```

<xsl:function>

Wird verwendet, um benutzerdefinierte XSLT-Funktionen zu erzeugen, die von XPath 2.0-Ausdrücken aufgerufen werden können.

```
<xsl:function
  name = QName
  as? = Sequenztyp
  override? = "yes" | "no">
  <!-- Inhalt: (xsl:param*, Sequenzkonstruktor) -->
</xsl:function>
```

<xsl:import-schema>

Wird verwendet, um XML Schema-Komponenten zu identifizieren, die zur Verfügung stehen müssen, bevor Quelldokumente verfügbar sind.

```
<xsl:import-schema
  namespace? = URI-Referenz
  schema-location? = URI-Referenz>
  <!-- Inhalt: xs:schema? -->
</xsl:import-schema>
```

<xsl:matching-substring>

Wird innerhalb von `xsl:analyze-string` verwendet, um die vorgegebene Aktion zu bestimmen, die bei den Teilstrings stattfinden soll, die dem regulären Ausdruck entsprechen.

```
<xsl:matching-substring>
  <!-- Inhalt: Sequenzkonstruktor -->
</xsl:matching-substring>
```

<xsl:namespace>

Wird verwendet, um einen Namensraumknoten zu erzeugen.

```
<xsl:namespace
  name = { NCName }
  select? = Ausdruck>
  <!-- Inhalt: Sequenzkonstruktor -->
</xsl:namespace>
```

<xsl:next-match>

Wird verwendet, um die als Nächstes auszuführende Template-Regel zu bestimmen.

```
<xsl:next-match>
  <!-- Inhalt: (xsl:with-param | xsl:fallback)* -->
</xsl:next-match>
```

<xsl:non-matching-substring>

Wird innerhalb von `xsl:analyze-string` verwendet, um die vorgegebene Aktion zu bestimmen, die bei den Teilstrings stattfinden soll, die dem regulären Ausdruck nicht entsprechen.

```
<xsl:non-matching-substring>
  <!-- Inhalt: Sequenzkonstruktor -->
</xsl:non-matching-substring>
```

<xsl:output-character>

Wird verwendet, um einen einzelnen Eintrag innerhalb von `xsl:character-map` festzulegen.

```
<xsl:output-character
  character = char
  string = string />
```

<xsl:perform-sort>

Wird verwendet, um eine Sequenz zu sortieren.

```
<xsl:perform-sort
  select? = Ausdruck>
  <!-- Inhalt: (xsl:sort+, Sequenzkonstruktor) -->
</xsl:perform-sort>
```

<xsl:result-document>

Erweitert die Möglichkeiten der in XSLT 1.0 verwendeten `xsl:output`-Anweisung. Sie erlaubt es, die Eigenschaften des endgültigen Ausgabebaums detailliert festzulegen.

```
<xsl:result-document
  format? = { QName }
  href? = { URI-Referenz }
  validation? = "strict" | "lax" | "preserve" | "strip"
  type? = QName
  method? = { "xml" | "html" | "xhtml" | "text" |
    QName-but-not-ncname }
  byte-order-mark? = { "yes" | "no" }
  cdata-section-elements? = { QNamen }
  doctype-public? = { string }
  doctype-system? = { string }
  encoding? = { string }
  escape-uri-attributes? = { "yes" | "no" }
  include-content-type? = { "yes" | "no" }
  indent? = { "yes" | "no" }
  media-type? = { string }
  normalization-form? = { "NFC" | "NFD" | "NFKC" | "NFKD" |
    "fully-normalized" | "none" | nmtoken }
  omit-xml-declaration? = { "yes" | "no" }
  standalone? = { "yes" | "no" | "omit" }
  undeclare-prefixes? = { "yes" | "no" }
  use-character-maps? = QNamen
```

```
  output-version? = { nmtoken }>
  <!-- Inhalt: Sequenzkonstruktor -->
</xsl:result-document>
```

<xsl:sequence>

Wird innerhalb eines Sequenzkonstruktors verwendet, um eine Sequenz von Knoten oder Einzelwerten zu bilden.

```
<xsl:sequence
  select = Ausdruck>
  <!-- Inhalt: xsl:fallback* -->
</xsl:sequence>
```


7.20 XSLT 3.0

Im Juni 2017 erschien die Empfehlung für XSLT 3.0, editiert von Michael Kay, dessen Firma Saxonica auch für die Saxon-Prozessoren für XSLT, XQuery und XML Schema verantwortlich zeichnet. (Eine 30-tägige Testversion von Saxon-EE kann über *www.saxonica.com* heruntergeladen werden.) XSLT 3.0 unterstützt die XPath-Versionen 3.0 und 3.1, die dafür definierten Funktionen können also auch in den Stylesheets verwendet werden. Das Element `<xsl:stylesheet>` erhält das Attribut `version = "3.0"`. Generell wird von einem XSLT-Prozessor jetzt erwartet, dass er mit allen eingebauten Datentypen zurechtkommt, die sich mit XML Schema verwenden lassen.

7.20.1 Streams

Die wesentliche Neuerung in XSLT 3.0 ist die Unterstützung von Transformationen in Form von Streams. Eines der bisher bestehenden Hemmnisse für die Anwendung von XSLT bei sehr großen Datenmengen ist ja, dass die Knotenbäume der Quelldaten und die der Ausgabedaten immer komplett im Speicher aufgebaut werden müssen. Um den Umgang mit Streams zu ermöglichen und zu erleichtern, wurden neue Elemente wie `<xsl:source-dokument>` oder `<xsl:merge>` für das Einlesen und Mischen von Daten und Funktionen wie `fn:copy-of` und `fn:snapshot` entwickelt, die es erlauben, Input-Dokumente in Sequenzen von kleineren Teilbäumen zu zerlegen, die sich nacheinander abarbeiten lassen. Die neue `<xsl:mode>`-Deklaration bestimmt, ob die Verarbeitung als Stream möglich ist, und legt unter Umständen für Templates bestimmte Einschränkungen fest, die sicherstellen, dass das auch funktioniert.

Die Stream-Verarbeitung umgeht nicht nur eventuelle Speichergrenzen, sie erlaubt es auch, mit der Ausgabe von Daten bereits zu beginnen, bevor der komplette Input eingelesen ist. Ein einfaches Beispiel, wie eine Stream-Verarbeitung angestoßen werden kann, ist das folgende Beispiel. Stellen Sie sich dazu eine Lagerdatei mit mehreren Millionen Artikeln vor, die nach Warengruppen aufgeteilt sind. Dann ist es möglich, das Gesamtlager in mehrere XML-Dateien aufzuteilen, die nacheinander verarbeitet werden können, so dass es nicht mehr notwendig ist, die gesamte Datenmasse auf einmal in den Speicher zu laden. Dabei hilft das Zusammenspiel der Elemente <xsl:source-document>, <xsl:result-document> und <xsl:copy-of>. Das Attribut streamable="yes" sorgt dafür, dass die Verarbeitung als Stream gestartet wird.

```
<xsl:source-document streamable="yes" href="gesamtlager.xml">
  <xsl:for-each select="lager">
    <xsl:for-each select="warengruppe">
      <xsl:result-document href="warengruppe{position()}.xml">
        <xsl:copy-of select="."/>
      </xsl:result-document>
    </xsl:for-each>
  </xsl:for-each>
</xsl:source-document>
```

Ob allerdings ein Stylesheet in der Lage ist, große Mengen an XML-Daten in Form von Streams zu verarbeiten, ist an zahlreiche Bedingungen geknüpft, die bei der Entwicklung des Stylesheets zu berücksichtigen sind. Generell lässt sich davon ausgehen, dass sich große Datenmengen dann problemlos als Streams verarbeiten lassen, wenn sie sich ohne Umstände in Teilbäume zerlegen lassen, die dann nacheinander verarbeitet werden können.

7.20.2 Packages

Ein zweiter Schwerpunkt der Neuerungen betrifft die Möglichkeiten, Stylesheets modular zusammenzufügen. Dazu wurde ein neues Konzept für Pakete entwickelt, die als Schnittstellen konzipiert sind. Die Pakete werden in XML-Dateien angelegt, deren Wurzelelement <xsl:packages> ist. Sie werden auch als *Package-Manifest* angesprochen. Über das Attribut name muss der Name und über package-version die Versionsnummer angegeben werden.

Inhalt des Pakets sind Komponenten wie Funktionen, globale Variablen und Parameter, benannte Templates, Attributsätze etc. Optionale Kindelemente von <xsl:packages> sind <xsl:use-package> und <xsl:expose>. Ersteres erlaubt den Bezug auf andere, externe Pakete. Letzteres erlaubt die Festlegung, welche der Komponenten des Pakets in welchem Umfang nach außen sichtbar sind und also von dem Stylesheet, das das Paket benutzt, verwendet werden können. Auf diese Weise wird die Wiederverwendbarkeit des Codes vereinfacht. Ein Stylesheet kann ohne Weiteres aus mehreren Paketen zusammengefügt werden.

Die XSLT 3.0-Empfehlung enthält einen Link auf ein Muster-Stylesheet zur Umwandlung von XML in JSON, das als Paket angeboten wird. Hier einige kurze Auszüge daraus:

```
<?xml version="1.0" encoding="UTF-8"?>
    ...
<xsl:package
    name="http://www.w3.org/2013/XSLT/xml-to-json"
    package-version="1.0"
    xmlns:xsl="http://www.w3.org/1999/XSL/Transform"
    xmlns:xs="http://www.w3.org/2001/XMLSchema"
    xmlns:fn="http://www.w3.org/2005/xpath-functions"
    xmlns:j="http://www.w3.org/2013/XSLT/xml-to-json"
    exclude-result-prefixes="xs fn j" default-mode="j:xml-to-json"
    version="3.0">

    <xsl:variable name="quot" visibility="private">"</xsl:variable>
    <xsl:param name="indent-spaces" select="2"/>
    ...
    <xsl:mode name="indent" _streamable="{$STREAMABLE}" visibility="public"/>
    <xsl:mode name="no-indent" _streamable="{$STREAMABLE}"
       visibility="public"/>
    <xsl:mode name="key-attribute" streamable="false" on-no-match="fail"
       visibility="public"/>
    ...
    <xsl:function name="j:xml-to-json" as="xs:string" visibility="public">
        <xsl:param name="input" as="node()"/>
        <xsl:sequence select="j:xml-to-json($input, map{})"/>
    </xsl:function>
    ...
    <xsl:template match="/" mode="indent no-indent">
        <xsl:apply-templates mode="#current"/>
    </xsl:template>
    ...
```

7.20.3 Umgang mit Maps

Die Map als neuer Datentyp ist dafür gedacht, komplexere Datenstrukturen einfacher handhaben zu können. Dazu steht eine Reihe von neuen Elementen und Funktionen zur Verfügung.

Das folgende Listing zeigt ein einfaches Beispiel für den Aufbau und die Abfrage einer Map.

```
<?xml version="1.0" encoding="UTF-8"?>
<xsl:stylesheet xmlns:xsl="http://www.w3.org/1999/XSL/Transform"
    xmlns:xs="http://www.w3.org/2001/XMLSchema"
    xmlns:fn="http://www.w3.org/2005/xpath-functions"
    xmlns:math="http://www.w3.org/2005/xpath-functions/math"
    xmlns:array="http://www.w3.org/2005/xpath-functions/array"
    xmlns:map="http://www.w3.org/2005/xpath-functions/map"
    xmlns:xhtml="http://www.w3.org/1999/xhtml"
    xmlns:err="http://www.w3.org/2005/xqt-errors"
    exclude-result-prefixes="array fn map math xhtml xs err" version="3.0">
    <xsl:output method="xml" version="1.0" encoding="UTF-8" indent="yes"/>
    <xsl:variable name="bookmap" as="map(xs:integer, xs:string)">
        <xsl:map>
            <xsl:map-entry key="9783842101715" select="'Excel-Ratgeber'"/>
            <xsl:map-entry key="9783842101739" select="'Excel-Handbuch'"/>
            <xsl:map-entry key="9783842101722" select="'Excel-Funktionen'"/>
        </xsl:map>
    </xsl:variable>
    <xsl:template match="/" name="xsl:initial-template">
        <xsl:for-each select="map:keys($bookmap)">
            <isbn key="{.}">
                <xsl:value-of select="map:get($bookmap, .)"/>
            </isbn>
        </xsl:for-each>
    </xsl:template>
</xsl:stylesheet>
```

Listing 7.32 bookman.xslt

7.20.4 XML und JSON

Die Empfehlung für XSLT 3.0 hat auch auf die Bedeutung reagiert, die das JavaScript-basierte Datenformat JSON – *JavaScript Object Notation* – in den letzten Jahren gewonnen hat. Insbesondere bei Webanwendungen und -diensten wird JSON inzwischen häufig anstelle von XML für den Datenaustausch zwischen Server und Client verwendet, etwa bei Anwendungen, die mit REST, einem Programmierparadigma für verteilte Systeme, arbeiten. Das JSON-Format ist zwar auch textorientiert wie XML, aber wesentlich einfacher, ein Vorteil, den sich die Programmierer nicht haben entgehen lassen. Allerdings ist JSON eben nur ein Datenformat, also keine Metasprache wie XML und auch nicht Teil einer ganzen Sprachfamilie, die Komponenten für die Definition von Datenmodellen, für die Transformation von Daten und für ihre Abfrage enthält. Auch das Element `<xsl:output>` wurde entsprechend um die neue

Methode "json" erweitert. Die bisherigen Methoden "html" und "xhtml" unterstützen jetzt HTML5 und XHTML5.

Das folgende Template zeigt, wie ein Schnipsel JSON-Code mit Hilfe der Funktion fn:json-to-xml in XML-Code umgewandelt werden kann.

```
<xsl:template match="/">
    <xsl:variable name="t" as="xs:string">
    {
    "Kennzeichen": {
        "GB": "Great Britain",
        "DE": "Deutschland"
        }
    }
    </xsl:variable>
        <xsl:sequence select="json-to-xml($t)" />
</xsl:template>
```

Abbildung 7.28 zeigt die generierte XML-Datei.

```
<?xml version="1.0" encoding="UTF-8"?>
<map xmlns="http://www.w3.org/2005/xpath-functions">
    <map key="Kennzeichen">
        <string key="GB">Great Britain</string>
        <string key="DE">Deutschland</string>
    </map>
</map>
```

Abbildung 7.28 JSON, umgewandelt in XML

7.20.5 Iterationen

In Abschnitt 7.11.6, »Rekursive Templates«, ist ein Verfahren beschrieben, wie kumulierte Werte errechnet werden können, obwohl ja in XSLT die Einschränkung besteht und auch in XSLT 3.0 bestehen bleibt, dass Variablen nur einmal ein Wert zugewiesen werden kann. Das neue Element <xsl:iterate> vereinfacht solche rekursiven Aufrufe.

Das folgende kleine Beispiel zeigt, wie sich Werte aus einem Quelldokument auf einfache Weise aufaddieren lassen. Die XML-Datei enthält die Beträge von datierten Transaktionen.

```
<?xml version="1.0" encoding="UTF-8"?>
<?xml-stylesheet type="text/xsl" href="file:///D:/Projekte/xml9/7_
Umwandlungen_mit_XSLT/transaktionen.xslt"?>
<transaktionen>
    <transaktion datum="2018-09-01" wert="12.00"/>
    <transaktion datum="2018-09-02" wert="8.00"/>
```

```
    <transaktion datum="2018-09-03" wert="-2.00"/>
    <transaktion datum="2018-09-04" wert="5.00"/>
</transaktionen>
```

Listing 7.33 transaktionen.xml

Im Stylesheet wählt das Element `<xsl:iterate>` zunächst die Knotenmenge der einzelnen Transaktionen aus der Quelldatei aus. Mit Hilfe des Parameters `kontostand` wird jeweils das erreichte Zwischenergebnis festgehalten, die Variable `neuerkontostand` erhält ihren Wert durch das Hinzuaddieren. Mit dem Element `<xsl:next-iteration>` wird die Wiederholung des Vorgangs angestoßen. Die Werte werden jeweils an die beiden Attribute des neuen Elements `<kontostand>` übergeben.

```
<?xml version="1.0" encoding="UTF-8"?>
<xsl:stylesheet xmlns:xsl="http://www.w3.org/1999/XSL/Transform"
    xmlns:xs="http://www.w3.org/2001/XMLSchema"
      version="3.0">
      <xsl:template match="/">
            <konto>
            <xsl:iterate select="transaktionen/transaktion">
                <xsl:param name="kontostand" select="0.00" as="xs:decimal"/>
                <xsl:variable name="neuerkontostand"
                    select="$kontostand + xs:decimal(@wert)"/>
                <kontostand datum="{@datum}"
                    wert="{format-number($neuerkontostand, '0.00')}"/>
                <xsl:next-iteration>
                    <xsl:with-param name="kontostand"
                       select="$neuerkontostand"/>
                </xsl:next-iteration>
            </xsl:iterate>
        </konto>
    </xsl:template>
</xsl:stylesheet>
```

Listing 7.34 transaktionen.xslt

Abbildung 7.29 zeigt die kleine XML-Datei, die das Stylesheet als Ausgabe liefert.

```
<?xml version="1.0" encoding="UTF-8"?>
<konto xmlns:xs="http://www.w3.org/2001/XMLSchema">
    <kontostand datum="2018-09-01" wert="12.00"/>
    <kontostand datum="2018-09-02" wert="20.00"/>
    <kontostand datum="2018-09-03" wert="18.00"/>
    <kontostand datum="2018-09-04" wert="23.00"/>
</konto>
```

Abbildung 7.29 Ergebnis der Iteration

7.20.6 Akkumulatoren

Eine weitere Möglichkeit, kumulierte Werte zu gewinnen und damit umzugehen, wird mit dem neuen Element `<xsl:accumulator>` und seinem Kindelement `<xsl:accumulator-rule>` sowie den beiden Funktionen `fn:accumulator-before` und `fn:accumulator-after` bereitgestellt. Diese Elemente stellen im Stylesheet globale Zähler zur Verfügung. Solche Zähler sind insbesondere bei einer Verarbeitung als Stream nützlich, aber ebenso, wenn nicht mit Streams gearbeitet wird. Der mit diesem Element eingerichtete Zähler ist mit den Knoten in einem Knotenbaum verknüpft. Über die beiden Funktionen `fn:accumulator-before` und `fn:accumulator-after` kann jeweils der Zählerstand vor und nach Erreichen eines Kontextknotens festgehalten werden. Wie gezählt wird, kann über das Kindelement `<xsl:accumulator-rule>` festgelegt werden.

Eine `<xsl:accumulator>`-Deklaration kann allerdings nur als Top-Level-Element in einem Stylesheet-Modul erscheinen, also als direktes Kind von `<xsl:stylesheet>`.

Zur Demonstration der Arbeitsweise des globalen Zählers greifen wir noch einmal auf die Lagerdatei zurück, die bereits bei der Besprechung von XSLT 2.0 verwendet wurde. Hier nur ein kurzer Auszug:

```
<Lager>
    <Artikel>
        <Artnr>7777</Artnr>
        <Bezeichnung>Jalousie CX</Bezeichnung>
        <Warengruppe>Jalousie</Warengruppe>
        <Bestand>100</Bestand>
        <Preis>198</Preis>
    </Artikel>
    ...
```

Es soll jetzt darum gehen, eine neue XML-Datei zu erzeugen, die jedem Artikel eine fortlaufende Lagerposition zuweist und am Ende angibt, wie viele unterschiedliche Artikel vorhanden sind. Der Code kann so aussehen:

```
<?xml version="1.0" encoding="UTF-8"?>
<xsl:stylesheet xmlns:xsl="http://www.w3.org/1999/XSL/Transform"
xmlns:xs="http://www.w3.org/2001/XMLSchema" xmlns:fn="http://www.w3.org/2005/
xpath-functions" xmlns:math="http://www.w3.org/2005/xpath-functions/
math" xmlns:array="http://www.w3.org/2005/xpath-functions/array" xmlns:map=
"http://www.w3.org/2005/xpath-functions/map" xmlns:xhtml="http://www.w3.org/
1999/xhtml" xmlns:err="http://www.w3.org/2005/xqt-errors" exclude-result-
prefixes="array fn map math xhtml xs err" version="3.0">
    <xsl:output method="xml" version="1.0" encoding="UTF-8" indent="yes"/>
    <xsl:accumulator name="Artikelanzahl" as="xs:integer"
        initial-value="0" streamable="no">
```

```
        <xsl:accumulator-rule match="Artikel"
          select="$value + 1">
        </xsl:accumulator-rule>
    </xsl:accumulator>
    <xsl:template match="Lager">
        <xsl:for-each select="//Artikel">
            <Lagerposition Artikelnr="{Artnr}" Bezeichnung="{Bezeichnung}">
            <xsl:value-of select="fn:accumulator-after('Artikelanzahl')" />
              </Lagerposition>
        </xsl:for-each>
        <Artikelanzahl>
           <xsl:value-of select="fn:accumulator-after('Artikelanzahl')" />
        </Artikelanzahl>
    </xsl:template>
</xsl:stylesheet>
```

Listing 7.35 lagertab3.xslt

Der Zähler erhält zunächst einen Namen, damit er angesprochen werden kann. Anschließend wird die Form der Berechnung, hier eine fortlaufende Zählung, festgelegt. Im Template wird innerhalb der Schleife eine fortlaufende Nummer für jeden Artikel erzeugt, und nach der Schleife wird der zuletzt erreichte Wert als Gesamtanzahl der Artikel ausgegeben. Abbildung 7.30 zeigt das Ergebnis.

```
<?xml version="1.0" encoding="UTF-8"?>
<Lagerposition Artikelnr="7777" Bezeichnung="Jalousie CX">1</Lagerposition>
<Lagerposition Artikelnr="7778" Bezeichnung="Jalousie CC">2</Lagerposition>
<Lagerposition Artikelnr="7774" Bezeichnung="Jalousie VX">3</Lagerposition>
<Lagerposition Artikelnr="5554" Bezeichnung="Rollo PC">4</Lagerposition>
<Lagerposition Artikelnr="7999" Bezeichnung="Sunset">5</Lagerposition>
<Lagerposition Artikelnr="8444" Bezeichnung="Markise SK">6</Lagerposition>
<Artikelanzahl>6</Artikelanzahl>
```

Abbildung 7.30 Berechnungen mit einem Zähler

7.20.7 Unterstützung für XSLT 3.0?

Der neue Standard wird von den bekannten XML-Tools wie jenen von Altova oder Oxygen in unterschiedlichem Umfang unterstützt. Altova bietet dafür einen eigenen Prozessor an, der die neuen Streaming-Funktionen noch nicht unterstützt, aber andererseits auch das Einbinden anderer Prozessoren erlaubt. Oxygen bindet den Saxon-EE-Prozessor ein, bei dem die Streaming-Unterstützung über den Einstellungsdialog aktiviert werden kann.

Bei den Browsern sieht es bisher bescheiden aus. Chrome unterstützt die direkte Ausgabe von lokalen Dateien mit XSLT-Transformationen sowieso gar nicht. Bei den anderen Browsern reicht die Unterstützung in der Regel nur bis XSLT 2.0. Es wird sich zeigen, ob die sehr komplexen Erweiterungen des XSLT-Standards sich in Zukunft auszahlen. Der Erfolg von JSON zeigt zumindest, dass viele Entwickler eher dazu neigen, einfachere Lösungen vorzuziehen.

7.20.8 Liste der zusätzlichen Funktionen in XSLT 3.0

Die folgende Tabelle listet die neuen Funktionen in alphabetischer Reihenfolge für die Präfixe `fn` und `map` auf.

Funktion	Bedeutung
`fn:accumulator-after`	Liefert den Wert des mit `<xsl:accumulator>` deklarierten Zählers nach Erreichen des Kontextknotens.
`fn:accumulator-before`	Liefert den Wert des mit `<xsl:accumulator>` deklarierten Zählers vor Erreichen des Kontextknotens.
`fn:available-system-properties`	Liefert eine Liste der Namen der Systemeigenschaften.
`fn:collation-key`	Generiert aus einer Zeichenfolge einen Schlüssel für eine Kollation.
`fn:copy-of`	Erzeugt eine tiefe Kopie der angegebenen Sequenz.
`fn:current-merge-group`	Liefert die Gruppe der Datenelemente, die aktuell von einer `<xsl:merge>`-Anweisung bearbeitet wird.
`fn:current-merge-key`	Liefert den Merge-Schlüssel aus der Gruppe der Datenelemente, die aktuell von einer `<xsl:merge>`-Anweisung bearbeitet wird.
`fn:current-output-uri`	Liefert den Wert des aktuellen Output-URI.
`fn:json-to-xml`	Wandelt einen String im JSON-Format in das XML-Format um.
`fn:snapshot`	Liefert eine Kopie einer Sequenz mit allen Elementen, einschließlich der Attribute und Namensräume.
`fn:stream-available`	Bestimmt, ob ein Dokument als Stream verarbeitet werden kann.

Funktion	Bedeutung
fn:xml-to-json	Wandelt einen String im XML-Format in das JSON-Format um.
map:contains	Prüft, ob es für den angegebenen Schlüssel in der Map einen Eintrag gibt.
map:entry	Liefert die Map, die den angegebenen Eintrag enthält.
map:find	Sucht in Map-Einträgen nach dem Wert, der zu dem angegebenen Schlüssel gehört.
map:for-each	Wendet die angegebenen Anweisungen auf alle Einträge einer Map an und liefert eine Zeichenverknüpfung aller Ergebnisse.
map:get	Liefert zu einem Schlüssel in der angegebenen Map den entsprechenden Wert.
map:keys	Liefert eine Sequenz aller Schlüssel in einer Map.
map:merge	Liefert eine Map aus den Einträgen der angegebenen Maps.
map:put	Fügt einen neuen Eintrag an eine Map an oder überschreibt in einem vorhandenen Eintrag mit dem angegebenen Schlüssel den bisherigen Wert mit dem angegebenen Wert.
map:remove	Entfernt aus einer Map die Einträge mit den angegebenen Schlüsseln.
map:size	Liefert die Zahl der Einträge in einer Map.

7.20.9 Neue Elemente in XSLT 3.0

Im Folgenden finden Sie ein alphabetisch geordnete Liste der in XSLT 3.0 neu eingeführten Elemente mit den jeweils möglichen Attributen.

<xsl:accept>

Die Anweisung erlaubt es, die Sichtbarkeit einer Komponente aus einem verwendeten Paket zu bestimmen.

```
<xsl:accept
  component = "template" | "function" | "attribute-set" |
  "variable" | "mode" | "*"
  names = tokens
  visibility = "public" | "private" | "final" | "abstract" | "hidden" />
```

<xsl:accumulator>

Liefert einen Zähler, der beim Durchlauf einer Knotenmenge verwendet werden kann.

```
<xsl:accumulator
  name = eqname
  initial-value = expression
  as? = sequence-type
  streamable? = boolean >
  <!-- Inhalt: xsl:accumulator-rule+ -->
</xsl:accumulator>
```

<xsl:accumulator-rule>

Das Element ist das Kindelement von `<xsl:accumulator>` und legt dessen Zählweise fest.

```
<xsl:accumulator-rule
  match = pattern
  phase? = "start" | "end"
  select? = expression >
  <!-- Inhalt: Sequenzkonstruktor -->
</xsl:accumulator-rule>
```

<xsl:assert>

Das Element wird verwendet, um zu prüfen, ob der Wert des angegebenen Ausdrucks wahr ist.

```
<xsl:assert
  test = expression
  select? = expression
  error-code? = { eqname } >
  <!-- Inhalt: Sequenzkonstruktor -->
</xsl:assert>
```

<xsl:break>

Wird verwendet, um eine Schleife zu stoppen.

```
<xsl:break
  select? = expression >
  <!-- Inhalt: Sequenzkonstruktor -->
</xsl:break>
```

<xsl:catch>

Wird innerhalb eines <xsl:try>-Elements verwendet, um anzugeben, was im Falle eines Fehlers geschehen soll.

```
<xsl:catch
  errors? = tokens
  select? = expression >
  <!-- Inhalt: Sequenzkonstruktor -->
</xsl:catch>
```

<xsl:context-item>

Wird als Kind von <xsl:template> verwendet, um zu erklären, ob das betreffende Datenelement erforderlich ist oder nicht.

```
<xsl:context-item
  as? = item-type
  use? = "required" | "optional" | "absent" />
```

<xsl:evaluate>

Erlaubt die Auswertung eines als Zeichenfolge generierten XPath-Ausdrucks.

```
<xsl:evaluate
  xpath = expression
  as? = sequence-type
  base-uri? = { uri }
  with-params? = expression
  context-item? = expression
  namespace-context? = expression
  schema-aware? = { boolean } >
  <!-- Inhalt: (xsl:with-param | xsl:fallback)* -->
</xsl:evaluate>
```

<xsl:expose>

Dieses Element erlaubt es, die Sichtbarkeit der ausgewählten Komponenten in einem Paket festzulegen.

```
<xsl:expose
  component = "template" | "function" | "attribute-set" |
  "variable" | "mode" | "*"
  names = tokens
  visibility = "public" | "private" | "final" | "abstract" />
```

<xsl:fork>

Das Element erlaubt es, die Ergebnisse mehrerer Auswertungen in einer Sequenz zusammenzuführen.

```
<xsl:fork>
  <!-- Inhalt: (xsl:fallback*, ((xsl:sequence, xsl:fallback*)* |
  (xsl:for-each-group, xsl:fallback*))) -->
</xsl:fork>
```

<xsl:global-context-item>

Wird verwendet, um festzulegen, ob ein globales Kontextdatenelement erforderlich ist und, falls ja, was der benötigte Typ ist.

```
<xsl:global-context-item>
  as? = item-type
  use? = "required" | "optional" | "absent" />
</xsl:global-context-item>
```

<xsl:iterate>

Das Element erlaubt es, eine Sequenz mehrfach zu durchlaufen.

```
<xsl:iterate>
  as? = item-type
  use? = "required" | "optional" | "absent" />
</xsl:iterate>
```

<xsl:map>

Das Element liefert eine neue Map.

```
<xsl:map>
  <!-- Inhalt: Sequenzkonstruktor -->
</xsl:map>
```

<xsl:map-entry>

Das Element liefert einen Map-Eintrag mit einem Schlüssel und einem Wert dafür.

```
<xsl:map-entry
  key = expression
  select? = expression >
  <!-- Inhalt: Sequenzkonstruktor -->
</xsl:map-entry>
```

<xsl:merge>

Das Element erlaubt es, mehrere Input-Sequenzen zu einer Output-Sequenz zusammenzuführen.

```
<xsl:merge>
  <!-- Inhalt: (xsl:merge-source+, xsl:merge-action, xsl:fallback*) -->
</xsl:merge>
```

<xsl:merge-action>

Das Element ist Kind von `<xsl:merge>` und legt fest, was mit einem Schlüsselwert der Input-Sequenzen geschehen soll.

```
<xsl:merge-action>
  <!-- Inhalt: Sequenzkonstruktor -->
</xsl:merge-action>
```

<xsl:merge-key>

Legt den Merge-Schlüssel für ein Element innerhalb von `<xsl:merge-source>` fest.

```
<xsl:merge-key
  select? = expression
  lang? = { language }
  order? = { "ascending" | "descending" }
  collation? = { uri }
  case-order? = { "upper-first" | "lower-first" }
  data-type? = { "text" | "number" | eqname } >
  <!-- Inhalt: Sequenzkonstruktor -->
</xsl:merge-key>
```

<xsl:merge-source>

Das Element definiert eine oder mehrere Input-Sequenzen.

```
<xsl:merge-source
  name? = ncname
  for-each-item? = expression
  for-each-source? = expression
  select = expression
```

```
  streamable? = boolean
  use-accumulators? = tokens
  sort-before-merge? = boolean
  validation? = "strict" | "lax" | "preserve" | "strip"
  type? = eqname >
  <!-- Inhalt: xsl:merge-key+ -->
</xsl:merge-source>
```


<xsl:mode>

Das Element bestimmt die Aktion, die vorzunehmen ist, wenn es keine Matching-Template-Regel oder wenn es mehrere konkurrierende Regeln gibt.

```
<xsl:mode
  name? = eqname
  streamable? = boolean
  use-accumulators? = tokens
  on-no-match? = "deep-copy" | "shallow-copy" | "deep-skip" | "shallow-skip" |
  "text-only-copy" | "fail"
  on-multiple-match? = "use-last" | "fail"
  warning-on-no-match? = boolean
  warning-on-multiple-match? = boolean
  typed? = boolean | "strict" | "lax" | "unspecified"
  visibility? = "public" | "private" | "final" />
```

<xsl:next-iteration>

Setzt den Durchlauf einer Input-Sequenz mit dem nächsten Datenelement fort.

```
<xsl:next-iteration>
  <!-- Inhalt: (xsl:with-param*) -->
</xsl:next-iteration>
```

<xsl:on-completion>

Gibt an, was beim Durchlauf einer Input-Sequenz geschehen soll, wenn kein Datenelement mehr gefunden wird.

```
<xsl:on-completion
  select? = expression >
  <!-- Inhalt: Sequenzkonstruktor -->
</xsl:on-completion>
```

<xsl:on-empty>

Legt fest, was geschehen soll, wenn eine Input-Sequenz leer ist.

```
<xsl:on-empty
  select? = expression >
  <!-- Inhalt: Sequenzkonstruktor -->
</xsl:on-empty>
```

<xsl:on-non-empty>

Legt fest, was geschehen soll, wenn eine Input-Sequenz nicht leer ist.

```
<xsl:on-non-empty
  select? = expression >
  <!-- Inhalt: Sequenzkonstruktor -->
</xsl:on-non-empty>
```

<xsl:override>

Wird als Kind von `<xsl:use-package>` eingesetzt, um eine Komponente des verwendeten Pakets zu überschreiben.

```
<xsl:override>
  <!-- Inhalt: (xsl:template | xsl:function | xsl:variable | xsl:param |
  xsl:attribute-set)* -->
</xsl:override>
```

<xsl:package>

Das Element wird eingesetzt, um ein Bündel von Komponenten für die Verwendung in Stylesheets zur Verfügung zu stellen.

```
<xsl:package
  id? = id
  name? = uri
  package-version? = string
  version = decimal
  input-type-annotations? = "preserve" | "strip" | "unspecified"
  declared-modes? = boolean
  default-mode? = eqname | "#unnamed"
  default-validation? = "preserve" | "strip"
  default-collation? = uris
  extension-element-prefixes? = prefixes
  exclude-result-prefixes? = prefixes
  expand-text? = boolean
  use-when? = expression
  xpath-default-namespace? = uri >
  <!-- Inhalt: ((xsl:expose | declarations)*) -->
</xsl:package>
```

<xsl:source-document>

Das Element wird verwendet, um ein Input-Dokument per Streaming zu lesen und zu verarbeiten.

```
<xsl:source-document
  href = { uri }
  streamable? = boolean
  use-accumulators? = tokens
  validation? = "strict" | "lax" | "preserve" | "strip"
  type? = eqname >
  <!-- Inhalt: Sequenzkonstruktor -->
</xsl:source-document>
```

<xsl:try>

Das Element erlaubt das Abfangen von dynamischen Fehlern.

```
<xsl:try
  select? = expression
  rollback-output? = boolean >
  <!-- Inhalt: (Sequenzkonstruktor, xsl:catch, (xsl:catch | xsl:fallback)*) -->
</xsl:try>
```

<xsl:use-package>

Bestimmt über die Nutzung von Komponenten aus dem angegebenen Paket.

```
<xsl:use-package
  name = uri
  package-version? = string >
  <!-- Inhalt: (xsl:accept | xsl:override)* -->
</xsl:use-package>
```

<xsl:where-populated>

Legt die Schritte fest, die erfolgen sollen, wenn eine Input-Sequenz nicht leer ist.

```
<xsl:where-populated>
  <!-- Inhalt: Sequenzkonstruktor -->
</xsl:where-populated>
```

Kapitel 8
Formatierung mit XSL

Wesentlich mächtiger als CSS sind die Formatierungsmöglichkeiten, die über die Formatierungsobjekte von XSL realisiert werden können.

Während sich XML als Standard für die Strukturierung von Inhalten in einem kompakten Dokument beschreiben lässt, bedarf der X-Standard, der sich mit der Gestaltung von Dokumenten befasst, einer wesentlich umfangreicheren Erläuterung. In dem einen Fall geht es um klare logische Strukturen, im anderen Fall darum, alle Möglichkeiten in den Griff zu bekommen, und um die Frage, wie Textelemente und Bilder auf gedruckten oder am Bildschirm angezeigten Seiten unter Berücksichtigung von Seitenumbrüchen, Mehrspaltigkeit, variablen Größen und den unterschiedlichen Ausrichtungen etc. dargestellt werden können.

Schon für die CSS-Standards waren umfangreiche Dokumente notwendig, *XSL* bringt es in der PDF-Darstellung immerhin auf über 400 Seiten. Die Entwickler von kompletten XSL-Prozessoren hatten also einiges zu tun.

8.1 Transformation und Formatierung

XSL ist für eine Verarbeitung konzipiert, die in mehreren Stufen abläuft. Zwei Prozesse werden dabei verkoppelt, wobei der zweite Prozess die Ergebnisse des ersten übernimmt. Abbildung 8.1 zeigt den generellen Ablauf.

Im ersten Schritt übernimmt ein entsprechender XSL-Stylesheet-Prozessor die Baumstruktur des Quelldokuments und wendet darauf die in dem XSL-Stylesheet beschriebenen Transformationen an, um die daraus resultierende Baumstruktur aufzubauen. Dieser Schritt entspricht demjenigen, der im vorangegangenen Kapitel für XSLT beschrieben worden ist. Der Ergebnisbaum kann, wie erläutert, die Quellinhalte in einer anderen Anordnung oder Auswahl liefern, das heißt, das Ergebnis kann sich deutlich von dem zugrunde liegenden Quelldokument unterscheiden. Aus den Quelldaten könnte zum Beispiel zusätzlich ein Inhaltsverzeichnis oder ein Index generiert werden.

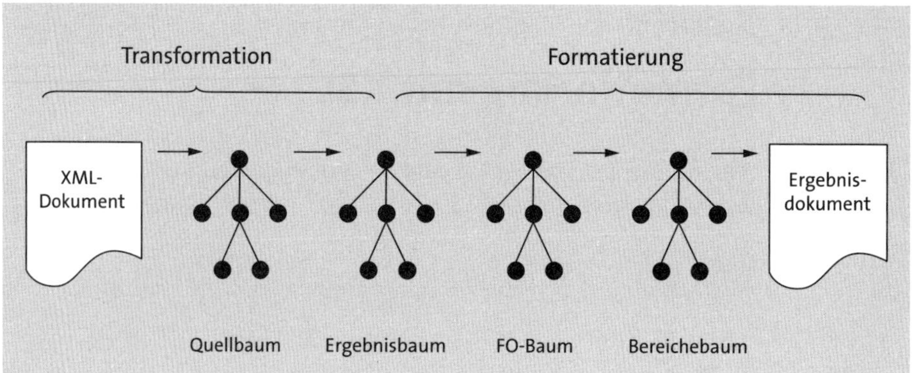

Abbildung 8.1 Der mehrstufige XSL-Prozess

Die gewünschte Formatierung der Datenausgabe wird nun im nächsten Schritt dadurch erreicht, dass in den Ergebnisbaum die dafür notwendigen Formatbeschreibungen eingefügt werden, die im Stylesheet festgelegt sind. Dabei wird ein Katalog von Formatierungsobjekten verwendet, der alles abdecken soll, was in puncto Gestaltung in der Ausgabe möglich ist. Der Ergebnisbaum besteht schließlich wie der Quellbaum aus Element- und Attributknoten, nur bilden diese jetzt entsprechende Formatierungsobjekte und deren Eigenschaften ab. Dieser Ergebnisbaum wird schließlich von einem *XSL Formatter* in dem Zielmedium ausgegeben.

8.2 Formatierungsobjekte

Die Formatierungsobjekte bilden also in dem XSL zugrunde liegenden Modell ebenfalls eine Baumstruktur. Dabei ist beispielsweise eine Seite oder Webseite die Wurzel, die etwa zu bestimmten Textabschnitten oder Tabellen in Form von Ästen verzweigt. Die Blätter schließlich sind die einzelnen Zeichen oder Bilder oder andere unteilbare Objekte.

Die Formatierungsobjekte sind jeweils Instanzen von abstrakten Klassen, die typografische Dinge wie Seite, Absatz, Zeile, Tabelle etc. repräsentieren. Jedes dieser Objekte kann über einen Satz von Eigenschaften im Detail gestaltet werden. Die Formatierungsobjekte werden, wie in einem XML-Dokument üblich, als Elemente dargestellt, die zugehörigen Eigenschaften erscheinen als Attribute dieser Elemente. Der Elementinhalt, der aus den Elementen des Quelldokuments übernommen wird, erscheint hier als Inhalt des Formatierungsobjekts. Alle für die Formatierungsobjekte und die Formatierungseigenschaften vorgegebenen Namen gehören zu dem Namensraum mit dem URI `http://www.w3.org/1999/XSL/Format`, dem konventionell das Präfix `fo` zugeordnet ist.

Der Prozess der Formatierung selbst lässt sich wiederum in drei Schritte gliedern. Im ersten Schritt werden die von der Transformation gelieferten Objekte in Formatierungsobjekte umgewandelt, und der Baum der Formatierungsobjekte wird erzeugt. Dabei werden die einzelnen Zeichen, die den Inhalt der Quelldaten liefern, in `fo:`-Zeichenknoten umgewandelt. Die Knoten, die nur aus Leerzeichen bestehen, werden ignoriert.

In einer zweiten Phase wird dieser noch grobe Formatierungsobjektbaum verfeinert. Dazu gehören die Entfernung überflüssiger Leerzeichen, die Interpretation von unklaren Eigenschaften sowie die Entfernung von Duplikaten.

8.3 Baum aus Bereichen – Areas

Auf dieser Basis wird dann in einem dritten Schritt ein *Area Tree* aufgebaut, also ein Baum von geometrischen Bereichen, aus denen die gesamte Ausgabe zusammengestellt wird. Dabei müssen die den Formatierungsobjekten zugeordneten Eigenschaften noch in die endgültigen Merkmale umgewandelt werden, die der Formatter darstellen kann.

Diese Merkmale werden *Traits* genannt. In vielen Fällen entsprechen sie den angegebenen Eigenschaften, in anderen Fällen aber müssen sie erst errechnet werden, zum Beispiel wenn Schriftgrößen relativ zu anderen definiert werden. Manchmal ergeben sie sich auch in Folge von Vererbung aus dem übergeordneten Element.

Ähnlich wie CSS formatiert XSL also den Inhalt eines XML-Dokuments mit Hilfe von rechteckigen Bereichen. Jeder Bereich hat eine bestimmte Position auf einer Seite, und zu jedem Bereich ist festgelegt, was darin angezeigt werden soll. Die Bereiche sind die Container, die den Inhalt aus der XML-Quelle aufnehmen.

Diese Bereiche sind nicht selbst die Formatierungsobjekte; die Formatierungsobjekte erzeugen diese Bereiche vielmehr, indem sie Platz im Ausgabemedium belegen, so wie ein Absatz Platz auf einer Seite belegt.

Entscheidend dabei ist, dass die Menge der Bereiche als hierarchische Anordnung verfügbar ist, so dass die einzelnen Bereiche mit ähnlichen Verfahren angesteuert und abgearbeitet werden können, wie es auch mit den Knoten im DOM oder bei XPath möglich ist.

8.4 XSL-Bereichsmodell

Ein Bereich enthält »im Kern« ein Inhaltsrechteck. Das ist der Raum, in dem entweder direkt Text erscheint oder Kindbereiche auftreten. Umgeben ist der innere Kern möglicherweise von einem Rechteck, das im Englischen *Padding* genannt wird, die

»Aufpolsterung« sozusagen, die dafür sorgen soll, dass ein Bereich zu einem folgenden einen sinnvollen Abstand hat. Ganz außen kann sich das Umrandungsrechteck *Border* befinden. Abbildung 8.2 zeigt das zugrunde liegende Bereichsmodell.

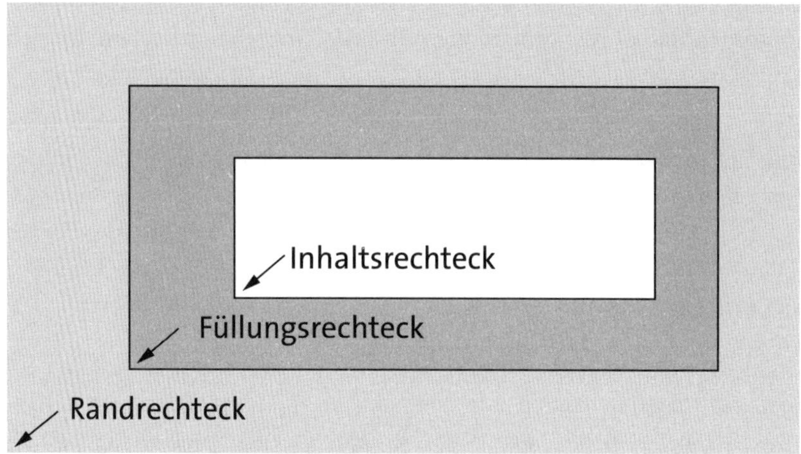

Abbildung 8.2 Bereichsmodell in XSL

Für jeden Bereich ist ein Satz von *Traits* verfügbar, die entweder direkt festlegen, wie der Bereich zu rendern ist – etwa durch die Wahl einer bestimmten Hintergrundfarbe –, oder die gewisse Einschränkungen festlegen, die beim Rendern zu berücksichtigen sind, etwa dass ein bestimmter Abstand zu einem anderen Bereich einzuhalten ist.

8.4.1 Block-Bereiche und Inline-Bereiche

Es werden generell zwei Typen von Bereichen unterschieden: *Block-Areas* und *Inline-Areas*. Sie unterscheiden sich hauptsächlich dadurch, wie sie durch das Formatierungsprogramm zueinander geordnet werden. Dabei sind auch absolut positionierte Bereiche möglich. Inline-Areas sind immer in einem Block eingeschlossen, sofern sie nicht Kinder einer Inline-Area sind. Diese Bereiche werden insbesondere verwendet, um einzelne Zeichen in einer Zeile gesondert zu formatieren. Ein Bereich kann jeweils Block- oder Inline-Areas als Kinder haben, aber nicht beide gleichzeitig.

8.4.2 XSL und CSS

Die Formatierungsobjekte in XSL haben eine Reihe von Gemeinsamkeiten mit den Optionen, die CSS für die Beschreibung der Formatierung anbietet, insbesondere mit CSS 2. Sie gehen aber teils darüber hinaus, teils verwenden sie eine andere Aufteilung der Objekte, um die es geht. Im Unterschied zu CSS berücksichtigt XSL insbesondere die internationale Gültigkeit des Standards sehr konsequent.

Deshalb wird versucht, auch die Formatierung von Dokumenten zu meistern, die mit einer anderen Schreibrichtung arbeiten, wie etwa arabische Schriften. Dazu ist insbesondere das Bereichsmodell erweitert worden. So werden Bereichszuordnungen nicht mehr mit absoluten Richtungsangaben wie `top`, `bottom`, `right` und `left` vorgenommen, sondern mit relativen wie `before`, `after`, `start` und `end`, die je nach Schreibrichtung zu anderen Ergebnissen führen.

Es ist im Rahmen dieses Buches nicht möglich, die komplexen Möglichkeiten von XSL im Detail vorzustellen. Wir wollen Ihnen aber an einem Beispiel wenigstens so weit das Vorgehen verdeutlichen, dass Sie einen soliden Eindruck davon gewinnen können, wie mit den Formatierungsobjekten gearbeitet wird.

8.5 Testumgebung für XSL

Obwohl die W3C-Empfehlung zu XSL inzwischen nicht mehr ganz jung ist, mangelt es doch immer noch an Anwendungen, die mit XSL-Stylesheets etwas anfangen können. Seit der Verabschiedung des Standards im Oktober 2001 sind immerhin verschiedene Prozessoren für XSL-FO entwickelt worden. Zu den bekanntesten gehören der *Antenna House Formatter* (siehe *https://www.antennahouse.com/antenna1/*), die *XEP Engine* von RenderX (siehe *http://www.renderx.com/tools*) und *FOP*, der *Formatting Objects Processor* der *Apache Software Foundation* (siehe *https://xmlgraphics.apache.org*). XML-Editoren von Altova oder Oxygen binden FOP ein, um XSL-FO zu rendern.

Im Dezember 2006 erschien die Version 1.1, die insbesondere die Unterstützung von Änderungsmarkierungen, Indizes, Lesezeichen und multipler Flows hinzufügte.

Wir wollen hier mit einer Kombination von XMLSpy als XSL-Editor und dem FOP aus dem Apache XML Project arbeiten, der über die Website von *www.xmlspy.com/download_components.html* kostenlos heruntergeladen werden kann. Allerdings muss dazu, da es sich um eine Java-Anwendung handelt, falls nicht schon vorhanden, das Java 2 Runtime Environment ebenfalls installiert werden.

Achten Sie darauf, dass XMLSpy den Pfad zu dem FOP-Prozessor kennt. Über EXTRAS • OPTIONEN finden Sie auf dem Register XSL im unteren Teil das entsprechende Eingabefeld.

FOP ist ein Formatter, der durch XSL-Formatierungsobjekte gesteuert wird und das durch den Baum der FOs gegebene Ergebnis in das gewählte Ausgabeformat rendert. Dabei werden verschiedene Ausgabeformate unterstützt: *PDF*, *PCL* (das Format für HP-Drucker), *PostScript*, *Text*, *XML* zur Wiedergabe des Bereichebaums und *MIF – Marker Interchange Format* – von Adobe FrameMaker. FOP hält sich an die Vorgaben der XSL-Empfehlung, allerdings werden noch nicht alle FOs von FOP unterstützt.

Unter *https://xmlgraphics.apache.org/fop/compliance.html* finden Sie eine Tabelle mit detaillierten Informationen dazu.

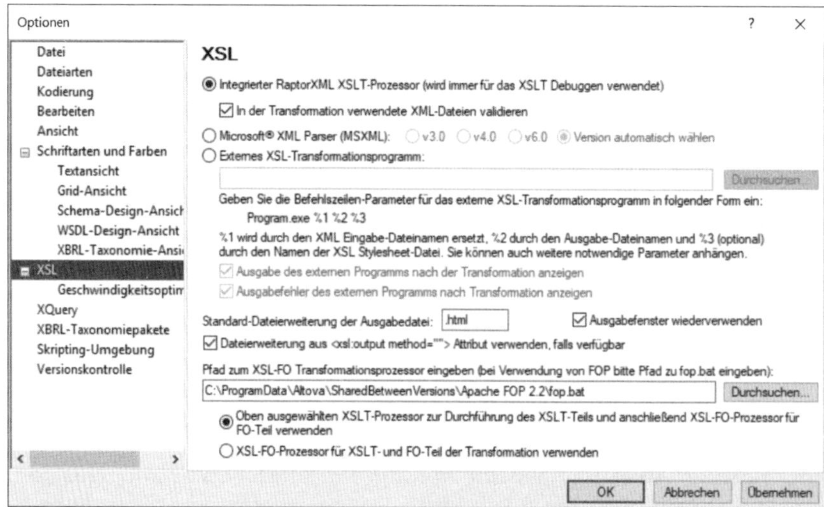

Abbildung 8.3 Auf diesem Register wird die Verknüpfung mit dem FOP-Prozessor festgelegt.

Damit den Entwicklern keine zu großen Gedächtnisleistungen abverlangt werden müssen, bieten XSL-Editoren wie XMLSpy in Fenstern für die Eingabehilfe alle FO-Objekte als Elemente an. Werden Elemente wie `<fo:root>` eingefügt, wird zugleich ein Gerippe der untergeordneten Elemente angeboten, die als Kinder von `<fo:root>` zu erwarten sind, wie Abbildung 8.4 zeigt.

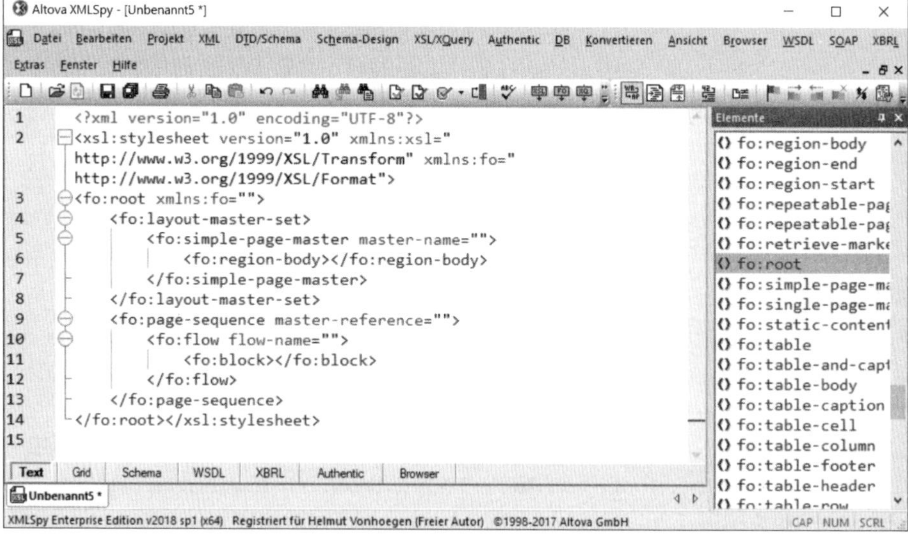

Abbildung 8.4 Elementliste im XSL-Editor in XMLSpy

Sie finden in der Empfehlung zu jedem FO eine vollständige Liste der möglichen Eigenschaften, gute Editoren bieten diese aber auch zur Auswahl an, wenn das Start-Tag des Elements eingetragen ist. Setzen Sie etwa in XMLSpy hinter einem Start-Tag ein Leerzeichen, werden die jeweils möglichen Attribute angeboten.

```
        <fo:region-body ></fo:region-body>
      </fo:simple-page-mas = background
    </fo:layout-master-set> = background-attachment
    <fo:page-sequence master = background-color
      <fo:flow flow-name=" = background-image
        <fo:block></fo:b = background-position
      </fo:flow>           = background-position-horizontal
    </fo:page-sequence>    = background-position-vertical
  </fo:root></xsl:stylesheet> = background-repeat
                           = border
                           = border-after-color
Grid | Schema | WSDL | XBRL | Authentic | Browser
```

Abbildung 8.5 Attribute im XSL-Editor in XMLSpy

8.6 Aufbau eines XSL-Stylesheets

Als Beispiel soll noch einmal unsere Kursliste verwendet werden. Ein XSL-Stylesheet dazu beginnt zunächst mit den für ein XML-Dokument üblichen Deklarationen. Wenn Sie in XMLSpy eine neue XSL-Datei öffnen, wird automatisch ein <xsl:stylesheet>-Element als umgebendes Containerelement eingefügt und ebenso die Namensraumdeklarationen für XSLT und für XSL.

```
<?xml version="1.0" encoding="UTF-8"?>
<xsl:stylesheet version="1.0"
                xmlns:xsl="http://www.w3.org/1999/XSL/Transform"
                xmlns:fo="http://www.w3.org/1999/XSL/Format">
</xsl:stylesheet>
```

Obwohl das W3C die Empfehlung für XSL erst 2001 herausgebracht hat, wird im Namensraum für die Formatierungsobjekte die Jahreszahl 1999 beibehalten, weil der URI für diesen Namensraum bereits 1999 zugeordnet wurde.

Der schon angesprochenen Verknüpfung von Transformation und Formatierung entsprechend, folgt nun zunächst eine Transformationsregel, in der zugleich der Inhalt für die Formatierungsobjekte bereitgestellt wird. Dabei wird die Wurzel des Baums der Formatierungsobjekte gewissermaßen mit dem Dokumentelement des XML-Dokuments verknüpft.

```
<xsl:template match="kursprogramm">
   ...
</xsl:template>
```

8.6.1 Baum der Formatierungsobjekte

In diese Transformationsregel kann nun der Baum der Formatierungsobjekte eingefügt werden. Das erste Formatierungsobjekt, das innerhalb des Elements <xsl:stylesheet> zugelassen ist, heißt <fo:root>. Es ist die Wurzel des Baums der Formatierungsobjekte. Das erste Element, das von dieser Wurzel abstammen darf und muss, ist das Element <fo:layout-master-set>. Parallel zu diesem Element können noch ein Element <fo:declaration> (für die Angabe eines Farbprofils) und ein oder mehrere <fo:page-sequence>-Elemente eingefügt werden.

Das Element <fo:layout-master-set> repräsentiert einen Satz von Layoutvorlagen, die über den Aufbau und die Abfolge der Seiten entscheiden. Jede page-sequence steht für eine Folge von Seiten, die in einer bestimmten Weise formatiert wird, also zum Beispiel eine gemeinsame Kopf- oder Fußzeile hat.

Auch hier werden wieder verschiedene master-Elemente verwendet, um eine oder auch mehrere Vorlagen für Seiten, Seitenfolgen und für Regionen zu erzeugen. Für die einfache Seitengestaltung ist der <fo:simple-page-master> zuständig. Sollen spezielle Vorlagen für Seitenabfolgen zum Einsatz kommen, können entsprechende page-sequence-master eingesetzt werden.

8.6.2 Seitenaufbau

Wir wollen uns hier zunächst nur mit dem Element <fo:simple-page-master> beschäftigen, um nicht zu viel an Übersichtlichkeit zu verlieren. Damit von anderer Stelle auf das Element Bezug genommen werden kann, wird dem Attribut master-name ein passender Wert zugeordnet.

Über die übrigen Attribute, die dem Element beigegeben werden, steuern Sie den Aufbau und das Layout einer Seite. Dabei geht es hauptsächlich um das, was Sie in Anwendungsprogrammen üblicherweise in einem Dialog zur Seiteneinrichtung finden.

Innerhalb der Seite und damit als Kind des Elements <fo:simple-page-master> muss nun mindestens ein Bereich angelegt werden, der Inhalte aufnehmen kann. Für die Bildung von Bereichen auf einer Seite stehen insgesamt fünf Formatierungsobjekte zur Verfügung: <fo:region-body> ist der zentrale Bereich, <fo:region-before> steht für den Kopfbereich, <fo:region-after> für den Fußbereich, <fo:region-start> für den Bundbereich und <fo:region-end> für den Außenbereich.

Für jedes dieser fo:-Elemente stehen nun wiederum zahlreiche Eigenschaften zur Verfügung, mit deren Hilfe exakt festgelegt werden kann, wie die Bereiche gestaltet werden sollen. Dazu gehören die Festlegungen zur Position, zu den Randgrößen, den Abständen sowie den Hintergrundfarben, um nur einige zu nennen.

```
<xsl:template match="kursprogramm">
<fo:root>
  <fo:layout-master-set>
    <fo:simple-page-master master-name="Standardseite"
      page-height="400mm" page-width="300mm"
      margin-top="10mm" margin-left="15mm"
      margin-bottom="10mm" margin-right="15mm">

      <fo:region-body>
        <margin-top="0mm" margin-left="5mm"
         margin-bottom="0mm" margin-right="5mm">
      </fo:region-body>
      <fo:region-before extent="15mm"/>
      <fo:region-after extent="15mm"/>
    </fo:simple-page-master>
  </fo:layout-master-set>
...
</fo:root>
</xsl:template>
```

Listing 8.1 Code für den Seitenaufbau

8.6.3 Seitenfolgen

Wenn mit Hilfe des Elements <fo:simple-page-master> der generelle Aufbau der Seite geklärt ist, können nun Seitenfolgen definiert werden, die jeweils den zuvor definierten Seitenaufbau oder auch eine spezielle Gestaltung der Seitenabfolge verwenden. Dazu wird das Element <fo:page-sequence> eingefügt. Erst wenn der Formatter dieses Element ausführt, werden die Seiten erzeugt. Zu den Attributen gehören die Angabe des Werts, mit dem die Seitennummerierung beginnen soll, sowie Festlegungen zum dafür zu verwendenden Format. Um die Seitengenerierung mit dem durch das <fo:simple-page-master>-Objekt bestimmten Seitenaufbau zu verknüpfen, wird ein Bezug auf den Namen dieses Elements hergestellt, und zwar über das Attribut master-reference.

8.6.4 Einfügen von Fließtext

Woher kommt nun aber überhaupt Inhalt auf die Seiten? Dafür werden hauptsächlich die `<fo:flow>`-Objekte benutzt, die Kinder des Elements `<fo:page-sequence>` sind. Hier geht es also um Fließtext, der auf die Seiten »ausgegossen« werden soll. Fixierte Texte, wie sie in den Kopf- und Fußzeilen erscheinen sollen, werden dagegen auf derselben Ebene, also als Kinder von `<fo:page-sequence>`, über `<fo:static-content>`-Objekte bereitgestellt. Die Elemente `<fo:flow>` und `<fo:static-content>` haben jeweils nur eine Eigenschaft: `flow-name`. Damit kann der Inhalt des Elements einer der innerhalb von `simple-page-master` eingefügten Regionen zugeordnet werden. Dabei werden reservierte Namen verwendet, etwa `flow-name="xsl-region-before"` oder `"xsl-region-body"`. Die Regionen müssen Sie natürlich anlegen, bevor Sie darauf Bezug nehmen.

8.6.5 Blockobjekte

Wie nun genau die verschiedenen Inhalte auf der Seite erscheinen sollen, geben Sie jeweils über `<fo:block>`-Objekte an, die rechteckige Anzeigebereiche im Dokument definieren. Ein Block kann wiederum Kindblöcke enthalten, *Inline-Areas* oder auch direkt eine Folge von Zeichendaten. Mit dem Element `<fo:block>` legen Sie die Formateigenschaften für die einzelnen Absätze in einem Text oder für eine Überschrift, eine Fußzeile oder sonst einen separaten Bereich fest. Die ganze Fülle der Möglichkeiten, die Sie etwa aus der Absatzformatierung in einem Textprogramm kennen, steht hier bereit, also alles, was die Schriftgestaltung, die Absatzbehandlung, die Ausrichtung, den Zeilenumbruch etc. betrifft.

In dem folgenden Beispiel wird in dem ersten `block`-Element direkt der Text angegeben, der in der Kopfzeile des Dokuments erscheinen soll. Der Textkörper der Seite dagegen soll die Daten aus dem XML-Dokument aufnehmen. Dazu wird zunächst ein `flow`-Objekt eingefügt, das eine `<xsl:for-each>`-Schleife enthält, die die einzelnen Kurse abarbeiten soll. Sie enthält hier nur die allgemeine Anweisung `<xsl:apply-templates/>`.

Im unteren Teil des Stylesheets sind mehrere Templates abgelegt, die bestimmen, wie die verschiedenen Elemente, aus denen sich die Daten für einen Kurs zusammensetzen, ausgegeben werden. Dabei soll für jedes Element – `<name>`, `<referent>`, `<termin>` und `<beschreibung>` – jeweils ein eigener Block mit einer speziellen Formatierung erzeugt werden. Um die einzelnen Elemente auszuwählen, werden entsprechende Suchmuster verwendet, etwa:

```
<xsl:template match="name">
<xsl:template match="referent">
```

Wo erforderlich, wird noch eine Beschriftung für die Daten hinzugefügt. Das Stylesheet kann dann insgesamt so aussehen:

```
<?xml version="1.0" encoding="UTF-8"?>
<xsl:stylesheet version="1.0" xmlns:xsl="http://www.w3.org/1999/XSL/
 Transform" xmlns:fo="http://www.w3.org/1999/XSL/Format">

  <xsl:template match="kursprogramm">
    <fo:root>
      <fo:layout-master-set>
        <fo:simple-page-master master-name="Standardseite"
         page-height="400mm" page-width="300mm" margin-top="10mm"
         margin-left="15mm" margin-bottom="10mm"
         margin-right="15mm">
          <fo:region-body margin-top="20mm" margin-left="5mm"
           margin-bottom="0mm" margin-right="5mm"/>
          <fo:region-before extent="15mm"/>
          <fo:region-after extent="15mm"/>
        </fo:simple-page-master>
      </fo:layout-master-set>
      <fo:page-sequence master-reference="Standardseite"
       initial-page-number="1">
        <fo:static-content flow-name="xsl-region-before">
          <fo:block background-color="lightgray"
           font-family="Helvetica" font-size="22pt" padding="5pt">
            Kursprogramm 2019
          </fo:block>
        </fo:static-content>
        <fo:static-content flow-name="xsl-region-after">
          <fo:block font-family="Helvetica" font-size="18pt">
           Seite:
            <fo:page-number/>
          </fo:block>
        </fo:static-content>
        <fo:flow flow-name="xsl-region-body">
          <xsl:for-each select="//kurs">
            <xsl:apply-templates/>
          </xsl:for-each>
        </fo:flow>
      </fo:page-sequence>
    </fo:root>
  </xsl:template>
```

```
  <xsl:template match="name">
    <fo:block space-before="15pt" font-size="36pt">
      <xsl:value-of select="."/>
    </fo:block>
  </xsl:template>

  <xsl:template match="referent">
    <fo:block font-size="24pt">
      Referent:
      <xsl:value-of select="."/>
    </fo:block>
  </xsl:template>

  <xsl:template match="termin">
    <fo:block font-size="18pt">
      Termin:
      <xsl:value-of select="."/>
    </fo:block>
  </xsl:template>

  <xsl:template match="beschreibung">
    <fo:block background-color="lightblue" font-size="16pt"
      padding="5pt">
      <xsl:value-of select="."/>
    </fo:block>
  </xsl:template>

</xsl:stylesheet>
```

Listing 8.2 kursliste_FO_1.xsl

8.7 Verknüpfung mit dem Dokument und Ausgabe

Die Verknüpfung des XML-Dokuments mit der XSL-Datei geschieht wieder über eine entsprechende Verarbeitungsanweisung, die in den Prolog eingefügt wird:

```
<?xml-stylesheet href="kursliste_FO_1.xsl" type="text/xsl" ?>
```

Auf das geöffnete XML-Dokument mit der Verknüpfung zum XSL-Stylesheet kann dann in der Umgebung von XMLSpy mit dem Befehl XSL/XQUERY • XSL:FO-TRANSFORMATION das Stylesheet angewandt werden, wobei FOP die Ausgabe in das gewünschte Format vornimmt.

XSL:FO-Ausgabe wählen

Ergebnis am Bildschirm mit FOP-Viewer anzeigen
Ausgabedatei erstellen
PDF
Nach Transformation anzeigen (Acrobat Reader erforderlich)
Text (TXT)
Baumdiagramm (XML)
Nach Transformation in XMLSpy öffnen
MIF
PCL
PostScript (PS)
FO-Prozessorausgabe in Meldungsfenster ausgeben
FO-Prozessorfehlermeldungen in Meldungsfenster ausgeben
OK
Abbrechen

Abbildung 8.6 Ausgabeoptionen von FOP

Sie können in einem Dialog wählen, ob Sie den Output gleich am Bildschirm sehen oder eine Ausgabedatei verwenden wollen. Dafür werden verschiedene Formate wie zum Beispiel PDF oder PostScript angeboten.

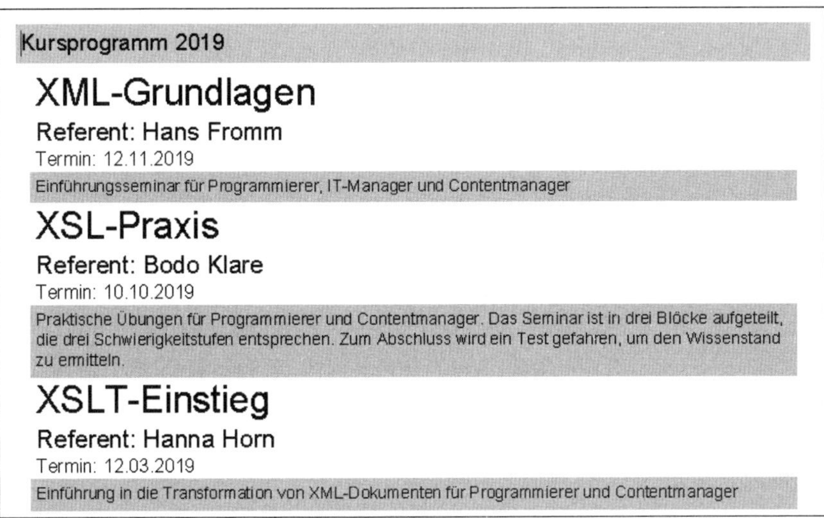

Kursprogramm 2019

XML-Grundlagen
Referent: Hans Fromm
Termin: 12.11.2019
Einführungsseminar für Programmierer, IT-Manager und Contentmanager

XSL-Praxis
Referent: Bodo Klare
Termin: 10.10.2019
Praktische Übungen für Programmierer und Contentmanager. Das Seminar ist in drei Blöcke aufgeteilt, die drei Schwierigkeitstufen entsprechen. Zum Abschluss wird ein Test gefahren, um den Wissenstand zu ermitteln.

XSLT-Einstieg
Referent: Hanna Horn
Termin: 12.03.2019
Einführung in die Transformation von XML-Dokumenten für Programmierer und Contentmanager

Abbildung 8.7 Ausgabe des Kursprogramms als PDF-Datei

8.8 Inline-Formatierungsobjekte

Neben der oben verwendeten Blockformatierung lassen sich auch einzelne Zeichenfolgen innerhalb eines Blocks gesondert formatieren. Dazu wird eine Gruppe von FOs verwendet, die auf der Ebene der Zeile angesiedelt sind. Sie dienen dazu, etwa das erste Zeichen eines Wortes mit einem fetten Buchstaben auszugeben, die erste Zeile eines Absatzes gesondert zu formatieren oder Seitenzahlen in eine Kopf- oder Fußzeile einzufügen. Im Folgenden erstellen wir ein Beispiel für eine Seitennummerierung im Fuß der Seite, die rot erscheinen soll.

Zunächst muss dafür im `layout-master-set` eine entsprechende Region eingerichtet sein:

```
<fo:region-after extent="15mm"/>
```

Dann kann dieser Region ein `<fo:static-content>`-Objekt zugeordnet werden:

```
<fo:static-content flow-name="xsl-region-after">
  <fo:block  font-family="Helvetica"
   font-size="18pt">Seite:
    <fo:inline color="red">
      <fo:page-number />
    </fo:inline>
  </fo:block>
</fo:static-content>
```

Wenn Sie das Element `<fo:inline>` verwenden, können Sie einem Teil eines Textes fast alle Eigenschaften zuordnen, die auch für Blockobjekte möglich sind, also nicht nur eine eigene Schriftgestaltung, sondern auch eigene Text- und Hintergrundfarben, Einrahmungen etc.

8.9 Ausgabe von Tabellen

Bei dem von uns verwendeten Beispiel könnte alternativ zu der bisher benutzten Ausgabe in Form von Textabschnitten auch gut mit einer Tabelle oder einer Liste gearbeitet werden. Für beide Darstellungsformen stehen in XSL Gruppen von Formatierungsobjekten bereit, die wir hier wenigstens kurz vorstellen wollen.

8.9.1 Tabellenstruktur

Um eine Tabelle aufzubauen, stehen neun Objekte zur Verfügung, deren Hierarchie der in Abbildung 8.8 dargestellte Baum zeigt.

In unserem Beispiel wird zunächst ein `<fo:table>`-Objekt als Kind eines `<fo:flow>`-Objekts angelegt. Wenn Sie dafür den XMLSpy-Editor verwenden, werden automatisch die notwendigen Kindobjekte eingefügt, wie Abbildung 8.9 zeigt.

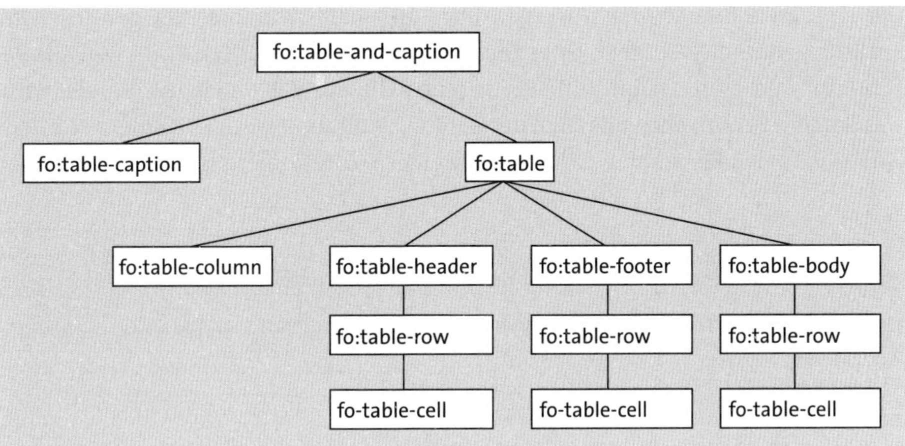

Abbildung 8.8 Baum der Tabellenobjekte

```
<fo:table>
    <fo:table-body>
        <fo:table-row>
            <fo:table-cell>
                <fo:block></fo:block>
            </fo:table-cell>
        </fo:table-row>
    </fo:table-body>
</fo:table>
```

Abbildung 8.9 »table«-Objekt im XSL-Editor von XMLSpy

Zunächst muss für jede vorgesehene Spalte ein `<fo:table-column>`-Objekt angelegt werden. In diesem Fall wird die Spaltenbreite fest vorgegeben. Die Spalten können mit Nummern versehen werden, auf die dann bei den späteren `<fo:table-cell>`-Objekten Bezug genommen werden kann.

Ist das geschehen, folgt ein `<fo:table-body>`-Objekt, als dessen Kinder anschließend die einzelnen Tabellenzeilen `<fo:table-row>` gebildet werden. Diese wiederum setzen sich aus den `<fo:table-cell>`-Objekten zusammen, die schließlich die Inhalte der Tabelle aufnehmen. Die Tabellenzeilen werden in eine `<xsl:for-each>`-Schleife gepackt, die die verschiedenen Kurselemente abarbeitet.

8.9.2 Zellinhalte

Für die Formatierung der Zellinhalte sind in diesem Fall zwei Templates angelegt, die die Elemente `<name>` und `<beschreibung>` innerhalb des Kursprogramms betreffen. Beide enthalten jeweils ein `<fo:block>`-Objekt, das für die Darstellung der Zellinhalte benötigt wird.

Die einzelnen Tabellenzellen werden über die Spaltennummer der gewünschten Spalte zugeordnet. Der Inhalt jeder Zelle wird durch das XSLT-Konstrukt `<xsl:apply-templates>` geliefert. Damit nun aber in jede Zelle nur das hineingeschrieben wird, was dorthin gehört, wird mit Hilfe des `select`-Attributs genau das Element aus dem Quelldokument ausgewählt, das für die jeweilige Spalte vorgesehen ist. Der Ausdruck

```
select="name"
```

wählt zum Beispiel jeweils das aktuelle `name`-Element des Elements `kurs` aus.

Der Code für den Tabellenteil des Stylesheets sieht insgesamt so aus:

```
...
        <fo:flow flow-name="xsl-region-body">
          <fo:table>
            <fo:table-column column-width="80mm" column-number="1"/>
            <fo:table-column column-width="175mm" column-number="2"/>
            <fo:table-body>
              <xsl:for-each select="/kursprogramm/kurs">
                <fo:table-row>
                  <fo:table-cell column-number="1">
                    <xsl:apply-templates select="name"/>
                  </fo:table-cell>
                  <fo:table-cell column-number="2">
                    <xsl:apply-templates select="beschreibung"/>
                  </fo:table-cell>
                </fo:table-row>
              </xsl:for-each>
            </fo:table-body>
          </fo:table>
        </fo:flow>
      </fo:page-sequence>
    </fo:root>
  </xsl:template>

  <xsl:template match="beschreibung">
    <fo:block space-before="10pt" font-size="12pt">
      <xsl:value-of select="."/>
    </fo:block>
  </xsl:template>
  <xsl:template match="name">
    <fo:block space-before="10pt" font-size="18pt">
      <xsl:value-of select="."/>
    </fo:block>
```

```
  </xsl:template>

</xsl:stylesheet>
```

Listing 8.3 kursliste_FO_2.xsl

Die Ausgabe der Vorschau, die der FO-Prozessor daraus erzeugt, ist in Abbildung 8.10 dargestellt.

Kursprogramm 2019

XML-Grundlagen	Einführungsseminar für Programmierer, IT-Manager und Contentmanager
XSL-Praxis	Praktische Übungen für Programmierer und Contentmanager. Das Seminar ist in drei Blöcke aufgeteilt, die drei Schwierigkeitstufen entsprechen. Zum Abschluss wird ein Test gefahren, um den Wissenstand zu ermitteln.
XSLT-Einstieg	Einführung in die Transformation von XML-Dokumenten für Programmierer und Contentmanager

Abbildung 8.10 FOP-Output für eine Tabelle

8.10 Listen

Weniger aufwendig als die Konstruktion von Tabellen mit XSL ist der Aufbau von Listen. Hier werden nur vier FOs benötigt. Die komplette Liste wird zunächst in ein Element `<fo:list-block>` eingeschlossen, anschließend werden die einzelnen Listenelemente in `<fo:list-item>`-Elemente verpackt. Um ein Label für eine Listenposition zu erzeugen, kann `<fo:list-item-label>` verwendet werden. Der Inhalt der Position wird schließlich über das Element `<fo:list-item-body>` eingebaut.

Wie beim `table`-Objekt wird auch das `list-block`-Objekt als Kind eines `flow`-Objekts gehandhabt. Und wie bei `table-cell` wird ein `block`-Objekt verwendet, um das `list-item-body`-Objekt darzustellen.

Das Stylesheet für die Kursliste in Listenform sieht dann in dem Listenteil so aus:

```
...
<fo:flow flow-name="xsl-region-body">
 <fo:list-block>
  <xsl:for-each select="/kursprogramm/kurs">
   <fo:list-item>
    <fo:list-item-label>
     <fo:block font-size="18pt">
      <xsl:value-of select="position()"/>
      <xsl:text>. </xsl:text>
     </fo:block>
    </fo:list-item-label>
    <fo:list-item-body>
```

```
      <fo:block>
       <xsl:apply-templates select="name"/>
       <xsl:apply-templates select="beschreibung"/>
      </fo:block>
     </fo:list-item-body>
    </fo:list-item>
   </xsl:for-each>
  </fo:list-block>
 </fo:flow>
</fo:page-sequence>
</fo:root>
</xsl:template>

<xsl:template match="beschreibung">
 <fo:block space-after="20pt" font-size="12pt">
  <xsl:value-of select="."/>
 </fo:block>
</xsl:template>

<xsl:template match="name">
 <fo:block text-indent="20pt" font-size="18pt">
  <xsl:value-of select="."/>
 </fo:block>
</xsl:template>
```

Listing 8.4 Code für die Ausgabe als Liste

Wieder wurde eine `<xsl:for-each>`-Schleife verwendet, um die einzelnen Kursdaten auszuwerten. Um die Nummerierung der Kurse automatisch zu erzeugen, wird innerhalb des `list-item-label`-Objekts die Positionsnummer des aktuellen Kursknotens ausgewertet. Um einen Punkt und ein Leerzeichen dahinter zu setzen, wird noch ein entsprechendes `<xsl:text>`-Element eingefügt.

Der Block mit dem Kursnamen wird mit Hilfe des `text-indent`-Attributs etwas eingerückt, damit die Kursnummer nicht überschrieben wird. Der FO-Prozessor gibt die Liste wieder, wie in Abbildung 8.11 dargestellt.

Kursprogramm 2019

1. XML-Grundlagen
Einführungsseminar für Programmierer, IT-Manager und Contentmanager
2. XSL-Praxis
Praktische Übungen für Programmierer und Contentmanager. Das Seminar ist in drei Blöcke aufgeteilt, die drei Schwierigkeitsstufen entsprechen. Zum Abschluss wird ein Test gefahren, um den Wissenstand zu ermitteln.
3. XSLT-Einstieg
Einführung in die Transformation von XML-Dokumenten für Programmierer und Contentmanager

Abbildung 8.11 Das Kursprogramm als Liste

Natürlich stehen für die FOs zur Listenerzeugung wieder alle Eigenschaften zur Verfügung, die für die Gestaltung von Listen sinnvoll sind. Wir können hier nur wieder auf die Empfehlung des W3C verweisen, die zu jedem Formatierungsobjekt die definitive Liste der Eigenschaften aufführt.

8.11 Gesucht: visuelle Editoren

Sie werden nach diesen Abschnitten vermutlich zu der Einschätzung kommen, dass XSL Formatting Objects verglichen mit CSS eine ziemlich komplexe Sache geworden ist, auch wenn viele Eigenschaften und Wertoptionen von CSS übernommen worden sind.

So richtig marktfähig wird XSL sicherlich erst werden, wenn den Designern ausgereifte visuelle Editoren zur Verfügung stehen, die dann den doch ziemlich komplexen Code automatisch erzeugen, so wie es heute im Bereich des Webdesigns üblich ist.

8.12 Übersicht über die Formatierungsobjekte von XSL

Die folgenden Tabellen geben einen Überblick über die verfügbaren Formatierungsobjekte, gegliedert nach den unterschiedlichen Funktionen, die diese Objekte bei der Gestaltung des Dokuments erfüllen.

8.12.1 Übergeordnete Objekte

Element	Bedeutung
`color-profile`	Deklariert ein Farbprofil für ein Stylesheet.
`conditional-page-master-reference`	`fo:conditional-page-master-reference` identifiziert einen Page-Master, der gebraucht werden soll, wenn die Bedingungen für seine Verwendung erfüllt sind.
`declarations`	Wird verwendet, um globale Deklarationen für ein Stylesheet zu gruppieren.
`flow`	Der Inhalt von `fo:flow` ist eine Folge von Flow-Objects, die den fließenden Textinhalt liefern, der auf die Seiten verteilt wird.
`layout-master-set`	`fo:layout-master-set` ist eine Zusammenstellung aller im Dokument verwendeten Master.

Tabelle 8.1 Liste der übergeordneten Formatierungsobjekte

Element	Bedeutung
page-sequence	fo:page-sequence wird verwendet, um anzugeben, wie eine Sequenz oder Untersequenz von Seiten innerhalb eines Dokuments erzeugt werden soll, zum Beispiel das Kapitel eines Berichts. Der Inhalt dieser Seiten kommt von Flow-Kindern von fo:page-sequence.
page-sequence-master	fo:page-sequence-master gibt eine Reihe von Page-Mastern an, die gebraucht werden, um eine Folge von Seiten zu generieren.
region-after	Diese Region definiert eine Arbeitsfläche, die sich auf der after-Seite von fo:region-body befindet.
region-before	Diese Region definiert eine Arbeitsfläche, die sich auf der before-Seite von fo:region-body befindet.
region-body	Diese Region gibt ein Arbeitsfläche-Referenz-Paar an, das sich im center von fo:simple-page-master befindet.
region-end	Diese Region definiert eine Arbeitsfläche, die sich auf der end-Seite von fo:region-body befindet.
region-start	Diese Region definiert eine Arbeitsfläche, die sich auf der start-Seite von fo:region-body befindet.
repeatable-page-master-alternatives	fo:repeatable-page-master-alternatives gibt eine Untersequenz an, die aus wiederholten Instanzen eines Satzes von alternativen Page-Mastern besteht. Die Anzahl von Wiederholungen kann begrenzt werden oder unbegrenzt sein.
repeatable-page-master-reference	fo:repeatable-page-master-reference gibt eine Untersequenz an, die aus wiederholten Instanzen eines einzelnen Page-Masters besteht. Die Anzahl von Wiederholungen kann begrenzt werden oder unbegrenzt sein.
root	fo:root ist der oberste Knoten eines XSL-Ergebnisbaums. Dieser Baum ist aus Formatierungsobjekten zusammengesetzt.
simple-page-master	fo:simple-page-master wird bei der Erzeugung von Seiten verwendet und gibt die Geometrie der Seite an. Die Seite kann in bis zu fünf Regionen unterteilt werden.
single-page-master-reference	fo:single-page-master-reference gibt eine Untersequenz an, die aus einer einzelnen Instanz eines einzelnen Page-Masters besteht.

Tabelle 8.1 Liste der übergeordneten Formatierungsobjekte (Forts.)

Element	Bedeutung
`static-content`	`fo:static-content` enthält eine Sequenz oder einen Baum von Formatierungsobjekten, die in einer einzelnen Region dargestellt und in gleich bezeichneten Regionen auf einer oder mehreren Seiten in der Seitenfolge wiederholt werden sollen. Wird üblicherweise verwendet für gleichbleibende oder fortlaufende Kopf- oder Fußzeilen.
`title`	`fo:title` wird verwendet, um einen Titel mit einer gegebenen Seitenfolge zu verbinden. Dieser Titel kann von einem interaktiven Benutzeragenten verwendet werden, um die Seiten zu identifizieren. Zum Beispiel kann der Inhalt von `fo:title` in einem Titel-Fenster oder in einem Tooltip ausgegeben werden.

Tabelle 8.1 Liste der übergeordneten Formatierungsobjekte (Forts.)

8.12.2 Blockformatierung

Element	Bedeutung
`block`	`fo:block` wird üblicherweise für das Formatieren von Absätzen, Titeln, Schlagzeilen, Beschriftungen von Tabellen etc. verwendet.
`block-container`	`fo:block-container`, ein Flow-Object, wird verwendet, um einen Referenzbereich auf Blockebene zu generieren.

Tabelle 8.2 Liste der Objekte für die Blockformatierung

8.12.3 Inline-Formatierung

Element	Bedeutung
`bidi-override`	`fo:bidi-override` ist ein Inline-Formatierungsobjekt, das verwendet wird, um eine bestimmte Schreibrichtung zu erzwingen, wenn der Unicode-bidirectional-Algorithmus nicht funktioniert. Dieser Algorithmus wird verwendet, um Zeichen von rechts nach links fließen zu lassen, wie etwa in arabischen oder hebräischen Texten.
`character`	Das `fo:character`-Flow-Object stellt ein Zeichen dar, dem zur grafischen Darstellung eine Glyphe zugeordnet wird.

Tabelle 8.3 Liste der Objekte für die Inline-Formatierung

Element	Bedeutung
external-graphic	Das fo:external-graphic-Flow-Object wird für eine Grafik verwendet, wenn sich die grafischen Daten außerhalb des FO-Elementebaums befinden.
initial-property-set	fo:initial-property-set setzt die Formateigenschaften für die erste Zeile von fo:block.
inline	fo:inline wird für das Formatieren eines Textteils mit einem Hintergrund oder durch Einschließen in einen Rahmen verwendet.
inline-container	Das Flow-Object fo:inline-container wird verwendet, um einen Inline-Referenzbereich zu generieren.
instream-foreign-object	Das Flow-Object fo:instream-foreign-object wird für eine Inline-Grafik oder ein anderes »generisches« Objekt verwendet, bei dem die Objektdaten als Nachkommen von fo:instream-foreign-object vorliegen.
leader	fo:leader wird benutzt, um Führungszeichen zu generieren, die entweder aus einer Regel oder aus einer Reihe sich wiederholender Zeichen bestehen oder zyklisch Muster von Zeichen wiederholen, die für das Verbinden von zwei Textformatierungsobjekten verwendet werden können.
page-number	fo:page-number wird verwendet, um die aktuelle Seitennummer darzustellen.
page-number-citation	fo:page-number-citation wird verwendet, um auf die Seitennummer der Seite zu verweisen, die den ersten vom angeführten Formatierungsobjekt zurückgegebenen normalen Bereich enthält.

Tabelle 8.3 Liste der Objekte für die Inline-Formatierung (Forts.)

8.12.4 Tabellenformatierung

Element	Bedeutung
table	Das Flow-Object fo:table wird für die Formatierung des tabellarischen Materials einer Tabelle verwendet.
table-and-caption	Das Flow-Object fo:table-and-caption gruppiert die Elemente fo:table-caption und fo:table.

Tabelle 8.4 Objekte für die Formatierung von Tabellen

Element	Bedeutung
table-body	fo:table-body wird verwendet, um den Inhalt des Tabellenkörpers aufzunehmen.
table-caption	fo:table-caption wird verwendet, um Formatierungsobjekte aufzunehmen, die die Überschrift für die Tabelle enthalten; das gilt aber nur, wenn fo:table-and-caption verwendet wird.
table-cell	fo:table-cell wird verwendet, um Inhalte in den Tabellenzellen zu platzieren.
table-column	fo:table-column gibt Merkmale für Tabellenzellen an, die in derselben Spalte liegen.
table-footer	fo:table-footer wird verwendet, um den Inhalt des Tabellenfußes aufzunehmen.
table-header	fo:table-header wird verwendet, um den Inhalt des Tabellenkopfes aufzunehmen.
table-row	fo:table-row gibt Merkmale für Tabellenzellen an, die in derselben Zeile liegen.

Tabelle 8.4 Objekte für die Formatierung von Tabellen (Forts.)

8.12.5 Listenformatierung

Element	Bedeutung
list-block	Das Flow-Object fo:list-block wird verwendet, um eine Liste zu formatieren.
list-item	fo:list-item enthält das Label und den Körper eines Listeneintrags.
list-item-body	fo:list-item-body enthält den eigentlichen Inhalt des Listeneintrags.
list-item-label	fo:list-item-label enthält den Inhalt des Labels für einen Listeneintrag und wird typischerweise verwendet, um die Listeneinträge zu nummerieren, zu identifizieren oder zu schmücken.

Tabelle 8.5 Objekte für die Formatierung von Listen

8.12.6 Formatierung für Verknüpfungen

Element	Bedeutung
basic-link	fo:basic-link wird für die Angabe der Basisadresse eines einfachen Links verwendet.
multi-case	fo:multi-case wird verwendet, um innerhalb von fo:multi-switch jeden alternativen Unterbaum von Formatierungsobjekten aufzunehmen, aus dem dann das Elternelement fo:multi-switch einen Unterbaum zur Darstellung auswählt.
multi-properties	fo:multi-properties wird verwendet, um zwischen zwei oder mehr Eigenschaftssätzen umzuschalten, die mit einem gegebenen Teil des Inhalts verbunden sind.
multi-property-set	fo:multi-property-set wird verwendet, um einen alternativen Satz von Formateigenschaften anzugeben, die abhängig vom Status des Benutzeragenten für den Inhalt gelten sollen.
multi-switch	fo:multi-switch verpackt die Spezifikation alternativer Unterbäume von Formatierungsobjekten (jeder Unterbaum befindet sich innerhalb von fo:multi-case) und kontrolliert das Umschalten (aktiviert über fo:multi-toggle) von einer Alternative zur anderen.
multi-toggle	fo:multi-toggle wird innerhalb von fo:multi-case benutzt, um auf ein anderes fo:multi-case umzuschalten.

Tabelle 8.6 Objekte für die Formatierung von Verknüpfungen

8.12.7 Out-of-Line-Formatierung

Element	Bedeutung
float	fo:float wird typischerweise benutzt, um zu erreichen, dass ein Bild in einer separaten Region zu Beginn der Seite positioniert wird, oder um ein Bild rechts oder links neben einen fließenden Text zu setzen.
footnote	Fo:footnote wird verwendet, um ein Fußnotenzitat und die entsprechende Fußnote zu produzieren.
footnote-body	fo:footnote-body wird verwendet, um den Inhalt der Fußnote zu generieren.

Tabelle 8.7 Objekte für die Out-of-Line-Formatierung

8.12.8 Andere Objekte

Element	Bedeutung
`marker`	`fo:marker` wird in Verbindung mit `fo:retrieve-marker` verwendet, um fortlaufende Kopf- oder Fußzeilen zu produzieren.
`retrieve-marker`	`fo:retrieve-marker` wird in Verbindung mit `fo:marker` verwendet, um fortlaufende Kopf- oder Fußzeilen zu erzeugen.
`wrapper`	`fo:wrapper` wird verwendet, um ererbte Eigenschaften für eine Gruppe von Formatierungsobjekten anzugeben. Es hat keine zusätzliche Formatierungssemantik.

Tabelle 8.8 Andere Objekte

Kapitel 9
Abfragen mit XQuery

Fragen macht manchmal ziemliche Mühe. Eine auf XML abgestimmte Abfragesprache ist da hilfreich.

9

Je mehr Daten in XML-Formaten gespeichert werden, umso mehr steigt der Bedarf für Möglichkeiten, solche Daten auf einigermaßen komfortable Weise abzufragen und auszuwerten. Seit der Umstellung der marktbeherrschenden Office-Anwendungen auf XML-basierte Dateiformate entstehen täglich Millionen von Dokumenten, auf die auch die Werkzeuge, die für XML bereitstehen, zugreifen können.

In vielen relationalen Datenbanken werden inzwischen ebenfalls über entsprechende Erweiterungen und spezielle Datentypen XML-Dokumente oder -Fragmente in großem Umfang bereitgestellt. IBM bietet in DB2 beispielsweise mit der *pureXML* genannten Technologie die Option, XML-Dokumente nativ, also in unveränderter Form, zu speichern. Der SQL Server von Microsoft stellt den Datentyp *xml* zur Verfügung, um XML-Dokumente oder -Fragmente zu speichern. MySQL kann ebenfalls XML-Daten in seine Tabellen importieren. Dies sind nur einige Beispiele.

Die Abfrage von XML-Daten mit Hilfe von Schnittstellen, die beispielsweise das DOM-Modell verwenden, wie es in Kapitel 10, »Programmierschnittstellen für XML«, beschrieben wird, gibt dem Anwendungsentwickler zwar alle Optionen in die Hand, ist aber häufig ziemlich aufwendig. Das W3C hat dem Bedürfnis nach einer Abfragesprache, die ähnlich wie SQL eine einfache Formulierung von Abfragen erlaubt, mit der Spezifizierung von *XQuery* entsprochen. Seit Januar 2007 ist *XQuery 1.0: An XML Query Language* nach jahrelangen Vorbereitungen standardisiert. Die Second Edition erschien im Dezember 2010. Sie enthielt aber keine substanziellen Änderungen, sondern nur Fehlerkorrekturen. 2014 erfolgte der Sprung auf XQuery 3.0, um mit der 3er-Generation von XPath und XSLT gleichzuziehen. Im März 2017 kam noch einmal eine erweiterte Empfehlung, und zwar XQuery 3.1 – die Übersicht finden Sie unter *www.w3.org/TR/xquery*. Um den Rahmen dieses Buches nicht zu sprengen, konzentriert sich dieses Kapitel auf XQuery 1.0. Im letzten Abschnitt geben wir wenigstens einen kurzen Überblick über die wichtigsten Neuerungen in XQuery 3.1.

9.1 Datenmodell und Verfahren

XQuery 1.0 ist entstanden als Erweiterung von XPath 2.0. XQuery verwendet dasselbe Datenmodell wie XPath 2.0. Dabei handelt es sich um eine Erweiterung des Datenmodells von XPath 1.0.

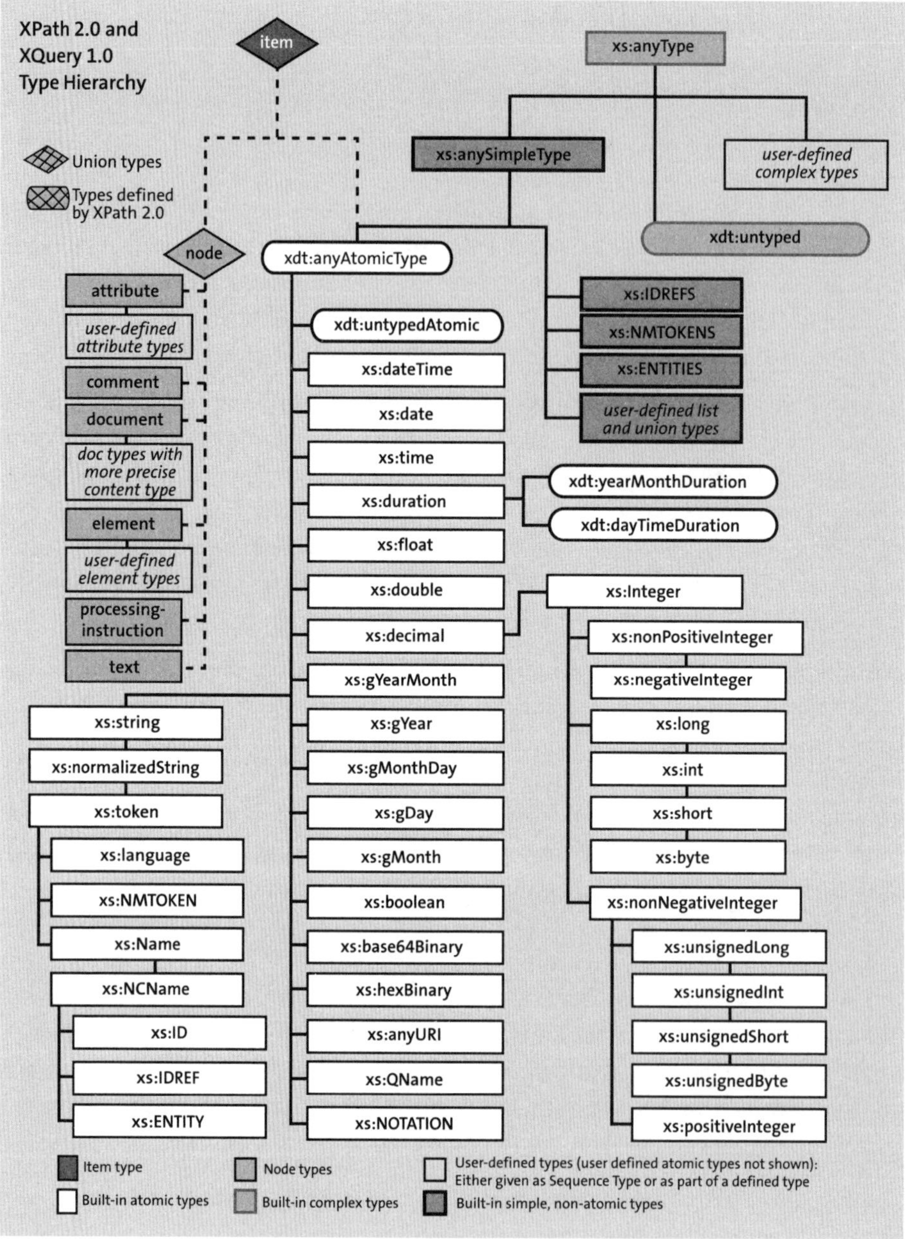

Abbildung 9.1 Typhierarchie für XPath 2.0 und XQuery 1.0 (Quelle: W3C)

Das Modell legt fest, welche Informationen zur Verarbeitung durch einen XQuery-Prozessor bereitgestellt werden dürfen und welche Werte für XQuery-Ausdrücke dabei erlaubt sind. Das Datenmodell baut auf der *Infoset*-Empfehlung des W3C von 2001 auf, in der die möglichen Informationseinheiten, die in einem XML-Dokument erscheinen, definiert sind.

Als Erweiterung werden zusätzlich die in der späteren XML Schema-Empfehlung definierten Strukturen und Datentypen zugelassen. Das System der Datentypen in XQuery beruht also auf dem Typsystem von XML Schema, wie es in Kapitel 4, »Inhaltsmodelle mit XML Schema«, beschrieben ist.

9.1.1 Zur Syntax

XQuery ist im Wesentlichen eine funktionale Sprache. Eine Abfrage ist ein Ausdruck, der ausgewertet wird. Dabei lassen sich Ausdrücke beliebig verschachteln, innerhalb eines Ausdrucks können also wiederum andere Ausdrücke eingefügt werden. Wie XML ist XQuery fallsensitiv, Schlüsselwörter werden kleingeschrieben, sind aber bis auf einige Funktionsnamen nicht reserviert.

Die Abfragen werden aus einem oder mehreren Modulen zusammengestellt, die jeweils ein Fragment aus XQuery-Code enthalten. Das Hauptmodul besteht aus einem Prolog und dem *Query Body*, also dem Teil, der die Abfrage formuliert, die ausgewertet wird. Diese Auswertung liefert das Ergebnis der Abfrage. Neben dem Hauptmodul sind Bibliotheksmodule möglich, beispielsweise für benutzerdefinierte Funktionen.

Der Prolog ist in zwei Teile gegliedert. Der erste Teil kann Einstellungen enthalten, die die Verarbeitung der Abfrage durch den XQuery-Prozessor beeinflussen (*Setter*), wie eine *Construction-Declaration* oder eine *BaseURIDeclaration*, Importklauseln und Namensraumdeklarationen. Der Ausdruck

```
declare construction strip
```

bewirkt beispielsweise, dass für einen konstruierten Elementknoten die Eigenschaft `xs:untyped` gilt.

```
declare base-uri http://xquery-beispiele.de;
```

setzt den Basis-URI, der bei der Auflösung von relativen URIs verwendet wird.

Importiert werden können am Anfang Module oder Schemas, darauf wird im Folgenden noch eingegangen.

Der zweite Teil ist für die Deklaration von Variablen, Funktionen und Optionen vorgesehen. Alle Deklarationen und Importklauseln werden jeweils mit einem Semikolon abgeschlossen.

Jedem Modul kann eine Versionsdeklaration vorangestellt werden, die zusätzlich eine Deklaration zur Codierung enthalten darf:

```
xquery version "1.0" encoding "UTF-8";
```

9.1.2 Instanzen des Datenmodells

Bevor ein Abfrageausdruck verarbeitet werden kann, müssen die Daten, auf die sich die Abfrage bezieht, in Form eines Datenmodells bereitstehen. Das kann eine lokale XML-Datei sein oder ein XML-Dokument, das über einen URL im Web zugänglich ist. Die XML-Daten können aber auch aus einer Datenbank kommen, wie oben schon angesprochen. Wie dies geschieht, hängt allerdings von der Art der Datenbank und der Umgebung, in der sie betrieben wird, ab.

Für den Input sorgen insbesondere die beiden Funktionen `fn:doc()` und `fn:collection()`, die im Folgenden noch in Aktion gezeigt werden.

Jede gültige Instanz des Datenmodells in XQuery bildet dabei eine *Sequenz*, also eine Abfolge von Informationseinheiten, die als *Items* bezeichnet werden. Eine solche Informationseinheit besteht entweder aus einem Knoten der Baumstruktur, die ein XML-Dokument repräsentiert, oder einem atomaren Wert. Nur zur Demonstration eine Sequenz, die nach der Versionsdeklaration in der ersten Zeile ganz aus atomaren Werten besteht:

```
xquery version "1.0";
"Produkt von 12*12:",
12*12,
"aktuelle Zeit: ",
current-time()
```

Solche kleinen Berechnungen wären natürlich kein Grund für eine Abfragesprache, aber umgekehrt sind solche Berechnungen innerhalb von Datenauswertungen gelegentlich nützlich.

Die einzelnen Items der Sequenz werden durch Kommas getrennt. Die Reihenfolge innerhalb der Sequenz ist fixiert. Einen Namen braucht die Sequenz dagegen nicht. Eine Sequenz in dieser Form wird von einem XQuery-Prozessor etwa im Rahmen von Altova XMLSpy ohne Weiteres ausgewertet:

```
Produkt von 12*12: 144
aktuelle Zeit: 12:00:20.681+01:00
```

Allerdings ist es häufig sinnvoll, eine Sequenz an eine XQuery-Variable zu binden, um sie an anderer Stelle ansprechen zu können. Dazu wird eine `let`-Klausel verwendet:

```
xquery version "1.0";
let $seq1 := ("rot", "gelb", "blau")
return $seq1
```

Wenn die Sequenz mehr als ein *Item* enthält, müssen diese in Klammern gesetzt und durch Kommas getrennt werden. Um die Werte einer so benannten Sequenz auszugeben, wird eine return-Klausel benötigt.

Handelt es sich bei den Items einer Sequenz um Knoten eines XML-Dokuments oder -Fragments, sind sieben Knotentypen zugelassen (siehe Tabelle 9.1).

Knotentyp	Bedeutung
Dokumentknoten	Namenloser Knoten, der das ganze Dokument umfasst. Kind des Dokumentknotens ist das Wurzelelement.
Elementknoten	Knoten für ein einzelnes Element. Jeder Elementknoten ist mit einem Namen ausgestattet. Elementknoten dürfen weitere Knoten enthalten.
Attributknoten	Knoten für jedes einem Element zugeordnete Attribut. Jeder Knoten hat einen qualifizierten Namen und einen Wert.
Namensraumknoten	Repräsentiert die Bindung eines Namensraum-URIs an ein Namensraumpräfix oder den Vorgabenamensraum.
Verarbeitungsanweisungsknoten	Knoten für je eine Verarbeitungsanweisung
Kommentarknoten	Knoten für je einen Kommentar
Textknoten	Knoten, der ausschließlich in XML zugelassene Zeichendaten enthält, also keine anderen Knoten

Tabelle 9.1 Verfügbare Knoten in XQuery

Anders als in dem Datenmodell von XPath 1.0 sind in einer Sequenz auch Duplikate zugelassen. Sequenzen dürfen aber nicht geschachtelt werden. Wie XPath übernimmt XQuery nicht alle der in der Infoset-Empfehlung definierten Informationseinheiten. Entitäten sind in XPath beispielsweise nicht ansprechbar. Das hängt damit zusammen, dass sich XQuery-Ausdrücke immer auf das bereits von dem entsprechenden Prozessor geparste Dokument beziehen, in dem Entitäten aufgelöst und durch die vollständigen Zeichenfolgen ersetzt sind. Auch CDATA-Abschnitte sind bereits in Text konvertiert, bevor ein XQuery-Ausdruck angewendet wird.

Um Teile eines XML-Dokuments anzusprechen und auszuwerten, wurde vom W3C schon sehr früh die Adressierungssprache XPath standardisiert. XQuery ist als eine wesentliche Erweiterung von XPath 2.0 entstanden. Die Sprache ist dabei konzipiert als eine Abfragesprache, die keineswegs nur für XML-Dokumente verwendbar ist, sondern die Kombination von Daten aus vielen Quellen – relationalen Datenbanken, Webseiten, CGI-Scripts – erlauben soll. Insofern tritt XQuery in Konkurrenz zu anderen Abfragesprachen bzw. den Abfrageausdrücken, die in anderen Sprachen wie Java, C#, VB – wie etwa *LINQ to XML* – möglich sind.

Wenn es um die Auswertung von XML-Dokumenten geht, konkurriert XQuery auch direkt mit XSLT. Oft ist die gewünschte Lösung mit beiden Sprachen erreichbar; welche den Vorzug verdient, ist häufig eher Geschmackssache. Auch eine Arbeitsteilung wird in vielen Fällen sinnvoll sein, wobei die Datenausgabe mit Hilfe von XSLT-Stylesheets geregelt wird. XQuery 1.0 und XSLT 2.0 benutzen jedenfalls beide die Adressierungssprache XPath 2.0.

9.1.3 W3C-Empfehlungen zu XQuery

Für XQuery 1.0 und XPath 2.0 hat das W3C gleich mehrere Empfehlungen veröffentlicht:

- *XQuery 1.0: An XML Query Language* – die Hauptempfehlung für XQuery
- *XML Syntax for XQuery 1.0 (XQueryX)* – definiert eine XML-Syntax für XQuery
- *XQuery 1.0 and XPath 2.0 Data Model* – definiert das verwendete Datenmodell
- *XSLT 2.0 and XQuery 1.0 Serialization* – definiert die Serialisierung einer Instanz des XQuery-Datenmodells
- *XQuery 1.0 and XPath 2.0 Formal Semantics* – definiert die Semantik der verwendeten Sprachelemente
- *XQuery 1.0 and XPath 2.0 Functions and Operators* – definiert die verwendeten Operatoren und Funktionen

Die Empfehlungen für XQuery 1.0 und XPath 2.0 überschneiden sich. XPath 2.0 ist eine Untergruppe von XQuery 1.0, jeder gültige Ausdruck in XPath 2.0 ist deshalb gleichzeitig ein gültiger XQuery-Ausdruck. Wer XQuery-Dateien entwirft, kann also alles nutzen, was XPath an Möglichkeiten zur Verfügung stellt, Teile aus einem XML-Dokument auszuwählen.

Für beide Sprachen gilt, dass sie selbst keine XML-Anwendungen sind. Die Sprachen enthalten eine eigene Syntax zur Bildung von Zeichenketten, die sich insbesondere zur Adressierung von Untermengen eines Dokuments verwenden lassen.

Wie in Kapitel 5, »Navigation und Verknüpfung«, bereits beschrieben, führte XPath 2.0 ein neues Datentypsystem ein, um die durch XML Schema eingeführten Datentypen zu unterstützen. Zahlreiche neue Datentypen vereinfachen insbesondere den Umgang mit numerischen Werten und Datums-, Zeit- und Dauerwerten. Hilfreich für die Formulierung von Abfragen in XQuery sind auch die zahlreichen zusätzlichen Operatoren und Funktionen in XPath 2.0.

Mit der Empfehlung *XML Syntax for XQuery 1.0 (XQueryX)* wurde noch eine zweite Syntax für die Abfragesprache angeboten, die es erlaubt, Abfragen in einer XML-Syntax zu formulieren. Das ist zwar aufwendiger, hat aber den Vorteil, dass Standard-XML-Tools zur Bearbeitung verwendbar sind.

9.2 Abfragepraxis

Um die Abfragepraxis mit XQuery etwas kennenzulernen, wird im Folgenden ein XML-Dokument mit Lagerdaten verwendet (siehe Listing 9.1).

```
<?xml version="1.0" encoding="UTF-8"?>
  <Lager xmlns:xsi="http://www.w3.org/2001/XMLSchema-instance"
         xsi:noNamespaceSchemaLocation="lagerliste.xsd">
    <Artikel Artnr="7777">
      <Bezeichnung>JalouCX</Bezeichnung>
      <Warengruppe>Jalousie</Warengruppe>
      <Bestand>100</Bestand>
      <Preis>198,00</Preis>
      <Absatz>120</Absatz>
    </Artikel>
    <Artikel Artnr="7778">
      <Bezeichnung>JalouCC</Bezeichnung>
      <Warengruppe>Jalousie</Warengruppe>
      <Bestand>200</Bestand>
    <Preis>174.00</Preis>
    <Absatz>330</Absatz></Artikel>
    ...
</Lager>
```

Listing 9.1 Lagerliste in XML

9.2.1 XQuery-Modul

Um aus diesem XML-Dokument eine Liste der Artikelbezeichnungen zu ziehen, reichen wenige XQuery-Zeilen:

```
xquery version "1.0";
<Artikelbezeichnungen>
{
doc("lager.xml")//Bezeichnung[contains(., "Jalou")]
}
</Artikelbezeichnungen>
```

Das XQuery-Dokument beginnt mit einer Versionsdeklaration, die aber optional ist. Das Tag `<Artikelbezeichnungen>` ist ein Elementkonstruktor, der in diesem Fall das Wurzelelement für ein XML-Fragment erzeugt, in dem die Ergebnisse der Auswertung erscheinen sollen. Es ist ein gültiger Ausdruck in XQuery und wird einfach »wörtlich« in die Ausgabe eingefügt.

Innerhalb der geschweiften Klammern wird die XQuery-Funktion `doc()` verwendet, um die XML-Datei zu öffnen und Daten darin auszuwählen. Ohne Unterbrechung folgt ein Pfadausdruck, mit dem innerhalb des geöffneten Dokuments die Knoten bestimmt werden, die für die Ausgabe benötigt werden. In diesem Fall sind es die Elementknoten mit dem Elementnamen `Bezeichnung`.

Die zwei Schrägstriche geben an, dass diese Elemente auf einer vom Wurzelelement unbestimmt entfernten Hierarchieebene vorkommen dürfen. Ein / entspricht der Anweisung: Gehe in Bezug auf den Kontextknoten, also den Knoten, der bei der Verarbeitung gerade erreicht ist, eine Ebene tiefer. Beginnt ein Pfad mit / – etwa `/Lager/Artikel/Bezeichnung` –, wird vom Wurzelelement ausgegangen. Zur Auswahl von Attributen werden /@ und der Attributname verwendet. Der Kontextknoten selbst ist durch den Punkt (.) repräsentiert. Diese gerne verwendete Kurzversion der Pfadsyntax aus XPath 1.0 wurde in XQuery übernommen.

Um das Ergebnis der Knotenauswahl durch den Pfadausdruck einzugrenzen, wird an den Pfad noch das Prädikat

```
[contains(., "Jalou")]
```

angehängt, eingefasst in eckige Klammern. Dabei wird die Funktion `contains()` verwendet, die abfragt, ob die als Argument angegebene Teilzeichenkette in dem Textelement des Knotens enthalten ist. Der Punkt als erstes Funktionsargument steht dabei für den aktuellen Knoten. Wird dieser Code in einer XQuery-Datei gespeichert, kann er beispielsweise in der XMLSpy-Umgebung von Altova direkt auf die obige XML-Datei angewendet werden. XMLSpy bietet für XQuery-Dateien die Dateierweiterungen *.xq*, *.xql*, *.xquery* und speziell für DB2-Datenbanken *.xqr* an.

Als Ausgabe erscheint bei der Ausführung der XQuery-Datei eine Liste mit Artikelbezeichnungen:

```
<Artikelbezeichnungen>
  <Bezeichnung>JalouCX</Bezeichnung>
  <Bezeichnung>JalouCC</Bezeichnung>
  <Bezeichnung>JalouVX</Bezeichnung>
  <Bezeichnung>JalouVV</Bezeichnung>
</Artikelbezeichnungen>
```

Die Ausgabe enthält in diesem Fall also eine Sequenz von Knoten aus der Quelldatei.

9.2.2 Zugriff über das Web

Anstatt ein lokales XML-Dokument zu befragen, lassen sich auch eine XML-Datei aus einer Website oder eine XHTML-Datei auswerten. In dem folgenden Beispiel wird eine XML-Datei, die Buchbesprechungen enthält, nach Titeln durchsucht, die das Wort »Server« enthalten:

```
xquery version "1.0";
<ServerTitle>
{
doc("http://www.helmut-vonhoegen.de/hvrss.xml")//title[contains(., "Server")]
}
</ServerTitle>
```


Die Ausgabe des XQuery-Prozessors liefert ein XML-Fragment mit einer entsprechenden Titelliste:

```
<ServerTitle>
  <title>Das Programmierhandbuch SQL Server 2005 </title>
  <title>SQL Server 2005 professionell  </title>
</ServerTitle>
```

9.3 FLWOR-Ausdrücke

Die im letzten Abschnitt gezeigten Abfragen verwenden Pfadausdrücke und Funktionen, die XQuery mit XPath 2.0 teilt. Sie erlauben sehr kompakte Abfragen, die allerdings nicht immer übersichtlich und gut lesbar erscheinen. Über XPath hinausgehend stellt XQuery deshalb noch eine andere Form von Abfragen zur Verfügung, die nicht zufällig Ähnlichkeiten mit der ausdrücklich auf die Alltagssprache hin orientierten SQL-Syntax aufweist. Diese Abfragen werden mit dem Kunstwort *FLWOR* bezeichnet – gesprochen wie englisch »Flower«. Die Buchstaben entsprechen den Anfangsbuchstaben der Klauseln: `for`, `let`, `where`, `order`, `return`.

Listing 9.2 erweitert das oben beschriebene Lagerbeispiel ein wenig und zeigt die FLWOR-Schreibweise:

```
xquery version "1.0";
<Artikelliste>
{
  let $doc := doc("lager.xml")
  for $x in $doc//Artikel
  where $x/Bezeichnung[contains(., "Jalou")] and $x/Bestand > 100
  order by $x/Bezeichnung
  return
```

```
    <Artikel>
     {$x/@* }
     {$x/Bezeichnung }
     {$x/Bestand }
    </Artikel>
}
</Artikelliste>
```

Listing 9.2 Ausdruck mit mehreren Klauseln

Die `let`-Klausel deklariert eine XQuery-Variable, die immer mit einem `$`-Zeichen beginnen muss. Diese Variable gilt innerhalb des FLWOR-Ausdrucks. Für die Wertzuweisung wird der Operator `:=` verwendet.

Die `for`-Klausel wird für iterative Operationen mit Sequenzen verwendet. Sie erlaubt es, eine Operation für alle Elemente in einer Sequenz vorzunehmen, etwa um daraus eine neue Sequenz zu erzeugen. Besteht die Sequenz – wie in diesem Fall – aus Knotenreferenzen, wird eine Liste aller entsprechenden Knoten abgearbeitet.

Mit der `where`-Klausel wird eine Bedingung formuliert, die bei der Knotenauswahl gelten soll. Das entspricht der Funktion einer `WHERE`-Klausel in einer SQL-Abfrage. Es wird damit ein Filter spezifiziert, um die Einheiten anzugeben, die in einem bestimmten Moment interessieren. Die `where`-Klausel ist in einem FLWOR-Ausdruck optional, darf aber anders als die `let`- oder `for`-Klauseln nur einmal verwendet werden, und zwar hinter allen vorhandenen `let`- oder `for`-Klauseln. Soll eine komplexe Bedingung als Filter verwendet werden, müssen Sie die Klausel mit `and`- oder `or`-Operatoren entsprechend formulieren. Dabei sind auch Klammern erlaubt:

```
where ($x/Bezeichnung[contains(., "Jalou")]
       or $x/Bezeichnung[contains(., "Rollo")])
       and $x/Bestand > 100
```

Mit `order by` wird in diesem Fall angegeben, dass die Knotensequenz nach den Bezeichnungen der Artikel zu sortieren ist. Gibt es keine `order by`-Klausel in dem FLWOR-Ausdruck, ist die Reihenfolge, in der die Ergebnisse erscheinen, durch die Abfolge der Einheiten bestimmt, die durch die `for`-Klausel definiert wird. Wird eine Sortierung vorgenommen, kann mit den Schlüsselwörtern `ascending` oder `descending` noch die Sortierrichtung bestimmt werden:

```
order by $x/Bezeichnung descending
```

Am Ende steht die `return`-Klausel, die festlegt, was als Ergebnis des FLWOR-Ausdrucks geliefert wird. Die `return`-Klausel muss in einem FLWOR-Ausdruck immer den Abschluss bilden. Gewöhnlich produziert die Klausel jedes Mal, wenn sie vom XQuery-Prozessor ausgeführt wird, genau eine Einheit. Es ist aber auch möglich, dass sie gleich eine ganze Sequenz von Items liefert; der folgende Ausdruck zeigt die komplette Liste der Bezeichnungen:

```
let $doc := doc("lager.xml")
return $doc//Bezeichnung
```

Im Beispiel wird ein XML-Fragment aufgebaut. Ein Element <Artikel> übernimmt aus dem Quelldokument alle vorhandenen Attribute – hier die Artikelnummern – und die beiden Elemente <Bezeichnung> und <Preis>, die als Kindelemente von <Artikel> angegeben sind. Die entsprechenden Ausdrücke sind wieder in geschweifte Klammern gesetzt, damit sie ausgewertet werden.

Die Ausführung der XQuery-Abfrage erzeugt ein XML-Dokument mit den ausgewählten Elementen:

```
<?xml version="1.0" encoding="UTF-8"?>
<Artikelliste>
  <Artikel Artnr="7778">
    <Bezeichnung >JalouCC</Bezeichnung>
    <Bestand>200</Bestand>
  </Artikel>
<Artikel Artnr="7774">
    <Bezeichnung >JalouVX</Bezeichnung>
    <Bestand>600</Bestand>
  </Artikel>
</Artikelliste>
```

Ein FLWOR-Ausdruck muss mindestens eine return-Klausel und eine for- oder let-Klausel enthalten. Der Ausdruck

```
for $n in (1 to 5)
return $n * $n
```

liefert beispielsweise die Sequenz (1, 4, 9, 16, 25).

Das Ergebnis eines Ausdrucks kann selbst wieder einen Wert liefern, den ein anderer Ausdruck oder eine Funktion verwendet:

```
avg(for $n in (1 to 5)
return $n * $n)
```

ergibt den Wert 11 als Durchschnittswert der innerhalb des FLWOR-Ausdrucks generierten Werte. Die Funktion avg() verwendet in diesem Fall also den gesamten FLWOR-Ausdruck als Berechnungsbasis.

FLWOR-Ausdrücke lassen sich auch verschachteln, etwa indem in eine for-Schleife eine innere for-Schleife eingebaut wird.

Ein Ausdruck darf mehrere `let`- und `for`-Klauseln enthalten, die Reihenfolge ist nicht vorgeschrieben. Während in einer `let`-Klausel ein einzelner Wert an eine Variable gebunden wird, bindet die `for`-Klausel nacheinander die verschiedenen Items einer Sequenz an die angegebene Variable, wie in:

```
for $x in $doc//Artikel
```

Und wieder kann die Sequenz sowohl Knoten enthalten als auch atomare Werte oder auch eine Mischung aus beidem.

Auch bedingte Ausdrücke sind in XQuery möglich, dazu wird ein `if-then-else`-Konstrukt verwendet. In dem folgenden Beispiel wird ein Kommentar in das Ausgabedokument bei denjenigen Artikeln eingefügt, die einen bestimmten Mindestbestand unterschreiten:

```
xquery version "1.0";
<Artikelliste>
{
  let $doc := doc("lager.xml")
  for $x in $doc//Artikel
  where $x/Bezeichnung[contains(., "Jalou")]
  order by $x/Bezeichnung
  return
  if ($x/Bestand > 100)
    then
      <Artikel>
        { $x/@* }
        { $x/Bezeichnung }
        { $x/Bestand }
      </Artikel>
    else
      <Artikel>
        { $x/@* }
        { $x/Bezeichnung }
        { $x/Bestand }
         <!-- Bestand zu gering -->
       </Artikel>
}
</Artikelliste>
```

Listing 9.3 bedingteausgabe.xq

Für die Formulierung der Klauseln stehen zahlreiche Operatoren zur Verfügung, um einzelne Werte oder auch Elemente von Sequenzen miteinander zu vergleichen.

Neben den integrierten Funktionen lassen sich auch eigene Funktionen definieren, wie weiter unten beschrieben.

9.3.1 Variablen in XQuery

Anders als in Programmiersprachen sonst üblich, können die Werte von Variablen in XQuery nicht mehr geändert werden, nachdem einmal ein Wert zugewiesen ist. Für XQuery gilt also in puncto Variable das Gleiche, was in Kapitel 7, »Umwandlungen mit XSLT«, bereits für XSLT beschrieben wurde. Variablen werden deshalb hauptsächlich verwendet, um den Umgang mit Ausdrücken zu vereinfachen und den Code lesbarer zu gestalten. Wird ein Ausdruck an eine Variable gebunden, kann der Ausdruck leicht wiederverwendet werden.

9.3.2 Steuerung der Ausgabe

Die Ergebnisse einer XQuery-Abfrage müssen nicht im XML-Format ausgegeben werden. Wenn der XQuery-Prozessor entsprechend angewiesen wird, lassen sich die Ergebnisse auch in (X)HTML oder als einfache Textdatei anfordern. In XMLSpy von Altova geschieht dies beispielsweise über die Festlegung der SERIALISIERUNGSMETHODE zu XQUERY im Dialog OPTIONEN.

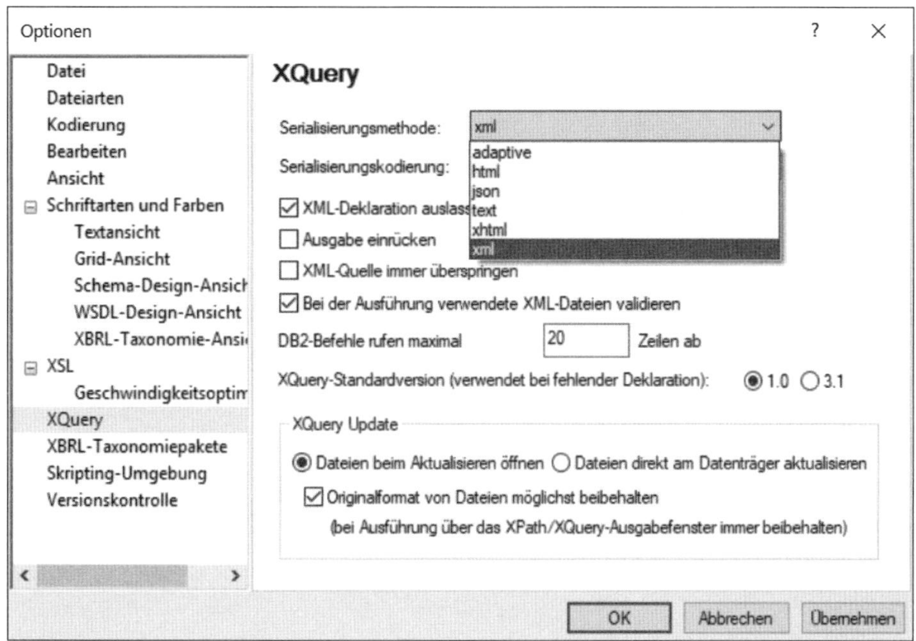

Abbildung 9.2 Wahl der Ausgabemethode in XMLSpy

Listing 9.4 bereitet das Abfrageergebnis für eine Liste in HTML auf. Dabei werden die entsprechenden HTML-Tags für die Listenbildung einfach an der Stelle in die Sequenz eingefügt, an der sie benötigt werden.

```
xquery version "1.0";
<ul>
{
let $doc := doc("lager.xml")
for $x in $doc//Artikel
where $x/Bezeichnung[contains(., "Jalou")] and $x/Bestand > 100
order by $x/Bezeichnung
return
<li>
Artikelnr: {data($x/@*)},
Artikel: {data($x/Bezeichnung)},
Bestand: {data($x/Bestand)}
</li>
}
</ul>
```

Listing 9.4 listenausgabe.xq – Abfrage mit HTML-Tags

Mit der Funktion `data()` wird jeweils dafür gesorgt, dass nur die Inhalte der XML-Tags angezeigt werden, nicht die Tags selbst. Das Ergebnis ist ein gültiges Stück HTML:

```
<ul>
<li>Artikelnr: 7778,
    Artikel: JalouCC,
    Bestand: 200</li>
<li>Artikelnr: 8443,
    Artikel: JalouVV,
    Bestand: 200</li>
<li>Artikelnr: 7774,
    Artikel: JalouVX,
    Bestand: 600</li>
</ul>
```

9.4 Fortgeschrittene Optionen

Besonders leistungsfähig erweist sich XQuery, wenn es darum geht, Informationen aus verschiedenen Datenquellen zusammenzuführen. Ein einfaches Beispiel ist eine Auswertung aus zwei XML-Dokumenten. Dazu wird die oben verwendete Lagerliste um eine Lieferantenliste ergänzt, wobei vereinfachend unterstellt wird, dass pro Warengruppe jeweils ein oder mehrere Lieferanten herangezogen werden.

9.4.1 Auswertung zweier verbundener Dokumente

In der XQuery-Datei öffnet die erste `for`-Klausel die Lagerliste und wählt die Artikel darin aus. Die erste `return`-Klausel liefert die Artikelbezeichnungen. Innerhalb der `return`-Klausel wird eine zweite `for`-Klausel eingefügt, die die Lieferantenliste öffnet und den Inhalt des dortigen Elements `<WG>` mit dem Inhalt des Elements `<Warengruppe>` aus der Artikelliste vergleicht. Die beiden Elemente stellen die Verknüpfung zwischen den beiden XML-Dokumenten her. Ausgegeben werden in dieser inneren Schleife die Namen und E-Mail-Adressen der Lieferanten.

```
xquery version "1.0";
<Anbieterliste>
  {
  for $a in fn:doc("lager.xml")//Artikel
  order by $a//Bezeichnung
  return
    <Artikel>
      {
      $a/Bezeichnung,
      for $b in fn:doc("lieferanten.xml")//Lieferant[WG = $a//Warengruppe]
      return <Lieferant>{$b/Name}{$b/Mail}</Lieferant>
      }
    </Artikel>
  }
</Anbieterliste>
```

Listing 9.5 lieferantenabfrage.xq – Abfrage zweier XML-Dokumente

Sind für eine Warengruppe mehrere Lieferanten vorhanden, werden entsprechend viele `<Lieferant>`-Elemente in die Ausgabe eingefügt, wie Abbildung 9.3 zeigt.

```
- <Anbieterliste>
  - <Artikel>
      <Bezeichnung>JalouCC</Bezeichnung>
    - <Lieferant>
        <Name>Jansen</Name>
        <Mail>Jansen@net.net</Mail>
      </Lieferant>
    - <Lieferant>
        <Name>Zorn</Name>
        <Mail>Zorn@net.net</Mail>
      </Lieferant>
    </Artikel>
  - <Artikel>
      <Bezeichnung>JalouCX</Bezeichnung>
    - <Lieferant>
        <Name>Jansen</Name>
        <Mail>Jansen@net.net</Mail>
      </Lieferant>
    - <Lieferant>
        <Name>Zorn</Name>
        <Mail>Zorn@net.net</Mail>
      </Lieferant>
    </Artikel>
  </Anbieterliste>
```

Abbildung 9.3 Ergebnis der Abfrage zweier XML-Dokumente

9.4.2 Kollektionen auswerten

Während die Funktion `doc()` jeweils einzelne Dateien für eine Abfrage verfügbar macht, lässt sich mit der Funktion `collection()` gleich eine ganze Serie von Datenquellen auswerten. Als Parameter wird dabei beispielsweise der URI einer XML-Datei angegeben, die eine Liste von Datenquellen enthält, ein URI für einen Ordner mit XML-Dokumenten oder auch ein URI, der mit einer Datenbank verknüpft ist. Ein einfacher Fall ist eine Liste von XML-Dokumenten mit Namen *lagercoll.xml*:

```
<?xml version="1.0" encoding="UTF-8" ?>
<collection>
  <doc href="lagerliste1.xml" />
  <doc href="lagerliste2.xml" />
  <doc href="lagerliste3.xml" />
</collection>
```

Die Funktion `collection()` wertet diese Liste in folgender Form aus:

```
xquery version "1.0";
<Artikelliste>
  {
    collection("lagercoll.xml")//Artikel
  }
</Artikelliste>
```

Das Ergebnis ist ein XML-Dokument mit allen `<Artikel>`-Knoten aus den drei XML-Dokumenten samt ihren Inhalten. Das ist zweifellos eine sehr einfach zu handhabende Methode, um Daten aus mehreren Quellen zusammenzuführen.

Soll mit zusätzlichen Namensräumen gearbeitet werden, wird eine Namensraumdeklaration verwendet:

```
declare namespace mn = "http://mn.org";
<mn:name>MeinName</mn:name>
```

Wenn XQuery Datentypen benötigt, die über ein bestimmtes XML-Schema definiert sind, wird das Schema zunächst importiert:

```
import schema namespace mn = "http://mn.org/schema";
```


9.4.3 Benutzerdefinierte Funktionen

Über die integrierten Funktionen hinaus lassen sich für eine XQuery-Abfrage eigene Funktionen deklarieren. Listing 9.6 zeigt als Beispiel eine Funktion, die einen rabattierten Aktionspreis berechnet. Die Funktion wird am Anfang deklariert. Sie übernimmt bei der Ausführung der Abfrage den Preis des jeweiligen Artikels und berechnet einen Abschlag mit einem hier fixen Prozentsatz. Dazu wird innerhalb der Funktionsdeklaration in geschweiften Klammern zunächst eine `let`-Klausel verwendet und anschließend eine `return`-Klausel, die das Ergebnis der Funktion übergibt. Diese Funktion wird bei der Abarbeitung der Artikelknoten aufgerufen, um ein neues Element `<Aktionspreis>` zu erzeugen, das als Inhalt das Funktionsergebnis übernimmt.

```
xquery version "1.0";
declare namespace uf="http:userfunktionen.org";
declare function uf:rabattPreis(
  $preis as xs:decimal, $rabattsatz as xs:decimal) as xs:decimal?
{
  let $rabatt := ($preis * $rabattsatz) div 100
  return ($preis - $rabatt)
};
<Artikelliste>
  {
    let $doc := doc("lager.xml")
    for $x in $doc//Artikel
    order by $x/Bezeichnung
    return
      <Artikel>
        { $x/@* }
```

```
            { $x/Bezeichnung }
            { $x/Warengruppe }
            <Aktionspreis>{uf:rabattPreis($x/Preis, 20) }
            </Aktionspreis>
         </Artikel>
   }
</Artikelliste>
```

Listing 9.6 preisabfrage.xq – Abfrage mit benutzerdefinierter Funktion

Solche benutzerdefinierten Funktionen lassen sich auch in Bibliotheken ablegen. Dazu wird eine XQuery-Datei angelegt, die mit einer Modul-Deklaration beginnt und den entsprechenden Namensraum angibt, etwa:

```
module namespace math = "http://example.org/math-functions";
```

Der Import von Modulen erfolgt in folgender Form:

```
import module namespace math = "http://example.org/math-functions";
```

9.5 Implementierungen

Für XQuery sind zahlreiche Implementierungen verfügbar (siehe W3C-Portal zu XQuery, *www.w3.org/XML/Query*). Zu den häufig genutzten XQuery-Prozessoren zählen die von Altova (siehe *www.altova.com*), Saxonica (siehe *www.saxonica.com*) und Stylus Studio (siehe *www.stylusstudio.com*).

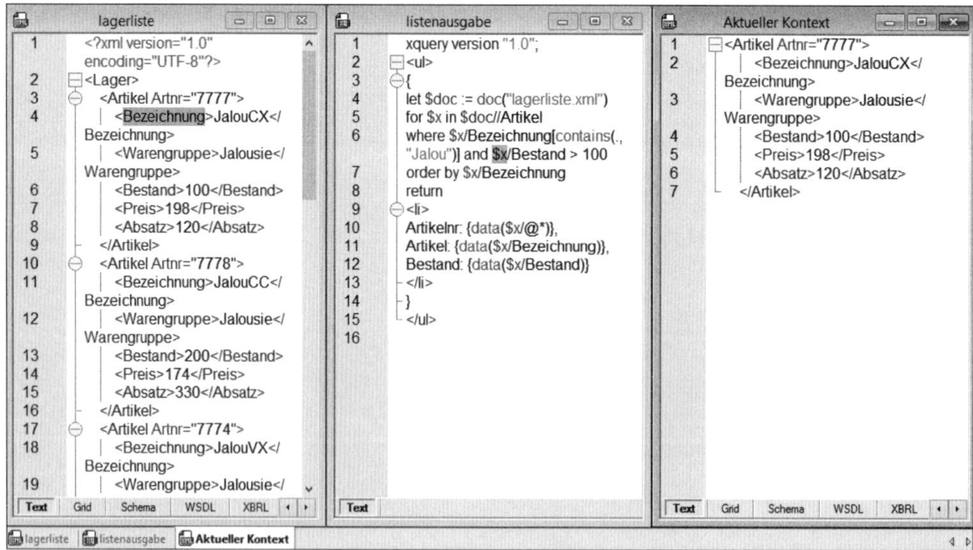

Abbildung 9.4 Ausführen von XQuery-Code in XMLSpy

Für Java-Anwendungen gibt es ein *XQuery API for Java* (*XQJ*; siehe *http://jcp.org/en/jsr/detail?id=225*), das für XML-Dokumente eine ähnliche Rolle übernimmt wie die JDBC API für SQL-Datenbanken. Mit dem Datenbankstandard SQL:2003 wurde SQL um den Basisdatentyp XML erweitert. IBM hat diesen Standard in seiner DB2-Datenbank ab der Version 9.5 implementiert und stellt integrierte SQL/XML-Funktionen zur Verfügung, um mit XML-Dokumenten, die über diesen Datentyp eingebunden werden, umzugehen. Die Abfrage kann über XQuery erfolgen. Auch das Microsoft .NET Framework ab Version 3.5 unterstützt mit den Klassen in dem Namensraum `System.Xml.XPath` inzwischen das Datenmodell von XPath 2.0 und XQuery 1.0.

Die *XML Query Working Group* hat seit 2007 Notizen unter dem Titel »XML Query Use Cases« veröffentlicht, um Implementierungen von XQuery anzuregen. Dort ist eine Reihe von typischen Lösungen dargestellt (zuletzt unter *http://www.w3.org/TR/xquery-30-use-cases*).

Gerade im Vergleich zu Lösungen mit XSLT dürfte XQuery als die weniger aufwendige Alternative für die Abfrage von XML-Daten zunehmend Beachtung verdienen. Vor allem für die Zusammenführung von Daten aus mehreren Quellen ist die Sprache gut gerüstet. Allerdings sind alle bisherigen Versionen von XQuery noch ganz auf die Abfrage von Daten beschränkt. Änderungen an den ausgewerteten Datenquellen sind bisher nicht vorgesehen. Implementierungen wie die für IBM-DB2-Datenbanken stellen entsprechende Funktionen bereits zur Verfügung. Das W3C hat im März 2011 die Empfehlung für *XQuery Update Facility 1.0* herausgebracht, um diese Lücke zu schließen. Neue Arten von Ausdrücken mit `Insert`, `Delete`, `Replace`, `Rename` oder `Transform` sollen es erlauben, neue Knoten einzufügen oder vorhandene Knoten bzw. einzelne ihrer Attribute zu verändern. Die Version 3.0 von XQuery Update Facility ist 2017 noch eine Working Group Note. XMLSpy 2018 unterstützt aber bereits beide Versionen.

9.6 Neuerungen in XQuery 3.1

Seit April 2014 lagen neue Empfehlungen des W3C zu XQuery vor. Dabei wurde die Versionsnummer 2.0 übersprungen, um die Empfehlung in die Gruppe der 3.0-Empfehlungen einzuordnen. Im März 2017 wurde die Version 3.1 verabschiedet:

- *XQuery 3.1: An XML Query Language*
- *XQueryX 3.1* – die XML-Syntax für XQuery 3.1
- *XQuery and XPath Data Model 3.1* – definiert das von XPath 3.1, XSLT 3.1 und XQuery 3.1 verwendete Datenmodell
- *XSLT and XQuery Serialization 3.1* – definiert die Serialisierung einer Instanz von XQuery

- *XQuery and XPath Functions and Operators 3.1* – definiert die verwendeten Operatoren und Funktionen

Die neuen Funktionen und Operatoren der Version 3 sind bereits im Abschnitt 5.3 zu XPath 3.0 kurz vorgestellt worden.

XQuery 3.1 ist ausgelegt auf die schnelle Verarbeitung großer Datenmengen aus ganz unterschiedlichen Quellen, seien es strukturierte oder teil-strukturierte Dokumente, relationale oder hierarchische Datenbanken. Dabei nutzt XQuery das erweiterte Datenmodell, das in den folgenden Abbildungen des W3C dargestellt ist. Abbildung 9.5 zeigt gegenüber der Abbildung des Datenmodells für XQuery 1.0 und XPath 2.0 im Abschnitt 9.1, »Datenmodell und Verfahren«, zunächst die Erweiterung durch die abstrakten Datentypen `function()`, `map()` und `array()`.

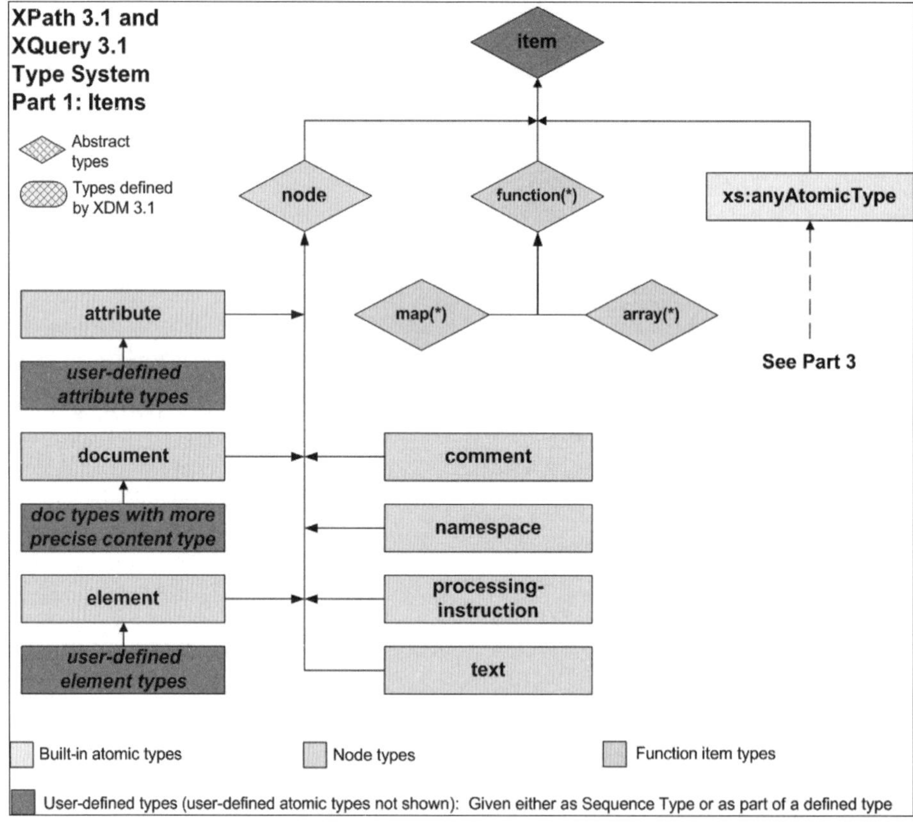

Abbildung 9.5 Das erweiterte Datenmodell in der Übersicht (Quelle: Query and XPath Data Model 3.1 W3C Recommendation 21 March 2017)

Abbildung 9.6 zeigt die einfachen und komplexen Datentypen, die in XML Schema definiert und allesamt von anyType abgeleitet sind.

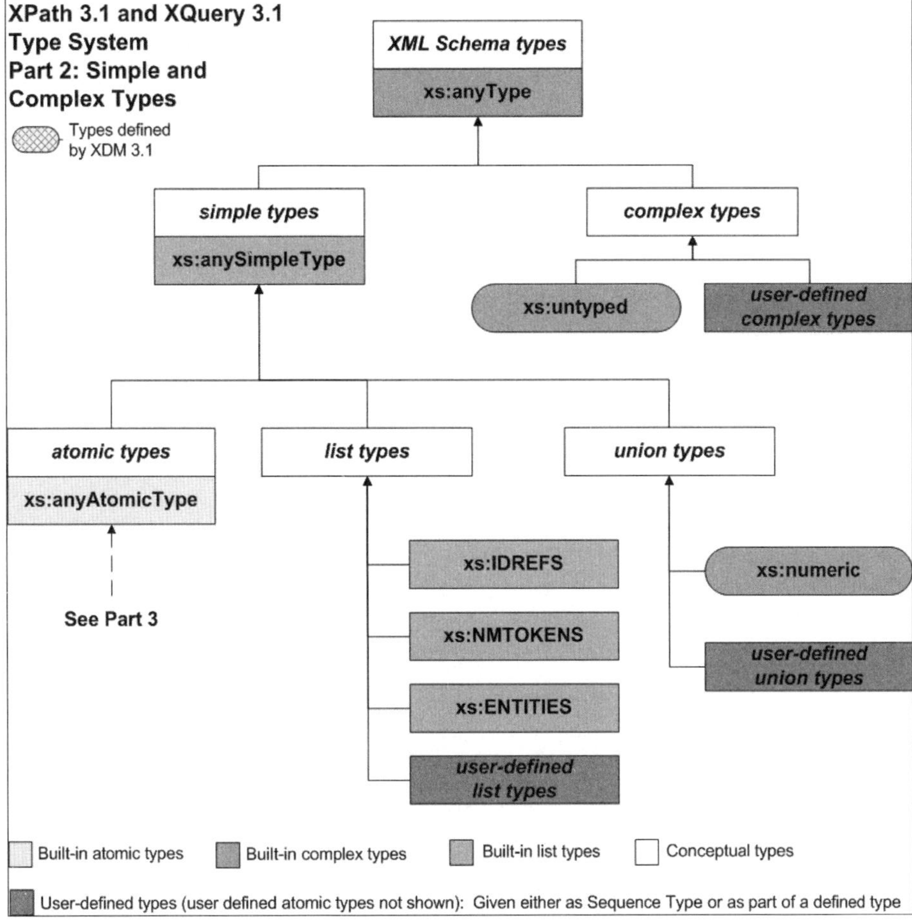

Abbildung 9.6 Der Baum der simplen und komplexen Datentypen

In Abbildung 9.7 sind alle atomic Types zusammengestellt, die von anyAtomicType abgeleitet sind.

Die Nutzung von Maps zeigt das folgende kleine Beispiel:

```
let $monate := map{1: "Jan", 2: "Feb", 3: "Mrz"}
map:get($monate, 2)
```

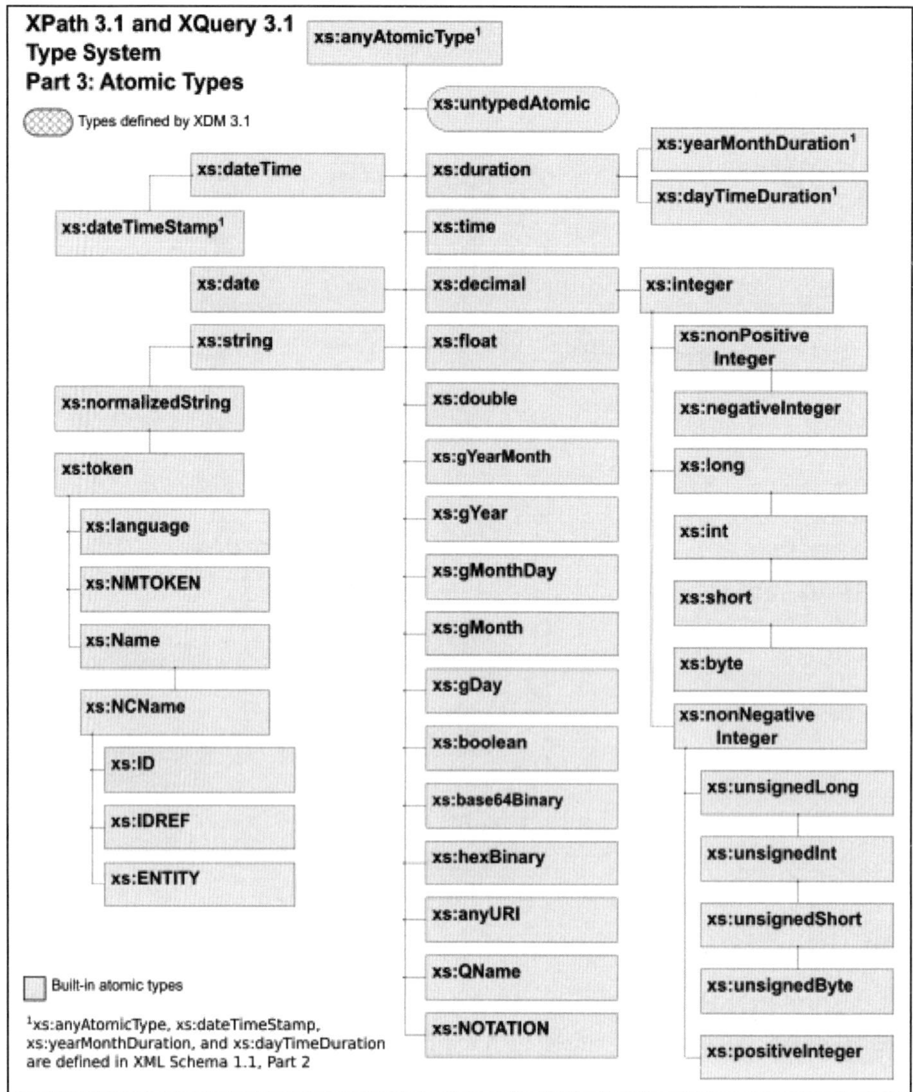

Abbildung 9.7 Übersicht über die Atomic Values im Datenmodell

Das nächste Beispiel zeigt die Nutzung von Arrays:

```
xquery version "3.1";
declare namespace
   array = "http://www.w3.org/2005/xpath-functions/array";
<ergebnis>
{
    let $wg := ['Jalu', 'Rollo', 'Markise']
    for $x in 1 to array:size($wg)
```

```
    return
      <WG
        nr="{$x}">
        {array:get($wg, $x)}
      </WG>
  }
</ergebnis>
```

Abbildung 9.8 zeigt das Ergebnis.

```
<ergebnis>
<WG nr="1">Jalu</WG>
<WG nr="2">Rollo</WG>
<WG nr="3">Markise</WG>
</ergebnis>
```

Abbildung 9.8 Aufbau eines Arrays

XQuery 3.1 bietet eine Reihe von neuen Klauseln, die noch effektivere FLWOR-Ausdrücke möglich machen:

- `group by` erlaubt die Gruppierung der Ausgabedaten nach einem oder mehreren spezifizierten Kriterien.
- `count` erlaubt eine Zählervariable, die an die Position in einer Sequenz gebunden ist.
- `window` erlaubt die Zuordnung von Werten an eine Sequenz, entweder als `tumbling window` ohne Überlappung oder als `sliding window` mit erlaubter Überlappung.

Ein Beispiel für eine Gruppierung bei den in diesem Kapitel verwendeten Lagerdaten wäre eine Abfrage, mit der eine einfache Liste der Warengruppen erstellt wird. Um die Warengruppen zu nummerieren, wird noch eine `count`-Klausel hinzugenommen.

```
xquery version "3.1";
let $doc := doc("lagerbestand.xml")
for $x in $doc//Artikel
let $wg := $x/Warengruppe
group by $wg
count $nr
return
<Warengruppe Name="{$wg}" WGNr="{$nr}"/>
```

Der Output sieht so aus:

```
<Warengruppe Name="Jalousie" WGNr="1" />
<Warengruppe Name="Markise" WGNr="2" />
<Warengruppe Name="Rollo" WGNr="3" />
```

Zum Abfangen von Fehlern sind nun `Try-Catch`-Ausdrücke möglich. Das folgende Beispiel liefert im Fehlerfall den angegebenen Fehlercode.

```
try {
    $x cast as xs:integer
}
catch err:FORG0001 {
    0
}
```

Hilfreich ist auch die Möglichkeit, mit Hilfe von `switch`-Ausdrücken Mehrfachverzweigungen zu nutzen.

```
switch ($richtung)
   case "W" return "Westen"
   case "S" return "Süden"
   case "N" return "Norden"
   case "O" return "Osten"
   default return "richtungslos"
```

Kapitel 10
Programmierschnittstellen für XML

Transformationen mit XSLT sind eine Möglichkeit, ein XML-Dokument auszuwerten – die Verwendung von Programmierschnittstellen für den Zugriff auf XML-Daten eine andere. DOM und SAX waren die ersten Lösungen auf diesem Gebiet.

In den vorangegangenen Kapiteln ist mehrfach die Rede von XML-Prozessoren gewesen, die mit XML-Dokumenten etwas anstellen, ohne dass gesagt worden ist, wie das tatsächlich geschieht. Wie können Programme mit XML-Dokumenten verfahren, das heißt sie verarbeiten, auswerten oder auch erzeugen?

Hierfür werden in diesem Kapitel zunächst die beiden bisher hauptsächlich verwendeten Techniken vorgestellt, die unter den Namen *DOM (Document Object Model)* und *SAX (Simple API for XML)* bekannt geworden sind. Außerdem werden einige grundlegende XML-Klassen im .NET Framework von Microsoft beschrieben, die zum Lesen und Schreiben von XML-Daten zur Verfügung stehen.

Allerdings kann an dieser Stelle nicht mehr als eine Einführung gegeben werden. Alles andere würde den Rahmen sprengen, wie schon ein Blick auf die umfangreichen Referenzen zu DOM und SAX zeigt.

10.1 Abstrakte Schnittstellen: DOM und SAX

In beiden Fällen werden für die Entwickler abstrakte Programmierschnittstellen definiert, die dafür gedacht sind, eine Anzahl von Standardverfahren für den Zugriff auf die in XML-Dokumenten enthaltenen Informationen zur Verfügung zu stellen.

Während es sich bei DOM um eine vom W3C verabschiedete Gruppe von Empfehlungen handelt, ist SAX, das hier in der Version 2 vorgestellt wird, ein De-facto-Standard, der von der Entwicklergemeinde schon seit längerer Zeit akzeptiert wird; *www.sax-project.org* ist die offizielle Website für SAX.

DOM war von Anfang an als eine plattform- und sprachunabhängige Schnittstellenbeschreibung für den Zugriff auf XML-Dokumente (und gleichzeitig auf HTML) konzipiert.

SAX wurde zunächst nur als Java-API entwickelt, die aktuelle Version liegt aber auch in Varianten für andere Entwicklungsumgebungen vor. Seit dem Microsoft Parser *MSXML 3* gibt es auch Varianten von SAX für C++ und Microsoft Visual Basic, allerdings werden den Java-Namen der SAX-Schnittstellen Präfixe wie `IMX` oder `ISAX` vorangesetzt. Unterstützung für SAX gibt es auch in anderen Sprachen, etwa Perl, Python oder Pascal.

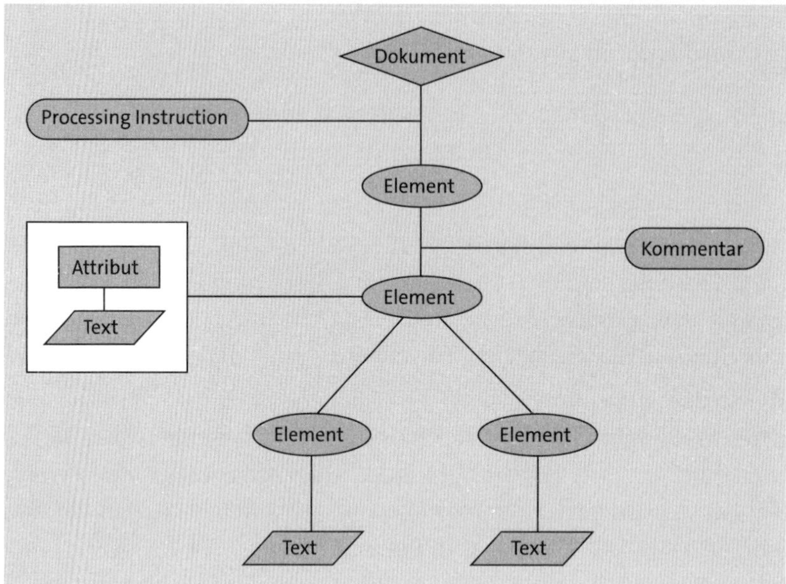

Abbildung 10.1 Allgemeine Struktur des DOM-Baumes

Das abstrakte Datenmodell, das einem XML-Dokument zugrunde liegt, wird in beiden Fällen auf ein Objektmodell abgebildet, das es den Programmierern erlaubt, auf der Basis der logischen Struktur des Dokuments zu arbeiten, anstatt sich mit eckigen Klammern und mit Zeichenreferenzen herumzuplagen, die das Dokument zunächst anbietet.

Datenstrom versus Knotenbaum

Ansonsten sind die beiden Techniken vom Ansatz her grundverschieden. SAX besteht aus Streaming-Schnittstellen, die die Informationseinheiten, aus denen ein XML-Dokument zusammengesetzt ist, in eine Abfolge von Methodenaufrufen teilen. Dagegen besteht DOM aus einem Satz von Schnittstellen, die das dem XML-Standard zugrunde liegende Infoset in einen hierarchischen Baum von Objekten abbilden, die *Knoten* genannt werden. Um eine wahlfreie Abfrage und Manipulation dieser Knoten zu ermöglichen, wird der Baum im Speicher aufgebaut und dort bereitgehalten. Bei sehr großen Dokumenten kann der Speicher also durchaus zum Engpass werden, was in einer entsprechenden Anwendung berücksichtigt werden sollte.

SAX stellt dagegen Verarbeitungsmöglichkeiten für XML-Dokumente zur Verfügung, die durch Ereignisse gesteuert werden. Ein Dokument wird dabei sequenziell durchgearbeitet. Beim Auftauchen eines Start-Tags wird beispielsweise eine entsprechende Methode aufgerufen, und das Programm trifft daraufhin die Maßnahmen, die der Entwickler vorgesehen hat.

Die Größe des Dokuments kann bei dieser Vorgehensweise deshalb nicht zum Problem werden, weil immer nur eine Zeile aus dem Dokument verarbeitet wird. SAX erlaubt eine schnelle Verarbeitung des gesamten Dokuments in einem Durchgang.

Eine Schwäche dieses Ansatzes ist allerdings, dass eine gezielte Bearbeitung bestimmter Stellen im Dokument oder Sprünge von einer Stelle zur anderen nicht möglich sind. Für solche Aufgaben ist eher die DOM-Technologie geeignet, die es erlaubt, in dem im Speicher aufgebauten Knotenbaum nicht nur frei herumzuturnen, sondern auch neue Knoten einzufügen. Der Baum besteht, wie schon angesprochen, in diesem Fall aus Objekten im Sinne der objektorientierten Programmierung, also aus ansprechbaren Einheiten, in denen jeweils Daten mit Eigenschaften und Methoden gekoppelt sind. Die Eigenschaften geben Auskunft über die Art der Daten oder bestimmen diese; die Methoden betreffen das, was mit den Daten geschehen kann.

Beide Technologien können aber durchaus auch im Verbund eingesetzt werden, etwa indem mit SAX das Dokument für die weitere Bearbeitung mit DOM präpariert wird.

DOM und SAX liefern beide abstrakte Schnittstellen, bestimmen also nicht im Detail, wie eine bestimmte Sprache diese Schnittstellen verwendet.

10.2 Document Object Model (DOM)

Das DOM ist vom W3C entwickelt worden, um den Zugriff auf Webdokumente – in HTML oder XML – zu vereinheitlichen, nachdem sich in dem Gerangel um die Vorherrschaft auf dem Browsermarkt im Zusammenhang mit Erweiterungen zu HTML ein unerfreulicher Wildwuchs breitgemacht hatte. Die Objekthierarchien, die damals für JavaScript und andere Skriptsprachen entwickelt wurden, um mehr Dynamik in die starren Webseiten einzubauen, drohten auseinanderzudriften.

Die leitende Vorstellung war dabei, dass ein XML-Prozessor ein beliebiges XML-Dokument über allgemein anerkannte Schnittstellen als Knotenbaum aufbereitet. Andere Anwendungen, die diese Schnittstellen ebenfalls unterstützen, greifen auf den im Speicher verfügbaren Baum in gleicher Weise zu, um Informationen auszulesen oder um Informationen hinzuzufügen oder zu ändern.

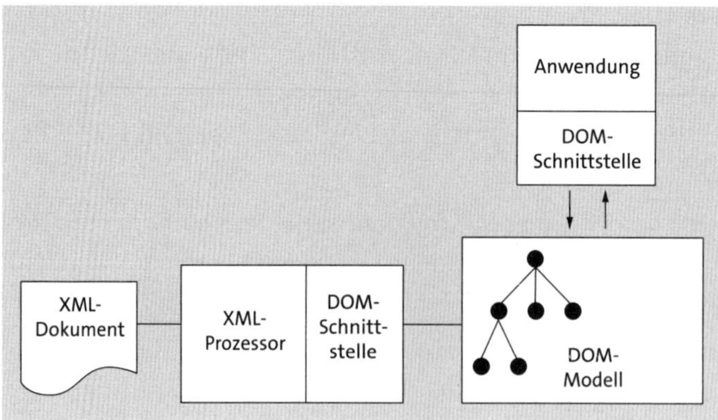

Abbildung 10.2 Architektur von DOM-Anwendungen

10.2.1 DOM Level

In den Empfehlungen des W3C sind die Schnittstellen, die das DOM für die Darstellung und Manipulation eines XML-Dokuments zur Verfügung stellt, mit Hilfe der sprachenunabhängigen *Interface Definition Language (IDL)* definiert, die von der Object Management Group entwickelt wurde.

Zusätzlich wurden für Java und *ECMAScript* spezielle Sprachabbildungen der IDL-Spezifikationen bereitgestellt. Bindungen für andere Sprachen regeln, wie die Schnittstellen jeweils in einer bestimmten Entwicklungsumgebung implementiert werden.

Die DOM Level-1-Spezifikation von Oktober 1998 berücksichtigte noch keine Namensräume; DOM Level 2 wurde im November 2000 in Form von sechs separaten Modulen verabschiedet, wobei die für XML wichtigsten Schnittstellen in der *Core Specification* zusammengefasst sind. DOM-Implementierungen müssen diesen Kern unterstützen, aber nicht unbedingt alle anderen Module, die sich zum Beispiel mit Ansichten, Styles oder Ereignissen befassen. Neben der Unterstützung von Namensräumen brachte Level 2 auch neue Module zur Unterstützung von Cascading Stylesheets, zur Ereignisbehandlung und weiterentwickelte Methoden für die Bewegung im Knotenbaum.

Seit 2004 ist DOM Level 3 in drei separaten Empfehlungen spezifiziert. Insbesondere die *Load-and-Save*-Spezifikation bringt nützliche Erweiterungen in Form von neuen Schnittstellen für den Umgang mit dem `Document`-Objekt – Dinge, die bisher den verschiedenen Implementierungen von DOM überlassen wurden, worauf im weiteren Verlauf noch eingegangen wird.

Für HTML5 und die entsprechende Version von XHTML wurden weitere Anpassungen vorgenommen, die jetzt unter dem Namen *DOM Living Standard* von der WHATWG Community unter *https://dom.spec.whatwg.org/* angeboten werden. Mehr Details dazu finden Sie in Kapitel 15.

10.2.2 Objekte, Schnittstellen, Knoten und Knotentypen

Die Idee, die hinter DOM steht, ist, dass sich ein XML-Dokument nicht bloß als eine Abfolge von Zeichen betrachten lässt, sondern gleichzeitig als eine geordnete Menge von Objekten. Für alle möglichen Komponenten eines XML-Dokuments wird deshalb durch das DOM jeweils eine abstrakte Objektklasse mit einer genau definierten Schnittstelle bereitgestellt, der eine bestimmte Menge von Methoden und Attributen zugeordnet ist.

Die Klasse `Element` stellt beispielsweise Methoden wie `setAttribute()` oder `getAttribute()` zur Verfügung, mit denen Sie Werte der zugeordneten Attribute bestimmen oder auslesen. Gleichzeitig lässt sich von einem Element aus auf die Werte der ihm zugeordneten Attribute zugreifen. Außerdem gibt es bestimmte Festlegungen, welche Eigenschaften das Objekt haben kann und ob diese nur gelesen oder auch verändert werden dürfen. Schließlich ist über das Objektmodell auch festgelegt, in welcher Beziehung eine Objektklasse zu anderen stehen kann, etwa ob ein Objekt Unterobjekte enthalten kann oder nicht.

Den Objektklassen entspricht in der Regel ein bestimmter Knotentyp in der Baumrepräsentation des Objektmodells. Dabei entsprechen die Knotentypen den im *XML Information Set* definierten Informationseinheiten. Nur die dort aufgeführten *Character Information Items* werden nicht als einzelne Knoten gehandhabt, sondern zu Textknoten zusammengefasst, um die Handhabung des Modells nicht zu sehr zu verkomplizieren.

10.2.3 Die allgemeine Node-Schnittstelle

Zentraler Punkt des Kernmoduls von DOM ist die `Node`-Schnittstelle, die als Basisschnittstelle für alle Knotentypen verwendet wird. Sie repräsentiert einen einzelnen Knoten im Dokumentenbaum.

Alle Objekte implementieren diese Schnittstelle, für die ein allgemeiner Satz von Methoden, Attributen und Konstanten definiert ist – erforderlich, um beliebige Knoten anzusteuern, abzufragen oder zu verändern. Die Konstanten werden den speziellen Knotentypen zugeordnet, um Abfragen mit dem `nodeType`-Attribut zu vereinfachen.

Das bedeutet also, dass alle anderen Knotentypen von `Node` abgeleitet sind; sie erben von `Node` alle Methoden, können aber noch zusätzliche enthalten.

Der Vorteil dieser Technik besteht darin, dass Sie sich in dem Knotenbaum mit den für `Node` definierten Methoden bewegen können, egal welcher Knotentyp gerade erreicht ist. Die dadurch erreichte Einheitlichkeit vereinfacht das Klettern im Knotenbaum. Nur bei den Zugriffen, die ausschließlich für einen bestimmten Knotentyp möglich sind, kommen die speziellen Schnittstellen dieser Knotentypen ins Spiel.

Die IDL-Definition von Node sieht in der WHATWG-Spezifikation so aus:

```
interface Node : EventTarget {
  const unsigned short ELEMENT_NODE = 1;
  const unsigned short ATTRIBUTE_NODE = 2; // historical
  const unsigned short TEXT_NODE = 3;
  const unsigned short CDATA_SECTION_NODE = 4; // historical
  const unsigned short ENTITY_REFERENCE_NODE = 5; // historical
  const unsigned short ENTITY_NODE = 6; // historical
  const unsigned short PROCESSING_INSTRUCTION_NODE = 7;
  const unsigned short COMMENT_NODE = 8;
  const unsigned short DOCUMENT_NODE = 9;
  const unsigned short DOCUMENT_TYPE_NODE = 10;
  const unsigned short DOCUMENT_FRAGMENT_NODE = 11;
  const unsigned short NOTATION_NODE = 12; // historical
  readonly attribute unsigned short nodeType;
  readonly attribute DOMString nodeName;

  readonly attribute DOMString? baseURI;

  readonly attribute Document? ownerDocument;
  readonly attribute Node? parentNode;
  readonly attribute Element? parentElement;
  boolean hasChildNodes();
  [SameObject] readonly attribute NodeList childNodes;
  readonly attribute Node? firstChild;
  readonly attribute Node? lastChild;
  readonly attribute Node? previousSibling;
  readonly attribute Node? nextSibling;

           attribute DOMString? nodeValue;
           attribute DOMString? textContent;
  void normalize();

  [NewObject] Node cloneNode(optional boolean deep = false);
  boolean isEqualNode(Node? node);

  const unsigned short DOCUMENT_POSITION_DISCONNECTED = 0x01;
  const unsigned short DOCUMENT_POSITION_PRECEDING = 0x02;
  const unsigned short DOCUMENT_POSITION_FOLLOWING = 0x04;
  const unsigned short DOCUMENT_POSITION_CONTAINS = 0x08;
  const unsigned short DOCUMENT_POSITION_CONTAINED_BY = 0x10;
  const unsigned short DOCUMENT_POSITION_IMPLEMENTATION_SPECIFIC = 0x20;
  unsigned short compareDocumentPosition(Node other);
  boolean contains(Node? other);
```

```
DOMString? lookupPrefix(DOMString? namespace);
DOMString? lookupNamespaceURI(DOMString? prefix);
boolean isDefaultNamespace(DOMString? namespace);

Node insertBefore(Node node, Node? child);
Node appendChild(Node node);
Node replaceChild(Node node, Node child);
Node removeChild(Node child);};
```

Listing 10.1 IDL-Definition von Node

Allerdings kann nicht bei jedem Knotentyp jede Methode angewandt werden. Beispielsweise können zu einem Textknoten keine Knoten hinzugefügt werden; die entsprechende appendChild-Methode würde zu einem Fehler, zu einer Ausnahme, einer DOMException, führen. Im Zweifelsfall kann auch zunächst der spezielle Knotentyp abgefragt werden, bevor eine bestimmte Methode angewendet wird.

Auch sind nicht alle Attribute bei allen Knoten abfragbar; zum Beispiel hat ein Kommentarknoten keinen Namen. Eine Abfrage des Namens führt aber nicht zu einem Fehler, sondern liefert einfach nur den Wert null.

10.2.4 Knotentypen und ihre Besonderheiten

Zusätzlich zu dieser allgemeinen Node-Schnittstelle definiert DOM, wie schon angedeutet, noch spezielle Schnittstellen für die einzelnen Knotentypen, die weitere Mechanismen anbieten können. Die Schnittstelle Element erbt zum Beispiel von der allgemeinen Node-Schnittstelle alles, was verwendbar ist, gibt aber zusätzlich die Möglichkeit, etwa Attribute über ihren Namen nach ihrem Wert zu befragen.

Von Bedeutung für den Umgang mit dem DOM ist insbesondere auch die Frage, welche Beziehungen die Knotentypen zueinander haben können. Tabelle 10.1 listet die verschiedenen Knotentypen auf und gibt zugleich an, ob und, wenn ja, welche Kindknoten jeweils möglich sind.

DOM-Knoten	Mögliche Kinder
Document	(maximal ein) Element, ProcessingInstruction, Comment, (maximal ein) DocumentType
DocumentFragment	Element, ProcessingInstruction, Comment, Text, CDATASection, EntityReference
DocumentType	keine

Tabelle 10.1 Liste der DOM-Knoten

DOM-Knoten	Mögliche Kinder
EntityReference	Element, ProcessingInstruction, Comment, Text, CDATASection, EntityReference
Element	Element, Text, Comment, ProcessingInstruction, CDATASection, EntityReference
Attr	Text, EntityReference
ProcessingInstruction	keine
Comment	keine
Text	keine
CDATASection	keine
Entity	Element, ProcessingInstruction, Comment, Text, CDATASection, EntityReference
Notation	keine

Tabelle 10.1 Liste der DOM-Knoten (Forts.)

10.2.5 Zusätzliche Schnittstellen

Neben den Schnittstellen für die verschiedenen Knotentypen spezifiziert DOM eine `Nodelist`-Schnittstelle, um geordnete Knotenlisten handhaben zu können, etwa die Liste der Kinder eines Elements.

Für ungeordnete Knotenlisten, die über den Knotennamen zusammengestellt werden können, wird die `NamedNodeMap` zur Verfügung gestellt. Diese Listen sind dynamische Objekte, die sich automatisch anpassen, wenn beispielsweise ein Element eingefügt oder gelöscht wird.

Obwohl die Handhabung solcher Listen teilweise denen von Arrays ähnelt, handelt es sich also nicht um Arrays, sondern um aktuelle Ansichten von dem betreffenden Teil des Knotenbaums. Das muss beim Zugriff über Indizes beachtet werden, da sich der Index eines nachfolgenden Knotens sofort ändert, wenn davor ein Knoten eingefügt oder entfernt wird.

Speziell für die Verarbeitung von Zeichenfolgen ist eine abstrakte Schnittstelle `CharacterData` definiert, die keine direkte Entsprechung in einem Knotenbaum hat, aber einen Satz von Methoden und Eigenschaften enthält, die von den Knotentypen `Text`, `Comment` und `CDATASection` geerbt werden. Außerdem werden Schnittstellen für die Fehlerbehandlung angeboten wie `DOMException`.

10.2.6 Zugriff über Namen

Eine Reihe von Knotentypen kann nicht nur über die verschiedenen Klettermethoden wie firstChild, nextSibling etc., sondern auch direkt über den Namen angesprochen werden. Dazu wird die Eigenschaft Node.nodeName verwendet. Bei den Knotentypen, die keinen individuellen Namen haben, liefert Node.nodeName vorgegebene Werte, die in Tabelle 10.2 zu finden sind. Der Name eines Knotens kann immer nur gelesen, nicht verändert werden. Allerdings lässt sich diese Einschränkung umgehen, indem ein neuer Knoten eingefügt wird und die Inhalte des anderen Knotens dorthin kopiert werden.

Die Tabelle enthält außerdem eine Liste der möglichen Werte, die über die Eigenschaft Node.nodeValue abgelesen werden können.

nodeType	nodeName	nodeValue
Attr	Name des Attributs	Wert des Attributs
CDATASection	#cdata-section	Inhalt der CDATA-Section
Comment	#comment	Inhalt des Kommentars
Document	#document	null
DocumentFragment	#document-fragment	null
DocumentType	Dokumenttyp-Name	null
Element	Tag-Name	null
Entity	Name der Entität	null
EntityReference	Name der referenzierten Entität	null
Notation	Name der Notation	null
ProcessingInstruction	Ziel	gesamter Inhalt ohne das Ziel
Text	#text	Inhalt des Textknotens

Tabelle 10.2 Liste der Knotentypen

10.2.7 Verwandtschaften

Die Beziehungen der Knoten im Knotenbaum werden durch die entsprechenden Attribute der Node-Schnittstelle ausgedrückt, die die Eltern-Kind-Beziehungen betreffen. Die Eigenschaft parentNode gibt zum Beispiel an, von welchem Knoten der Knoten abstammt; previousSibling gibt den vorhergehenden Knoten auf derselben Ebene an. Wird eine dieser Eigenschaften bei einem Knotentyp abgefragt, bei dem die entsprechende Beziehung nicht möglich ist, liefert das Attribut immer den Wert null. Bei einem Kommentarknoten oder einem Processing-Instruction-Knoten ergibt firstChild also immer null.

Mit Hilfe von DOM lassen sich auch neue Knoten in den Knotenbaum einfügen. Dafür gibt es zwei allgemeine Verfahren. Mit Node.appendChild lässt sich ein neuer Knoten an eine Folge von Tochterknoten anhängen, während sich mit Node.insertBefore genau bestimmen lässt, an welcher Stelle in einer Liste von Tochterknoten ein Knoten eingefügt werden soll.

Es ist auch möglich, einen bestehenden Knoten mit Node.removeChild zu entfernen oder ihn mit Node.replaceChild durch einen neuen Knoten zu ersetzen.

Auch das Klonen eines Knotens und eventuell all seiner Unterknoten kann mit Node.cloneNode erreicht werden, allerdings wird dieser Klon zunächst nicht in den Knotenbaum eingefügt, sondern muss anschließend mit Node.appendChild oder Node.insertBefore an einer bestimmten Stelle eingefügt werden.

10.2.8 Das Dokument als DOM-Baum

Um zu zeigen, wie DOM ein XML-Dokument in einen Knotenbaum umsetzt, verwenden wir hier eine etwas veränderte Version des Lagerbeispiels aus dem Kapitel 3 über DTDs.

```
<?xml version="1.0" encoding="UTF-8"?>
<?xml-stylesheet type="text/xsl" href="lagerliste.xslt"?>

<Lager>
  <Artikel nr="7777" wg="Jalou">
    <Bezeichnung>Jalousie Cxs</Bezeichnung>
    <Bestand>100</Bestand>
    <Preis>198</Preis>
    <Absatz>120</Absatz>
  </Artikel>
  <Artikel nr="7778" wg="Jalou">
    <Bezeichnung>Jalousie Cxx</Bezeichnung>
    <Bestand>200</Bestand>
    <Preis>174</Preis>
    <Absatz>330</Absatz>
  </Artikel>
  <Artikel nr="5554" wg="Rollo">
    <Bezeichnung>Rollo PCx</Bezeichnung>
    <Bestand>150</Bestand>
    <Preis>95</Preis>
    <Absatz>200</Absatz>
  </Artikel>
```

```
  <Artikel nr="7999" wg="Rollo">
    <Bezeichnung>Sunset</Bezeichnung>
    <Bestand>200</Bestand>
    <Preis>120</Preis>
    <Absatz>200</Absatz>
  </Artikel>
  <Artikel nr="8444" wg="MK">
    <Bezeichnung>Markise Blue Sk</Bezeichnung>
    <Bestand>160</Bestand>
    <Preis>287,5</Preis>
    <Absatz>80</Absatz>
  </Artikel>
</Lager>
```

Listing 10.2 lagerdaten.xml

Wenn ein XML-Parser dieses Dokument als DOM ausgibt, wird im Speicher ein entsprechender Baum aufgebaut, der dem logischen Modell des Dokuments entspricht. Beim Einlesen in den Speicher wird jedem erstellten Knoten gleichzeitig der entsprechende Knotentyp zugewiesen. Mit Hilfe dieser Metadaten wird damit festgelegt, welche Merkmale und Funktionen für jeden einzelnen Knoten zur Verfügung stehen.

Abbildung 10.3 zeigt, wie das lineare XML-Dokument durch den Knotenbaum repräsentiert wird.

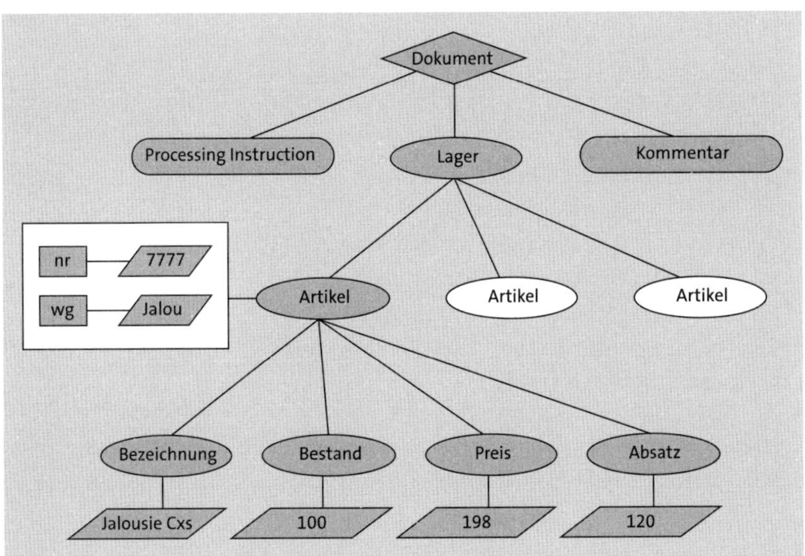

Abbildung 10.3 DOM-Baum für das Lagerbeispiel

10.2.9 Document – die Mutter aller Knoten

Die Wurzel des Baumes bildet der Document-Knoten. Dieser Knoten repräsentiert das gesamte Dokument und liefert den primären Zugang zu seinen Daten. Es ist der einzige Knoten, der nicht Kindknoten eines anderen ist, während alle anderen Knoten jeweils einen übergeordneten Knoten haben. Wie ein großer Container schließt dieser Knoten alle anderen in sich ein, und deshalb sind an ihn auch alle Fabrikmethoden gebunden, die für die Erzeugung der anderen Knoten benötigt werden. Die IDL-Definition listet die Fabrikmethoden auf:

```
interface Document : Node {
  [SameObject] readonly attribute DOMImplementation implementation;
  readonly attribute DOMString URL;
  readonly attribute DOMString documentURI;
  readonly attribute DOMString origin;
  readonly attribute DOMString compatMode;
  readonly attribute DOMString characterSet;
  readonly attribute DOMString inputEncoding; // legacy alias of .characterSet
  readonly attribute DOMString contentType;

  readonly attribute DocumentType? doctype;
  readonly attribute Element? documentElement;
  HTMLCollection getElementsByTagName(DOMString localName);
  HTMLCollection getElementsByTagNameNS(DOMString?
    namespace, DOMString localName);
  HTMLCollection getElementsByClassName(DOMString classNames);

  [NewObject] Element createElement(DOMString localName);
  [NewObject] Element createElementNS(DOMString?
    namespace, DOMString qualifiedName);
  [NewObject] DocumentFragment createDocumentFragment();
  [NewObject] Text createTextNode(DOMString data);
  [NewObject] Comment createComment(DOMString data);
  [NewObject] ProcessingInstruction createProcessingInstruction
   (DOMString target, DOMString data);

  [NewObject] Node importNode(Node node, optional boolean deep = false);
   Node adoptNode(Node node);

  [NewObject] Attr createAttribute(DOMString localName);
  [NewObject] Attr createAttributeNS(DOMString? namespace, DOMString name);

  [NewObject] Event createEvent(DOMString interface);
```

```
  [NewObject] Range createRange();

  // NodeFilter.SHOW_ALL = 0xFFFFFFFF
  [NewObject] NodeIterator createNodeIterator(Node root, optional
   unsigned long whatToShow = 0xFFFFFFFF, optional NodeFilter? filter = null);
  [NewObject] TreeWalker createTreeWalker(Node root, optional unsigned long
   whatToShow = 0xFFFFFFFF, optional NodeFilter? filter = null);
};
```

Listing 10.3 IDL-Definition für Node

Die mit diesen Methoden erzeugten Knoten verraten jeweils über den Wert des Attributs `ownerDocument`, wo sie als Unterknoten angesiedelt sind.

Der Knoten `Document` ist nicht identisch mit dem Wurzelelement des Dokuments. Dieses Wurzelelement wird vielmehr dargestellt durch einen `Element`-Knoten, der Kind des `Document`-Knotens ist. Auf derselben Ebene wie der erste `Element`-Knoten können noch ein `DocumentType`-Knoten und solche für Kommentare und Processing Instructions auftauchen.

10.2.10 Elementknoten

In Abbildung 10.3 entspricht der erste Knoten vom Typ `Element` dem Wurzelelement `<Lager>` im XML-Dokument. Auch die untergeordneten Elemente für die verschiedenen Artikel werden durch Knoten vom Typ `Element` repräsentiert. Jeder Artikelknoten hat wiederum eine Liste von Kindknoten, die untereinander eine geordnete Geschwisterbeziehung haben, die durch die Dokumentreihenfolge vorgegeben ist. Das erste Kind des Artikelknotens ist deshalb der Knoten für das Element `<Bezeichnung>`, das letzte Kind ist das Element `<Absatz>`.

10.2.11 Textknoten

Die Zeichendaten, die den Inhalt der Elemente der unteren Ebene ausmachen, werden als Textknoten behandelt. Damit Anwendungen von beliebigen Plattformen dabei keine Probleme haben, gibt es in DOM für die Darstellung von Zeichendaten einen Standarddatentyp `DOMString`, der als eine Sequenz von 16-Bit-Einheiten definiert ist. Für die Zeichencodierung wird UTF-16 verlangt.

Für die Manipulation von Zeichenketten eines Textknotens können die Attribute und Methoden der schon angesprochenen abstrakten Schnittstelle `CharacterData` genutzt werden, die der Textknoten beerbt. Beispielsweise lassen sich mit `substringData` Teile der Zeichendaten extrahieren oder mit `insertData` Zeichenfolgen in den

Textknoten einfügen. Die Länge der Zeichendaten kann über das `length`-Attribut abgefragt werden.

10.2.12 Attributknoten sind anders

Eine Besonderheit von DOM ist die Art und Weise, wie die Attribute von Elementen behandelt werden. Zwar erbt auch die `Attr`-Schnittstelle die allgemeinen Merkmale der `Node`-Schnittstelle, aber Attribute werden nicht als Knoten im eigentlichen Sinne – mit eigener Identität – betrachtet. Sie sind insofern auch keine Kinder des Elementknotens, zu dem sie gehören. Sie sind in diesem Sinne nicht Teil des Knotenbaums und lassen sich deshalb auch nicht mit den Methoden erreichen, mit denen sonst der Knotenbaum durchwandert wird.

Attribute werden als Eigenschaften der Elemente gehandhabt, zu denen sie gehören. Um auf den Attributwert zuzugreifen, kann entweder `Node.attributes` verwendet werden oder eine der speziellen Methoden, die für den Elementtypknoten definiert sind, wie `getAttribute`, `setAttribute` etc.

Gibt es zu einem Element mehrere Attribute, so besteht zwischen diesen Attributen auch keine Geschwisterbeziehung, wie es zwischen Elementen auf derselben Ebene der Fall ist. In unserem Beispiel haben die `<Artikel>`-Elemente zwei Attribute, `nr` und `wg`, aber die Reihenfolge hat hier keine Bedeutung, die Liste ist ungeordnet. Die Attribute `parentNode`, `previousSibling` oder `nextSibling` liefern deshalb immer nur das Ergebnis `null`. Allerdings ist es möglich, über das Attribut `Attr.ownerElement` herauszufinden, zu welchem Element ein Attribut gehört.

Die einem Attributnamen zugeordneten Attributwerte werden in Textknoten oder auch in Knoten mit Entitätsreferenzen repräsentiert. Wenn dem Attribut im XML-Dokument explizit ein Wert zugewiesen worden ist, ist das auch der effektive Wert des Attributs. Ist über DTD oder XML Schema ein Vorgabewert bestimmt, wird dieser Wert eingesetzt, wenn kein expliziter Wert im Dokument zu finden ist. Ist weder eine Vorgabe noch eine explizite Wertzuweisung erfolgt, wird auch kein Attributknoten für dieses Attribut im DOM erzeugt.

10.2.13 Dokumentfragmente

Außerhalb des Knotenbaums ist noch eine Schnittstelle definiert, deren IDL-Definition sehr spartanisch ist:

```
interface DocumentFragment : Node {
};
```

Diese Schnittstelle übernimmt also einfach die `Node`-Definition und fügt ihr nichts hinzu. Sie kann verwendet werden, um einen Teil des Dokumentenbaums zunächst auszuschneiden und dann an anderer Stelle einzufügen. Das Dokumentfragment ist gewissermaßen ein Hilfscontainer für die vorübergehende Aufnahme von Knoten. Wird der Inhalt des Dokumentfragments dann irgendwo eingefügt, werden nur seine Kindelemente verwendet.

10.2.14 Fehlerbehandlung

Die Schnittstelle `DOMException` ist im DOM für die Behandlung von Ausnahmesituationen definiert. Für den Fall, dass eine bestimmte Operation nicht ausgeführt werden kann, ist die Ausgabe von Fehlercodes vorgesehen, wobei für die verschiedenen Methoden, die zu Problemen führen können, bestimmte Konstanten als Fehlerwerte vorgegeben werden. Allerdings ist diese Art der Ausnahmebehandlung nur ein Vorschlag, jede konkrete DOM-Implementierung kann auch anders verfahren.

10.3 DOM-Implementierungen

Mit den abstrakten Schnittstellen des DOM lässt sich so lange nichts Praktisches anfangen, wie keine konkreten Anwendungen und Anwendungssysteme greifbar sind, die das DOM implementieren. Wie diese Implementierung genau aussehen muss, schreibt das DOM nicht im Detail vor, abgesehen von den schon erwähnten Sprachbindungen für Java und ECMAScript.

Diese Implementierungen müssen auch Dinge regeln, zu denen sich die Spezifikation nicht verbindlich äußert. Wie zum Beispiel ein XML-Dokument gespeichert oder geladen wird, überließ die Spezifikation auf Level 1 und 2 der jeweiligen Anwendung, die die DOM-Schnittstelle implementiert. Solche Erweiterungen des W3C DOM werden durch die DOM-Spezifikationen durchaus zugelassen.

Die Implementierungen müssen auch nicht alle Module übernehmen, die seit Level 2 ja auf verschiedene Spezifikationen verteilt sind. Deshalb ist in DOM auch eine Schnittstelle `DOMImplementation` definiert, die über die Methode `DOMImplementation.hasFeature` Abfragen darüber erlaubt, ob die konkrete Implementierung bestimmte Merkmale von DOM unterstützt. Tabelle 10.3 enthält die seit DOM Level 2 vorgegebenen Merkmalsnamen.

Modul	Name
Core	`"Core"`
XML	`"XML"`
HTML	`"HTML"`

Tabelle 10.3 Liste der den DOM-Modulen zugeordneten Namen

Modul	Name
Views	"Views"
Style Sheets	"StyleSheets"
CSS	"CSS"
CSS2	"CSS2"
Events	"Events"
User Interface Events	"UIEvents"
Mouse Events	"MouseEvents"
Mutation Events	"MutationEvents"
HTML Events	"HTMLEvents"
Range	"Range"
Traversal	"Traversal"

Tabelle 10.3 Liste der den DOM-Modulen zugeordneten Namen (Forts.)

10.4 Die MSXML-Implementierung von DOM

Eine der häufig genutzten DOM-Implementierungen ist Bestandteil des XML-Parsers von Microsoft, der unter der Bezeichnung *Microsoft XML Core Services (MSXML)* bereitgestellt wird. Er basiert auf COM, also dem *Component Object Model*, das für die Windows-Plattform entwickelt worden ist, um das Zusammenspiel von Softwarekomponenten zu ermöglichen. Seit der Version 4 unterstützt diese Komponente weitgehend die vom W3C vorgegebenen Standards: DOM Level 1 und 2, XPath 1.0, XML Schema 1.0 und XSLT 1.0. Auch SAX 2.0 wird inzwischen vollständig abgedeckt. Die Version MSXML 6.0 wurde in die Windows-Betriebssysteme ab XP mit Service Pack 3 integriert. Die älteren Versionen von MSXML wurden noch separat installiert. Einige Features von MSXML 3 und 4 werden allerdings in der Version 6.0 nicht mehr angeboten. Dies betrifft insbesondere XDR Schemas und die Verwendung von XML-Dateninseln in Webseiten.

Die Tatsache, dass MSXML in DOM definierte Schnittstellen implementiert, schließt nicht aus, dass zu den einzelnen Schnittstellen auch zahlreiche Erweiterungen gegenüber dem W3C DOM in Form zusätzlicher Methoden und Eigenschaften eingebaut sind.

MSXML unterstützt XSLT-Transformationen, XSL-Stylesheets, Abfragen mit XPath-Ausdrücken, die Verwendung von Namensräumen, einen differenzierteren Einsatz von Datentypen, das asynchrone Laden vom Server sowie das Laden und Sichern von XML-Dokumenten. Zudem werden weitere Hilfsschnittstellen definiert, um bestimmte Grundoperationen zu erleichtern.

10.4.1 Schnittstellen in MSXML

Microsoft setzt vor die vom W3C verwendeten DOM-Schnittstellennamen eine Art Präfix, in der Regel `IXMLDOM`, statt `Node` also `IXMLDOMNode`. Tabelle 10.4 zeigt die Namen der Schnittstellen, die als *Kernschnittstellen* bezeichnet werden.

MSXML-Name	DOM-Name	Bedeutung
`IXMLDOMDocument/ DOMDocument`	`Document`	Oberster Knoten im XML-DOM-Baum.
`IXMLDOMDocument2`	–	Eine Erweiterung von `IXMLDOMDocument`, die das Laden von XML-Schemas und die Validierung des eingelesenen Dokuments unterstützt, außerdem die Nutzung von XPath.
`IXMLDOMDocument3`	–	Erweitert `IXMLDOMDocument2` um die Methoden `importNode()` und `validateNode()`.
`IXMLDOMNamed-NodeMap`	`NamedNodeMap`	Erlaubt den Zugriff auf eine Sammlung von Attributen über den Namen, wobei Namensräume unterstützt werden.
`IXMLDOMNode`	`Node`	Steht für einen einzelnen Knoten im Knotenbaum und ist die Basisschnittstelle für den Zugriff auf die Daten im DOM. `IXMLDOMNode` erweitert die `Node`-Schnittstelle durch die Unterstützung für Datentypen, Namensräume, DTDs und XML-Schemas.
`IXMLDOMNodeList`	`NodeList`	Erlaubt wiederholte und indizierte Zugriffe auf eine aktuelle Sammlung von Knoten.

Tabelle 10.4 Liste der Kernschnittstellen in MSXML

MSXML-Name	DOM-Name	Bedeutung
IXMLDOMParseError	-	Gibt detaillierte Informationen über den letzten Fehler wieder. Neben dem Fehlercode werden die Zeilennummer, die Zeichenposition und eine Fehlerbeschreibung geliefert.
IXMLHTTPRequest	-	Erlaubt die Kommunikation mit HTTP-Servern.

Tabelle 10.4 Liste der Kernschnittstellen in MSXML (Forts.)

Tabelle 10.5 zeigt die Implementierung weiterer DOM-Schnittstellen.

MSXML-Name	DOM-Name	Bedeutung
IServerXMLHTTPRequest/ ServerXMLHTTP	-	Stellt Methoden und Eigenschaften zur Verfügung, um eine HTTP-Verbindung zwischen Dateien oder Objekten auf unterschiedlichen Webservern herzustellen. Die Schnittstelle ist eine Ableitung von IXMLHTTPRequest.
IXMLDOMAttribute	Attr	Steht für ein Attribut.
IXMLDOMCDATASection	CDATASection	Maskiert Textblöcke, damit kein Text darin als Teil des Markups interpretiert wird.
IXMLDOMCharacterData	CharacterData	Ermöglicht Methoden zur String-Manipulation, die von den abgeleiteten Knotentypen wie Text und Comment genutzt werden können.
IXMLDOMComment	Comment	Repräsentiert den Inhalt eines XML-Kommentars.
IXMLDOMDocumentFragment	DocumentFragment	Steht für ein Objekt, das verwendet wird, um Cut & Paste-Operationen in einem Knotenbaum vornehmen zu können.
IXMLDOMDocumentType	DocumentType	Enthält Informationen, die mit der Dokumenttyp-Deklaration zusammenhängen.

Tabelle 10.5 Liste der zusätzlichen Schnittstellen in MSXML

MSXML-Name	DOM-Name	Bedeutung
IXMLDOMElement	Element	Repräsentiert ein Element.
IXMLDOMEntity	Entity	Repräsentiert eine geparste oder ungeparste Entität in einem XML-Dokument.
IXMLDOMEntityReference	Entity-Reference	Repräsentiert eine Entitätsreferenz.
IXMLDOMImplementation	DOMImple-mentation	Erlaubt – unabhängig von einer Dokumentinstanz – die Prüfung, ob die DOM-Implementierung bestimmte Schnittstellen unterstützt.
IXMLDOMNotation	Notation	Enthält eine Notation, die in einer DTD oder einem XML-Schema deklariert worden ist.
IXMLDOMProcessing-Instruction	Processing-Instruction	Repräsentiert eine Verarbeitungsanweisung.
XMLSchemaCache	-	Repräsentiert einen Satz von Namensraum-URIs.
IXMLDOMSchema-Collection/ XMLSchemaCache	-	Repräsentiert ein XMLSchemaCache-Objekt.
IXMLDOMSchema-Collection2/ XMLSchemaCache	-	Ist eine Erweiterung von IXMLDOM-SchemaCollection.
IXMLDOMSelection	-	Repräsentiert eine Knotenliste, die zu einem XPath-Ausdruck passt.
IXMLDOMText	Text	Repräsentiert den Textinhalt eines Elements oder Attributs.
IXSLProcessor	-	Wird für die Ausführung von Transformationen mit geladenen XSLT-Templates benutzt.
IXSLTemplate	-	Repräsentiert ein geladenes XSL-Stylesheet.

Tabelle 10.5 Liste der zusätzlichen Schnittstellen in MSXML (Forts.)

10.4.2 Erweiterungen für Laden und Speichern

Für die praktische Nutzung von DOM sind insbesondere die Erweiterungen der document-Schnittstelle wichtig, die das Einlesen und Speichern von XML-Dokumenten betreffen, wie in Tabelle 10.6 gezeigt.

Erweiterung	Bedeutung
load	Lädt ein XML-Dokument von dem angegebenen Ort.
loadXML	Lädt die angegebenen Zeichendaten als XML-Dokument.
save	Speichert ein XML-Dokument am angegebenen Ort.

Tabelle 10.6 Erweiterungen der »document«-Schnittstelle

10.4.3 Erweiterungen der Node-Schnittstelle

Ansonsten kann der größte Teil des Zugriffs auf die Daten des XML-Dokuments über die Abfrage der Eigenschaften und die Nutzung der Methoden der IXMLDOMNode-Schnittstelle geleistet werden, die ebenfalls gegenüber der Node-Schnittstelle des W3C erweitert worden ist. Tabelle 10.7 listet die Attribute und Tabelle 10.8 die Methoden von IXMLDOMNode auf. Die Erweiterungen gegenüber dem DOM-Node des W3C sind jeweils mit dem *-Zeichen gekennzeichnet.

Attribut	Beschreibung
attributes	Liefert eine Liste der Attribute des Knotens.
baseName*	Gibt den lokalen Namen eines durch einen Namensraum qualifizierten Namens zurück, also beispielsweise farbe, wenn das Element <form:farbe> ist.
childNodes	Gibt eine IXMLDOMNodeList zurück, deren Länge von der Anzahl der Kindknoten abhängt.
dataType*	Spezifiziert den Datentyp für diesen Knoten. Kann nur bei DTDs angewendet werden.
definition*	Gibt die Definition des Knotens in der DTD oder dem XML-Schema zurück.
firstChild	Enthält den ersten Kindknoten dieses Knotens.
lastChild	Gibt den letzten Kindknoten zurück.
namespaceURI*	Gibt den URI für den verwendeten Namensraum zurück.

Tabelle 10.7 Attribute von IXMLDOMNode

Attribut	Beschreibung
nextSibling	Enthält den nächsten Geschwisterknoten dieses Knotens.
nodeName	Gibt den qualifizierten Namen zurück, wenn es sich um einen Knoten für ein Element, ein Attribut, einen Dokumenttyp, eine Entität oder eine Notation handelt. Alle anderen Knotentypen geben einen fixierten String zurück (siehe Tabelle 10.2 in Abschnitt 10.2.6, »Zugriff über Namen«).
nodeType	Gibt den DOM-Knotentyp in Form eines numerischen Codes an (siehe Tabelle 10.2 in Abschnitt 10.2.6).
nodeTypedValue*	Enthält den Wert des Knotens, ausgedrückt in dem für den Knoten definierten Datentyp.
nodeTypeString*	Gibt den Knotentyp in Form eines Strings zurück, beispielsweise element oder attribute.
nodeValue	Enthält den Text, der dem Knoten zugeordnet ist.
ownerDocument	Gibt die Wurzel des Dokuments zurück, das den Knoten enthält.
parentNode	Enthält den Elternknoten.
parsed*	Gibt an, ob der Knoten und die dazugehörigen Unterknoten bereits geparst sind oder nicht.
prefix*	Gibt das Namensraumpräfix zurück.
previousSibling	Enthält den vorherigen Geschwisterknoten dieses Knotens.
specified*	Wird bei Attributknoten verwendet, um anzugeben, ob der Attributwert explizit eingetragen oder vom Default-Wert einer DTD oder eines Schemas stammt.
text*	Repräsentiert den Textinhalt eines Knotens oder den verketteten Textinhalt des Knotens und seiner Abkömmlinge.
xml*	Enthält die XML-Repräsentation des Knotens und all seiner Abkömmlinge in Form eines Unicode-Strings.

Tabelle 10.7 Attribute von IXMLDOMNode (Forts.)

Methoden	Beschreibung
appendChild	Fügt einen neuen Kindknoten als letztes Kind des Knotens an.
cloneNode	Erzeugt einen neuen Knoten aus einer Kopie dieses Knotens.
hasChildNodes	Ist *wahr*, wenn der Knoten Kinder hat.
insertBefore	Fügt einen Kindknoten genau vor dem angegebenen Knoten oder am Ende der Knotenliste ein.
removeChild	Entfernt den angegebenen Kindknoten und liefert ihn zugleich als Ergebnis.
replaceChild	Ersetzt den angegebenen alten Knoten durch einen neuen Knoten.
selectNodes*	Wendet das angegebene Suchmuster auf den aktuellen Knotenkontext an und gibt eine Liste der passenden Knoten als IXMLDOMNodeList aus.
selectSingleNode*	Wendet das angegebene Suchmuster auf den aktuellen Knotenkontext an und liefert den ersten Knoten, der dazu passt.
transformNode*	Verarbeitet diesen Knoten und seine Kinder mit Hilfe des angegebenen XSLT-Stylesheets und liefert die entsprechende Transformation, die sich daraus ergibt.
transformNodeToObject*	Verarbeitet diesen Knoten und seine Kinder mit Hilfe des angegebenen XSLT-Stylesheets und gibt die entsprechende Transformation in dem Ergebnisdokument aus.

Tabelle 10.8 Methoden von IXMLDOMNode

10.5 Fingerübungen mit DOM

Wir können in diesem Abschnitt nur einige kleine Demonstrationen unterbringen, die zeigen sollen, wie mit DOM in der Praxis gearbeitet werden kann. Zugang zur Dokumentation von MSXML finden Sie über *msdn.microsoft.com/en-us/library/ms763742(VS.85).aspx*. Sie enthält eine ausführliche Referenz zu allen Objekten, Eigenschaften, Methoden und Ereignissen von MSXML DOM, mit zahlreichen Codebeispielen, meist gleich in Varianten für C/C++ und JavaScript.

MSXML soll auf den folgenden Seiten mit Hilfe von JavaScript genutzt werden, also innerhalb von HTML-Seiten, so dass Sie gleich die Ergebnisse im Internet Explorer testen können. Beachten Sie, dass über die Internetoptionen die Ausführung von Scripts und ActiveX-Steuerelementen zugelassen ist. Der Microsoft Edge-Browser unterstützt MSXML nicht mehr, Sie können aber über die Edge-Option MIT INTERNET EXPLORER ÖFFNEN zum Ziel kommen.

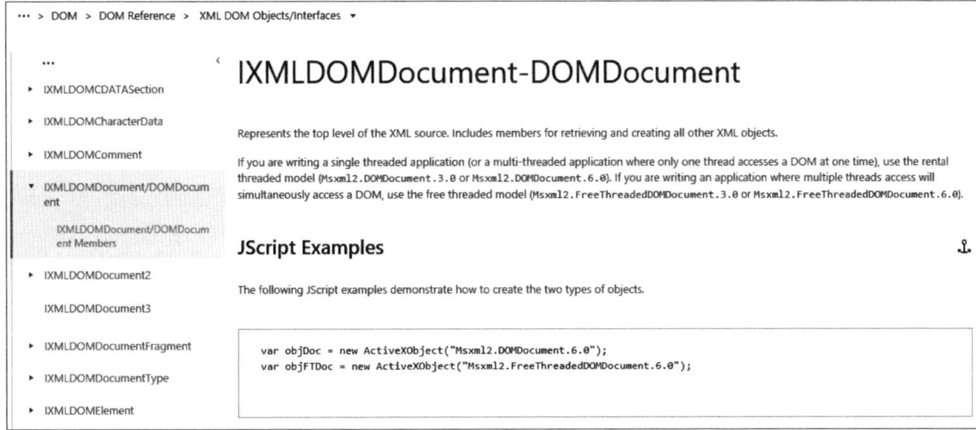

Abbildung 10.4 MSDN-Dokumentation zu MSXML

10.5.1 Daten eines XML-Dokuments abfragen

Das erste Beispiel zeigt, wie aus dem oben aufgeführten Lagerbestandsdokument die Daten eines bestimmten Artikels abgefragt werden können. Dafür ist in der HTML-Seite ein kleines Formular vorgesehen, das die Artikelbezeichnung abfragt, ein entsprechendes Skript zur Datenabfrage aufruft und dann die gefundenen Werte ausgibt.

Das Skript soll dazu eine Funktion `XMLDokumentAbfragen()` zur Verfügung stellen, die das XML-Dokument zunächst einliest und daraus einen DOM-Baum aufbaut. An diese Funktion wird als Parameter die Bezeichnung des gesuchten Artikels übergeben.

Am Anfang werden einige Variablen deklariert, die Mehrzahl zum Zwischenspeichern der von den DOM-Knoten abgelesenen Attributwerte.

```
<script language="JavaScript">

    function XMLDokumentAbfragen(artikelbezeichnung)
    {
    var xmldoc, lagerKnoten, artikelKnoten, bezeichnungKnoten;
    var bestandKnoten, preisKnoten, absatzKnoten;
    var knotenListe;

    xmldoc = new ActiveXObject("Msxml2.DOMDocument.6.0");
    xmldoc.load("lagerdaten.xml");
    ...
```

Einlesen des XML-Dokuments

Zum Laden des XML-Dokuments wird zunächst eine Instanz für ein neues `DOMDocument`-Objekt erzeugt, die an eine Objektvariable `xmldoc` gebunden wird, um das Objekt im weiteren Code einfacher ansprechen zu können.

Da in diesem Fall ein *ActiveXObject* zum Einsatz kommt, wird eine entsprechende *ProgID* benötigt. `Msxml2` liefert dabei den Projektnamen, `6.0` gibt die MSXML-Version an (die Versionen ab 3.0 werden zum Projekt `Msxml2` gezählt). Die etwas verwirrende Schreibweise mit den hinzugefügten Projekt- und Versionsnummern von MSXML hängt damit zusammen, dass MSXML 6.0 auch parallel zu älteren MSXML-Versionen genutzt werden kann. Deshalb müssen die verwendeten Klassen eindeutig über eine entsprechende ProgID identifiziert werden.

Meldung von Webseite
<?xml version="1.0"?>
<Lager>
<Artikel nr="7777" wg="Jalou">
<Bezeichnung>Jalousie Cxs</Bezeichnung>
<Bestand>100</Bestand>
<Preis>198</Preis>
<Absatz>120</Absatz>
</Artikel>
<Artikel nr="7778" wg="Jalou">
<Bezeichnung>Jalousie Cxx</Bezeichnung>
<Bestand>200</Bestand>
<Preis>174</Preis>
<Absatz>330</Absatz>
</Artikel>
<Artikel nr="5554" wg="Rollo">
<Bezeichnung>Rollo PCx</Bezeichnung>
<Bestand>150</Bestand>
<Preis>95</Preis>
<Absatz>200</Absatz>
</Artikel>
<Artikel nr="7999" wg="Rollo">
<Bezeichnung>Sunset</Bezeichnung>
<Bestand>200</Bestand>
<Preis>120</Preis>
<Absatz>200</Absatz>
</Artikel>
<Artikel nr="8444" wg="MK">
<Bezeichnung>Markise Blue Sk</Bezeichnung>
<Bestand>160</Bestand>
<Preis>287,5</Preis>
<Absatz>80</Absatz>
</Artikel>
</Lager>
OK

Abbildung 10.5 Anzeige der eingelesenen Daten

Die neue Objektvariable `xmldoc` wird anschließend mit Hilfe der oben schon angesprochenen `load`-Methode mit dem vollständigen Inhalt des XML-Dokuments initialisiert. Statt des einfachen lokalen Pfads, den wir hier verwenden, kann auch ein URI angegeben werden. Der Parser deserialisiert die Daten aus dem XML-Dokument als Vorgabe asynchron; Anwendungen müssen also nicht unbedingt warten, bis der Aufbau des DOM-Baumes im Speicher abgeschlossen ist. Soll diese Vorgabe außer Kraft gesetzt werden, müsste vorher die Zeile

```
xmldoc.async = false
```

eingefügt werden. Wenn Sie für Testzwecke hinter `load` die Zeile

```
alert(xmldoc.xml)
```

einfügen, zeigt das Skript bei der Ausführung die vollständigen Daten an.

Start mit dem Wurzelelement

Im nächsten Schritt geht es darum, nach dem Parsen des gesamten Dokuments Zugriff auf die einzelnen Knoten zu erhalten. Dazu muss zunächst der Knoten aufgesucht werden, der das Wurzelelement des Dokuments liefert, in diesem Fall also das Element `<Lager>`. Dies geschieht mit der Zeile

```
lagerKnoten = xmldoc.documentElement;
```

Es wird also bei dem übergeordneten Dokumentknoten der Wert der Eigenschaft `documentElement` abgefragt. Damit ist der Zugangspunkt zu den untergeordneten Elementknoten erreicht. Da unser Skript nur die Daten eines bestimmten Artikels ausgeben soll, wird die Bezeichnung des Artikels beim Aufruf des Skripts als Parameter an die Funktion übergeben.

Suche nach einem bestimmten Element

Im nächsten Schritt muss nun der Artikelknoten angesteuert werden, dessen Element `<Bezeichnung>` dem eingegebenen Artikelnamen entspricht. Dafür wird eine Schleife benötigt, die die Knotenliste der Artikel abarbeiten kann, um die Werte zu vergleichen. Um diese Knotenliste zu gewinnen, wird die Eigenschaft `childNodes` verwendet, die eine `IXMLDOMNodelist` zurückgibt.

```
knotenListe= lagerKnoten.childNodes;
```

Auf die Knoten in dieser Liste kann über Indizes zugegriffen werden, die von 0 aus zählen. Die Anzahl der Knoten in der Liste kann über die Eigenschaft `length` abgefragt werden. Dieser Wert wird benötigt, um die `for`-Schleife zu stoppen. In der Schleife wird die Übereinstimmung mit dem im Formular eingegebenen Artikelnamen geprüft.

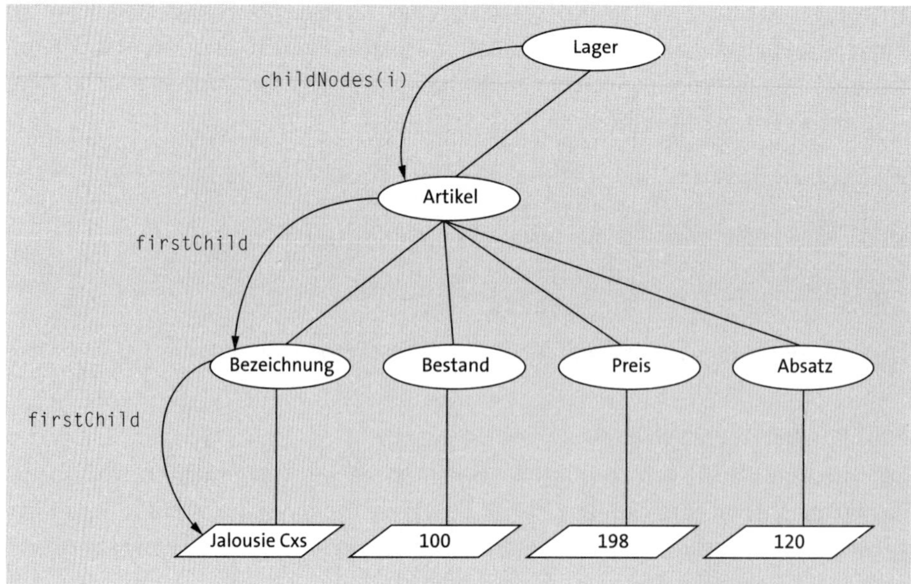

Abbildung 10.6 Ein paar Schritte im Knotenbaum führen zur Artikelbezeichnung.

Beachten Sie, dass in der `if`-Bedingung das doppelte Gleichheitszeichen verwendet wird, um die Übereinstimmung der Artikelbezeichnung zu prüfen. Das einfache Gleichheitszeichen nutzt JavaScript nur für die Wertzuweisung, nicht für den Wertvergleich.

```
for (var i = 0; i < knotenListe.length; i++)
{
  if  (lagerKnoten.childNodes(i).firstChild.firstChild.
       nodeValue == artikelbezeichnung)
```

Um nun an den Text des Elements `<Bezeichnung>` heranzukommen, wird mit Hilfe des Attributs `firstChild` der Knotenbaum abwärts durchgegangen, wie Abbildung 10.6 verdeutlicht.

Auswertung der Daten

Der Text der Artikelbezeichnung wird schließlich über `nodeValue` zurückgegeben. Wenn ein Textknoten gefunden ist, der dem angegebenen Artikelnamen entspricht, kann über den in der `for`-Schleife erreichten Indexwert dann genau auf den gesuchten Artikelknoten zugegriffen werden.

```
artikelKnoten = lagerKnoten.childNodes(i);
```

Von hier aus geht die Reise weiter. Zunächst wird das erste Kind des Artikelknotens angesteuert, dann die drei Geschwisterknoten dieses Kindknotens.

```
bezeichnungKnoten = artikelKnoten.firstChild;
bestandKnoten = bezeichnungKnoten.nextSibling;
preisKnoten = bestandKnoten.nextSibling;
absatzKnoten = preisKnoten.nextSibling;
```

Danach werden die Knotenwerte der verschiedenen Textknoten an die im Formular vorgesehenen Ausgabeelemente übergeben.

```
document.abfrage.bestand.value =
 bestandKnoten.firstChild.nodeValue;
document.abfrage.preis.value =
 preisKnoten.firstChild.nodeValue;
document.abfrage.absatz.value =
 absatzKnoten.firstChild.nodeValue;
```


Damit die Schleife nicht weiter durchlaufen wird, nachdem der gesuchte Artikel gefunden ist, steht am Ende der Anweisungen zu `if` noch die Anweisung `break`.

Das Skript wird aus dem Formular heraus durch Anklicken einer Schaltfläche gestartet, nachdem zunächst die Artikelbezeichnung abgefragt worden ist.

Datenausgabe

Anschließend werden die Daten für den gefundenen Artikel mit Hilfe von benannten `<input>`-Elementen angezeigt, wobei das Attribut `readonly` verwendet wird. Um die Beschriftungen und die Textfelder gleichmäßig auszurichten, wird noch ein kleines Stylesheet für das Element `<label>` definiert.

Daten eines Artikels abfragen

Artikelbezeichnung: Sunset [Daten anzeigen]
Bestand: 200
Preis: 120
Absatz: 200

Abbildung 10.7 Die gesuchten Daten zu einem Artikel

Der Quellcode sieht insgesamt so aus:

```
<html>
  <head>
    <meta http-equiv="content-type"
          content="text/html;charset=UTF-8">
    <title>Daten eines bestimmten Elements anzeigen
    </title>
    <script language="JavaScript">
```

```
    function XMLDokumentAbfragen(artikelbezeichnung)
    {
      var xmldoc, lagerKnoten, artikelKnoten, bezeichnungKnoten;
      var bestandKnoten, preisKnoten, absatzKnoten;
      var knotenListe, gefunden;
      xmldoc = new ActiveXObject("Msxml2.DOMDocument.6.0");
      xmldoc.load("lagerdaten.xml");
      lagerKnoten = xmldoc.documentElement;
      knotenListe= lagerKnoten.childNodes;
      for (var i = 0; i < knotenListe.length; i++)
      {
        if  (lagerKnoten.childNodes(i).firstChild.firstChild.
             nodeValue == artikelbezeichnung)
        {
          gefunden = i;
          artikelKnoten = lagerKnoten.childNodes(gefunden);
          bezeichnungKnoten = artikelKnoten.firstChild;
          bestandKnoten = bezeichnungKnoten.nextSibling;
          preisKnoten = bestandKnoten.nextSibling;
          absatzKnoten = preisKnoten.nextSibling;
          document.abfrage.bestand.value = bestandKnoten.
            firstChild.nodeValue;
          document.abfrage.preis.value = preisKnoten.firstChild.
            nodeValue;
          document.abfrage.absatz.value = absatzKnoten.firstChild.
            nodeValue;
        break;
       }
     }
   }

  </script>
  <style type="text/css" media="screen"><!--

   label {
     font-size: medium;
     width: 4cm }

  --></style>

 </head>
```

```
  <body>
    <form name="abfrage">
      <h2>Daten eines Artikels abfragen</h2><br>
      <label>Artikelbezeichnung: </label>
      <input type="text" name="artbez" size="13">
      <input type="button" value="Daten anzeigen"
       onclick="XMLDokumentAbfragen(document.abfrage.artbez.value)">
      <br>
      <label>Bestand: </label>
      <input type="text" name="bestand" readonly size="6"><br>
      <label>Preis: </label>
      <input type="text" name="preis" readonly size="10"><br>
      <label>Absatz: </label>
      <input type="text" name="absatz" readonly size="6"><br>
    </form>
  </body>

</html>
```

Listing 10.4 dom_001.html

10.5.2 Zugriff über Elementnamen

Mit `Node`-Attributen wie `firstChild`, `lastChild`, `nextsibling` oder `childNodes`, die im letzten Beispiel verwendet worden sind, lässt sich der Knotenbaum vom Wurzelknoten aus bis zu jedem beliebigen Elementknoten durchwandern. Attribute wie `parentNode` und `previousSibling` erlauben es, den Knotenbaum auch in umgekehrter Richtung von jedem beliebigen Elementknoten aus wieder hinaufzuklettern. Die Abfolge ist durch die *Dokumentreihenfolge* bestimmt, die die Ordnung des Baumes regelt.

Eine Alternative zu diesem Schritt-für-Schritt-Verfahren ist die Verwendung der `getElementsByTagName`-Methode des `DOMDocument`-Objekts. Diese Methode liefert ohne Zwischenschritte direkt eine Sammlung von Elementen, die sich über den angegebenen Namen identifizieren lassen. Das Ergebnis ist ein `IXMLDOMNodeList`-Objekt. Die einzelnen Knoten dieser Liste lassen sich über einen Index, der mit 0 startet, wahlfrei ansprechen.

In unserem Beispiel könnte mit Hilfe dieser Methode gleich nach dem Laden der Lagerdaten eine Liste der Artikel erzeugt werden, um darin den gewünschten Artikel aufzuspüren. Der vordere Abschnitt des Skripts kann dann so aussehen:

```
function XMLDokumentAbfragen(artikelbezeichnung)
{
   var xmldoc, lagerKnoten, artikelKnoten, bezeichnungKnoten;
   var bestandKnoten, preisKnoten, absatzKnoten;
   var knotenListe;
   xmldoc = new ActiveXObject("Msxml2.DOMDocument.6.0");
   xmldoc.load("lagerdaten.xml");
   knotenListe = xmldoc.getElementsByTagName("Artikel");
   for (var i = 0; I < knotenListe.length; i++)
   {
    if (knotenListe.item(i).firstChild.firstChild.nodeValue ==
        artikelbezeichnung)
    {
      artikelKnoten = knotenListe.item(i);
```

Listing 10.5 dom_002.html

Die einzelnen Knoten der über die Suche mit dem Elementnamen »Artikel« erzeugten Knotenliste werden in diesem Fall über die `item()`-Methode angesteuert.

10.5.3 Zugriff auf Attribute

Vielleicht ist es Ihnen aufgefallen, dass wir bei der Ausgabe der Artikeldaten bisher die beiden Attribute vernachlässigt haben. Es ist oben schon einiges zur Sonderstellung der Attribute im DOM-Baum gesagt worden. Wie lassen sich die Attributwerte in unserem Beispiel aber in die Ausgabe einfügen?

Die beiden Attribute `nr` und `wg` sind Eigenschaften des Artikelknotens und keine Kinder desselben. Zunächst muss also der Elementknoten für den Artikel angesteuert werden, und von dort aus lässt sich mit der `Node`-Eigenschaft `attributes` eine Liste der dem Element zugeordneten Attribute und ihrer Werte erzeugen.

Diese Liste ist ein Objekt vom Typ `IXMLDOMNamedNodeMap`, das der DOM-Schnittstelle `NamedNodeMap` entspricht. Diese Schnittstelle wiederum macht es möglich, auf die Attributwerte mit Hilfe der `getNamedItem`-Methode zuzugreifen. Die Erweiterungen der Abfragefunktion sehen so aus:

```
<script language="JavaScript">

  function XMLDokumentAbfragen(artikelbezeichnung)
  {
    ...
    var artikelAttribute;
    ...
    artikelKnoten = lagerKnoten.childNodes(i);
```

```
    artikelAttribute = artikelKnoten.attributes
    ...
    document.abfrage.nr.value =
        artikelAttribute.getNamedItem("nr").value;
    document.abfrage.wg.value =
        artikelAttribute.getNamedItem("wg").value;
    ...
  }

</script>
<form name="abfrage">
 ...
<label>Nr: </label>
  <input type="text" name="nr" readonly size="6"><br>
<label>Warengruppe: </label>
  <input type="text" name="wg" readonly size="10"><br>
...
```

Listing 10.6 dom_003.html

Der Internet Explorer zeigt das Ergebnis innerhalb des Formulars an, wie in Abbildung 10.8 dargestellt.

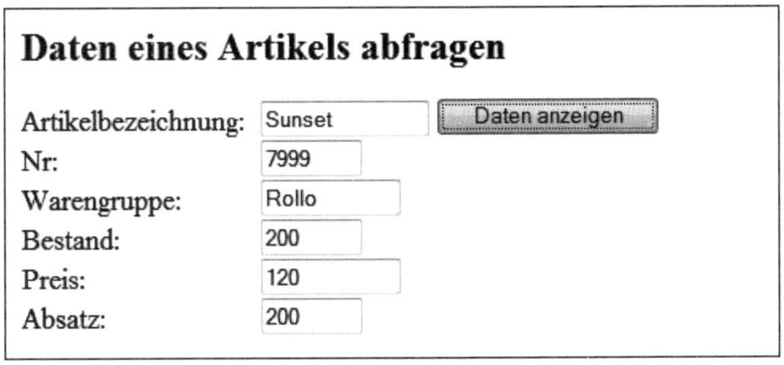

Abbildung 10.8 Die kompletten Daten zu einem Artikel

10.5.4 Abfrage über einen Attributwert

Nachdem diese Hürde genommen ist, liegt es nahe, statt der Abfrage über die Artikelbezeichnung eine Abfrage über die Artikelnummer einzurichten. Dazu muss der Funktion die Artikelnummer als Parameter übergeben werden. Für jeden Artikelknoten wird geprüft, ob die gewählte Artikelnummer mit der Artikelnummer des aktuellen Knotens übereinstimmt. Ist das der Fall, werden die Daten des gefundenen Knotens ausgewertet.

Hier nun die geänderte Funktion und das geänderte Formular, das zunächst die Artikelnummer abfragt:

```
<script language="JavaScript">

  function XMLDokumentAbfragen(artikelnr)
  {
    var xmldoc, lagerKnoten, artikelKnoten, bezeichnungKnoten;
    var bestandKnoten, preisKnoten, absatzKnoten;
    var attribute, artikelAttribute, knotenListe;
    xmldoc = new ActiveXObject("Msxml2.DOMDocument.6.0");
    xmldoc.load("lagerdaten.xml");
    lagerKnoten = xmldoc.documentElement;
    knotenListe = lagerKnoten.childNodes
    for (var  i = 0; i < knotenListe.length; i++)
    {
      attribute = lagerKnoten.childNodes(i).attributes;
      if (attribute.getNamedItem("nr").value == artikelnr)
      {
        artikelKnoten = lagerKnoten.childNodes(i);
        artikelAttribute = artikelKnoten.attributes;
        bezeichnungKnoten = artikelKnoten.firstChild;
        bestandKnoten = bezeichnungKnoten.nextSibling;
        preisKnoten = bestandKnoten.nextSibling;
        absatzKnoten = preisKnoten.nextSibling;
        document.abfrage.wg.value =
          artikelAttribute.getNamedItem("wg").value;
        document.abfrage.bezeichnung.value = bezeichnungKnoten.
          firstChild.nodeValue;
        document.abfrage.bestand.value = bestandKnoten.firstChild.
          nodeValue;
        document.abfrage.preis.value = preisKnoten.firstChild.
          nodeValue;
        document.abfrage.absatz.value = absatzKnoten.firstChild.
          nodeValue;
        break;
      }
    }
  }

</script>
...
<form name="abfrage">
  <h2>Daten eines Artikels abfragen</h2><br>
```

```
  <label>Artikelnummer: </label>
  <input type="text" name="artikelnr" size="13">
  <input type="button" value="Daten anzeigen"
    onclick="XMLDokumentAbfragen(document.abfrage.artikelnr.value)">
  <br>
  <label>Artikel: </label>
  <input type="text" name="bezeichnung" readonly size="25">
  <br>
  ...
</form>
```

Listing 10.7 dom_004.html

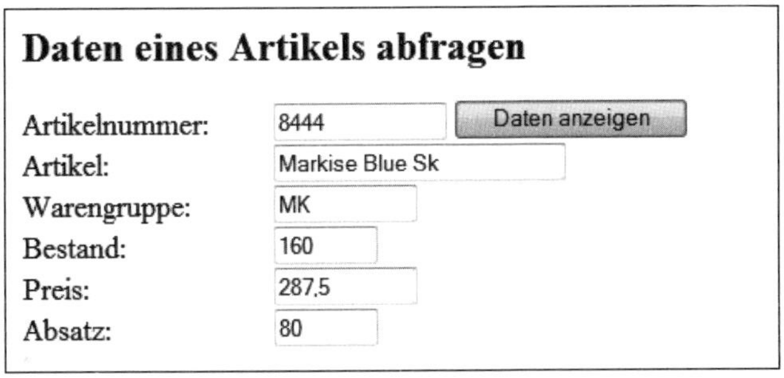

Daten eines Artikels abfragen

Artikelnummer: 8444 Daten anzeigen
Artikel: Markise Blue Sk
Warengruppe: MK
Bestand: 160
Preis: 287.5
Absatz: 80

Abbildung 10.9 Abfrage über die Artikelnummer

10.5.5 Fehlerbehandlung

Bei den bisher gelisteten Skriptfunktionen haben wir uns um den Ausnahmefall zunächst nicht gekümmert, um die Sache so übersichtlich wie möglich zu halten. Aber wenn eine Datei eingelesen wird, kann es immer auch zu Fehlern kommen. Die angegebene Datei ist vielleicht irrtümlich gelöscht worden, oder eine Netzverbindung ist gerade nicht verfügbar. Wie also mit möglichen Fehlern umgehen?

Wir haben schon erwähnt, dass die Spezifikation für DOM mit `DOMException` eine Ausnahmebehandlung definiert hat, die mit vorgegebenen Fehlercodes arbeitet. Die MSXML-Implementierung verwendet dagegen für die Fehlerbehandlung ein spezielles `IXMLDOMParseError`-Objekt, das im Fehlerfall einen Fehlercode zur Auswertung liefert.

Neben dem Fehlercode lassen sich aber noch weitere Informationen zu einem Fehler über die anderen Attribute des `IXMLDOMParseError`-Objekts abfragen, die hilfreich bei der Suche nach der Ursache sein können.

Der folgende Code liefert zum Beispiel, wenn die Daten nicht geladen werden können, einen Grund – reason – für den Fehler, dass die angegebene Ressource nicht auffindbar ist:

```
xmldoc.load("lagerdaten.xml");
if (xmldoc.parseError.errorCode != 0)
  {
    alert ("Fehler beim Einlesen des XML-Dokuments " + xmldoc.
      parseError.reason);
  }
```

Tabelle 10.9 zeigt alle Eigenschaften des IXMLDOMParseError-Objekts.

Eigenschaft	Bedeutung
errorCode	Fehlernummer des letzten Parser-Fehlers. 0 bedeutet, dass kein Fehler vorliegt.
filepos	Gibt die absolute Dateiposition an, an der sich der Fehler ereignete.
line	Gibt die Zeilennummer an, bei der der Fehler aufgetreten ist.
linepos	Gibt die Zeichenposition innerhalb der Zeile mit dem Fehler an.
reason	Erklärt die Ursache des Fehlers.
srcText	Quelltext der Zeile, die den Fehler verursacht hat
url	URL des XML-Dokuments, das den Fehler enthält

Tabelle 10.9 Eigenschaften von »IXMLDOMParseError«

10.5.6 Neue Knoten einfügen

Das DOM erlaubt nicht bloß das Ablesen der Inhalte des Knotenbaums, Sie können auch neue Knoten hinzufügen oder Werte von bestehenden Knoten ändern. Dabei werden Methoden des DOMDocument-Objekts verwendet wie createElement, createAttribute, createTextNode etc., um neue Knoten zu erzeugen. Mit Hilfe allgemeiner Node-Methoden wie appendChild, insertBefore etc. lassen sich diese neuen Knoten anschließend in den Knotenbaum einbauen.

Um die Stelle zu finden, wo der jeweilige Knoten vorgesehen ist, wird mit Hilfe der Attribute firstChild, lastChild, nextSibling etc. im Baum herumgeklettert. Es ist dafür nicht ungünstig, wenn Sie zur Orientierung eine grafische Darstellung des DOM-Baumes als Landkarte verwenden können, sonst kann es schon einmal vorkommen, dass die Verwandtschaftsbeziehungen zwischen den Knoten etwas durcheinandergeraten sind und ein neuer Knoten an der falschen Stelle eingehängt wird.

Das folgende Beispiel soll dafür sorgen, dass neue Artikel im Lagerbestand eingegeben werden können. Wir bleiben bei dem bisher verwendeten Zugang über den Internet Explorer, obwohl das in diesem Fall den Nachteil hat, dass die save-Methode, mit der der DOM-Baum wieder in eine Datei zurückgeschrieben, also serialisiert werden kann, nicht anwendbar ist, da die üblichen Sicherheitseinstellungen eines Browsers das Speichern nicht zulassen.

Die gestellte Aufgabe ist im Prinzip eine typische Problemstellung für eine dynamische Webseite unter Verwendung von Active Server Pages (ASP), Java Server Pages (JSP) oder PHP. Da die Beschreibung solcher Lösungen aber den Rahmen dieser Einführung völlig sprengen würde, begnügen wir uns hier mit einem kleinen Trick, um wenigstens kontrollieren zu können, ob die neuen Knoten richtig eingefügt werden. Über das Formular für die Dateneingabe wird der Inhalt des erweiterten DOM-Baumes an ein winziges ASP-Skript übergeben, das in einem virtuellen Verzeichnis eines Webservers unter IIS installiert ist. Dieses Skript gibt die kompletten Daten dann als Antwort an den Browser zurück, der sie als XML-Daten anzeigt.

Hier zunächst die vollständige HTML-Seite mit dem Skript und dem Formular:

```
<html>
  <head>
    <meta http-equiv="content-type" content="text/html;
     charset=UTF-8">
    <title>Neuen Artikel einfügen</title>
    <script language="JavaScript">

    function XMLDokumentEingabe()
    {
      var xmldoc, lagerKnoten;
      var neuerKnoten, aktKnoten, neuesAttribut, neuerText,
       namedNodeMap;
      xmldoc = new ActiveXObject("Msxml2.DOMDocument.6.0");
      xmldoc.load("lagerdaten.xml");

      lagerKnoten = xmldoc.documentElement;
      neuerKnoten = xmldoc.createElement("Artikel");
      aktKnoten = lagerKnoten.appendChild(neuerKnoten);

      neuesAttribut = xmldoc.createAttribute("nr");
      neuesAttribut.value = String(document.eingabe.nr.value);
      namedNodeMap = aktKnoten.attributes
      namedNodeMap.setNamedItem(neuesAttribut);

      neuesAttribut = xmldoc.createAttribute("wg");
```

```
    neuesAttribut.value = String(document.eingabe.wg.value);
    namedNodeMap = aktKnoten.attributes
    namedNodeMap.setNamedItem(neuesAttribut);

    neuerKnoten = xmldoc.createElement("Bezeichnung");
    aktKnoten = lagerKnoten.lastChild.appendChild(neuerKnoten);
    neuerText = xmldoc.createTextNode(document.eingabe.artbez.value);
    aktKnoten.appendChild(neuerText);

    neuerKnoten = xmldoc.createElement("Bestand");
    aktKnoten = lagerKnoten.lastChild.appendChild(neuerKnoten);
    neuerText = xmldoc.createTextNode(document.eingabe.bestand.value);
    aktKnoten.appendChild(neuerText);
    neuerKnoten = xmldoc.createElement("Preis");
    aktKnoten = lagerKnoten.lastChild.appendChild(neuerKnoten);
    neuerText = xmldoc.createTextNode(document.eingabe.preis.value);
    aktKnoten.appendChild(neuerText);

    neuerKnoten = xmldoc.createElement("Absatz");
    aktKnoten = lagerKnoten.lastChild.appendChild(neuerKnoten);
    neuerText = xmldoc.createTextNode(document.eingabe.absatz.value);
    aktKnoten.appendChild(neuerText);
    document.all.daten.value = xmldoc.documentElement.xml;
    document.eingabe.submit();
  }

  </script>

  <style type="text/css" media="screen"><!--

   label {
     font-size: medium;
     width: 4cm }

  --></style>
</head>
<body>
  <form name="eingabe" action="http://dellprof/xmldaten/
    rueckgabe.asp" method="POST">
    <h2>Neuer Artikel:</h2><br>
    <label>Artikelbezeichnung: </label> <input type="text"
     name="artbez" size="25"><br>
    <label>Artikelnr: </label> <input type="text" name="nr"
```

```
        size="6"><br>
      <label>Warengruppe: </label> <input type="text" name="wg"
        size="10"><br>
      <label>Bestand: </label> <input type="text" name="bestand"
        size="6"><br>
      <label>Preis: </label> <input type="text" name="preis"
        size="10"><br>
      <label>Absatz: </label> <input type="text" name="absatz"
        size="6"><br>
      <input type="hidden" name="daten">
      <input type="button" value="Daten anzeigen"
        onclick="XMLDokumentEingabe()"><br>
    </form>
  </body>
</html>
```


Listing 10.8 lagerdatenerweitern.html

Die Webseite bietet ein Formular für die Eingabe eines neuen Artikels an. Nach Eingabe der Daten wird über die Schaltfläche die Funktion `XMLDokumentEingabe()` aufgerufen.

10.5.7 Neue Elementknoten

Um das Einfügen neuer Knoten zu ermöglichen, werden Variablen deklariert, die wiederholt verwendet werden können:

```
var neuerKnoten, aktKnoten, neuesAttribut, neuerText, namedNodeMap;
```

Zunächst wird ein neuer Elementknoten für einen weiteren Artikel erzeugt:

```
neuerKnoten = xmldoc.createElement("Artikel");
```

Dieser neue Knoten wird unterhalb des Wurzelelements `<lager>` in die Liste der Artikelknoten eingebaut, und zwar am Ende der bestehenden Liste.

```
aktKnoten = lagerKnoten.appendChild(neuerKnoten);
```

Die dafür verwendete Methode `appendChild` liefert den eingefügten neuen Knoten, der der Variablen `aktKnoten` zugewiesen wird, so dass darauf wieder Bezug genommen werden kann.

Statt den neuen Artikel hinter dem bisher letzten Artikel einfach anzuhängen, könnte er zum Beispiel vor dem bisher ersten Artikel eingefügt werden oder auch an einer beliebigen Stelle, wenn eine bestimmte Reihenfolge erwünscht ist. Dafür ist die

Methode insertBefore zuständig, die gleich zwei Parameter hat. Der erste gibt an, wer das neue Kind ist, der zweite bezeichnet den Knoten des Kindes, vor dem der neue Knoten eingefügt werden soll. Der Ausdruck

```
aktKnoten = lagerKnoten.insertBefore(neuerKnoten, lagerknoten.firstChild);
```

wäre eine Alternative.

10.5.8 Neue Attributknoten

Für den neuen Artikel werden zwei neue Attributknoten benötigt; auch diese werden zuerst über eine Methode des DOMDocument-Knotens erzeugt:

```
neuesAttribut = xmldoc.createAttribute("nr");
neuesAttribut.value = String(document.eingabe.nr.value);
```

Anders als bei den Textknoten von Elementen kann der Attributwert in einem einfachen Verfahren zugewiesen werden. Hier wird die im Formular eingetragene Artikelnummer dem neuen Attribut zugewiesen. Wie aber kann nun das neue Attribut an den Elementknoten gebunden werden? Die Methoden appendChild oder insertBefore sind ja nicht anwendbar, weil, wie schon beschrieben, Attributknoten keine Kindknoten der Elemente sind, sondern ihnen quasi nur lose, in einer ungeregelten Liste, zugeordnet werden.

Stattdessen wird mit der Node-Eigenschaft attributes ein NamedNodeMap-Objekt für die Attribute des aktuellen Knotens erzeugt. Diesem Objekt kann über die setNamedItem-Methode das neue Attribut zugewiesen werden.

```
namedNodeMap = aktKnoten.attributes
namedNodeMap.setNamedItem(neuesAttribut);
```

10.5.9 Unterelementknoten und Textknoten

Innerhalb des neuen Artikelknotens sind nun die einzelnen Elemente an der Reihe. Das Verfahren ist für alle vier Unterknoten gleich. Der neue Elementknoten wird erzeugt und wird diesmal eine Etage tiefer angehängt:

```
neuerKnoten = xmldoc.createElement("Bezeichnung");
aktKnoten = lagerKnoten.lastChild.appendChild(neuerKnoten);
```

Zu jedem Unterelement gehört als Kind ein Textknoten, der einen Wert aus dem Formular aufnehmen soll. Der Textknoten wird gleich mit dem entsprechenden Wert erzeugt und dann an den aktuellen Knoten angehängt:

```
neuerText = xmldoc.createTextNode(document.eingabe.artbez.value);
aktKnoten.appendChild(neuerText);
```

Nachdem alle Unterelemente erzeugt und mit ihren Textwerten eingebaut sind, wird der aktuelle Stand des DOM-Baumes ab dem Wurzelelement an ein im Formular versteckte Feld übergeben, wobei mit Hilfe der xml-Eigenschaft noch dafür gesorgt wird, dass diese Daten als Unicode-String übergeben werden:

```
document.all.daten.value = xmldoc.documentElement.xml;
```

Mit der Methode

```
document.eingabe.submit();
```

werden die Daten in diesem Fall an den Webserver verschickt, ohne dass noch einmal eine Schaltfläche gedrückt werden muss.

10.5.10 Request und Response

Dem Eingabeformular ist, anders als bei den bisherigen Beispielen, eine Aktion als Eigenschaft zugeordnet. Damit wird festgelegt, dass die Daten des Formulars an das schon erwählte kleine ASP-Skript auf dem angegebenen Webserver zur Weiterverarbeitung gereicht werden, und zwar mit der Methode post, die dafür sorgt, dass das ASP-Skript die übergebenen Daten wie eine Benutzereingabe erhält und verarbeiten muss:

```
<form name="eingabe" action="http://dellprof/xmldaten/rueckgabe.asp"
  method="POST">
```

Das kleine Skript auf dem Server behandelt die ankommenden Daten als eine Anforderung, einen *Request*, von Seiten des Webbrowsers, also des Clients.

```
##rueckgabe.asp##
<%@ LANGUAGE="VBSCRIPT" %>
<%
Response.ContentType = "text/xml"
Response.Write "<?xml version=" & Chr(34) & "1.0" & Chr(34) & "?>" & Chr(13)
 & Chr(10)
Response.Write Request("daten")
%>
```

Die Aufgabe des Skripts ist es einfach nur, die empfangenen Daten, die die neuen Elemente enthalten, wieder an den Webbrowser zurückzuschicken. Dazu wird das Response-Objekt verwendet, das die Methode Write zur Verfügung stellt. Vorher wird noch der MIME-Typ der Daten mit "text/xml" festgelegt und eine Zeile mit der XML-Deklaration vorangestellt.

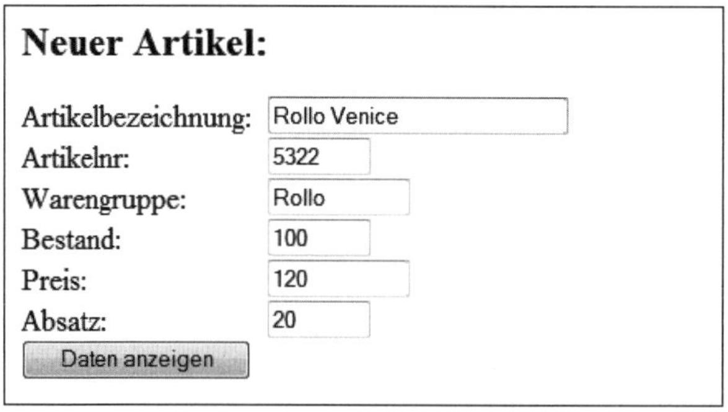

Neuer Artikel:

Artikelbezeichnung: Rollo Venice
Artikelnr: 5322
Warengruppe: Rollo
Bestand: 100
Preis: 120
Absatz: 20
Daten anzeigen

Abbildung 10.10 Die Maske mit Daten für einen neuen Artikel

Der Internet Explorer zeigt das erweiterte XML-Dokument mit dem angehängten Artikel in Form einer wohlgeformten XML-Datei an, die Sie, wenn Sie wollen, auch aus dem Internet Explorer heraus mit der Dateiendung *.xml* lokal speichern können.

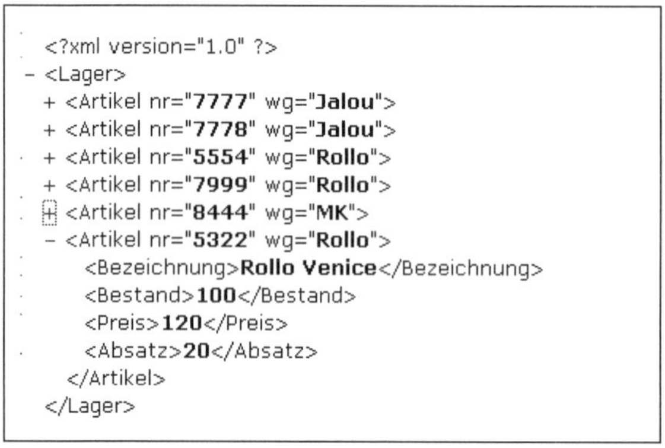

```
  <?xml version="1.0" ?>
- <Lager>
  + <Artikel nr="7777" wg="Jalou">
  + <Artikel nr="7778" wg="Jalou">
  + <Artikel nr="5554" wg="Rollo">
  + <Artikel nr="7999" wg="Rollo">
  + <Artikel nr="8444" wg="MK">
  - <Artikel nr="5322" wg="Rollo">
      <Bezeichnung>Rollo Venice</Bezeichnung>
      <Bestand>100</Bestand>
      <Preis>120</Preis>
      <Absatz>20</Absatz>
    </Artikel>
  </Lager>
```

Abbildung 10.11 Die Anzeige des erweiterten XML-Dokuments im Internet Explorer

10.6 Alternative zu DOM: Simple API for XML (SAX)

In vielen Fällen ist der Aufbau eines Knotenmodells im Speicher nicht erforderlich, um an die Informationen zu gelangen, die von einer Anwendung benötigt werden. Das gilt immer dann, wenn es möglich ist, ein XML-Dokument einfach ganz oder auch nur bis zu einer bestimmten Stelle sequenziell durchzugehen, um das zu finden, was gesucht wird. Wenn Sie zum Beispiel wissen wollen, wie viele Artikel zu einer bestimmten Warengruppe gehören, ist es nicht notwendig, einen Knotenbaum aufzubauen. Hier bietet es sich als eine mögliche Lösung an, mit *SAX* zu arbeiten.

10.6.1 Vergesslicher Beobachter am Datenstrom

An der SAX-Schnittstelle fließen die Daten des Quelldokuments gewissermaßen vorbei. Die Methoden der Schnittstelle machen nur Momentaufnahmen der Stelle, die gerade erreicht ist. Es gibt kein Zurück zu Daten, die bereits durchlaufen sind, und auch kein Vorauseilen zu Daten, die noch nicht an der Reihe sind. SAX »vergisst« die Informationen der zurückliegenden Ereignisse. Entwickler müssen deshalb selbst dafür sorgen, dass Informationen aufbewahrt werden, die für eine bestimmte Auswertung erforderlich sind.

Es wird in diesem Abschnitt nur darum gehen, Ihnen einen ersten Einblick in die Arbeit mit SAX in der aktuellen Version 2 zu vermitteln und dabei auch den unterschiedlichen Lösungsansatz gegenüber DOM deutlich werden zu lassen.

10.6.2 SAX2 unter Java

SAX2 stellt einen Satz abstrakter Programmierschnittstellen zur Verfügung, die in Verbindung mit verschiedenen XML-Parsern verwendet werden können. Gegenüber SAX1 sind einige Schnittstellen ersetzt worden, insbesondere auch, um die Unterstützung von Namensräumen zu gewährleisten. Es gibt aber zwei Adapter-Klassen, die die Zusammenarbeit zwischen SAX1- und SAX2-Anwendungen sicherstellen.

Nachdem wir die DOM-Schnittstelle in der MSXML 6.0-Implementierung vorgestellt haben, werden wir für SAX2 einige Beispiele in Java beschreiben. SAX2 wird aber auch von MSXML unterstützt. (Im .NET Framework dagegen wird auf eine SAX-Implementierung verzichtet, weil es mit den Klassen `XMLReader` und `XMLWriter` einen zwar ähnlichen, aber doch eigenen Ansatz von Microsoft für eine sequenzielle Bearbeitung und Erstellung von XML-Dokumenten gibt.)

Java Platform, Standard Edition

Um eine Entwicklungsumgebung für SAX2 unter Java aufzubauen, können Sie beispielsweise eine aktuelle Version der Java Platform, Standard Edition (Java SE) installieren. Sie ist über *www.oracle.com/technetwork/java/javase/downloads/index.html* verfügbar. Teil dieser Edition ist das *Java API for XML Processing (JAXP)*.

Java API for XML Processing

JAXP ist entwickelt worden, um Anwendungen, die XML-Dokumente parsen und transformieren wollen, eine Programmierschnittstelle zur Verfügung zu stellen, die unabhängig von einer bestimmten XML-Prozessor-Implementierung ist. Die Schnittstelle stellt Merkmale zur Verfügung, die es erlauben, zwischen verschiedenen XML-Prozessoren umzuschalten, falls dies notwendig sein sollte. JAXP unterstützt sowohl DOM als auch SAX.

Entwicklungswerkzeuge

Das Java SE-SDK bietet selbst keine grafische Oberfläche für die Programmentwicklung an. Wer eine leistungsfähige Entwicklungsumgebung sucht, kann beispielsweise über *www.eclipse.org* die beliebte *Eclipse*-IDE herunterladen, die als Open-Source-Projekt entwickelt wurde. Notfalls reicht aber zunächst auch ein einfacher Editor wie jEdit (siehe *www.jedit.org*).

Parser, Ereignisse und Handler-Methoden

Bei der Arbeit mit SAX spielen unterschiedliche Programmkomponenten ineinander: ein XML-Parser, in diesem Zusammenhang in der Rolle eines Treibers, der beim Parsen eines XML-Dokuments bestimmte Ereignisse erzeugt, und Handler, die auf diese Ereignisse mit bestimmten Methoden reagieren können, so dass es möglich ist, die bei einem bestimmten Ereignis anfallenden Daten wunschgemäß zu verarbeiten.

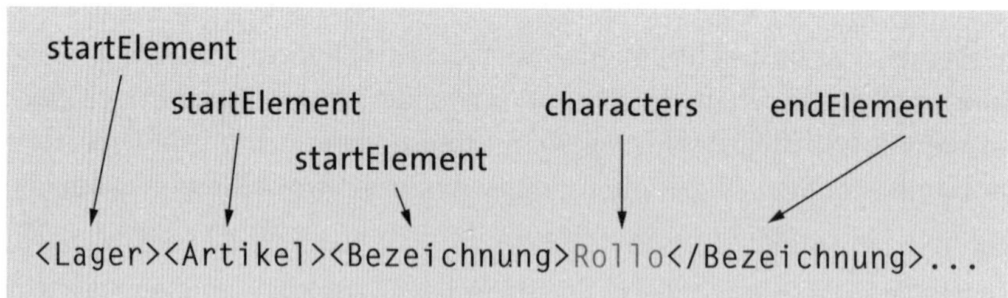

Abbildung 10.12 Abfolge von Methodenaufrufen in SAX

Abbildung 10.12 zeigt eine Abfolge von Ereignissen und die entsprechenden Methodenaufrufe. Die Abfolge entspricht genau der schon mehrfach angesprochenen Dokumentreihenfolge.

Der Parser findet zum Beispiel das Start-Tag `<Lager>`, und dieses Ereignis ruft über die Schnittstelle `ContentHandler` die Methode `startElement` auf. Damit wird signalisiert, dass eine neue Informationseinheit vom Typ *Element* begonnen hat. Später findet der Parser ein entsprechendes End-Tag `</Lager>`, und dies ruft die Methode `endElement` auf. Zwischen diesen beiden Methodenaufrufen bleiben mit Hilfe der Methodenparameter bestimmte Informationen über die betreffende Informationseinheit erhalten, so dass immer klar ist, dass sich etwa ein weiterer `startElement`-Aufruf auf ein Kindelement von `<Lager>` bezieht.

Neben den Ereignissen, die durch den Inhalt des XML-Dokuments verursacht sind, gibt es Ereignisse, die bei der Validierung des Dokuments vorkommen können, wenn also ein Parser verwendet wird, der nicht nur die Wohlgeformtheit, sondern auch die Gültigkeit der gefundenen Daten prüft. Schließlich existieren noch Ereignisse, die durch Fehler beim Parsen oder bei der weiteren Verarbeitung auftreten.

10.6.3 Der Kern der SAX-Schnittstellen

Um auf die möglichen Ereignisse reagieren zu können, muss die SAX-Anwendung die geeigneten Handler in Form entsprechender Schnittstellen implementieren. In Java sind Schnittstellen Bündel von zusammengehörigen Methoden, die eine gemeinsame Aufgabe erledigen sollen. Diese Methoden sind abstrakt, legen also zunächst nur fest, was man mit der Schnittstelle machen kann, ohne direkt etwas zu tun. Die Klassen, aus denen eine Java-Anwendung zusammengebaut wird, können beliebig viele solcher Schnittstellen implementieren.

Ist für bestimmte Ereignisse kein passender Handler implementiert, bleibt das Ereignis innerhalb der SAX-Anwendung ohne Folgen.

Welche dieser Schnittstellen für eine konkrete Anwendung benötigt werden, hängt von der Aufgabenstellung ab. In vielen Fällen wird ein Bündel von drei, vier Schnittstellen genügen. Auf jeden Fall muss die Schnittstelle `XMLReader` implementiert werden, über die die Art und Weise, wie der SAXParser seine Arbeit erledigt, gesteuert wird. Dazu erfahren Sie gleich noch mehr.

In der über *www.saxproject.org* angebotenen SAX-Distribution ist der Kern der SAX-Schnittstellen und -Klassen im Paket `org.xml.sax` zusammengestellt.

Tabelle 10.10 zeigt die in `org.xml.sax` enthaltenen SAX2-Schnittstellen, mit Hinweisen auf SAX1-Schnittstellen, die als »deprecated« eingestuft wurden. Die Verwendung dieser Schnittstellen sollte vermieden werden, sie werden aber aus Gründen der Rückwärtskompatibilität weiter mitgeführt. Die nachfolgenden Tabellen listen Klassen für die Input-Source und für die Fehlerbehandlung auf.

Schnittstelle	Beschreibung
`Attributes`	Erlaubt den Zugriff auf eine Liste von Attributen, und zwar über einen Index oder über den Attributnamen (ersetzt die `AttributeList`-Schnittstelle von SAX 1.0).
`ContentHandler`	Benachrichtigung über den logischen Inhalt eines Dokuments: Elemente, Attribute etc. (ersetzt die `DocumentHandler`-Schnittstelle von SAX 1.0, um auch Namensräume zu unterstützen)
`DTDHandler`	Benachrichtigung über Ereignisse, die mit einer DTD zu tun haben, wie Notationen oder ungeparste Entitäten
`EntityResolver`	Schnittstelle für die Handhabung der Auflösung externer Entitäten

Tabelle 10.10 Liste der SAX-Schnittstellen

Schnittstelle	Beschreibung
ErrorHandler	Basisschnittstelle für die Fehlerbehandlung in SAX-Anwendungen
Locator	Schnittstelle für die Zuordnung eines SAX-Ereignisses mit einer Stelle im Dokument, beispielsweise einer Zeilennummer
XMLFilter	Schnittstelle für einen XML-Filter
XMLReader	Schnittstelle für das Lesen eines XML-Dokuments unter Verwendung von Methodenaufrufen. Diese Schnittstelle steuert den Prozess des Parsens durch die Implementierung von Handlern und die Wahl entsprechender Einstellungen (ersetzt die Parser-Schnittstelle von SAX 1.0).

Tabelle 10.10 Liste der SAX-Schnittstellen (Forts.)

Klasse	Beschreibung
InputSource	Diese Klasse kapselt alle Informationen über eine bestimmte Quelle für eine XML-Entität.

Tabelle 10.11 SAX-Klasse für das Eingabedokument

Ausnahme	Beschreibung
SAXException	Kapselt einen allgemeinen SAX-Fehler oder eine SAX-Warnung.
SAXNotRecognized-Exception	Ausnahmeklasse für unerkannte Identifier
SAXNotSupported-Exception	Ausnahmeklasse für nicht unterstützte Operationen
SAXParseException	Kapselt einen XML-Parser-Fehler oder eine Warnung und kann Informationen über den Ort des Fehlers im XML-Dokument liefern.

Tabelle 10.12 Liste der Klassen für die Fehlerbehandlung

10.6.4 »ContentHandler«

Die wichtigste Schnittstelle für Auswertung der Inhalte eines XML-Dokuments in SAX ist ContentHandler. Diese Schnittstelle erledigt die meiste Arbeit, weil sie für den überwiegenden Teil des XML-Dokuments zuständig ist. Jede SAX-Anwendung, die die Informationen aus einem XML-Dokument auslesen will, wird diese Schnittstelle implementieren und den von SAX verwendeten Parser mit einer Instanz dieser Schnittstelle ausstatten. Dies geschieht mit Hilfe der `setContentHandler`-Methode, wie Sie gleich sehen werden.

In Tabelle 10.13 finden Sie die Methoden dieser Schnittstelle und ihre Parameter.

Methode und Parameter	Beschreibung
`characters(char[] ch, int start, int length)`	Benachrichtigung, dass Zeichendaten gefunden wurden
`startDocument()`	Benachrichtigung über den Anfang des Dokuments und damit über den Beginn des Parsens
`endDocument()`	Benachrichtigung, dass das Ende des Dokuments erreicht ist und damit das Ende des Parsens
`startElement(java.lang.String uri, java.lang.String localName, java.lang.String qName, Attributes atts)`	Benachrichtigung, dass der Anfang eines Elements erreicht ist. Die Attributliste enthält nur explizit angegebene Attribute.
`endElement(java.lang.String uri, java.lang.String localName, java.lang.String qName)`	Benachrichtigung, dass das Ende eines Elements erreicht ist
`startPrefixMapping(java.lang.String prefix, java.lang.String uri)`	Kündigt den Beginn der Gültigkeit eines Namensraumpräfixes an, das zu einem Namensraum-URI passt.
`endPrefixMapping(java.lang.String prefix)`	Kündigt das Ende der Gültigkeit eines Namensraumpräfixes an.
`ignorableWhitespace(char[] ch, int start, int length)`	Benachrichtigung, dass ignorierbarer Leerraum im Inhalt eines Elements gefunden wurde
`processingInstruction(java.lang.String target, java.lang.String data)`	Benachrichtigung, dass eine Verarbeitungsanweisung gefunden wurde
`setDocumentLocator(Locator locator)`	Erhält ein Objekt für die Lokalisierung des Ursprungs eines Ereignisses.

Tabelle 10.13 Methoden und Parameter der »ContentHandler«-Schnittstelle

Methode und Parameter	Beschreibung
`skippedEntity(java.lang.String name)`	Benachrichtigung, dass eine Entität übergangen wurde

Tabelle 10.13 Methoden und Parameter der »ContentHandler«-Schnittstelle (Forts.)

10.6.5 Attribute

Neben der Schnittstelle `ContentHandler` muss, was die Verarbeitung der wesentlichen Inhalte eines XML-Dokuments betrifft, insbesondere noch die Schnittstelle `Attributes` herangezogen werden. Diese Schnittstelle macht die Attribute von Elementen als ungeordnete Sammlungen von Eigenschaften zugänglich, wobei wahlweise mit Indizes oder mit dem Attributnamen gearbeitet werden kann.

Methode	Beschreibung
`getIndex(java.lang.String qName)`	Ermittelt den Index eines Attributs durch einen qualifizierten Namen.
`getIndex(java.lang.String uri, java.lang.String localName)`	Ermittelt den Index eines Attributs anhand des Namensraumnamens.
`getLength()`	Liefert die Zahl der Attribute in der Liste.
`getLocalName(int index)`	Ermittelt den lokalen Namen eines Attributs anhand eines Indexes.
`getQName(int index)`	Ermittelt den qualifizierten Namen eines Attributs anhand eines Indexes.
`getType(int index)`	Ermittelt den Typ eines Attributs anhand eines Indexes.
`getType(java.lang.String qName)`	Ermittelt den Typ eines Attributs anhand eines qualifizierten Namens.
`getType(java.lang.String uri, java.lang.String localName)`	Ermittelt den Typ eines Attributs anhand eines Namensraumnamens.
`getURI(int index)`	Ermittelt den Namensraum-URI eines Attributs anhand eines Indexes.
`getValue(int index)`	Ermittelt den Wert eines Attributs anhand eines Indexes.

Tabelle 10.14 Methoden der »Attributes«-Schnittstelle

Methode	Beschreibung
getValue(java.lang.String qName)	Ermittelt den Wert eines Attributs anhand eines qualifizierten Namens.
getValue(java.lang.String uri, java.lang.String localName)	Ermittelt den Wert eines Attributs anhand des Namensraumnamens.

Tabelle 10.14 Methoden der »Attributes«-Schnittstelle (Forts.)

10.6.6 SAX2-Erweiterungen

Neben den Kernschnittstellen im Paket org.xml.sax sind in dem Paket org.xml.sax.ext einige zusätzliche Schnittstellen und Klassen zusammengefasst, von denen insbesondere die Schnittstellen DeclHandler und LexicalHandler von praktischer Bedeutung sind. DeclHandler ist eine SAX2-Erweiterung für DTD-Deklarationen, die die genauen Daten über Deklarationen von Elementtypen, Attributtypen, internen und externen Entitäten liefert.

LexicalHandler ist eine SAX2-Erweiterung für lexikalische Ereignisse wie Kommentare, DTDs, Entitäten und CDATA-Sections. Während bei Kommentaren einfach der Inhalt des Kommentars gemeldet wird – ohne die Begrenzer <!-- und >-, melden die anderen Methoden jeweils den Beginn und das Ende der betreffenden Einheiten, also etwa den Beginn und das Ende einer CDATA-Section. Die Zeichen der CDATA-Section selbst werden mit der characters-Methode von ContentHandler geliefert.

Diese Schnittstellen und Klassen müssen allerdings nicht von jeder SAX2-Installation unterstützt werden. Die Handler sind auch nicht mit inbegriffen, wenn Sie die Hilfsklassen DefaultHandler oder XMLFilterImp verwenden, die in Tabelle 10.15 aufgelistet sind. Sollen DeclHandler oder LexicalHandler benutzt werden, muss mit setProperty die Eigenschaft http://xml.org/sax/properties/declaration-handler bzw. lexical-handler gesetzt werden.

Um Attributes2, EntityResolver2 und Locator2 einsetzen zu können, müssen die entsprechenden Merkmale mit setFeature gesetzt werden.

Schnittstelle	Beschreibung
Attributes2	SAX2-Erweiterung von Attributes. Die Methode isDeclared prüft, ob eine DTD-Deklaration vorliegt. Mit isSpecified kann geprüft werden, ob ein Attribut explizit angegeben ist oder durch die Vorgabe in einer DTD erscheint.

Tabelle 10.15 Liste der zusätzlichen Schnittstellen in SAX

Schnittstelle	Beschreibung
DeclHandler	SAX2-Erweiterung, die vorliegende DTD-Deklarationen meldet
EntityResolver2	Ist eine erweiterte Schnittstelle, um bei Referenzen auf externe Entitäten die Verbindung zur Datenquelle herzustellen oder Ersatz für ein fehlendes externes DTD-Subset zu liefern.
LexicalHandler	SAX2-Erweiterung für die Behandlung lexikalischer Ereignisse
Locator2	Liefert zusätzlich zu den Informationen, die Locator liefert, noch die Daten über die Zeichencodierung der Entität und die XML-Version.

Tabelle 10.15 Liste der zusätzlichen Schnittstellen in SAX (Forts.)

Klasse	Beschreibung
Attributes2Impl	SAX2-Erweiterung für Zusatzinformationen über Attribute. Implementiert die Attributes2-Schnittstelle.
DefaultHandler2	Erweiterung der SAX2-Basis-Handler-Klasse zur Unterstützung der SAX2-Erweiterungen LexicalHandler, DeclHandler und EntityResolver2
Locator2Impl	SAX2-Erweiterung, um zusätzliche Informationen über Entitäten zu erhalten. Implementiert die Locator2-Schnittstelle.

Tabelle 10.16 Liste der zusätzlichen Klassen in SAX

10.6.7 Hilfsklassen

In dem Paket `org.xml.sax.helpers` sind noch einige Hilfsklassen für SAX enthalten, die in Tabelle 10.17 kurz vorgestellt werden. Diese Klassen sind hauptsächlich dazu da, eine SAX-Anwendung auf etwas bequemere Weise in Gang zu bringen. Dies ist zum Beispiel die Aufgabe der Hilfsklasse `XMLReaderFactory`. Es handelt sich – wie der Name schon sagt – um eine Fabrik zur Erzeugung einer `XMLReader`-Schnittstelle, die in SAX2 an die Stelle der `Parser`-Schnittstelle getreten ist.

Um eine `XMLReader`-Instanz unter Verwendung von JAXP zu erzeugen, kann diese Hilfsklasse anstelle der in SAX2 sonst üblichen `createXMLReader`-Methode verwendet werden.

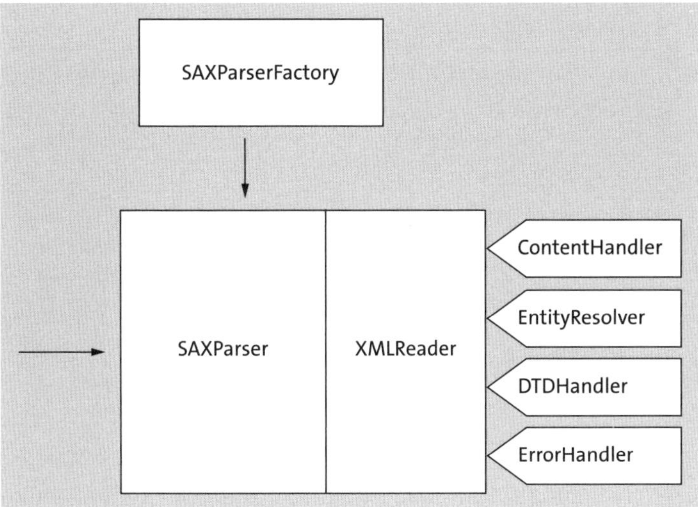

Abbildung 10.13 Der SAXParser und die Handler

Die Hilfsklasse `DefaultHandler` ist vor allem dazu gedacht, das Bündeln der für die Anwendung notwendigen Handler zu vereinfachen. Diese Basisklasse implementiert gleich die für die meisten Anwendungen wichtigsten Handler auf einen Streich:

- `ContentHandler`
- `ErrorHandler`
- `EntityResolver`
- `DTDHandler`

Das Besondere daran ist, dass diese Hilfsklasse zwar alle Methoden der implementierten Handler zur Verfügung stellt, aber in Form von leeren Methoden, also von Methoden, die nichts tun. Jede konkrete Anwendung kann dann aus diesem Methodenarsenal einfach die Methoden wählen, die sie benötigt, und damit die leeren Methoden überschreiben.

Klasse	Beschreibung
`AttributesImpl`	Default-Implementierung der `Attributes`-Schnittstelle
`DefaultHandler`	Default-Basisklasse für SAX2-Event-Handler
`LocatorImpl`	Besorgt eine Implementierung von `Locator`, bei der die Informationen ständig aktualisiert werden.
`NamespaceSupport`	Optimiert die Behandlung von Namensräumen durch den SAX-Treiber.

Tabelle 10.17 Liste der Hilfsklassen in SAX

Klasse	Beschreibung
`ParserAdapter`	Ist ein Adapter, um einen SAX1-Parser als SAX2-XML-Reader zu verwenden.
`XMLFilterImpl`	Basisklasse für die Ableitung eines XML-Filters
`XMLReaderAdapter`	Ist ein Adapter, um einen SAX2-XML-Reader als SAX1-Parser zu verwenden.
`XMLReaderFactory`	Fabrik für die Erzeugung eines XML-Readers

Tabelle 10.17 Liste der Hilfsklassen in SAX (Forts.)

10.6.8 SAXParser und XMLReader

Bevor Sie in einer SAX-Anwendung auf ein XML-Dokument zugreifen können, muss erst einmal ein Rahmen dafür geschaffen werden. Die Steuerschnittstelle für diesen Zweck ist die gerade angesprochene Schnittstelle `XMLReader`. Diese Schnittstelle wird durch den SAXParser implementiert.

Die Methoden von `XMLReader`, die Sie in Tabelle 10.18 finden, lassen sich in drei Gruppen einteilen:

- Mit Methoden wie `setFeature` und `setProperty` wiird zunächst der Parser für die jeweils aktuelle Aufgabe konfiguriert, das heißt, es werden Merkmale ein- oder ausgeschaltet und Werte für bestimmte Eigenschaften festgelegt.
- Methoden wie `setContentHandler` oder `setErrorHandler` werden benutzt, um die entsprechenden Handler beim SAXParser zu registrieren.
- Mit `parse` wird schließlich das Parsen des XML-Dokuments aus der angegebenen Quelle gestartet. Die Quelle kann direkt über einen String angegeben werden, der den Dateinamen enthält, oder aber über die Klasse `InputSource` vermittelt werden.

Methoden und Parameter	Beschreibung
`getContentHandler()`	Liefert den aktuellen `ContentHandler`.
`getDTDHandler()`	Liefert den aktuellen `DTDHandler`.
`getEntityResolver()`	Liefert den aktuellen `EntityResolver`.
`getErrorHandler()`	Liefert den aktuellen `ErrorHandler`.
`getFeature(java.lang.String name)`	Prüft, ob ein Feature vorhanden ist oder nicht.

Tabelle 10.18 Methoden und Parameter der Schnittstelle »XMLReader«

Methoden und Parameter	Beschreibung
`getProperty(java.lang.String name)`	Liefert den Wert einer Eigenschaft.
`parse(InputSource input)`	Parst ein XML-Dokument.
`parse(java.lang.String systemId)`	Parst ein XML-Dokument von einem URI.
`setContentHandler(ContentHandler handler)`	Erlaubt einer Anwendung die Registrierung eines Handlers für inhaltliche Ereignisse wie das Auftauchen eines Start-Tags, End-Tags etc.
`setDTDHandler(DTDHandler handler)`	Erlaubt einer Anwendung die Registrierung eines Handlers für die Behandlung von Ereignissen durch DTDs.
`setEntityResolver(EntityResolver resolver)`	Erlaubt einer Anwendung die Registrierung eines Handlers für die Auflösung von Entitäten.
`setErrorHandler(ErrorHandler handler)`	Erlaubt einer Anwendung die Registrierung eines Handlers für Fehlerereignisse.
`setFeature(java.lang.String name, boolean value)`	Setzt den Wert einer Feature-Flag.
`setProperty(java.lang.String name, java.lang.Object value)`	Setzt den Wert einer Eigenschaft.

Tabelle 10.18 Methoden und Parameter der Schnittstelle »XMLReader« (Forts.)

10.6.9 Konfigurieren des Parsers

Es gehört zu den Errungenschaften von SAX2, dass sich die Arbeitsweise des Parsers durch das Ein- oder Abschalten von Merkmalen und die Einstellung verschiedener Eigenschaften beeinflussen lässt. Mit den Methoden `getFeature` und `getProperty` lässt sich die vorhandene Konfiguration auch abfragen.

Um Erweiterungen zu erleichtern, werden die in SAX vordefinierten Merkmale und Eigenschaften mit Hilfe von eindeutigen URIs identifiziert. Für Merkmale wird `http://xml.org/sax/features/`, für Eigenschaften `http://xml.org/sax/properties/` als Präfix vor dem Namen des Merkmals bzw. der Eigenschaft verwendet.

Soll der Parser zum Beispiel über Validierungsfehler berichten, könnte dieses Merkmal mit

```
setFeature("http://xml.org/sax/features/validation", true)
```

»eingeschaltet« werden. Dies ist auch notwendig, wenn mit Validierung gearbeitet werden soll, weil das Merkmal in der Voreinstellung von JAXP auf `false` gesetzt ist.

In jedem Fall muss `XMLReader` die Merkmale `http://xml.org/sax/features/namespaces` und `http://xml.org/sax/features/namespace-prefixes` erkennen. Alle anderen Merkmale sind optional. In Tabelle 10.19 und Tabelle 10.20 sind wichtige Feature- und Property-IDs zusammengestellt.

Feature-ID	Beschreibung
`external-general-entities`	Gibt an, ob der Parser externe allgemeine Entitäten verarbeitet.
`external-parameter-entities`	Gibt an, ob der Parser externe Parameterentitäten verarbeitet.
`is-standalone`	Prüft den Wert des `standalone`-Attributs in der XML-Deklaration.
`lexical-handler/parameter-entities`	Gibt an, ob der `LexicalHandler` Beginn und Ende von Parameterentitäten anzeigt.
`namespaces`	Gibt an, ob Namensraum-URIs und lokale Namen ohne Präfix für Elemente und Attribute verfügbar sind.
`namespace-prefixes`	Gibt an, ob XML 1.0-Namen (mit Präfix) und Attribute (einschließlich `xmlns*`-Attribute) verfügbar sind.
`resolve-dtd-uris`	Gibt an, ob – was Vorgabe ist – System-IDs in Deklarationen relativ zu ihren Basis-URIs in absolute IDs umgewandelt werden, bevor sie gemeldet werden.
`string-interning`	Gibt an, ob alle XML-Namen und Namensraum-URIs mittels `java.lang.String.intern` gehandhabt werden, um schnellere Tests bei Vergleichen mit Strings zu ermöglichen.
`use-attributes2`	Gibt an, ob die Schnittstelle `org.xml.sax.ext.Attributes2` implementiert ist.
`use-locator2`	Gibt an, ob die Schnittstelle `org.xml.sax.ext.Locator2` implementiert ist.
`use-entity-resolver2`	Gibt an, ob die Schnittstelle `org.xml.sax.ext.EntityResolver2` implementiert ist.
`validation`	Gibt an, ob der Parser alle Validierungsfehler berichtet.

Tabelle 10.19 Die verschiedenen Feature-IDs und ihre Bedeutung

Feature-ID	Beschreibung
xmlns-uris	Gibt an, ob der Parser, wenn das Merkmal namespace-prefixes gesetzt ist, die Attribute für die Namensraumdeklaration dem Namensraum http://www.w3.org/2000/xmlns/ zuordnet. Vorgabe ist false, in Übereinstimmung mit der W3C-Spezifikation zu Namensräumen.

Tabelle 10.19 Die verschiedenen Feature-IDs und ihre Bedeutung (Forts.)

Property-ID	Beschreibung
declaration-handler	Wird verwendet, um DTD-Deklarationen zu sehen, soweit sie nicht bereits durch den DTDHandler gesehen werden. Dazu muss die Schnittstelle org.xml.sax.ext.DeclHandler implementiert werden.
dom-node	Wird für »DOM Walker«-Parser, die die parse()-Parameter ignorieren, verwendet, um den DOM-Baum zu spezifizieren.
lexical-handler	Wird verwendet, um spezielle Syntax-Ereignisse zu sehen wie Kommentare, CDATA-Begrenzer etc. Dazu muss die Schnittstelle org.xml.sax.ext.LexicalHandler implementiert werden.
xml-string	Liefert während eines Methodenaufrufs durch den Parser einen Zeichen-String, der die XML-Repräsentation des aktuellen Ereignisses darstellt.

Tabelle 10.20 Liste der Property-IDs

10.6.10 Kleine Lagerauswertung mit SAX

Nach diesem vielleicht etwas stressigen Vorlauf sind die Bausteine vorgestellt, aus denen sich eine SAX-Anwendung wie eine Gruppe von Lego-Bausteinen zusammenstecken lässt.

Es soll nun eine kleine Anwendung gebaut werden, die die oben schon verwendeten Lagerbestandsdaten durcharbeitet, um einige Auswertungen über den Bestand vorzunehmen. Die einfache Frage ist: Wie viele verschiedene Artikel sind auf Lager, und wie hoch ist die Gesamtzahl der vorhandenen Einheiten?

Die Lösung ist angelehnt an das dem JAXP-Paket beigegebene Beispiel SAXLocalNameCount, das aus Gründen der Übersichtlichkeit etwas vereinfacht und an das zu lösende Problem angepasst worden ist.

Import der notwendigen Klassen

Zunächst werden die notwendigen Klassenpakete der JAXP-Schnittstelle und ein allgemeines Java-Paket importiert:

```
import javax.xml.parsers.*;
import org.xml.sax.*;
import org.xml.sax.helpers.*;

import java.io.*;
```

Die neue Klasse als Erweiterung der Basisklasse »DefaultHandler«

Für die Lösung der gestellten Aufgabe wird nun eine Klasse `SAXAuswertung` definiert und zugleich festgelegt, dass diese Klasse eine Erweiterung der Basisklasse `DefaultHandler` sein soll.

```
public class SAXAuswertung extends DefaultHandler {
...
}
```

Zunächst werden einige Variablen deklariert, die benötigt werden, um Daten festzuhalten, die über die verschiedenen Parser-Ereignisse zugänglich werden.

```
private int zahlArtikel = 0;
private double bestandGesamt = 0;
private StringBuffer elementInhalt = new StringBuffer();
```

Da die Basisklasse `DefaultHandler` schon die Schnittstelle `ContentHandler` mit implementiert hat, lassen sich die Methoden dieses Handlers sofort benutzen.

Arbeit mit den Methoden des »ContentHandlers«

Das erste Ereignis, auf das reagiert werden soll, ist, dass der Parser den Anfang des XML-Dokuments findet. Hier soll nur ein Hinweis erzeugt werden, dass die Auswertung beginnt.

```
public void startDocument() throws SAXException {
  System.out.println("Beginn der Auswertung");
}
```

Die nächste Methode `startElement` ruft der Parser jedes Mal auf, wenn er im XML-Dokument ein Start-Tag findet. Über die Parameter sind dann für die Anwendung die Daten dieses Start-Tags verfügbar. Es soll herausgefunden werden, wie viele unterschiedliche Artikel im Lager vorhanden sind. Also wird der lokale Name des Elements auf Übereinstimmung mit dem Elementnamen `Artikel` geprüft. Ist das der Fall, wird die Anzahl der Artikel hochgezählt. Zusätzlich wird an dieser Stelle der String-Buffer, der den Zeicheninhalt von Elementen aufnehmen soll, jedes Mal geleert.

```
public void startElement(String namespaceURI, String localName,
String qName, Attributes atts) throws SAXException
  {
    if (localName.equals("Artikel"))
      zahlArtikel++;
    elementInhalt.setLength(0);
  }
```

Abgreifen der Zeichendaten

Die folgende Methode characters liefert die Zeichendaten von Elementen, die selbst keine Kindelemente enthalten. Diese Zeichendaten werden jedes Mal an den String-Buffer angehängt.

```
public void characters(char[] ch,int start,int length) throws
  SAXException
{
  elementInhalt.append(ch, start, length);
}
```

Jedes Mal, wenn der Parser das Ende eines Elements meldet, wird im Rahmen der Methode endElement geprüft, ob es sich um das End-Tag des Elements Bestand gehandelt hat. Ist das der Fall, wird der im String-Buffer abgelegte Bestandswert auf den Gesamtbestand addiert.

```
public void endElement(String namespaceURI, String localName,
  String qName) throws SAXException
{
  if (localName.equals("Bestand"))
  {
    double bestand = new Double(elementInhalt.toString()).
    doubleValue();
    bestandGesamt +=bestand;
  }
}
```

Ausgabe der Daten

Wird durch den Parser das Ende des Dokuments gemeldet, werden die aufgelaufenen Werte über System.out ausgegeben:

```
public void endDocument() throws SAXException {
  System.out.println("Das Lager hat " + zahlArtikel +
    " verschiedene Artikel.");
  System.out.println("Gesamtbestand: " + bestandGesamt +
    " Einheiten.");
  }
```

Zugriff auf die Datenquelle

Damit ist festgelegt, wie die Auswertung des XML-Dokuments stattfinden soll. Nun muss der Parser in Aktion gesetzt werden. Dazu muss er erfahren, welches Dokument gelesen werden soll. Da die `parse`-Methode, die gleich für den Start des Lesens verwendet werden wird, einen URI als Hinweis auf die Dateiquelle erwartet, ist zunächst noch eine kleine Umwandlung notwendig, wenn einfach ein Dateiname als Datenquelle angegeben wird. Dazu wird die folgende Methode verwendet:

```
private static String convertToFileURL(String filename)
    {
      // "path = file.toURL().toString()".
      String path = new File(filename).getAbsolutePath();
        if (File.separatorChar != '/') {
          path = path.replace(File.separatorChar, '/');
        }
        if (!path.startsWith("/")) {
          path = "/" + path;
        }
        return "file:" + path;
    }
```

10.6.11 Aufruf des Parsers

Um die Verarbeitung des Dokuments zu starten, muss innerhalb der `main`-Funktion der Anwendung ein entsprechender Rahmen geschaffen werden.

```
static public void main(String[] args) throws Exception {
  String filename = "lagerdaten.xml";
```

Zunächst wird hier der Dateiname einfach an einen String übergeben. Um den Prozess des Parsens in Gang zu setzen, wird eine `JAXP SAXParserFactory` erzeugt und konfiguriert:

```
SAXParserFactory spf = SAXParserFactory.newInstance();
spf.setNamespaceAware(true);
```

Mit Hilfe dieser Fabrik wird eine neue Instanz der Klasse `JAXP SAXParser` erzeugt.

```
SAXParser saxParser = spf.newSAXParser();
```

Die Methode getXMLReader() liefert nun die gewünschte XMLReader-Schnittstelle.

```
XMLReader xmlReader = saxParser.getXMLReader();
```

An dieser Stelle könnten nun mit xmlreader.setFeature() oder xmlreader.set-Property() bestimmte Merkmale und Eigenschaften gesetzt werden, wie es oben beschrieben worden ist. Um die Sache zu vereinfachen, übernehmen wir hier aber die schon angesprochenen Voreinstellungen.

```
xmlReader.setContentHandler(new SAXAuswertung());
```

registriert nun die Schnittstelle ContentHandler beim XMLReader und gibt die aktuelle Anwendung SAXAuswertung, die ja von der Basisklasse DefaultHandler abgeleitet ist, als die Klasse an, die über die Parser-Ereignisse zu informieren ist, wobei new SAXAuswertung() eine Instanz dieser Klasse und damit ein handlungsfähiges Objekt erzeugt, das die für die Klasse deklarierten Methoden zum Einsatz bringen kann.

Zusätzlich wird der ErrorHandler registriert, für den noch eine interne Klasse FehlerHandler definiert wird, von der gleich die Rede sein wird.

```
xmlReader.setErrorHandler(new FehlerHandler(System.err));
```

Schließlich erhält der XMLReader den Auftrag, das angegebene XML-Dokument zu parsen:

```
xmlReader.parse(convertToFileURL(filename));
```

10.6.12 Fehlerbehandlung

Es gibt ganz verschiedene Gründe, weshalb selbst eine so einfache SAX-Anwendung in Schwierigkeiten geraten kann: Während des Einlesens werden Fehler im XML-Dokument entdeckt. Das Dokument ist nicht wohlgeformt, weil bei einem Element das End-Tag vergessen worden ist. Ist die Überprüfung anhand einer DTD oder eines Schemas eingeschaltet – was wir hier aus Gründen der Übersichtlichkeit ausgelassen haben –, mag ein ungültiger Attributwert zum Fehler führen.

Wenn, wie oben geschehen, die Schnittstelle ErrorHandler beim XMLReader registriert ist, werden alle Fehler, die während des Parsens vorkommen, über diese Schnittstelle gemeldet. Die Schnittstelle enthält einige Standardmethoden, die für die Fehlergrade Warnung, Fehler und fataler Fehler vorgesehen sind.

Wird die Schnittstelle nicht registriert, werden Fehler nicht gemeldet; allerdings führt ein fataler Fehler – also zum Beispiel ein Verstoß gegen die Wohlgeformtheit – dazu, dass eine SAXParseException ausgelöst wird, die zum Abbruch der Verarbeitung führt.

Außerdem kann eine SAXException durch die parse()-Methode ausgelöst werden, wenn etwa die angegebene Datenquelle nicht gefunden wird.

```
  private static class FehlerHandler implements ErrorHandler {
    private PrintStream out;
    FehlerHandler(PrintStream out) {
      this.out = out;
    }
    private String getParseExceptionInfo(SAXParseException spe) {
      String systemId = spe.getSystemId();
        if (systemId == null) {
          systemId = "null";
        }
      String info = "URI=" + systemId +
        " Zeile=" + spe.getLineNumber() +
        ": " + spe.getMessage();
        return info;
     }
    public void warning(SAXParseException spe) throws SAXException {
      out.println("Warnung: " + getParseExceptionInfo(spe));
    }
...
}
```

Listing 10.9 Fehlerbehandlung in SAX

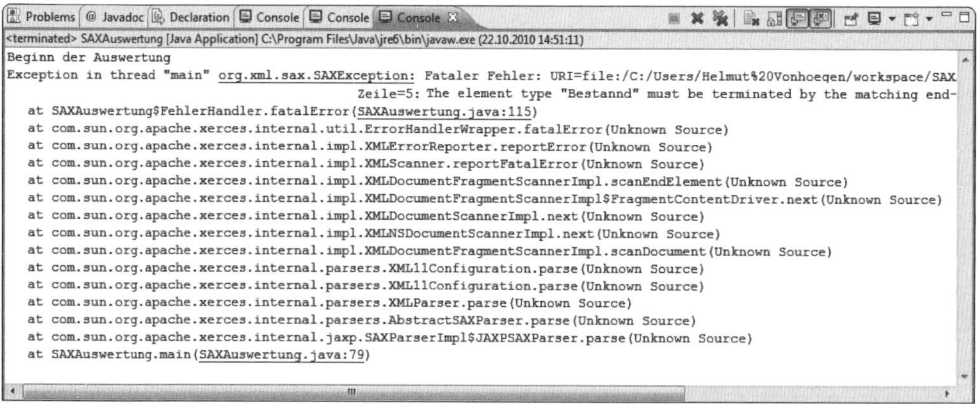

Abbildung 10.14 Fehlermeldung beim Verstoß gegen die Wohlgeformtheit

Auch für die Auswertung von Ausnahmen beim Parsen arbeitet SAX2 mit standardisierten Ausnahme-IDs. Über die SAXParseException.getException ID()-Methode lassen sich IDs für gemeldete Fehler abfragen. Ähnlich wie bei den Merkmalen und Eigenschaften, die sich über die XMLReader-Methoden setzen lassen, wird als Präfix ein URI `http://xml.org/sax/exception/` verwendet. Die Verletzung einer grammatischen Regel kann zum Beispiel mit `http://xml.org/sax/exception/xml/rule-66` angezeigt werden, wobei die Zahl exakt die Nummer der Regel aus der XML-Spezifikation angibt.

10.6.13 SAX-Beispiel 1

Insgesamt sieht das erste SAX-Beispiel unter Verwendung des JAXP-Pakets so aus:

```
// JAXP packages
import javax.xml.parsers.*;
import org.xml.sax.*;
import org.xml.sax.helpers.*;

import java.io.*;

public class SAXAuswertung extends DefaultHandler {
  private int zahlArtikel = 0;
  private double bestandGesamt = 0;
  private StringBuffer elementInhalt = new StringBuffer();
  public void startDocument() throws SAXException {
    System.out.println("Beginn der Auswertung");
  }

  public void startElement(String namespaceURI, String localName,
    String qName, Attributes atts) throws SAXException
    {
      if (localName.equals("Artikel"))
        zahlArtikel++;
      elementInhalt.setLength(0);
    }

  public void characters(char[] ch,int start,int length) throws
    SAXException
  {
    elementInhalt.append(ch, start, length);
  }

  public void endElement(String namespaceURI, String localName,
    String qName) throws SAXException
  {
    if (localName.equals("Bestand"))
    {
```

```
      double bestand = new Double(elementInhalt.toString()).
      doubleValue();
      bestandGesamt +=bestand;
    }
  }

  public void endDocument() throws SAXException {
    System.out.println("Das Lager hat " + zahlArtikel +
      " verschiedene Artikel.");

    System.out.println("Gesamtbestand: "  + bestandGesamt +
      " Einheiten.");
    }

  private static String convertToFileURL(String filename)
    {
      // "path = file.toURL().toString()".
      String path = new File(filename).getAbsolutePath();
        if (File.separatorChar != '/') {
          path = path.replace(File.separatorChar, '/');
        }
        if (!path.startsWith("/")) {
          path = "/" + path;
        }
        return "file:" + path;
    }
  static public void main(String[] args) throws Exception {
    String filename = "lagerdaten.xml";
    SAXParserFactory spf = SAXParserFactory.newInstance();
    spf.setNamespaceAware(true);
    SAXParser saxParser = spf.newSAXParser();
    XMLReader xmlReader = saxParser.getXMLReader();
    xmlReader.setContentHandler(new SAXAuswertung());
    xmlReader.setErrorHandler(new FehlerHandler(System.err));
    xmlReader.parse(convertToFileURL(filename));
  }

  private static class FehlerHandler implements ErrorHandler {
    private PrintStream out;
    FehlerHandler(PrintStream out) {
      this.out = out;
    }
```

```
    private String getParseExceptionInfo(SAXParseException spe) {
      String systemId = spe.getSystemId();
        if (systemId == null) {
          systemId = "null";
        }
      String info = "URI=" + systemId +
        " Zeile=" + spe.getLineNumber() +
        ": " + spe.getMessage();
        return info;
     }

    public void warning(SAXParseException spe) throws SAXException {
      out.println("Warnung: " + getParseExceptionInfo(spe));
    }

    public void error(SAXParseException spe) throws SAXException {
      String message = "Fehler: " + getParseExceptionInfo(spe);
      throw new SAXException(message);
    }

    public void fatalError(SAXParseException spe) throws
      SAXException {
      String message = "Fataler Fehler: " +
        getParseExceptionInfo(spe);
        throw new SAXException(message);
    }
  }
}
```

Listing 10.10 SAXAuswertung.java

Der Quellcode kann innerhalb der Entwicklungsumgebung kompiliert und zum Test auch gleich ausgeführt werden.

Das kompilierte Programm muss unter dem Namen der deklarierten Klasse, hier also *SAXAuswertung.class*, gespeichert werden und kann dann auch innerhalb der Eingabeaufforderung mit

```
java SAXAuswertung
```

ausgeführt werden.

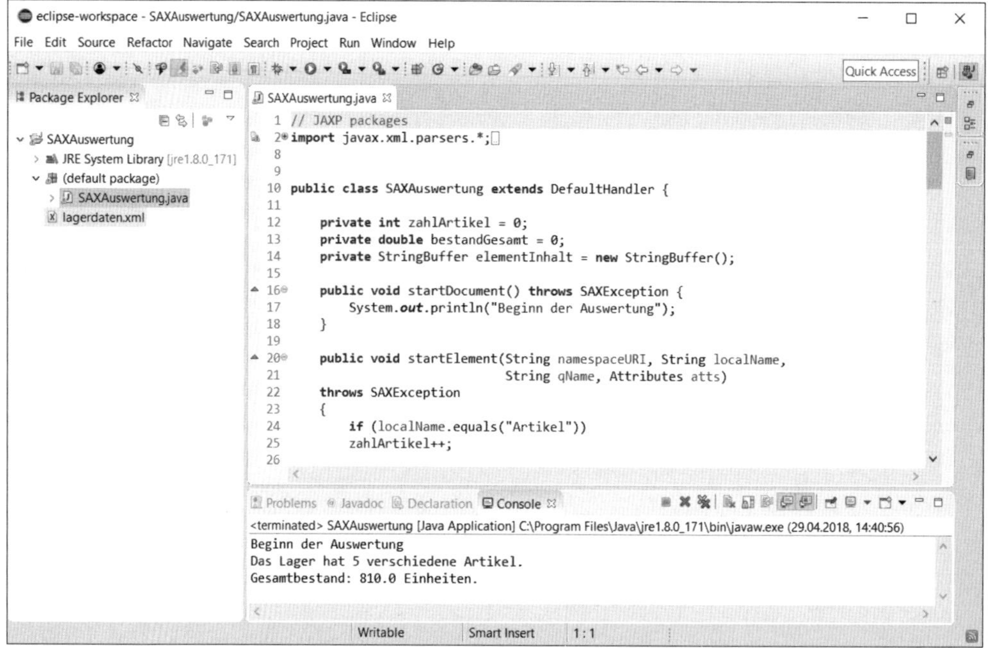

Abbildung 10.15 Die Ausgabe des Programms »SAXAuswertung« im »Console«-Register von Eclipse

10.6.14 SAX-Beispiel 2

Im ersten Beispiel sind die Werte, die über Attribute geliefert werden, zunächst ignoriert worden. Es ist aber ohne große Umstände möglich, die Attribute mit in die Auswertung einzubeziehen. Soll zum Beispiel nur der Bestand für die Artikel einer bestimmten Warengruppe abgefragt werden, sehen die Methoden von `ContentHandler` so aus:

```
public class SAXAuswertungAttr extends DefaultHandler {
  private int zahlArtikel = 0;
  private double bestandGesamt = 0;
  private StringBuffer elementInhalt = new StringBuffer();
  private boolean wg;

  public void startDocument() throws SAXException {
    System.out.println("Beginn der Auswertung");
  }

  public void startElement(String namespaceURI, String localName,
    String qName, Attributes atts) throws SAXException
  {
```

```
    if (localName.equals("Artikel"))
    {
      String warenGruppe = atts.getValue("wg");
      if (warenGruppe.equals("Rollo")) {
        zahlArtikel++;
        wg = true;
      }
    }
    elementInhalt.setLength(0);
  }
  public void characters(char[] ch,int start,int length) throws
    SAXException
  {
    elementInhalt.append(ch, start, length);
  }

  public void endElement(String namespaceURI, String localName,
    String qName)  throws SAXException
  {
    if (localName.equals("Bestand") && wg)
    {
      double bestand = new Double(elementInhalt.toString()).
      doubleValue();
      bestandGesamt +=bestand;
      wg = false;
    }
  }

  public void endDocument() throws SAXException {
    System.out.println("Das Lager hat " + zahlArtikel +
      " verschiedene Rollos.");
    System.out.println("Gesamtbestand: "  + bestandGesamt +
      " Einheiten.");
  }

  private static String convertToFileURL(String filename) {
  ...
  }

  static public void main(String[] args) throws Exception {
   String filename = "lagerdaten.xml";
   ...
   xmlReader.setContentHandler(new SAXAuswertungAttr());
```

```
    ...
  }
  private static class FehlerHandler implements ErrorHandler {
    ...
  }
}
```

Listing 10.11 SAXAuswertungAttr.java

Abbildung 10.16 zeigt das Ergebnis der Abfrage.

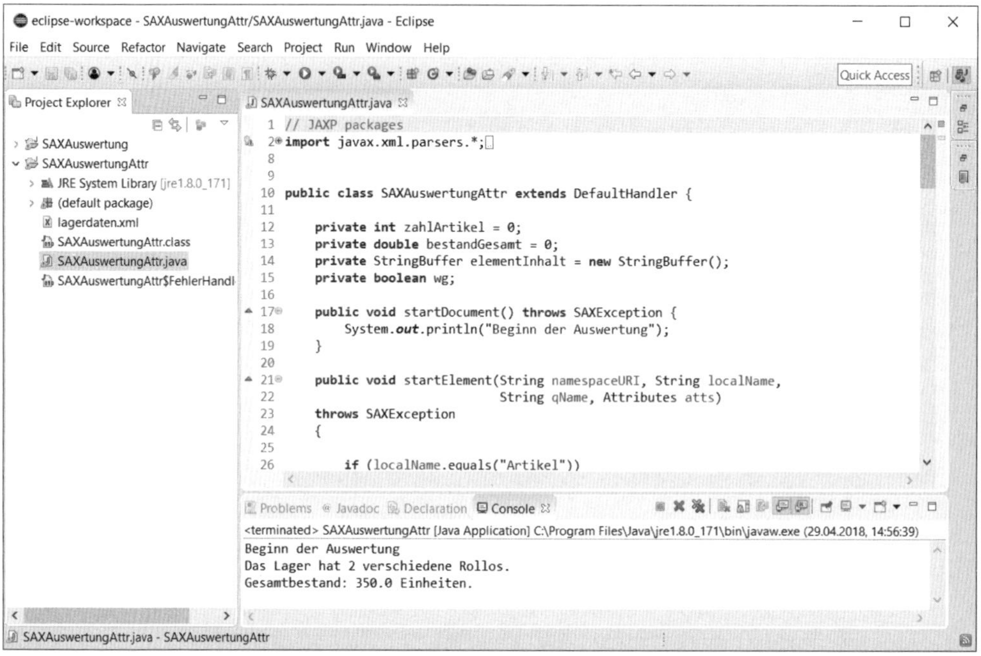

Abbildung 10.16 Die zweite Auswertung in der Eclipse-Umgebung

10.6.15 SAX und DOM

Wenn an den beiden Beispielen die Eigentümlichkeiten der Arbeit mit der SAX-Schnittstelle deutlich geworden sind, lässt sich die Frage, ob in einem bestimmten Fall eine Lösung mit DOM, mit SAX oder auch mit XSLT vorzuziehen ist, vielleicht etwas besser klären. Zwischen diesen verschiedenen Verfahren besteht allerdings keine scharfe Abgrenzung.

Es ist durchaus möglich, beide Ansätze zu kombinieren, etwa indem aus einem umfangreichen XML-Dokument zunächst mit SAX die Informationen herausgefiltert werden, die interessieren, um sie an eine Verarbeitung mit DOM weiterzureichen. In der Dokumentation zur SAX-Implementierung von MSXML 4.0 finden Sie ein solches *SAX-to-DOM*-Beispiel. Dabei werden die Methoden der `ContentHandler`-Schnittstelle gewissermaßen in umgekehrter Richtung verwendet, um ein neues XML-Dokument zu schreiben, wie der kleine Ausschnitt aus dem Visual Basic-Code zeigt:

```
cnth.startElement "", "", "author", atrs
cnth.characters "Gambardella, Matthew"
cnth.endElement "", "", "author"
```

10.7 Arbeit mit XML-Klassen in Visual Basic

XML wird im .NET Framework von Microsoft nicht nur durch eine Fülle vorgegebener Bausteine unterstützt, um die Entwicklung von Anwendungen, die mit XML-Daten zu tun haben, zu vereinfachen. Die Infrastruktur von .NET verwendet auch selbst in großem Umfang XML als Datenformat. Für die Konfiguration von Webanwendungen mit ASP.NET werden beispielsweise XML-Dokumente mit dem Namen *web.config* benutzt, für die einzelnen Anwendungen entsprechende *app.config*-Dateien mit anwendungsspezifischen Einstellungen. Insbesondere die dynamische Verwaltung von Eigenschaften, die es erlaubt, das Verhalten von Anwendungen flexibel zu steuern, ist durch externe Konfigurationsdateien im XML-Format möglich geworden. Außerdem wird XML in großem Umfang für die Kommunikation innerhalb von verteilten Anwendungen verwendet; insbesondere Webdienste in .NET nutzen häufig XML als Basisformat.

10.7.1 XML-Architektur im .NET Framework

Das .NET Framework stellt zur Unterstützung von XML eine Reihe von Klassen zur Verfügung, die hauptsächlich in dem Namensraum *System.Xml* zusammengestellt sind. Hinzu kommen verschiedene Schnittstellen, Delegates und Enumerationen. Die im Mai 2018 aktuelle Version 4.7.1 unterstützt folgende W3C-Standards: XML 1.0, XML-Namespaces, XML-Schemas, XPath, XSLT und DOM Level 1 und 2. Auch XPath 2.0 mit dem integrierten XQuery 1.0 wird unterstützt, XSLT 2.0 aber noch nicht. Ebenso wird der umfangreiche XSL-Standard, der die Formatierung von Dokumenten mit Hilfe von Formatierungsobjekten regelt, bisher nicht unterstützt. Ebenfalls nicht unterstützt wird die im letzten Abschnitt beschriebene SAX-API. Microsoft bietet hier innerhalb des .NET Frameworks eine eigene Lösung rund um die Klasse `XmlReader`.

Die XML-Klassen im .NET Framework decken in etwa die Funktionen ab, die im Rahmen der Behandlung der XML Core Services (MSXML) beschrieben wurden, sie gehen aber weit darüber hinaus. Die gesamte Menge der XML-Klassen wird dabei in verschiedene Namensräume eingeordnet, die in Tabelle 10.21 kurz vorgestellt werden.

Namensraum	Bedeutung
System.Xml	Enthält allgemeine Klassen wie XmlDocument, XmlElement, XmlAttribute, XmlNode, XmlReader oder XmlWriter.
System.Xml.Linq	Erlaubt Abfrageausdrücke mit der LINQ-to-XML-Schnittstelle.
System.Xml.Resolvers	Unterstützt das Vorabauffüllen des Caches mit DTD oder XML-Streams.
System.Xml.Schema	Enthält Klassen, die für die Arbeit mit XML-Schemas benötigt werden.
System.Xml.Serialization	Enthält Klassen, die es erlauben, Objekte in XML-Dokumente zu serialisieren oder Datenstreams ins XML-Format zu konvertieren oder umgekehrt aus XML-Dokumenten bestimmte Zustände von Objekten wiederherzustellen.
System.Xml.Serialization.Advanced	Enthält Klassen zur Anpassung von Code, der aus einem WSDL-Dokument generiert wurde.
System.Xml.Serialization.Configuration	Enthält Klassen, die das Lesen von Werten in Konfigurationsdateien für Anwendungen erlauben.
System.Xml.XPath	Enthält Klassen, die für die Bildung und Verwendung von XPath-Ausdrücken zur Abfrage von XML-Daten benötigt werden. Unterstützt das XPath 2.0 Data Model und XQuery 1.0.
System.Xml.Xsl	Enthält Klassen für die Anwendung von XSLT 1.0-Stylesheets zur Transformation vorhandener XML-Daten.
System.Xml.Xsl.Runtime	Enthält Klassen zur Unterstützung der Infrastruktur von .NET, die nicht direkt im Code verwendet werden können.

Tabelle 10.21 Namensräume für XML-Klassen im .NET Framework

Im Rahmen von .NET werden Namensräume ähnlich wie in XML dazu verwendet, Namenskonflikte bei der Benennung von Objekten zu vermeiden. Es sollte allerdings nicht übersehen werden, dass .NET Namensräume etwas anders handhabt, als es in XML üblich ist. Der Namensraumname wird dem Objektnamen vorangestellt und durch einen Dezimalpunkt getrennt. Während XML nur eine Ebene von Namensräumen zulässt, können Namensräume in .NET auch verschachtelt werden.

Im Folgenden sollen das Paar der Basisklassen XmlReader und XmlWriter und die XmlSerializer-Klasse mit dem Methodenpaar Serialize() und Deserialize() etwas näher vorgestellt werden.

10.7.2 Lesen von XML-Daten

Für den Umgang mit XML-Daten sind innerhalb von System.Xml vor allem die beiden abstrakten Klassen XmlReader und XmlWriter zuständig. Von diesen Basisklassen lassen sich in .NET Framework direkt keine Instanzen erzeugen. Ein Anwender muss also von der abstrakten Basisklasse XmlReader entweder eigene Reader ableiten oder eine der Implementierungen nutzen (siehe Tabelle 10.22).

Klasse	Bedeutung
XmlTextReader	Liest Zeichenströme sequenziell und stellt dabei Methoden zur Verfügung, um den Inhalt und den Typ von Knoten abzufragen. Die Validierung durch XML-Schemas oder DTDs wird dabei nicht unterstützt.
XmlNodeReader	Stellt einen Parser zur Verfügung, der einzelne Knoten einer XML-DOM-Struktur einlesen und auswerten kann, die über XmlNode-Objekte verfügbar sind. Validierungen werden nicht unterstützt.
XmlValidatingReader	Stellt einen vollwertigen Parser zur Verfügung, der auch Validierungen auf der Basis eines XML-Schemas oder einer DTD vornehmen kann. Dieser Reader implementiert einen ValidatingEventHandler, der das Verhalten beim Auftreten von Validierungsfehlern regelt.
XmlDictionaryReader	Eine abstrakte Klasse, die für die Serialisierung und Deserialisierung verwendet werden kann

Tabelle 10.22 Die verschiedenen Reader-Klassen

Die verschiedenen Reader-Instanzen können zu einer Art Pipeline hintereinandergeschaltet werden.

Insbesondere der XmlValidatingReader wird allerdings schon seit .NET 2.0 als veraltet eingestuft. Stattdessen wird empfohlen, XmlReader-Instanzen mit Hilfe der statischen Create()-Methode zu erzeugen. Um diese Create()-Methode ist die Basisklasse XmlReader erweitert worden, um eine genauere Kontrolle der Arbeitsweise des Readers zu ermöglichen. Eine entsprechende Erweiterung gibt es auch bei der XmlWriter-Klasse.

10.7.3 XML-Reader im Vergleich zum SAX-Reader

Wie schon angesprochen, erlaubt `XmlReader` eine Verarbeitung von XML-Daten, die dem Verfahren ähnlich ist, das für die SAX-API beschrieben wurde. Während Microsoft also in der COM-Welt mit den Komponenten von MSXML SAX noch direkt unterstützt hat, ist unter .NET eine alternative Schnittstelle eingerichtet, die Merkmale von SAX mit denen des DOM-Modells mischt. Zwar werden die XML-Daten – sei es nun ein Dokument oder ein Datenstrom – wie bei SAX mit einem Nur-vorwärts-Cursor sequenziell durchgegangen, anders als bei SAX werden die zu verarbeitenden Daten aber wie beim DOM-Modell über ein Pull-Verfahren von der jeweiligen Anwendung abgeholt, wobei die Daten, die für die Anwendung nicht interessant sind, beispielsweise mit Hilfe der Methoden `MoveToContent` oder `Skip` gleich überlesen werden können, was den Vorgang insgesamt beschleunigt. Außerdem können bei diesem Verfahren auch mehrere Datenströme auf einfache Weise kombiniert werden.

Die SAX-API verwendet bekanntlich ein Push-Modell, bei dem der Parser an die jeweilige Anwendung Benachrichtigungen über alle Ereignisse übergibt, die beim Durchgang durch die vorhandenen Informationseinheiten der XML-Daten ausgelöst werden.

10.7.4 Arbeitsweise von »XmlReader«

XML-Dokumente lassen sich mit Hilfe von `XmlReader`-Implementierungen sehr schnell durcharbeiten, da anders als beim DOM-Modell keine kompletten Knotenbäume im Speicher aufgebaut werden müssen. `XmlReader` stellt dazu zahlreiche Methoden und Eigenschaften zur Verfügung, um XML-Daten auszuwerten, wobei es auch möglich ist, mehrere Reader miteinander zu verketten. Neben dem Namen und dem Wert des aktuellen Knotens lässt sich beispielsweise mit Hilfe der Eigenschaft `Depth` auch die Tiefe eines Knotens innerhalb der Elementhierarchie und mit `AttributeCount` die Anzahl der Attribute zu einem Element feststellen.

Für die Auswertung der Attribute stehen ebenfalls mehrere Methoden zur Verfügung: Wenn ein bestimmtes Element erreicht ist, das Attribute enthält, ist es möglich, mit `MoveToAttribute()` direkt zu einem bestimmten Attribut zu gehen, wenn der Name oder der Index in der Attributliste bekannt ist. `MoveToFirstAttribute()` wechselt dagegen jeweils auf das erste vorhandene Attribut, `MoveToNextAttribute()` auf das folgende. Mit `MoveToElement()` kann aus der Verarbeitung der Attribute eines Elements auf dieses selbst zurückgesprungen werden.

Alle Reader prüfen den XML-Code automatisch auf Wohlgeformtheit und lösen eine `XmlException` aus, falls ein Verstoß dagegen vorliegt. Die Abfolge der Bearbeitung der XML-Daten entspricht dabei jeweils der Dokumentreihenfolge; die untergeordneten Knoten werden also zuerst abgearbeitet, bevor die benachbarten Knoten an die Reihe kommen.

10.7.5 XML-Dokument mit »XMLTextReader« auswerten

Zur Demonstration hier zunächst ein einfaches Beispiel, das die Klasse `XmlTextReader` verwendet, um ein als Datei vorhandenes XML-Dokument auszuwerten. Dazu soll in Visual Studio .NET zunächst nur eine einfache Konsolenanwendung gewählt werden.

Der folgende Visual Basic-Code soll eine XML-Datei auswerten, die Daten über die in einer Firma installierten Computersysteme enthält. Im Konsolenfenster wird dafür eine einfache Liste ausgegeben, die die Namen der Elemente und ihre jeweiligen Werte und die Namen und Werte der Attribute anzeigt.


```
Option Explicit
Option Strict
Imports System
Imports System.IO
Imports System.Xml
  Public Class ElementListe
    Public Shared Sub Main()
      Dim rdr As New XmlTextReader("systeme.xml")
      Try
        DatenLesen(rdr)
      Catch excp As XmlException
        Console.WriteLine("Fehler: {0}", excp.ToString())
      End Try
      Console.ReadLine()
    End Sub
    Public Shared Sub DatenLesen(ByVal rdr As XmlReader)
      While rdr.Read()
        Select Case rdr.NodeType
          Case XmlNodeType.Element
            Console.Write((rdr.Name & ": "))
            Console.WriteLine()
            While rdr.MoveToNextAttribute()
              Console.Write((rdr.Name & ": " & rdr.Value & " "))
            End While
          Case XmlNodeType.Text
            Console.Write(rdr.Value)
            Console.WriteLine()
        End Select
      End While
    End Sub
  End Class
```

Listing 10.12 Der Code für »xmllesen«

Um den Zugriff auf die benötigten Klassen zu vereinfachen, werden zunächst einige `Imports`-Anweisungen eingefügt. Die `Sub Main()`-Prozedur deklariert eine Objektvariable `rdr`, die eine neue Instanz der Klasse `XmlTextReader` repräsentiert. Dabei wird mit der `New`-Klausel ein Konstruktor zur Initialisierung eines entsprechenden Objekts aufgerufen, dem als Parameter gleich der Name des XML-Dokuments übergeben wird, das gelesen werden soll. Dann wird die Subprozedur `DatenLesen()` aufgerufen. Dieser Aufruf wird in eine `Try Catch`-Anweisung eingefügt, damit bei Verstößen gegen die Regel der Wohlgeformtheit eine entsprechende Fehleranzeige erfolgt. Dazu wird die Fehlerklasse `XmlException` benutzt.

Auslesen der Knoteninformationen

Diese Prozedur verwendet die `Read()`-Methode von `XmlReader`, um das ganze XML-Dokument vom Anfang bis zum Ende durchzuarbeiten. Diese Methode wird hier in einer `while`-Schleife immer wieder aufgerufen, bis der letzte Knoten verarbeitet ist.

Die `Read()`-Methode liefert in jedem Schritt jeweils den aktuellen Knoten, der dann von der Anwendung untersucht werden kann. In diesem Fall wird zunächst die Eigenschaft `NodeType` abgefragt. Die möglichen Werte sind in der `XmlNodeType`-Enumeration definiert. Die möglichen Mitglieder dieser von .NET vorgegebenen Aufzählungen können nun innerhalb der `SelectCase`-Anweisung in der Form

```
Case XmlNodeType.<Membername>
```

verwendet werden, wobei als `<Membername>` die Bezeichnungen der in einem XML-Dokument möglichen Einheiten genutzt werden: `Element`, `Attribute`, `CDATA`, `Comment`, `Document`, `DocumentFragment`, `DocumentType`, `EndElement` (entspricht einem End-Tag), `EndEntity` (entspricht dem Ende einer Entitätsersetzung), `Entity`, `EntityReference`, `Notation`, `ProcessingInstruction`, `SignificantWhitespace`, `Text`, `Whitespace` und `XmlDeclaration`. Außerdem wird noch der Wert `None` zurückgegeben, wenn keine `Read()`-Methode aufgerufen wurde.

Schon mit der Version 2.0 des .NET Frameworks wurde die `XmlReader`-Klasse um Methoden erweitert, die es erlauben, Daten nicht nur als Zeichenfolgen zu lesen und dann gegebenenfalls in den gewünschten Datentyp zu konvertieren, sondern mit Hilfe von typspezifischen Lesemethoden direkt in dem entsprechenden CLR-Typ zu gewinnen.

```
Datum = reader.ReadContentAsDateTime
```

liest beispielsweise den jeweiligen Wert als Datumswert. Besonders praktisch ist die `ReadElementContentAsObject`-Methode. Ist ein Schema vorhanden, wird der Datentyp automatisch anhand des Schemas ermittelt.

Auslesen der Attributwerte

Handelt es sich nun bei dem aktuellen Knoten um ein Element, wird der Name des Elements auf der Konsole ausgegeben, den die Eigenschaft `Name` liefert. Anschließend wird geprüft, ob für das Element Attribute vorhanden sind. Dazu wird innerhalb einer `while`-Schleife die Methode `MoveToNextAttribute()` verwendet, um reihum alle Attribute des aktuellen Elements abzufragen und die Attributnamen und -werte auf der Konsole auszugeben. Handelt es sich um einen Textknoten, also den Inhalt eines Elements, wird der Wert ebenfalls ausgegeben. Alle anderen Informationseinheiten innerhalb des XML-Dokuments werden hier für die Ausgabe auf der Konsole ignoriert. Abbildung 10.17 zeigt das so erzeugte Ergebnis.

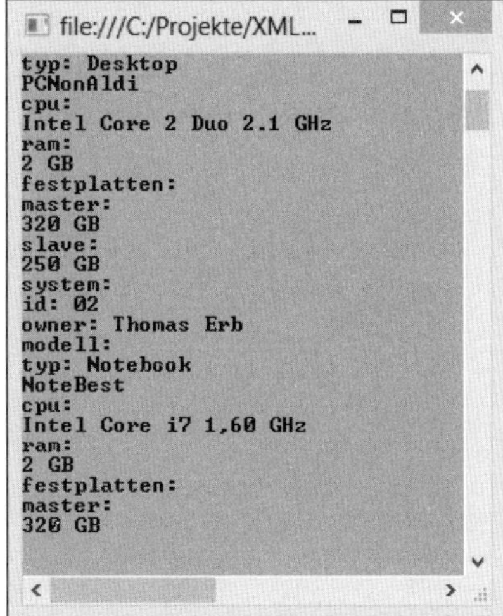

Abbildung 10.17 Die Ausgabe, die der »XmlTextReader« erzeugt

Fehleranzeige

Falls es in dem eingelesenen XML-Dokument zu einem Verstoß gegen die Regel der Wohlgeformtheit kommen sollte, wird das Lesen der Datei abgebrochen. Da im Code eine entsprechende Fehlerbehandlung eingebaut ist, werden die Informationen über den Regelverstoß auf der Konsole ausgegeben, wie Abbildung 10.18 zeigt.

```
Fehler: System.Xml.XmlException: Das Start-Tag 'ram' in Zeile 15 Position 4 stim
mt nicht mit dem Ende-Tag 'ramm' überein. Zeile 15, Position 16.
   bei System.Xml.XmlTextReaderImpl.Throw(Exception e)
```

Abbildung 10.18 Anzeige eines Verstoßes gegen die Wohlgeformtheit

Ausfiltern von Informationen

Soll nun beispielsweise beim Einlesen der XML-Daten das Element `<festplatten>` jedes Mal übersprungen werden, genügt eine Anweisung wie

```
If rdr.Name.Equals("festplatten") Then
   rdr.Skip()
End If
```

um die entsprechenden Daten aus der Ausgabe herauszufiltern. Die Methode `Skip()` sorgt dafür, dass der aktuelle Knoten, der durch die `Read()`-Methode erreicht worden ist, übersprungen wird, und zwar mit seinem gesamten Inhalt, also einschließlich der untergeordneten Elemente und Attribute, wie Abbildung 10.19 zeigt.

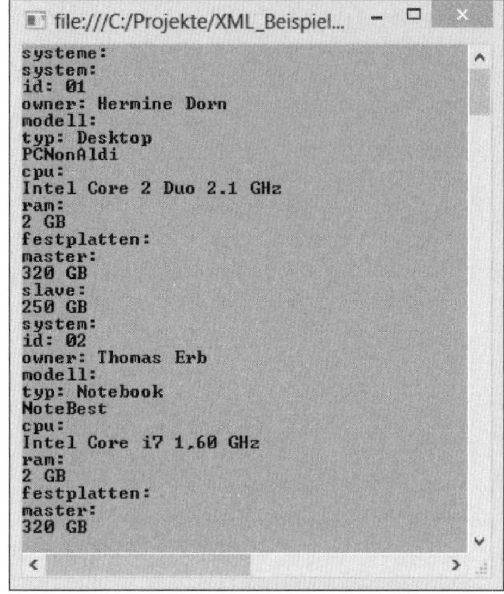

Abbildung 10.19 Die gefilterte Ausgabe

10.7.6 Lesen von XML-Fragmenten

Während die `XmlTextReader`-Implementierung vorhandene XML-Dokumente direkt einlesen kann, erwartet die `XmlNodeReader`-Implementierung, dass die zu verarbeitenden Daten bereits in Form eines DOM-Objekts zur Verfügung stehen. Hier ein kleines Beispiel, in dem das Fragment eines XML-Dokuments verarbeitet wird:

```
Option Strict On
Option Explicit On

Imports System
Imports System.IO
Imports System.Xml
Public Class KnotenLeser
  Public Shared Sub Main()
    Dim rdr As XmlNodeReader = Nothing
    Try
```

```
      Dim fragment As New XmlDocument
      fragment.LoadXml("<!-- vorläufige Plandaten -->" & _
        "<Projekt ID='2013-10' Leitung='Karl Franzen'>" & _
        "Dompassage</Projekt>")
      rdr = New XmlNodeReader(fragment)
      rdr.MoveToContent()
      If rdr.IsStartElement Then
        Console.WriteLine(rdr.Name)
      End If
      If rdr.HasAttributes Then
        Dim i As Integer
        For i = 0 To rdr.AttributeCount - 1
          rdr.MoveToAttribute(i)
          Console.WriteLine("{0} = {1}", _
              rdr.Name, rdr.Value)
        Next i
        rdr.MoveToElement()
      End If
      Dim inhalt As String
      inhalt = rdr.ReadElementString()
      Console.WriteLine(inhalt)
      Console.ReadLine()
    Finally
      If Not (rdr Is Nothing) Then
        rdr.Close()
      End If
    End Try
  End Sub
End Class
```

Listing 10.13 Code für »KnotenLeser«

Das Fragment wird hier erzeugt, indem zunächst eine Instanz von `XMLDocument` gebildet wird, die ein DOM-Modell der jeweiligen Daten zur Verfügung stellt. Mit Hilfe der Methode `LoadXml()` werden dann ein paar Daten in dieses Objekt übernommen. Dieses Fragment kann anschließend vom `XmlNodeReader` ausgewertet werden. Um den Kommentar zu überspringen, wird dazu die Methode `MoveToContent()` genutzt. Zunächst wird der Name des Start-Tags auf der Konsole ausgegeben, dann wird geprüft, ob das Element Attribute hat. Wenn ja, werden die Attribute nacheinander mit Bezeichnung und Wert angezeigt. Anschließend erfolgt der »Rücksprung« auf das Element, zu dem die Attribute gehören. Mit der Methode `ReadElementString()` wird noch der Textinhalt des aktuellen Elementknotens ausgelesen. Abbildung 10.20 zeigt das Ergebnis.

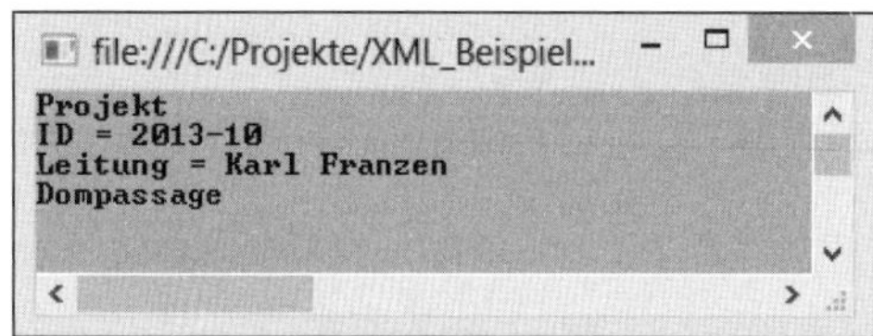

Abbildung 10.20 Das Fragment im Konsolenfenster

10.7.7 Validierung anhand von XML-Schemas oder DTDs

Während die Klassen XmlTextReader und XmlNodeReader nur die Wohlgeformtheit eines XML-Dokuments prüfen können, erlaubt der XmlValidatingReader auch, die Daten auf Gültigkeit gegenüber einem zugeordneten XML-Schema oder auch einer DTD zu testen. Dabei kann der XmlValidatingReader die zu prüfenden Inhalte von der vorher aktivierten Instanz von XmlTextReader oder XmlNodeReader übernehmen oder auch aus einem Datenstrom oder einem String, der ein zu prüfendes XML-Fragment enthält.

Seit .NET 2.0 empfiehlt Microsoft allerdings den Verzicht auf diese Klasse und befürwortet die schon angesprochene Verwendung der Create()-Methode von XmlReader. Die Create()-Methode erstellt eine neue XmlReader-Instanz und kann dabei als Parameter neben der Angabe der auszulesenden Daten noch ein Objekt der Klasse XmlReaderSettings nutzen. Mit Hilfe dieses Objekts kann beispielsweise festgelegt werden, wie die Ausgabe des Readers formatiert oder wie bestimmte externe XML-Ressourcen aufgelöst werden sollen. Darüber hinaus – und darum soll es hier gehen – kann bestimmt werden, ob der Parser die einfließenden Daten gegen ein Schema oder eine DTD validieren muss.

Zur Demonstration soll eine einfache Konsolenanwendung gezeigt werden, die eine XML-Datei gegen ein Schema prüft und die gefundenen Verstöße nacheinander auflistet. In Sub Main() wird deshalb zunächst ein XmlSchemaSet-Objekt erzeugt und mit der Add()-Methode ein Schema zugewiesen. Dann wird ein XmlReaderSettings-Objekt erzeugt und diesem die Eigenschaft ValidationType.Schema zugewiesen. Der Schemas-Eigenschaft des Objekts wird dann das vorher erstellte XmlSchemaSet zugeordnet.

Damit die Anwendung auf vorkommende Verstöße gegen das Schema reagieren kann, wird eine Ereignisbehandlung für diesen Fall eingerichtet, die dazu führt, dass entsprechende Fehlermeldungen auf der Konsole ausgegeben werden. Dabei handelt es sich um ein öffentliches Ereignis der XmlReaderSettings-Klasse. Im zweiten Teil der Anweisung wird mit Hilfe der AdressOf-Anweisung die Verknüpfung zu der Prozedur ValidationCallBack hergestellt, die für die Behandlung des Ereignisses zuständig ist.

Nach diesen Vorbereitungen kann die Create()-Methode von XmlReader aufgerufen werden, wobei der Name des XML-Dokuments und das XmlReaderSettings-Objekt als

Argumente übergeben werden. Anschließend kann der so konfigurierte Reader mit Hilfe der Read()-Methode seine Arbeit tun.

```
Imports System
Imports System.Xml
Imports System.Xml.Schema
Imports System.IO

Public Class TestSample
  Public Shared Sub Main()
    Dim schema As XmlSchemaSet = New XmlSchemaSet()
    schema.Add(Nothing, "abstract.xsd")
    Dim rset As XmlReaderSettings = New XmlReaderSettings()
    rset.ValidationType = ValidationType.Schema
    rset.Schemas = schema
    AddHandler rset.ValidationEventHandler, _
              AddressOf ValidationCallBack
    Dim reader As XmlReader = _
                  XmlReader.Create("abstracts.xml", rset)
    While reader.Read()
    End While
    Console.Read()
  End Sub

  Private Shared Sub ValidationCallBack(ByVal sender _
              As Object, ByVal e As ValidationEventArgs)
    Console.WriteLine("Schemaverletzung: {0}", e.Message)
  End Sub
End Class
```

Listing 10.14 Code für Schema-Validierung

Auswertung der Validierung

Die Informationen über den Verlauf der Validierung werden in Form von Argumenten vom Typ ValidationEventArgs empfangen. Die Prozedur ValidationCallBack() empfängt diese Argumente als Parameter. Über die Eigenschaft Message lassen sich die einzelnen Fehlerbeschreibungen auf der Konsole ausgeben.

Abbildung 10.21 zeigt eine Auswertung einer XML-Datei, die mehrere Elemente enthält, die in dem XML-Schema, mit dem die Datei verknüpft ist, nicht vorgesehen sind. Anders als bei der Prüfung auf Wohlgeformtheit üblich, wird das Lesen des XML-Dokuments also in diesem Fall nicht abgebrochen, wenn der erste Fehler auftaucht. Das Dokument wird zu Ende gelesen, und alle erkennbaren Fehler werden angezeigt.

```
Schemaverletzung: Das Element 'abstract' hat ein ungültiges untergeordnetes Elem
ent 'note'. Erwartet wurde die Liste der möglichen Elemente: 'beschreibung'.
Schemaverletzung: Das Element 'abstract' hat ein ungültiges untergeordnetes Elem
ent 'notabene'.
-
```

Abbildung 10.21 Ergebnis der Validierung eines fehlerhaften XML-Dokuments

10.7.8 Schreiben von XML-Daten

Eine ähnlich fundamentale Klasse wie `XmlReader` ist `XmlWriter`. Für eine Anwendung kann entweder eine davon abgeleitete Implementierungsklasse `XmlTextWriter` oder eine benutzerdefinierte Klasse verwendet werden. Seit .NET 2.0 gibt es auch hier die Alternative, eine `XmlWriter`-Instanz mit Hilfe der `Create`-Methode zu erzeugen, weil dabei mit entsprechenden `XmlWriterSettings`-Objekten gleich bestimmte Einstellungen übergeben werden können. Das kann dann so aussehen:

```
Dim wset As New XmlWriterSettings()
wset.Indent = True
wset.IndentChars = "  "
Using w As XmlWriter = XmlWriter.Create("kunden.xml", wset)
  ...
End Using
```

`XmlWriter` stellt den Entwicklern die Mittel zur Verfügung, um in einem sequenziellen Verfahren schrittweise einen Datenstrom zu erzeugen, der aus einer Abfolge von Informationseinheiten besteht, die insgesamt ein wohlgeformtes XML-Dokument ergeben können. Dabei kommen nacheinander Methoden zum Einsatz, die auf die verschiedenen Einheiten eines XML-Infosets zugeschnitten sind.

Am Anfang wird in der Regel die Methode `WriteStartDocument()` aufgerufen, um die XML-Deklaration zu schreiben. Um ein einfaches XML-Element mit einem Textinhalt zu schreiben, kann die Methode `WriteElementString()` verwendet werden, die es erlaubt, in einem Zug ein komplettes XML-Element mit Start-Tag, Elementinhalt und End-Tag zu erzeugen. Der Ausdruck

```
writer.WriteElementString ("Name", "Hansen")
```

liefert beispielsweise das Element

```
<Name>Hansen</Name>
```

Datenkonvertierung

Bei der Angabe des Elementinhalts können bei Bedarf Datentypen mit Hilfe der zahlreichen Methoden der `XmlConvert`-Klasse in den gewünschten XML-Datentyp konvertiert werden:

```
Double preis = 12.25
writer.WriteElementString("preis", XmlConvert.ToString(preis))
```

Solche Konvertierungen sind beispielsweise notwendig, wenn es Abweichungen zwischen den von .NET über die *Common Language Runtime* vorgegebenen Datentypen und den Datentypen gibt, die in der XML Schema-Spezifikation definiert sind. Tabelle 10.23 stellt die entsprechenden Datentypen gegenüber.

XML Schema-Typ	.NET Framework-Typ
anyURI	System.Uri
base64Binary	System.Byte[]
boolean	System.Boolean
Byte	System.SByte
Date	System.DateTime
dateTime	System.DateTime
decimal	System.Decimal
double	System.Double
duration	System.TimeSpan
ENTITIES	System.String[]
ENTITY	System.String
Float	System.Single
gDay	System.DateTime
gMonthDay	System.DateTime
gYear	System.DateTime
gYearMonth	System.DateTime
hexBinary	System.Byte[]
ID	System.String
IDREF	System.String
IDREFS	System.String[]

Tabelle 10.23 Zuordnung von XML Schema-Datentypen zu .NET-Datentypen

XML Schema-Typ	.NET Framework-Typ
`Int`	`System.Int32`
`integer`	`System.Decimal`
`Language`	`System.String`
`Long`	`System.Int64`
`Month`	`System.DateTime`
`Name`	`System.String`
`NCName`	`System.String`
`negativeInteger`	`System.Decimal`
`NMTOKEN`	`System.String`
`NMTOKENS`	`System.String[]`
`nonNegativeInteger`	`System.Decimal`
`nonPositiveInteger`	`System.Decimal`
`normalizedString`	`System.String`
`NOTATION`	`System.String`
`positiveInteger`	`System.Decimal`
`QName`	`System.Xml.XmlQualifiedName`
`Short`	`System.Int16`
`String`	`System.String`
`Time`	`System.DateTime`
`timePeriod`	`System.DateTime`
`Token`	`System.String`
`unsignedByte`	`System.Byte`
`unsignedInt`	`System.UInt32`
`unsignedLong`	`System.UInt64`
`unsignedShort`	`System.UInt16`

Tabelle 10.23 Zuordnung von XML Schema-Datentypen zu .NET-Datentypen (Forts.)

Maskierung in XML-Namen

Neben Konvertierungen für Elementinhalte und Attributwerte können auch Umwandlungen für Element- oder Attributnamen notwendig werden. In der aktuellen Version 1.0 von XML sind die erlaubten Zeichen in diesen Bezeichnern bekanntlich eingeschränkt. (Diese Begrenzung wird zwar in der 2004 verabschiedeten Version XML 1.1 weitgehend aufgehoben, diese Neuerungen werden aber von den meisten XML-Parsern noch nicht unterstützt, was auch für das .NET Framework gilt.) Zu diesen Einschränkungen bei Bezeichnern gehört etwa, dass in einem Elementnamen kein Leerzeichen vorkommen darf. Sollen nun Daten übernommen werden, die nicht nach diesen Regeln gebildet sind, lässt sich mit Hilfe der Methode `EncodeName()` die Übereinstimmung mit dem gegenwärtigen XML-Standard sicherstellen. Dabei werden in XML unerlaubte Zeichen als numerische Entitäten in Escape-Zeichen codiert.


```
Dim ename1 As String = XmlConvert.EncodeName("Erstes Lager")
```

liefert beispielsweise den Elementnamen `Erstes_x0020_Lager`.

Einfügen von Attributen

Soll ein Element noch Attribute enthalten, kann die Erzeugung des Elements in einzelne Schritte zerlegt werden, indem nacheinander die Methoden `WriteStartElement()`, `WriteAttributeString()`, `WriteString()` und `WriteEndElement()` aufgerufen werden:

```
writer.WriteStartElement("Name")
writer.WriteAttributeString("Gruppe","A")
writer.WriteString("Hansen")
writer.WriteEndElement()
```

Methodenpaare

Das Attribut wird also eingefügt, nachdem das Start-Tag vorhanden ist. Auch hier ist es möglich, den Attributnamen und den zugewiesenen Attributwert mit einer Methode zu schreiben. Die Methoden `WriteStartElement()` und `WriteEndElement()` bilden jeweils ein Methodenpaar, wobei die erste Methode den Elementnamen als Parameter verlangt, die zweite Methode dagegen ohne Parameter auskommt. Paare bilden auch die Methoden `WriteStartDocument()` und `WriteEndDocument()` sowie `WriteStartAttribute()` und `WriteEndAttribute()`.

In ähnlicher Weise werden auch alle anderen Informationseinheiten, die innerhalb eines wohlgeformten XML-Dokuments benötigt werden, erzeugt. Dabei ist natürlich die Reihenfolge von entscheidender Bedeutung, insbesondere wenn das XML-Dokument mit mehreren Ebenen arbeitet. Sollen Elemente geschachtelt werden, wird etwa die `WriteStartElement()`-Methode gleich zweimal aufgerufen.

Es ist möglich, mehrere XML-Dokumente in einen Ausgabestrom zu schreiben. Sollen binäre Daten in die Ausgabe eingefügt werden, können sie in dem Code *base64* oder *BinHex* in ASCII-Text konvertiert werden. Über die Eigenschaft `WriteState` werden zudem Statusinformationen über den Fortgang der Ausgabe festgehalten, die von den verwendeten Methoden abgefragt werden können, beispielsweise um zu prüfen, ob gerade ein Prolog, ein Attributwert oder ein Elementinhalt geschrieben wurde.

10.7.9 »XmlTextWriter«

Die Implementierungsklasse `XmlTextWriter` kann XML-Daten in eine Datei, auf die Konsole, in einen Datenstrom oder ein anderes Ausgabeformat schreiben. Die Klasse erweitert die Member-Liste noch um einige nützliche Eigenschaften. Mit Hilfe der Eigenschaft `Formatting.Indented` kann etwa das XML-Dokument mit hierarchisch eingerückten Elementebenen ausgegeben werden. Die folgenden Anweisungen sorgen beispielsweise dafür, dass jede Hierarchieebene um vier Stellen eingerückt wird, wobei statt Leerzeichen Punkte verwendet werden:

```
writer.Indentation = 4
writer.Formatting = Formatting.Indented
writer.IndentChar = CChar(".")
```

Die Eigenschaft `Namespaces` legt fest, ob das XML-Dokument Namensräume unterstützt oder nicht. Außerdem wird eine Reihe von Methoden, die aus der Basisklasse `XmlWriter` abgeleitet sind, um zusätzliche Aktionen erweitert, die sicherstellen sollen, dass im Endergebnis ein wohlgeformtes XML-Dokument zustande kommt. So werden etwa bei der Methode `WriteString()` die Zeichen < und > durch `<` und `>` maskiert, andere Sonderzeichen durch entsprechende numerische Zeichenentitäten. Bei der `WriteAttributeString()`-Methode wird automatisch dafür gesorgt, dass Anführungszeichen innerhalb des Attributwerts mit `"` oder `'` maskiert werden. Auch die Leerraumbehandlung wird gemäß der W3C-Spezifikation kontrolliert. Insbesondere stellt `XmlTextWriter` sicher, dass die XML-Deklaration immer an den Anfang der Ausgabe gestellt wird und dass Attribute nur innerhalb von Elementen erscheinen.

Die `Close()`-Methode, die den Datenstrom schließlich abschließt, führt eine Prüfung auf Wohlgeformtheit aus, die eine `InvalidOperationException` auslöst, wenn die Daten nicht regelgerecht sind. Falls Elemente oder Attribute nicht bereits explizit abgeschlossen wurden, werden sie automatisch geschlossen. Dazu werden automatisch die notwendigen `WriteEnd(xxx)`-Methoden aufgerufen.

`XmlTextWriter` verwendet für die Generierung einer Klasseninstanz einen Konstruktor, der dreifach überladen ist. Drei verschiedene Parameterlisten sind möglich:

```
Public Sub New(TextWriter)
```

In diesem Fall wird die Instanz mit Hilfe des angegebenen `TextWriters` erzeugt, wobei vorausgesetzt wird, dass dieser bereits auf eine passende Codierung eingestellt ist.

```
Public Sub New(Stream, Encoding)
```

Hier werden der Datenstrom, in den geschrieben werden soll, und die Codierung angegeben. Ist die Codierung nicht spezifiziert, wird `UTF-8` verwendet.

```
Public Sub New(String, Encoding)
```

Übergibt den Namen der Datei, die erzeugt werden soll, als String und gibt die Codierung an.

XML-Dokument aus Textdaten erzeugen

Nun ist es in der Regel nicht sonderlich effektiv, quasi manuell einzelne Werte in ein XML-Dokument zu schreiben, wie es das erste Codebeispiel oben zeigt. In der Praxis wird es meist darum gehen, XML-Daten aus bereits vorhandenen Datenbeständen zu gewinnen. Die folgende kleine Konsolenanwendung demonstriert einen der möglichen Einsatzbereiche für `XmlTextWriter`-Instanzen. Ein XML-Dokument soll aus Informationen aufgebaut werden, die in Form einer Textdatei vorliegen. Die einzelnen Informationseinheiten sind dabei durch Semikola getrennt:

```
Hanna Severin; Karl Kohn; ...
```

In dem Zieldokument sollen diese Informationen als `<Name>`-Elemente innerhalb eines Wurzelelements `<Teilnehmer>` eingefügt werden. Zusätzlich soll der Writer in jedes `<Name>`-Element ein Attribut `Nr` einfügen, dessen Wert eine fortlaufende Nummerierung liefert. Hier zunächst der komplette Code:

```
Imports System
Imports System.IO
Imports System.Xml
Imports Microsoft.VisualBasic.Strings
  Class TextDatei2Xml
    Public Shared quelldatei As String
    Public Shared zieldatei As String
    Public Shared stream As StreamReader
    Public Shared writer As XmlTextWriter
    Public Shared wert As String
    Public Shared i As Integer
    Public Shared Function FindeToken(ByVal stream _
              As StreamReader) As String
```

```
    Dim temp As Integer = stream.Read()
    Dim token As String = ""
    While temp <> -1 And ChrW(temp) <> ";"
      token += ChrW(temp)
      temp = stream.Read()
    End While
    Return token
  End Function
  Public Overloads Shared Sub Main()
    Dim args() As String = _
              System.Environment.GetCommandLineArgs()
    quelldatei = args(1)
    zieldatei = args(2)
    i = 1
    'Erzeugt einen Stream aus der angegebenen Quelldatei
    stream = New StreamReader(quelldatei, True)
    'Erzeugt einen neuen XmlTextWriter.
    writer = New XmlTextWriter(zieldatei, _
                System.Text.Encoding.UTF8)
    'Schreibt den Dokumentkopf
    writer.WriteStartDocument(True)
    'Schreibt das Wurzelelement
    writer.WriteStartElement("Teilnehmer", _
                     "www.testdotnetxml.de/names")
    'Holt das erste Datenelement aus der Quelldatei
    wert = FindeToken(stream)
    'Verarbeitet die Datenelemente der Quelldatei
    While wert <> ""
      writer.WriteStartElement("Name")
      writer.WriteAttributeString("Nr", i)
      writer.WriteString(wert)
      writer.WriteEndElement()
      wert = FindeToken(stream)
      i = i + 1
    End While
    writer.WriteEndElement() 'End-Tag von "Teilnehmer"
    writer.WriteEndDocument() 'Beendet das Dokument
    writer.Close()
  End Sub
End Class
```

Listing 10.15 Code für »xmldatenschreiben«

Beim Aufruf werden zwei Argumente übergeben, die den vorhandenen Quelltext und die gewünschte XML-Zieldatei angeben. Sie werden als Parameter für die Konstruktoren verwendet, die je eine neue `StreamReader`-Instanz und eine neue `XmlTextWriter`-Instanz generieren.

Auslesen der Quelldaten

Die `StreamReader`-Instanz wird benötigt, um Daten aus dem Quelltext zu lesen und dabei mit Hilfe der Funktion `FindeToken()` in die einzelnen Informationseinheiten zu zerlegen, deren Ende jeweils durch das Trennzeichen erkennbar ist. Diese Instanz verwendet die Methode `Read()`, um den jeweiligen Datenstrom auszulesen. Die Methode liefert den Code eines gelesenen Zeichens. Die Zeichen werden so lange in der Variablen `token` aneinandergefügt, bis das Trennzeichen oder das Ende des Streams entdeckt wird.

Die `XmlTextWriter`-Instanz baut anschließend den Datenstrom für das Zieldokument schrittweise auf, zuerst den Dokumentkopf, dann das Wurzelelement, schließlich in einer Schleife die einzelnen `<Name>`-Elemente. Zunächst wird dabei das Start-Tag gebildet, dann das vorgesehene Attribut mit Name und Wert. Dazu wird immer wieder die Funktion `FindeToken` aufgerufen. Schließlich wird das noch fehlende End-Tag des Wurzelelements erzeugt und das Dokument abgeschlossen. `Close()` beendet die Arbeit des Writers. Abbildung 10.22 zeigt die durch den Writer erzeugte XML-Datei.

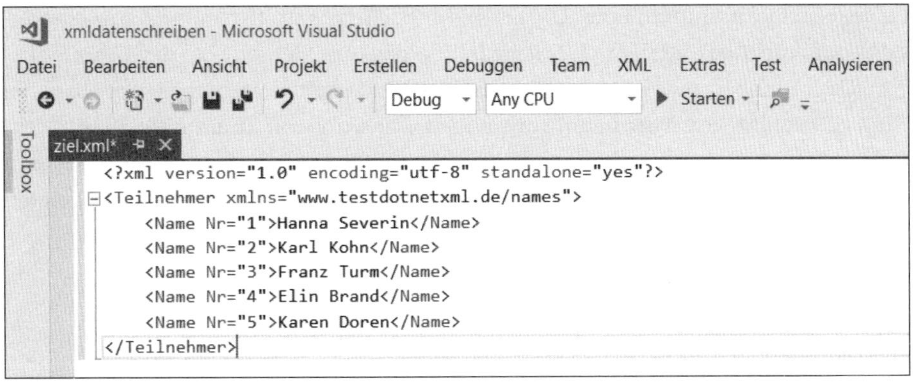

```
<?xml version="1.0" encoding="utf-8" standalone="yes"?>
<Teilnehmer xmlns="www.testdotnetxml.de/names">
    <Name Nr="1">Hanna Severin</Name>
    <Name Nr="2">Karl Kohn</Name>
    <Name Nr="3">Franz Turm</Name>
    <Name Nr="4">Elin Brand</Name>
    <Name Nr="5">Karen Doren</Name>
</Teilnehmer>
```

Abbildung 10.22 Das generierte XML-Dokument

Bei der Arbeit mit `XmlTextWriter` sind allerdings einige Einschränkungen dieser Klasse zu beachten:

- `XmlTextWriter` bietet keine Gewähr, dass alle verwendeten Element- oder Attributnamen gültig sind.
- Es werden auch solche Unicode-Zeichen zugelassen, die gemäß der XML-Spezifikation nicht erlaubt sind. Dies gilt für Zeichen, deren Hex-Code größer als 0xFFFD und kleiner als 0x20 ist.

- Es wird nicht verhindert, dass Attributnamen bei einem Element doppelt vorkommen.

Daraus ergibt sich, dass die Methoden und Eigenschaften der Klasse selbst nicht in jedem Fall ein wohlgeformtes Ausgabedokument gewährleisten können.

Die Implementierung einer benutzerdefinierten `XmlWriter`-Klasse ist deshalb immer dann zu empfehlen, wenn die genannten Einschränkungen von `XmlTextWriter` vermieden werden müssen.

10.7.10 XML-Serialisierung und -Deserialisierung

Unter Serialisierung wird im Zusammenhang von .NET ein Verfahren verstanden, das es erlaubt, den aktuellen Zustand eines in einer Anwendung benutzten Objekts in Form eines Dokuments oder eines Datenstroms zu sichern, so dass später durch eine Deserialisierung dieser Zustand des Objekts wiederhergestellt werden kann. Diese Form der Konservierung eines bestimmten Zustands von Objektinstanzen kann auch dazu verwendet werden, die entsprechenden Informationen an andere Stellen zu transportieren, etwa im Rahmen von verteilten Anwendungen.

Das .NET Framework bietet im Namespace `System.Xml.Serialization` Klassen an, die Objektzustände in Form von XML-Daten festhalten. Dabei ist insbesondere der Unterschied von Bedeutung, dass die XML-Serialisierung immer nur die öffentlichen Felder und Eigenschaften eines Objekts berücksichtigt. Datentypinformationen werden dabei nicht berücksichtigt. Das bedeutet, dass ein Element bei der Deserialisierung nicht unbedingt wieder in demselben Datentyp verfügbar sein muss. Ein Ausweg ist hier, von vornherein mit einem Objektmodell zu arbeiten, das an ein bestimmtes XML-Schema gebunden ist. Wird eine solche Klasse serialisiert, entspricht das generierte XML genau diesem Schema. Das hat den Vorteil, dass die Daten auch plattformübergreifend weitergereicht und wiederverwendet werden können.

»XmlSerializer«

Die zentrale Klasse für die XML-Serialisierung ist die `XmlSerializer`-Klasse mit den Hauptmethoden `Serialize()` und `Deserialize()`. Diese Klasse erzeugt einen XML-Stream, der der XML Schema-Spezifikation und insbesondere den dort definierten Datentypen entspricht. Um eine Instanz der Klasse zu erstellen, wird ein Konstruktor benutzt, der mindestens den Typ des zu serialisierenden Objekts angibt. Der Konstruktor ist mehrfach überladen. Als zusätzlicher Parameter kann beispielsweise mit `XmlRootAttribute` ein anderer Name für das Wurzelelement bestimmt werden. Als Vorgabe wird zunächst immer der Klassenname als Wurzelelementname verwendet.

Ist ein `XmlSerializer` vorhanden, kann anschließend eine Instanz der Klasse erzeugt werden, die serialisiert werden soll. Zusätzlich wird eine Instanz benötigt, die die jeweiligen Daten in eine Datei oder einen Stream schreibt, sei es ein `Stream`, ein `TextWriter` oder auch ein `XmlWriter`.

Listing 10.16 zeigt ein einfaches Testbeispiel, in dem der aktuelle Zustand der Instanz einer Klasse für Bestellpositionen in ein XML-Dokument serialisiert wird:

```
Imports System
Imports System.IO
Imports System.Xml.Serialization

' Die Klasse, die serialisiert werden soll
  Public Class Bestellung
    Public Name As String
    Public Adresse As String
    Public Datum As String
    Public Bestellnr As Integer
    Public Positionen() As Position
  End Class

  Public Class Position
    Public ArtikelNr As Integer
    Public Beschreibung As String
    Public Gebinde As String
    Public Menge As Integer
    Public Preis As Decimal
  End Class

  Public Class BSeri
    Shared Sub Main()
      Dim bs As BSeri = New BSeri
      bs.SerializeObject("bestellung.xml")
    End Sub
    Private Sub SerializeObject(ByVal zieldatei As String)
      Dim serializer As New XmlSerializer(GetType(Bestellung))
      ' Erzeugt eine Instanz, die serialisiert wird
      Dim bestell As New Bestellung
      With bestell
        .Name = "Hanna Bauer"
        .Adresse = "Dorfweg 10 50678 Koeln"
        .Datum = "10.12.2018"
        .Bestellnr = 102
      End With
      Dim pos1 As New Position
      Dim pos2 As New Position
```

```
        Dim bstarray As Position() = {pos1, pos2}
        ' Festlegen der Werte
        With pos1
          .ArtikelNr = 1002
          .Beschreibung = "Raffrollo"
          .Gebinde = "Stck"
          .Menge = 5
          .Preis = CDec(20.35)
        End With
        With pos2
          .ArtikelNr = 1004
          .Beschreibung = "Papierrollo"
          .Gebinde = "Stck"
          .Menge = 5
          .Preis = CDec(10.35)
        End With
        bestell.Positionen = bstarray
        ' Erzeugt TextWriter, um die XML-Datei zu schreiben
        Dim writer As New StreamWriter(zieldatei)
        ' Serialisiert das Objekt und schliesst den TextWriter
        serializer.Serialize(writer, bestell)
        writer.Close()
      End Sub
    End Class
```

Listing 10.16 Code für einen einfachen »XMLSerializer«

Um die XmlSerializer-Klasse verwenden zu können, wird am Anfang eine Imports-Anweisung für den Namensraum System.Xml.Serialization eingefügt. Da für das Beispiel auch ein TextWriter verwendet werden soll, ist der Namensraum System.IO ebenfalls beigefügt. Zunächst wird dann die Klasse Bestellung definiert, deren Zustand serialisiert werden soll. Diese Klasse enthält neben einigen Feldern für die üblichen Kopfdaten einer Bestellung noch ein Datenfeld für die verschiedenen Bestellpositionen, die in der Klasse Position definiert sind. Damit die Felder auch in der XML-Datei erscheinen, sind alle als Public deklariert, da ja bei der XML-Serialisierung – wie schon angesprochen – nur öffentliche Felder und Eigenschaften festgehalten werden.

Serialisierungsinstanz

Für die Serialisierung wird nun eine Klasse BSeri definiert, deren Main()-Prozedur die Prozedur SerializeObject aufruft und dabei als Parameter den Namen der Zieldatei übergibt, die die von der Serialize()-Methode generierten XML-Daten aufnehmen soll. Diese Prozedur erzeugt eine Instanz der XmlSerializer-Klasse, wobei der Konstruktor als Parameter den Typ des Objekts angibt. Dazu wird der GetType-Operator verwendet, der das Typobjekt für den angegebenen Typnamen – hier der Klassenname Bestellung – liefert. Anschließend wird eine Instanz der Klasse Bestellung erzeugt und durch eine schlichte Wertzuweisung mit Daten gefüllt. Die Positionswerte werden dabei zunächst in einem lokalen Array bstarray zusammengefasst, das dann an das Positionen-Array der Klasse Bestellung übergeben wird.

Nun wird noch eine Instanz eines TextWriters erzeugt, der die aktuellen Daten der Bestellung im Vollzug der Serialisierung in die gewünschte XML-Datei schreiben soll. Die Serialisierung wird schließlich durch die Serialize()-Methode des XmlSerialisers vollzogen, wobei als erster Parameter der vorher erzeugte TextWriter angegeben wird und als zweiter Parameter das Objekt, das serialisiert werden soll. Schließlich wird der TextWriter beendet. Die Ausgabedatei sieht in diesem kleinen Beispiel so aus:


```
<?xml version="1.0" encoding="UTF-8"?>
 <Bestellung xmlns:xsd="http://www.w3.org/2001/XMLSchema"
             xmlns:xsi="http://www.w3.org/2001/XMLSchema-instance">
   <Name>Hanna Bauer</Name>
   <Adresse>Dorfweg 10 50678 Koeln</Adresse>
   <Datum>10.12.2018</Datum>
   <Bestellnr>102</Bestellnr>
   <Positionen>
     <Position>
       <ArtikelNr>1002</ArtikelNr>
       <Beschreibung>Raffrollo</Beschreibung>
       <Gebinde>Stck</Gebinde>
       <Menge>5</Menge>
       <Preis>20.35</Preis>
     </Position>
     <Position>
       <ArtikelNr>1004</ArtikelNr>
       <Beschreibung>Papierrollo</Beschreibung>
       <Gebinde>Stck</Gebinde>
       <Menge>5</Menge>
       <Preis>10.35</Preis>
     </Position>
   </Positionen>
 </Bestellung>
```

Listing 10.17 bestellung.xml

Als Name für das Wurzelelement ist also der Name der serialisierten Klasse verwendet worden, die Namen der untergeordneten Elemente werden von den Feldnamen übernommen. Der Array mit den Positionen wird durch ein <Positionen>-Element wiedergegeben, das untergeordnete <Position>-Elemente für die einzelnen Positionen enthält.

Den Zustand eines Objekts wiederherstellen

Bei der Deserialisierung wird das oben beschriebene Verfahren umgedreht. Die Informationen in dem bei der Serialisierung erzeugten XML-Dokument werden schrittweise ausgelesen und den einzelnen Variablen des serialisierten Objekts wieder zugewiesen, um den gesicherten Zustand wiederherzustellen. Der Ablauf einer entsprechenden Prozedur für das beschriebene Beispiel ist ziemlich ähnlich wie der Ablauf bei der Serialisierung.

```
Namespace Bestellen
' Die Klasse, die serialisiert wurde
Public Class Bestellung
...
Public Class BDeseri
  Shared Sub Main()
    Dim bs As BDeseri = New BDeseri
    bs.DeserializeObject("bestellung.xml")
  End Sub

  Private Sub DeserializeObject(ByVal quelldatei As String)
    Console.WriteLine("Einlesen der XML-Daten with XmlReader")
    Dim deserializer As New _
      XmlSerializer(GetType(Bestellen.Bestellung))
    ' Instanz eines FileStreams zum Lesen des XML-Dokuments
    Dim fstream As New FileStream(quelldatei, FileMode.Open)
    Dim reader As New XmlTextReader(fstream)
    ' Erzeugt eine Instanz der serialisierten Klasse
    Dim bestell As New Bestellen.Bestellung
    ' Deserialize stellt Objektzustand wieder her
    bestell = CType(deserializer.Deserialize(reader), _
                    Bestellen.Bestellung)
    ' Ausgabe der Eigenschaften des Objekts
    Console.Write(bestell.Name & ControlChars.NewLine)
    Console.Write(bestell.Adresse & ControlChars.NewLine)
    Console.Write(bestell.Datum & ControlChars.NewLine)
    Console.Write(bestell.Bestellnr & ControlChars.NewLine)
    Dim items As Position() = bestell.Positionen
```

```
    Dim obj As Position
    For Each obj In items
      Console.Write(obj.ArtikelNr & ControlChars.Tab)
      Console.Write(obj.Beschreibung & ControlChars.Tab)
      Console.Write(obj.Gebinde & ControlChars.Tab)
      Console.Write(obj.Menge & ControlChars.Tab)
      Console.Write(obj.Preis & ControlChars.NewLine)
    Next
    reader.Close()
    Console.ReadLine()
  End Sub
End Class
End Namespace
```


Listing 10.18 Code für einen Deserializer

Die Methode »Deserialize()«

Der Prozedur `DeserializeObject()` wird als Parameter der Name des XML-Dokuments übergeben. Wieder wird unter Angabe des Objekttyps eine Instanz von `XmlSerializer` gebildet. Diesmal werden noch eine `FileStream`-Instanz erzeugt sowie eine `XmlTextReader`-Instanz, die diese zum Auslesen der XML-Daten verwendet. Nachdem wieder eine Instanz der Klasse `Bestellung` erzeugt ist, können ihr die Daten, die der `XmlTextReader` eingelesen hat, mit Hilfe der `Deserialize()`-Methode zugewiesen werden, um den alten Objektzustand wiederherzustellen. Dabei wird die `CType()`-Funktion benutzt, um die von der XML-Datei gelieferten Daten wieder in die entsprechenden Datentypen des Objekts zu konvertieren.

Nur um zu zeigen, dass dies tatsächlich stattgefunden hat, werden die neu zugewiesenen Werte des Objekts `Bestellung` auf der Konsole ausgegeben, wie Abbildung 10.23 schließlich zeigt.

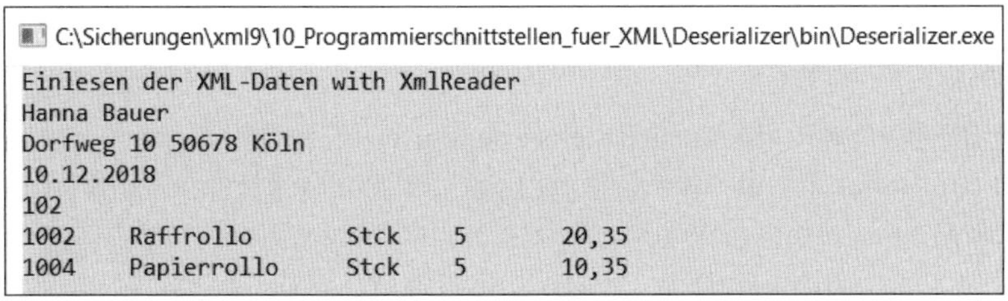

```
C:\Sicherungen\xml9\10_Programmierschnittstellen_fuer_XML\Deserializer\bin\Deserializer.exe
Einlesen der XML-Daten with XmlReader
Hanna Bauer
Dorfweg 10 50678 Köln
10.12.2018
102
1002    Raffrollo       Stck    5       20,35
1004    Papierrollo     Stck    5       10,35
```

Abbildung 10.23 Anzeige des Objektzustands nach der Deserialisierung

10.8 Zugriff auf XML-Daten mit »LINQ to XML«

Das .NET Framework stellt Ihnen neben den zuletzt beschriebenen Klassen für den Umgang mit XML noch eine spezielle Spracherweiterung unter dem Namen *LINQ to XML* zur Verfügung, die eine Alternative zum Einsatz eines DOM-Modells darstellt.

Der Aufbau eines solchen Modells im Speicher geht ja nicht ohne eine gewisse Umständlichkeit vonstatten. Selbst wenn nur ein kleines XML-Fragment benötigt wird, muss der Knotenbaum schrittweise aufgebaut werden, wie das folgende Listing andeutet:

```
Dim doc As New XmlDocument()
Dim Adressen As XmlElement = doc.CreateElement("Adressen")
Dim Adresse As XmlElement = doc.CreateElement("Adresse")
Dim Benutzername As XmlElement = _
    doc.CreateElement("Benutzername")
Benutzername.InnerText = "Hannaa"
Adresse.AppendChild(Benutzername)
Adressen.AppendChild(Adresse)
doc.AppendChild(Adressen)
```

Listing 10.19 Code für den Aufbau eines DOM-Modells

10.8.1 LINQ to XML

LINQ to XML ist eine In-Memory-Programmierschnittstelle, mit der XML-Dokumente einfacher verarbeitet werden können. Sie erlaubt nicht nur die Abfrage und Änderung eines XML-Dokuments, sondern auch die Erzeugung durch Anweisungen, die die Elementhierarchie in einem Zug aufbauen können. Außerdem lassen sich damit XML-Dokumente in Dateien oder Datenströme serialisieren oder gegen Schema-Dateien validieren.

10.8.2 X-Klassen

Während für die LINQ-Abfrage Ausdrücke verwendet werden, die denen für SQL-Abfragen ähneln, stehen für die Generierung von XML-Dokumenten neue Klassen zur Verfügung, die alle mit dem Präfix »X« beginnen. Die entsprechenden Klassen sind in dem Namensraum `System.Xml.Linq` zu finden, der als Vorgabe bereits zur Verfügung steht. In Tabelle 10.24 sind die X-Klassen kurz beschrieben.

Klasse	Beschreibung
Extensions	Enthält die LINQ to XML-Erweiterungsmethoden.
XAttribute	Repräsentiert ein XML-Attribut.
XCData	Repräsentiert einen Textknoten, der CDATA enthält.
XComment	Repräsentiert einen XML-Kommentar.
XContainer	Repräsentiert einen Knoten, der andere Knoten enthält.
XDeclaration	Repräsentiert eine XML-Deklaration.
XDocument	Repräsentiert ein XML-Dokument.
XDocumentType	Repräsentiert eine XML-Dokumenttyp-Definition.
XElement	Repräsentiert ein XML-Element.
XName	Repräsentiert den Namen eines XML-Elements oder XML-Attributs.
XNamespace	Repräsentiert einen XML-Namensraum.
XNode	Repräsentiert einen Knoten in einem XML-Baum.
XNodeDocumentOrder-Comparer	Vergleicht Knoten in Bezug auf ihre Position in der Dokumentreihenfolge.
XNodeEqualityComparer	Vergleicht Knoten, um sie auf Übereinstimmung zu prüfen.
XObject	Repräsentiert einen Elementknoten oder ein Attribut in einem XML-Baum.
XObjectChangeEventArgs	Liefert Daten für die Ereignisse Changing und Changed.
XProcessingInstruction	Repräsentiert eine XML-Verarbeitungsanweisung.
XStreamingElement	Repräsentiert Elemente in einem XML-Baum, die eine verzögerte Datenstromausgabe unterstützen.
XText	Repräsentiert einen Textknoten.

Tabelle 10.24 Klassen im Namensraum »System.Xml.Linq«

10.8.3 Functional Construction

Die Hierarchie dieser Klassen entspricht weitgehend dem vom W3C standardisierten XML Infoset, das den Baum der Informationselemente beschreibt, die in einem XML-Dokument vorkommen können.

In C# werden die X-Klassen für eine sogenannte Functional Construction von XML-Dokumenten oder XML-Fragmenten verwendet, etwa in der Form:

```
XDocument adressen =
  new XDocument(
    new XDeclaration("1.0", "UTF-8"),
    new XElement("Adressen",
      new XElement("Adresse",
        new XElement("Benutzername", "hannaa") ...)))
```

Hier steht für Visual Basic eine noch einfachere Möglichkeit zur Verfügung, die Verwendung von XML-Literalen.

10.8.4 XML-Literale

Um die Übernahme von XML-Daten in Visual Basic-Anwendungen zu erleichtern, ist es nun erlaubt, ganze XML-Dokumente oder auch einzelne XML-Fragmente »wortwörtlich« in den Code zu übernehmen, und zwar in Form von XML-Literalen. Sind solche Dokumente oder Fragmente bereits vorhanden, lassen sie sich also per Copy & Paste übernehmen.

Literal-Varianten

XML-Literale sind in Visual Basic Ausdrücke, die jeweils mit einem Start-Tag eröffnet und mit einem End-Tag beendet werden. Im Detail werden folgende Literale unterschieden: `XML Document Literal`, `XML Element Literal`, `XML CDATA Literal`, `XML Comment Literal` und `XML Processing Instruction Literal`. Der Unterschied besteht darin, dass sie jeweils unterschiedliche X-Klassen vertreten.

Ein `XML Document Literal` muss die Elemente enthalten, die für ein gültiges XML-Dokument notwendig sind, also mindestens eine XML-Deklaration und ein Wurzelelement. Werden in einer Anwendung nur XML-Fragmente benötigt, kann mit einem `XML Element Literal` für eine `XElement`-Klasse gearbeitet werden.

Die XML-Literale werden üblicherweise in einer Anweisung verwendet, in dem das Literal einer Variable vom Typ einer X-Klasse zugewiesen wird, beispielsweise:

```
Dim Benutzername As XElement = _
   <Benutzername Id="1">Hansen</Benutzername>
```

Das XML-Literal liefert in diesem Fall also ein Ergebnis vom Typ `XElement`.

Der Inhalt eines XML-Literals entspricht einem gültigen XML-Dokument oder einem Teil eines solchen Dokuments. Nur Dokumenttyp-Definitionen (DTD) werden nicht als Teil eines Literals unterstützt. Der VB-Compiler überprüft, ob der Ausdruck XML-konform ist; Regelverstöße wie ein fehlendes End-Tag oder fehlende Anführungszeichen bei einem Attribut würden also Compilerfehler hervorrufen.

Eingebettete Ausdrücke

Allerdings dürfen innerhalb eines XML-Literals Ausdrücke eingebettet werden, die zur Laufzeit ausgewertet werden. Die Syntax dieser Ausdrücke entspricht der von ASP.NET. Es ist also möglich, Folgendes zu codieren:

```
Dim name As String = "Hansen"
Dim Benutzername As XElement = _
   <Benutzername Id="1">
      <%= name %>
   </Benutzername>
```


Auf diese Weise werden dynamische Lösungen möglich, die nicht nur mit konstanten Werten arbeiten. In diesem Fall wird das gesamte XML-Literal gewissermaßen durch einen regulären VB-Ausdruck unterbrochen, der durch die speziellen Delimiter `<%=` und `%>` erkennbar ist. (Beide Delimiter müssen durch ein Leerzeichen vom Rest des Ausdrucks getrennt werden.)

Eingebettete Ausdrücke dürfen nur an bestimmten Stellen innerhalb eines XML-Literals verwendet werden und müssen im Ergebnis dem dort passenden Typ entsprechen. Elementinhalte und Attributwerte, aber auch die Element- und Attributnamen selbst oder ein Attributname-Wert-Paar und das XML-Wurzelelement insgesamt sind gültige Stellen für solche Ausdrücke. Allerdings sollte mit solchen Ausdrücken eher sparsam umgegangen werden, wenn der Code einer Anwendung möglichst lesbar bleiben soll.

Praktischerweise darf (und muss) innerhalb eines XML-Literals auf die sonst in VB notwendigen Zeilenverlängerungszeichen mit dem Unterstrich verzichtet werden, was die Eingabe vereinfacht. Das gilt aber wieder nicht, wenn ein eingebetteter Ausdruck darin verwendet wird, der mehrere Zeilen lang ist, da muss wieder das Zeilenverlängerungszeichen verwendet werden.

Der Compiler übersetzt XML-Literale automatisch in die oben beschriebenen LINQ to XML-Objekte und löst die vorhandenen eingebetteten Ausdrücke dabei auf.

Literal für »XDocument«

Eine typische Adresstabelle ließe sich in Visual Basic beispielsweise mit Hilfe eines solchen XML-Literals erzeugen. Dabei kann einer Variablen vom Typ `XDocument` einfach der komplette XML-Code dieses Dokuments zugewiesen werden.

Für die Abfrage kann anschließend ein XElement-Objekt verwendet werden, wie in dem folgenden Beispiel einer Konsolenanwendung, die eine Liste der Benutzernamen ausgibt.

```
Sub Main()
  Dim adressenXML As XDocument = _
  <?xml version="1.0" encoding="UTF-8" standalone="yes"?>
  <Adressen>
   <Adresse Id="1" Status="ok">
    <Benutzername>hannaa</Benutzername>
    <EMail>hannaarens@net.net</EMail>
    <Vorname>Hanna</Vorname>
    <Nachname>Arens</Nachname>
    <Ort>Köln</Ort>
    <PLZ>50677</PLZ>
    <Strasse>Südstr. 10</Strasse>
   </Adresse>
   <Adresse Id="2" Status="ok">
    <Benutzername>mhenning</Benutzername>
    <EMail>mhennig@net.net</EMail>
    <Vorname>Mario</Vorname>
    <Nachname>Henning</Nachname>
    <Ort>Düsseldorf</Ort>
    <PLZ>40888</PLZ>
    <Strasse>Oststr. 2</Strasse>
   </Adresse>
  </Adressen>
  Dim Benutzername As XElement
  For Each Benutzername in _
     adressenXML.<Adressen>.<Adresse>.<Benutzername>
    Console.WriteLine(Benutzername.Value)
  Next
End Sub
```

Listing 10.20 Erzeugen einer Liste aus einem XML-Literal

In der For Each-Schleife wird die spezielle Visual Basic-Syntax benutzt, die sich an der Art und Weise orientiert, wie in XPath Knoten in einem Knotenbaum ausgewählt werden.

»XML Axis Properties«

Diese Syntax wird als XML Axis Properties bezeichnet. Sie ist dazu da, den Zugriff auf Elemente eines XML-Dokuments zu erleichtern. Fünf Varianten werden unterschieden:

- XML Child Axis Property wird verwendet für den Zugriff auf untergeordnete Elemente im Knotenbaum:

  ```
  adressenXML.<Adressen>.<Adresse>
  ```

- XML Attribute Axis Property liefert den Wert des namentlich angegebenen Attributs:

  ```
  adressenXML.<Adressen>.<Adresse>.@Id
  ```

- XML Descendant Axis Property wird verwendet, um auf ein namentlich angegebenes Element zuzugreifen, das zu den nachfolgenden Elementen des Ausgangsobjekts gehört. Dieses kann ein XElement-Objekt, ein XDocument-Objekt oder eine Auflistung dieser Objekte sein:

  ```
  adressenXML.<Adressen>...<Benutzername>
  ```

- Extension Indexer Property erlaubt den gezielten Zugriff auf ein bestimmtes Element in einer Auflistung über einen nullbasierten Index, der die Position angibt:

  ```
  adressenXML.<Adressen>.<Adresse>(1)
  ```

- XML Value Property liefert den Wert des ersten Elements einer Auflistung von XElement-Objekten:

  ```
  adressenXML.<Adressen>.<Adresse>.Value
  ```

10

10.8.5 Schreiben und Laden von XML-Dateien

Anstatt ein XML-Dokument direkt in der Anwendung zu erzeugen, ist der üblichere Fall sicher, ein vorhandenes XML-Dokument einzulesen und auszuwerten. Auch hier kann entweder eine XDocument- oder auch eine XElement-Klasse verwendet werden, um die Daten in die Anwendung einzulesen.

»Save()« und »Load()«

Das folgende Beispiel beschreibt das Speichern in eine XML-Datei mit Hilfe der Save()-Methode des XDocument-Objekts. Im zweiten Schritt wird diese Datei über die Load()-Methode eines neuen XDocument-Objekts wieder eingelesen.

Für dieses XDocument wird eine LINQ-Abfrage definiert, die auf die Kindelemente des Wurzelelements zugreift, also auf die Sequenz der einzelnen Adressen. In der Schleife wird jeweils der erste Knoten davon angezeigt.

```
Sub Main()
  Dim adressenXML As XDocument = _
    <?xml version="1.0" encoding="UTF-8" standalone="yes"?>
    <Adressen>
       <Adresse Id="1" Status="ok">
          <Benutzername>hannaa</Benutzername>
          ...
       </Adresse>
       <Adresse Id="2" Status="ok">
          <Benutzername>mhenning</Benutzername>
          ...
       </Adresse>
    </Adressen>

  adressenXML.Save("adressen.xml")

  Dim adress As XDocument = XDocument.Load("adressen.xml")
  Dim auswahl = From a In adress.<Adressen>.Elements() _
                Select a

  For Each a In auswahl
    Console.WriteLine(a.FirstNode)
  Next
End Sub
```

Listing 10.21 Erzeugen einer Liste aus einer XML-Datei

In diesem Fall ergibt sich eine Liste der Benutzernamen in Form eines XML-Fragments, also mit den entsprechenden Tags:

```
<Benutzername>hannaa</Benutzername>
<Benutzername>mhenning</Benutzername>
```

Es wird schon an diesen kleinen Beispielen deutlich, dass LINQ to XML den Zugriff auf XML-Dokumente deutlich vereinfachen kann, insbesondere im Vergleich zu dem Weg über das Document Object Model, aber auch im Vergleich zu den ereignisgesteuerten Methoden in SAX oder auch dem XmlReader in .NET.

Kapitel 11
Kommunikation zwischen Anwendungen

Komplexe Lösungen verlangen häufig das Zusammenspiel von verteilten Komponenten über die Grenzen einer bestimmten Plattform hinweg. XML als Basis eines Komponentenmodells hat den Vorteil, unabhängig von Plattformen und Programmiersprachen zu sein.

Die Interoperation zwischen Anwendungen, die auf verschiedenen Plattformen laufen und die in unterschiedlichen Sprachen entwickelt worden sind, stößt auf zahlreiche Hindernisse. Betriebssysteme stellen Zahlen und Zeichenketten different dar, verwenden verschiedene Zeichencodierungen – ASCII, Unicode etc. –, und Programmiersprachen speichern Zeichenketten oder Fließkommazahlen in unterschiedlicher Form.

Der Austausch von binären Daten kommt also in der Regel bei plattform- und sprachübergreifenden Lösungen nicht in Betracht. Die Umwandlung binärer Daten in Textformate als Zwischenschritt hilft dabei weiter. Als Zwischenformat in diesem Sinne ist zum Beispiel das CSV-Format – *Comma-separated Values* – häufig verwendet worden, das sich aber nur für einfache tabellarische Datenstrukturen eignet. Hier bietet XML ein Metaformat, mit dem sich beliebig strukturierte Informationen aufzeichnen lassen.

Da XML-Dokumente die in ihnen enthaltenen Informationen durch das verwendete Markup zudem selbst beschreiben können, sind auch viel direktere Zugriffe auf bestimmte Informationen möglich, als es bisher etwa bei indizierten Datensätzen der Fall war.

Diese Eigenschaften entsprechen der Idee, mit Hilfe von XML das Internet intelligenter nutzen zu können, als es HTML-Seiten erlauben. Zwar ist es mit HTML möglich, über Webseiten zahlreiche Angebote und Dienstleistungen aufzurufen und zu nutzen, dies setzt jedoch immer den manuellen Aufruf bestimmter Seiten über einen Browser voraus.

Dieses Kapitel will zumindest einen Blick auf eine Form von Anwendungen werfen, die hier einen Schritt weiter gehen: Webdienste oder Webservices. Dazu wird die Entwicklungsumgebung Visual Studio .NET auf einem PC verwendet, auf dem der *Internet Information Server* (*IIS*) installiert ist.

11.1 XML-Webdienste

Webdienste sind eine Form von Anwendungen, bei denen XML als Basistechnologie häufig eine wesentliche Rolle spielt. Das Datenformat JSON hat zwar in diesem Bereich inzwischen das XML-Format in vielen Fällen zurückgedrängt, weil es für Webentwickler das einfachere und deshalb leichter zu handhabende Format ist, aber gerade wenn es um komplexere hierarchische Datenstrukturen geht, ist XML prinzipiell im Vorteil.

Dabei geht es um Software, die über das Internet oder auch innerhalb eines firmeninternen Intranets zur Nutzung durch andere Anwendungen bereitgestellt wird. Webdienste sind in der Regel dafür gedacht, einen bestimmten, klar abgrenzbaren Job zu erledigen, der für viele Seiten von Interesse ist.

11.1.1 Gemeinsame Nutzung von Komponenten

Hier kann es um bestimmte Geschäftsprozesse gehen, die allgemeinen Charakter haben, oder um Dienstleistungen, für die Bedarf bei zahlreichen Anwendern besteht. Dies mag ein komplexes Berechnungsverfahren sein, eine Suchoperation in einer Datenbank, die Bereitstellung von bestimmten Wirtschaftsdaten, Wetterdienste oder die Suche nach günstigen Flugverbindungen. Ein Großhändler will beispielsweise für seine Kunden eine Situation schaffen, in der diese über ihre eigenen Anwendungen direkt mit seiner Produktdatenbank kommunizieren können.

11.1.2 Offengelegte Schnittstellen

Technisch gesehen sind Webdienste Softwarekomponenten, die anderen Anwendungen über offengelegte Schnittstellen bestimmte Methoden anbieten, die diese aufrufen und nutzen können. Im Unterschied zu anderen Softwarekomponenten vollzieht sich diese Nutzung über das Internet oder auch innerhalb eines Intranets – ein Anwendungsbereich, der in diesem Zusammenhang nicht unterschätzt werden sollte.

Wie ein solcher Webdienst intern arbeitet, muss dem externen Nutzer nicht bekannt sein. Es handelt sich also um eine Blackbox, an die eventuell bestimmte Parameter übergeben werden und die dann entsprechende Ergebnisse ausspuckt.

11.1.3 Endpunkte

Damit ihre Nutzung möglich ist, müssen Webdienste bestimmte Endpunkte anbieten, über die der Kontakt hergestellt werden kann. Ein Benutzer schickt Anfragen an diese Endpunkte der Webdienste, die über URLs erreichbar sind. Die Frage stellt sich, wie eine Kommunikation über solche Endpunkte auszusehen hat, damit ein Webdienst genau die gewünschte Methode für den Benutzer aktiviert und die Ergebnisse an ihn zurückschickt.

Uns interessiert hier in erster Linie die Frage, welche Rolle XML und bestimmte XML-Anwendungen wie das *Simple Object Access Protocol (SOAP)* und die *Web Services Description Language (WSDL)* in diesem Zusammenhang spielen. Damit ist angesprochen, dass die Anfragen des Benutzers in einem speziellen XML-Datenpaket an den Webdienst geschickt werden und die Antwort des Webdienstes ebenfalls in Form eines XML-Datenpakets geliefert wird. Wie dieses Paket zusammengestellt und verpackt werden muss, wird durch ein einfaches XML-Protokoll, eben SOAP, geregelt. Welche Methoden der Dienst bereitstellt und welche Parameter dafür eventuell erwartet werden, wird in einer speziellen Dienstbeschreibung mit Hilfe von WSDL abgelegt.

11.2 Beispiel für einen Webdienst

Im Rahmen von Microsofts .NET ist sehr viel Wert darauf gelegt worden, die Einrichtung eines Webdienstes so einfach wie möglich zu halten und den Entwicklern dabei eine ganze Reihe von Aufgaben durch die automatische Generierung eines entsprechenden Codes ganz abzunehmen. Dienste, die irgendwo in der Welt über das Internet angeboten werden, sollen in eine lokale Anwendung im Prinzip genauso umstandslos eingebunden werden können wie etwa ein Tabellenkalkulationsobjekt in ein Word-Dokument.

In diesem Abschnitt soll ein kleines Beispiel so weit durchgespielt werden, dass die Besonderheiten dieser neuen Form von Softwarekomponenten und die Rolle, die XML-Technologien dabei spielen, deutlich werden. Verwendet wird dabei eine ASP.NET-Vorlage für eine Webanwendung.

11.2.1 Webdienst mit ASP.NET

ASP.NET ist eine Erweiterung der *ASP* (Active Server Pages), welche die Erstellung von dynamischen Webseiten wesentlich vereinfacht, insbesondere durch die Trennung von Seitenlayout und Code.

Abbildung 11.1 zeigt, wie die Kommunikation zwischen einem Benutzer und einem Webdienst unter Verwendung von *ASP.NET* abläuft. Der Benutzer sendet einen Aufruf an den Webdienst, der über einen URL im Internet oder Intranet identifiziert ist. Dabei wird wie beim Aufruf sonstiger Webseiten der Port 80 verwendet, so dass auch Firewalls normalerweise den Aufruf durchlassen.

Der Internet Information Server gibt den Aufruf an ASP.NET weiter. Da der URL in diesem Fall eine *.asmx*-Seite anfordert, wird der Aufruf als Anforderung an einen Webdienst erkannt. Er wird dementsprechend an den Webdienst-Handler geleitet. Er erzeugt eine Instanz des Webdienstes, spricht die verlangte Methode des Dienstes an und übergibt die im Aufruf enthaltenen Parameter, nachdem sie aus dem XML-Format, in dem sie übergeben wurden, automatisch deserialisiert worden sind.

Die Instanz des Webdienstes leistet ihre Arbeit, serialisiert das Ergebnis wieder in ein XML-Dokument und schickt es auf demselben Wege an den Benutzer zurück.

Der Webdienst-Handler erzeugt zudem automatisch eine exakte Beschreibung des Webdienstes und seiner Methoden in Form einer WSDL-Datei; mehr dazu im Abschnitt 11.4, »Dienstbeschreibung«.

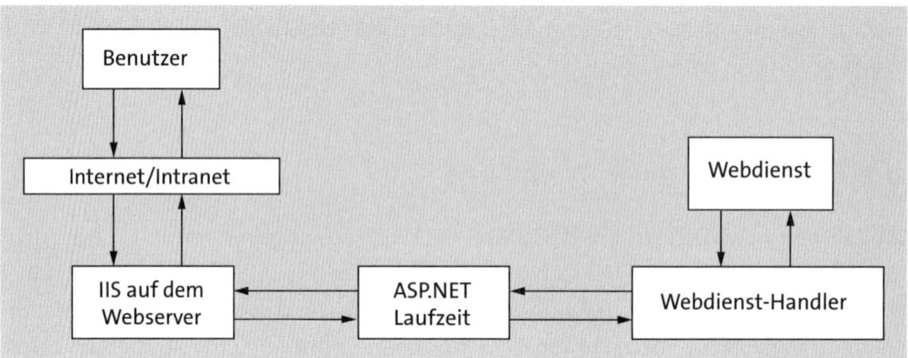

Abbildung 11.1 Aufruf eines Webdienstes durch einen Benutzer

11.2.2 Einrichten eines Webdienstes

Zum Ausprobieren erstellen wir hier eine ganz kleine Dienstleistung: die Umrechnung von Millimeterangaben in Punktwerte und umgekehrt, was für exakte Layoutangaben manchmal notwendig ist. Der Webdienst soll also zwei Methoden beherrschen und zwei verschiedene Parameter zulassen.

Zum Ausprobieren können Sie die kostenlose Edition »Microsoft Visual Studio Community 2017« verwenden, die die bisherigen Express-Editionen von Visual Studio ersetzt. Nach dem Start von Visual Studio legen Sie ein neues Projekt an und wählen im Dialog unter dem Projekttyp VISUAL C# • WEB zunächst die Vorlage ASP.NET EMPTY WEB APPLICATION.

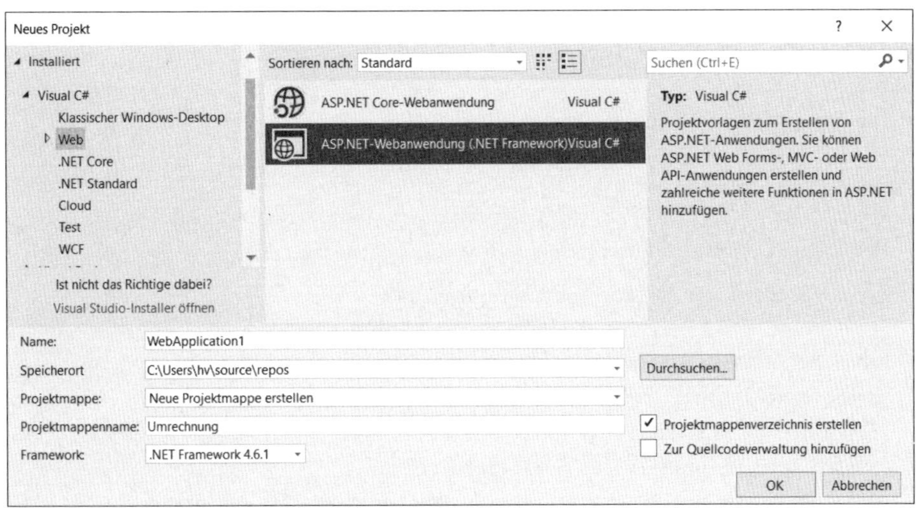

Abbildung 11.2 Start mit einer ASP-Vorlage

Im PROJEKTMAPPEN-EXPLORER fügen Sie anschließend über das Kontextmenü mit HINZUFÜGEN • WEBDIENST (ASMX) ein Codeskelett für einen Webdienst ein. Dabei wird der Name des Dienstes abgefragt.

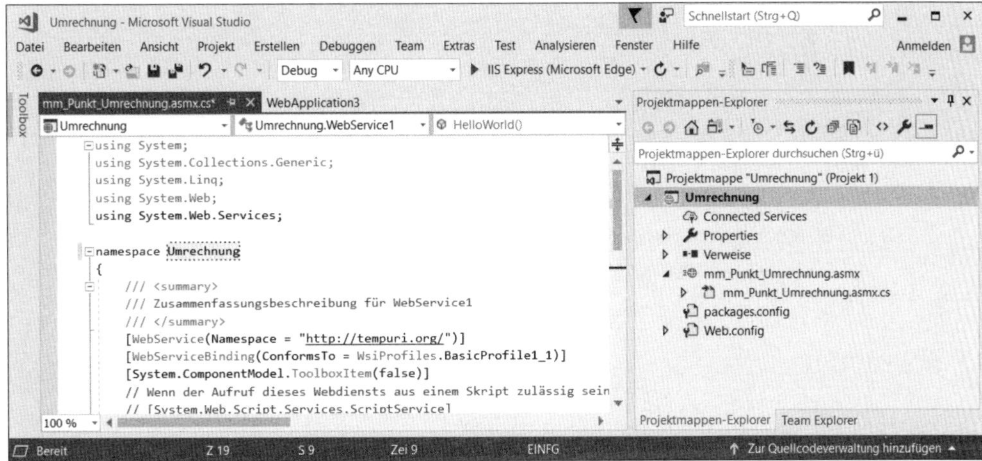

Abbildung 11.3 Codeskelett für die Webdienstklasse

Die Methoden des neuen Webdienstes können nun für die bereits vorgegebene *.asmx*-Datei eingetragen werden. Wir öffnen dazu die *.asmx.cs*-Datei, die den Quellcode der *.asmx*-Datei als *Code-behind* enthalten soll.

Wir ersetzen die als Beispiel angebotene Dummy-Methode durch die Methoden, die der Dienst beherrschen soll. Schließlich sieht der Code für den Webdienst in C# so aus:

```
using System;
using System.Collections.Generic;
using System.Web;
using System.Web.Services;

namespace Umrechnung
{
  /// <summary>
  /// Umrechnung von mm in Punkt und umgekehrt
  /// </summary>
  [WebService(Namespace = "http://tempuri.org/")]
  [WebServiceBinding(ConformsTo = WsiProfiles.BasicProfile1_1)]
  [System.ComponentModel.ToolboxItem(false)]
  [System.Web.Script.Services.ScriptService]
  public class mm_Punkt_Umrechnung : System.Web.Services.WebService
  {

    [WebMethod(Description = "Rechnet mm-Angaben in Punkt-Werte um.")]
    public System.Single mm(System.Single mmwert)
    {
      return System.Convert.ToSingle(System.Decimal.Round(System.
        Convert.ToDecimal(mmwert / 0.3532778), 2));
    }

    [WebMethod(Description = "Rechnet Punkt-Angaben in mm-Werte um.")]
    public System.Single PUNKT(System.Single PUNKTwert)
    {
      return System.Convert.ToSingle(System.Decimal.Round(System.
        Convert.ToDecimal(PUNKTwert * 0.3532778), 2));
    }
  }
}
```

Listing 11.1 Code für einen Umrechnungsdienst

11.2.3 Webmethoden

Von einer C#-Klasse für eine lokale Komponente unterscheidet sich dieser Code hauptsächlich durch zwei Dinge:

Zum einen zeigt die Klassendeklaration, dass die neue Klasse von der Klasse `WebService` abgeleitet ist:

```
public class mm_Punkt_Umrechnung : System.Web.Services.WebService
```

Zum anderen wird jeweils vor den beiden Methoden, die für die Umrechnung eingetragen sind, das Attribut `[WebMethod()]` eingefügt. Dieses Attribut kennzeichnet die Methoden als diejenigen eines Webdienstes, die für den Benutzer des Webdienstes sichtbar sind, so dass sie über das Web ansprechbar sind. Eine kurze Beschreibung ist jeweils eingefügt.

In der *.asmx*-Seite wird eine Verknüpfung mit der *.cs*-Datei eingetragen, die Sie editieren können, wenn Sie über das Kontextmenü die Option MARKUP ANZEIGEN benutzen.

```
<%@ WebService Language="C#"
               CodeBehind="mm_Punkt_Umrechnung.asmx.cs"
               Class="Umrechnung.mm_Punkt_Umrechnung" %>
```

11.2.4 Test des Webdienstes

Ist der Webdienst mit ERSTELLEN • <PROJEKTNAME> ERSTELLEN fehlerfrei kompiliert, wird ein erster Test möglich, um zu prüfen, ob der Webdienst korrekt arbeitet. Dafür kann die Browservorschau mit dem Internet Explorer in Visual Studio verwendet werden. Sie wird im Menü DATEI angeboten, wenn im Projektmappen-Explorer der Projektname ausgewählt ist. Wird anschließend die *.asmx*-Datei ausgewählt, zeigt der Visual Studio Development Server, den Sie über PROJECT • <PROJEKT>-PROPERTIES unter WEB auswählen können, das in Abbildung 11.4 dargestellte Ergebnis.

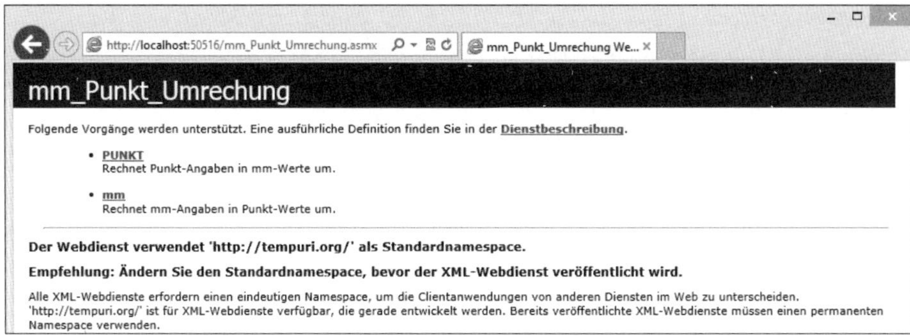

Abbildung 11.4 Aufruf der .asmx-Seite im Internet Explorer

ASP.NET hat automatisch eine Webseite generiert, die die beiden Umrechnungsmethoden anbietet und zudem eine Empfehlung, den als Vorgabe verwendeten temporären Namensraumnamen möglichst zu ändern.

Außerdem ist automatisch eine Beschreibung des Webdienstes erzeugt worden, die Sie über den Link DIENSTBESCHREIBUNG einsehen können.

```
  <?xml version="1.0" encoding="UTF-8"?>
- <wsdl:definitions xmlns:wsdl="http://schemas.xmlsoap.org/wsdl/" targetNamespace="http://tempuri.org/"
  xmlns:http="http://schemas.xmlsoap.org/wsdl/http/" xmlns:soap12="http://schemas.xmlsoap.org/wsdl/soap12/"
  xmlns:s="http://www.w3.org/2001/XMLSchema" xmlns:soap="http://schemas.xmlsoap.org/wsdl/soap/"
  xmlns:tns="http://tempuri.org/" xmlns:mime="http://schemas.xmlsoap.org/wsdl/mime/"
  xmlns:soapenc="http://schemas.xmlsoap.org/soap/encoding/"
  xmlns:tm="http://microsoft.com/wsdl/mime/textMatching/">
  - <wsdl:types>
    - <s:schema targetNamespace="http://tempuri.org/" elementFormDefault="qualified">
      - <s:element name="mm">
        - <s:complexType>
          - <s:sequence>
              <s:element name="mmwert" type="s:float" maxOccurs="1" minOccurs="1"/>
            </s:sequence>
          </s:complexType>
        </s:element>
      - <s:element name="mmResponse">
        - <s:complexType>
          - <s:sequence>
              <s:element name="mmResult" type="s:float" maxOccurs="1" minOccurs="1"/>
            </s:sequence>
          </s:complexType>
        </s:element>
      - <s:element name="PUNKT">
        - <s:complexType>
          - <s:sequence>
              <s:element name="PUNKTwert" type="s:float" maxOccurs="1" minOccurs="1"/>
            </s:sequence>
          </s:complexType>
        </s:element>
      - <s:element name="PUNKTResponse">
        - <s:complexType>
          - <s:sequence>
              <s:element name="PUNKTResult" type="s:float" maxOccurs="1" minOccurs="1"/>
            </s:sequence>
          </s:complexType>
        </s:element>
      </s:schema>
    </wsdl:types>
  - <wsdl:message name="mmSoapIn">
      <wsdl:part name="parameters" element="tns:mm"/>
    </wsdl:message>
  - <wsdl:message name="mmSoapOut">
      <wsdl:part name="parameters" element="tns:mmResponse"/>
    </wsdl:message>
```

Abbildung 11.5 Auszug aus der WSDL-Dienstbeschreibung des Webdienstes

11.2.5 Aufruf einer Methode

Um die Umrechnungsmethoden zu testen, benutzen Sie einfach einen der beiden Links und erhalten ein ebenfalls automatisch generiertes Formular. Wenn Sie einen Wert eingeben, liefert die Schaltfläche AUFRUFEN das Ergebnis der entsprechenden Funktion in Form einer XML-Datei.

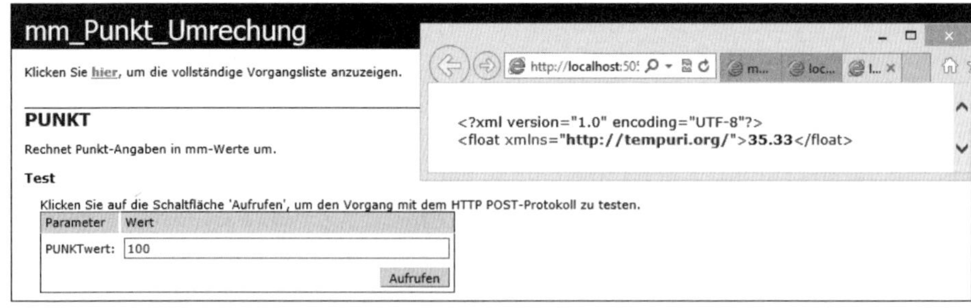

Abbildung 11.6 Test der Umrechnungsmethode und die Antwort im XML-Format

In diesem Fall wird für die Kommunikation mit dem Webdienst einfach das HTTP-POST-Protokoll verwendet. Das entspricht einem Aufruf mit einem URL, an den noch der Name der gewünschten Methode angehängt wird:

```
http://localhost:50516/mm_Punkt_Umrechnung.asmx?op=PUNKT
```

Bei HTTP-POST werden die Parameter nicht an den URL angehängt, sondern zusammen mit dem HTTP-Aufruf direkt übertragen. Allerdings können auch in diesem Fall immer nur Paare von Parameternamen und Werten übergeben werden. Für komplexere Datenstrukturen sollte SOAP bevorzugt werden.

11.2.6 Nutzen des Webdienstes über eine Anwendung

Mit dem Test des Webdienstes über den Internet Explorer ist allerdings noch nicht der Stand erreicht, der den Webdienst direkt von einer lokalen oder von einer Webanwendung aus nutzt. Aber auch dieser Schritt wird unter .NET so vereinfacht, dass er gegenüber dem Bau von lokalen Komponenten wenig Zusatzaufwand verlangt. Um den Aufbau der entsprechenden SOAP-Nachrichten muss sich der Anwender zum Beispiel nicht kümmern, ASP.NET generiert die Nachrichtenpakete automatisch.

Wir wollen hier den Aufbau einer einfachen Konsolenanwendung nur kurz skizzieren, weil uns in diesem Abschnitt stärker die XML-Anwendungen interessieren, die dabei als grundlegende Technologien genutzt werden.

Um eine Testanwendung zu schreiben, die das Ergebnis einer Anfrage bei dem Umrechnungsdienst einfach im Fenster der Eingabeaufforderung anzeigt, kann ein neues Projekt erstellt werden, das die Vorlage für eine Konsolenanwendung nutzt.

11.2.7 Einfügen des Verweises auf den Webdienst

Bevor nun der Code für die Kommunikation mit dem Webdienst eingegeben werden kann, muss zunächst ein lokaler Stellvertreter – ein *Proxy* – für den Webdienst erzeugt werden. Dieser Proxy sorgt dafür, dass die Methoden des Webdienstes von der lokalen Komponente so aufgerufen werden können wie andere Methoden auch.

Dazu wird das Projekt im Projektmappen-Explorer mit rechts angeklickt und HINZUFÜGEN • DIENSTVERWEIS verwendet. Über die Schaltfläche ERWEITERT erreichen Sie dann die Schaltfläche WEBVERWEIS HINZUFÜGEN, die den benötigten Dialog öffnet. Über die angebotenen Links lässt sich hier nach Webdiensten auf der lokalen Maschine oder im lokalen Netz suchen.

Wenn Sie hier den URL des betreffenden Webdienstes eingeben oder auswählen, werden die Daten des Dienstes angezeigt, und Sie können mit VERWEIS HINZUFÜGEN den Webverweis in das Projekt übernehmen.

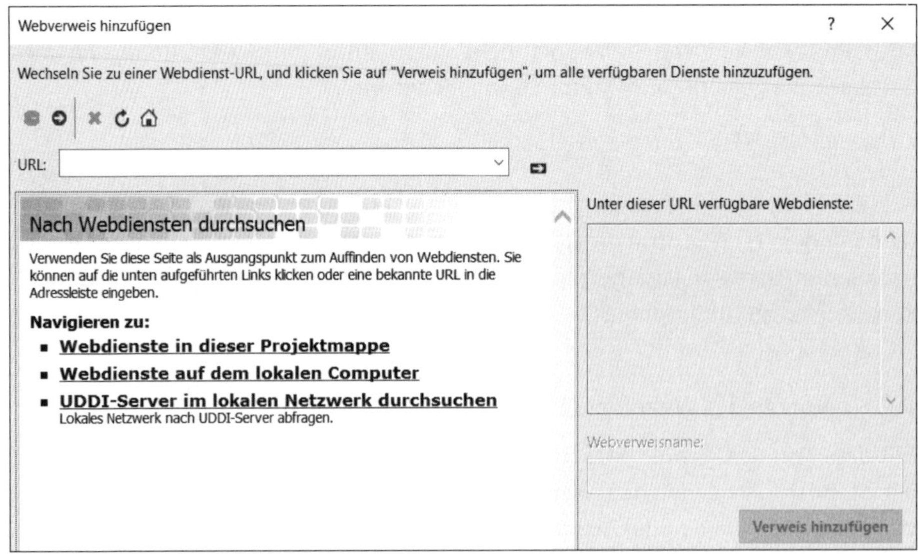

Abbildung 11.7 Einen Verweis auf den Webdienst einfügen

Im Projektmappen-Explorer erscheinen die Dateien, die zu der Referenz auf den Webdienst gehören. Auf der Basis der in der *.wsdl*-Datei abgelegten Dienstbeschreibung wird der Code des Proxys automatisch generiert und in *Reference.cs* abgelegt.

Die Proxyklasse wird jeweils von der Basisklasse `System.Web.Services. Protocols` abgeleitet. Davon ist auch die `SoapHTTPClientProtocol`-Klasse abgeleitet, die in diesem Fall verwendet wird. Damit wird festgelegt, dass die Kommunikation mit dem Webdienst über SOAP erfolgt. Sie finden im Code außerdem Attribute wie `SoapDocumentMethodAttribute`, `SoapBindingUse` und `SoapParameterStyle`, die das Format festlegen, wie die Daten an den Webdienst übergeben werden. Hier ein Auszug:

```
...
namespace mm_umrechnung.localhost {
  using System;
  using System.Web.Services;
  using System.Diagnostics;
  using System.Web.Services.Protocols;
  ...
[System.Web.Services.WebServiceBindingAttribute(Name="mm_Punkt_
  UmrechnungSoap", Namespace="http://tempuri.org/")]
  public partial class mm_Punkt_Umrechnung : System.Web.Services.
    Protocols.SoapHttpClientProtocol {
      ...
    public mm_Punkt_Umrechnung() {
      ...
```

```
[System.Web.Services.Protocols.SoapDocumentMethodAttribute(...)]
    public float mm(float mmwert) {
        ...
    public float PUNKT(float PUNKTwert) {
        ...
        }
...
```

Sobald die Proxyklasse als Stellvertreter für den Webdienst verfügbar ist, kann eine Instanz dieser Klasse im Code der Anwendung erzeugt werden. Beim Editieren des Codes werden die Verweise angeboten. Hier der entsprechende Auszug aus dem Quellcode:

```
static void Main(string[] args)
{
    localhost.mm_Punkt_Umrechnung Umrechnung =
    new localhost.mm_Punkt_Umrechnung();
    Console.WriteLine(Umrechnung.mm(15));
    Console.Read();
}
```

Wenn Sie das Programm schließlich mit [F5] starten, zeigt das Fenster der Konsole den für `mm(15)` errechneten Punktwert. Der Webdienst hat also seinen Dienst getan.

11.3 Nachrichten mit SOAP

Es ist schon seit einigen Jahren möglich, dass Anwendungen auf verschiedenen Computern miteinander kommunizieren. Erfolgreiche Verfahren dafür sind das *Distributed Component Object Model (DCOM)* in der Windows-Welt und das von der Object Management Group entwickelte *Internet Inter-ORB Protocol (IIOP)*. Beide Lösungen arbeiten jedoch ohne Weiteres nur mit Parteien zusammen, die dasselbe Objektmodell unterstützen. Das ist bei verteilten Anwendungen innerhalb eines Intranets kein Problem, reicht aber für Lösungen nicht aus, bei denen nicht vorher bekannt ist, welche Situation auf der anderen Seite besteht.

11.3.1 Ein Rahmen für Nachrichten

Verteilte Anwendungen in diesem Sinne sind erst möglich, wenn es gelingt, einen Nachrichtenaustausch zwischen den verschiedenen Systemen zu organisieren, der allseits verstanden wird. Hier bietet sich eine Lösung auf der Basis von XML geradezu an. Ein Entwurf für ein entsprechendes Protokoll unter dem Namen *Simple Object Access Protocol (SOAP)* wurde bereits im Mai 2000 dem W3C von einer Autorengruppe der Firmen DevelopMentor, IBM, Lotus, Microsoft und Userland angeboten. 2007 hat das W3C zuletzt ein Bündel von vier Empfehlungen für *SOAP Version 1.2* in der 2. Edition veröffentlicht. Der Kern ist unter dem Titel *SOAP Version 1.2 Part 1: Messaging Framework* über *www.w3c.org/TR/soap12-part1/* verfügbar.

Die schon im Namen explizit betonte Einfachheit des Protokolls ist dabei ausdrückliches Designziel. Es geht darum, einen unkomplizierten Rahmen für die Nachrichtenübermittlung zwischen Anwendungen bereitzustellen, ohne zu enge Festlegungen über die Art des Nachrichtentransports oder die Anwendungen selbst zu treffen, die das Protokoll nutzen wollen. Dazu wurde ein kleines XML-Vokabular entwickelt, das hauptsächlich angibt, wie die Nachrichten verpackt werden.

Für den Transport werden einfach die Standardprotokolle verwendet, die das Web ohnehin zur Verfügung stellt, insbesondere *HTTP*, womit auf jeden beliebigen Computer zugegriffen werden kann und auch Firewalls kein Hindernis sind. SOAP wird inzwischen insbesondere als Basistechnologie für Webdienste gesehen und verwendet.

Die Kernspezifikation *Messaging Framework* enthält vier Teile:

- **SOAP Processing Model** definiert die Regeln dafür, wie SOAP-Nachrichten zwischen Sendern und Empfängern ausgetauscht und verarbeitet werden.
- **SOAP Extensibility Model** definiert, wie Erweiterungen des Frameworks vorgenommen werden können. Dazu wird festgelegt, welche Anforderungen an erweiternde SOAP-Merkmale und SOAP-Module zu stellen sind.
- **SOAP Protocol Binding Framework** geht auf die Frage ein, welche Protokolle für den Austausch von SOAP-Nachrichten verwendet werden können. Die Bindung von SOAP an das bisher in der Regel verwendete HTTP-Protokoll wird dabei als Muster eines Transportprotokolls beschrieben. Es wird aber ausdrücklich freigestellt, auch andere Transportprotokolle zu verwenden.
- **SOAP Message Construct** legt fest, aus welchen Informationseinheiten eine SOAP-Nachricht besteht, bestimmt also das Infoset der Nachricht.

11.3.2 Grundform einer SOAP-Nachricht

Eine SOAP-Nachricht ist zunächst ein ganz normales XML-Dokument, das mit den üblichen XML-Prozessoren verarbeitet werden kann. Der Spezifikationsentwurf schreibt als äußeren Rahmen ein `<envelope>`-Element vor, also einen Umschlag, in den alles andere hineingepackt wird. Optional ist ein SOAP-Header, vorgeschrieben dagegen ein SOAP-Body, der den eigentlichen Inhalt der Nachricht enthält.

In den meisten Fällen wird SOAP heute im Rahmen einer Kommunikation mit dem HTTP-Protokoll nach dem Schema Aufruf/Antwort – Request/Response – eingesetzt, das heißt, zu einer SOAP-Nachricht, die einen Dienst aufruft, gehört eine weitere SOAP-Nachricht, die die Antwort des Dienstes zurückgibt.

ASP.NET hat bei unserem Umrechnungsdienst zwei Muster für entsprechende SOAP-Nachrichten generiert, die wir hier als Beispiel nehmen wollen. Zunächst die Nachricht, die die Webmethode aufruft und die Parameter übergibt:

```
POST /mm_Punkt_Umrechnung.asmx HTTP/1.1
Host: localhost
Content-Type: application/soap+xml; charset=UTF-8
Content-Length: length
<?xml version="1.0" encoding="UTF-8"?>
<soap12:Envelope xmlns:xsi="http://www.w3.org/2001/XMLSchema-instance"
          xmlns:xsd="http://www.w3.org/2001/XMLSchema"
          xmlns:soap12="http://www.w3.org/2003/05/soap-envelope">
  <soap12:Body>
    <mm xmlns="http://tempuri.org/">
      <mmwert>float</mmwert>
    </mm>
  </soap12:Body>
</soap12:Envelope>
HTTP/1.1 200 OK
Content-Type: application/soap+xml; charset=UTF-8
Content-Length: length

<?xml version="1.0" encoding="UTF-8"?>
<soap12:Envelope xmlns:xsi="http://www.w3.org/2001/XMLSchema-instance"
          xmlns:xsd="http://www.w3.org/2001/XMLSchema"
          xmlns:soap12="http://www.w3.org/2003/05/soap-envelope">
  <soap12:Body>
    <mmResponse xmlns="http://tempuri.org/">
      <mmResult>float</mmResult>
    </mmResponse>
  </soap12:Body>
</soap12:Envelope>
```

Listing 11.2 Beispiel für eine SOAP-Nachricht

Die ersten Zeilen sind nicht Teil der eigentlichen SOAP-Nachricht, sondern betreffen das Transportprotokoll, das hier für den Nachrichtenaustausch verwendet wird. Das Beispiel zeigt eine HTTP-POST-Operation. Die erste Zeile gibt den Endpunkt an, den der Aufruf erreichen soll.

Die eigentliche Nachricht ist in das `<soap12:Envelope>`-Element eingefügt, das immer das Wurzelelement einer SOAP-Nachricht sein muss. Alle SOAP-Elemente gehören zu dem als Attribut angegebenen Namensraum `http://www.w3.org/2003/05/soap-envelope` – statt des Präfixes `soap12`, das auf die Version 1.2 hinweist, kann aber auch ein anderes Präfix verwendet werden. Abbildung 11.8 skizziert die Hierarchie der Hauptelemente einer SOAP-Nachricht.

Das `<soap12:Envelope>`-Element kann zwei Kindelemente haben, wovon das erste – `<soap12:Header>` – optional ist, das zweite – `<soap12:Body>` – dagegen unbedingt erforderlich.

Das Element `<soap12:Header>` kann verwendet werden, um Zusatzinformationen zu übertragen, etwa eine Benutzerkennung oder bestimmte Schlüsselwerte, die die Zuordnung der Nachricht zu einem bestimmten Vorgang erlauben.

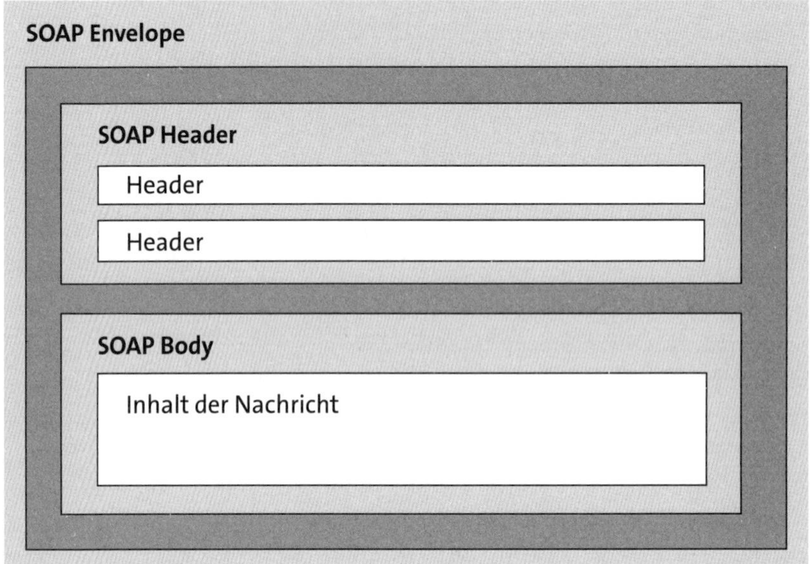

Abbildung 11.8 Genereller Aufbau einer SOAP-Nachricht

Die für den Aufruf des Webdienstes notwendigen Daten müssen dagegen in dem Element `<soap12:Body>` zu finden sein. Im Beispiel ist als Kindelement ein Element mit dem Namen der Methode eingefügt, die der Aufrufer verwenden will. Auch für dieses Element, das für den Webdienst spezifisch ist, wird ein Namensraum deklariert – hier als Default-Namensraum –, um sicherzustellen, dass eindeutige Namen für die aufzurufenden Methoden und Parameter existieren. Die Vorgabe `xmlns=http://tempuri.org/` sollte durch einen eindeutigen URI-Wert ersetzt werden.

Sind für eine Methode Parameter zu übergeben, werden diese als Kindelemente des entsprechenden Methodenelements aufgelistet, wobei wieder als Elementname der Parametername verwendet wird.

Die SOAP-Antwort, in der der Webserver das Ergebnis der Umrechnung zurückliefert, sieht ähnlich aus. Das Resultat der vom Webdienst vorgenommenen Umrechnung wird über das Element <mmResult> geliefert, dessen Name automatisch aus dem im Aufruf enthaltenen Methodennamen generiert wird:

```
HTTP/1.1 200 OK
Content-Type: application/soap+xml; charset=UTF-8
Content-Length: length
<?xml version="1.0" encoding="UTF-8"?>
<soap12:Envelope xmlns:xsi="http://www.w3.org/2001/XMLSchema-instance"
          xmlns:xsd="http://www.w3.org/2001/XMLSchema"
          xmlns:soap12="http://www.w3.org/2003/05/soap-envelope">
  <soap12:Body>
    <mmResponse xmlns="http://tempuri.org/">
      <mmResult>float</mmResult>
    </mmResponse>
  </soap12:Body>
</soap12:Envelope>
```


Diese Art der Frage-Antwort-Kommunikation mit SOAP über HTTP ist im Augenblick noch die überwiegende Praxis. Sie führt zu einer losen Koppelung von Komponenten, die nur für einen kurzen Moment in Verbindung treten. Sie ist also normalerweise zustandslos, der Webserver »vergisst«, nachdem die Antwort abgeliefert worden ist, was er woher von wem gefragt worden ist. Allerdings können Webdienste Zustandsinformationen in Sitzungs- oder Anwendungsvariablen speichern. SOAP ist aber auf diese Art der Kommunikation nicht eingeschränkt. Man wird sehen, wohin die Reise geht.

11.4 Dienstbeschreibung

WSDL – sprich englisch »whiz-dull« – ist ein spezielles XML-Vokabular, mit dem ein Webdienst so beschrieben wird, dass SOAP-Nachrichten diese Informationen verwenden können, um den Dienst anzusprechen. Der Nutzer eines Webdienstes sollte irgendwie erfahren, wie er seine SOAP-Nachricht an eine ihm im Prinzip fremde Komponente aufbauen soll.

11.4.1 Das WSDL-Vokabular

Benötigt werden dazu Informationen darüber, welche Methoden aufgerufen und welche Parameter in welcher Reihenfolge in der SOAP-Anfrage übergeben werden müssen, um die gewünschte Antwort zu erhalten. Sie haben an dem Beispiel oben allerdings gesehen, dass ASP.NET dem Entwickler auch die Umsetzung in SOAP-Nachrichten abnimmt, solange er nicht manuell darin eingreifen will.

Die benötigten Metadaten über einen Webdienst lassen sich mit WSDL exakt formulieren, und da dieses Vokabular inzwischen von allen Gruppierungen, die Webdienste auf der Basis von SOAP unterstützen, anerkannt ist, hat sich die vom W3C unterstützte Sprache in der Praxis bereits als De-facto-Standard etabliert.

Im Juni 2007 hat das W3C in mehreren Empfehlungen die Version 2.0 von WSDL standardisiert; den Kern der Sprache finden Sie unter *www.w3.org/TR/wsdl/*.

11.4.2 WSDL unter ASP.NET

Die Beschreibung jedes neuen Webdienstes wird in ASP.NET automatisch generiert und kann auf der Testseite über den Link DIENSTBESCHREIBUNG eingesehen werden. Im Folgenden sehen Sie einige Auszüge der Beschreibung zu dem kleinen Umrechnungsdienst mit Erläuterungen zu den fünf verschiedenen Kindelementen von `<wsdl:definitions>`:

```
<?xml version="1.0" encoding="UTF-8" ?>
  <wsdl:definitions
    xmlns:soap="http://schemas.xmlsoap.org/wsdl/soap/"
    xmlns:tm="http://microsoft.com/wsdl/mime/textMatching/"
    xmlns:soapenc="http://schemas.xmlsoap.org/soap/encoding/"
    xmlns:mime="http://schemas.xmlsoap.org/wsdl/mime/"
    xmlns:tns="http://tempuri.org/"
    xmlns:s="http://www.w3.org/2001/XMLSchema"
    xmlns:soap12="http://schemas.xmlsoap.org/wsdl/soap12/"
    xmlns:http="http://schemas.xmlsoap.org/wsdl/http/"
    targetNamespace="http://tempuri.org/"
    xmlns:wsdl="http://schemas.xmlsoap.org/wsdl/">
    <wsdl:types>
      <s:schema elementFormDefault="qualified"
              targetNamespace="http://tempuri.org/">
        <s:element name="mm">
          <s:complexType>
            <s:sequence>
              <s:element minOccurs="1" maxOccurs="1" name="mmwert"
                         type="s:float" />
            </s:sequence>
          </s:complexType>
        </s:element>
      <s:element name="mmResponse">
        ...
```

```
      </s:element>
    </s:schema>
  </wsdl:types>
```

Listing 11.3 Auszug aus einer WSDL-Definition

Die gesamte Dienstbeschreibung ist in das Element `<wsdl:definitions>` eingebaut. Die erste Gruppe von Definitionen betrifft die Datentypen, die bei der Kommunikation mit dem Webdienst verwendet werden sollen. Dabei wird mit Elementen aus XML Schema gearbeitet, wie der Auszug zeigt.

Die `<wsdl:message>`-Elemente beschreiben die einzelnen Nachrichten, die zwischen Client und Server ausgetauscht werden, wobei die Parameter innerhalb von `<wsdl:part>`-Elementen angegeben werden.


```
<wsdl:message name="mmSoapIn">
  <wsdl:part name="parameters" element="tns:mm" />
</wsdl:message>
<wsdl:message name="mmSoapOut">
  <wsdl:part name="parameters" element="tns:mmResponse" />
</wsdl:message>
<wsdl:message name="PUNKTSoapIn">
  <wsdl:part name="parameters" element="tns:PUNKT" />
</wsdl:message>
<wsdl:message name="PUNKTSoapOut">
  <wsdl:part name="parameters" element="tns:PUNKTResponse" />
</wsdl:message>
...
```

Die Methoden, die der Webdienst anbietet, werden innerhalb der `<wsdl:portType>`-Elemente beschrieben. Für jede Methode wird ein `<wsdl:operation>`-Element eingefügt.

```
<wsdl:portType name="mm_Punkt_UmrechnungSoap">
  <wsdl:operation name="mm">
    <wsdl:documentation
      xmlns:wsdl="http://schemas.xmlsoap.org/wsdl/">
      Rechnet mm-Angaben in Punkt-Werte um.
    </wsdl:documentation>
    <wsdl:input message="tns:mmSoapIn" />
    <wsdl:output message="tns:mmSoapOut" />
  </wsdl:operation>
  <wsdl:operation name="PUNKT">
    <wsdl:documentation
       xmlns:wsdl="http://schemas.xmlsoap.org/wsdl/">
```

```
        Rechnet Punkt-Angaben in mm-Werte um.
      </wsdl:documentation>
    <wsdl:input message="tns:PUNKTSoapIn" />
    <wsdl:output message="tns:PUNKTSoapOut" />
    </wsdl:operation>
    </wsdl:portType>
...
```

Das Element <wsdl:binding> enthält die Angaben, die das Transportprotokoll betreffen, und das Format, in dem die Daten ausgetauscht werden. Das Kindelement <soap12:body use="literal" /> gibt zudem an, dass die Daten nach den Regeln der XML Schema-Spezifikation serialisiert werden.

```
<wsdl:binding name="mm_Punkt_UmrechnungSoap" type="tns:mm_Punkt_
  UmrechnungSoap">
  ...
  <soap12:binding transport="http://schemas.xmlsoap.org/soap/http" />
  <wsdl:operation name="mm">
  <soap12:operation soapAction="http://tempuri.org/mm" style="document" />
  <wsdl:input>
  <soap12:body use="literal" />
  ...
```

Das Element <wsdl:service> enthält den Namen des Webdienstes und Kindelemente vom Typ <wsdl:port>, die schließlich die Adresse des Endpunkts enthalten, über die der Dienst erreicht werden kann.

```
<wsdl:service name="mm_Punkt_Umrechnung">
  <wsdl:port name="mm_Punkt_UmrechnungSoap" binding="tns:mm_Punkt_
    UmrechnungSoap">
  <soap:address location="http://localhost:49317/mm_Punkt_Umrechnung.asmx" />
  </wsdl:port>
  <wsdl:port name="mm_Punkt_UmrechnungSoap12" binding="tns:mm_Punkt_
    UmrechnungSoap12">
  <soap12:address location="http://localhost:49317/mm_Punkt_
    Umrechnung.asmx" />
  </wsdl:port>
  </wsdl:service>
  </wsdl:definitions>
```

WSDL-Beschreibungen eines Dienstes lassen sich auch verwenden, um manuell einen Proxy für einen Webdienst zu erstellen. Dafür steht auf der Eingabeaufforderung das Tool *wsdl.exe* zur Verfügung, das WSDL-Dateien einliest und daraus den lokalen Stellvertreter des betreffenden Webdienstes generiert.

11.5 Webdienste registrieren und finden

Bei den XML Web Services von ASP.NET wird die Funktionalität der Dienste automatisch durch eine *WSDL*-Datei beschrieben. Wer den URI eines solchen Dienstes kennt, kann sich die entsprechende Beschreibung über einen Browser besorgen.

11.5.1 UDDI

Wie sollen aber Dienste gefunden werden, deren URIs nicht bekannt sind? Dafür gibt es »Gelbe Seiten« im Web, öffentliche Verzeichnisse, in denen Webdienste registriert sind. *UDDI – Universal Description, Discovery and Integration of Business for the Web* – nannte sich ursprünglich das Projekt, das dafür von der IT-Industrie und dem W3C in Gang gesetzt wurde.

Die Spezifikation von UDDI, die seit 2005 in der Version 3 als OASIS-Standard vorliegt, definiert dabei auf der Basis von XML-Schemas, wie Informationen über Webdienste beschrieben und wie diese gefunden werden können. Kern ist dabei die Registrierung der Webdienste bei öffentlichen oder privaten UDDI-Registern. Dabei wird ein XML-Dokument verwendet, das die Kontaktdaten über den Anbieter und bekannte Identifizierer des jeweiligen Geschäftsbereichs enthält. Zugleich wird der Webdienst nach anerkannten Taxonomien kategorisiert, etwa der *ISO 3166 Geographic Taxonomy*, die eindeutige Codes für Ländernamen und Regionen bereitstellt, oder der *United Nations Standard Products and Services Code (UNSPSC)*.

Insbesondere liefert das Dokument die notwendigen technischen Details zu dem Webdienst, die benötigt werden, um den Dienst über URLs auffindbar zu machen und von Programmen aus ansprechen zu können.

Die Hoffnung, dass sich für Webdienste weltweit umfassende öffentliche UDDI-Register aufbauen lassen, hat sich allerdings bald zerschlagen. Übrig geblieben sind aber private UDDI-Register, die insbesondere von den weltweit agierenden Unternehmen auf entsprechenden UDDI-Servern für die eigene Arbeit genutzt werden.

Dienste, die auf solchen UDDI-Servern in einem lokalen Netz registriert sind, können über den oben schon verwendeten Dialog WEBVERWEIS HINZUFÜGEN in eigene Anwendungen eingebunden werden.

11.5.2 Disco

ASP.NET erzeugt bei der Herstellung eines Webverweises neben dem Proxy noch eine Datei vom Typ *.disco*, die wie die WSDL-Datei ebenfalls ein XML-Dokument ist. Hier ein Auszug aus der entsprechenden Datei für unser Beispiel:

```
<?xml version="1.0" encoding="UTF-8"?>
<discovery xmlns:xsi="http://www.w3.org/2001/XMLSchema-instance"
  xmlns:xsd="http://www.w3.org/2001/XMLSchema"
  xmlns="http://schemas.xmlsoap.org/disco/">
  <contractRef
    ref="http://localhost/convert/mm_Punkt_Umrechnung.asmx?wsdl"
    docRef="http://localhost/convert/mm_Punkt_Umrechnung.asmx"
    xmlns="http://schemas.xmlsoap.org/disco/scl/" />
  <soap address="http://localhost/convert/mm_Punkt_Umrechnung.asmx"
    xmlns:q1="http://tempuri.org/"
    binding="q1:mm_Punkt_UmrechnungSoap"
    xmlns="http://schemas.xmlsoap.org/disco/soap/" />
  ...
</discovery>
```

Disco ist die Abkürzung von *Discovery*, was den Zweck der Sache andeutet. Es geht um eine schlichtere Alternative zu dem vorhin beschriebenen Verfahren, Webdienste in den UDDI-Registern anzumelden und darüber zur Verfügung zu stellen. Microsoft unterstützt beide Möglichkeiten. Die Datei gibt an, unter welchem URI der Webdienst und seine WSDL-Beschreibung zu finden sind.

Eine Disco-Datei ist dafür gedacht, einen einfachen Zugang zu allen Webdiensten zu schaffen, die auf dem Server in einem lokalen Netz oder auf einem Server, dessen IP-Adresse bekannt ist, angeboten werden.

Die Datei kann dafür beliebig viele `<contractRef>`-Elemente enthalten, die die entsprechenden Zugangsdaten zu den Webdiensten enthalten. Sie lässt sich mit jedem Texteditor oder XML-Editor bearbeiten.

11.5.3 Safety first!

All die Ansätze, das Zusammenspiel von Anwendungen über das Internet in größerem Umfang zu automatisieren, stehen zweifellos noch am Anfang. Es sind nicht nur die Standards, die noch in Entwicklung sind. Viele Fragen sind noch offen, etwa die der möglichen und tragbaren Geschäftsmodelle.

Die stärkere Verzahnung verteilter Komponenten verschärft zudem alle Fragen bezüglich der Sicherheit, die im Internet ja ohnehin keineswegs gelöst sind. Überhitzte Erwartungen sollten vermieden werden, ohne den Schwung der Visionen zu verlieren, die die Entwicklung inspirieren.

Kapitel 12
XML in Office-Anwendungen

Von den Höhen des akademischen Elfenbeinturms hinab in die Niederungen des Büroalltags: Mit dem Übergang zu XML als Dokumentformat für Office-Anwendungen bewährt sich XML im Tagesgeschäft, ganz nach dem Motto: XML for the People.

Für die große Mehrzahl der Anwender gehören Office-Anwendungen immer noch zu den am häufigsten genutzten Programmen. Lange Zeit waren die damit erzeugten Texte, Kalkulationsblätter oder Präsentationen aufgrund der binären Dateiformate sehr stark an die jeweiligen Quellanwendungen gebunden. Für die Ausbreitung von XML als plattform- und anwendungsübergreifendem Datenformat ist es deshalb höchst relevant, wenn XML-Technologien zur Basis solch gewichtiger Standardanwendungen werden. Das trägt nicht bloß zur Verbreitung von XML bei, sondern unterstützt gerade auch die Ziele, die beim Entwurf der XML-Standards Pate gestanden haben.

Zum einen kann XML ganz wesentlich dazu beitragen, dass der Datenaustausch innerhalb der Bürowelt durch eine größere Unabhängigkeit von proprietären Dateiformaten erleichtert wird. Die Notwendigkeit, Daten mehrfach zu erfassen, entfällt gänzlich.

Zum anderen hilft die Datenmodellierung mit entsprechenden Schemas, die Datenerfassung und -pflege selbst auf ein solideres Fundament zu stellen. Dies gilt insbesondere für die Bereiche, in denen bisher mit eher gering strukturierten Informationen umgegangen wurde, wie es beispielsweise für textbasierte Berichte und Dokumente gilt.

In den folgenden Abschnitten werden die konkurrierenden XML-Dateiformate *Office Open XML (OOXML)* und *Open Document Format (ODF)* kurz vorgestellt. Das Open Document Format wurde im Mai 2005 von *OASIS* spezifiziert und im November 2006 von der *ISO (International Organization for Standardization)* unter der Bezeichnung *ISO/IEC DIS 26300 Open Document Format for Office Applications (OpenDocument) v1.0* standardisiert. Das Konsortium OASIS – die Abkürzung steht für *Organization for the Advancement of Structured Information Standards* – zeichnet bekanntlich auch für das seit Jahren vielfach verwendete XML-Vokabular *DocBook* verantwortlich, das in Kapitel 3, »Dokumenttypen und Validierung«, bereits angesprochen wurde. ODF wird inzwischen von einer ganzen Reihe von Office-Anwendungen genutzt, insbesondere auch von *OpenOffice*, dem freien Office-Paket, das von der Apache Software Foundation gepflegt wird.

Office Open XML wurde von Microsoft mit Office 2007 eingeführt. Die ISO-Standardisierung von Office Open XML kam erst nach einigen Nachbesserungen Ende 2008 unter der Bezeichnung *ISO/IEC 29500:2008* zum Abschluss.

12.1 XML in Microsoft Office

Nachdem Microsoft bereits mit Office XP ein XML-basiertes Dateiformat als Zweitformat eingeführt hatte und in der Version Office 2003 die XML-Unterstützung noch einmal deutlich ausgeweitet wurde, ist seit Office 2007 die Reihenfolge umgestülpt. Die Dateiformate auf der Basis von XML stellen jetzt für die Komponenten Word, Excel und PowerPoint die Standardformate dar, binäre Varianten werden dagegen nur noch als Zweitformat angeboten. Damit trägt Microsoft der Tatsache Rechnung, dass sich XML-Dokumente inzwischen weltweit als plattformübergreifender Standard für die Datenspeicherung durchgesetzt haben.

12.1.1 Der Standard Office Open XML

Anders als noch in der Version Office 2003 kombiniert Microsoft die XML-Formate mit der inzwischen zu einem Quasi-Standard gewordenen ZIP-Technologie. Wird ein Dokument erstellt, entsteht also ein ZIP-Archiv, auch wenn die Dateiendungen für die verschiedenen Anwendungen – *.docx* für Word, *.xlsx* für Excel und *.pptx* für PowerPoint – dies nicht auf den ersten Blick erkennen lassen.

Wenn Sie ein solches Archiv mit einem üblichen ZIP-Programm öffnen und den Inhalt in einen Ordner extrahieren, finden Sie eine mehrstufige Hierarchie von Komponenten, die über entsprechende Auflistungen zusammengehalten werden. Die Mehrzahl der Komponenten sind XML-Dateien. Im Container können aber auch Nicht-XML-Komponenten vorhanden sein, etwa Binärdateien, die eingebettete Bilder oder OLE-Objekte darstellen. Der Zusammenhang der einzelnen Komponenten wird durch spezielle Beziehungskomponenten festgelegt. Durch die Zusammenfassung der Komponenten in einem ZIP-Container bleibt das Dokument für den Anwender eine einzelne Dateiinstanz, die er wie gewohnt speichern oder öffnen kann. Der komplexe Untergrund bleibt so im Verborgenen.

Vorteile der XML-basierten Formate

Einer der Vorteile dieses auf den ersten Blick komplizierteren Verfahrens ist, dass das Dokument auch dann noch verwendet werden kann, wenn einzelne Komponenten defekt sind, etwa durch Übertragungsfehler im Netz. Bei einer binären Datei führt ein solcher Fehler oft dazu, dass die Datei insgesamt nicht mehr geöffnet werden kann. Ein weiterer Vorteil ist, dass einzelne Komponenten, etwa ein eingefügtes Bild, ausgetauscht werden können, ohne auf die jeweilige Office-Anwendung zurückgreifen zu müssen. Da es sich ansonsten bei den Komponenten um reine Textdateien handelt, die sich sehr gut komprimieren lassen, sind im Endeffekt auch kleinere Dateigrößen möglich.

Dokumenteigenschaften wie der Name des Autors, Themen oder Stichwörter lassen sich ebenfalls »von außen« ändern, etwa durch eine kleine Batch-Anwendung, die in mehreren Dokumenten nach einem Namen sucht und ihn austauscht. Außerdem ist es möglich, die XML-Komponenten mit Hilfe von XML-Tools zu bearbeiten, etwa um XSLT-Transformationen vorzunehmen.

Die von der ISO veröffentlichte mehrteilige Spezifikation ist – wegen der jeweils beigefügten Beispiele – insgesamt über 7.000 Seiten stark, was es nicht gerade einfach macht, kompatible Lösungen zu entwickeln. Es ist allerdings zu bedenken, dass die meisten Anwendungen nur einen kleinen Teil der Funktionen nutzen, die in der Spezifikation berücksichtigt sind.

Struktur der Open-XML-Formate

Eine Datei im OOXML-Format besteht aus einer beliebigen Anzahl von Komponenten, die über eine Auflistung zusammengehalten werden. Die Mehrzahl der Komponenten sind XML-Dateien, im Container können aber auch Nicht-XML-Komponenten vorhanden sein, etwa Binärdateien, die eingebettete Bilder oder OLE-Objekte darstellen. Der Zusammenhang der einzelnen Komponenten wird durch spezielle Beziehungskomponenten festgelegt.

Durch die Zusammenfassung der Komponenten in einem ZIP-Container bleibt das Dokument für den Anwender eine einzelne Dateiinstanz, die er wie gewohnt speichern oder öffnen kann. Der komplexe Untergrund bleibt im Verborgenen.

Strict Open XML

Microsoft hat eine Zeit gebraucht, um den von ihm selbst initiierten Standard auch komplett in den eigenen Dateiformaten umzusetzen. Dies ist erst mit der Variante Strict Open XML gelungen, die Office 2016 als alternatives Format für Word, Excel und PowerPoint anbietet, wobei die jeweilige Dateiendung beibehalten wird. Dieses Format arbeitet auch mit Datumswerten im ISO-Format 8601 und bereinigt den Fehler in der Schaltjahrberechnung für das Jahr 1900, der von den bisherigen Excel-Versionen immer mitgeschleppt worden ist. Wenn Sie eine solche Datei beispielsweise in Excel 2010 öffnen, erhalten Sie einen Hinweis, dass dies ein neueres Dateiformat ist, können aber auf die Datei mit der angebotenen Schaltfläche Öffnen zugreifen. (Wenn Sie eine Datei in dem neuen Format speichern, wird der Inhalt einer Zelle, die das falsche Datum 29.2.1900 enthält, einfach gelöscht!)

12.1.2 Open XML für Excel

Während noch in Excel 2003 das Zweitformat *XML-Kalkulationstabelle* ein einziges – allerdings meist ziemlich komplexes – XML-Dokument generierte, wird die Arbeitsmappe nun beim Abspeichern in eine Vielzahl von Komponenten zerlegt.

Microsoft trennt durch eine andere Dateiendung – *.xlsm* – gleichzeitig Arbeitsmappen, die Makros enthalten, von solchen, die keine Makros enthalten. Für Mustervorlagen wird der Dateityp *.xltx* verwendet, wenn sie Makros enthalten dagegen *.xltm*. Eine Arbeitsmappe mit einem *x* am Ende der Dateierweiterung enthält also mit Sicherheit keinen ausführbaren Code, so dass sie ohne Risiko per E-Mail oder innerhalb von Netzen ausgetauscht werden kann. Einer solchen Datei kann auch nicht nachträglich ein Makro hinzugefügt werden.

Arbeitsmappen, die Makros oder OLE-Objekte enthalten, können umgekehrt über die eigene Dateiendung leicht identifiziert werden, um die eventuell notwendigen Sicherheitsmaßnahmen zu ergreifen.

Das verwendete Dateiformat ist im Kern ein Containerformat, bei dem festgelegt wird, in welchen Beziehungen die darin enthaltenen Komponenten stehen. Abbildung 12.1 zeigt, in welche Komponenten eine Arbeitsmappe hauptsächlich zerlegt wird und wie diese miteinander zusammenhängen.

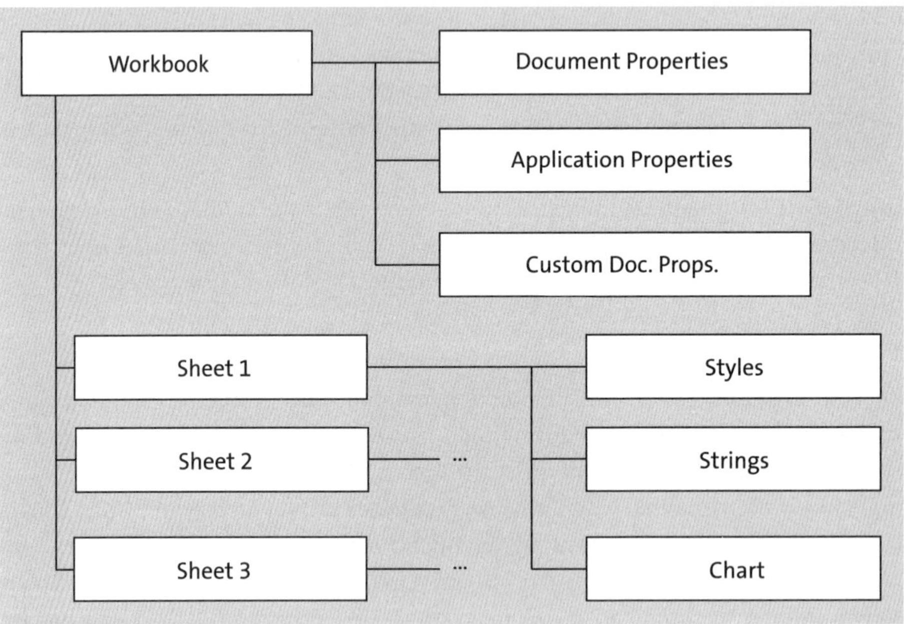

Abbildung 12.1 Beziehungen zwischen den Komponenten in einem Dateicontainer in Excel 2016

Excel 2016 erzeugt zwar eine vorgegebene Ordnerstruktur, die in Abbildung 12.2 für eine Beispieldatei gezeigt wird. Diese Ordnerhierarchie ist aber nicht streng fixiert. Die Anordnung und auch die Namen der Komponenten können innerhalb des ZIP-Containers geändert werden, allerdings müssen dann auch die definierten Beziehungen entsprechend angepasst werden.

Für die verschiedenen Inhaltstypen werden jeweils entsprechende Komponenten auf der Basis der zugehörigen XML-Schemas erzeugt. Diese Schemas sind eine Weiterentwicklung des *SpreadsheetML*-Schemas für Excel 2003. Einer der Hauptunterschiede dabei ist, dass das Schema von 2003 eine einzige XML-Datei verlangte, während es sich nun um ein strukturiertes Bündel von XML-Dateien handelt.

Abbildung 12.2 Beispiel für die Ordner- und Dateienhierarchie in einem XLSX-Archiv

Abbildung 12.2 zeigt zunächst einen *_rels*-Ordner, der eine *.rels*-Datei enthält. In diesem XML-Dokument werden die Basisbeziehungen innerhalb des Pakets definiert. Die Komponenten werden dabei jeweils durch ID-Attribute eindeutig identifiziert. Das Beziehungssystem geht von einer Hauptkomponente aus und navigiert von dort zu den untergeordneten Komponenten. Die Beziehung verweist immer auf eine Zielkomponente, die über ein `Target`-Attribut angegeben wird. Die folgenden Zeilen verweisen beispielsweise auf ein Tabellenblatt und auf eine Liste mit Metadaten:

```
<Relationships xmlns="http://schemas.openxmlformats.org/package/2006/
  relationships">
<Relationship Id="rId3" Type="http://schemas.openxmlformats.org/package/2006/
  relationships/metadata/core-properties"
Target="docProps/core.xml"/>
...
<Relationship Id="rId1" Type="http://schemas.openxmlformats.org/
  officeDocument/2006/relationships/officeDocument"
Target="xl/workbook.xml"/>
...
</Relationships>
```

Auffällig ist, dass die Beschriftungen einer Tabelle separat von den Zellwerten in den entsprechenden Spalten gespeichert werden. Die Beschriftungen sind in *sharedStrings.xml* zu finden.

```
<si><t>Hardwarekosten für die Arbeitsgruppe</t></si>
<si><t>Anzahl</t></si>
...
```

Die zugehörigen Daten finden Sie dagegen beispielsweise in *sheets1.xml*, also der Komponente für das erste Blatt in der Arbeitsmappe. Das folgende Listing zeigt den Code für Zellen in einer Zeile des Arbeitsblatts, wobei die Zelle F6 eine Formel enthält:

```
<row r="6" spans="1:6"...>
   <c r="A6" s="1" t="s">
      <v>10</v>
   </c>
   <c r="B6" s="1">
      <v>5</v>
   </c>
   <c r="C6" s="1" t="s">
      <v>11</v>
   </c>
   <c r="D6" s="1" t="s">
      <v>12</v>
   </c>
   <c r="E6" s="3">
      <v>1100</v>
   </c>
   <c r="F6" s="4">
      <f t="shared" si="0"/>E6*B6</f>
      <v>5500</v>
   </c>
</row>
```

Die Datei *[Content_Types].xml* enthält jeweils eine Liste der Inhaltstypen der im Paket vorkommenden Komponenten.

12.1.3 Open XML für Word

Die übliche Ordnerstruktur für ein Word-Dokument unterscheidet sich auf der obersten Ebene von der für Excel dadurch, dass der anwendungsbezogene Ordner *xl* durch den Ordner *word* ersetzt ist. Der Inhalt des *word*-Ordners enthält dann für ein Word-Dokument typische Komponenten.

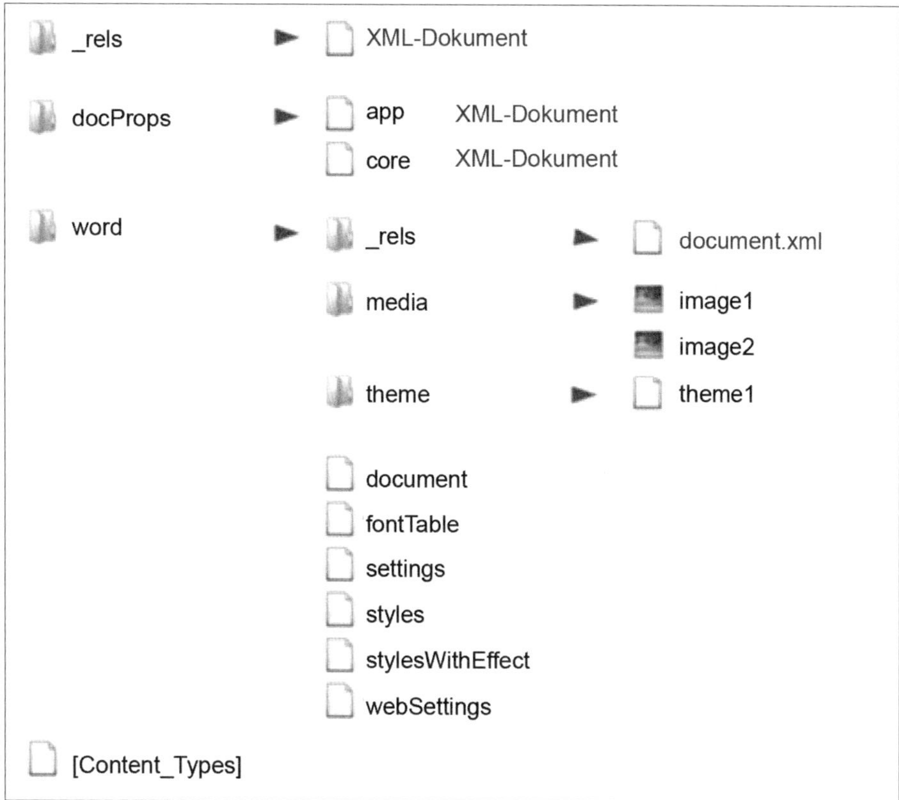

Abbildung 12.3 Beispiel einer Ordnerhierarchie für ein Word-Dokument

Die Datei *document.xml* – übrigens der einzige unbedingt erforderliche Teil des Pakets – enthält den Kern des Dokuments, die Textdaten sowie Format- und Zeichensatzeinstellungen. Der Aufbau dieser Datei wird durch das zugrunde liegende *WordProzessingML*-Schema gesteuert, das wiederum eine Weiterentwicklung des gleichnamigen Schemas für Word 2003 darstellt.

Sind Kopf- und Fußzeilen definiert, werden diese Elemente in separate Dateien ausgelagert: *header.xml* und *footer.xml*. Die Dateien *fontTable.xml*, *settings.xml* und *styles.xml* enthalten die Liste der Fonts, die anwendungsspezifischen Einstellungen und die verwendeten Formate. Die Datei *document.xml* in dem Ordner *_rels* enthält die Beziehungen der Komponenten in Form von `<Relationship>`-Elementen, wie oben bereits beschrieben. In dem Ordner *media* werden Bilder oder andere Mediendateien binär abgelegt. Der Ordner *theme* enthält die Definition eines Designthemas, das dem Dokument zugeordnet wird.

Wie bei Excel hat auch bei Word die modulare Vorgehensweise Vorteile, wenn es um die Bearbeitung von Dokumenten geht. Ein Entwickler kann beispielsweise eine Anwendung schreiben, die gleich in einem ganzen Paket von Dokumenten die Kopfzeilenkomponente austauscht.

```
<Relationships>
  <Relationship Id="rId8" Type="http://schemas.openxmlformats.org/officeDocument/2006/relationships/theme" Target="theme/theme1.xml"/>
  <Relationship Id="rId3" Type="http://schemas.openxmlformats.org/officeDocument/2006/relationships/settings" Target="settings.xml"/>
  <Relationship Id="rId7" Type="http://schemas.openxmlformats.org/officeDocument/2006/relationships/fontTable" Target="fontTable.xml"/>
  <Relationship Id="rId2" Type="http://schemas.microsoft.com/office/2007/relationships/stylesWithEffects" Target="stylesWithEffects.xml"/>
  <Relationship Id="rId1" Type="http://schemas.openxmlformats.org/officeDocument/2006/relationships/styles" Target="styles.xml"/>
  <Relationship Id="rId6" Type="http://schemas.openxmlformats.org/officeDocument/2006/relationships/image" Target="media/image2.jpeg"/>
  <Relationship Id="rId5" Type="http://schemas.openxmlformats.org/officeDocument/2006/relationships/image" Target="media/image1.png"/>
  <Relationship Id="rId4" Type="http://schemas.openxmlformats.org/officeDocument/2006/relationships/webSettings" Target="webSettings.xml"/>
</Relationships>
```

Abbildung 12.4 Inhalt der document.xml-Datei aus dem _rels-Ordner

Das .NET Framework stellt ab Version 3.0 Klassen zur Verfügung, um beispielsweise eine *.docx*-Datei durch ein Programm zusammenzustellen, ohne auf die Word-Anwendung zurückgreifen zu müssen. Dabei wird jeweils zunächst mit Hilfe der `Packages`-Klasse aus dem Namensraum `System.IO.Packaging` eine Paketdatei erstellt, anschließend werden mit der Methode `CreatePart()` die einzelnen Komponenten festgelegt, die das Paket enthalten soll. Entscheidend ist dann, durch Aufruf der `CreateRelationship()`-Methode die Beziehungen zwischen den in den Container eingefügten Komponenten festzulegen.

12.2 Die Alternative OpenDocument

Das von OASIS standardisierte Format *OpenDocument* ist in einer auch immerhin über 700 Seiten starken Spezifikation beschrieben, die von *www.oasis-open.org* heruntergeladen werden kann. Der Version 1.0 von 2005 folgte 2007 eine nur leicht überarbeitete Version 1.1. Die aktuelle Version 1.2 wurde 2011 als OASIS-Standard freigegeben.

Auch ODF unterstützt die Kombination aus Komprimierungs- und XML-Technologien. Die Dokumente werden entweder in einer einzelnen XML-Datei oder in einem ZIP-Archiv gespeichert, wobei anwendungsbezogene Dateierweiterungen verwendet werden (siehe Tabelle 12.1).

Dokumenttyp	Dateiendung
Textdokumente	*.odt*
Tabellen	*.ods*
Präsentationen	*.odp*
Zeichnungen	*.odg*

Tabelle 12.1 Liste der Dateierweiterungen in OpenDocument

Der Aufbau ist für alle Anwendungen gleich. Das Archiv einer OpenDocument-Datei enthält einen Ordner *META-INF*, der die Datei *manifest.xml* beherbergt. Sie enthält eine Liste der im Archiv enthaltenen Dateien mit dem jeweiligen Medientyp. Hier ein Auszug aus dem Code für eine kleine Textdatei, die zudem zwei Bilder enthält:


```
<manifest:manifest xmlns:manifest=
    "urn:oasis:names:tc:opendocument:xmlns:manifest:1.0">
<manifest:file-entry manifest:media-type=
     "application/vnd.oasis.opendocument.text"
     manifest:full-path="/"/>
<manifest:file-entry manifest:media-type=
     "application/vnd.sun.xml.ui.configuration"
    manifest:full-path="Configurations2/"/>
<manifest:file-entry manifest:media-type="image/jpeg"
    manifest:full-path="Pictures/Bild1.jpg"/>
<manifest:file-entry manifest:media-type="image/jpeg"
    manifest:full-path="Pictures/Bild2.jpg"/>
<manifest:file-entry manifest:media-type=""
    manifest:full-path="Pictures/"/>
<manifest:file-entry manifest:media-type="application/binary"
    manifest:full-path="layout-cache"/>
<manifest:file-entry manifest:media-type="text/xml"
    manifest:full-path="content.xml"/>
...
</manifest:manifest>
```

Die Komponenten sind meist XML-Dateien, die die Dokumentstruktur, den Dokumentinhalt, die Dokumentstile und die Dokumenteinstellungen beschreiben. Wie auch bei Open XML werden eventuelle Mediendateien im Binärformat eingefügt. In diesem Fall werden die Bilder in dem Ordner *Pictures* abgelegt.

Abbildung 12.5 Ordnerstruktur eines Archivs für ein ODT-Dokument

Der Inhalt der Textdatei ist in der XML-Datei mit dem Namen *content* zu finden. Das folgende Beispiel zeigt die Hierarchie der Elemente in der *content.xml*-Datei, wobei zur besseren Übersicht einige Zweige, die die Formatierung betreffen, eingeklappt und einige Attribute ausgelassen sind:

```
<?xml version="1.0" encoding="UTF-8"?>
<office:document-content office:version="1.1">
  <office:scripts/>
+ <office:font-face-decls>
+ <office:automatic-styles>
  <office:body>
    <office:text text:use-soft-page-breaks="true">
      <office:forms form:automatic-focus="false"
       form:apply-designmode="false"/>
    + <text:sequence-decls>
      <text:p text:style-name="Standard">Der Rheinauhafen entwickelt
       sich zu einer Kölner Attraktion. </text:p>
      <text:p text:style-name="Standard"/>
      <text:p text:style-name="Standard">
        <draw:frame ...>
          <draw:image xlink:href="Pictures/Bild1.jpg"
           xlink:type="simple" xlink:show="embed"
           xlink:actuate="onLoad"/>
        </draw:frame>
      </text:p>
      <text:p text:style-name="Standard"/>
      <text:p text:style-name="Standard">Die beiden Kranhäuser
       verändern die Silhouette. </text:p>
      <text:p text:style-name="Standard"/>
      <text:p text:style-name="Standard">
```

```
        <draw:frame ...>
          <draw:image xlink:href="Pictures/Bild2.jpg"
           xlink:type="simple" xlink:show="embed"
           xlink:actuate="onLoad"/>
        </draw:frame>
        <text:soft-page-break/>
      </text:p>
    </office:text>
  </office:body>
</office:document-content>
```

Listing 12.1 content.xml

Der Code zeigt übrigens, dass OpenDocument mit Elementen von *SVG* und *xlink*-Attributen arbeitet, wenn es darum geht, Bilder in einen Text einzubinden.

- Die Datei *meta.xml* enthält die Metadaten der Datei, etwa Titel, Beschreibung, Autor, Erstellungsdatum, Schlüsselwörter.
- Die Datei *settings.xml* nimmt anwendungsspezifische Einstellungen auf, etwa für die Bildschirmanzeige oder den Ausdruck.
- In *styles.xml* sind alle im Dokument verwendeten Formate gespeichert.

Open XML oder ODF?

ODF ist als Konkurrenzprodukt zu Office Open XML vorangetrieben worden. Der Ansatz ist strukturell sehr ähnlich, beide verwenden ZIP-Archive mit XML-Dokumenten. Die Schemas von ODF sind kompakter, decken aber nicht alle Optionen ab, die nun einmal mit den Microsoft Office-Anwendungen zur Verfügung stehen. Der Entwurf von ODF erfolgte eher *from scratch*, während Microsoft versucht hat, alle Merkmale, die in den riesigen Dokumentbeständen aus der MS Office-Familie realisiert sind, in den XML-Schemas lückenlos nachzubilden. In den meisten Fällen gibt es keine größeren Schwierigkeiten, zwischen beiden Formaten hin- und herzuwandern. In Office 2016 können Sie bei der Installation zudem frei wählen, ob ODF oder OOXML als Standarddateiformat eingesetzt wird. Unabhängig davon stehen in den Dialogen zum Speichern und Öffnen beide Formate jederzeit zur Verfügung.

Der Streit, welches der beiden Formate vorzuziehen ist, wurde insbesondere in der Phase der noch offenen ISO-Standardisierung von Open XML ziemlich aufgebauscht, wobei Ressentiments gegen Microsoft häufig von einer sachlichen Beurteilung abgehalten haben. Interessant ist in diesem Zusammenhang, dass Kenner der Markup-Techniken wie etwa Patrick Durusau, der zu den Editoren von OpenDocument 1.2 gehört, einen Wettstreit der beiden Formate zugunsten der Endanwender durchaus begrüßt haben. Durusau betonte zu Recht, dass die Entwicklung der Markup-Sprachen für Office-Dokumente mit den beiden jetzt verfügbaren Standards keineswegs abgeschlossen sei, weil beide an unterschiedlichen Stellen ihre Stärken und Schwächen aufweisen.

Es ist auch nicht so, dass es quasi die eine wahre Markup-Sprache geben kann, denn bei XML geht es immer nur um eine Repräsentation von Inhalten in der einen oder anderen Form. Je kooperativer sich die beiden Lager in dieser Frage verhalten, umso besser wird das Ergebnis für beide Seiten sein. Ob es dabei nach einiger Zeit zu einer Art Zusammenschluss kommt oder eher zu einer Modularisierung, wie es etwa bei (X)HTML der Fall ist, wird die Zukunft zeigen.

Der entscheidende Punkt ist sowieso, dass mit dem XML-Format generell die fixe Bindung der Dokumente an die Quellanwendung aufgelöst wird. Zudem lassen sich XML-Dokumente eben viel einfacher als andere Formate von einem XML-Jargon in einen anderen übersetzen.

12.3 Einsatz benutzerdefinierter Schemas in Office 2016

Seit Office 2003 wurde auch die Verwendung eigener XML-Schemas für Dokumente in Word oder Excel angeboten. Um den Einsatz benutzerdefinierter Schemas in Word hat es 2009 in den USA einen Rechtsstreit zwischen der Firma i4i und Microsoft gegeben, der schließlich vom US-Bundesberufungsgericht gegen Microsoft entschieden wurde. Dabei geht es um das Tagging von Daten auf der Basis von XML Schema. In Word 2016 hat das dazu geführt, dass eigene Schemas nicht mehr genutzt werden können. Wenn Sie eine ältere Datei einlesen, werden zwar die Daten angezeigt, die Zuordnungen zu dem bei der Erstellung verwendeten Schema werden aber entfernt. Anders ist die Situation bei Excel 2016, hier wird die Nutzung eigener XML-Schemas weiterhin unterstützt.

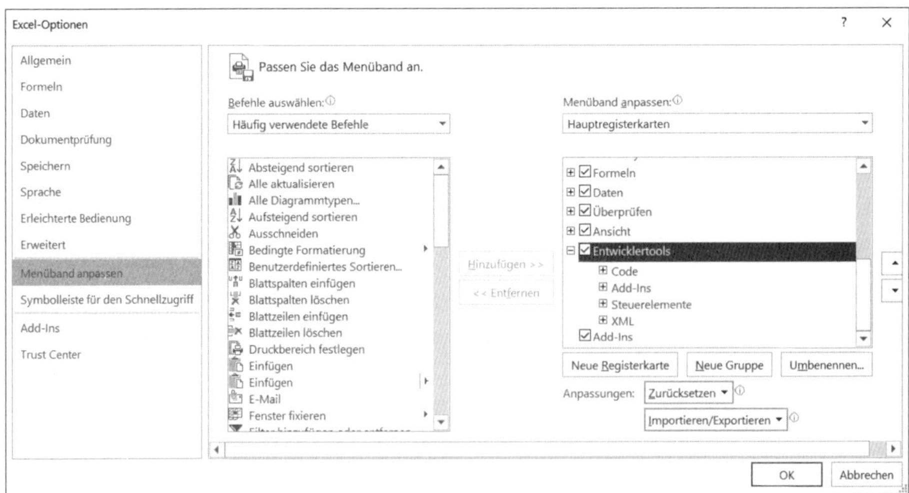

Abbildung 12.6 Anpassen des Menübands in Excel 2016

Um die erweiterten XML-Tools in Excel 2016 nutzen zu können, muss die Entwicklerregisterkarte aktiviert werden, die als Vorgabe ausgeblendet ist. Dazu wird über DATEI • OPTIONEN zunächst der Dialog EXCEL-OPTIONEN geöffnet.

Unter MENÜBAND ANPASSEN wird dann in der Liste der HAUPTREGISTERKARTEN die Option ENTWICKLERTOOLS durch Abhaken aktiviert. Anschließend steht auf dem Register ENTWICKLERTOOLS die Gruppe XML zur Verfügung.

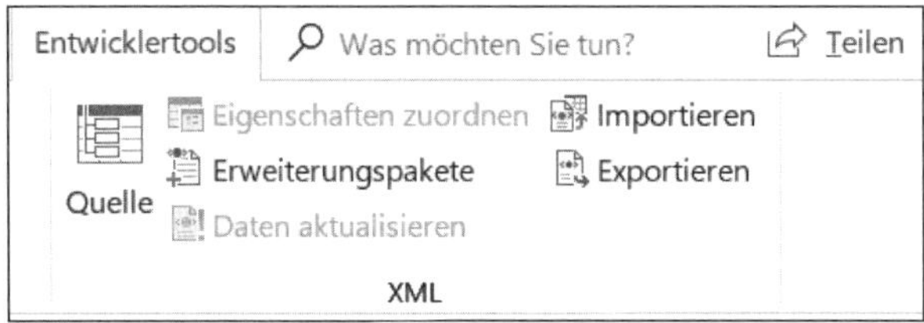

Abbildung 12.7 Die Gruppe »XML« auf dem Register »Entwicklertools« in Excel 2016

Die Schaltfläche QUELLE öffnet den Aufgabenbereich XML-QUELLE, über den die Zuordnung von XML-Elementen zu Elementen im Dokument hergestellt werden kann.

Durch die Zuordnung eigener XML-Schemas zu Arbeitsblättern wird es möglich, für die verschiedenen Anwendungsbereiche in einem Unternehmen verbindliche Datenstrukturen in Form entsprechender Vorlagen und Formulare zu erreichen.

12.3.1 Zuordnen eines Schemas

Sie können ein solches Schema vorgeben oder durch Excel generieren lassen. Öffnet Excel 2016 eine XML-Datei, der ein Schema durch eine entsprechende Deklaration zugeordnet ist, benutzt das Programm automatisch dieses Schema, wenn dieses unter dem angegebenen Pfad zu finden ist. Ist den eingelesenen Daten dagegen kein explizites XML-Schema zugeordnet, versucht Excel, aus dem aktuellen XML-Dokument selbst ein passendes XML-Schema zu generieren, sobald Sie den folgenden, etwas missverständlich formulierten Hinweis bestätigen.

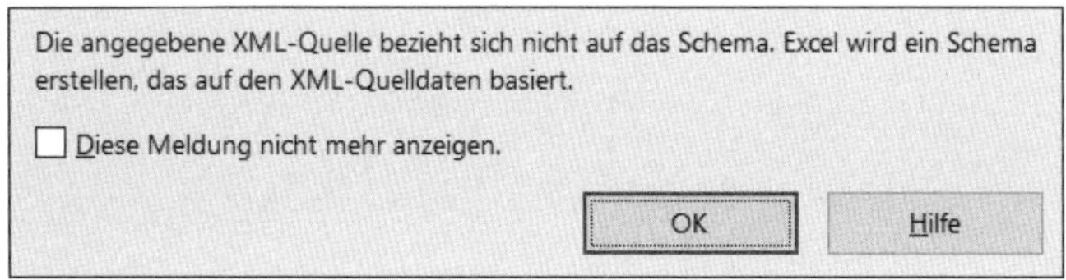

Abbildung 12.8 Hinweis beim Fehlen eines Schemas

Automatische Schema-Generierung

Auf die automatische Schema-Generierung sollte nur gesetzt werden, wenn die Datenstrukturen, um die es geht, sehr einfach und in ihrem Aufbau eindeutig sind. Die Generierung kann schließlich immer nur Strukturelemente auswerten, die in der aktuellen Dokumentinstanz tatsächlich vorhanden sind. XML-Schemas legen aber in der Regel Einschränkungen für eine ganze Klasse von Dokumenten fest, die sich im Detail unterscheiden dürfen. Wenn also beispielsweise für ein Element drei mögliche Werte erlaubt sind, kann Excel dies nicht aus einem Dokument ableiten, in welchem nur einer dieser Werte verwendet wird.

12.3.2 Optionen beim Öffnen von XML-Dokumenten

Excel kann ein wohlgeformtes XML-Dokument über DATEI • ÖFFNEN direkt öffnen. Dabei werden folgende Optionen angeboten:

- Einlesen der Daten als XML-Tabelle, also in einen Tabellenbereich
- Öffnen der Datei als schreibgeschützte Arbeitsmappe
- Verwenden der Daten für die Definition einer Datenstruktur im Aufgabenbereich XML-QUELLE ohne direkte Übernahme der Daten selbst

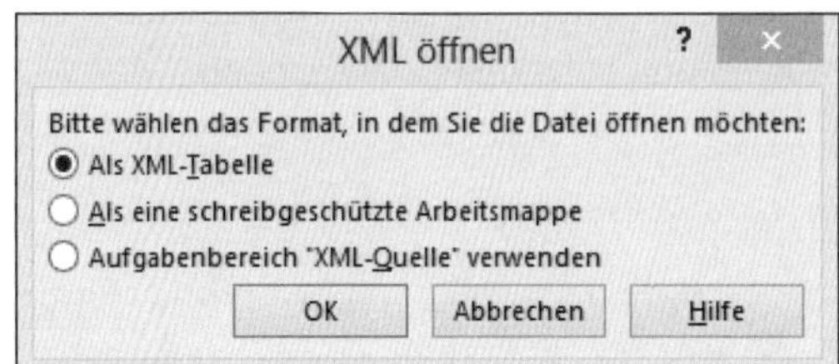

Abbildung 12.9 Optionen beim Öffnen eines XML-Dokuments

12.3.3 Daten als XML-Tabelle übernehmen

Was geschieht, wenn die erste Option gewählt wird? Listing 12.2 zeigt zunächst ein kurzes XML-Dokument mit Bestelldaten, deren Struktur durch das darin angegebene XML-Schema festgelegt ist:

```
<?xml version="1.0" encoding="UTF-8"?>
<bestellformular nr="01000" datum="2018-11-01" bearb="Sylvia Kaily"
 xmlns:xsi="http://www.w3.org/2001/XMLSchema-instance"
 xsi:noNamespaceSchemaLocation="bestellung.xsd">
  <kunde>
    <name>Hanna Merz</name>
    <strasse>Oststrasse 12</strasse>
    <plz>40678</plz>
```

```
      <ort>Düsseldorf</ort>
    </kunde>
    <positionen>
      <position>
        <artikelnr>0045</artikelnr>
        <beschreibung>Rollo XBP 312</beschreibung>
        <gebinde>Stck</gebinde>
        <menge>5</menge>
        <preis>50.00</preis>
      </position>
      <position>
        <artikelnr>0046</artikelnr>
        <beschreibung>Rollo MMX</beschreibung>
        <gebinde>Stck</gebinde>
        <menge>4</menge>
        <preis>40.00</preis>
      </position>
    </positionen>
</bestellformular>
```

Listing 12.2 bestellungen.xml

Das zugeordnete Schema *bestellung.xsd* definiert die erlaubten Elemente und Attribute und bestimmt, wie oft und in welcher Reihenfolge sie erscheinen und ob sie erforderlich oder optional sind. Das Schema sieht in diesem Fall so aus:

```
<?xml version="1.0" encoding="UTF-8"?>
<xsd:schema xmlns:xsd="http://www.w3.org/2001/XMLSchema"
            elementFormDefault="qualified">
  <xsd:element name="bestellformular" type="formular"/>

  <xsd:complexType name="formular">
    <xsd:sequence>
      <xsd:element name="kunde" type="kunde"/>
      <xsd:element name="positionen" type="positionen"/>
    </xsd:sequence>
    <xsd:attribute name="nr" type="xsd:short" use="required"/>
    <xsd:attribute name="datum" type="xsd:date" use="required"/>
    <xsd:attribute name="bearb" type="xsd:string" use="required"/>
  </xsd:complexType>

  <xsd:complexType name="kunde">
    <xsd:sequence>
      <xsd:element name="name" type="xsd:string"/>
```

12

```
        <xsd:element name="strasse" type="xsd:string"/>
        <xsd:element name="plz" type="xsd:int"/>
        <xsd:element name="ort" type="xsd:string"/>
      </xsd:sequence>
    </xsd:complexType>
    <xsd:complexType name="positionen">
      <xsd:sequence>
        <xsd:element name="position" minOccurs="0"
                     maxOccurs="unbounded">
          <xsd:complexType>
            <xsd:sequence>
              <xsd:element name="artikelnr" type="xsd:string"/>
              <xsd:element name="beschreibung" type="xsd:string"/>
              <xsd:element name="gebinde" type="gb"/>
              <xsd:element name="menge" type="xsd:decimal"/>
              <xsd:element name="preis" type="xsd:decimal"/>
            </xsd:sequence>
          </xsd:complexType>
        </xsd:element>
      </xsd:sequence>
    </xsd:complexType>

    <xsd:simpleType name="gb">
      <xsd:restriction base="xsd:string">
        <xsd:enumeration value="Stck"/>
        <xsd:enumeration value="kg"/>
        <xsd:enumeration value="cm"/>
      </xsd:restriction>
    </xsd:simpleType>

  </xsd:schema>
```

Listing 12.3 bestellung.xsd

	A	B	C	D	E	F	G	H	I	J	K	L
1	nr	datum	bearb	name	strasse	plz	ort	artikelnr	beschreibung	gebinde	menge	preis
2	1000	01.11.2018	Sylvia Kaily	Hanna Merz	Oststrasse 12	40678	Düsseldorf	0045	Rollo XBP 312	Stck	5	50
3	1000	01.11.2018	Sylvia Kaily	Hanna Merz	Oststrasse 12	40678	Düsseldorf	0046	Rollo MMX	Stck	4	40
4												

Abbildung 12.10 Die aus dem XML-Dokument erzeugte Tabelle

Wird zum Einlesen des XML-Dokuments nun in dem Dialog XML ÖFFNEN die Option ALS XML-TABELLE gewählt, erscheint im Tabellenblatt eine Datentabelle, in der die drei Elementebenen des Originals zu einer zweidimensionalen Tabelle komprimiert werden.

12.3.4 XML-Tabellenbereiche

Excel 2016 erzeugt für die eingelesenen Daten also automatisch einen speziellen Tabellenbereich, wie er seit der Version 2007 für die Darstellung und Handhabung von tabellarischen Datensätzen oder Listen angeboten wird. Solche Tabellenbereiche vereinfachen sowohl die Auswahl als auch die dynamische Erweiterung von Datentabellen.

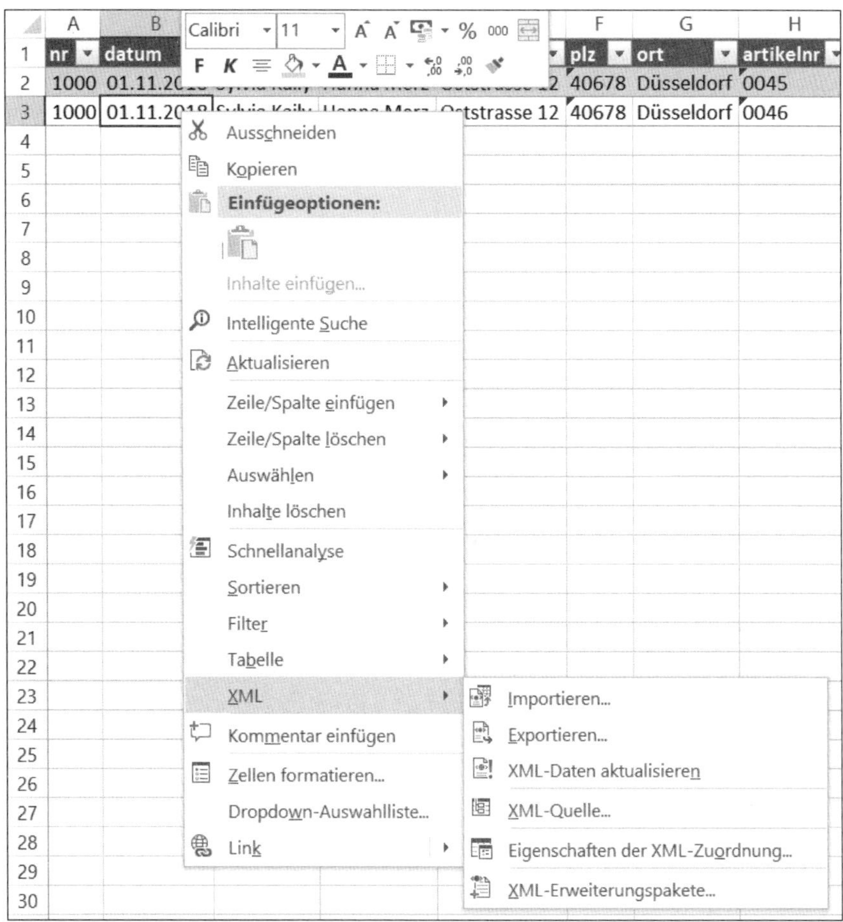

Abbildung 12.11 Kontextmenü zu einem aus XML-Daten erzeugten Tabellenbereich

Der Tabellenbereich kann per Mausklick in eine der darin enthaltenen Zellen aktiviert werden. Dann stehen über das entsprechende Kontextmenü unter TABELLE die Funktionen zur Verfügung, die generell auf Tabellenbereiche anwendbar sind. Unter XML werden Optionen angeboten, die speziell für die Daten innerhalb des Arbeitsblattes gelten, die einer XML-Quelle zugeordnet wurden, was beim Einlesen in dieser Form automatisch geschieht. Ein Mausklick außerhalb des Bereichs deaktiviert den Tabellenbereich wieder.

Verwendung der XML-Namen für Beschriftungen

In dem hier verwendeten Beispiel werden für die ersten drei Spalten jeweils die Attributnamen des Elements <bestellung> als Spaltenbeschriftung verwendet. Die Attributwerte selbst sind mehrfach, also für jede Bestellposition, aufgeführt. Auch die Adressdaten werden für jede Positionszeile wiederholt.

Die Namen der übergeordneten Elemente wie <kunde>, <positionen> und <position> erscheinen dagegen nicht als Spaltenbeschriftungen in der Tabelle, da es sich um Namen für Containerelemente handelt, die wiederum nur Kindelemente enthalten, selbst aber keine Inhalte.

Nur die Elementnamen auf der jeweils untersten Ebene der Elementhierarchie werden ebenfalls als Spaltenbeschriftungen verwendet. Darunter sind dann die entsprechenden Inhalte aufgelistet.

12.3.5 XML-Zuordnungen

Zwischen dem XML-Dokument und der Datentabelle im Tabellenblatt wird beim Einlesen eine Verknüpfung aufgebaut. Wie diese gehandhabt werden soll, kann über das Kontextmenü mit XML • EIGENSCHAFTEN DER XML-ZUORDNUNG beeinflusst werden. Hier legen Sie fest, ob beim Importieren von Daten in den verknüpften Bereich und beim Exportieren aus diesem Bereich eine Gültigkeitsprüfung in Bezug auf das verwendete XML-Schema stattfinden soll oder ob die Daten nur auf Wohlgeformtheit geprüft werden.

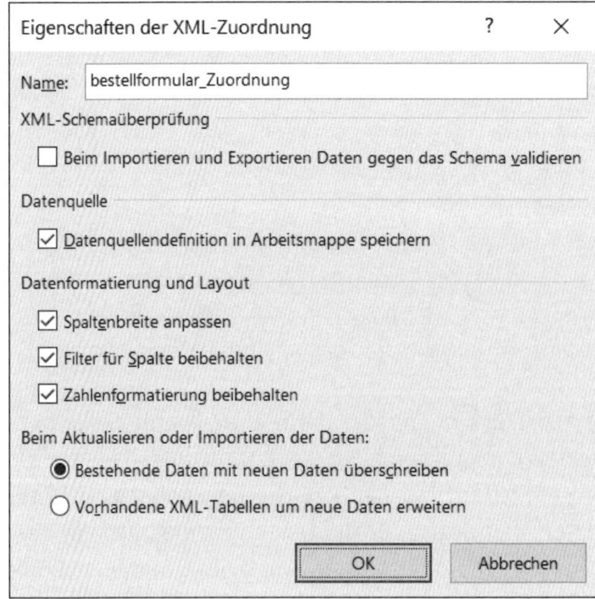

Abbildung 12.12 Der Dialog »Eigenschaften der XML-Zuordnung«

In der Regel sollte die Einstellung, dass die Datenquellendefinition – womit das Schema gemeint ist – mit der Arbeitsmappe gespeichert wird, beibehalten werden. Neben einigen Optionen zur Formatierung kann hier insbesondere auch festgelegt werden, ob Daten, die neu in den Bereich der Datentabelle importiert werden, die bestehenden Daten ersetzen oder ob sie angehängt werden. Die zweite Option wäre nötig, um beispielsweise weitere Bestellpositionen an die Tabelle anzufügen.

12.3.6 Datenaktualisierung

Wenn sich an dem Original-XML-Dokument, das der Tabelle zugrunde liegt, etwas ändert, bringt der Befehl ENTWICKLUNGSTOOLS • XML • DATEN AKTUALISIEREN die Datentabelle in Excel auf den neuesten Stand.

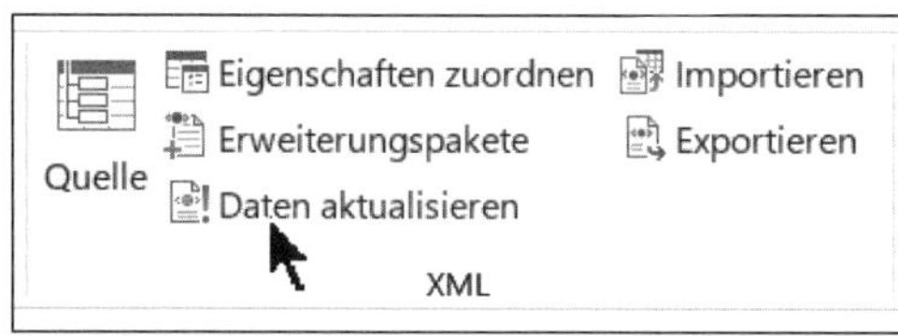

Abbildung 12.13 Befehl »Daten aktualisieren« in der Gruppe »XML«

Prüfen der Exportierbarkeit

Wenn Sie nun allerdings versuchen, Daten, die in dieser Weise als Tabelle im Arbeitsblatt eingefügt wurden, wieder als XML-Daten zu exportieren, wird Excel mit einer entsprechenden Meldung darauf hinweisen, dass die Daten in der vorliegenden Form nicht exportierbar sind. Den genauesten Hinweis liefert hier der Link XML-VERKNÜPFUNG ZUM EXPORTIEREN ÜBERPRÜFEN im Aufgabenbereich XML-QUELLE.

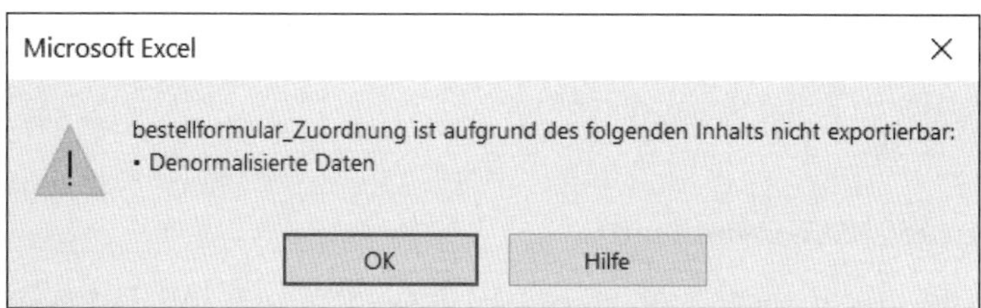

Abbildung 12.14 Hinweis beim Versuch eines Datenexports

Dies ist das Ergebnis der Tatsache, dass die mehrstufige Datenstruktur des ursprünglichen XML-Dokuments im Arbeitsblatt von Excel in eine zweidimensionale Tabelle komprimiert wurde, weshalb ja – wie beschrieben – die Attributwerte für das Element `<bestellung>` mehrfach aufgeführt werden, und zwar so, als handele es sich um ein wiederholtes Element. Sollen die Daten exportierbar bleiben, müssen die Attributwerte deshalb in einzelnen Zellen außerhalb der Tabelle abgelegt werden, so wie es weiter unten im Abschnitt 12.3.9 zu der dritten Methode, XML-Daten zu übernehmen, beschrieben wird.

12.3.7 Öffnen als schreibgeschützte Arbeitsmappe

Wenn Sie die zweite Option zum Öffnen einer XML-Datei verwenden, wird das Dokument als schreibgeschützte Arbeitsmappe geöffnet. Es besteht bei dieser Vorgehensweise anders als beim Import als Tabelle keine Verknüpfung zum Originaldokument, eine Aktualisierung bei Änderungen in der Quelldatei ist also nicht möglich.

Die Hierarchie des XML-Dokuments wird auch hier in eine zweidimensionale Tabelle gepresst. Das dabei verwendete *Flattening-Verfahren* wurde schon in Excel 2002 eingesetzt. Der Schreibschutz soll verhindern, dass die Daten in die Originaldatei zurückgeschrieben werden, wodurch die ursprüngliche Struktur verloren ginge. Abbildung 12.15 zeigt, wie dies im Falle einer XML-Datei aussieht, die die Daten mehrerer Bestellungen enthält.

	A	B	C	D	E	F	G
1	**/bestellformular**						
2	**/@bearb**	**/@datum**	**/@nr**	**/@nr/#agg**	**/@xsi:noNamespaceSchemaLocation**	**/kunde/name**	**/kunde/ort**
3	Sylvia Kaily	01.11.2018	1000	1000	bestellung.xsd	Hanna Merz	Düsseldorf
4	Sylvia Kaily	01.11.2018	1000		bestellung.xsd	Hanna Merz	Düsseldorf
5							

Abbildung 12.15 XML-Daten schreibgeschützt eingelesen

Flattening-Verfahren

Bei dieser Vorgehensweise werden XPath-Ausdrücke aus Elementnamen und Attributnamen zur Spaltenbeschriftung verwendet, wobei die Attribute wie in XPath üblich durch ein vorangestelltes @-Zeichen gekennzeichnet werden. Die Spalten werden allerdings nicht in der Reihenfolge der Elemente im XML-Dokument, sondern in der alphabetischen Reihenfolge angeordnet.

12.3.8 Verwenden von XSLT-Stylesheets

Interessanter als in der beschriebenen rohen Form ist das Einlesen der XML-Daten als schreibgeschützte Datei, wenn Stylesheets genutzt werden, die für das XML-Dokument definiert sind.

Ist einem XML-Dokument intern ein XSLT-Stylesheet zugewiesen, wird beim Öffnen angeboten, die Daten entweder ganz ohne Verwendung des Stylesheets einzulesen oder das Stylesheet zu verwenden bzw. ein bestimmtes auszuwählen, wenn mehrere Bezüge auf Stylesheets vorhanden sind.

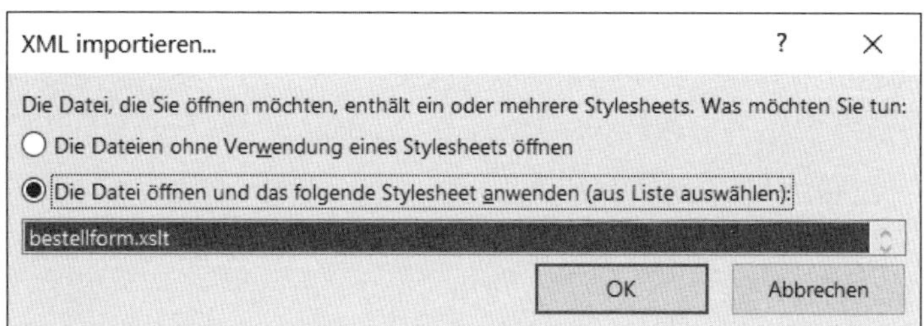

Abbildung 12.16 Auswahl eines Stylesheets vor dem Einlesen der XML-Daten

Die Zuordnung von Stylesheets findet im XML-Dokument – wie schon beschrieben – mit einer Verarbeitungsanweisung wie

```
<?xml-stylesheet type="text/xsl"
                 href="bestellform.xslt"?>
```


statt. Wird das Stylesheet nicht herangezogen, folgt anschließend die übliche Abfrage mit den beschriebenen drei Optionen.

HTML-Formatierung

Das Stylesheet definiert mit Hilfe von XSLT- und HTML-Tags, wie die Daten ausgegeben werden sollen. Excel kann die Ausgabe im HTML-Format dann direkt in seine Zellstruktur einlesen, so dass Sie mit dem Ergebnis wie mit einem normalen Tabellenblatt weiterarbeiten können. Hier ein einfaches Beispiel für ein solches Stylesheet, das mit Hilfe von drei `<template>`-Elementen die Daten des XML-Dokuments ausgibt, wobei die Positionsdaten mit Hilfe einer Schleife in eine Tabelle eingelesen werden. Ohne weitere Kommentare hier die Quelldatei:

```
<?xml version="1.0" encoding="UTF-8"?>
<xsl:stylesheet version="1.0"
  xmlns:xsl="http://www.w3.org/1999/XSL/Transform">
  <xsl:output method="html" encoding="UTF-8"/>
  <xsl:decimal-format name="euro" decimal-separator=","
                                  grouping-separator="."/>
  <xsl:template match="/">
    <html>
      <head>
        <title>Bestellung</title>
      </head>
      <body>
        <h3>Bestellung</h3>
        <xsl:apply-templates select="//kunde"/>
        <table border="0" cellpadding="5" cellspacing="5">
```

```
        <xsl:apply-templates select="//positionen"/>
      </table>
    </body>
  </html>
</xsl:template>

<xsl:template match="kunde">
  <p><xsl:value-of select="name"/><br />
  <xsl:value-of select="strasse"/><br />
  <xsl:value-of select="plz"/>
    <xsl:text> </xsl:text>
    <xsl:value-of select="ort"/>
  </p>
</xsl:template>

<xsl:template match="positionen">
  <tr>
    <th>Nr</th>
    <th>Beschreibung</th>
    <th>Gebinde</th>
    <th>Menge</th>
    <th>Preis</th>
    <hr/>
  </tr>
    <xsl:for-each select="position">
    <tr>
      <td><xsl:value-of select="artikelnr"/></td>
      <td><xsl:value-of select="beschreibung"/></td>
      <td><xsl:value-of select="gebinde"/></td>
      <td><xsl:value-of select="menge"/></td>
      <td><xsl:value-of select=
           "format-number(preis, '##.###,00 &#8364;', 'euro')"/>
      </td>
    </tr>
  </xsl:for-each>
</xsl:template>

</xsl:stylesheet>
```

Listing 12.4 bestellform.xsl

Abbildung 12.17 zeigt die Tabelle, die bei Anwendung des Stylesheets angezeigt wird.

	A	B	C	D	E	F
1	**Bestellung**					
2						
3	Hanna Merz					
4	Oststrasse 12					
5	40678 Düsseldorf					
6						
7						
8	**Nr**	**Beschreibung**	**Gebinde**	**Menge**	**Preis**	
9	45	Rollo XBP 312	Stck	5	50,00 €	
10	46	Rollo MMX	Stck	4	40,00 €	

Abbildung 12.17 Ausgabe mit Hilfe des XSLT-Stylesheets

12.3.9 Datenquelle und Tabelle manuell verknüpfen

Richtig zum Zuge kommen die Möglichkeiten, die XML für die Tabellenkalkulation in Excel 2016 bietet, erst mit der dritten Option zum Öffnen eines XML-Dokuments: AUFGABENBEREICH »XML-QUELLE« VERWENDEN. In diesem Fall übernimmt das Programm zunächst nur die Datenstruktur des XML-Dokuments in den speziellen Aufgabenbereich XML-QUELLE.

Die Struktur wird mit der aktuellen Arbeitsmappe zunächst insgesamt verknüpft, und diese sogenannte XML-Zuordnung wird mit einem automatisch generierten Namen versehen, der in dem ersten Listenfeld angezeigt wird. Dabei wird der Name der geöffneten XML-Datei verwendet und als Vorgabe das Wort »Zuordnung« angehängt. Diese Benennung kann nachträglich auch über den Dialog XML-ZUORDNUNGEN geändert werden, den die Schaltfläche XML-ZUORDNUNGEN öffnet.

Im Fenster XML-QUELLE wird die Struktur des XML-Dokuments in Form eines Baumes von Elementen angezeigt. Wie bereits erwähnt, kann diese Struktur über die dem XML-Dokument zugeordnete Schema-Datei bestimmt oder von Excel generiert werden.

Die einzelnen Elemente werden durch unterschiedliche Symbole gekennzeichnet, die darauf verweisen, ob ein Element ein Container für andere Elemente ist, ob es erforderlich ist oder mehrfach vorkommen kann.

Werden nun in einer Tabelle der Arbeitsmappe Daten aus dem XML-Dokument benötigt, lassen sich die Datenobjekte aus dem Aufgabenbereich an die gewünschte Stelle in der Tabelle ziehen. Dabei kann die Reihenfolge frei gewählt werden. Sie können auch so verfahren, dass Sie erst eine Zelle im Tabellenblatt markieren und dann im Aufgabenbereich das zu verknüpfende Element doppelt anklicken.

Abbildung 12.18 Einfügen von verknüpften Elementen im Tabellenblatt

Einmalige und sich wiederholende Elemente

Das ganze Verfahren wird auch als *Mapping* bezeichnet. Excel unterscheidet dabei zwischen Elementen, die wiederholt vorkommen und deshalb als Tabellenbereich eingefügt werden, und solchen, die nur einmal benötigt werden und in einzelne Zellen außerhalb eines Tabellenbereichs zu platzieren sind.

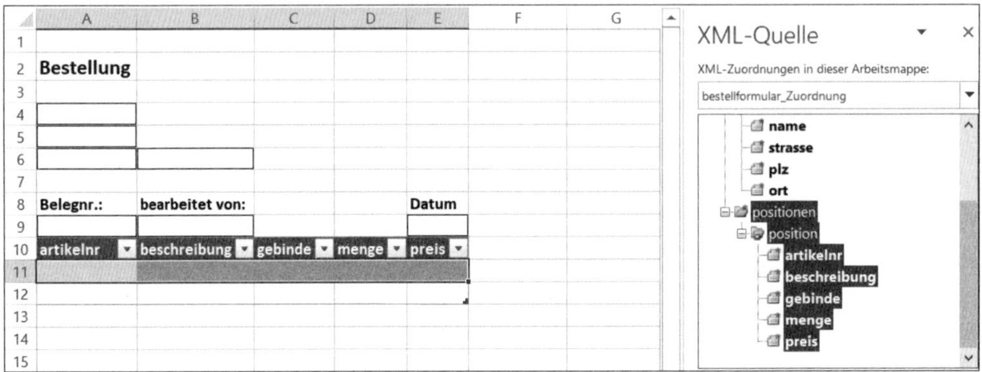

Abbildung 12.19 Einfügen von Elementen, die wiederholt vorkommen

Die Attribute zu dem Wurzelelement `<bestellung>` und die Kindelemente von `<kunde>` kommen jeweils einzeln vor. Wenn Sie mit der Maus das Symbol aus dem Aufgabenbereich in das Tabellenblatt ziehen, erscheint eine Schaltfläche, die über ein kleines Menü anbietet, Element- oder Attributnamen als Beschriftung zu übernehmen oder eine eigene Beschriftung des Feldes zu verwenden bzw. auf eine solche zu verzichten, wie im Fall der Adresse (siehe Abbildung 12.19).

Tabellenbereiche

Bei den sich wiederholenden Elementen wird dagegen automatisch ein Tabellenbereich erstellt, wie er oben beschrieben wurde. Dabei werden die Element- und Attributnamen als Spaltenbezeichnungen vorgegeben.

In diesem Fall brauchen Sie nur mit der Maus das Symbol für Position in den Tabellenbereich zu ziehen. Die Namen der Elemente werden allerdings exakt so übernommen, wie sie im XML-Dokument vorkommen, eventuell ist also eine nachträgliche Anpassung der Schreibweise sinnvoll. Eine Verbreiterung der Spalte für die Beschreibung und ein Währungsformat für die Preisspalte verbessern die Darstellung.

Die mit XML-Daten verknüpften Zellbereiche werden normalerweise durch blaue Rahmen gekennzeichnet, die beim Ausdruck ignoriert werden. Mit ENTWICKLERTOOLS • XML • DATEN AKTUALISIEREN oder dem entsprechenden Befehl aus dem Kontextmenü können schließlich die Daten für die zugeordneten Zellen aus der XML-Datei übernommen werden.

	A	B	C	D	E
1					
2	**Bestellung**				
3					
4	Hanna Merz				
5	Oststrasse 12				
6	40678	Düsseldorf			
7					
8	**Belegnr.:**	**bearbeitet von:**			**Datum**
9	1000	Sylvia Kaily			01.11.2018
10	artikelnr	beschreibung	gebinde	menge	preis
11	0045	Rollo XBP 312	Stck	5	50,00 €
12	0046	Rollo MMX	Stck	4	40,00 €

Abbildung 12.20 Das mit den Quelldaten gefüllte Formular

Zuordnungsverwaltung

Über die Schaltfläche XML-ZUORDNUNGEN lassen sich über HINZUFÜGEN bei Bedarf auch mehrere Datenquellen gleichzeitig für eine Arbeitsmappe heranziehen. Sie könnten also in dem hier gezeigten Bestellformular beispielsweise für die Adressdaten zusätzlich ein eigenes Schema verwenden.

Über das Listenfeld für die Zuordnungen im Aufgabenbereich XML-QUELLE kann dann wahlweise die eine oder die andere Zuordnung für den Aufbau des Tabellenblatts herangezogen werden.

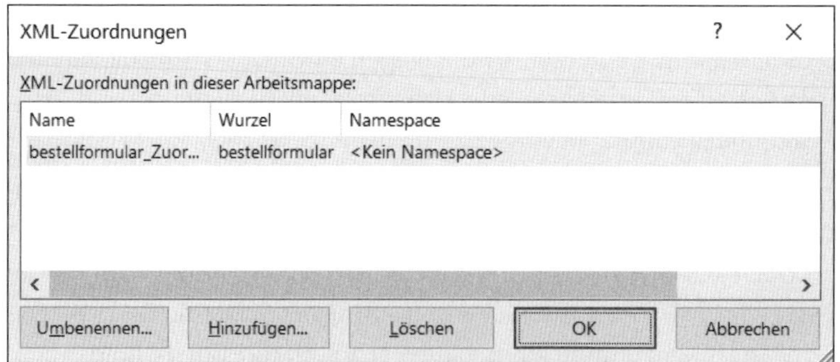

Abbildung 12.21 Verwaltung der XML-Zuordnungen

12.3.10 »XmlMap«-Objekte

Die Zuordnung zwischen der XML-Datenquelle und den Zellen des Tabellenblatts wird technisch jeweils über ein entsprechendes `XmlMap`-Objekt realisiert, das über Makros oder auch über externe Programme wie etwa Visual Basic-Anwendungen gesteuert werden kann. Dabei werden für die Definition der einzelnen Verknüpfungen zwischen den Einheiten in der XML-Datenquelle und den Zellbereichen jeweils XPath-Ausdrücke verwendet. Die Zuordnung verbindet ein XML-Schema also insgesamt mit einer bestimmten Arbeitsmappe, während die Verknüpfungen innerhalb der jeweiligen Zuordnung angesiedelt sind und sich auf Zellbereiche oder bestimmte Spalten in Listenbereichen beziehen.

12.3.11 Tabelle auf der Basis eines eigenen Schemas

Anwender, die eigene XML-Schemas entworfen haben, können diese auch direkt als Basis für Excel-Tabellen nutzen. Dazu wird der schon angesprochene Dialog der Schaltfläche XML-ZUORDNUNGEN im Aufgabenbereich XML-QUELLE verwendet. Über HINZUFÜGEN kann jede brauchbare *.xsd*-Datei ausgewählt werden.

Die entsprechende Struktur steht anschließend wieder für die beschriebenen Drag & Drop-Verfahren zur Verfügung. Ist die Datenstruktur der Excel-Tabelle einmal zugeordnet, können jederzeit Daten importiert werden, die dieser Zuordnung entsprechen. Es ist auch möglich, nur untergeordnete Zweige einer Datenstruktur mit einem Tabellenblatt zu verknüpfen. So könnten beispielsweise XML-Daten mit einzelnen Bestellpositionen eingelesen werden.

12.3.12 Fehlererkennung

Ist über die EIGENSCHAFTEN DER XML-ZUORDNUNG die Validierung der Quelldaten aktiviert, erscheinen entsprechende Fehlerhinweise, wenn beispielsweise in der

XML-Datei, die eingelesen wird, ein Element enthalten ist, das im Schema nicht vorgesehen ist, oder umgekehrt, wenn ein vorgesehenes Element oder Attribut fehlt.

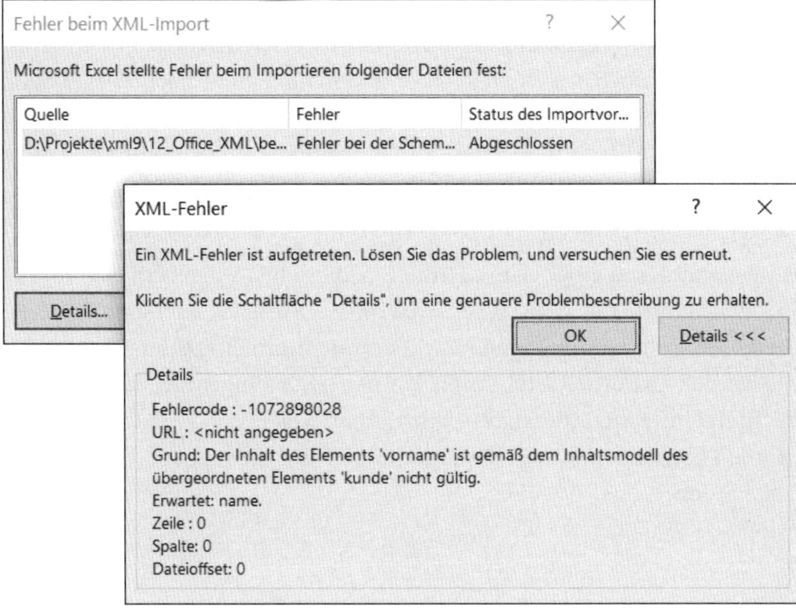

Abbildung 12.22 Fehlerhinweis bei Verstoß gegen das Schema

Auch wenn Sie versuchen, ein XML-Dokument in Excel einzulesen, das nicht wohlgeformt ist, erhalten Sie einen entsprechenden Hinweis. In diesem Fall wird der Importvorgang allerdings gleich ganz abgebrochen.

12.3.13 XML-Dokumente erzeugen

Sollen Tabellendaten im puren XML-Format gespeichert werden, kann im SPEICHERN UNTER-Dialog der Dateityp XML-DATEN ausgewählt werden. Das Programm gibt dann zunächst den Hinweis, dass bei dieser Art des Speicherns die Formateigenschaften und Objekte wie Bilder oder Zeichnungen im Zieldokument ignoriert werden. Alternativ kann auch der Befehl ENTWICKLERTOOLS • XML • EXPORTIEREN verwendet werden. Dabei wird der richtige Datentyp bereits vorgegeben.

Es ist sinnvoll, schon vor dem Speichern über den angesprochenen Link XML-ZUORDNUNGEN ZUM EXPORTIEREN ÜBERPRÜFEN im Aufgabenbereich XML-QUELLE zu testen, ob sich die im Tabellenblatt vorhandenen Daten in das XML-Format exportieren lassen. Ist das der Fall, erhalten Sie eine entsprechende Meldung. Andernfalls liefert Excel einen Hinweis darauf, warum die Daten nicht exportierbar sind. Dann bleibt immer noch die Möglichkeit, die Arbeitsmappe als normale Excel-Tabelle zu speichern.

12.3.14 Schema-Einschränkungen

Die Integration der erweiterten XML-Funktionen in Excel 2016, die in den letzten Abschnitten beschrieben wurden, hat bestimmte Grenzen, die nicht übersehen werden sollten. Das Programm kann auf diese Weise nur relativ flache Elementhierarchien verarbeiten. Unterhalb des Wurzelelements sind höchstens noch zwei Ebenen möglich, wobei nur eine dieser Ebenen wiederholte Elemente enthalten kann. Dem entspricht beispielsweise die Struktur des Bestell- oder Rechnungsformulars, das im Kopf ein paar Einzelinformationen enthält und dann eine Gruppe von Positionszeilen. Bei Zeitabrechnungen sind ähnliche Strukturen naheliegend.

Wird dagegen versucht, mit einer Liste zu arbeiten, die selbst wiederum eine innere Liste enthält – etwa eine Struktur für eine Firma mit mehreren Niederlassungen, die wiederum jeweils mehrere Abteilungen mit mehreren Mitarbeitern darstellen soll –, verweigert Excel den Export. Solche Daten können zwar eingelesen werden, sind dann aber nicht in eine XML-Datendatei exportierbar, weil Listen in Excel nicht verschachtelt werden können. In solchen Situationen sollten besser Lösungen mit InfoPath versucht werden.

Kapitel 13
Mapping – von XML oder nach XML

Relationale oder hierarchische Datenstrukturen werden oft nebeneinander eingesetzt. Für den Austausch zwischen den Strukturen gibt es handliche Werkzeuge.

Wer sich der Erwartung hingibt, irgendwann einmal würden alle Teilnehmer einer Branche weltweit ihre Daten in exakt derselben Weise aufbereiten, läuft vermutlich einer Illusion nach. Für das reale Leben sind eher Werkzeuge von Bedeutung, die zwischen unterschiedlichen Aufbereitungen von Datenbeständen mit wenig Aufwand übersetzen. Die Integration von inhaltlich verwandten Daten ist häufig besonders dann eine vordringliche Aufgabe, wenn Verbindungen zwischen separat gewachsenen Anwendungssystemen benötigt werden.

13.1 Codegenerierung für Transformationen

Bereits in Kapitel 7, »Umwandlungen mit XSLT« wurden Verfahren vorgestellt, wie eine solche Datentransformation stattfinden kann. Der Entwurf von entsprechenden Transformations-Stylesheets mag aber häufig ziemlich aufwendig sein. Eine Alternative bieten hier Mapping-Tools, die eine visuelle Definition von Strukturbeziehungen erlauben. Als Beispiel wird im Folgenden das Mapping-Tool *MapForce 2018* von Altova vorgestellt. Das Programm bietet eine leicht zu handhabende Oberfläche für den visuellen Abgleich zwischen inhaltlich verwandten Datenstrukturen an. Es sorgt für klar definierte Umwandlungen zwischen Datenbeständen unterschiedlicher Art und Herkunft. Die Transformation erfolgt dabei entweder sofort, oder es wird Code generiert, mit dem die entsprechende Transformation bei Bedarf im Rahmen einer Anwendung aufgerufen werden kann. MapForce wird in unterschiedlich leistungsstarken Editionen angeboten: Standard, Professional und Enterprise.

- Die Basic-Edition ist ausschließlich für das Mapping zwischen XML-Dokumenten vorgesehen.
- In der Professional-Edition werden zusätzlich relationale Datenbanken und strukturierte Textdateien wie CSV (*Comma-separated Values* – kommagetrennte Werte) als Datenquelle und Umwandlungsziel verwendet, wobei auf beiden Seiten beliebige Mischungen möglich sind.

- Bei der Enterprise-Edition kommen noch zahlreiche Geschäftsdatenformate hinzu, darunter EDIFACT-Dateien, Excel-Dateien (im XML-basierten Standardformat OpenXML), JSON, HIPAA, HL7, SAP Idoc, XBRL und Datenformate, die über WSDL-basierte Webdienste bereitgestellt werden.

Die beiden erweiterten Editionen unterstützen auch die direkte Integration in die Entwicklungsumgebungen Visual Studio für .NET und in Eclipse, die weitverbreitete Umgebung für Java. Altova stellt über *www.altova.com/de/download_components.html* ein entsprechendes Integrationspaket kostenlos zur Verfügung.

Was die Ausgabe der Mapping-Ergebnisse betrifft, sorgt die Basis-Edition für die automatische Generierung von XSLT-Stylesheets. Dabei wird neben XSLT 1.0 auch XSLT 2.0 unterstützt. Wer Erfahrungen mit der Mühsal hat, die das Editieren von XSLT-Stylesheets nicht selten macht, wird den Komfort von automatisch generierten Stylesheets für solche Standardaufgaben wie das Mapping zwischen unterschiedlichen XML-Schemas schnell zu schätzen wissen. Die beiden anderen Editionen gehen in Bezug auf die Codegenerierung noch wesentlich weiter. Neben der Erzeugung von XQuery-Code für Datenabfragen werden auch komplette Klassen für Anwendungen in Java, C++ und C# generiert, die die im visuellen Mapping festgelegten Umwandlungen ausführen.

13.1.1 Oberfläche und Dateiformate

Das Programm enthält eine visuelle Benutzeroberfläche, die mehrere Fensterbereiche anbietet. In der linken Hälfte steht als Vorgabe ein Bibliotheksfenster für Funktionen zur Verfügung. Welche Funktionen dort angezeigt werden, hängt von der Art der für das Mapping gewählten Quell- und Zielkomponenten ab. Außerdem lassen sich hier auch benutzerdefinierte Funktionen ablegen.

Bibliotheken und Projekte

Externe Bibliotheken werden über die Schaltfläche BIBLIOTHEKEN HINZUFÜGEN/ENTFERNEN importiert. Alle Funktionen ziehen Sie bei Bedarf mit der Maus direkt in den MAPPING-Bereich.

Auf einem zweiten Register im selben Fensterbereich ist Raum für die Verwaltung von Projekten, worunter in diesem Fall hauptsächlich Zusammenstellungen von mehreren Mappings zu verstehen sind.

Visuelles Mapping

Das Design des visuellen Mappings findet rechts davon in dem großen MAPPING-Fenster statt. Dieser Raum wird über entsprechende Register auch für die DB-

Abfrage, für die direkte Ausgabe der Mapping-Ergebnisse und die Anzeige von generierten Stylesheets, XQuery-Code, SQL-Anweisungen etc. verwendet.

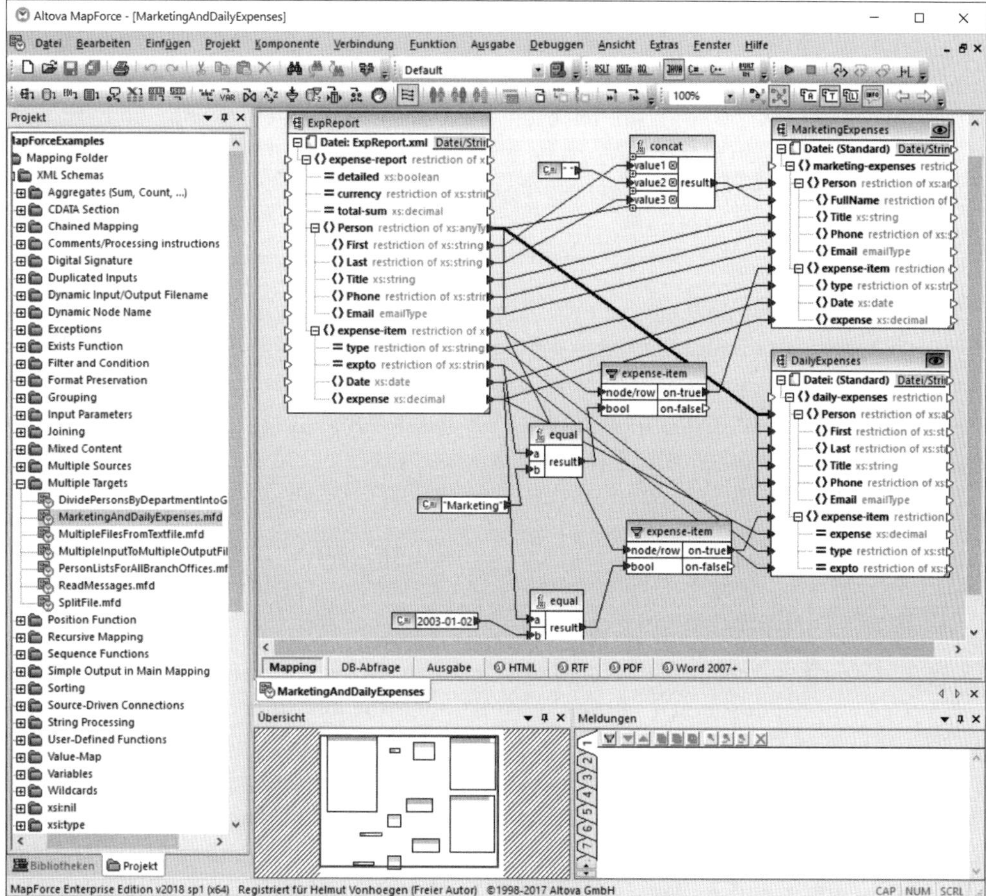

Abbildung 13.1 Oberfläche von MapForce mit einem Beispielprojekt

Auf dem Mapping-Register werden die grafischen Elemente für die Quell- und Zielkomponenten angezeigt, zwischen denen das Mapping vorgenommen wird. Die jeweiligen Komponentenfenster bieten dabei entsprechende Baumstrukturen an. Dabei werden immer mindestens eine Quell- und eine Zielkomponente erwartet. Je nach Edition lassen sich auf der Seite der Quell- und der Zielkomponenten aber auch mehrere Komponententypen verwenden. Es ist also ohne Weiteres möglich, Daten aus einer Datenbank, einer Excel-Datei und einer CSV-Datei zu mischen.

Ausgabe

Das Register AUSGABE zeigt jeweils eine Vorschau der durch das Mapping definierten Umwandlungen. Um die Navigation bei komplexeren Mappings zu erleichtern, wird im Fenster ÜBERSICHT der aktuelle Auszug aus dem Gesamtbereich der verschiedenen Komponenten in einem mit der Maus verschiebbaren roten Rahmen angezeigt. Im Fenster MELDUNGEN werden eventuelle Warnungen oder Fehlermeldungen ausgegeben, die den Mapping-Vorgang betreffen. Ein Klick auf eine Meldung markiert die betreffende Stelle im MAPPING-Register.

Mappings sichern

MapForce verwendet spezielle Dateiformate, um die Mappings zu sichern, so dass später erneut damit oder daran gearbeitet werden kann. Die Designs der Mappings werden unter dem Dateityp *.mfd* abgelegt. MapForce-Projekte, in denen mehrere Mappings zusammengestellt sind, verwenden den Dateityp *.mfp*. Außerdem lassen sich anhand einer WSDL-Datei MapForce-Webservice-Projekte bilden, die ebenfalls unter dem Datentyp *.mfp* gespeichert werden. Für die Codegenerierung kann C#, C++ oder Java verwendet werden.

13.1.2 Funktionsbibliotheken

Zusätzlich zum einfachen Mapping zwischen Datenelementen in einer Quell- und Zielkomponente stehen zahlreiche Funktionen für die Aufbereitung und Manipulation von Daten zur Verfügung, auf die über das Bibliotheksfenster interaktiv zugegriffen wird. Für XML-Schemas sind dies unter anderem XSLT- und XPath-Funktionen, um Quelldaten für die Ausgabe abzufragen oder zu bearbeiten. Die Standardbibliothek *Core* enthält eine Reihe von Basisfunktionen, die für alle Ausgabeziele verwendbar sind. Andere Funktionen werden erst angeboten, wenn die Art des Ausgabecodes über eine der Schaltflächen in der Symbolleiste AUSWAHL DER SPRACHE festgelegt wird. Wie sich hier auch benutzerdefinierte Funktionen ablegen lassen, wird später noch gezeigt.

Neben der direkten Anzeige des Mapping-Ergebnisses auf dem AUSGABE-Register, das von dort auch gespeichert werden kann, lassen sich Stylesheets in XSLT 1.0 oder 2.0, XQuery-Code oder Programmcode für Java oder die .NET-Sprachen C# oder C++ generieren. Damit ist es möglich, die gewünschten Mappings zu automatisieren und in umfangreichere Anwendungen zu integrieren. Der generierte Quelltext selbst ist frei von Rechten Dritter und kann entsprechend lizenzfrei genutzt und weitergegeben werden. Über den Dialog EXTRAS • OPTIONEN nehmen Sie unter CODE-GENERIERUNG Einstellungen für C++, C# oder Java vor, um die jeweils verwendeten .NET- oder Java-Editionen zur Grundlage der Generierung zu machen.

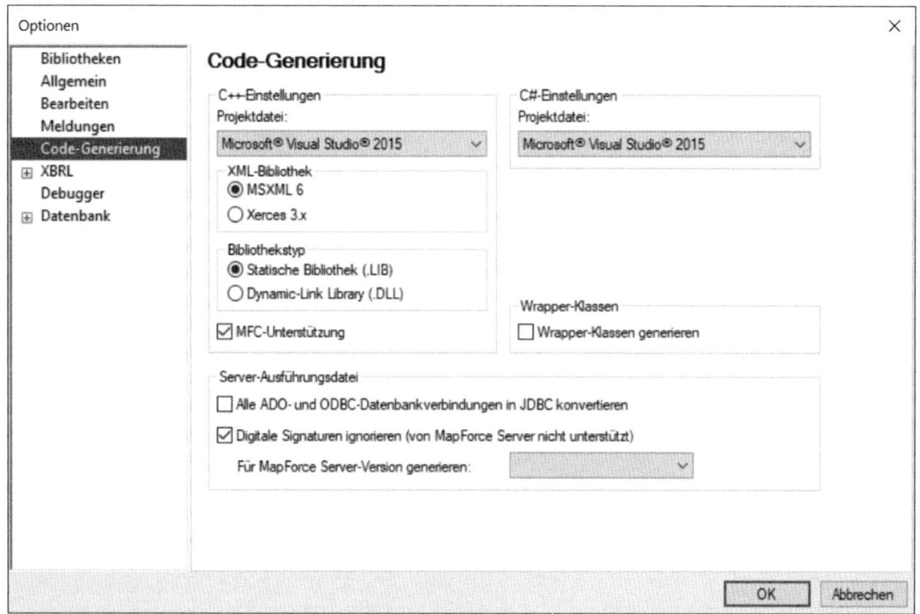

Abbildung 13.2 Optionen für die Codegenerierung

13.1.3 Von Schema zu Schema

Ein erster Test mit MapForce soll zunächst zeigen, wie ein Mapping zwischen zwei inhaltlich verwandten, im Detail aber doch verschiedenen XML-Schemas ausgeführt werden kann. Das ist eine häufig vorkommende Anforderung, die immer dann auftaucht, wenn inhaltlich ähnliche Datenbestände abgeglichen werden sollen, die mit unterschiedlich benannten Tags ausgezeichnet sind. Dass beispielsweise ein XML-Element `<Bezeichnung>` eine Information enthält, die inhaltlich gleichbedeutend mit der Information ist, die an anderer Stelle ein Element `<Artikelname>` enthält, kann ein Programm nicht ohne Weiteres erkennen.

Der erste Schritt zu einem Mapping zweier XML-Schemas besteht nun darin, mit DATEI • NEU und MAPPING eine neue Mapping-Datei zu öffnen und die beiden Schemas in die Oberfläche von MapForce zu laden. Dazu wird der Befehl EINFÜGEN • XML-SCHEMA/DATEI aufgerufen. Im Dialog wird die gewünschte Schema-Datei angegeben. Statt eines Schemas kann auch eine Document Type Definition-Datei (DTD) verwendet werden. Ist weder ein Schema noch eine DTD vorhanden, lässt sich auch ein Schema aus einem gegebenen XML-Dokument generieren, allerdings ist das nur bei relativ einfachen Datenstrukturen sinnvoll, bei denen das Beispieldokument tatsächlich alle Möglichkeiten der für das Schema maßgeblichen Datenstruktur abdeckt.

Wenn das Quellschema im Dialog ausgewählt ist, fragt das Programm nach, ob zusätzlich ein XML-Dokument mit Beispieldaten nachgeladen werden soll. Das ist, falls ein solches bereits vorhanden ist, meist sinnvoll, weil sich mit diesen Daten das Ergebnis der anschließend festgelegten Mapping-Operationen leichter kontrollieren lässt. Anschließend wird das Zielschema geladen. Auch hier wird wieder gefragt, ob Beispieldaten zu laden sind, was aber in diesem Fall übersprungen werden kann. Falls das Zielschema mehrere Elemente enthält, die als Wurzelelement verwendbar sind, wird zunächst per Dialog abgefragt, welches Element dazu dienen soll.

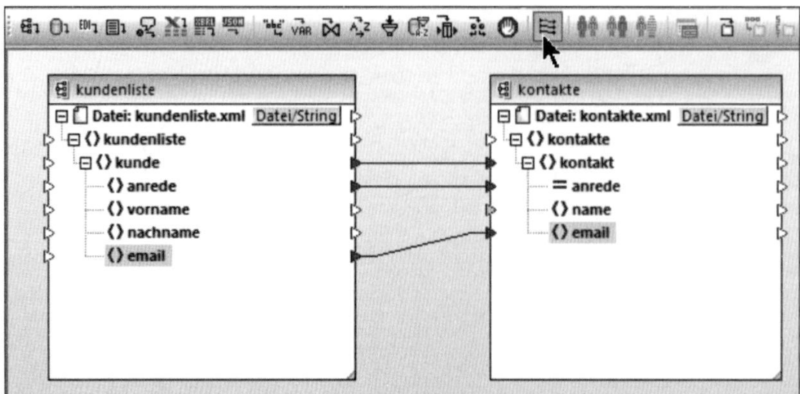

Abbildung 13.3 Mapping-Register mit Quell- und Zielkomponente

Konnektoren

Im Designbereich von MapForce sind die beiden Schemas anschließend in Form von Baumstrukturen zu sehen, und das visuelle Mapping kann beginnen. Zunächst aktivieren Sie mit einer der Schaltflächen die automatische Verbindung von Subelementen, wenn das Quellschema per Klick auf die Titelleiste ausgewählt ist. Um in diesem Fall mit der Maus eine Verbindung – einen Konnektor – zwischen dem Quellelement `kunde` und dem Zielelement `kontakt` herzustellen, wird einfach eine Linie zwischen den kleinen Markierungsdreiecken – den Input- und Output-Symbolen – gezogen, die zu dem jeweiligen Element gehören. Vorausgesetzt, die Aktivierung der Subelemente ist eingeschaltet, zieht MapForce anschließend automatisch auch Verbindungen zwischen den Subelementen, deren Zusammenpassen wegen der Namensübereinstimmung auf der Hand liegt.

Verknüpfen per Funktion

Abbildung 13.3 zeigt, dass die automatische Zuordnung von Konnektoren bei allen untergeordneten Elementen funktioniert, die exakt gleiche Namen verwenden. Gleiche Namen bedeutet an dieser Stelle auch, dass die Groß- und Kleinschreibung übereinstimmen muss, da diese bei XML-Formaten bekanntermaßen unbedingt zu beachten ist. Auch die Zuordnung zwischen dem Quellelement `anrede` und dem Zielattribut `anrede` kommt ohne besondere Maßnahmen zustande. Dennoch weist die Zuordnung eine Lücke auf. Im Quellschema werden vorname und nachname getrennt geführt, im Zielschema gibt es nur das Element name.

Um nun aus Vor- und Nachnamen ein einziges Element zusammenzubauen, kann eine der Funktionen benutzt werden, die in der Funktionsbibliothek vorhanden sind. Unter string functions wird dazu concat angeboten. Diese Funktion wird einfach mit der Maus in den Designbereich gezogen. MapForce generiert eine entsprechende visuelle Funktionskomponente mit dem Namen der Funktion, zwei Eingabeparametern – value1 und value2 – und einem Ausgabeparameter result. Jeder Parameter hat eigene Input/Output-Symbole, um entsprechende Konnektoren zu ermöglichen.

Zusammenbau einer Zeichenfolge

Im Anschluss daran wird zuerst eine Verbindung zwischen vorname und value1 hergestellt. Damit der Nachname erst nach einer Leerstelle angefügt wird, muss noch eine entsprechende Konstante mit einem Leerzeichen eingefügt werden. Dazu wird die Schaltfläche KONSTANTE EINFÜGEN benutzt, um dann das Leerzeichen in einem gesonderten Dialog einzugeben. Die Konstante wird anschließend mit value2 in der concat-Funktion verknüpft. Da nun noch ein dritter Wert für die concat-Funktion benötigt wird, muss das kleine Pluszeichen bei value2 verwendet werden, um value3 zu generieren. Dieser Wert wird mit dem Element nachname verknüpft. Anschließend kann die Funktion mit dem Zielelement name verbunden werden.

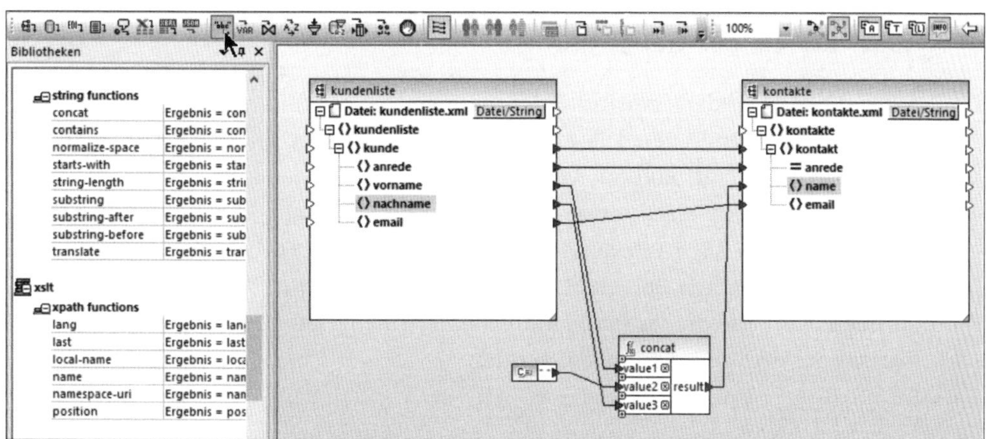

Abbildung 13.4 Die »concat«-Funktion verbindet Elemente.

13.2 Datenausgabe

Ein Klick auf das Register AUSGABE genügt, um das Ergebnis des Mappings für die als Beispieldokument angegebenen XML-Daten zu prüfen. Mit der Schaltfläche AUSGABE VALIDIEREN kann die Übereinstimmung mit dem Zielschema noch einmal explizit geprüft werden. Mit der Schaltfläche GENERIERTE AUSGABE SPEICHERN lässt sich die Ausgabe in ein XML-Dokument sichern. Damit ist das Mapping abgeschlossen. Das Design des Mappings sollte anschließend mit DATEI • SPEICHERN UNTER in einer *.mfd*-Datei gesichert werden.

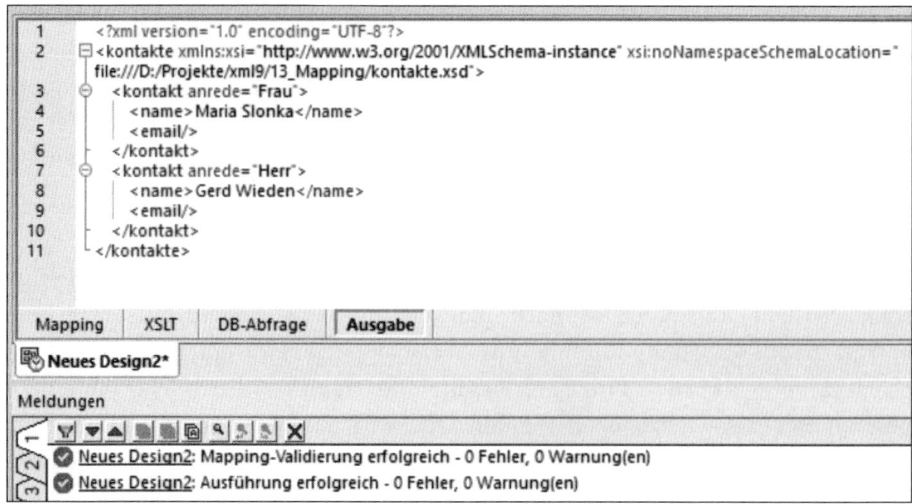

Abbildung 13.5 Ausgabe des Zieldokuments

13.3 Stylesheet-Generierung

Wird diese Form der Transformation häufiger benötigt, ist es sinnvoll, dafür eine XSLT-Datei zu generieren. Diese Stylesheet-Datei erzeugt später aus jedem beliebigen XML-Dokument, das dem hier verwendeten Quellschema entspricht, ein Zieldokument, das dem Zielschema entspricht. Dazu wird der Befehl DATEI • CODE GENERIEREN IN • XSLT 1.0 oder XSLT 2.0 aufgerufen. MapForce verwendet in diesem Fall als vorgegebenen Namen *MappingMapTokontakte.xslt*. Der Name der Zielkomponente wird also an das Präfix *MappingMapTo* angehängt. Listing 13.1 zeigt einen Auszug aus dem generierten XSLT-Code.

```
<?xml version="1.0" encoding="UTF-8"?>
<!-- ..generated by Altova MapForce 2018sp1 ...-->
<xsl:stylesheet version="2.0"
   xmlns:xsl="http://www.w3.org/1999/XSL/Transform"
   xmlns:xs="http://www.w3.org/2001/XMLSchema"
   xmlns:fn="http://www.w3.org/2005/xpath-functions"
       exclude-result-prefixes="xs fn">
   <xsl:output method="xml" encoding="UTF-8" byte-order-mark="no"
       indent="yes"/>
   <xsl:template match="/">
```

```
      <kontakte>
        <xsl:attribute name="xsi:noNamespaceSchemaLocation"
          namespace="http://www.w3.org/2001/XMLSchema-instance"
          select="'file:///D:/Projekte/xml9/13_Mapping/kontakte.xsd'"/>
        <xsl:for-each select="kundenliste/kunde">
          <kontakt>
            <xsl:attribute name="anrede" select="fn:string(anrede)"/>
            <name>
              <xsl:sequence
                select="fn:concat(fn:concat(fn:string(vorname), ' '),
                fn:string(nachname))"/>
            </name>
            <email>
              <xsl:sequence select="fn:string(email)"/>
            </email>
          </kontakt>
        </xsl:for-each>
      </kontakte>
    </xsl:template>
  </xsl:stylesheet>
```


Listing 13.1 Stylesheet für eine Transformation, die dem Zielschema entspricht

Dieses gespeicherte Stylesheet kann im Rahmen einer Anwendung jedem XML-Dokument zugeordnet werden, das dem Quellschema entspricht, um das gewünschte Zieldokument als Ausgabe zu erzeugen. Zusätzlich zum Ausgaberegister lässt sich mit der Schaltfläche XSLT AUSWÄHLEN oder XSLT2 AUSWÄHLEN auch ein Register mit einer Vorschau auf die entsprechenden Stylesheets einblenden. Auch XQuery wird in dieser Weise unterstützt.

13.4 Eigene Funktionen

Wenn eine solche Operation – wie hier die Zusammensetzung des Namens aus zwei Elementen – häufiger benötigt wird, lässt sich dafür eine benutzerdefinierte Funktion in der Bibliothek ablegen, die die einzelnen Schritte zu einem Schritt zusammenfasst. Eine solche Funktion kann entweder manuell im Dialog definiert werden oder einfacher noch visuell, indem die verwendeten Komponenten für die Verknüpfung von Daten auf dem MAPPING-Register mit der Maus in einen Rahmen eingefasst werden.

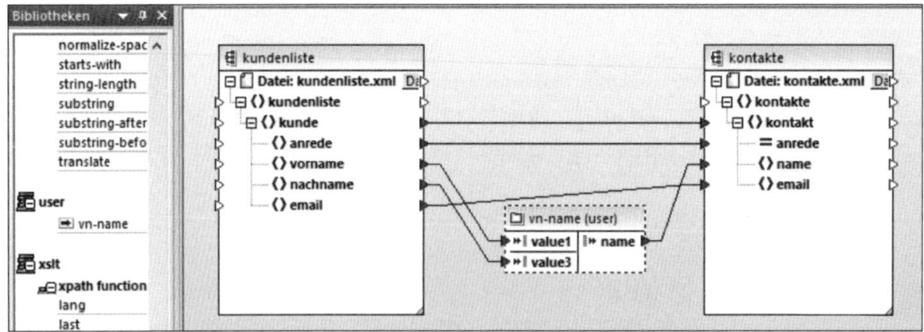

Abbildung 13.6 Benutzerdefinierte Funktion für die Namensbildung

Wird anschließend die Schaltfläche BENUTZERDEFINIERTE FUNKTION AUS AUSGEWÄHLTEN KOMPONENTEN ERSTELLEN angeklickt, öffnet MapForce den Dialog BENUTZERDEFINIERTE FUNKTION ERSTELLEN. Hier wird zunächst ein Name für die Funktion erwartet. Der vorgeschlagene Name der Bibliothek, in der die Funktion abgelegt werden soll, lässt sich überschreiben. Unter DETAIL kann noch eine nähere Beschreibung abgelegt werden. Wird der Dialog bestätigt, erscheint auf dem MAPPING-Register die neue Funktion anstelle der vorher markierten Komponenten und in der Bibliothek ein entsprechendes Element für die neue Funktion.

Bibliotheksverwaltung

Um diese Funktion auch in anderen Projekten verfügbar zu machen, wird im Register BIBLIOTHEKEN die Schaltfläche BIBLIOTHEKEN HINZUFÜGEN/ENTFERNEN verwendet und die entsprechende Bibliothek geladen. Da in diesem Fall die Funktion zusammen mit dem Mapping in der entsprechenden *.mfd*-Datei gespeichert ist, wird im Dialog OPTIONEN auch diese Datei ausgewählt. Die Funktion erscheint anschließend unter dem festgelegten Namen auf dem Register. In der Folge reicht es dann aus, die neue Funktion in den Designbereich zu ziehen, wenn zwei Namensbestandteile entsprechend verknüpft werden sollen.

13.5 Mapping von Datenbankdaten

MapForce unterstützt mit den Editionen Professional und Enterprise – wie schon angesprochen – das visuelle Mapping für eine ganze Reihe maßgeblicher Datenbanksysteme: Microsoft SQL Server und Microsoft Access, Oracle, IBM DB2 und Informix, Sybase, Progress, SQLite, MySQL, Firebird und PostgreSQL. Auch bei Datenbanktabellen kann die Zielkomponente je nach Edition ein XML-Schema, eine strukturierte Textdatei, ein EDI-Dateiformat, ein Webservice oder eine andere Datenbank sein. Mit Hilfe von WSDL-Operationen (Web Services Description Language) lassen sich außerdem neue Webdienste definieren. Umgekehrt lassen sich XML-Schemas auch als Quellkomponenten verwenden, um XML-Dokumente in Datenbanken zu übertragen.

Sollen dagegen beispielsweise Daten aus einer Access-Datenbank an ein XML-Dokument übergeben werden, wird als Ziel ein entsprechendes XML-Schema geöffnet. Vor dem visuellen Mapping kann per Schaltfläche die Sprache für den zu generierenden Code gewählt werden, etwa C#. Wird über die Schaltfläche DATENBANK EINFÜGEN die Option MICROSOFT ACCESS gewählt und die vorgesehene Quelldatenbank angegeben, lassen sich im nachfolgenden Dialog die Tabellen oder Ansichten festlegen, die in das Mapping einfließen werden.

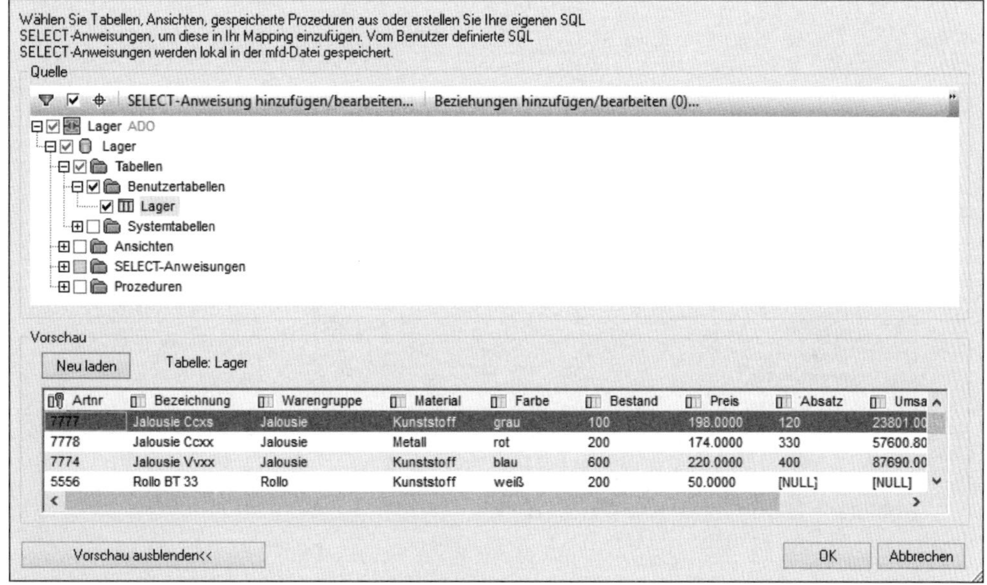

Abbildung 13.7 Einfügen von Datenbankobjekten

Im MAPPING-Fenster wird die Baumstruktur der ausgewählten Datenbankobjekte angezeigt. Im nächsten Schritt laden Sie ein XML-Schema als Zielschema und nehmen anschließend das Mapping wie beschrieben vor.

Filter einfügen

Bei der Übernahme von Daten aus einer Datenbank kommen typischerweise Filter zum Einsatz, um die Datenmenge zu reduzieren. Auch dafür gibt es in MapForce ein visuelles Verfahren. Der Befehl EINFÜGEN • FILTER: NODES/ZEILEN liefert im MAPPING-Fenster einen zunächst abstrakten Filter, der anschließend näher bestimmt wird. Dazu werden beispielsweise eine Konstante und eine `equal`-Funktion aus der Gruppe der logischen Funktionen auf die Oberfläche gebracht. Für die Konstante wird etwa ein String-Wert für einen vorhandenen Warengruppennamen angegeben.

Dieser wird mit dem a-Parameter der equal-Funktion verbunden, der b-Parameter mit dem Feld Warengruppe in der Quelltabelle. Das Resultat der Funktion wird an den bool-Parameter des Filters übergeben. Der Parameter node/row wird mit dem Quellelement Lager verknüpft. Falls für eine Datenbankzeile die Bedingung erfüllt ist, soll der Artikel angezeigt werden. Also wird on-true mit dem übergeordneten Zielelement Artikel verknüpft.

Auf dem Register AUSGABE überprüfen Sie, ob der Filter korrekt arbeitet. Mit DATEI • CODE IN AUSGEWÄHLTER SPRACHE GENERIEREN erzeugen Sie eine .NET- oder Java-Anwendung, die die gefilterten Daten aus der Datenbank in einem XML-Dokument ablegt.

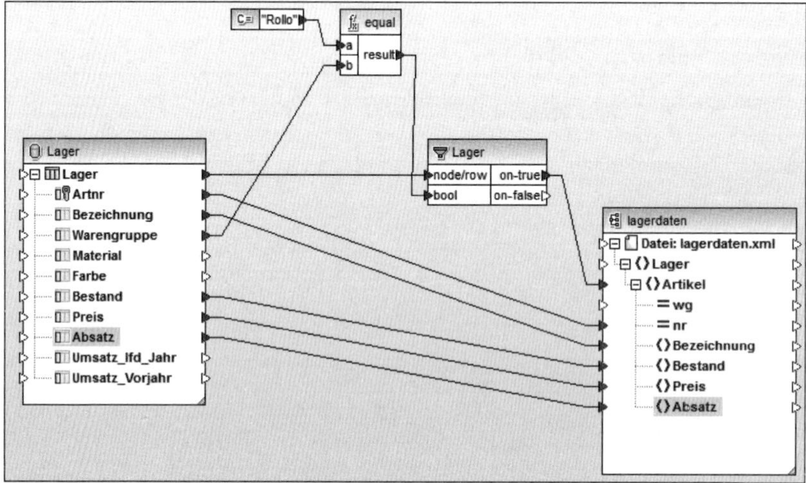

Abbildung 13.8 Filter für eine Datentabelle

Wenn – dann

Mit einer IF-ELSE-Komponente – die über die Schaltfläche IF-ELSE-BEDINGUNG EINFÜGEN bereitgestellt wird – ist es möglich, auch bedingte Zuordnungen vorzunehmen. Die Komponente hat auf der Eingabeseite drei Parameter. Mit bool wird geprüft, ob eine Bedingung erfüllt ist, und value-true erhält die Daten, die an das Ziel übergeben werden sollen, wenn die Bedingung erfüllt ist. Der Parameter value-false erhält letztendlich die Daten, falls genau dies nicht der Fall ist. Der Ausgabeparameter result liefert schließlich die Daten, die die Komponente an das Zielelement weiterreicht.

»WHERE«-Klauseln

Bei SQL-Datenbanken kann mit der Schaltfläche SQL-WHERE-BEDINGUNG EINFÜGEN ein Dialog geöffnet werden, in dem eine entsprechende WHERE-Klausel editierbar ist. Optional verwenden Sie Wertzuordnungskomponenten. Eingerichtet wird eine solche Komponente mit dem Symbol WERTZUORDNUNG EINFÜGEN. Im Dialog der Komponente pflegen Sie eine zweispaltige Liste, die für bestimmte Werte eines Quellelements die in der zweiten Spalte angegebenen Werte an das entsprechende Zielelement weiterreicht.

13.6 Mapping für Excel-Tabellen

In der Enterprise-Edition von MapForce wird auch die Verarbeitung von Excel-Arbeitsmappen unterstützt, sofern sie in dem Standardformat OpenXML vorliegen. Excel-Arbeitsmappen sind sowohl als Quelle als auch als Ziel verwendbar. Um Daten aus einem XML-Dokument in eine Excel-Arbeitsmappe zu übertragen, laden Sie zunächst das XML-Schema und eine Excel-Datei, die auch noch leer sein kann. Damit im Fenster für diese Zielkomponente mehr als nur die abstrakten Zeilen- und Spaltenelemente angeboten werden, kann mit Hilfe der kleinen Schaltfläche hinter dem Wort ZEILEN ein Dialog geöffnet werden, um eine separate Anzeige von Spaltenbezeichnungen zu erreichen. Zu jeder Spalte lassen sich dort ein Datentyp und eine Bezeichnung eintragen, die den Inhalt genauer bestimmen.

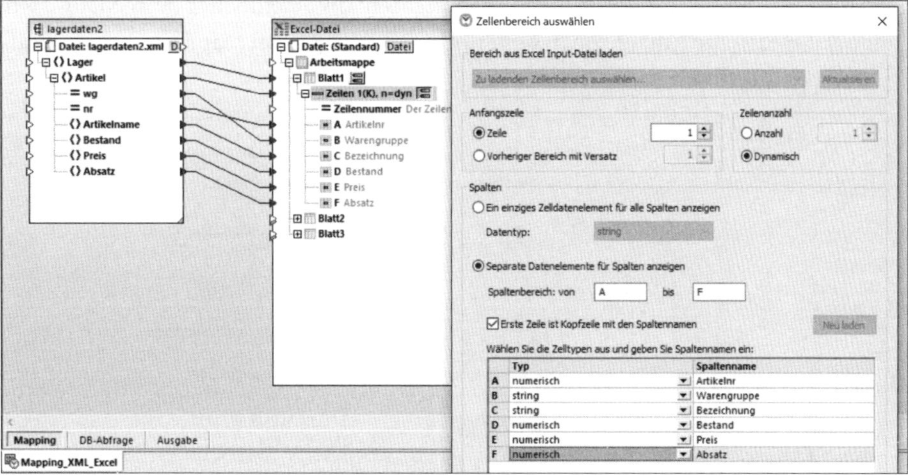

Abbildung 13.9 Auswahl von Zellbereichen in Excel

Um beispielsweise in Excel eine Tabelle mit mehreren Zeilen auszugeben, wird ein Konnektor zwischen einem übergeordneten Element im XML-Schema – zum Beispiel `<Lager>` – und dem Element `Zeilen` in Tabelle1 der Arbeitsmappe eingefügt. Die benannten Spalten der Excel-Tabelle werden anschließend mit den untergeordneten Elementen im XML-Schema verknüpft. Bei der Ausgabe des Mappings zeigt MapForce auf dem Register eine Excel-Tabelle mit den ausgewählten und generierten Daten. Auch in diesem Fall kann eine Anwendung für diese Umwandlung – etwa in C# – generiert werden.

	A	B	C	D	E	F
1	Artikelnr	Warengruppe	Bezeichnung	Bestand	Preis	Absatz
2	7777	Jalou	Jalousie Cxs	100	198	120
3	7778	Jalou	Jalousie Cxx	200	174	330
4	8444	MK	Markise Blue Sk	160	287,5	80
5						
6						

Blatt1

Mapping | DB-Abfrage | Ausgabe

Mapping_XML_Excel

Abbildung 13.10 Mapping einer XML-Datei in eine Excel-Tabelle

13.7 EDIFACT und ANSI X12

Zur Erleichterung des internationalen Geschäftsverkehrs besteht seit 1988 ein von den UN verabschiedeter Nachrichtenstandard für den elektronischen Datenaustausch (*EDI – Electronic Data Interchange*) unter dem Namen *UN/EDIFACT*, der regelmäßig in Form von umfangreichen Verzeichnissen überarbeitet wird und für die verschiedenen Branchen spezifische Teilmengen zur Verfügung stellt. Eine andere Variante von EDI – ASC X12 – ist hauptsächlich in den USA verbreitet. Der Hauptunterschied ist, dass die verwendeten Nachrichten unterschiedlich aufgebaut sind. Beide Datenformate nutzen Sie in der Enterprise-Edition von MapForce ebenfalls als Quelle oder Ziel für ein Mapping.

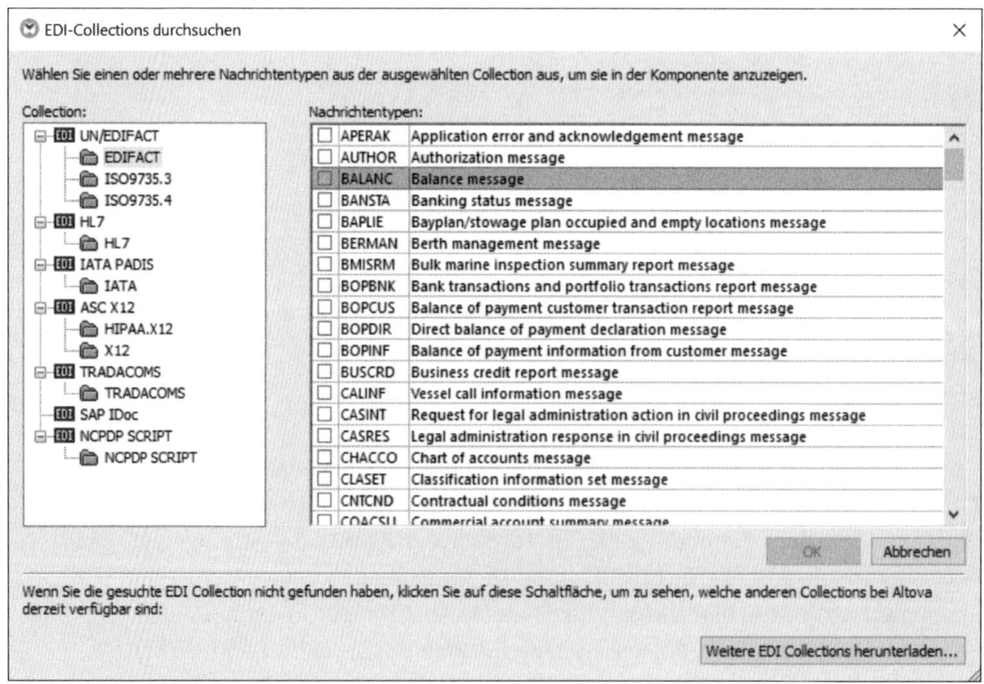

Abbildung 13.11 Mapping von EDI-Daten nach XML

An dieser Stelle soll nur kurz skizziert werden, wie EDI-Nachrichten von MapForce verarbeitet werden. Zunächst laden Sie eine EDI-Collection durch einen Klick auf das Symbol EDI-DATEI EINFÜGEN.

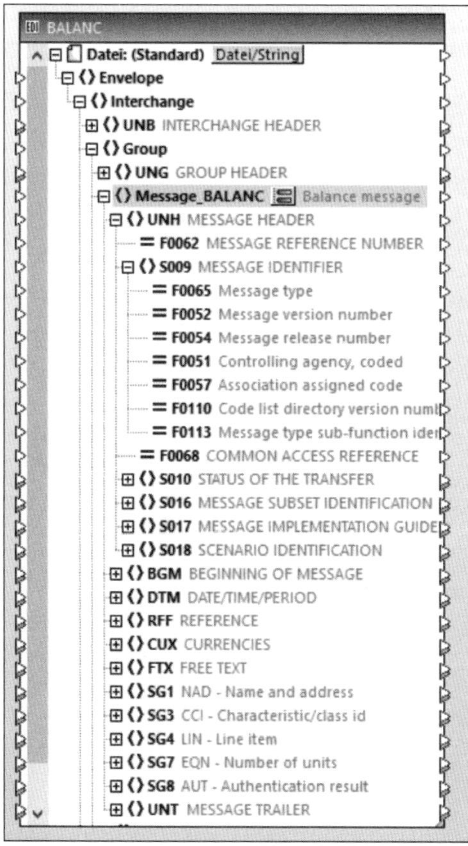

Abbildung 13.12 Aufbau einer Balance Message

Die Übersetzung von EDI nach XML ist häufig sinnvoll, wenn Daten mit Teilnehmern ausgetauscht werden sollen, die nicht mit EDI arbeiten. Also wird auch in diesem Fall ein XML-Schema als Ziel benötigt. Neben dem einfachen Mapping von Elementen stehen in diesem Fall über das BIBLIOTHEK-Fenster auch spezielle *edifact*-Funktionen zur Verfügung, um die verknüpften Daten aufzubereiten.

13.8 Mapping zwischen JSON und XML

Die Enterprise-Edition von MapForce unterstützt das Mapping zwischen den Datenformaten JSON und XML in beide Richtungen. Auf beiden Seiten wird dazu jeweils eine Datei mit dem Schema erwartet. JSON erlaubt eine sehr einfache Definition eines Schemas für JSON-Daten. XMLSpy stellt dafür ebenfalls einen Editor zur Verfügung. Um die Dinge übersichtlich zu halten, spielen wir ein einfaches Beispiel durch. Abbildung 13.13 zeigt ein JSON-Schema für Produktdaten.

```
{
  "$schema": "http://json-schema.org/draft-04/schema#",
    "description": "items",
      "type": "array",
          "title": "item",
          "items": {
            "type": "object",
            "properties": {
              "Teilenr": {
                "type": "string"
              },
              "Produktname": {
                "type": "string"
              },
              "Menge": {
                "type": "number"
              },
              "Preis": {
                "type": "number"
              }
          }
      }
}
```

Abbildung 13.13 Kleines JSON-Schema, entworfen in XMLSpy

Diesem JSON-Schema entspricht eine JSON-Datei mit folgenden Daten:

```
[
  {
    "Teilenr": "A001",
    "Produktname": "Messer",
    "Menge": 100,
    "Preis": 10.00
  },
  {
    "Teilenr": "A002",
    "Produktname": "Schere",
    "Menge": 500,
    "Preis": 5.00
  }
]
```

Zum Mapping von JSON nach XML wird nun noch ein brauchbares XML-Schema benötigt. Das kann beispielsweise so aussehen:

```
?xml version="1.0" encoding="UTF-8"?>
<xs:schema xmlns:xs="http://www.w3.org/2001/XMLSchema">
  <xs:element name="Lager">
    <xs:complexType>
      <xs:sequence>
        <xs:element name="Artikel" maxOccurs="unbounded">
          <xs:complexType>
            <xs:sequence>
              <xs:element name="Produktnr" type="xs:string"/>
              <xs:element name="Bezeichnung" type="xs:string"/>
              <xs:element name="Bestand" type="xs:integer"/>
              <xs:element name="Preis" type="xs:integer"/>
            </xs:sequence>
          </xs:complexType>
        </xs:element>
      </xs:sequence>
    </xs:complexType>
  </xs:element>
</xs:schema>
```


Um mit MapForce ein Mapping von JSON nach XML vorzunehmen, laden Sie zunächst mit EINFÜGEN • JSON-SCHEMA/DATEI das gewünschte Schema und benutzen im Dialog die Schaltfläche DURCHSUCHEN, um die JSON-Datei mit den Beispieldaten ebenfalls zu laden. Anschließend laden Sie mit EINFÜGEN • XML-SCHEMA/DATEI das XML-Schema, das die Struktur der gewünschten Zieldatei festlegen soll. Nun sind die beiden Schemas im Designbereich zu sehen, und Sie können das visuelle Mapping wie beschrieben ausführen, indem Sie Verbindungslinien zwischen den entsprechenden Konnektoren ziehen. Abbildung 13.14 zeigt eine ganz einfache Variante, aber es stehen Ihnen an dieser Stelle natürlich auch die oben schon beschriebenen Funktionen aus der Bibliothek zur Verfügung.

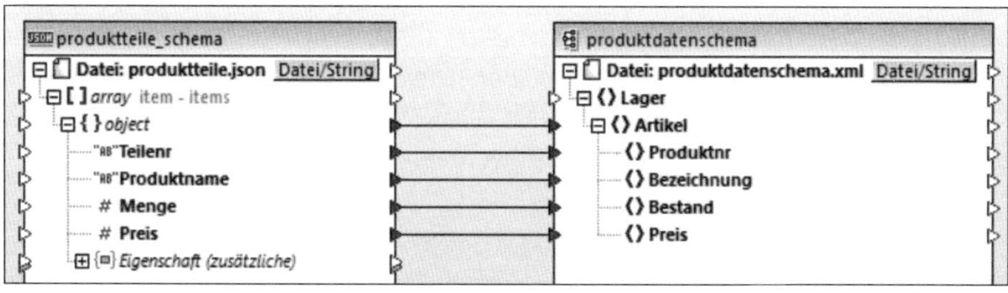

Abbildung 13.14 Verknüpfungen zwischen einem JSON-Schema und einem XML-Schema

Wenn alles ordnungsgemäß verläuft, finden Sie nun auf dem Register AUSGABE eine XML-Datei mit den Beispieldaten aus der JSON-Datei.

```
<?xml version="1.0" encoding="UTF-8"?>
<Lager xsi:noNamespaceSchemaLocation="file:///D:/Projekte/xml9/13_Mapping/produktdatenschema.xsd" xmlns:xsi="
http://www.w3.org/2001/XMLSchema-instance">
  <Artikel>
    <Produktnr>A001</Produktnr>
    <Bezeichnung>Messer</Bezeichnung>
    <Bestand>100</Bestand>
    <Preis>10</Preis>
  </Artikel>
  <Artikel>
    <Produktnr>A002</Produktnr>
    <Bezeichnung>Schere</Bezeichnung>
    <Bestand>500</Bestand>
    <Preis>5</Preis>
  </Artikel>
</Lager>
```

Mapping | DB-Abfrage | Ausgabe

Produktdaten_von_json_nach_xml

Abbildung 13.15 Das Ergebnis des Mappings von JSON nach XML

Mit der Ausgabe AUSGABEDATEI • SPEICHERN können Sie die generierte XML-Datei sichern.

Der umgekehrte Weg, XML-Daten in das JSON-Format zu übertragen, ist im Prinzip der gleiche. Sie laden erst das XML-Schema und die XML-Daten, fügen dann das JSON-Schema ein und stellen schließlich visuell die gewünschten Datenverknüpfungen her. MapForce generiert auf dem Register AUSGABE die JSON-Daten.

Insgesamt helfen Tools wie MapForce, die Barrieren zwischen den verschiedenen Formaten, in denen Daten gehalten werden, ohne allzu große Mühe zu überbrücken. Das kann den Informationsaustausch, der die Basis des Wissens ist, nur fördern.

13.9 Webdienste

Abschließend sei erwähnt, dass die Enterprise-Edition von MapForce nicht nur die Übernahme von Daten aus Webdiensten erlaubt, sondern über DATEI • NEU und WEBSERVICE-PROJEKT auch die visuelle Erstellung eigener Webdienste aus unterschiedlichen Datenquellen heraus unterstützt (XML, Datenbanken, strukturierten Textdateien, EDI-Daten und anderen Webdiensten). Dazu wird eine entsprechende Dienstbeschreibung, also eine WSDL-Datei benötigt. Der notwendige Code kann dann wahlweise in Java oder C# generiert werden.

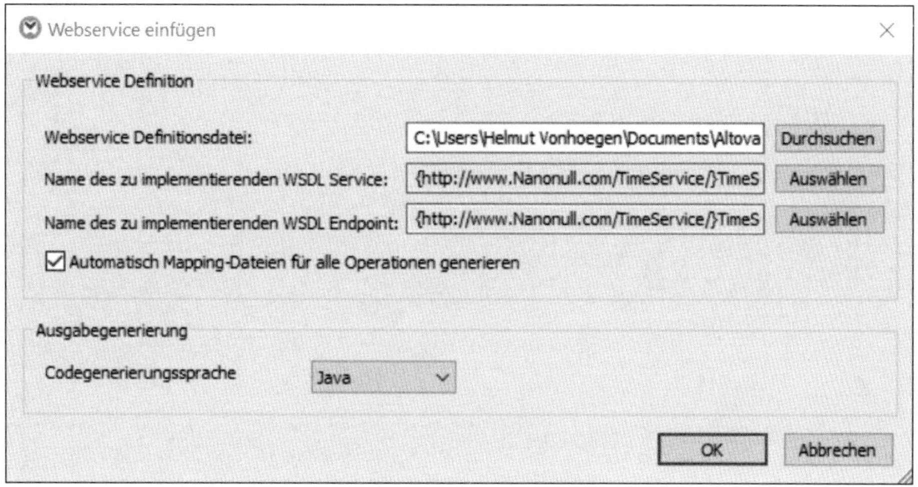

Abbildung 13.16 Dialog für das Einfügen eines Webservice

Kapitel 14
Publizieren mit EPUB

XML-basierte Dateiformate haben nicht nur das Office erobert, auch im Feld des elektronischen Publizierens spielt XML eine wachsende Rolle. Das populäre EPUB-Format ist ein Beispiel.

Die Trennung von Inhalt und Form und die daraus folgende Mehrfachverwendbarkeit von XML-Dokumenten ist für das elektronische Publizieren ein entscheidender Vorteil. Eines der maßgeblichen Formate in diesem Bereich ist das E-Book-Format *EPUB*, das inzwischen auch durch zahlreiche Tools unterstützt wird.

Die Verbreitung digitaler Publikationen als Alternative zu Gedrucktem hat in den letzten beiden Jahren ein ziemliches Tempo aufgenommen. Dazu haben die schnelleren Netze, die zahlreichen neuen Geräte vom Smartphone über E-Reader bis hin zu den Tablets in besonderem Maße beigetragen.

Die Dynamik des Marktes belegen eindrucksvoll zwei Zahlen: Apple verkaufte in den ersten vier Monaten drei Millionen iPads, Amazon im gleichen Zeitraum angeblich vier Millionen Kindles. Seit geraumer Zeit ist die Rede von einer Electronic-Publishing-Revolution, und viele Verleger sind nervös, weil sie den Zug nicht verpassen wollen. Längst gibt es Bücher, Zeitungen und Zeitschriften, die nur noch digital vertrieben werden, das bedeutet, die E-Publikation erscheint hier nicht mehr nur als Zweitverwertung.

14.1 Electronic Publication

Neben PDF und einigen proprietären Dateiformaten wie AZW für das Amazon Kindle und MOBI und PRC von Mobipocket, einer Tochter von Amazon, findet insbesondere das offene Format EPUB, das ganz mit offenen Standards arbeitet, zunehmend Zuspruch. Das Akronym EPUB steht für *Electronic Publication*. Der inzwischen bereits weitverbreitete Standard für elektronische Dokumente wurde zunächst vom *International Digital Publishing Forum* – kurz *IDPF* – veröffentlicht. Das IDPF ist hervorgegangen aus dem *Open eBook Forum (OeBF)*, das bereits 1999 eine erste Version eines E-Book-Standards unter dem Namen »Open eBook Publication Structure« angeboten hat. Seit Januar 2017 hat das IDPF seine Aktivitäten in den Rahmen des W3C gestellt; seitdem ist *w3.org/publishing* die Website für die Aktivitäten rund um EPUB. Eine neu eingerichtete *EPUB 3 Community Group* organisiert die Weiterentwicklung des EPUB-Standards.

Während das PDF-Format die Ausgabe auf eine bestimmte Druckansicht fixiert, erlaubt EPUB, Texte als E-Books oder E-Articles auszugeben, die sich dynamisch an die verschiedenen Bildschirmgrößen der Smartphones, E-Reader oder Tablets anpassen. Je nach dem verwendeten Gerät werden die Seiten eines Titels neu umbrochen. Der Leser kann Schriftart und Schriftgröße selbst bestimmen und an sein Sehvermögen optimal anpassen. Die verwendete Dateierweiterung ist *.epub*. Dagegen ist die Darstellung von PDFs auf mobilen Geräten häufig schwierig, weil sich das vorgegebene Seitenlayout oft nur durch entsprechendes Zoomen oder Scrollen lesen lässt.

EPUB ist ein Konglomerat von XML und verschiedenen Webstandards wie HTML5, XHTML, CSS, SVG, NCX, Dublin Core und ZIP. Die einzelnen Spezifikationen finden Sie unter *idpf.org/epub*. Die Version 3 von Oktober 2011 ist in vier Teile gegliedert: *EPUB Content Documents 3.0*, *EPUB Publications 3.0*, *EPUB Open Container Format (OCF)* 3.0 und *EPUB Media Overlays 3.0*. Die verschiedenen Spezifikationen der Version 3.1 sind seit Januar 2017 als »W3C Member Submission« unter *www.w3.org/Submission/* veröffentlicht, und zwar als Vorstufe zu einem W3C-Standard.

Ende 2014 hat die International Standard Organisation EPUB 3.0 unter ISO/IEC TS 30135 auch als technische Spezifikation veröffentlicht. Dazu wurden noch einige kleinere Anpassungen vorgenommen, die nun in der aktuellen Version EPUB 3.0.1 enthalten sind. Dies gibt dem Standard zweifellos zusätzliches Gewicht im Bereich des elektronischen Publizierens.

Viele aktuelle Tools unterstützen allerdings erst die Version 2.0.1. Deshalb gehen wir im Folgenden hauptsächlich auf diese Version ein.

14.1.1 Content Documents

EPUB Content Documents 3.0 entspricht *Open Publication Structure 2.0.1 (OPS)*. Diese Spezifikationen regeln die Formatierung der Inhalte. Sie legen fest, wie Inhaltsanbieter ihr Angebot aufbereiten müssen, um es zuverlässig für die verschiedenen Lesesysteme bereitzustellen.

Um den Herstellern von Lesesystemen die Implementierung zu erleichtern, verwendet OPS nur eine Untermenge von XHTML 1.1. Nicht dazu gehören die Module Forms mit den Tags für Formulareingaben, Server-Side Image Map und Scripting. Als Codierung müssen Sie UTF-8 oder UTF-16 angeben. Tabelle 14.1 listet die unterstützten Module mit ihren Elementen auf.

XHTML 1.1Modul	Elemente
Structure	body, head, html, title
Text	abbr, acronym, address, blockquote, br, cite, code, dfn, div, em, h1, h2, h3, h4, h5, h6, kbd, p, pre, q, samp, span, strong, var
Hypertext	a
List	dl, dt, dd, ol, ul, li
Object	object, param
Presentation	b, big, hr, i, small, sub, sup, tt
Edit	del, ins
Bidirectional Text	bdo
Table	caption, col, colgroup, table, tbody, td, tfoot, th, thead, tr
Image	img
Client-Side Image Map	area, map
Metainformation	meta
Stylesheet	style
Style Attribute (veraltet)	style attribute
Link	link
Base	base

Tabelle 14.1 Unterstützte XHTML-Module in EPUB 2.0.1

Auch die Unterstützung für die Formatierung per Stylesheet ist in der Version 2.0.1 auf eine Untermenge von CSS 2.1 eingegrenzt. CSS-Eigenschaften, die der absoluten Positionierung von Objekten dienen, sind auf Geräten mit einem flexiblen Seitenlayout zwangsläufig unbrauchbar. Die Spezifikation listet die unterstützten Eigenschaften im Detail auf. Nicht unterstützt werden einige Eigenschaften, die den Hintergrund betreffen, außerdem `word-spacing`, `letter-spacing`, `text-transform` und `list-style-image`.

Die Inhalte für eine EPUB-Publikation werden hauptsächlich in einer oder mehreren XHTML-Dateien gespeichert. Listing 14.1 zeigt auszugsweise den XHTML-Code für das in Abbildung 14.2 verwendete Beispiel. Die Speicherung der Inhalte in XHTML erlaubt die benötigte flexible Anpassung des Seitenlayouts und die Ausgabe auf unterschiedlichen Geräten. Sollen Bilder in der Publikation erscheinen, stehen folgende MIME-Typen zur Verfügung: `image/jpeg`, `image/png`, `image/gif` und `image/svg+xml`.

Innerhalb von XHTML-Dokumenten werden noch XML-Fragmente als Dateninseln und SVG-Fragmente unterstützt, um grafische Elemente auszugeben.

Alternativ zu XHTML werden in Version 2.0.1 auch Inhalte unterstützt, die mit DTBook-Markup ausgezeichnet sind. Letzteres ist ein spezielles XML-basiertes Format mit dem Namen *DAISY Digital Talking Book*, das vom DAISY Consortium für Sehbehinderte – *www.daisy.org* – entwickelt worden ist Dieses Consortium ist ebenfalls an der Spezifizierung von EPUB beteiligt. Der MIME-Medientyp ist in diesem Fall *application/x-dtbook+xml*. In Version 3.0 wird die Unterstützung dieses Formats allerdings zugunsten von erweiterten Markup-Möglichkeiten, die HTML5 für den gleichen Zweck bereitstellt, wieder aufgegeben.

Die Formatierung der Inhalte lässt sich zusätzlich über CSS-Stylesheets kontrollieren. Die Zuordnung von CSS zu den XHTML- und XML-Dokumenten innerhalb der Publikation in Form einer `xmlstylesheet`-Anweisung wird unterstützt:

```
<?xmlstylesheet href="vorgabe.css" ?>
```

Dabei geht es in erster Linie um die Gestaltung der Überschriften, Textparagrafen und Schriften und um die Einbindung von Bildern oder anderen Medienobjekten. Damit die Anpassung der Seiten an verschiedene Bildschirmgrößen funktioniert, sollten Größenangaben mit relativen Maßeinheiten wie `em` – Bezug auf die Punktgröße der Standardschrift – oder mit Prozentwerten vorgenommen werden, beispielsweise:

```
h1, h2 {line-height: 1.0}
h3 {line-height: 120%}
p {margin: 2em 2em 3em 3em}
```

Ein kleines Beispiel für eine XHTML-Seite:

```
<html xmlns="http://www.w3.org/1999/xhtml" >
<head>
<meta content="ebook" http-equiv="Content-Type" />
<link rel="schema.DC" href="http://purl.org/dc/elements/1.1/" />
<title>Tipps zu XML</title>
<meta content="id97..." name="DC.identifier" />
</head>
<body>
<h1 id="idBE942..." >Der Standard Office Open XML</h1>
<p>Anders als noch in der Version Office 2003 kombiniert Microsoft die
  XML-Formate mit der inzwischen zu einem Quasi-Standard gewordenen
```

```
  ZIP-Technologie. ...</p>
<h3>Vorteile der XML-basierten Formate</h3>
  <p>Einer der Vorteile dieses auf den ersten Blick komplizierteren
    Verfahrens ist, ...</p>
</body></html>
```

Listing 14.1 Auszug aus einer .xhtml-Datei

Die entscheidende Neuerung in der Version 3.0 ist, dass als Format für die Inhalte nun HTML5 erwartet wird, allerdings in der XML-Variante von HTML5, die auch als *XHTML5* bezeichnet wird.

SVG-Dokumente können nun auch außerhalb von XHTML-Dokumenten Teile des Inhalts werden. Neu ist auch die Unterstützung von MathML zur Darstellung von mathematischen Gleichungen. Allerdings sind gegenüber HTML5 einige Einschränkungen zu beachten. Nur eine Untermenge der beiden Sprachen kann eingesetzt werden.

Auf der anderen Seite können Sie auch einige Erweiterungen gegenüber HTML5 verwenden. Insbesondere in dem Namensraum *http://idpf.org/2007/ops*, der in der Regel mit dem Präfix `epub` verknüpft wird, ist dazu eine Reihe von Elementen und Attributen zusammengestellt.

14

Das Attribut `epub:type` lässt sich dafür verwenden, einem Element genauere semantische Hinweise zuzuordnen. Das folgende Beispiel etwa gibt an, dass es sich bei dem Element `<section>` um eine Einleitung handelt:

```
<section epub:type="introduction">
...
</section>
```

Werte, die das Attribut annehmen kann, sind in dem *EPUB 3 Structural Semantics Vocabulary* vorgegeben (siehe dazu *www.idpf.org/epub/vocab/structure*).

Drei Elemente in dem angegebenen Namensraum erlauben es, Inhalte in Abhängigkeit von bestimmten Bedingungen auszuwählen: Das Element `<epub:switch>` kann die Kindelemente `<epub:case>` und `<epub:default>` enthalten, um die Entscheidung zwischen alternativen Inhalten an der gleichen Stelle anzubieten.

14.1.2 Paket-Format

Die Art und Weise, wie die verschiedenen Komponenten einer Publikation zusammengefügt und verpackt werden, also Texte, Bilder, Inhaltsverzeichnisse etc., ist in eigenen Spezifikationen geregelt. *EPUB Publications 3.0* entspricht in der älteren Version *Open Packaging Format (OPF)*. Beide Spezifikationen regeln die Struktur und die

Handhabung der Metadaten in der sogenannten Stammdatei mit der Dateierweiterung *.opf*. Der MIME-Typ ist `application/oebps-package+xml`. Listing 14.2 zeigt die *.opf*-Datei für das in Abbildung 14.2 abgebildete Beispiel.

```
<?xml version = "1.0" encoding = "UTF-8"?>
<package xmlns="http://www.idpf.org/2007/opf" version="2.0" unique-identifier=
  "dcidid" >
  <metadata xmlns:dc="http://purl.org/dc/elements/1.1/" xmlns:dcterms="http://
    purl.org/dc/terms/" xmlns:opf="http://www.idpf.org/2007/opf" xmlns:xsi=
    "http://www.w3.org/2001/XMLSchema-instance" >
    <dc:identifier id="dcidid" >id9777...</dc:identifier>
    <dc:language xsi:type="dcterms:RFC3066" />
    <dc:title>Tipps zu XML</dc:title>
    <dc:creator>Helmut Vonhoegen</dc:creator>
    <dc:subject><![CDATA[]]></dc:subject>
    <dc:language>de</dc:language>
    <dc:publisher>eigen</dc:publisher>
    <dc:description>Tipps zu XML</dc:description>
  </metadata>
  <manifest>
    <item media-type="application/xhtml+xml" href="content_1_AA29....
     xhtml" id="contentAA29..." />
    <item media-type="application/xhtml+xml" href="content_2_920....xhtml"
     id="content920..." />
    <item media-type="application/x-dtbncx+xml" href="toc.ncx" id="ncx" />
  </manifest>
  <spine toc="ncx" >
    <itemref idref="contentAA29..." linear="yes" />
    <itemref idref="content920..." linear="yes" />
  </spine>
  <guide>
    <reference type="text" href="content_1_AA29....xhtml" />
    <reference type="text" href="content_2_920....xhtml" />
  </guide>
</package>
```

Listing 14.2 Die .opf-Datei des Beispiels

Das OPF-Dokument ist ein XML-Dokument, das dem OPF-Schema entspricht. Der Bezug auf dieses Schema muss allerdings nicht explizit angegeben werden. Es besteht aus einer Abfolge verschiedener Elemente. Über das Wurzelelement `package` wird die OPS-Publikation zunächst mit dem Wert für das Attribut `unique-identifier` eindeutig identifiziert. In dem ersten erforderlichen Kindelement `metadata` erscheinen Elemente für Titel, Autor, Verleger etc. Diese Elemente verwenden das Präfix dc, gehören also zu dem Namensraum des *Dublin Core Schemas*, einer international anerkannten Spezifikation für die Angabe von Metadaten bei Publikationen. Mehr zur dieser DCMI-Spezifikation finden Sie unter *dublincore.org/documents/2006/12/18/dcmi-terms/*. Zusätzlich lassen sich innerhalb dieses Elements auch noch meta-Elemente ablegen, wie sie in *(x)html*-Dateien verwendet werden.

Das nächste erforderliche Element manifest listet mit einer entsprechenden Anzahl von item-Elementen alle im Archiv versammelten Dateien auf, mit Ausnahme von *mimetype*, *container.xml* und der *.opf*-Datei selbst. Dazu gehören also die XHTML- oder XML-Dateien, die Bilddateien, CSS-Dateien, eingebettete Fonts und XML Schema-Dateien. Die Reihenfolge spielt dabei keine Rolle. Wichtig ist die korrekte Angabe der MIME-Typ-Werte für die erforderlichen media-type-Attribute. Außerdem werden eindeutige id-Attribute und entsprechende href-Attribute für jeden Listeneintrag benötigt. Zusätzlich lassen sich noch fallback-Deklarationen ablegen für Dateien, deren Medientyp von der OPS-Spezifikation nicht unterstützt wird.

In welcher Abfolge ein Lesesystem die Publikation anzeigt, ist in dem nächsten erforderlichen Element spine abgelegt. Es enthält in Form von entsprechend vielen itemref-Elementen eine Liste der XHTML-Dateien, die den Inhalt der Publikation darstellen und die in der *.opf*-Datei vorkommen. In diesem Fall ist die Reihenfolge von Bedeutung. Der Wert für das erforderliche Attribut toc liefert dabei einen Verweis auf die bereits im Element manifest aufgeführte *.ncx*-Datei. Listing 14.3 zeigt die ncx-Datei für das hier verwendete Beispiel.

```
<?xml version = "1.0" encoding = "UTF-8"?>

<!DOCTYPE ncx PUBLIC "-//NISO//DTD ncx 2005-1//EN" "http://www.daisy.org/
  z3986/2005/ncx-2005-1.dtd">

<ncx xml:lang="en" xmlns="http://www.daisy.org/z3986/2005/ncx/"
  version="2005-1" >
  <head>
    <meta content="id9777..." name="dtb:uid" />
    <meta content="2" name="dtb:depth" />
    <meta content="tango by MarkStein Software, Darmstadt" name=
     "dtb:generator" />
    <meta content="0" name="dtb:totalPageCount" />
    <meta content="0" name="dtb:maxPageNumber" />
  </head>
  <docTitle>
    <text>Tipps zu XML</text>
  </docTitle>
  <navMap>
```

```
    <navPoint playOrder="0" id="toc_0" >
      <navLabel>
        <text>Top</text>
      </navLabel>
      <content src="" />
      <navPoint playOrder="1" id="toc_1" >
        <navLabel>
          <text>Der Standard Office Open XML</text>
        </navLabel>
        <content src="content_1_AA29....xhtml#idBE..." />
      </navPoint>
      <navPoint playOrder="2" id="toc_2" >
        <navLabel>
          <text>Eigene Namensräume per XML-Schema - targetNamespace</text>
        </navLabel>
        <content src="content_2_920....xhtml#idFE..." />
      </navPoint>
    </navPoint>
  </navMap>
</ncx>
```

Listing 14.3 Beispiel für eine .ncx-Datei

Dabei handelt es sich um eine Datei, die dem XML-Format *NCX* entspricht. Die Abkürzung steht für *Navigation Center eXtended*, ist also ein Format für die Definition der Navigation in einem E-Book. Die Definition von NCX ist Teil der vom DAISY Consortium entwickelten *Specifications for the Digital Talking Book*. NCX stellt die hierarchische Struktur der gesamten Publikation in einer Form zur Verfügung, die dem Leser die Navigation darin erleichtert. Dazu wird ein Inhaltsverzeichnis aufgebaut, das als ausklappbarer Baum visualisiert werden kann. In der Datei erscheinen zunächst in einem `head`-Element einige `meta`-Elemente, die Metadaten transportieren. Das erste Element gibt die Identifizierung der *.opf*-Datei an, das zweite die Tiefe des in dem folgenden `navMap`-Element definierten Baumes, der das Inhaltsverzeichnis darstellt.

Innerhalb von `navMap` werden einzelne `navPoint`-Elemente angegeben, wobei mit dem Attribut `playOrder` die Reihenfolge der Anzeige der Inhalte geregelt wird. Außerdem lassen sich noch `pageList`- und `navList`-Elemente verwenden, um die Navigation zu steuern. Das Element `guide` ist optional. Es enthält mindestens ein `reference`-Element mit einem Bezug auf eine strukturelle Komponente der Publikation. Das mag etwa ein Inhaltsverzeichnis, eine Liste von Abbildungen, ein Index oder eine Bibliografie sein.

EPUB Publications 3.0 unterstützt diese Form der Navigation mit Hilfe von NCX zwar aus Gründen der Rückwärtskompatibilität weiterhin, erwartet aber als erforderliche

Komponente in einer EPUB-Publikation ein spezielles *Navigation Document*. Dabei handelt es sich um eine XHTML-Datei. Darin werden spezielle nav-Elemente verwendet, um das Blättern durch das E-Book zu steuern. Das folgende Listing zeigt den Auszug aus einem Beispiel in der Spezifikation:

```
<nav epub:type="lot">
  <h2>List of tables…</h2>
  <ol>
    <li><span>Tables in Chapter 1</span>
      <ol>
        <li><a href="chap1.xhtml#table-1.1">Table 1.1</a>
        </li>
        <li><a href="chap1.xhtml#table-1.2">Table 1.2</a></li>
      </ol>
    </li>
    ...
  </ol>
</nav>
```

Listing 14.4 Beispiel für das Element <nav>

14.1.3 Open Container Format

Die Spezifikation *Open Container Format (OCT) 3.0* ist der Nachfolger der Spezifikation OCF 2.0.1. Beide regeln, wie die zahlreichen Teilkomponenten zu einer Datei mit der Dateierweiterung *.epub* verpackt werden. Eine solche Datei ist, ähnlich wie es bei den Office-Formaten OOXML oder ODF der Fall ist, nichts anderes als ein ZIP-Archiv, nur eben mit einem anderen Namen für den Dateityp. OCF entspricht dabei der Vorgehensweise, die für ODF verwendet wird. Der OCF-Container arbeitet mit einem einzigen Wurzelordner, der mindestens folgende Dateien und Ordner enthält:

- *mimetype* – mit dem alleinigen Inhalt `application/epub+zip`
- *META-INF/container.xml* – mit einem Verweis auf die Stammdatei
- *content.opf* – Stammdatei, die dem OPF-Format entspricht
- *toc.ncx* – regelt die Navigation in der Publikation
- *content.xhtml* – mindestens eine Inhaltsdatei, die dem OPS-Standard entspricht

Der Name des Ordners *META-INF* und der Dateiname *mimetype* sind reserviert. Diese unkomprimierte und unverschlüsselte Datei muss in dem ZIP-Archiv als erste erscheinen. Alle anderen Dateien und weitere *.xhtml*-Dateien, CSS- oder Mediendateien dürfen Sie auch in frei benannten Unterordnern innerhalb des Wurzelordners abgelegen. Sie müssen nur die Bezüge auf diese Dateien entsprechend anpassen. Dabei reichen Bezüge, die relativ zum Wurzelordner angegeben sind. Wenn Sie also alle Inhalte in einen Ordner */inhalte* platzieren, reicht der Pfad *inhalte/bild1.gif* für einen Bezug auf eine Abbildung. Die Dateinamen innerhalb des Containers werden fallsensitiv verwendet.

Der Ordner *META-INF* muss eine Datei mit dem Namen *container.xml* enthalten, die in einem `rootfile`-Element mindestens die Information darüber liefert, wo die *.opf*-Stammdatei abgelegt ist und um welchen MIME-Typ es sich dabei handelt. Listing 14.5 zeigt die Containerdatei des Beispiels.

```
<?xml version = "1.0" encoding = "UTF-8"?>
<container xmlns="urn:oasis:names:tc:opendocument:xmlns:container"
  version="1.0" >
  <rootfiles>
    <rootfile media-type="application/oebps-package+xml" full-path=
     "opf/content.opf" />
  </rootfiles>
</container>
```

Listing 14.5 Beispiel für container.xml

Das EPUB-Format unterstützt auch Mechanismen für eine digitale Rechteverwaltung, legt aber keine bestimmte Implementierung dafür fest. Relativ weit verbreitet ist bisher das von Adobe entwickelte *ADEPT DRM-System*. Apple setzt bei seinen iBooks ein eigenes DRM-System ein, um das Lesen auf fremden Geräten zu verhindern.

Da die Komponenten in einem EPUB-Archiv XML-basiert sind, haben Sie immer auch die Möglichkeit, eine Validierung vorzunehmen, um die Einhaltung der zugrunde liegenden Schemas zu prüfen. Das IDPF bietet dafür beispielsweise einen *EPUB Validator*, der bei der Fehlersuche hilft, zu finden unter *validator.idpf.org*.

Die vierte Spezifikation in EPUB 3.0 hat keine Entsprechung in der Version 2.0.1. Media Overlays 3.0 wurde eingeführt, um Audio-Komponenten mit dem Inhalt eines E-Books zu synchronisieren. Auf diese Weise kann beispielsweise bei einem Kinderbuch eine Erzählerin oder ein Erzähler eingebunden werden. Das Dokument verwendet das Element `smil` als Wurzelelement, nachfolgende Vorgänge werden in `seq`-Elementen verpackt, `par`-Elemente geben Vorgänge an, die parallel verlaufen. Den eigentlichen Stoff liefern die Elemente `text` und `audio`. Ein einfaches Beispiel für das Vorlesen eines Abschnitts:

```
<par>
  <text src="Kapitel1.xhtml#Abschnitt1" />
  <audio src="kap1_abschn1.mp3" clipBegin="0s" clipEnde="120s" />
</par>
```

Bei Readern, die diese Funktion nicht unterstützen, bleibt die Anzeige der Publikation davon unberührt.

14.2 Tools für EPUB

Abbildung 14.1 Lesen auf dem iPad (Quelle: www.apple.com/de/ipad)

Zahlreiche E-Book-Reader unterstützen das EPUB-Format, zumindest die Version 2.0.1. Es gibt inzwischen eine ganze Reihe von Programmen, die E-Books im EPUB-Format lesen. Apple benutzt dazu auf seinen Geräten das Programm *iBooks*. Es erlaubt dem Leser, die Schriftart und Schriftgröße anzupassen. Mit dem Finger markierte Worte lassen sich in Wikipedia oder dem integrierten Lexikon nachschlagen. Die E-Books werden allerdings ausschließlich über den hauseigenen iBooks Store angeboten.

Adobe Digital Editions ist zwar hauptsächlich entwickelt worden, um PDF-Dateien bequemer lesen zu können, kommt aber auch mit EPUB zurecht. Stanza ist eine freie Anwendung für iPhone, iPad und iPod Touch, die das Lesen von elektronischen Büchern und Zeitschriften auf den mobilen Geräten genießbar macht. Aldiko ist ein entsprechender E-Reader für Android-Geräte.

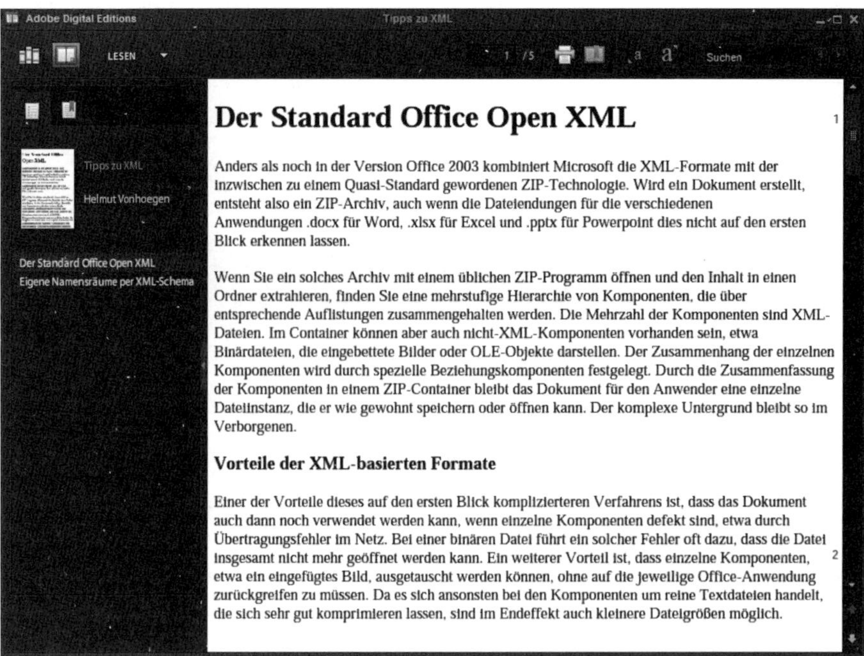

Abbildung 14.2 Beispielseite in Adobe Digital Editions

Für den Firefox-Browser gibt es ein handliches Add-on, das unter *https://addons.mozilla.org/de/firefox/addon/45281* angeboten wird. Damit lassen sich auch lokale EPUB-Dokumente direkt austesten (siehe Abbildung 14.3).

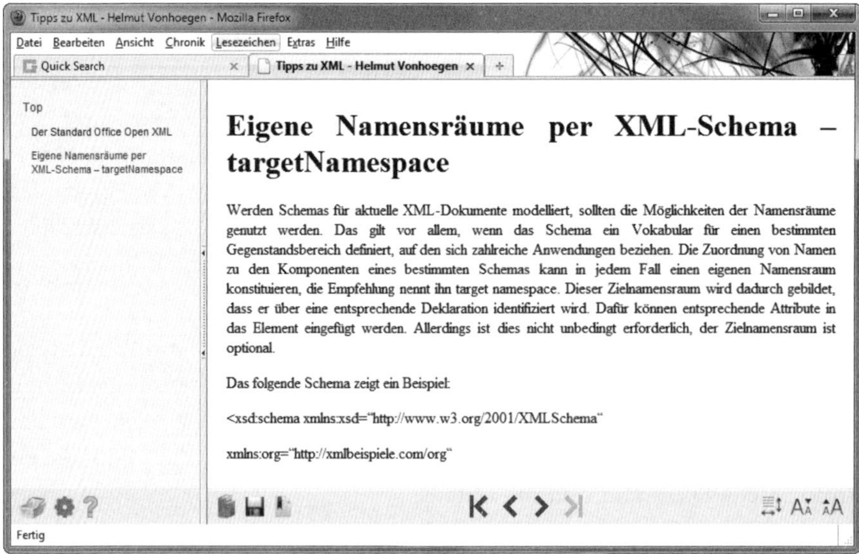

Abbildung 14.3 Lesen eines E-Books mit dem EPUBReader-Add-on für den Firefox-Browser

Auch für Chrome gibt es passende Add-ons, beispielsweise Readium, das in Abbildung 14.4 zu sehen ist.

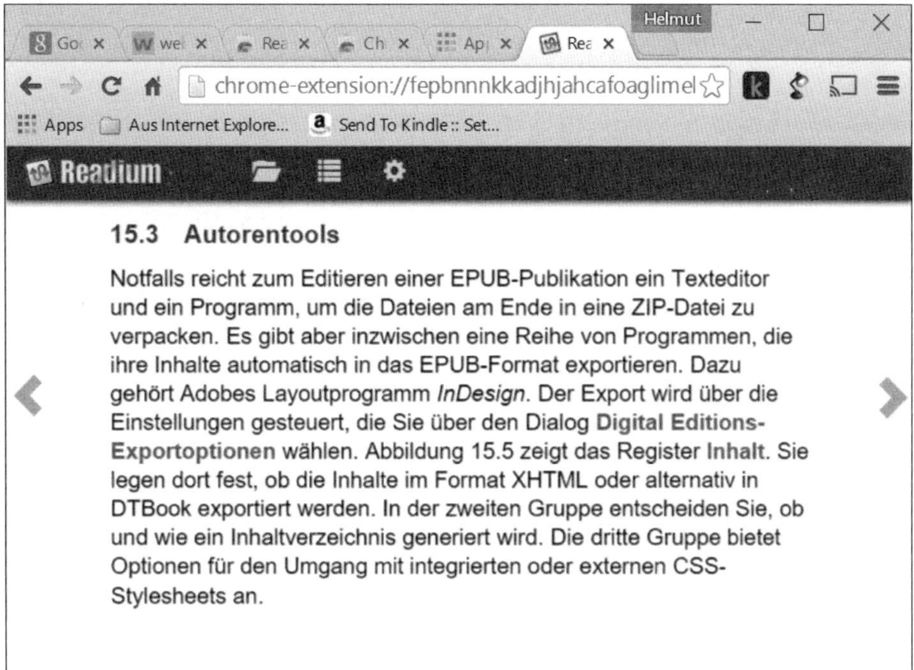

Abbildung 14.4 Das Add-on Readium für den Chrome-Browser

Weitere Chrome-Add-ons erlauben die automatische Konvertierung von EPUB nach MOBI, dem Format, das auch die Kindle-Reader lesen können (*EPUB to MOBI*), sowie die Übertragung von Webseiten in EPUB-Dateien wie dotEPUB.

Microsofts Edge-Browser bietet freie EPUB-Dateien direkt zum Lesen an. Das Blättern erfolgt per Klick in den rechten oder linken Randbereich. Über die Schaltflächen in der oberen Titelleiste lassen sich Schriftart, -größe, Textabstand und Seitendesign auswählen sowie Lesezeichen setzen. Die Symbole im linken Teil der Leiste liefern das Inhaltsverzeichnis, die Lesezeichenliste und eine einfache Suchfunktion. Das Buchsymbol mit dem kleinen Lautsprecher startet das Vorlesen, übrigens in einer erstaunlichen Qualität und Genauigkeit.

Im Vorlese-Modus finden Sie in der Titelleiste Schaltflächen sowohl zum Pausieren und Fortfahren als auch eine Auswahloption für die gewünschte Stimme und Geschwindigkeit.

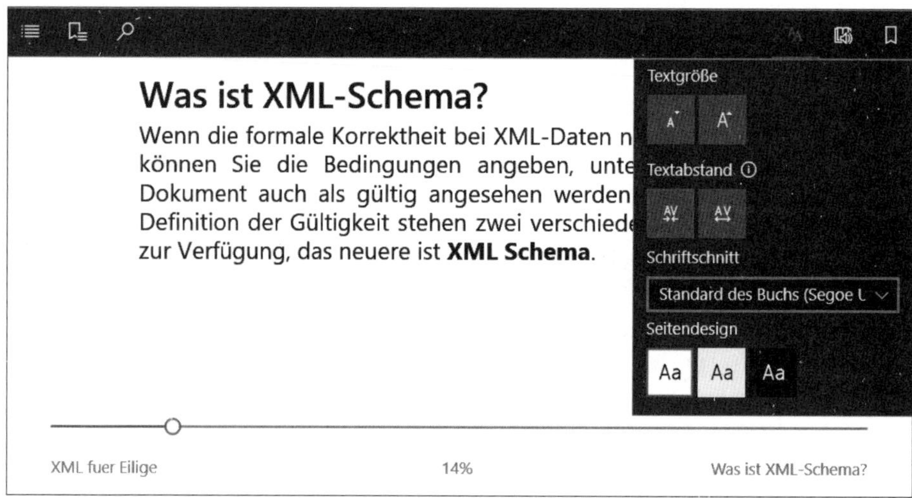

Abbildung 14.5 Ein EPUB-Buch zum Lesen ...

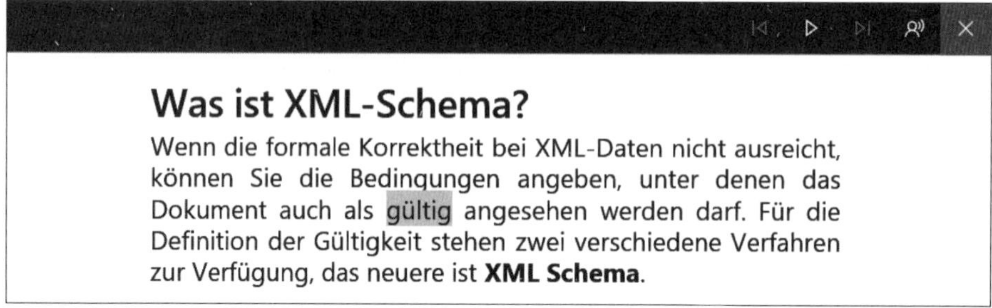

Abbildung 14.6 ... und auch zum Vorlesen

Calibre ist ein Open-Source-Programm, das unter Windows, Linux und Mac OS X läuft. Es erlaubt eine bequeme Pflege von E-Book-Bibliotheken mit einem integrierten E-Book Viewer. Gleichzeitig ist es ein leistungsfähiges Konvertierungstool, um andere Formate in EPUB zu transformieren oder umgekehrt EPUB in andere Zielformate. E-Books für den Kindle, der EPUB bisher nicht direkt unterstützt, lassen sich dazu hilfsweise in das MOBI-Format übertragen. Calibre unterstützt eine komfortable Synchronisierung mit mobilen Geräten, darunter die E-Reader von Sony, Nook und den Kindle. Die Umwandlung in EPUB lässt sich aus zahlreichen Quellformaten vornehmen: LRF, HTML, XHTML, MOBI, Topaz (eine proprietäre EPUB-Implementierung von Amazon), PDF etc. Wie formattreu die Ergebnisse sind, ist allerdings umso ungewisser, je komplexer die in den Quellen verwendeten Gestaltungsmerkmale sind. Tabellen in PDF sind beispielsweise eine Herausforderung. Word-Dokumente lassen sich über das RTF-Format ganz brauchbar konvertieren, solange Index- und

Feldfunktionen vermieden werden. Abbildung 14.7 zeigt die Oberfläche von Calibre mit dem Konvertierdialog.

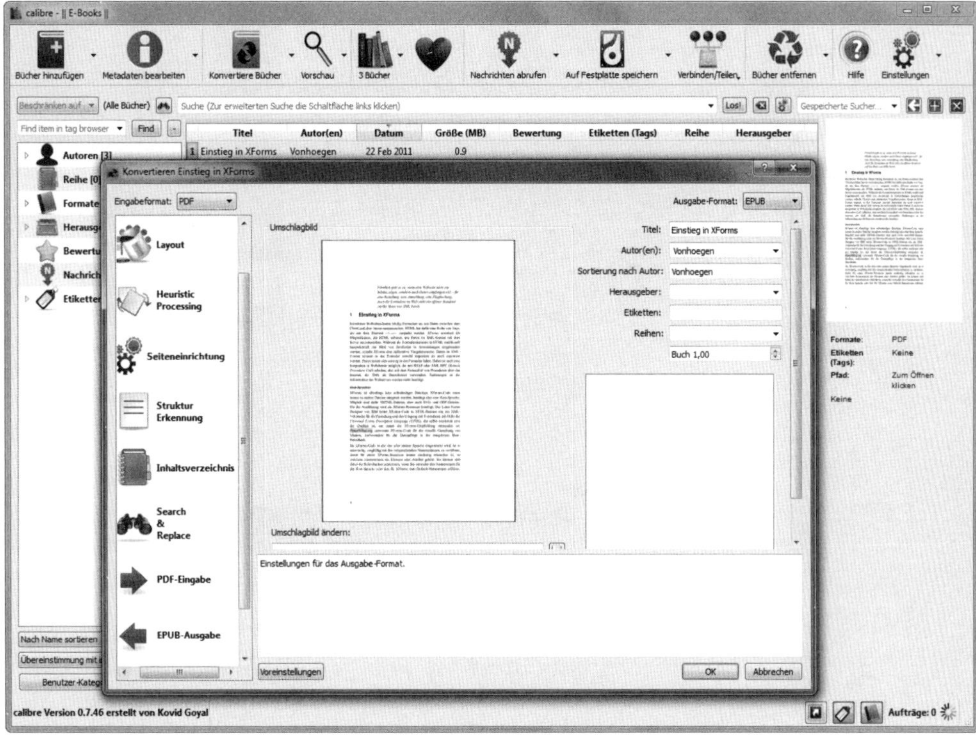

Abbildung 14.7 Konvertierung von PDF nach EPUB in Calibre

14.3 Autorentools

Notfalls reichen zum Editieren einer EPUB-Publikation ein Texteditor und ein Programm, um die Dateien am Ende in eine ZIP-Datei zu verpacken. Es gibt aber inzwischen eine Reihe von Programmen, die ihre Inhalte automatisch in das EPUB-Format exportieren. Dazu gehört Adobes Layoutprogramm *InDesign*. Wenn Sie ein Dokument nach EPUB exportieren wollen, wählen Sie im Dialog DATEI EXPORTIEREN zunächst das gewünschte Dateiformat aus. Angeboten werden EPUB (FESTES LAYOUT) und EPUB (UMFLIESSBAR). Wenn Sie auf die Schaltfläche SPEICHERN klicken, wird Ihnen noch ein Dialog EPUB EXPORTOPTIONEN angeboten. Abbildung 14.8 zeigt das Register ALLGEMEIN. Sie legen dort beispielsweise fest, welcher Bereich des Quelldokuments exportiert und ob ein Inhaltsverzeichnis eingefügt werden soll. Ein anderes Register bietet das Einfügen von CSS-Stylesheets an.

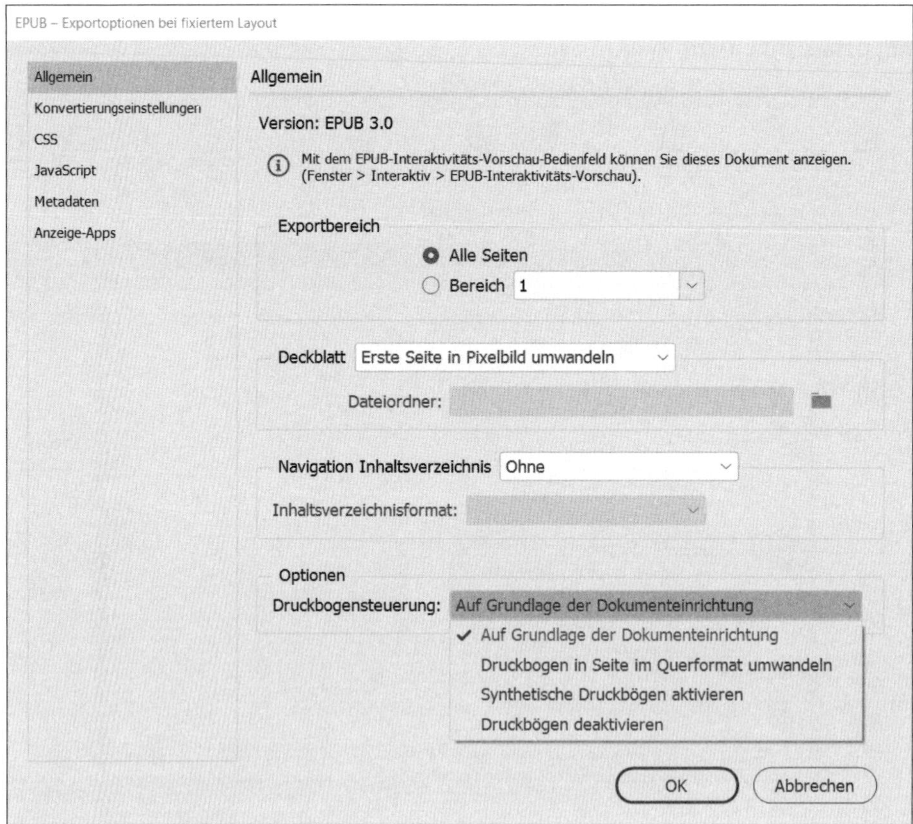

Abbildung 14.8 Auswahl von Optionen zur Darstellung der Inhalte beim Export aus InDesign

Das Textprogramm *Apple Pages* erlaubt ebenfalls den Export von Dokumenten in das EPUB-Format, so dass die Inhalte als iBook für das iPad oder iPhone lesbar sind. Allerdings werden die Formate nicht automatisch eins zu eins umgesetzt. Es ist deshalb sinnvoll, die Textparagrafen in Pages mit Styles und Formatattributen zu versehen, die in EPUB korrekt umgesetzt werden.

Komplette Entwicklungsumgebungen für die Erstellung von E-Books im EPUB-Format kommen von MarkStein Software aus Darmstadt unter dem Namen *tango* (siehe *www.markstein.com*). Eine kostenlose Version für den Einstieg wird ebenfalls angeboten. Für Inhalt und Form der einzelnen Dokumente wird jeweils ein Fenster mit dem Layoutprogramm *tango Studio* geöffnet, das eine Oberfläche zum seitenweisen Editieren und Formatieren zur Verfügung stellt. Allgemeine Angaben zur Seiteneinrichtung – Seitengröße, Satzspiegel etc. – nehmen Sie in dem Dialog EXTRAS • VOREINSTELLUNGEN auf mehreren Registern vor. Zusätzliche Dateien wie Bilder importieren Sie in den jeweiligen Dokumentenordner. Pro Seite ziehen Sie entsprechende Rahmen für Texte oder Bilder auf, füllen sie mit den gewünschten Inhalten und ordnen ihnen passende Formate zu.

Dazu wird außerdem ein Dialog FORMATGRUPPEN angeboten, in dem Sie beispielsweise bestimmte Eigenschaften für Überschriften und Fließtext festlegen und diese anschließend den entsprechenden (X)HTML-Elementen zuordnen. Auf diese Weise bestimmen Sie, wie die vorhandenen Texte in XHTML konvertiert werden, um sie als Inhalt eines EPUB-Dokuments zu verwenden. Wie ein Lesesystem dieses Markup letztlich umsetzt, bleibt dabei ähnlich unfixiert, wie es bei den Browsern der Fall ist. In der Regel bietet ein EPUB-Reader ja gerade dem Leser an, mindestens die Größe der Schrift, häufig auch die Schriftart selbst zu bestimmen. Ist das Layout abgeschlossen, benutzen Sie die Exportfunktion von *tango*, um die EPUB-Publikation zu erstellen. Dabei werden die dem Standard entsprechenden Markups automatisch generiert.

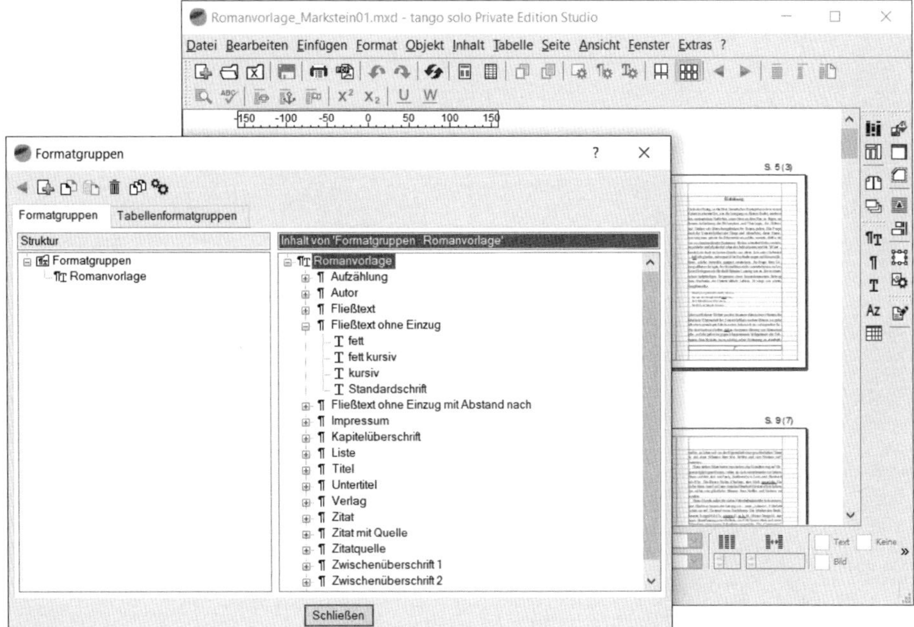

Abbildung 14.9 Zusammenstellung einer EPUB-Publikation in tango Studio

EPUB bietet ein solides Format für Publikationen, die hauptsächlich Fließtext mit einigen Bildern beinhalten, wie es typischerweise bei Romanen oder unkompliziert formatierten Sachbüchern der Fall ist. In solchen Fällen liefern oft schon die automatischen Konvertierfunktionen ansehnliche Ergebnisse. Wer komplexere Gestaltungsfunktionen für die Ausgabe seiner Inhalte braucht, sollte zu Werkzeugen greifen, die etwas mehr Kontrolle im Detail erlauben.

Mit der Version EPUB 3.0 wird von HTML5 die direkte Unterstützung von `<audio>`- und `<video>`-Elementen übernommen. Das eröffnet den E-Book-Autoren ganz neue Möglichkeiten, die über die Imitation von Büchern auf Papier hinausgehen.

Publizieren mit EPUB ist gewiss nur eine der Technologien, die das elektronische Publizieren auf der Basis von XML-Technologien voranbringen. Die Generierung von PDF-Dateien mit Hilfe von XSL-FO ist in Kapitel 8, »Formatierung mit XSL«, schon angesprochen worden. Auch XML-Vokabulare wie die der Text Encoding Initiative oder wie die der Darwin Information Typing Architecture (DITA) bergen ein enormes Potenzial. Viel wird von der Qualität der Werkzeuge abhängen, die für die Implementierung angeboten werden.

Kapitel 15
HTML5 und XHTML

Auch wenn es nicht gelungen ist, das Web an die strengen Regeln für XML-Dokumente anzupassen, ist der Einfluss von XML auf die Inhalte im Web doch bedeutend genug, um an der Ausbreitung von XML weiterzuarbeiten.

Die große Popularität, die XML schon wenige Jahre nach der Verabschiedung der ersten Empfehlung 1998 erlangt hat, ließ sehr bald die Idee aufkommen, auch HTML, die erste Sprache des Webs, als XML-Anwendung neu zu definieren. Im Januar 2000 erschien die erste Version von XHTML. Sie entsprach vom Umfang her HTML 4.01. Die Unterschiede beschränkten sich hauptsächlich auf die Besonderheiten, die durch die Anforderungen an die XML-Syntax gegeben waren, im Kern also die strenge Notwendigkeit der Wohlgeformtheit.

15.1 Unerfüllte Erwartungen

Das W3C und viele begeisterte Anhänger der XML-Technologie haben sich in der Folge von der Vorstellung leiten lassen, dass die vollständige Ablösung von HTML durch XHTML nur eine Frage der Zeit sein würde. Die Vorteile schienen klar auf der Hand zu liegen. XHTML ist eine klar definierte Untermenge von SGML, ein Parser hat mit der Prüfung von XHTML weniger Arbeit, weil er nicht so viele Varianten, Ausnahmen und Abweichungen berücksichtigen muss wie bei HTML.

Bereits 1999 stoppte das W3C deshalb die Weiterarbeit an HTML und konzentrierte die Entwicklungsarbeit ganz auf XHTML. Nach der Version 1.0 und 1.1 sollte insbesondere die Version 2.0 erhebliche Fortschritte für das Web zutage fördern. 1999 begann die Arbeit an *XHTML Extended Forms*, in der Erwartung, damit den Einsatz von Formularen im Web effektiver gestalten zu können. 2003 wurde dazu eine Empfehlung unter dem Namen *XForms* herausgegeben. Tatsächlich stieß diese Entwicklung aber eher neue Überlegungen an, wieder auf eine Ausweitung von HTML zu setzen. Praktisch bedeutsam wurde XML im Web ansonsten hauptsächlich durch die neuen Feed-Technologien wie RSS und später Atom.

In den folgenden Jahren wurde aber immer deutlicher, dass es auf der anderen Seite ziemlich starke Kräfte gab, die der »Übernahme« des Webs durch XML entgegenstanden. Was hat den Erfolg von XHTML verhindert? Im Nachhinein war es sicherlich ein strategischer Fehler, XHTML einfach nur als eine Umformulierung von HTML 4.01 auf den Markt zu bringen. Denn das bedeutete ja im Umkehrschluss, dass, wer mit Webentwicklung zu tun hatte, was die Gestaltung der Seiten betrifft, keinen besonderen Vorteil vom Überwechseln zu XHTML erwarten konnte. Wenn die Website im Gegenzug für den Wechsel der Sprache unter die Drohung der drakonischen Fehlerbehandlung seitens des XML-Parsers gerät, schwinden die Argumente für den Umstieg.

Dass XHTML beim kleinsten Fehler der Abbruch droht, hatte insbesondere die Browserentwickler auf den Plan gerufen. Sie hatten in der Vergangenheit eine Menge Aufwand betrieben, um ziemlich lässig mit fehlerhaftem oder unvollständigem HTML-Code umgehen zu können. Ein wohlgeformter Code ist mit modernen Editoren heute sicher keine besonders schwer zu erfüllende Anforderung, aber syntaktisch fehlerfreie Webseiten sind dennoch gegenwärtig die Ausnahme, nicht die Regel. Es gibt Schätzungen, dass 99 % der bestehenden Webseiten nicht wohlgeformt sind.

Es hat sicherlich auch eine Rolle gespielt, dass W3C-Empfehlungen wie die zu XML Namespaces und auch XML Schema nicht eben den Eindruck einer leichten Lektüre aufkommen ließen. Schwächen in der Zusammenarbeit zwischen den verschiedenen Arbeitsgruppen beim W3C haben die Lage nicht vereinfacht. Ein weiterer Grund für den geringen Einfluss von XHTML war sicherlich auch, dass Microsoft mit seinem weitverbreiteten Internet Explorer XHTML-Webseiten entweder überhaupt nicht oder nur scheinbar unterstützte. Seiten mit dem XHTML-Mediatyp wurden von älteren Versionen des IE nicht angezeigt, sondern führten zu der Aufforderung, die Seite herunterzuladen.

Die meisten XHTML-Seiten ignorieren den für XHTML vorgesehenen Medientyp. Das war möglich, weil die Spezifikation für XHTML 1.0 eine Hintertür geöffnet hat, die es erlaubte, die Seiten mit dem MIME-Typ `"text/html"` zu publizieren und damit auf eine strenge Einhaltung der syntaktischen Regeln auf der Basis von XML notfalls zu verzichten. Die Seiten mussten nicht von einem XML-Parser auf Gültigkeit geprüft werden, falls der Browser einen solchen überhaupt zur Verfügung stellte, der Code blieb Material für den HTML-Parser, und der behandelte ihn notfalls so, wie er mit HTML-Code verfährt, der nicht exakt einer der DTDs von HTML 4 entspricht. Diese Situation verminderte natürlich den Anreiz, sich um die Regeln der XHTML-Spezifikation zu kümmern.

In der Spezifikation für XHTML 1.0 befanden sich im Anhang C unter »HTML Compatibility Guidelines« zwar einige Regeln, die dafür sorgen sollten, dass XHTML möglichst von allen HTML User Agents, also insbesondere von allen Browsern, ohne Probleme ausgeführt werden kann. Ein Stolperstein für einen Browser konnten insbesondere eine XML-Deklaration oder Verarbeitungsanweisungen am Anfang der XHTML-Seite sein. Es wurde deshalb erlaubt, diese wegzulassen, wobei in diesem Fall aber nur die Zeichencodierungen UTF-8 oder UTF-16 zugelassen wurden. Für leere Elemente wurde ein Leerzeichen von dem schließenden Schrägstrich bei leeren Elementen verlangt, also <br /> statt <br/> oder <img src="... " />.

Für die Verarbeitung der Daten als *Document Object Model* wurde angegeben, dass der MIME-Typ darüber entscheidet, ob auf das Dokument mit Hilfe von *HTML DOM* oder *XML DOM* zugegriffen werden soll. Im ersten Fall wird der MIME-Typ "text/html" verwendet, im zweiten Fall "application/xhtml+xml", "application/xml" oder "text/xml. In der Praxis entschieden sich die meisten Website-Entwickler für den Typ "text/html", weil damit gewährleistet war, dass die Mehrheit der Browser die Seiten anzeigen würde. (Erst mit den Browsern, die auf der Gecko-Engine basierten, wie Firefox, war gewährleistet, dass für XML-Code auch XML-Parser zur Verfügung standen.) Dadurch wurde XHTML in den meisten Fällen zu einem zahnlosen Tiger, der nur vorgab, eine XML-Anwendung zu sein. In Wirklichkeit aber waren solche Seiten das, was man despektierlich *Tag Soup* nannte, ein Haufen Tags, der einigermaßen als HTML ausgelegt werden konnte.

Mit XHTML 1.1 sollte das beschriebene Schlupfloch gestopft werden. Alle Seiten sollten mit dem MIME-Typ "application/xhtml+xml" ausgeliefert werden. Der Anhang C wurde aus der Spezifikation entfernt. Die Erwartung an neuere Browser war, dass sie in der Lage wären, zu erkennen, dass es sich bei einer Seite um XML-Code handelt. Dann sollte ein XML-Parser die Verarbeitung der Seite übernehmen. Auf diese Weise hoffte man auch, Inhalte aus anderen Namensräumen wie SVG oder MathML einfacher in Webseiten einfügen zu können. Tatsächlich sind die aktuellen Browser in der Lage, XHTML 1.1 korrekt zu verarbeiten. Firefox zeigt sofort den Fehler an, Chrome zeigt zuerst den Fehler und dann den Inhalt der Seite bis zum Fehler an, der Internet Explorer dagegen zeigt die ganze Seite an, ohne einen Fehler zu vermelden.

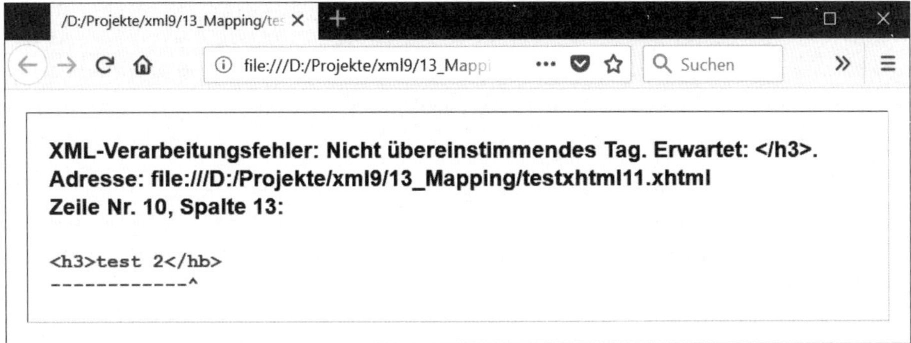

Abbildung 15.1 Fehlermeldung zu einem fehlerhaften XHTML-Code in Firefox

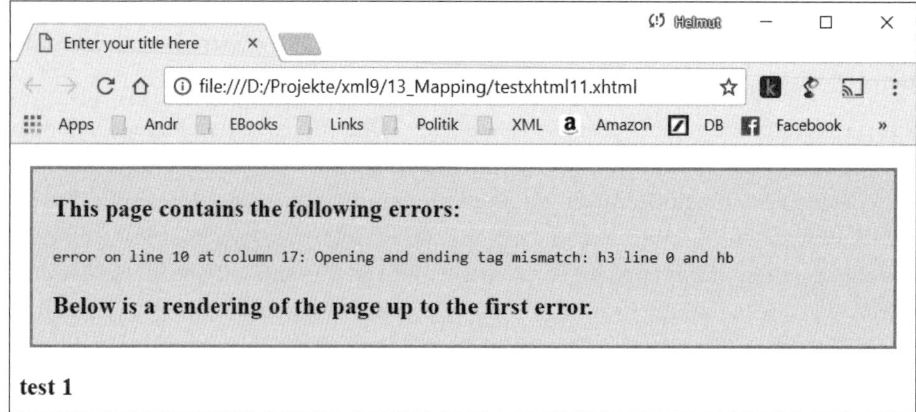

Abbildung 15.2 Die gleiche Seite im Chrome-Browser, der immerhin den Inhalt der Seite bis zu der Stelle anzeigt, an der der Fehler auftritt.

Während XHTML 1.0 mit denselben Elementen und Attributen arbeitet wie HTML 4.01, gibt es bei XHTML 1.1 einige Unterschiede. Das betrifft beispielsweise das `lang`-Attribut, das durch `xml:lang` ersetzt wurde. Aber XHTML 1.1 hatte keinen nennenswerten Einfluss mehr auf die weitere Entwicklung im Web.

15.2 Die Wiederbelebung von HTML

Die Aufmerksamkeit verschob sich auf eine Neubelebung von HTML. 2004 legten die Leute von Opera und Mozilla beim W3C ein Papier vor, das die lässigeren Verfahren des HTML-Parsers verteidigte und eine Weiterentwicklung von HTML anstieß. Das Papier wurde vom W3C zunächst abgelehnt; es bildete sich daraufhin die konkurrierende *Web Hypertext Application Technology Working Group* (*WHATWG*). Die Überlegungen der Gruppe gingen von dem Prinzip aus, dass Technologien, die so weit verbreitet sind wie das Web, in ihrer Entwicklung immer dafür sorgen sollten, dass das schon Vorhandene mitgenommen wird, sprich, dass die Rückwärtskompatibilität nicht missachtet werden darf, um nicht Millionen von Webbesuchern zu verprellen. Außerdem bestanden die Teilnehmer der Gruppe darauf, dass sich die Entwicklung der Spezifikationen stärker an den Implementierungen orientieren sollte, anstatt diesen zu enteilen.

2006 korrigierte das W3C seine Entscheidung und lud die Konkurrenten ein, ihre Arbeit an HTML in eine neue Empfehlung für HTML5 einzubringen. Tim Berners-Lee formulierte es im Oktober 2006 unter dem Titel »Reinventing HTML« so:

»Es ist notwendig, HTML schrittweise zu entwickeln. Der Versuch, die Welt zum Umsteigen auf XML zu bewegen und ihr auf einmal Anführungszeichen für Attributwerte, Schrägstriche in leeren Tags und Namenräume abzuverlangen, ist gescheitert.

[...] Der Plan ist, eine vollständig neue HTML-Arbeitsgruppe zu bilden. Im Unterschied zur Vorgängergruppe erhält sie den Auftrag, HTML schrittweise zu verbessern und parallel dazu auch XHTML.« Der Unterton einer gewissen Enttäuschung war allerdings nicht zu überhören.

2007 wurde eine entsprechende Arbeitsgruppe installiert. Gleichzeitig wurde die Arbeitsgruppe für XHTML 2.0 aufgelöst. Eine neue Version von XHTML sollte gleich all das übernehmen, was in HTML5 an neuen Möglichkeiten bereitgestellt wurde.

Die Verantwortlichen von Apple, Mozilla und Opera erlaubten dem W3C, eine Spezifikation für HTML5 unter dem Copyright des W3C zu publizieren, behielten aber eine Version mit einer weniger restriktiven Lizenz auf der WHATWG-Site – *www.whatwg.org* – bei. Für einige Jahre arbeiteten beide Seiten zusammen. 2011 stellte sich aber heraus, dass sie doch unterschiedliche Ziele verfolgen.

15.3 Fixer oder lebendiger Standard?

Das Interesse des W3C war, möglichst schnell eine endgültige Version von HTML5 zu verabschieden. Schneller als zunächst erwartet, wurde die Empfehlung im Oktober 2014 vom W3C unter dem Titel »HTML5. A vocabulary and associated APIs for HTML und XHTML« verabschiedet, 2017 folgten die Empfehlungen HTML5.1 und HTML5.2 (siehe *www.w3.org/TR/html5*). Den Mitarbeitern der WHATWG ging es dagegen darum, die Standardisierung als einen fließenden Prozess zu handhaben, der imstande ist, neu entstehenden Bedürfnissen der Webbesucher immer möglichst schnell zu entsprechen. Sie pflegen deshalb parallel unter dem Namen *HTML Living Standard* (siehe *https://html.spec.whatwg.org*) ein Dokument, das bereits mehrere Updates erhalten hat.

15.4 Was ist neu?

Die Motive, die zu HTML5 geführt haben, sind vielfältig. Ein wesentliches Ziel ist, das Verhalten der Browser zu vereinheitlichen, damit die Masse der Webseiten auf möglichst vielen Browsern tatsächlich in gleicher Weise ausgegeben wird. Dazu wurden die Regeln, wie mit bestimmten, nicht ganz standardkonformen Elementen umgegangen werden sollte, vereinheitlicht. Die Spezifikation gibt genau an, wie mit fehlerhaftem Code umzugehen ist, die Entscheidung wird also nicht mehr den Browserherstellern überlassen, die die Dinge einmal so und einmal anders gehandhabt haben. Das hat ja dazu geführt, dass die Seiten in den verschiedenen Browsern nicht immer in der gleichen Weise angezeigt werden.

Generell sollte bei der Fehlerbehandlung weiterhin das Prinzip der nachsichtigen Wiederherstellung gelten und nicht wie bei XHTML die drakonische Abbruchreaktion. Scripting sollte weiterhin erlaubt sein, aber, wo möglich, durch beschreibendes Markup ersetzt werden. In diesem Sinne wurden neue Funktionen eingeführt wie das <canvas>-Element für Illustrationen und die native Unterstützung für Audio und Video mit den Elementen <audio> und <video>, die den Einsatz von Plug-ins überflüssig macht.

Zahlreiche neue Elemente in HTML5 sorgen für bessere Möglichkeiten, den Inhalt von Webseiten zu strukturieren. Das Element <main> umschließt den Hauptinhalt einer Seite. <aside> kann zusätzliche Inhalte aufnehmen, etwa Infos in einer eigenen Spalte, die auch anders formatiert ist.

Innerhalb eines Dokuments lässt sich mit Elementen wie <section>, <article>, <header> und <footer> eine entsprechende Untergliederung vornehmen. Navigationselemente werden mit dem Element <nav> gruppiert.

Stark erweitert wurden die Gestaltungsmöglichkeiten für Formulare. Das <input>-Element kann nun beispielsweise mit einem Attribut list arbeiten, um über ein Kindelement <datalist> eine Combobox mit Werten zu bestücken.

```
<input list="Richtungen">
  <datalist id="Richtungen">
    <option value="West">
    <option value="Nord">
    <option value="Ost">
    <option value="Süd">
  </datalist>
</input>
```

Das Attribut type kann bei dem Element <input> nun eine Reihe von Werten annehmen, die die Eingabe spezieller Daten erleichtern: tel, search, url, email, date, time, number, range oder color. Auf diese Weise lassen sich beispielsweise Steuerelemente zur Auswahl eines Datums oder einer Uhrzeit aufrufen.

15.5 DOCTYPE und Ausführungsmodus

Was die DOCTYPE-Deklaration betrifft, kam es zu einer drakonischen Vereinfachung:

```
<!DOCTYPE HTML>
```

ist die denkbar kürzeste Variante. Die Deklaration gibt an, welcher HTML-Typ zu erwarten ist, und entscheidet damit auch darüber, welcher Validierer verwendet werden soll, um die Gültigkeit des Dokuments zu prüfen, beispielsweise der *W3C Markup Validation Service*, der über *validator.w3.org* aufgerufen werden kann.

Insbesondere aber bestimmt die Deklaration, in welchem Modus der Browser die Seite rendern soll. In diesem Fall wird der Standard-Modus aufgerufen. In diesem

Modus versucht der Browser, die Seite gemäß den in den CSS-Spezifikationen festgelegten Regeln auszugeben.

Findet der Browser dagegen eine veraltete oder unvollständige DOCTYPE-Deklaration oder fehlt eine solche überhaupt, arbeitet der Browser im *Quirks*-Modus. Generell lässt sich über diesen Modus sagen, dass er dem Verhalten früherer Browser entspricht, also auf Rückwärtskompatibilität ausgerichtet ist. Die Unterschiede zwischen den beiden Modi betreffen dabei weniger die Ausgabe von HTML-Elementen an sich, sondern hauptsächlich die Umsetzung von CSS-Regeln, die damit verknüpft werden. Der Browser hat in diesem Fall mehr zu tun, weil er öfter nach Ersatzlösungen suchen muss, anstatt dass er eine CSS-Regel einfach eins zu eins umsetzen kann.

Die Deklaration `<!DOCTYPE html>` kann durchaus auch dann verwendet werden, wenn in der Webseite keine der neuen Funktionen von HTML5 vorkommen; der Browser wird weiterhin die meisten Merkmale von HTML 4/XHTML 1.0 validieren.

15.6 HTML vs. XHTML

Sowohl in der Empfehlung des W3C zu HTML5 als auch in dem von WHATWG vorgelegten Text zum Living Standard finden Sie zu XML eine gemeinsame Grundposition, die immerhin einiges für die Zukunft von XML im Web offenhält. Der Text von WHATWG geht unter der Überschrift »HTML vs. XHTML« davon aus, dass HTML5 eine abstrakte Sprache definiert, die der Beschreibung von Dokumenten und Anwendungen dient, die im Speicher in Form eines Objektbaums repräsentiert werden können, also als DOM. Für diese abstrakte Sprache seien mehrere konkrete Syntaxen möglich. Die Spezifikation beschreibt als erste konkrete Syntax HTML. Wird ein Dokument mit dem MIME-Typ `text/html` übermittelt, wird es im Webbrowser als HTML-Dokument behandelt.

Die zweite konkrete Syntax ist XHTML, und zwar als XML-Anwendung. Wird ein Dokument mit dem MIME-Typ `application/xhtml+xml` bereitgestellt, verarbeitet der Webbrowser es als XML-Dokument, parst es also mit einem XML-Prozessor.

Beide Syntaxen können fast den gleichen Inhalt repräsentieren, aber es gibt ein paar Unterschiede, die beachtet werden müssen. Ein wichtiger Punkt ist, dass HTML im Unterschied zu XHTML nicht mit Namensräumen umgehen kann, das DOM aber schon. Umgekehrt kann HTML mit dem `<noscript>`-Element arbeiten, das DOM und XHTML aber nicht. In einem solchen Element kann Inhalt eingefügt werden, der nur angezeigt wird, wenn die von der Seite benutzte Skriptsprache deaktiviert ist.

In der Empfehlung des W3C zu HTML5 finden Sie unter dem Titel »XML« noch einen interesssanten Hinweis zur Frage der Namenräume. Um den Übergang von HTML nach XHTML zu erleichtern, werden alle HTML-Elemente wie alle XHTML-Elemente in den gemeinsamen Namensraum `"http://www.w3.org/1999/xhtml"` eingefügt.

Lösungen, die mit DOM oder CSS arbeiten, haben auf diese Weise einen einheitlichen Namensraumbezug. Alle Attribute von HTML und XHTML sind dagegen keinem Namensraum zugeordnet.

Den Website-Entwicklern bleibt also wie bisher die Wahl zwischen dem strengeren XML-basierten Code und den lässigeren Lösungen. Wer seinen Content auf mehreren Plattformen und Gerätegenerationen bereitstellen will, kann weiter von den Werkzeugen profitieren, die für XML entwickelt wurden. In Kapitel 14, »Publizieren mit EPUB«, ist bereits beschrieben worden, dass die neue Version EPUB 3.0 zwar HTML5-Inhalte erwartet, aber in der Form von wohlgeformtem Code.

15.7 Aussichten

Die HTML5-Spezifikation von WHATWG ist nicht in allen Einzelheiten identisch mit der W3C-Version. WHATWG hat einige Features eingefügt, die in dem W3C-Dokument fehlen. Andere Merkmale sind beim W3C in separaten Spezifikationen zu finden.

Die Browserhersteller haben schon vor der Verabschiedung der Standards für eine Unterstützung eines großen Teils der neuen Features in ihren aktuellen Browserversionen gesorgt. Insbesondere die attraktive Möglichkeit, Multimediales direkt in die Webseiten einzufügen und mit hoher Performanz zu präsentieren, wurde sofort genutzt.

Wer sich fragt, wie die Entwicklung weitergehen kann oder soll, steht vor verschiedenen Fragen. Das größte Problem ist wohl die angesprochene Strenge in der Reaktion auf syntaktische Fehler. Kann ein XML-Parser so eingerichtet werden, dass er mit einem fehlerhaften Stück Markup auf einer Seite »geschickter« umgehen kann, als mit Abbruch zu reagieren, also so, wie es der HTML-Parser tut? Dazu müssten sich aber die bewegen, die bisher die drakonische Fehlerbehandlung für ein unentbehrliches Teil von XML halten.

Eine andere Lösung versuchte das W3C mit einem Arbeitsentwurf vom Juli 2014 für ein Polyglot Markup (siehe *www.w3.org/TR/html-polyglot/*), das HTML-kompatible XHTML-Dokumente erlauben soll. Die Autoren gingen davon aus, dass in zunehmendem Umfang Inhalte für das Web mit Hilfe von XML-Tools erzeugt werden, etwa durch Transformationen per XSLT oder XSL-FO, die beide in der Lage sind, wohlgeformte Dokumente zu liefern, und dass in der anderen Richtung Webinhalte für weitere Verarbeitungsschritte mit Hilfe von XML-Tools genutzt werden sollen. Solange die Syntax des Polyglot Markup eingehalten wird, könnte ein entsprechendes Dokument bei Bedarf sowohl von HTML- als auch von XML-Tools verarbeitet werden. Nach einer letzten Working Note im September 2015 ließ das W3C diese Option aber fallen.

15.8 XML-Inhalte im Browser

Wenn sich die Masse derer, die für das Web entwickeln, weiterhin für die HTML-Syntax entscheidet, bleiben immer noch zahlreiche Möglichkeiten, Stoff für das Web in XML-basierten Formaten zu liefern. In Kapitel 6 und in Kapitel 7 wurde bereits gezeigt, dass Browser die Kombination von XML + CSS oder XML + XSLT nutzen können, um XML-Inhalte direkt anzuzeigen. Eine Menge von Informationen im Web wird auch immer noch in Form von Feeds zur Verfügung gestellt, die XML-Sprachen wie RSS oder Atom verwenden.

15.8.1 Die Wiederbelebung von SVG

Eine regelrechte Wiederbelebung im Zusammenhang mit HTML5 erlebt die in Kapitel 3, »Dokumenttypen und Validierung«, bereits vorgestellte XML-Anwendung SVG als Sprache für zweidimensionale Grafiken im Web. Zunächst wurde SVG als eine wichtige Ergänzung zu XHTML gehandelt. Als es mit XHTML nicht recht voranging, erwuchs die Idee, SVG direkt in HTML einzubetten. Damit konnte vermieden werden, dass für ein `<svg>`-Element in einer HTML-Seite extra ein XML-Parser aktiviert werden musste.

Mit HTML5 existiert nun diese bequeme Variante, den SVG-Code direkt im HTML-Code einzufügen. Sie können eine Illustration mit einem SVG-Editor gestalten und das fertige SVG-Dokument in den HTML-Code übernehmen. Die Tags werden anschließend wie alle anderen HTML5-Tags behandelt. Sie merken das daran, dass Sie beispielsweise Attributwerte notfalls auch ohne Anführungszeichen verwenden dürfen, ohne dass es zu einer Fehlermeldung durch den Browser kommt. Es handelt sich bei der SVG-Insel im HTML-Code also nicht mehr um ein XML-Dokument, das den Regeln der Wohlgeformtheit unbedingt gerecht werden muss.

Arbeiten Sie dagegen mit XHTML5, können Sie wie bei XHTML 1.0 und 1.1 den SVG-Code als wohlgeformtes XML-Fragment einfügen, wobei der entsprechende Namensraum verwendet wird.

Die direkte Integration von SVG-Code in HTML5 ist in der Regel sinnvoll, wenn er nicht sonderlich umfangreich ist, bei größeren SVG-Projekten ist es meist praktischer, sie erst separat auszutesten und über externe SVG-Dateien als *Embedded Content* einzubinden. Dafür gibt es mehrere Möglichkeiten. Die erste und empfehlenswerteste Option ist die Einbindung über ein `<object>`-Tag:

```
<object type="image/svg+xml" data="image.svg">
  Sorry, Ihr Browser versteht kein SVG
</object>
```

Dabei lässt sich ein Fallback-Text als Inhalt des <object>-Elements einfügen oder auch ein einfaches Bild, das den Inhalt des SVG-Dokuments zumindest andeutet. Eine weitere Option ist die Verwendung von <iframe>-Elementen:

```
<iframe src="image.svg">Ihr Browser kann keine iframes</iframe>
```

Auch mit einem <img>-Tag lassen sich SVG-Dateien einbinden:

```
<img src="image.svg" />
```

Schließlich gibt es noch die Möglichkeit, SVGs über CSS als Hintergrundbilder zu übernehmen:

```
#back {background-image: url(image.svg);}
```

Die beiden letzten Lösungen sind aber nur für SVGs geeignet, die nicht mit Animationen, Skriptelementen oder Verknüpfungen arbeiten.

15.8.2 Dynamische Illustrationen

Besonders attraktiv ist SVG auch für Animationen. Einerseits stellt SVG selbst Elemente zur Verfügung, um animierte Darstellungen zu realisieren, andererseits steht Ihnen aber auch der Einsatz von Skripts offen, da die SVG-Elemente alle im DOM-Baum einer Webseite bereitgestellt werden. SVG-Elemente lassen sich deshalb sehr einfach mit Eventhandlern verknüpfen, etwa um die Position eines Elements durch Ändern der Koordinaten zu verschieben.

Im Vergleich zu Lösungen mit dem oben schon angesprochenen <canvas>-Element sind die Möglichkeiten sogar noch umfangreicher. Wenn Sie beispielsweise einen Schriftzug in ein <canvas>-Element einfügen, besteht kein Zugriff mehr, sobald er auf der Pixelebene eingefügt ist. Wird der Schriftzug dagegen mit dem SVG-Element <text> eingebaut, bleibt der Zugriff auf den Inhalt und die Form des Schriftzugs komplett erhalten. Das erlaubt Ihnen dynamische Lösungen, bei denen der Inhalt beispielsweise von anderen Werten wie dem Systemdatum oder der Systemzeit oder von Eingriffen des Besuchers der Website abhängig ist. Solche Textinhalte werden zudem von Suchmaschinen ausgewertet, was bei Texten in einem <canvas> nicht möglich ist.

Es gibt verschiedene Möglichkeiten, SVGs mit Skriptelementen zu kombinieren. Die einfachste Methode besteht darin, Skriptelemente direkt mit einzelnen SVG-Elementen zu verknüpfen. Um beispielsweise den in einer Animation verwendeten Text anders einzufärben, wenn der Mauszeiger den Schriftzug berührt, lässt sich der notwendige Code direkt als Inhalt von zwei Attributen des Elements <text> eintragen, die für die beiden Ereignisse stehen:

```
<text ...
  onmouseover="ecmascript:
  evt.target.setAttribute(
  'stroke','red')"
  onmouseout="ecmascript:
  evt.target.setAttribute(
  'stroke','black')">
  Planetenspiel
</text>
```

Zunächst geben Sie über das entsprechende Namensraumpräfix die Skriptsprache an. Mit evt.target wählen Sie das Objekt, dessen Eigenschaft Sie mit setAttribute festlegen. Das ist in diesem Fall das Zielobjekt des Events, also das von der Maus berührte Element <text>. Als zweites Argument wird das betreffende Attribut des Objekts genannt, schließlich der Wert, den dieses annehmen soll. Soll der angezeigte Text per Mausklick erweitert werden, reicht das folgende Attribut:

```
onclick="ecmascript:evt.target.firstChild.appendData(' Animation mit SVG')"
```

In diesem Fall wird mit firstChild auf den Inhalt des Elements <text> zugegriffen und mit der Methode appendData() noch eine Zeichenfolge an die vorhandenen Zeichen angehängt.

15

Die zweite Möglichkeit, Skriptcode mit SVG zu kombinieren, besteht darin, ein Element <script> als Kindelement von <svg> einzufügen. Mit dem Attribut contentScriptType können Sie vorab die vorgegebene Skriptsprache festlegen:

```
<svg contentScriptType = "application/javascript" ...
```

Die Vorgabe ist 'application/ecmascript'. Das Element <script> innerhalb von SVG entspricht ansonsten dem <script>-Element in HTML. Das type-Attribut gibt die verwendete Skriptsprache an. Jede Funktion, die in einem solchen <script>-Element abgelegt ist, kann innerhalb des gesamten Dokuments aufgerufen werden. Dabei wird ein CDATA-Konstrukt verwendet, um den Code zu verpacken, damit es kein Problem mit dem Operator < gibt. Um die Funktion aufzurufen, ergänzen wir die <circle>-Elemente mit einem entsprechenden Attribut:

```
onclick="circle_click(evt)"
```

Weitere Ereignisattribute sind onfocusin, onfocusout, onactivate, onclick, onmousedown, onmouseup, onmouseover, onmousemove und onmouseout. Neben den Ereignissen, die durch den Benutzer ausgelöst werden, lässt sich auch das Ereignis SVGLoad nutzen, um Skripte zu starten.

```
<svg ... onload="init(evt) ...
```

Für Animationen stehen noch einige spezielle Attribute zur Verfügung: `onbegin`, `onend` und `onrepeat`.

Benötigt das Skript eine Referenz auf ein Objekt, das nicht durch das Ereignis vorgegeben ist und mit `evt.target` übernommen werden kann, werden Methoden des `document`-Objekts wie `getElementById()` oder `getElementsByTagName()` verwendet. `Argument` ist im ersten Fall der Wert des `id`-Attributs des betreffenden Elements:

```
kreis1 = document.getElementById("cir1")
```

Die zweite Methode verwendet als Argument den Namen des Elements und liefert eine Liste der Knoten mit dem angegebenen Elementnamen. Um eine externe Skriptdatei in SVG einzubinden, wird das `XLink`-Attribut `xlink:href` verwendet:

```
<script xlink:href="<Dateiname.js>" />
```

Wenn Sie Skripts für SVG entwickeln, können Sie in vielen Fällen zwischen den Methoden von DOM Level 1 und DOM Level 2 wählen. DOM Level 2 unterstützt Namensräume. Die Methodennamen sind deshalb gegenüber den Namen in Dom Level 1 um das Suffix NS erweitert, außerdem wird als erstes Argument immer der Namensraum verlangt. Listing 15.1 zeigt ein Beispiel, in dem zunächst auf der Webseite ein Kreis erscheint, der sich bei Berührung des Schriftzugs in eine Kreiswolke auflöst.

```
<!DOCTYPE html>
<html>
  <head>
    <meta content="application/xhtml+xml" encoding="UTF-8" />
  </head>
  <body>
    <svg version="1.1"
         xmlns="http://www.w3.org/2000/svg">
      <script type="application/ecmascript">

      <![CDATA[

        function changeElement(evt)
        {
          var svgNS =
           "http://www.w3.org/2000/svg";
          var textlink = evt.target;
          var circ =
            document.getElementById("circ1");
          var parent = null;
          var circle = null;
```

```
        if(circ)
        {
          parent = circ.parentNode;
          parent.removeChild(circ);
          for (i = 1; i < 200; i++)
          {
            circle =
              document.createElementNS(svgNS,
              "circle");
            circle.setAttributeNS(null, "cx",
              50+Math.random()*260);
            circle.setAttributeNS(null, "cy",
              50+Math.random()*280);
            circle.setAttributeNS(null, "r",
              Math.random()*20);
            circle.setAttributeNS(null,
              "fill", "red");
            circle.setAttributeNS(null,
             "fill-opacity", Math.random());
            circle.setAttributeNS(null,
             "stroke", "black");
         parent.appendChild(circle);
        }
      }
     }

    ]]>

    </script>
    <rect x="0" y="0" width="350"
      height="350" fill="yellow" />
    <text x="10" y="20"
       onmouseover="changeElement(evt)"
      style="font-size:16pt">
      Berühre mich!
    </text>
    <circle id="circ1"
      cx="160" cy="180" r="140"
      fill="gold" stroke="black" />
  </svg>
 </body>
</html>
```

Listing 15.1 Kreiswolke.xhtml

Das Skript verwendet die Eigenschaft `parentNode`, um das Elternelement des Kreiselements als Objekt zu gewinnen. Die Methode `removeChild()` entfernt den zunächst angezeigten großen Kreis. Stattdessen erzeugt `document.createElementNS(svgNS, "circle")` ein neues Kreiselement, dessen Eigenschaften Sie mit der Methode `setAttributeNS()` bestimmen. Dabei werden Zufallswerte für die Koordinaten des Kreismittelpunktes angegeben. Der neue Kreis wird mit `appendChild()` an das Elternelement angehängt. Die Erzeugung findet in einer Schleife statt, so dass zahlreiche Kreise entstehen. Abbildung 15.3 zeigt die Webseite, nachdem die Textzeile berührt wurde.

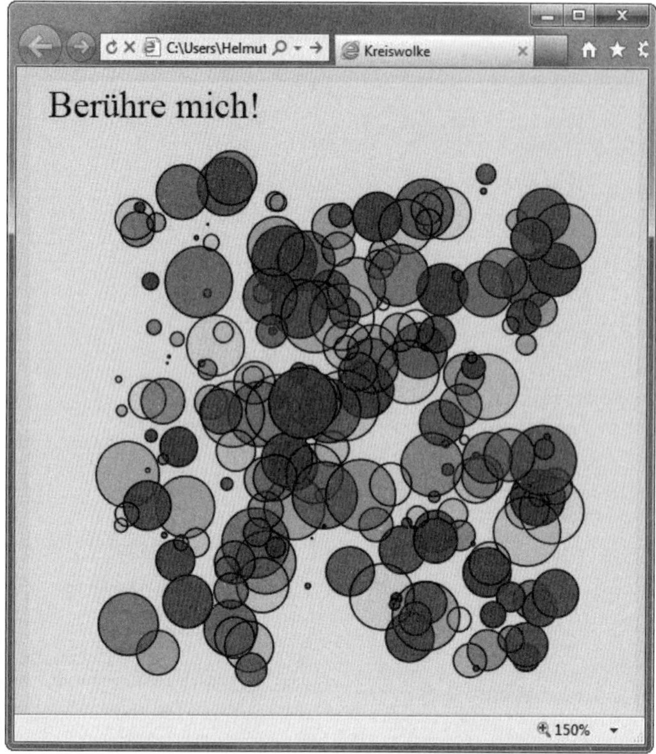

Abbildung 15.3 Per Skript generierte SVG-Grafik

Sehr attraktiv ist die Kombination von SVG und CSS zur Visualisierung von Daten in Form von Landkarten. Dazu bietet Wikipedia beispielsweise zahlreiche frei verfügbare Dateien im SVG-Format zum Download an, die für interaktive Lösungen geeignet sind. Im Folgenden ein einfaches Beispiel mit einer Weltkarte. Die Umrisse der Kontinente werden dabei mit Gruppen von ellenlangen `<path>`-Elementen gezeichnet. Für die entsprechenden `<g>`-Gruppen fügen Sie ein einfaches `<style>`-Element in den SVG-Code ein, und zwar mit einer Klasse, die dem `hover`-Ereignis zugeordnet ist.

```
<style>

.conti:hover {
   fill: red;
}

</style>
```

Wenn Sie anschließend bei jeder <g>-Gruppe, die die Umrisse eines Kontinents enthält, ein class-Attribut mit dieser Klasse einfügen, wird der vom Mauszeiger berührte Kontinent entsprechend eingefärbt.

```
<desc>World map with Africa marked.
   Drawn by maix (Marian Sigler)</desc>
<g transform="translate(0,239)
   scale(0.016963,-0.016963)"
   fill="#C0C0C0">
<g id="africa" class="conti">
  <path d="M13728 10231 c-34 -19 ..." />
</g>
<g id="asia" class="conti">
  <path d="M17725 13638 c-68 -17 ...
```


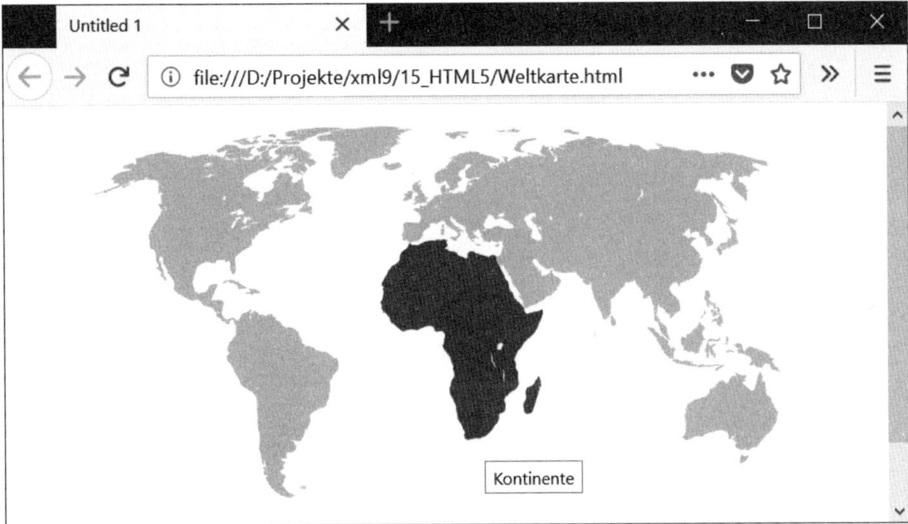

Abbildung 15.4 Eingefärbter Kontinent unter dem Mauszeiger

15.9 Freiwillige gesucht

HTML5 erlaubt den Webentwicklern weiterhin, einige historisch eingefleischte Schlampereien wie Tags ohne End-Tag, minimierte Attribute und nicht quotierte Attributwerte zu verwenden, aber es spricht viel dafür, dies wie eine schlechte Gewohnheit allmählich abzulegen. XHTML5 erzwingt dies durch die strenge Anforderung der Wohlgeformtheit, aber es spricht einiges dafür, wenigstens in Zukunft auch bei HTML5 auf Wohlgeformtheit zu achten. Besonders beschwerlich ist das nicht. Die meisten Editoren unterstützen die Einhaltung der Wohlgeformtheit längst, indem sie immer vollständige Elementschablonen vorgeben. Niemand sollte also so tun, als ob es ein großer Aufwand wäre, diese Regeln einzuhalten.

HTML5 erlaubt zwar weiterhin, Element- und Attributnamen ohne Beachtung der Groß- und Kleinschreibung zu verwenden, aber es ist ein besserer Stil, diese Dinge einheitlich zu handhaben, und dann kann auch gleich die generelle Kleinschreibung verwendet werden, die XHTML vorschreibt. Die vom W3C vorgelegte Empfehlung für HTML5 benutzt ohnehin durchgehend die Kleinschreibung für Elementnamen und Attributnamen. Wie es auch kommen mag, die Entwicklung hin zu HTML5 hat gezeigt: Die Gestalter des Webs bestimmen letztendlich, wohin die Reise geht.

Anhang A
Glossar

API (Application Programming Interface) Öffentlich verfügbare Programmierschnittstelle, die bei der Anwendungsentwicklung genutzt werden kann. DOM ist zum Beispiel eine solche Schnittstelle, die durch Anwendungen unterschiedlicher Sprachen und Plattformen einen gezielten Zugriff auf Teile eines XML-Dokuments bereitstellt.

Attribut Eine Informationseinheit, die einem Element in einem XML-Dokument beigefügt werden kann. Attribute erscheinen im Start-Tag hinter dem Elementnamen in Form von Name-Wert-Paaren, getrennt durch ein Gleichheitszeichen, wobei der Wert in Anführungszeichen gesetzt wird. Mehrere, jeweils einmalige Attribute können getrennt durch Leerraum aufeinanderfolgen. Alle Attributwerte sind Zeichenketten.

B2B (Business-to-Business) Bezeichnung für die computergestützte Kommunikation zwischen Unternehmen.

B2C (Business-to-Consumer) Bezeichnung für die computergestützte Kommunikation zwischen Unternehmen und ihren Kunden, etwa beim E-Commerce über das Web.

Callback Programmiertechnik, bei der ein Prozess einen anderen auslöst. Der zweite Prozess ruft später den ersten als Ergebnis eines bestimmten Werts, einer Aktion oder eines Ereignisses wieder auf.

CDATA (Character Data) Ein Block von Zeichen in einem XML-Dokument, der nicht geparst werden soll. CDATA-Bereiche werden in die beiden Trennzeichenfolgen `<![CDATA[` und `]]>` eingepackt. Sie werden verwendet, um beispielsweise Texte in das Dokument mit aufzunehmen, die reservierte Zeichen wie <, > oder & enthalten.

Containerelement Ein Element in einem XML-Dokument, das selbst wiederum andere Elemente oder Elementgruppen oder Mischungen aus Elementen und einfachen Zeichendaten enthält.

CSS (Cascading Stylesheets) Stylesheets enthalten Formatierungsregeln für XML- oder HTML-Elemente. Durch die Zuordnung eines Stylesheets kann in einfacher Form die Präsentation der Inhalte eines XML-Dokuments gesteuert werden. Dabei können mehrere Regeln überlagert werden.

Datentyp XML Schema erlaubt die Verwendung einer umfangreichen Hierarchie von Datentypen, mit denen festgelegt werden kann, welche Inhalte die Elemente eines XML-Dokuments und welche Werte die verwendeten Attribute annehmen dürfen. Dabei werden zahlreiche vorgegebene Datentypen angeboten, aus denen der Anwender eigene Datentypen ableiten kann.

Dokument Das Dokument ist in XML die Informationseinheit, die alle untergeordneten Informationseinheiten in sich einschließt. Dabei kann ein XML-Dokument physikalisch aus mehreren Dateien zusammengesetzt sein.

Dokumentelement Das Wurzelelement eines XML-Dokuments, das alle anderen Elemente enthält. Muss als erstes Element im Dokument erscheinen. Das Dokumentelement steht für das Dokument insgesamt.

Dokumententität Startpunkt für einen XML-Parser. Diese Entität hat keinen Namen und kann auch nicht referenziert werden. In der Dokumententität können die XML-Deklaration und eine Dokumenttyp-Deklaration vorkommen.

Dokumentinstanz Ein XML-Dokument ist eine Dokumentinstanz eines Dokumentmodells, das mit Hilfe einer DTD oder von XML Schema definiert ist, wenn es diesem Inhaltsmodell entsprícht, also ein gültiges, konkretes Beispiel des abstrakten Modells ist.

Dokumentmodell Inhaltsmodell für ein XML-Dokument, das in Form einer DTD oder eines XML-Schemas die Struktur, das heißt das Vokabular und die Grammatik, einer bestimmten Klasse von konkreten Dokumenten festlegt.

Dokumenttyp-Deklaration Festlegung der Struktur, der ein XML-Dokument zu entsprechen hat, um als gültiges Dokument von einem validierenden Parser eingestuft zu werden. Die Syntax ist `<!DOCTYPE Inhalt>`. Statt interner Dokumenttyp-Definitionen kann die Deklaration auch auf externe Dateien verweisen, die DTDs enthalten. Die Deklaration muss der XML-Deklaration folgen und vor dem ersten Element erscheinen.

DOM (Document Object Model) DOM definiert eine abstrakte Programmierschnittstelle, die unabhängig von einer bestimmten Plattform oder Sprache ist, um Programmen und Skripts einen wahlfreien Zugriff auf den Inhalt und die Struktur eines XML-Dokuments zu ermöglichen. Dabei wird im Speicher jeweils ein Baum von Objekten aufgebaut, die bestimmte Methoden des Zugriffs und der Veränderung bereitstellen.

DTD (Document Type Definition) Definition der erlaubten Elemente und Attribute und ihrer Zusammensetzung für eine Klasse von Dokumenten. Die DTD legt damit die in der Dokumentinstanz zu verwendenden Tags fest und bestimmt, in welcher Reihenfolge sie auftreten und wie sie verschachtelt werden dürfen. Außerdem werden die bei einem Element erlaubten Attribute und die Art der Werte festgelegt. Eine genaue Datentypbestimmung ist allerdings erst durch XML Schema möglich geworden. Liegt eine DTD vor, kann ein validierender Parser ein konkretes Dokument an der zugeordneten DTD prüfen. Die Verwendung von DTDs ist aber nicht vorgeschrieben. Fehlt eine DTD (oder ein Schema), wird ein XML-Dokument von einem Parser nur auf Wohlgeformtheit geprüft.

EDIFACT (Electronic Data Interchange for Administration, Commerce and Transport) Internationaler Standard für das Format elektronisch ausgetauschter Daten im Geschäftsverkehr. Arbeitet mit unterschiedlichen Nachrichtentypen und Subsets, die auf die einzelnen Branchen abgestimmt sind. Über Mapping-Verfahren lassen sich EDIFACT-Daten in XML konvertieren und umgekehrt.

Element Grundlegende Informationseinheit in einem XML-Dokument. Elemente bestehen aus einem den Typ des Elements benennenden Start-Tag, dem Elementinhalt und dem End-Tag. Das Start-Tag kann dabei auch eine unbestimmte Zahl von eindeutigen Attributen enthalten. Die gültigen Elemente können durch eine DTD oder ein XML-Schema vorgeschrieben werden. Der Elementinhalt kann direkt aus Zeichendaten bestehen oder wiederum aus untergeordneten Elementen oder aus einer Mischung aus Zeichendaten und Elementen.

Entität (Entity) Ein XML-Konstrukt, das als Platzhalter für unterschiedliche Inhalte verwendet werden kann. Der XML-Parser ersetzt bei der Verarbeitung des Dokuments die Platzhalter durch die zugeordneten Inhalte, das Dokument wird dann mit den geparsten Entitäten weiterverarbeitet. Eine Entität kann ein einzelnes Zeichen oder auch ganze Dateien beinhalten. Für jede Entität muss ein eindeutiger Name verwendet werden. Der Bezug auf eine Entität wird durch eine entsprechende Referenz hergestellt, ähnlich wie bei einer Makrodefinition für Textergänzung. In einer DTD können Entitäten deklariert werden.

Entitätsreferenz (Entity Reference) Mit einer Entitätsreferenz kann der Inhalt einer Entität in ein Dokument einbezogen werden. Die Referenz beginnt mit dem Zeichen **&**, dann folgen der Name der Entität und ein abschließendes Semikolon. Wenn der Prozessor die betreffende Zeile verarbeitet, wird der Verweis durch den darin angegebenen Inhalt ersetzt.

EPUB (Electronic Publication) Offener Standard auf der Basis von XML für E-Books, verantwortlich dafür ist das International Digital Publishing Forum (IDPF).

Facette Ein bestimmter Aspekt des Werteraums eines Datentyps. Unterschieden wird dabei zwischen fundamentalen und einschränkenden Facetten. Dass ein Wert numerisch ist, gilt zum Beispiel als fundamentaler Aspekt;

dass er Werte zwischen 1 und 100 annehmen darf, ist eine Einschränkung dieses Aspekts.

Fragmentbezeichner Erweiterung eines URL, die einen direkten Zugriff auf ein benanntes Element auf einer Webseite erlaubt.

HTML (Hypertext Markup Language) Markup-Sprache, die hauptsächlich für die Erstellung von Webseiten verwendet wird. Die aktuelle Version beim W3C ist HTML5.

HTTP (Hypertext Transport Protocol) Das Protokoll, das für den Datenaustausch im World Wide Web verwendet wird. Es legt fest, auf welche Weise ein Client – ein Browser – Daten von einem Webserver anfordert und wie der Webserver auf diese Anfrage antwortet und die geforderten Webseiten zur Verfügung stellt. Das Protokoll realisiert ein einfaches Nachrichtenmodell, das aus einer Klasse von Anforderungsnachrichten und einer Klasse von Antwortnachrichten besteht. Eine Anforderung ist zum Beispiel die Eingabe einer URL-Adresse, die um Parameter erweitert werden kann.

IDL (Interface Definition Language) Eine sprachneutrale Sprache, in der die Schnittstellen des DOM in der Empfehlung des W3C beschrieben sind. Der Empfehlung sind zwei »Übersetzungen« der IDL-Definitionen in Form sogenannter Bindungen für Java und für ECMAScript beigefügt.

Infoset (XML Information Set) Die im Oktober 2001 vom W3C verabschiedete Empfehlung ist ein Satz von Definitionen, die festlegen, wie in den Empfehlungen der XML-Familie auf die verschiedenen Informationseinheiten, die in einem XML-Dokument vorkommen, in konsistenter Weise Bezug genommen werden soll. Der Grundgedanke ist, dass jedes wohlgeformte XML-Dokument, das zusätzlich die Einschränkungen in Bezug auf die Verwendung von Namensräumen erfüllt, ein Infoset enthält, womit eine hierarchische Struktur von Informationseinheiten gemeint ist, die unterschiedlicher Art sein können. Die Empfehlung unterscheidet insgesamt elf Informationstypen, die jeweils ihre speziellen Eigenschaften haben. Das Infoset wird teilweise im Knotenbaum des DOM-Modells abgebildet, aber nicht vollständig. Ähnliches gilt für das Datenmodell von XPath.

Inhaltsmodell (Content Model) Beschreibung der Inhalte eines Elements, entweder innerhalb einer DTD oder in XML Schema. Gibt an, welche Elemente und Daten in welcher Anordnung in einem Element auftauchen dürfen.

JSON Kompaktes Datenformat in Textform für den Datenaustausch im Web. JSON ist die Abkürzung für JavaScript Object Notation, das Format ist also mit JavaScript kompatibel. Jedes JSON-Objekt ist ein gültiges JavaScript-Objekt.

Knoten Die Objekte, aus denen DOM seine Baumstruktur aufbaut, um die logische Struktur eines XML-Dokuments zu präsentieren, werden *Knoten* genannt. XPath verwendet eine ähnliche Baumrepräsentation des XML-Dokuments.

Komplexer Datentyp (Complex Data Type) Ein Element in einem XML-Schema, das andere Elemente oder Attribute enthält. Komplexe Datentypen können anonym oder mit einem Namen definiert werden. Benannte komplexe Datentypen können als Basistypen für abgeleitete Datentypen verwendet werden.

Kontextknoten (Reference Node) Der Kontextknoten ist bei einer XPath-Lokalisierung innerhalb eines Knotenbaums der Knoten, von dem aus die Operation gestartet wird.

Lokalisierungsausdruck Ein Ausdruck, der in XPath benutzt wird, um bestimmte Knoten im Knotenbaum auszuwählen. Lokalisierungsausdrücke sind absolute Ausdrücke, wenn sie mit einem Schrägstrich beginnen, der für den Wurzelknoten steht, ansonsten sind es relative Ausdrücke, die vom aktuellen Kontextknoten ausgehen. Während XPath immer nur der Navigation innerhalb eines XML-Dokuments dient, benutzt XPointer ähnliche Ausdrücke, um Teilmengen in externen XML-Dokumenten zu identifizieren. Dabei werden Lokalisierungsausdrücke innerhalb von Fragmentbezeichnern aufgebaut.

Mapping Bezeichnung für Verfahren, bei denen Daten aus einer bestimmten Datenstruktur – etwa einem XML-Dokument – in eine Beziehung zu verwandten Daten in einer anderen Datenstruktur (XML, relationale Tabelle, Objektmodell) gesetzt werden.

Markup Die Teile eines XML-Dokuments, die zur Auszeichnung verwendet werden, insbesondere die Start- und End-Tags, die dafür genutzt werden, die einzelnen Elemente voneinander zu trennen und sie zugleich zu benennen. Auch Entitätsreferenzen, Kommentare, die Trennzeichen für CDATA-Abschnitte, Dokumenttyp-Deklarationen und Verarbeitungsanweisungen werden zum Markup gezählt und damit von den Zeichendaten unterschieden, die den eigentlichen Inhalt des Dokuments ausmachen.

Metadaten Daten, die nicht direkt zum Inhalt eines Dokuments gehören, sondern Informationen über das Dokument zur Verfügung stellen, wie Name des Autors, Erstellungsdatum etc.

MIME-Typ (Multipurpose Internet Mail Extensions) oder Internet Media Type Gibt die Art der Daten an, die im Rumpf einer Nachricht im Internet verwendet wird. Der Server meldet bei einer http-Übertragung dem Client, welche Art von Daten er liefert. Meist wird ein Medientyp plus Untertyp angegeben: *text/html* beispielsweise oder *application/xhtml+xml*.

Mixed Content Ein spezieller Elementtyp, der es erlaubt, den Inhalt eines Elements aus Zeichendaten und untergeordneten Elementen zu mischen. DTDs können in diesem Fall aber weder die Reihenfolge noch die Häufigkeit des Vorkommens einzelner Elemente festlegen, während bei einem XML-Schema entsprechende Einschränkungen möglich sind.

Namensraum (Namespace) Ein XML-Namensraum ist eine Sammlung von Namen, die durch eine URI-Referenz identifiziert wird. Durch die Zuordnung von Element- oder Attributnamen zu Namensräumen ist es möglich, Informationseinheiten eindeutig zu identifizieren und Namenskonflikte zu vermeiden. Auf diese Weise können gleichlautende Namen mit unterschiedlicher Bedeutung in verschiedenen Vokabularen verwendet werden. Um Namen, die zu einem Namensraum gehören, einfacher verwenden zu können, kann der URI-Referenz eine Abkürzung zugeordnet werden, die dann als Namensraumpräfix vor dem lokalen Namen eingefügt wird, getrennt durch einen Doppelpunkt. Diese Zuordnung geschieht durch eine Namensraumdeklaration mit der Syntax `<xmlns:namensraumpraefix=uri>`. Solche Deklarationen können auch innerhalb einer Elementdeklaration verwendet werden. Alle Kindelemente dieses Elements erben dann den Namensraum. Die URI-Referenz muss nur eindeutig sein, der Parser sucht anders als bei einem Verweis auf eine DTD oder ein XML-Schema keine dort abgelegte Namensliste.

NCName Ein *Non-colonized Name*, also ein XML-Name, der keinen Doppelpunkt enthält. Ein gültiger NCName beginnt entweder mit einem Buchstaben oder einem Unterstrich. Die folgenden Zeichen können eine beliebige Kombination von Buchstaben, Zahlen, Akzenten, diakritischen Zeichen, Punkten, Bindestrichen und Unterstrichen sein.

Notation Notationen werden eingesetzt, um Daten in einem Nicht-XML-Format in ein XML-Dokument einzubinden, etwa eine Bilddatei. Die Notation identifiziert über ihren Namen das Format einer Entität, die vom Parser ignoriert werden soll – also einer *Unparsed Entity* –, das Format von Elementen, die ein Notationsattribut enthalten, oder eine Anwendung, an die sich eine Verarbeitungsanweisung richtet.

Office Open XML (OOXML) Von Microsoft entwickelter XML-basierter offener Standard für Office-Dokumente. 2008 als ISO-Norm 29500 veröffentlicht.

OpenDocument (OASIS Open Document Format for Office Applications) XML-basierter offener Standard für Office-Dokumente. 2006 als ISO-Norm 26300 veröffentlicht.

Parameterentität Parameterentitäten können nur in einer DTD verwendet werden, und zwar, um Textabschnitte zu benennen, die in der DTD wiederverwendet werden sollen, etwa Teile eines Inhaltsmodells oder eine Liste von Datentypen. Sie werden mit folgender Syntax deklariert:

```
<!ENTITY % name "Ersetzungstext">
```

Die Deklaration muss jedem Verweis auf die Entität vorausgehen, der in der Form `%name` erfolgt.

Parsed Entity Eine Entität des XML-Dokuments, die vom XML-Prozessor auf Entitätsreferenzen geprüft werden soll. Der Parser löst alle gefundenen Verweise rekursiv auf, bis für alle Entitäten die entsprechenden Ersetzungstexte eingebunden worden sind. Geparste Entitäten können nur Zeichendaten oder XML-Markup enthalten.

Parser Ein Programm, das XML-Dokumente liest, auf Wohlgeformtheit prüft und, wenn es sich um einen validierenden Parser handelt, auch auf Gültigkeit. Dabei werden Entity-Referenzen rekursiv aufgelöst. Das Ergebnis des Parsens wird in der Regel an eine weiterverarbeitende Anwendung geleitet. Ist das Dokument nicht wohlgeformt, handelt es sich um kein XML-Dokument, und die Verarbeitung wird abgebrochen.

PCDATA Akronym für *Parsed Character Data*. Datentyp für Elemente, die nur Zeichendaten, aber keine Unterelemente enthalten. Dagegen sind Entitäten erlaubt, die vom Parser aufgelöst werden.

Processing Instruction Verarbeitungsanweisung für eine Anwendung, die ein XML-Dokument verarbeitet. Auf diese Weise können Informationen vom Parser an eine Anwendung weitergereicht werden. Solche Anweisungen können an beliebigen Stellen des Dokuments auftreten. Die Syntax ist:

```
<? Name der Zielanwendung Text der Anweisung ?>
```

Prolog Ein optionaler, einleitender Teil eines XML-Dokuments, der eine XML-Deklaration, Stylesheet-Deklarationen, Dokumenttyp-Deklarationen, sonstige Processing Instructions und Kommentare enthalten kann.

QName (qualifizierter Name) Ein qualifizierter Name ist ein Name, dem ein Namensraumpräfix vorangestellt ist. Der Namensteil hinter dem Doppelpunkt wird auch als *lokaler Name* bezeichnet.

Renderer Prozessor, der ein Dokument in einem bestimmten Format ausgibt

RSS Familie von XML-basierten Formaten für die Bereitstellung von Inhalten im Web in Form sogenannter Feeds, die abonniert werden können. Die Abkürzung hat versionsweise ihre Bedeutung gewechselt, für RSS 2.0 wird *Really Simple Syndication* angegeben.

SAX (Simple API for XML) Eine XML-Programmierschnittstelle, die es ermöglicht, ein XML-Dokument sequenziell abzuarbeiten. Immer wenn dabei ein bestimmtes Ereignis eintritt, etwa das Auftauchen eines Start-Tags, werden bestimmte Methoden aufgerufen, die der Anwendung Informationen bereitstellen, auf die sie dann reagieren kann. Insofern wird von einem *ereignisgesteuerten Verfahren* gesprochen. Im Unterschied zu DOM wird kein Objektbaum im Speicher aufgebaut, so dass selbst bei großen XML-Dokumenten nur wenige Speicherressourcen benötigt werden. SAX wurde von David Megginson und der XML-DEV-Community 1998 zunächst für Java entwickelt. SAX 2.0 ist seit Mai 2000 auf dem Markt und unterstützt inzwischen mehrere Sprachen.

Serialisierung Die Abbildung eines geordneten, hierarchischen Objekt- oder Knotenbaums in einer sequenziell aufgebauten Datei wird als *Serialisierung* bezeichnet. Die Ordnung des Baums, der einem XML-Dokument entspricht, ist dabei nach der Regel der Tiefensuche sortiert, das heißt, beim ersten Kindknoten werden zunächst die Kindeskindknoten abgelaufen etc., ehe zum nächsten Geschwisterknoten fortgeschritten wird. Die Abbildung der Datei als Knotenbaum wird umgekehrt als *Deserialisierung* bezeichnet.

SGML (Standard Generalized Markup Language) Internationaler Standard für plattformunabhängige Auszeichnungssprachen. SGML ist eine Metasprache, von der konkrete Auszeichnungssprachen wie HTML abgeleitet worden sind. XML ist eine vereinfachte Untermenge von SGML.

Simple Data Type Ein Element vom Typ `<simpleType>` enthält nur Text. Auch Attribute werden als Simple Data Types betrachtet, weil ihre Werte nur Text enthalten können.

SOAP (Simple Object Access Protocol) Ein XML-Nachrichtenformat, mit dem Anwendungen über das Web in einer Weise kommunizieren können, die unabhängig von bestimmten Plattformen, Objektmodellen und Programmiersprachen ist. Die Nachrichten werden dabei in ein Umschlagelement verpackt und können auch über Firewalls hinweg Anwendungen direkt verbinden.

Stylesheet Eine Zusammenstellung von Formatierungsregeln, die angeben, wie Elemente im jeweiligen Zielmedium dargestellt werden sollen. Die Optionen des zunächst gebräuchlichen CSS-Standards werden durch XSL und XSLT wesentlich erweitert.

Tag Ein von spitzen Klammern umschlossener Elementname, der zur Auszeichnung eines Dokuments verwendet wird. In XML ist dabei die Wahl der Elementnamen prinzipiell frei, während HTML nur mit vorgegebenen Elementnamen arbeitet. Durch DTDs oder XML-Schemas kann die Zahl der gültigen Tags eingeschränkt werden.

Template-Regel XSL- oder XSLT-Stylesheets arbeiten mit Template-Regeln, um aus den Knoten des Quelldokuments die Knoten des Zieldokuments zu erzeugen. Diese Template-Regeln, die ähnlich wie Funktionen eingesetzt werden können, bestehen aus zwei Teilen. Der erste Teil enthält meist einen Mustervergleich mit Hilfe des `match`-Attributs, der benutzt wird, um im Quelldokument die Knoten zu identifizieren, die umgewandelt oder formatiert werden sollen. Der zweite Teil ist ein Template, das mit Hilfe einzelner Kindelemente die vorgesehenen Umwandlungen festlegt. Alternativ dazu können auch benannte Templates eingesetzt werden.

Token Token sind Zeichen oder Zeichenfolgen, die als nicht zerlegbare Grundbausteine einer Sprache eingesetzt werden. Zeichen wie < oder > oder Schlüsselwörter, Element- und Attributnamen sind Token in XML. Auch die Werte bestimmter Attribute (`ID`, `IDREF`, `ENTITY`, `NMTOKEN`) werden als Token oder als Liste von Token behandelt (`IDREFS`, `ENTITIES`, `NMTOKENS`).

Unicode Zeichensatzstandard, in dem versucht wird, möglichst alle Zeichen, die in den Sprachen der Welt vorkommen, zu erfassen. Informationen über das Unicode Consortium, das den Standard pflegt, sind über *www.unicode.org* zu bekommen.

Unparsed Entity Ein beliebiger Block von Nicht-XML-Daten in einem XML-Dokument, etwa binäre Daten für ein Bild oder auch Textdaten, die der Parser nicht auswerten soll. Um solche Datenblöcke in das Dokument einzubeziehen, ist eine entsprechende Notation notwendig, die das Datenformat oder den Typ der entsprechenden Ressource angibt. Der Parser muss die Informationen über die ungeparsten Entitäten an eine Anwendung weiterreichen.

URI (Uniform Resource Identifier) Oberbegriff für Zeichenketten, die zur eindeutigen Identifizierung von Ressourcen im Web benutzt werden. Am Anfang steht ein URI-Schema-Name, der meist das Zugriffsprotokoll nennt (*http*, *ftp*, *mailto* etc.), dann folgt, getrennt durch einen Doppelpunkt, der Pfad zu der Ressource. In der Praxis werden heute fast ausschließlich ULRs als URI verwendet. Die allgemeine Syntax von URIs ist in IETF RFC 2396 definiert, *www.ietf.org/rfc/rfc2396.txt* enthält alle Details dazu.

Der Nachteil eines URL – *Uniform Resource Locator* – ist allerdings, dass er ungültig wird, wenn sich der Speicherort der Ressource ändert. Deshalb gibt es seit einigen Jahren Versuche, eine weltweit eindeutige Benennung von Webressourcen in Form von URNs – *Uniform Resource Name* –, also mit Hilfe von Namensräumen, zu ermöglichen. Zum Stand dieser Bemühungen gibt es vom W3C eine Art Klarstellung vom 21.9.2001 unter *www.w3.org/TR/2001/NOTE-uri-clarification-20010921/*.

URL (Uniform Resource Locator) Adresse, die den genauen Ort einer Ressource im Internet angibt. Die Syntax ist durch die Internet Proposed Standards RFC 1738 und 1808 für absolute und relative Adressen definiert. Ein URL besteht aus einem Schema (*http*, *https*, *news*, *ftp*, *mailto*, *nntp*, *telnet*, *ldap*) und einem schemaspezifischen Teil, der aus folgenden Elementen zusammengesetzt ist: *"//" [benutzer [":" kennwort] "@"] host [":" port] "/" url_path* (wobei die eingeklammerten Elemente optional sind).

Validierung Wenn einem XML-Dokument eine DTD oder ein XML-Schema zugeordnet ist, kann ein XML-Parser eine Validierung durchführen, die prüft, ob das Dokument dem darin festgelegten Vokabular und der Grammatik und den geforderten Datentypen entspricht und die in der XML-Spezifikation festgelegten Regeln einhält. Ist das der Fall, handelt es sich um ein gültiges XML-Dokument. Wird ein Fehler gefunden, muss er an die jeweilige XML-Anwendung gemeldet werden.

Vererbung Generell die Weitergabe der Eigenschaften und Methoden einer Klasse von Objekten an davon abgeleitete Objekte. Entsprechend erben bei XML Schema abgeleitete Datentypen die Eigenschaften des jeweiligen Basistyps.

W3C (Worldwide Web Consortium) International anerkannte Institution, die seit 1994 mit der Schaffung von Standards für Webtechnologien befasst ist. Arbeitsentwürfe für neue Standards oder Erweiterungen bestehender Standards werden zunächst in Form von Working Drafts zur Diskussion gestellt. Die verabschiedeten Standards werden als Empfehlung – *Recommendation* – bezeichnet.

Wohlgeformtes XML Ein Dokument, das die syntaktischen Regeln der XML-Spezifikation erfüllt. Das Dokument muss ein Dokumentelement enthalten, und alle anderen Elemente müssen darin eingeschlossen sein, wobei korrekt geschachtelt werden muss. Für jedes Start-Tag muss ein passendes End-Tag existieren. Eine DTD oder ein XML-Schema sind nicht erforderlich.

WSDL (Web Services Description Language) Ein spezielles XML-Vokabular, mit dem für einen Webdienst beschrieben wird, wie SOAP-Nachrichten aussehen müssen, um den Dienst nutzen zu können.

Wurzelelement Das Basiselement eines XML-Dokuments, das alle anderen Elemente in sich einschließt, auch *Dokumentelement* genannt.

Wurzelknoten Basisknoten des Knotenbaums, von dem alle anderen Knoten abstammen.

XBRL (eXtensible Business Reporting Language) Eine XML-basierte Sprache für den Bereich der Finanzberichterstattung, die von XBRL International und ihren nationalen Ablegern gepflegt wird. Die Sprache arbeitet mit standardisierten Regeln für Taxonomien, die den Aufbau bestimmter Dokumenttypen festlegen.

XHTML Zunächst eine Neuformulierung von HTML 4 in Form einer XML-Anwendung. XHTML 1.0 ist seit dem 26. Januar 2000 als Standard vom W3C definiert. Dabei wird die Absicht verfolgt, eine Familie verschiedener Module und Dokumenttypen von XHTML bereitzustellen, die eine Nutzung für ganz unterschiedliche Gerätetypen ermöglicht. Seit der Verabschiedung der Empfehlung für HTML5 gilt XHTML als alternative Syntax zu HTML5.

XLink (XML Linking Language) Ein XML-Vokabular für Elemente, die in XML-Dokumente eingefügt werden können, um Links zu Ressourcen aufzubauen und zu beschreiben. Über URL-basierte Hyperlinks und Anker hinaus, wie sie von HTML bekannt sind, können Verknüpfungen zu beliebigen Positionen in einem Dokument oder auch Verknüpfungen in mehrere Richtungen hergestellt werden. Seit Juni 2001 ist XLink als Empfehlung vom W3C verabschiedet.

XML (Extensible Markup Language) Eine Untermenge von SGML, die für Webanwendungen optimiert und vereinfacht wurde. XML bietet eine einheitliche Methode für die Beschreibung und den Austausch strukturierter Daten, unabhängig von einer bestimmten Plattform oder Programmiersprache. Dabei wird der Inhalt völlig von der Form der Darstellung getrennt, die aber jederzeit über Stylesheets zugeordnet werden kann.

XML-Anwendung Ein konkretes Vokabular für einen Sachbereich, das mit Hilfe der Metasprache XML formuliert worden ist. Beispiele sind etwa MathML, eine Sprache für mathematische Formeln, oder SVG, eine Beschreibung von Vektorgrafiken.

XML-Deklaration Die erste Zeile eines XML-Dokuments kann und sollte in der Regel eine XML-Deklaration als Verarbeitungsanweisung enthalten. Sie macht das Dokument für einen Prozessor sofort als XML-Dokument erkennbar. Neben der Angabe der XML-Version kann hier der zu verwendende Zeichensatz explizit deklariert und außerdem mit dem Attribut `standalone` angegeben werden, ob das Dokument als abgeschlossene Einheit verwendet werden kann oder ob externe Dateien geladen werden müssen, etwa eine externe DTD. Ein typisches Beispiel ist:

```
<?xml version="1.0" encoding="ISO-8859-1"
standalone="yes" ?>
```

XML-Dokument Ein Dokument, das im Sinne der XML-Empfehlung wohlgeformt ist. Ein XML-Dokument kann zugleich ein gültiges oder auch ein ungültiges Dokument sein, das einer DTD oder einem XML-Schema entspricht oder nicht. Die logische Struktur eines XML-Dokuments ist zusammengesetzt aus Informationseinheiten wie Elementen, Kommentaren und Verarbeitungsanweisungen. Physikalisch ist das Dokument zusammengesetzt aus Entitäten.

XML-Prozessor Generischer Begriff für eine Software, die XML-Dokumente lesen und auf deren Inhalt und Struktur zugreifen kann. Der XML-Prozessor arbeitet in der Regel im Dienst einer Anwendung, etwa eines Webbrowsers wie des Internet Explorers.

XML Schema Eine formale Festlegung der Struktur einer bestimmten Klasse von Dokumenten. XML-Schemas legen fest, welche Elemente und Attribute in einer gültigen Dokumentinstanz erlaubt sind und in welcher Anordnung die Elemente auftreten dürfen. Gleichzeitig können – anders als bei DTDs, denen sie ansonsten funktionell entsprechen – sehr präzise Definitionen der Datentypen gegeben werden, die den Inhalt der Elemente und die Werte von Attributen einschränken. Im Unterschied zu DTDs ist ein XML-Schema zudem selbst ein XML-Dokument, kann also auch von XML-Prozessoren entsprechend verarbeitet werden.

XML Schema Definition Language Die XML-Sprache zur Definition von XML-Schemas, die seit Mai 2001 als W3C-Standard vorliegt. Die Sprache besteht aus zahlreichen Elementen, die die Konstruktion von Datenmodellen und die Definition und Ableitung von Datentypen erlauben, wobei eine große Anzahl von Datentypen bereits vorgegeben wird.

XPath (XML Path Language) Eine Sprache, die es ermöglicht, Teile eines XML-Dokuments zu adressieren. XPath verwendet dafür eine Adressierungssyntax, die auf den Knotenbaum Bezug nimmt, der aus der Struktur eines Dokuments aufgebaut werden kann. Die Lokalisierungsausdrücke, die ähnlich wie Dateipfade aufgebaut sind, werden sowohl von XSLT als auch von XPointer benutzt.

XPointer (XML Pointer Language) Im März 2003 hat das W3C die Empfehlung für XPointer veröffentlicht. Die Sprache kann verwendet werden, um auf der Basis von XPath-Ausdrücken über entsprechend erweiterte URI-Verweise Fragmente in Webressourcen zu identifizieren, etwa einzelne Elemente oder auch Teile einer Zeichenkette, die über Positionsangaben angesteuert werden können.

XQuery (XML Query Language) Im Januar 2007 hat das W3C gleich sechs Empfehlungen für XQuery 1.0 veröffentlicht. Die Sprache kann verwendet werden, um mit Hilfe von XPath-Ausdrücken XML-Dokumente abzufragen. Dabei wird zusätzlich eine an SQL angelehnte Syntax verwendet.

XSL (Extensible Stylesheet Language) Seit Oktober 2001 vom W3C als Standard fixierte Sprache für die Formulierung von Stylesheets. XSL besteht aus zwei Teilen: einer Sprache für die Steuerung von Transformationen, die ein XML-Quelldokument in ein anderes XML- oder auch Nicht-XML-Dokument umwandeln kann, etwa eine HTML-Datei, und einem Vokabular für die Spezifizierung von Formaten für die Präsentation der Quelldaten. XSL arbeitet dabei mit Formatierungsobjekten, die dem Gestalter jeweils einen Satz von Eigenschaften anbieten, die er benutzen kann, um die Gestaltung des Ergebnisdokuments im Detail festzulegen. Anders als bei CSS kann die Formatierung mit Verfahren wie Datensortierung, Filterung oder auch mit Berechnungen verknüpft werden, wobei das Quelldokument jeweils unverändert bleibt, da alle Ausgaben in einem separaten *Result Tree* zusammengestellt werden.

XSLT (XSL Transformations) Die schon 1999 verabschiedete Empfehlung für XSLT erlaubt auf der Basis von XPath-Ausdrücken, die für die Auswahl von Elementen in einem XML-Dokument verwendet werden, aus einem Quelldokument ein umgewandeltes Zieldokument zu erzeugen, das selbst wiederum ein XML-Dokument sein kann, aber nicht muss. Die vorzunehmenden Veränderungen werden in einem wohlgeformten XML-Dokument in Form von Templates zusammengestellt. XSLT kann sowohl als Teil von XSL als auch unabhängig von XSL verwendet werden, etwa um ein XML-Vokabular in ein anderes zu übersetzen.

Zeichendaten (Character Data) Alle Zeichenketten in einem XML-Dokument, die nicht zum Markup gehören, werden als Zeichendaten – *Character Data* – verstanden, etwa der Inhalt eines Elements und der Wert eines Attributs. Zeichendaten werden im DOM-Baum als Textobjekte gespeichert.

Anhang B
Webressourcen

In diesem Anhang stelle ich Ihnen eine Reihe von Webseiten mit nützlichen Tools und weiterführenden Informationen vor. Damit Sie die Links nicht abtippen müssen, können Sie dieses Kapitel auch als PDF-Datei von *www.rheinwerk-verlag.de/4721* herunterladen.

B.1 Webseiten für Entwickler

Anwendungen

www.adobe.com/devnet/svg.html	Zugang zu SVG-Ressourcen von Adobe
www.ixiasoft.com/	Site von IXIASOFT, Anbieter des TEXTXML-Servers für die Verwaltung umfangreicher Dokumentmengen in einer nativen XML-Datenbank
https://www.microsoft.com/de-de/cloud-platform/biztalk/	Microsofts Webseite für BizTalk Server, die XML für die Interaktion zwischen Geschäftsprozessen verwenden können
xml.coverpages.org/	Umfangreiche Sammlung von Ressourcen zu XML von OASIS
www.w3schools.com	Portal für Webentwickler mit zahlreichen Tutorien, Beispielen, Referenzen und anderen Ressourcen zu allen HTML- und XML-Themen
www.oasis-open.org/standards#opendocumentv1.2	Spezifikation von OpenDocument Version 1.2
www.ericwhite.com	Portal für Open XML-Entwickler (früher: *openxmldeveloper.org*)

Organisationen und Registrierungsstellen

www.omg.org	Website der Object Management Group, die unter anderem für IDL und UML verantwortlich ist
www.unicode.org	Website des Unicode-Konsortiums
https://projects.apache.org/projects.html?categorie	Projektverzeichnis der Apache Software Foundation

Portale und Websites für Entwickler

https://support.microsoft.com/de-de/help/269238/list-of-microsoft-xml-parser-msxml-versions	Website zu Microsoft XML Parser und Microsoft XML Core Services (MSXML)
https://msdn.microsoft.com/library/system.xml.aspx	Website zu System.Xml, der XML-Bibliothek in Microsoft .NET
www.ibm.com/developerworks/learn/web/	Website für Webtechnologien von IBM mit News, Artikeln und Tools
www.asp.net	Portal zu Microsoft ASP.NET mit zahlreichen Links, Tutorials, Tools und den ASP.NET-Foren
code.msdn.microsoft.com/	MSDN Code Gallery, Fundgrube für Codebeispiele
www.saxproject.org/	SAX-Portal, Nachfolger von *www.meggison.com/SAX*
www.saxproject.org/apidoc/org/xml/sax/package-summary.html	Zugang zur Dokumentation von SAX
www.xml.com	XML-Site von Textuality Services mit aktuellen Artikeln und Nachrichten
www.xml.org	XML-Portal von OASIS
json-schema.org	Website zu JSON-Schema

Dokumentmodelle und Vokabulare

docbook.org	Portal für den DocBook-Standard von OASIS
dublincore.org/	Dublin Core Metadata Initiative (DCMI), internationale Organisation zur Förderung von Standards für Metadaten und Metadaten-Vokabulare
www.ietf.org/rfc/rfc2396.txt	Text des IETF RFC 2396-Standards für die Syntax von URIs
www.oasis-open.org/docbook	Seite für die DocBook-DTDs
www.tei-c.org	Portal der Text Encoding Initiative, die DTDs und Schemas für literarische und linguistische Texte anbietet
www.xbrl.org	Portal für die eXtensible Business Reporting Language, ein offener Standard für den geschäftlichen Informationsaustausch über das Internet
https://www.oasis-open.org/committees/tc_home.php?wg_abbrev=dita	Zugang zur OASIS-Spezifikation der Darwin Information Typing Architecture (DITA)

Tools und Entwicklungsumgebungen

saxon.sourceforge.net	Seite zu SAXON, dem XSLT- und XQuery-Prozessor von Michael Kay
na.justsystems.com/	Anbieter von XMetal, einer Entwicklungsumgebung für XML-Anwendungen
www.altova.com/	Website von Altova, dem Anbieter von XMLSpy und zahlreicher Tools für XML
xmlgraphics.apache.org/fop	Website des FOP-Projekts von Apache
www.xmlmind.com	Website von XMLmind Software mit aktuellen XML-Tools wie dem XMLmind XML Editor
www.stylusstudio.com	Anbieter von Stylus Studio, einer Entwicklungsumgebung für XML
www.oxygenxml.com	Anbieter des oXygen XML Editors

B.2 Liste von Empfehlungen des W3C

Name	Datum	Link
Gesamtverzeichnis der W3C-Empfehlungen		*www.w3.org/TR/*
XML Information Set	Oktober 2001, 2nd Edition Februar 2004	*www.w3.org/TR/xml-infoset/*
Extensible Stylesheet Language (XSL) Version 1.1	Dezember 2006	*www.w3.org/TR/xsl11/*
Scalable Vector Graphics (SVG) 1.1 (Second Edition)	August 2011	*www.w3.org/TR/SVG11/*
XML Base (Second Edition)	Januar 2009	*www.w3.org/TR/xmlbase/*
XML Linking Language (XLink) Version 1.1	Mai 2010	*www.w3.org/TR/xlink11/*
XHTML™ 1.0	Januar 2000	*www.w3.org/TR/xhtml1/*
XHTML™ Modularization 1.1 (Second Edition)	Juli 2010	*www.w3.org/TR/xhtml-modularization/*
XML Schema Part 0: Primer (Second Edition)	Oktober 2004	*www.w3.org/TR/xmlschema-0/*
XML Schema Definition Language (XSD) 1.1 Part 1: Structures	April 2012	*www.w3.org/TR/xmlschema11-1/*
XML Schema Definition Language (XSD) 1.1 Part 2: Datatypes	April 2012	*www.w3.org/TR/xmlschema11-2/*
Mathematical Markup Language (MathML) Version 3.0 2nd Edition	April 2014	*www.w3.org/TR/MathML3/*
Document Object Model (DOM) Level 3 Core Specification	April 2004	*www.w3.org/TR/DOM-Level-3-Core/*
Document Object Model (DOM) Level 3 Validation Specification	April 2004	*www.w3.org/TR/DOM-Level-3-Val/*
Document Object Model (DOM) Level 3 Load and Save Specification	April 2004	*www.w3.org/TR/DOM-Level-3-LS/*

Name	Datum	Link
Document Object Model (DOM) Level 2 Core Specification	November 2000	*www.w3.org/TR/DOM-Level-2-Core/*
Document Object Model (DOM) Level 2 Views Specification	November 2000	*www.w3.org/TR/DOM-Level-2-Views/*
Document Object Model (DOM) Level 2 Events Specification	November 2000	*www.w3.org/TR/DOM-Level-2-Events/*
Document Object Model (DOM) Level 2 Style Specification	November 2000	*www.w3.org/TR/DOM-Level-2-Style/*
Document Object Model (DOM) Level 2 Traversal und Range Specification	November 2000	*www.w3.org/TR/DOM-Level-2-Traversal-Range/*
Extensible Markup Language (XML) 1.0 (Fifth Edition)	November 2008, Revision der Empfehlung von Februar 1998	*www.w3.org/TR/xml/*
Extensible Markup Language (XML) 1.1 (Second Edition)	August 2006	*www.w3.org/TR/xml11/*
XSL Transformations (XSLT) Version 1.0	November 1999	*www.w3.org/TR/xslt*
XSL Transformations (XSLT) Version 2.0	Januar 2007	*www.w3.org/TR/xslt20/*
XSL Transformations (XSLT) Version 3.0	Juni 2017	*www.w3.org/TR/xslt30/*
XML Path Language (XPath) Version 1.0	November 1999	*www.w3.org/TR/REC-xpath-19991116/*
XML Path Language (XPath) Version 2.0 (Second Edition)	Dezember 2010	*www.w3.org/TR/xpath20/*
XML Path Language (XPath) Version 3.0	April 2014	*www.w3.org/TR/xpath-30/*
XML Path Language (XPath) Version 3.1	März 2017	*www.w3.org/TR/xpath-31/*
Associating Style Sheets with XML documents 1.0 (Second Edition)	Oktober 2010	*www.w3.org/TR/xml-stylesheet/*

Name	Datum	Link
Resource Description Framework (RDF) 1.1 XML Syntax	Februar 2014	*www.w3.org/TR/rdf-syntax-grammar/*
Namespaces in XML 1.0 (Third Edition)	Dezember 2009	*www.w3.org/TR/REC-xml-names/*
Cascading Style Sheets (CSS1) Level 1	Dezember 1996, revidiert April 2008	*www.w3.org/TR/CSS1/*
Cascading Style Sheets, level 2 Revision 1 (CSS 2.1)	Juni 2011	*www.w3.org/TR/CSS2/*
SOAP Version 1.2 Part 1: Messaging Framework (Second Edition)	April 2007	*www.w3.org/TR/soap12-part1/*
XQuery 1.0 (Second Edition)	Dezember 2010	*www.w3.org/TR/2010/REC-xquery-20101214/*
XQuery 1.0 and XPath 2.0 Data Model (XDM) (Second Edition)	Dezember 2010	*www.w3.org/TR/2010/REC-xpath-datamodel-20101214/*
XPath and XQuery Functions and Operators 3.1	März 2017	*www.w3.org/TR/xpath-functions/*
XQuery 1.0 and XPath 2.0 Formal Semantics (Second Edition)	Dezember 2010	*www.w3.org/TR/xquery-semantics/*
XSLT and XQuery Serialization 3.1	März 2017	*www.w3.org/TR/xslt-xquery-serialization/*
XQueryX 3.1	März 2017	*www.w3.org/TR/xqueryx/*
XQuery 3.1	März 2017	*www.w3.org/TR/xquery-31/*
XQuery and XPath Data Model 3.1	März 2017	*www.w3.org/TR/xpath-datamodel-31/*
XPath and XQuery Functions and Operators 3.1	März 2017	*www.w3.org/TR/xpath-functions-3/*

Name	Datum	Link
XSLT and XQuery Serialization 3.1	März 2017	*www.w3.org/TR/xslt-xquery-serialization-31/*
HTML 5.2	Dezember 2017	*www.w3.org/TR/html5/*

B.3 Liste von wichtigen Namensräumen des W3C

Die Namensräume sind jeweils mit dem vorgegebenen Präfix angegeben.

XLink	`xlink="http://www.w3.org/1999/xlink"`
XSLT	`xsl="http://www.w3.org/1999/XSL/Transform"`
XSL	`fo="http://www.w3.org/1999/XSL/Format"`
XML	`xml="http://www.w3.org/XML/1998/namespace"`
XPath	`fn=="http://www.w3.org/2005/xpath-functions"`
XQuery	`local="http://www.w3.org/2005/xquery-local-functions"`
XForms	`xforms="http://www.w3.org/2002/xforms"`
SMIL	`smil="http://www.w3.org/2000/SMIL20/CR/Language"`
XML Schema	`xsd="http://www.w3.org/2001/XMLSchema"`
Instanz eines XML-Schemas	`xsi="http://www.w3.org/2001/XMLSchema-instance"`
XHTML	`xhtml="http://www.w3.org/1999/xhtml"`
SOAP Envelop	`env="http://www.w3.org/2003/05/soap-envelope"`
SOAP Encoding	`enc="http://www.w3.org/2003/05/soap-encoding"`
SOAP RPC	`rpc="http://www.w3.org/2003/05/soap-rpc"`
WSDL	`wsdl="http://schemas.xmlsoap.org/wsdl"`

Materialien zum Buch

Auf der Webseite zu diesem Buch stehen folgende Materialien für Sie zum Download bereit:

- **alle Beispielprogramme**
- **alle Linklisten aus Anhang B, »Materialien zum Buch«**

Gehen Sie auf *www.rheinwerk-verlag.de/4721*. Klicken Sie im Abschnitt MATERIALIEN ZUM BUCH auf den Link ZU DEN MATERIALIEN >. Es öffnet sich ein Fenster, in dem Sie die herunterladbaren Dateien samt einer Kurzbeschreibung des Dateiinhalts sehen. Klicken Sie auf den Button HERUNTERLADEN, um den Download zu starten. Je nach Größe der Datei (und Ihrer Internetverbindung) kann es einige Zeit dauern, bis der Download abgeschlossen ist.

Index

E

F

G

H

I

J

K

L

M

X

Y

Z